STORY & ZEICHNUNGEN

MASASUMI KAKIZAKI

ÜBERSETZUNG

BURKHARD HÖFLER

LEKTORAT

KATHARINA ALTREUTHER

LETTERING

TATIANA BONORA

INHALT

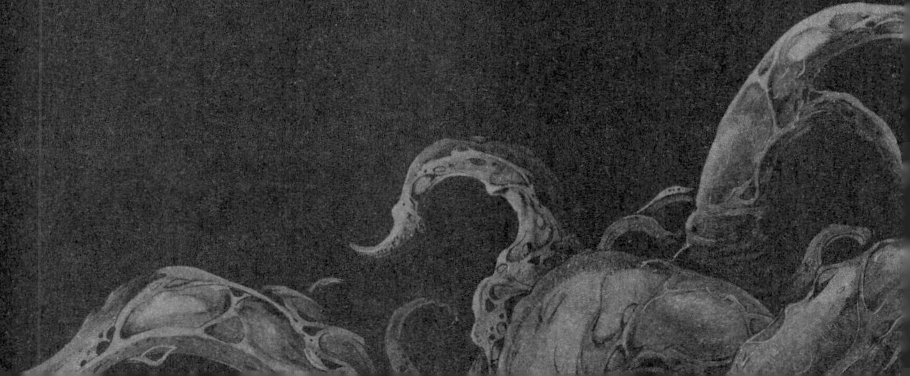

YOMOTSUHEGUI

DIE FRUCHT AUS DEM TOTENREICH

1

STORY UND ZEICHNUNGEN

MASASUMI KAKIZAKI

IN YOMOTSUKUNI, DEM TOTENREICH, WÄCHST EIN GROSSER BAUM MIT DEM NAMEN YOMOTSUHEGUI.

SEINE GLEICHNAMIGE FRUCHT VERLEIHT DEM, DER SIE ISST, DIE MACHT, FÜR IMMER DORT ZU VERWEILEN. IHR VERZEHR IST DIE NOTWENDIGE VORAUSSETZUNG DAFÜR, BEWOHNER VON YOMOTSUKUNI ZU WERDEN.

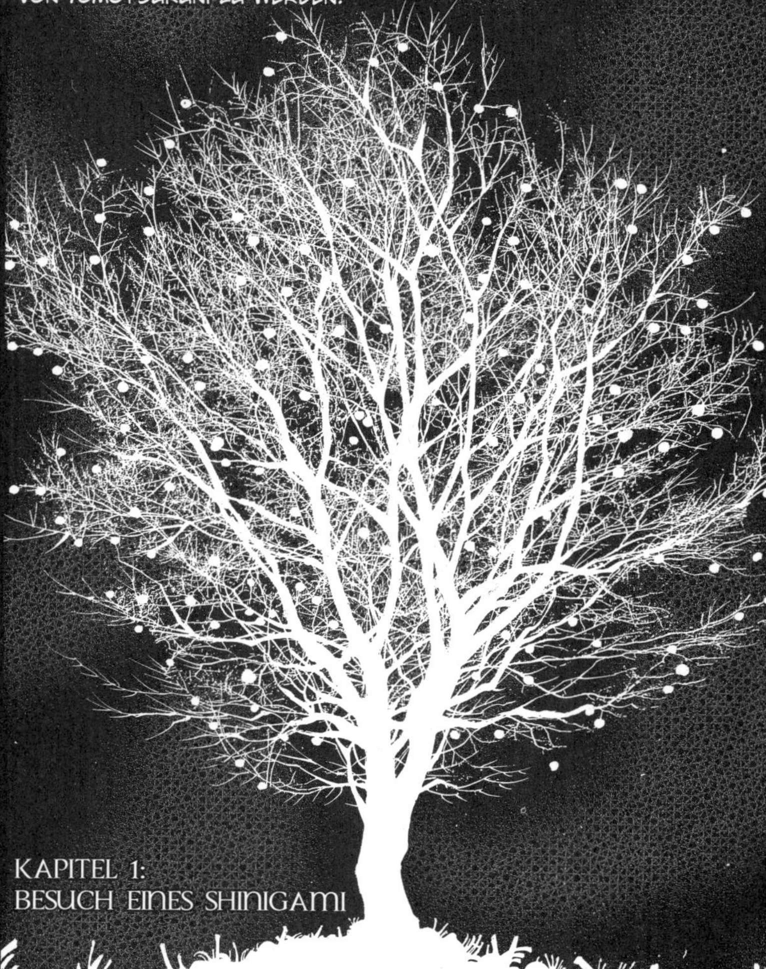

KAPITEL 1: BESUCH EINES SHINIGAMI

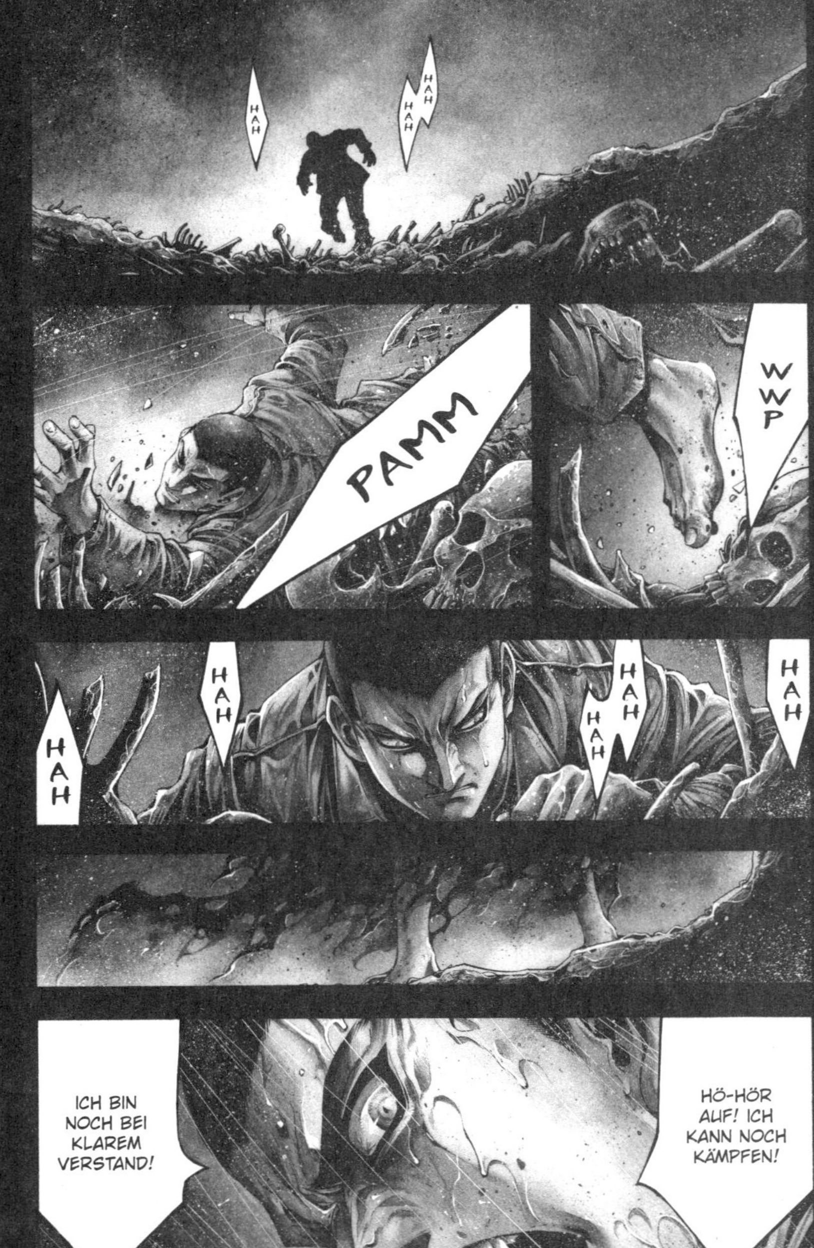

HAH
HAH
HAH
WWP
PAMM
HAH
HAH
HAH
HAH
HAH
HÖ-HÖR AUF! ICH KANN NOCH KÄMPFEN!
ICH BIN NOCH BEI KLAREM VERSTAND!

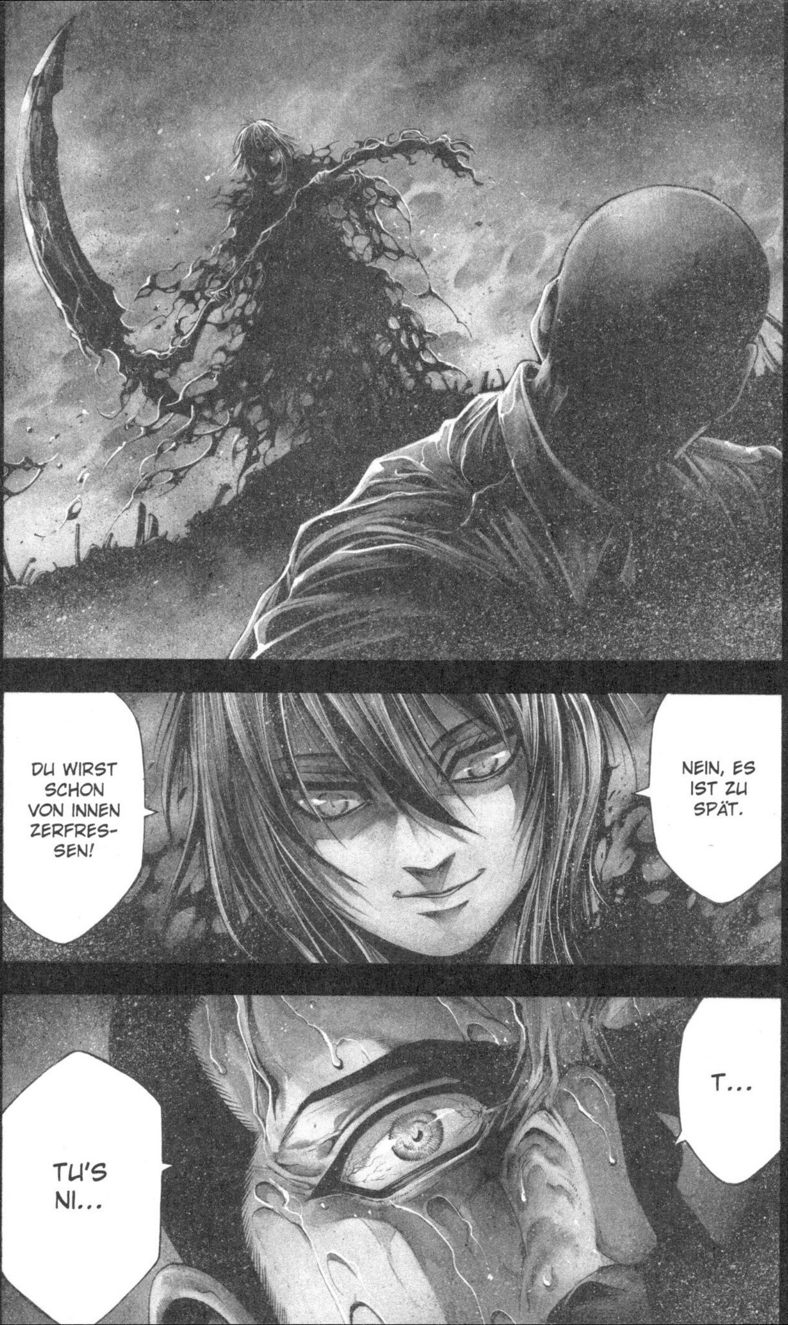

NEIN, ES IST ZU SPÄT.

DU WIRST SCHON VON INNEN ZERFRES-SEN!

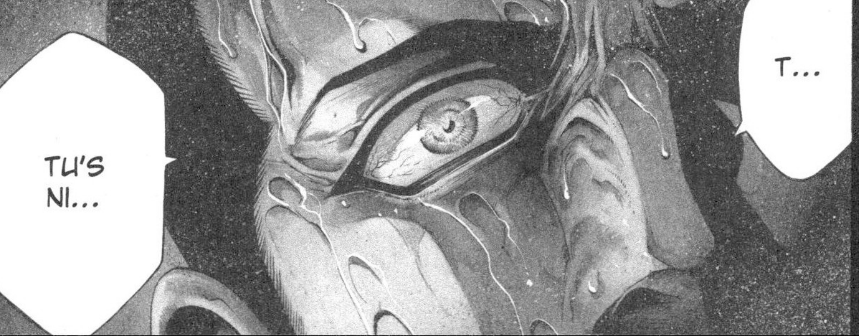

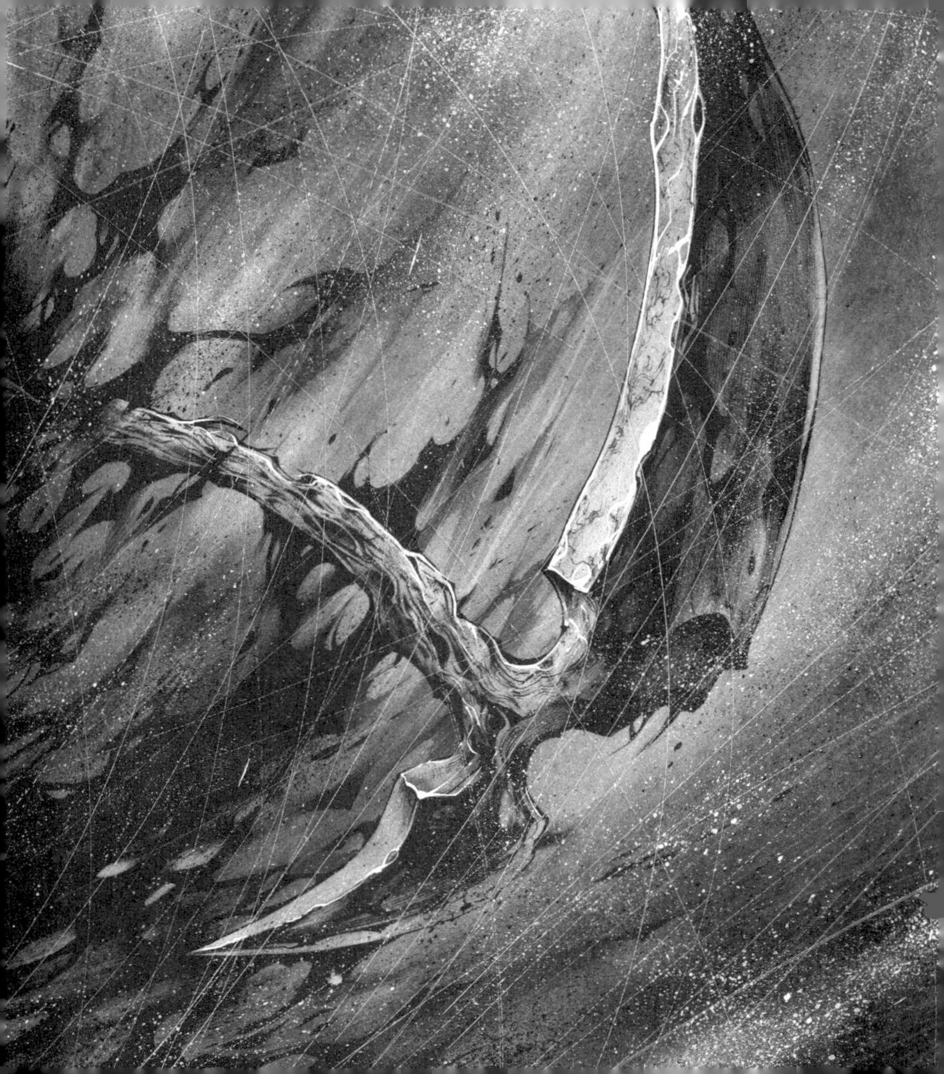

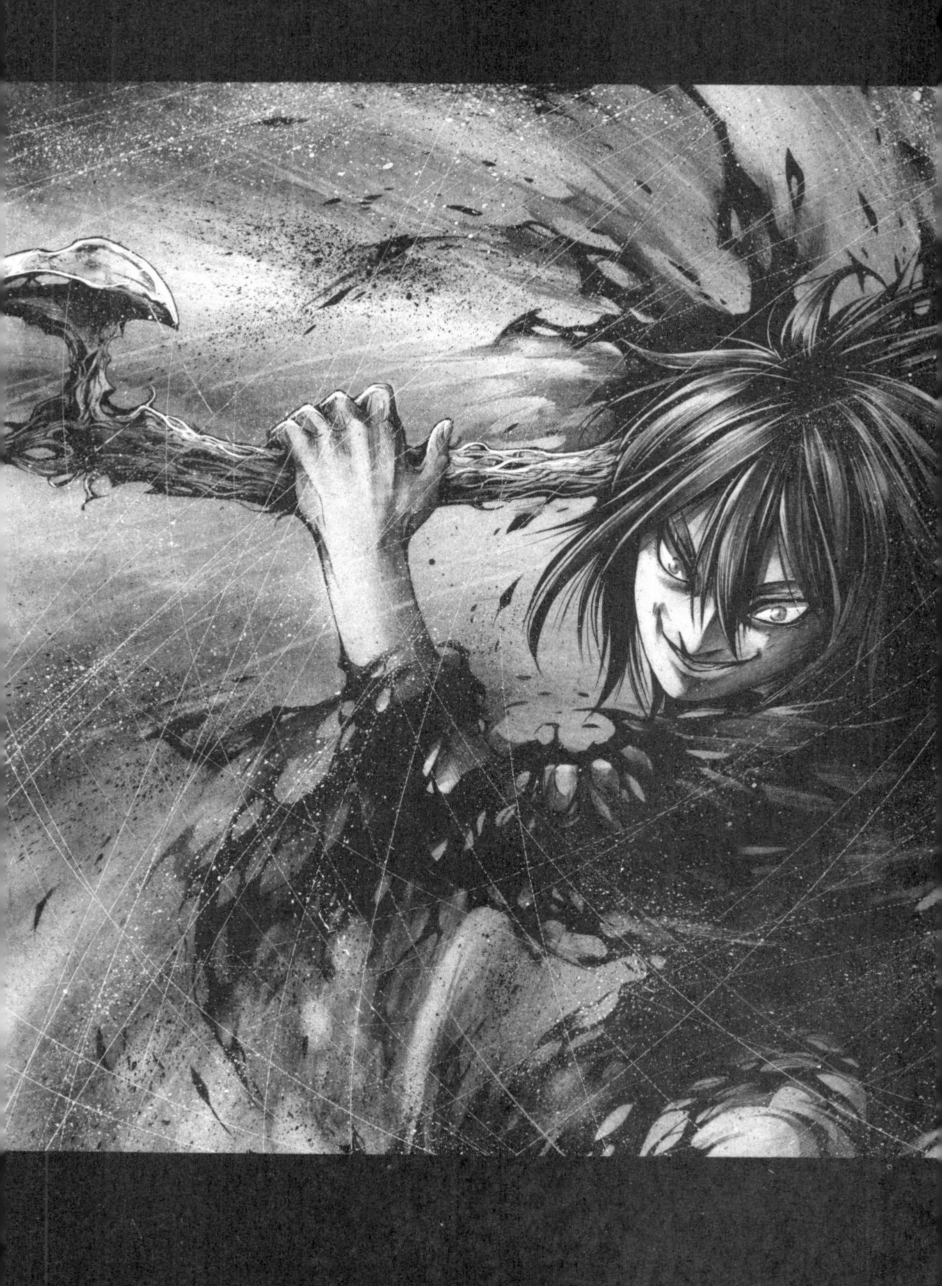

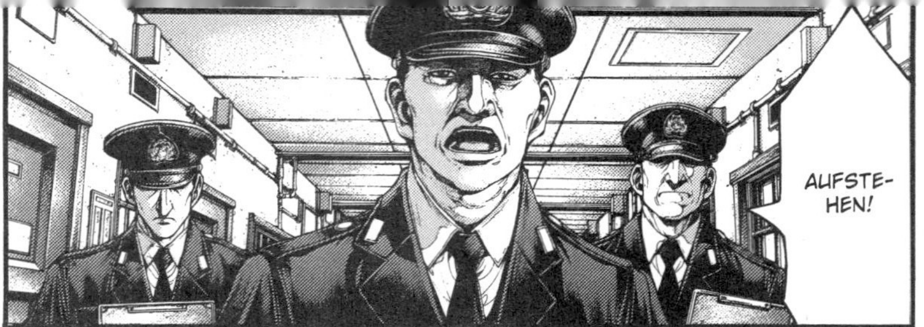

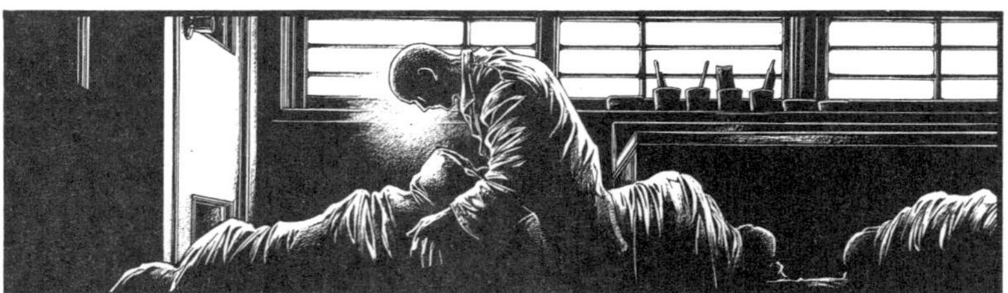

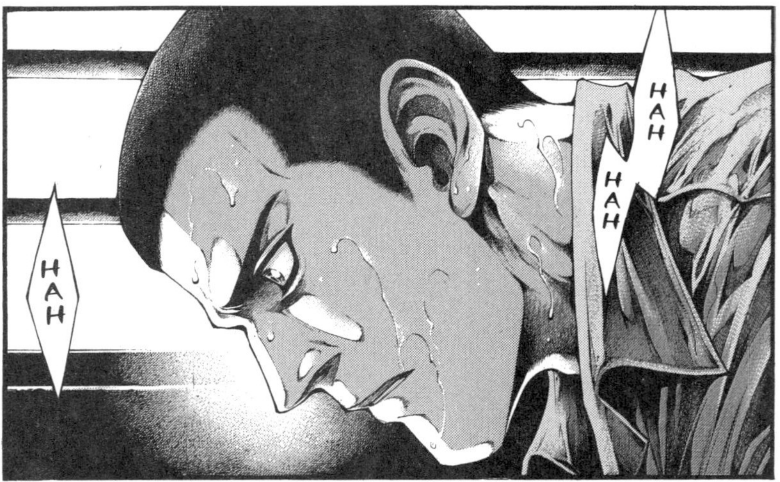

* GEFÄNGNIS

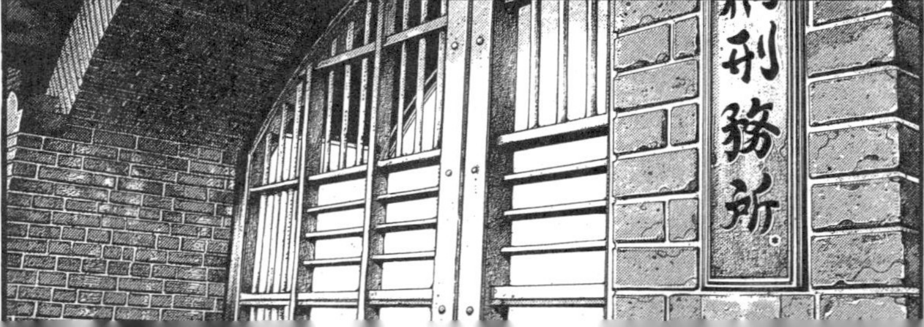

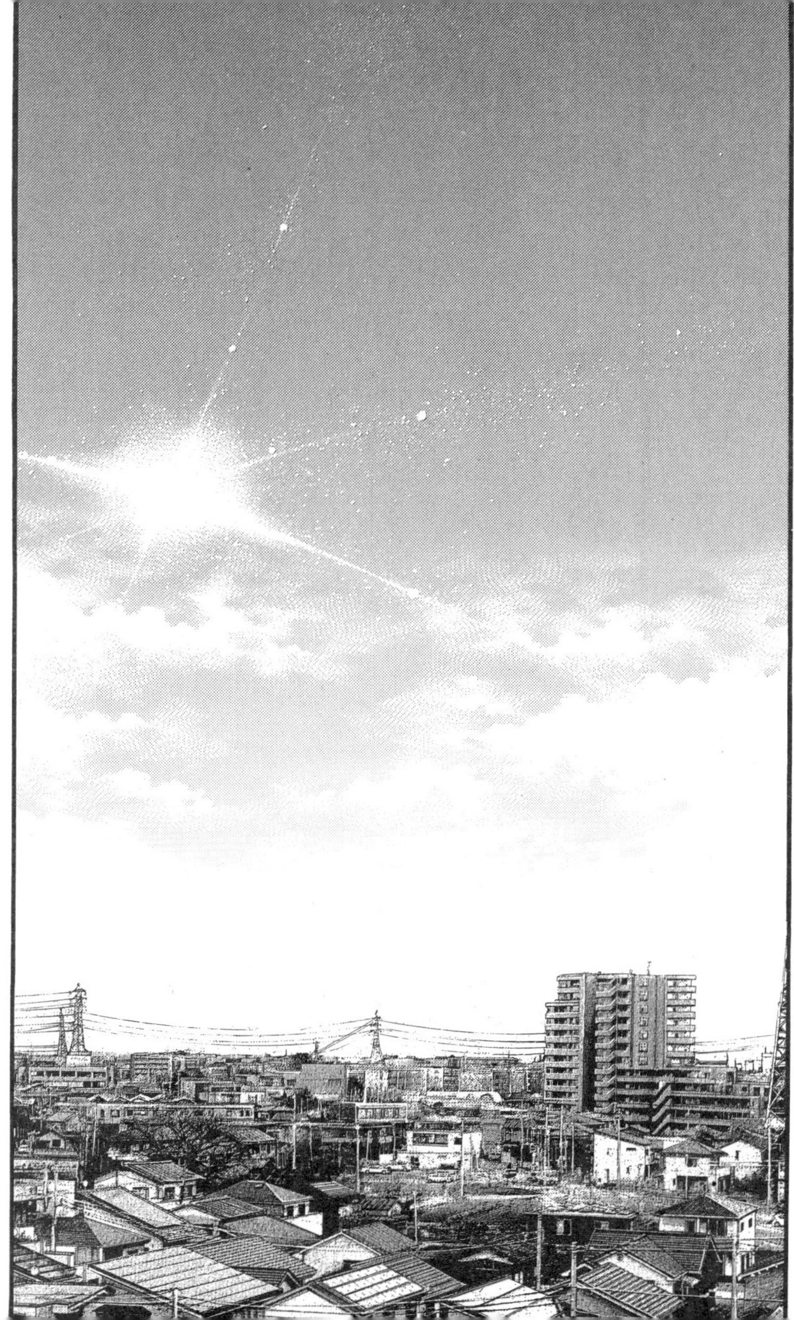

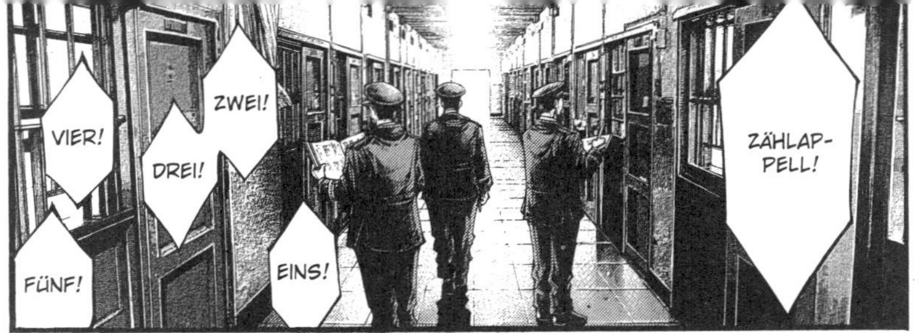
ZÄHLAPPELL!
EINS!
ZWEI!
DREI!
VIER!
FÜNF!

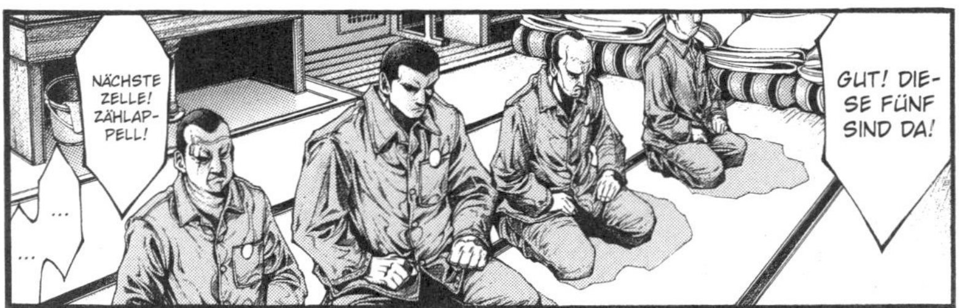
GUT! DIESE FÜNF SIND DA!
NÄCHSTE ZELLE! ZÄHLAPPELL!
...
...

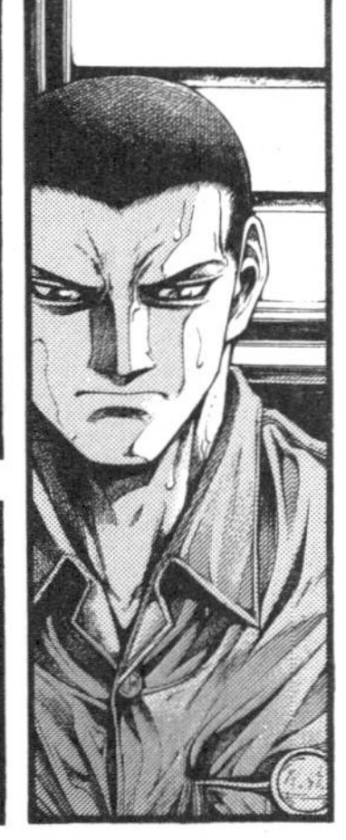

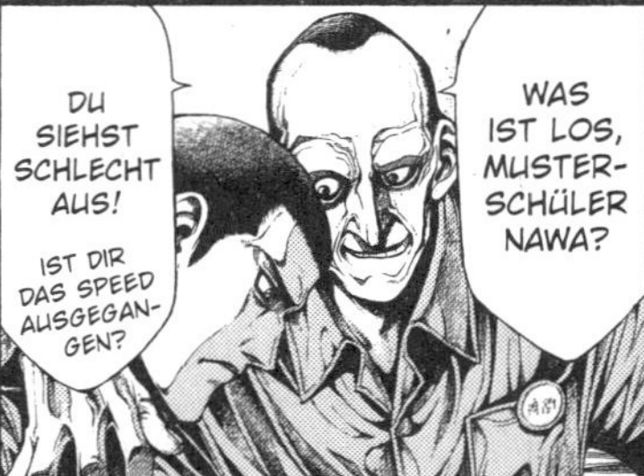
WAS IST LOS, MUSTERSCHÜLER NAWA?
DU SIEHST SCHLECHT AUS!
IST DIR DAS SPEED AUSGEGANGEN?

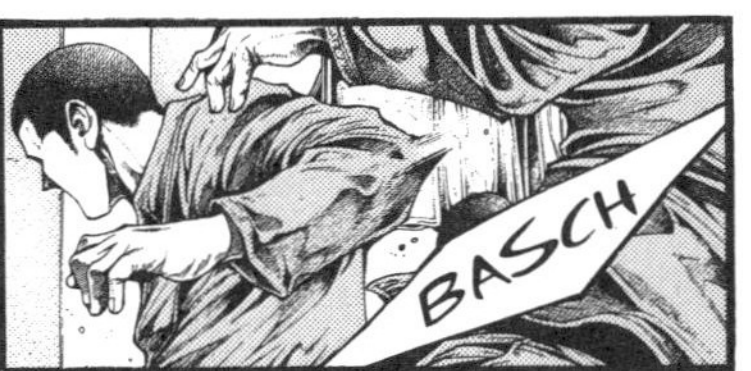
BASCH

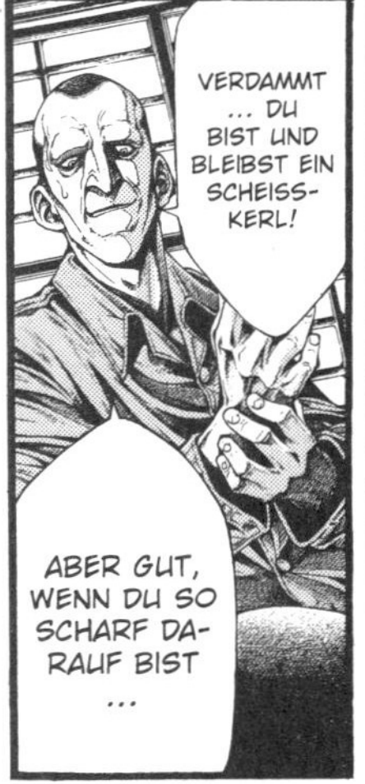
VERDAMMT ... DU BIST UND BLEIBST EIN SCHEISSKERL!
ABER GUT, WENN DU SO SCHARF DARAUF BIST ...

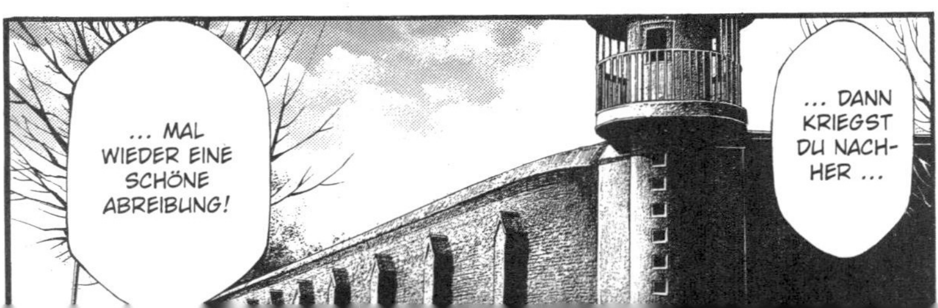
... DANN KRIEGST DU NACHHER ...
... MAL WIEDER EINE SCHÖNE ABREIBUNG!

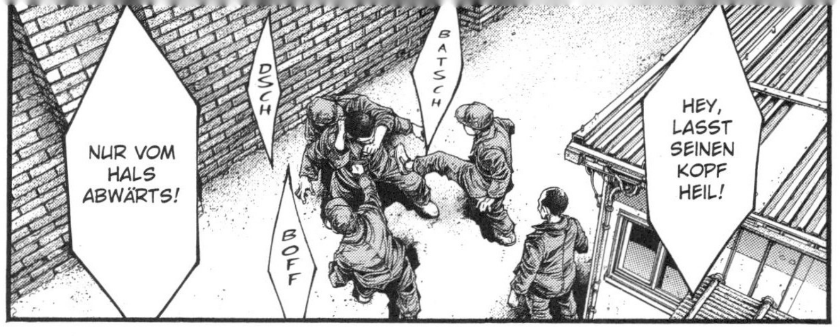
HEY, LASST SEINEN KOPF HEIL!
BATSCH
DSCH
NUR VOM HALS ABWÄRTS!
BOFF

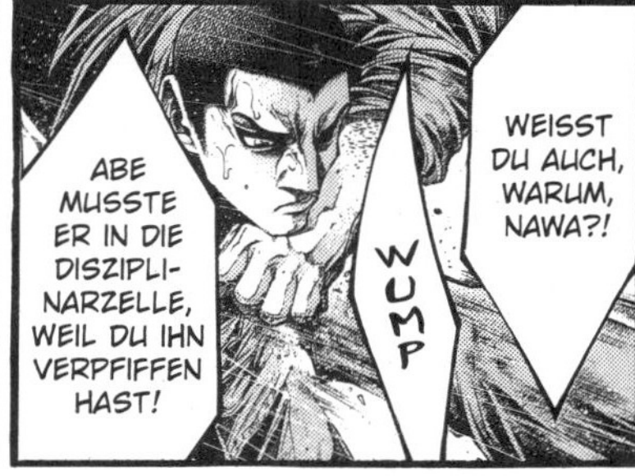
WEISST DU AUCH, WARUM, NAWA?!
WUMP
ABE MUSSTE ER IN DIE DISZIPLINARZELLE, WEIL DU IHN VERPFIFFEN HAST!

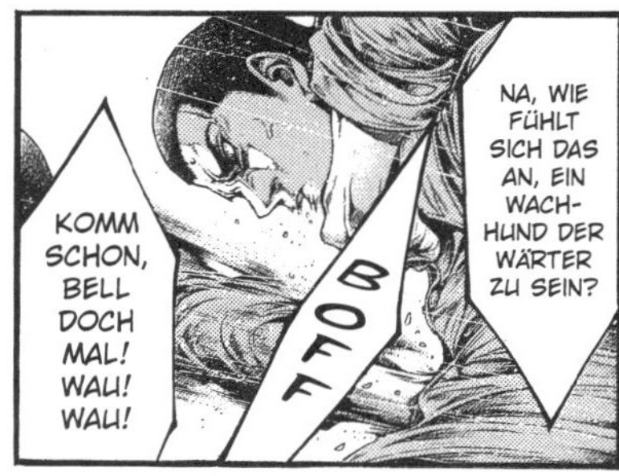
NA, WIE FÜHLT SICH DAS AN, EIN WACHHUND DER WÄRTER ZU SEIN?
BOFF
KOMM SCHON, BELL DOCH MAL! WAU! WAU!

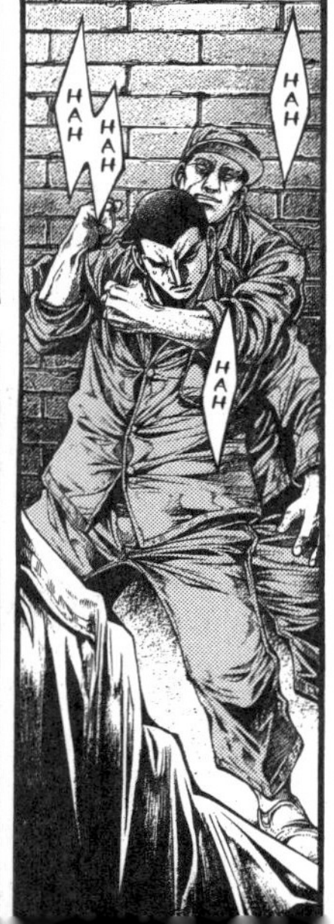
HAH
HAH
HAH
HAH
HAH

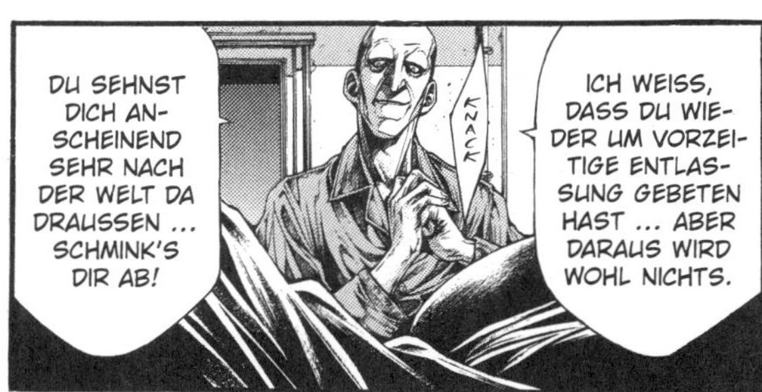
ICH WEISS, DASS DU WIEDER UM VORZEITIGE ENTLASSUNG GEBETEN HAST ... ABER DARAUS WIRD WOHL NICHTS.
KNACK
DU SEHNST DICH ANSCHEINEND SEHR NACH DER WELT DA DRAUSSEN ... SCHMINK'S DIR AB!

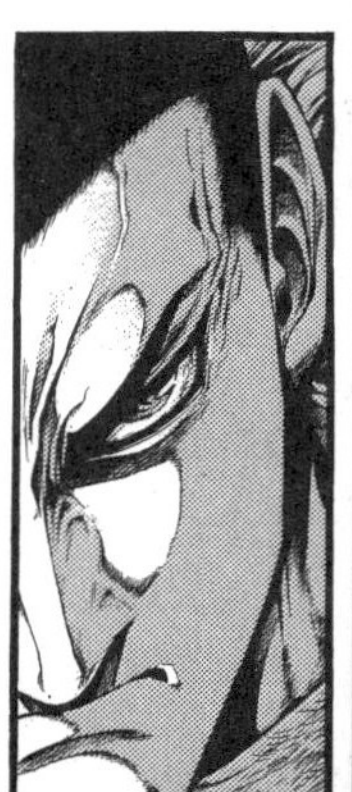

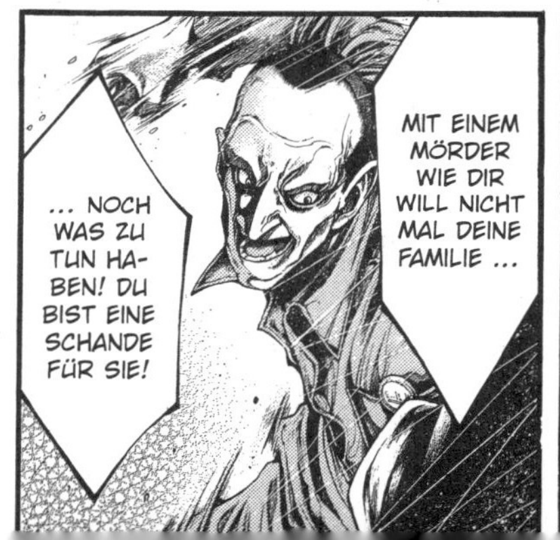
MIT EINEM MÖRDER WIE DIR WILL NICHT MAL DEINE FAMILIE ...
... NOCH WAS ZU TUN HABEN! DU BIST EINE SCHANDE FÜR SIE!

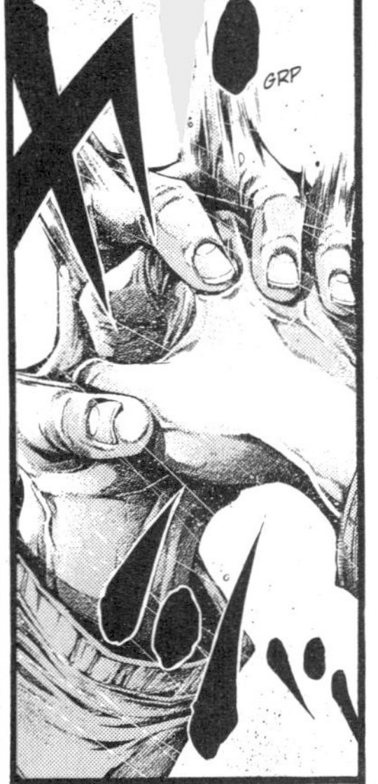
GRP

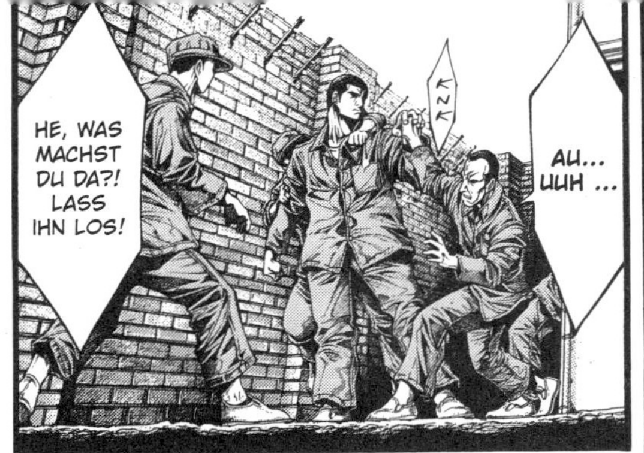
AU... UUH ...
KNK
HE, WAS MACHST DU DA?! LASS IHN LOS!

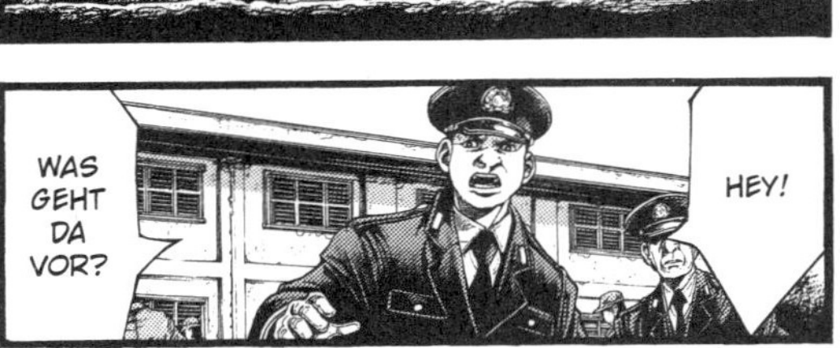
HEY!
WAS GEHT DA VOR?

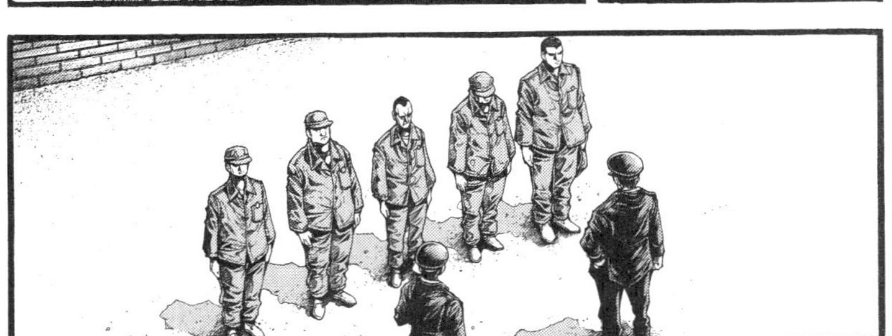

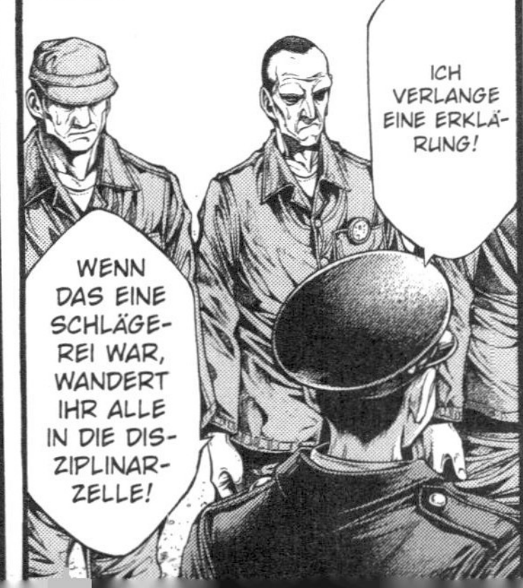
ICH VERLANGE EINE ERKLÄ-RUNG!
WENN DAS EINE SCHLÄGE-REI WAR, WANDERT IHR ALLE IN DIE DIS-ZIPLINAR-ZELLE!

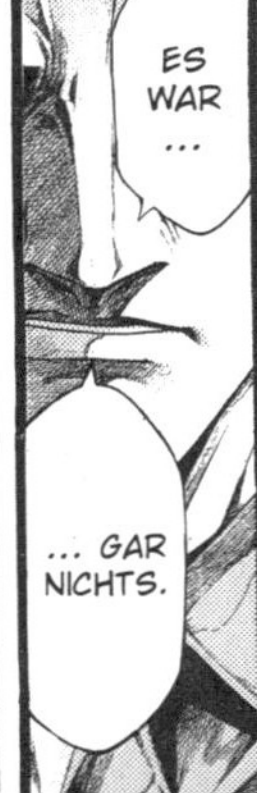
ES WAR ...
... GAR NICHTS.

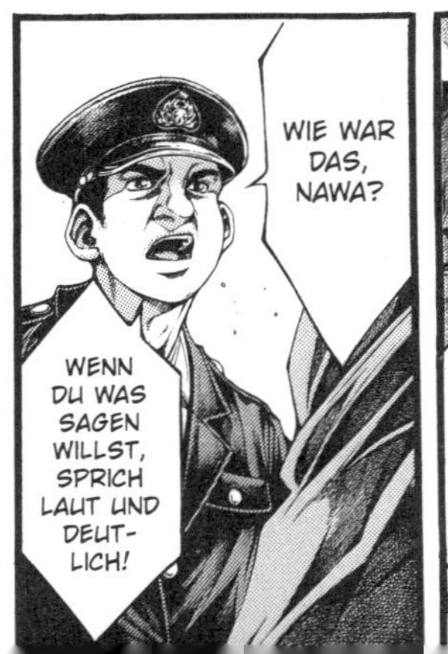
WIE WAR DAS, NAWA?
WENN DU WAS SAGEN WILLST, SPRICH LAUT UND DEUT-LICH!

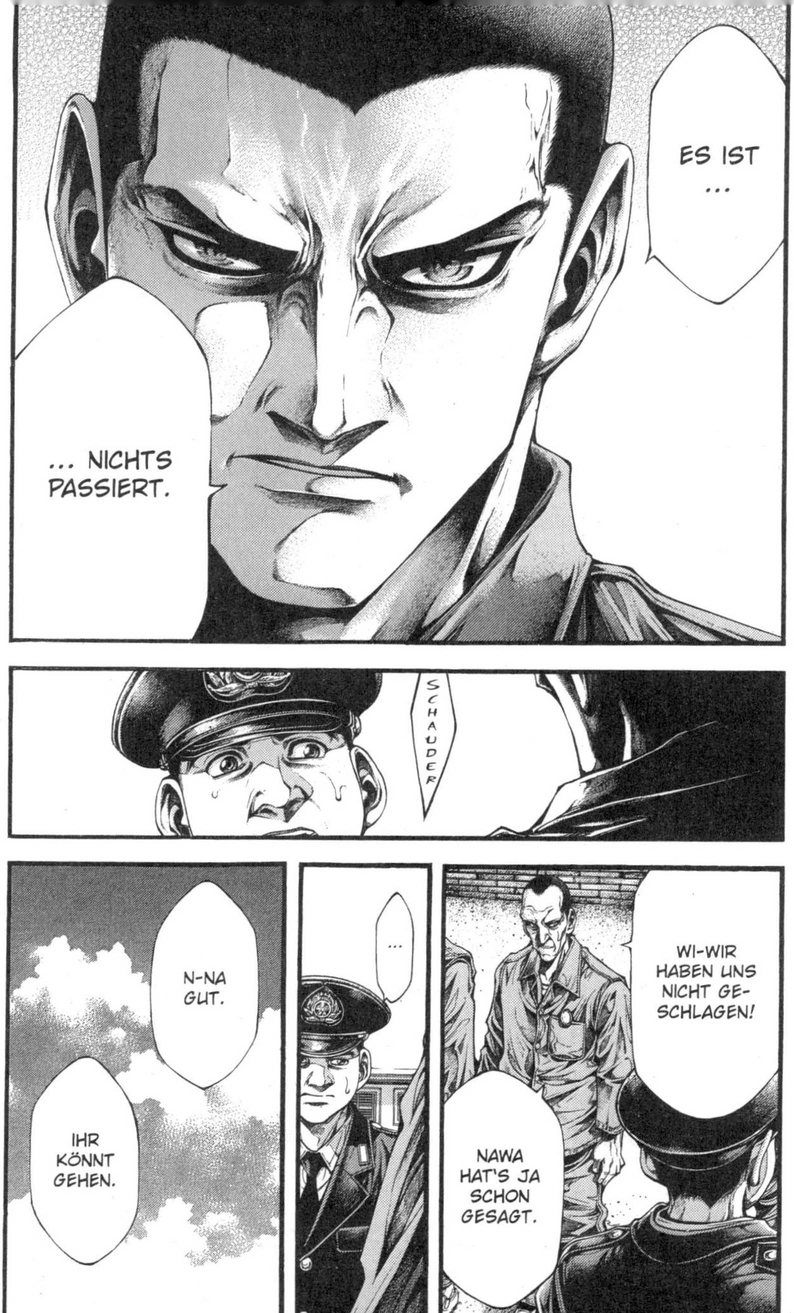

ES IST ...

... NICHTS PASSIERT.

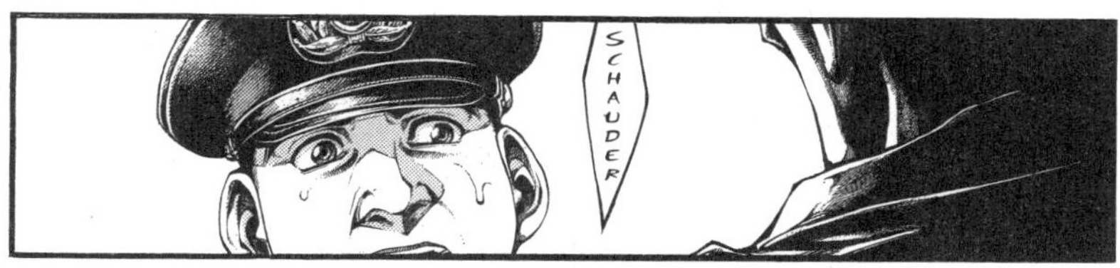

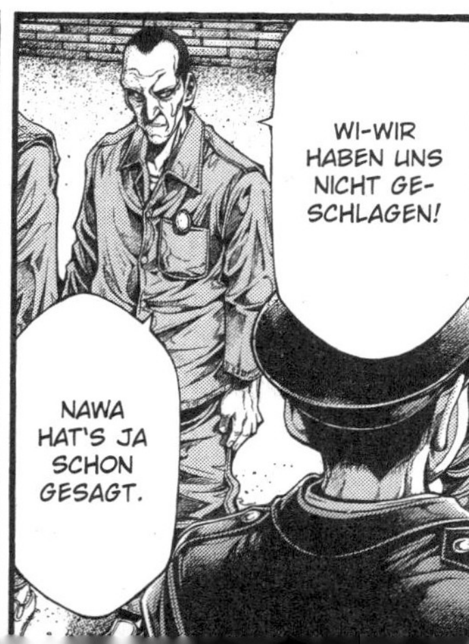

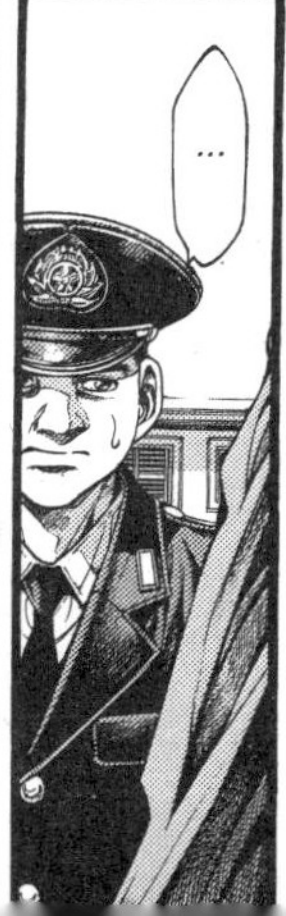

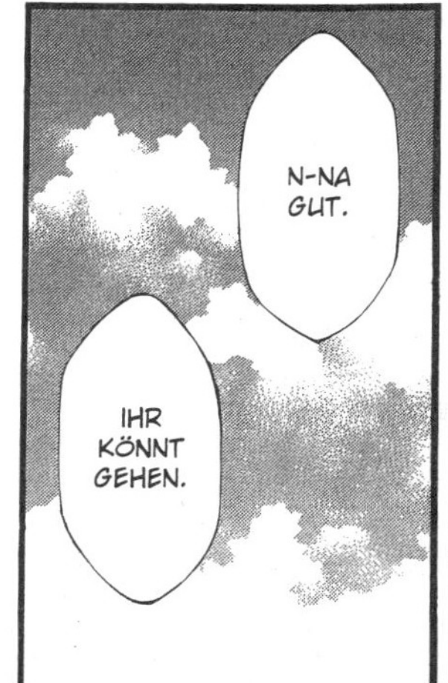

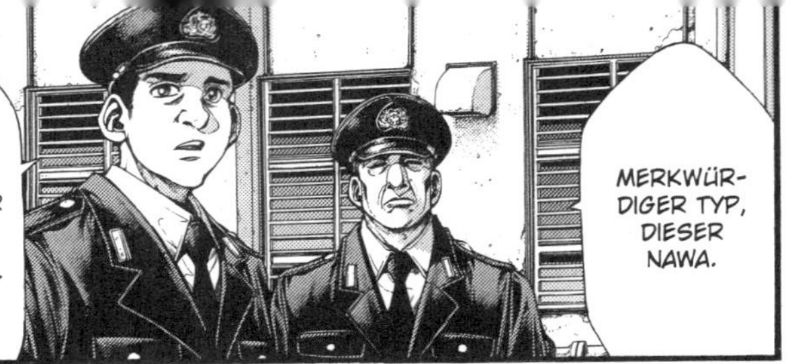
MERKWÜRDIGER TYP, DIESER NAWA.
DER IST BALD ACHT JAHRE HIER INHAFTIERT, ABER HAT IMMER NOCH KEINEN EINZIGEN FREUND. UND ER HAT SICH NIE AUCH NUR DEN KLEINSTEN REGELVERSTOSS ZUSCHULDEN KOMMEN LASSEN.

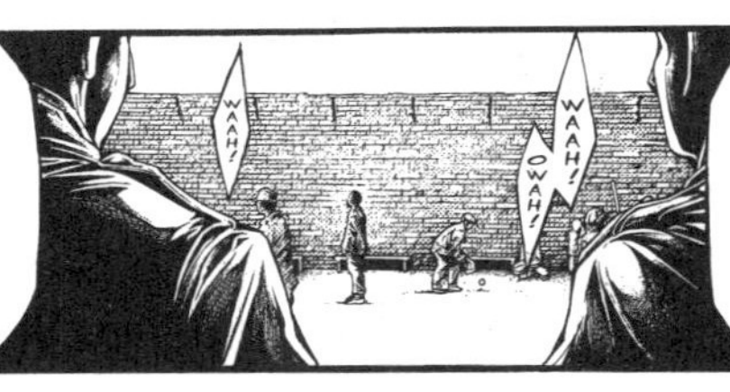
49-MAL HAT ER VERSTÖSSE SEINER MITINSASSEN GEMELDET.
KEIN WUNDER, DASS ER NUR FEINDE HAT.
WAAH!
WAAH!
OWAH!
ER WILL ANSCHEINEND SO SCHNELL WIE MÖGLICH HIER RAUS.

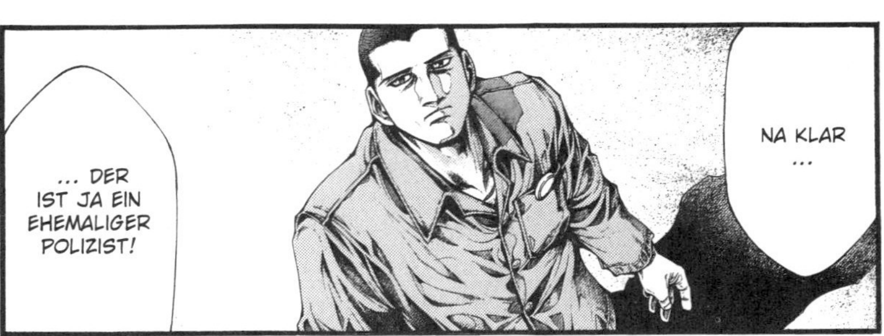
NA KLAR ...
... DER IST JA EIN EHEMALIGER POLIZIST!

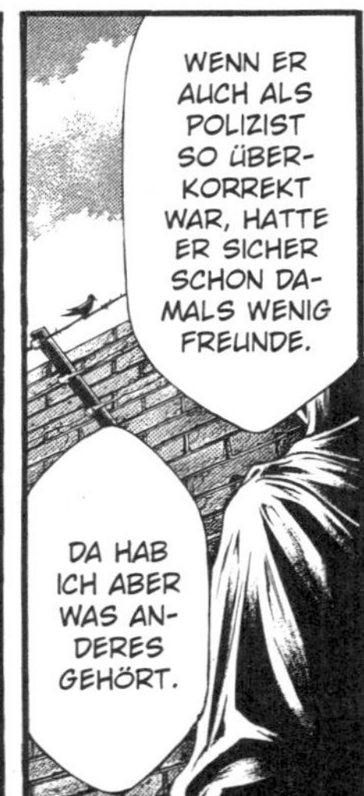
WENN ER AUCH ALS POLIZIST SO ÜBERKORREKT WAR, HATTE ER SICHER SCHON DAMALS WENIG FREUNDE.
DA HAB ICH ABER WAS ANDERES GEHÖRT.

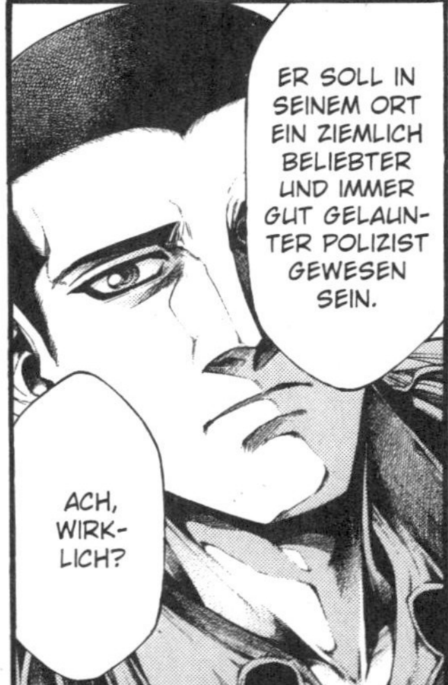
ER SOLL IN SEINEM ORT EIN ZIEMLICH BELIEBTER UND IMMER GUT GELAUNTER POLIZIST GEWESEN SEIN.
ACH, WIRKLICH?

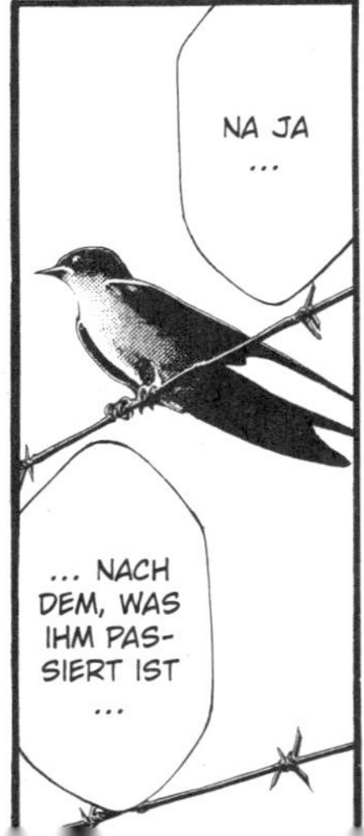
NA JA ...
... NACH DEM, WAS IHM PASSIERT IST ...

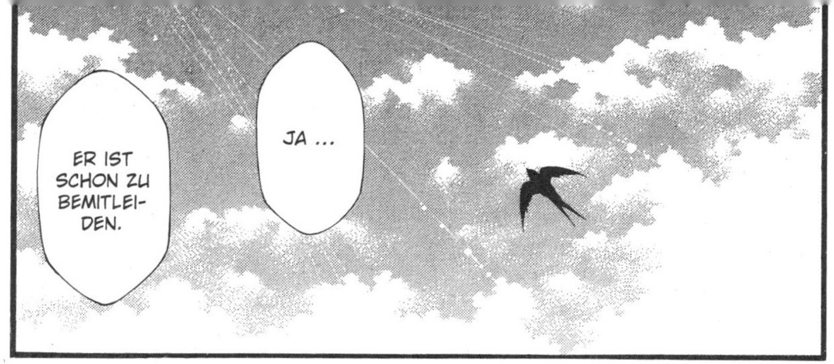
JA …
ER IST SCHON ZU BEMITLEIDEN.

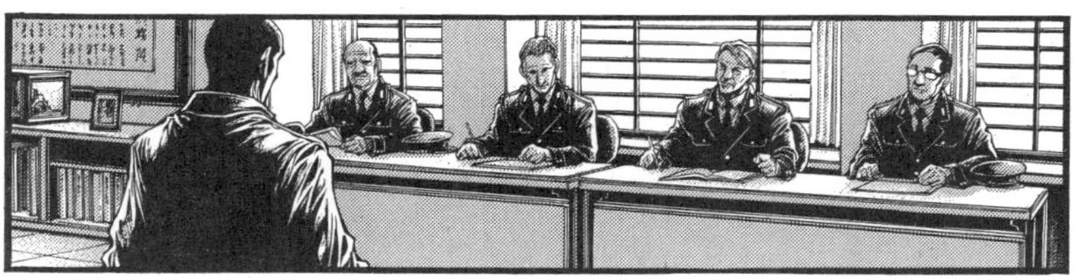

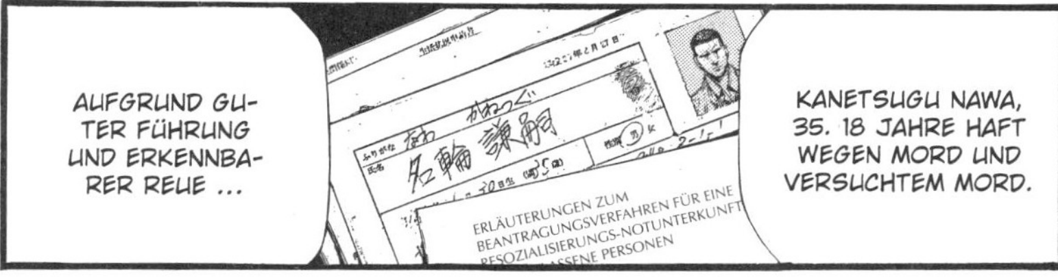
KANETSUGU NAWA, 35. 18 JAHRE HAFT WEGEN MORD UND VERSUCHTEM MORD.
AUFGRUND GUTER FÜHRUNG UND ERKENNBARER REUE …
ERLÄUTERUNGEN ZUM
BEANTRAGUNGSVERFAHREN FÜR EINE
RESOZIALISIERUNGS-NOTUNTERKUNFT

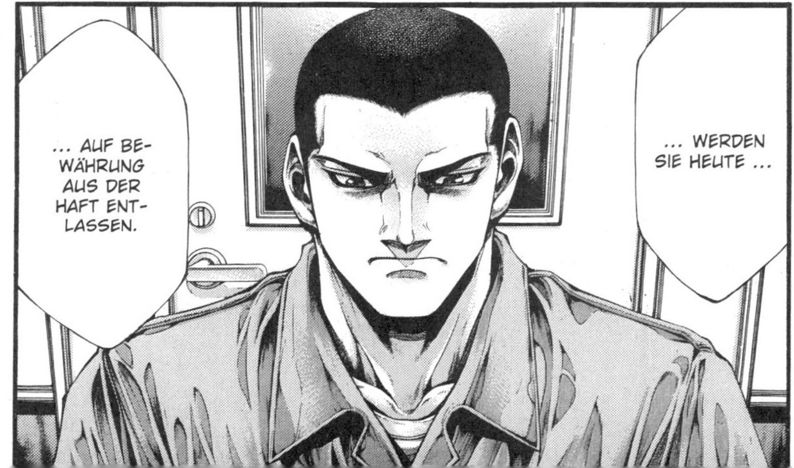
… WERDEN SIE HEUTE …
… AUF BEWÄHRUNG AUS DER HAFT ENTLASSEN.

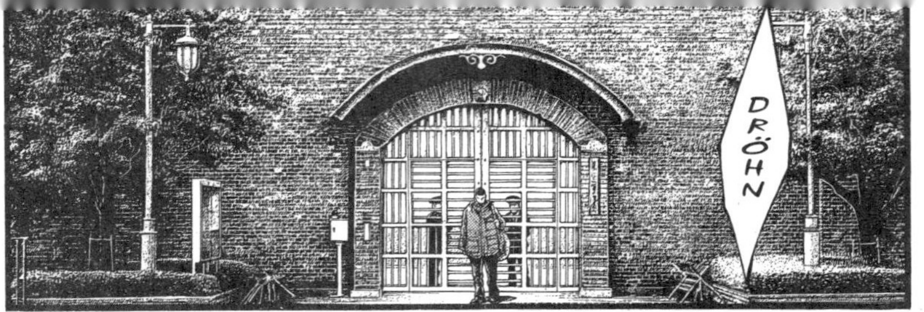
DRÖHN

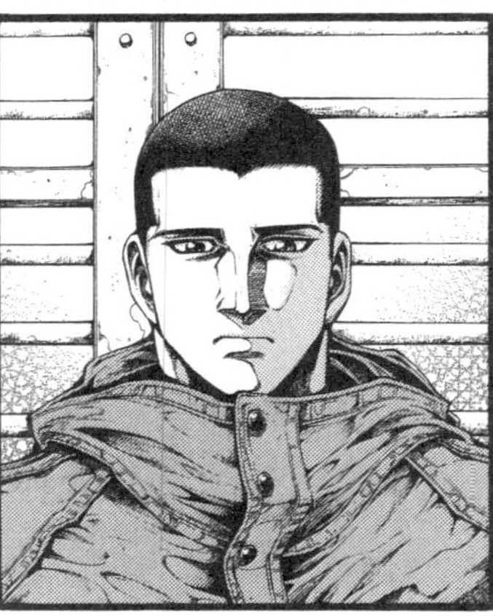

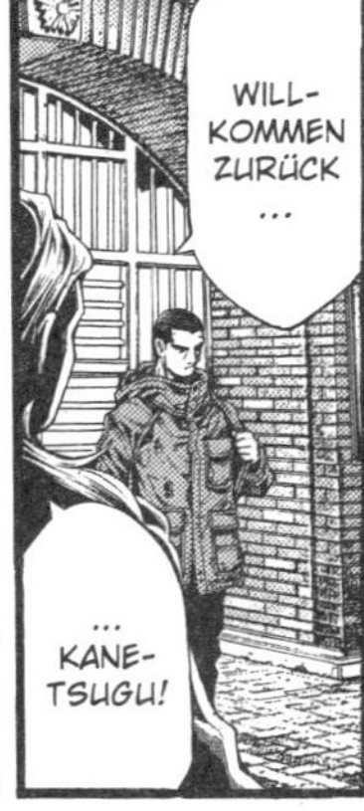
WILL-
KOMMEN
ZURÜCK
...
... KANE-
TSUGU!

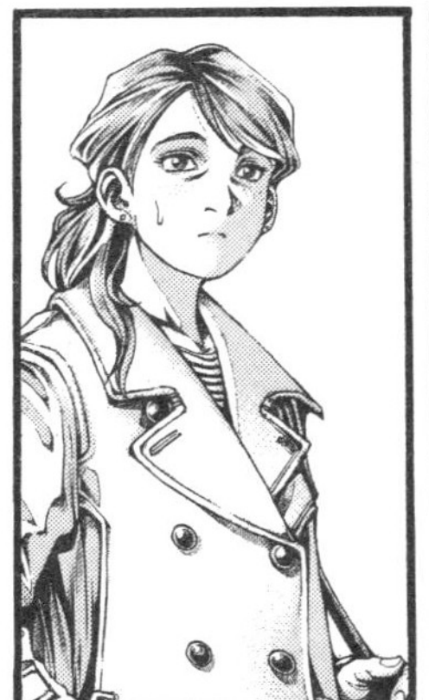

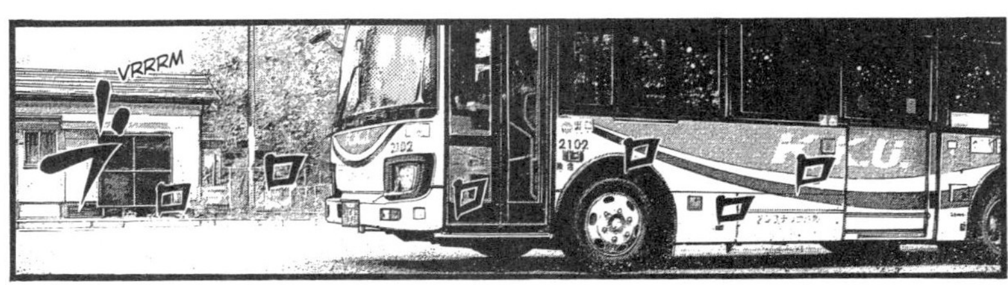
VRRRM

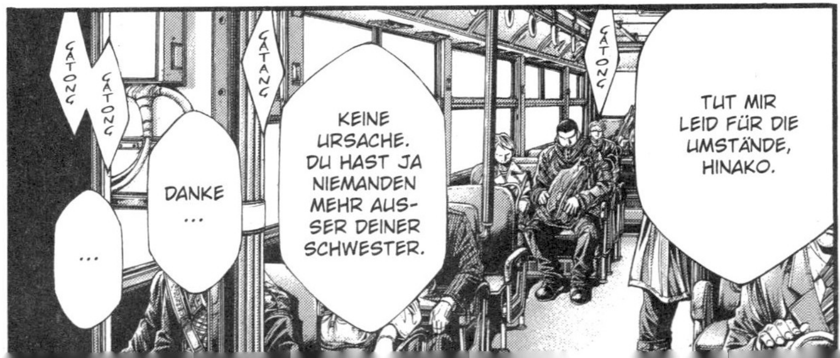
GATONG
TUT MIR LEID FÜR DIE UMSTÄNDE, HINAKO.
GATONG
KEINE URSACHE. DU HAST JA NIEMANDEN MEHR AUSSER DEINER SCHWESTER.
GATONG
GATONG
DANKE ...
...

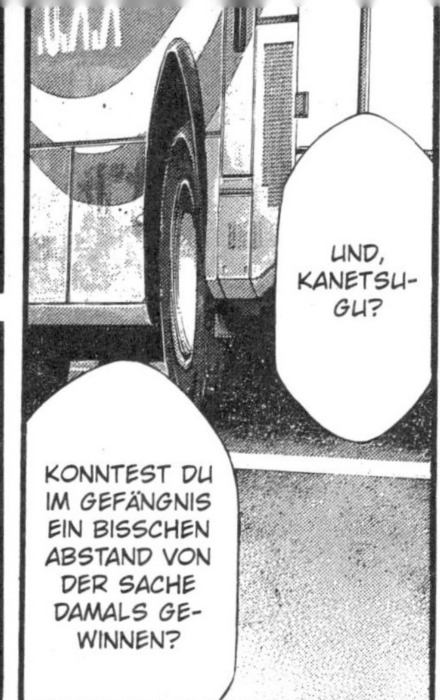

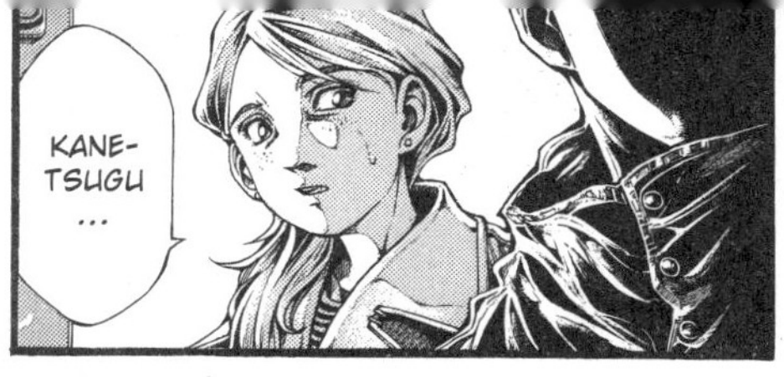

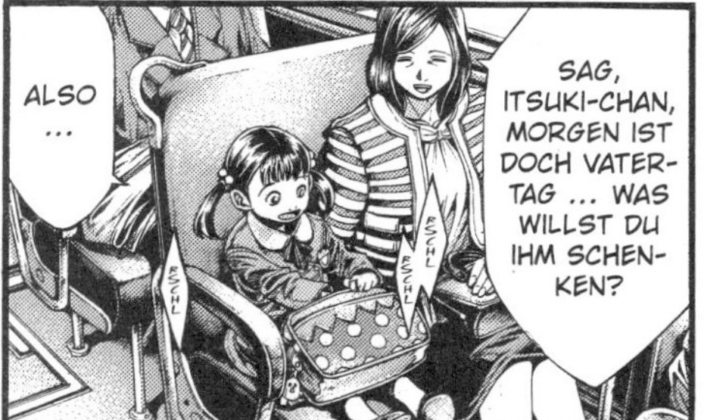

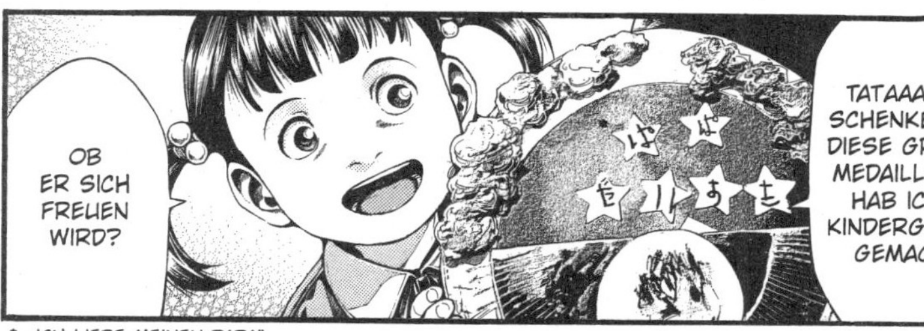

* „ICH LIEBE MEINEN PAPA"

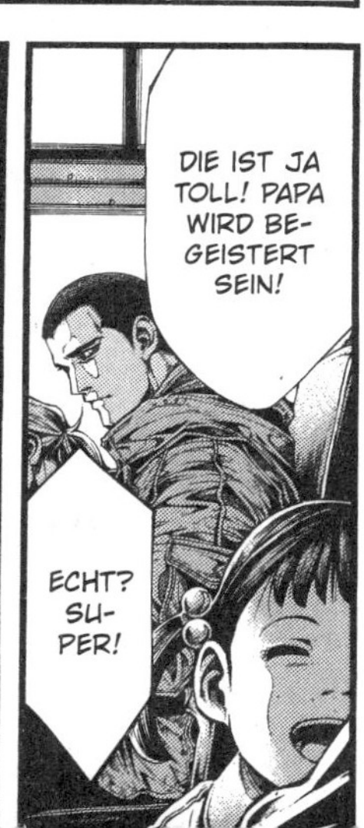

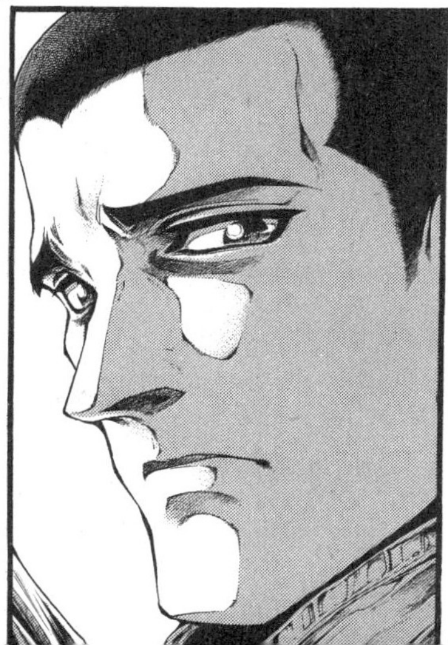

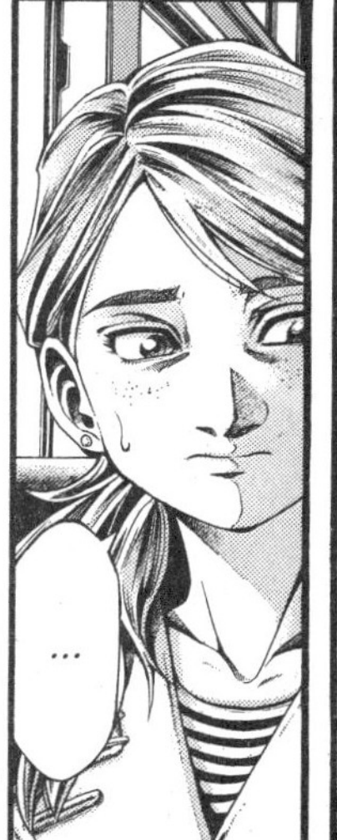

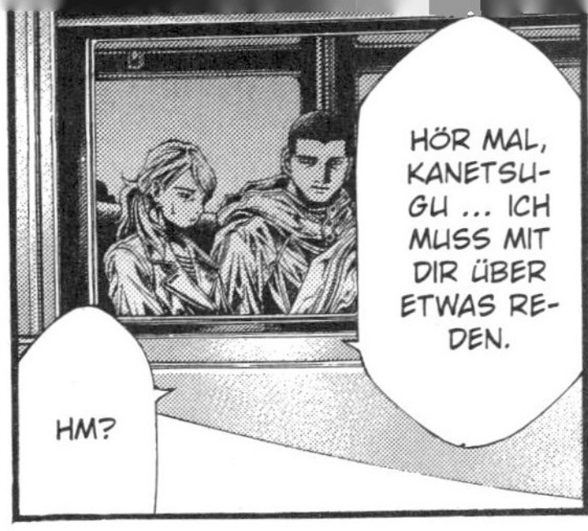
HÖR MAL, KANETSUGU … ICH MUSS MIT DIR ÜBER ETWAS REDEN.
HM?

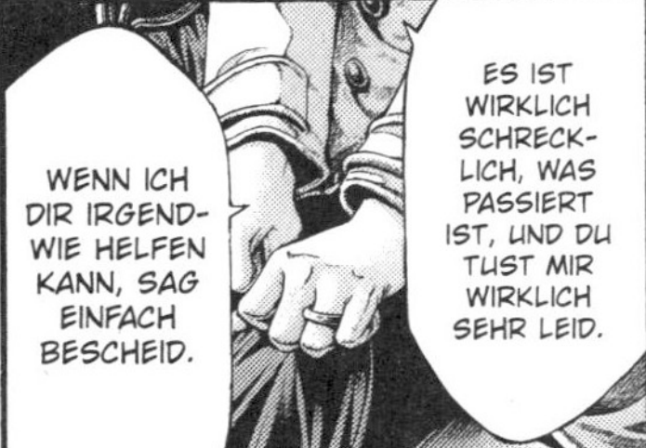
ES IST WIRKLICH SCHRECKLICH, WAS PASSIERT IST, UND DU TUST MIR WIRKLICH SEHR LEID.
WENN ICH DIR IRGENDWIE HELFEN KANN, SAG EINFACH BESCHEID.

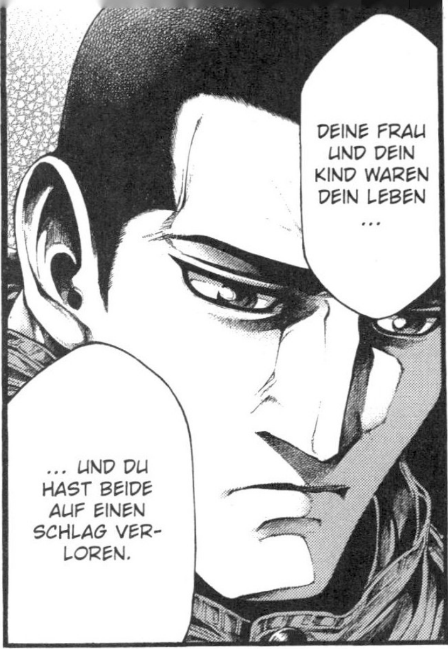
DEINE FRAU UND DEIN KIND WAREN DEIN LEBEN …
… UND DU HAST BEIDE AUF EINEN SCHLAG VERLOREN.

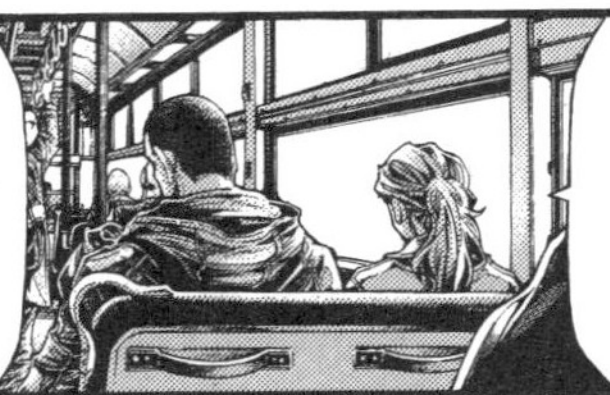
ICH BIN JETZT DEINE BÜRGIN, ABER ICH HABE JA SELBST FAMILIE …
I-ICH WEISS NATÜRLICH, DASS DU KEIN SCHLECHTER MENSCH BIST … ABER MEIN MANN HAT ANGST VOR DIR.

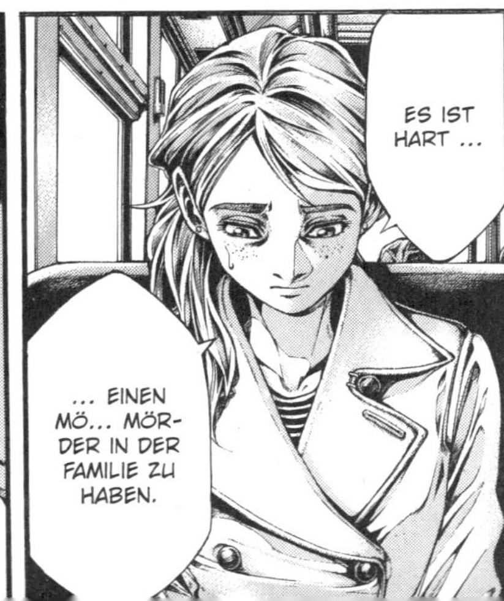
ES IST HART …
… EINEN MÖ… MÖRDER IN DER FAMILIE ZU HABEN.

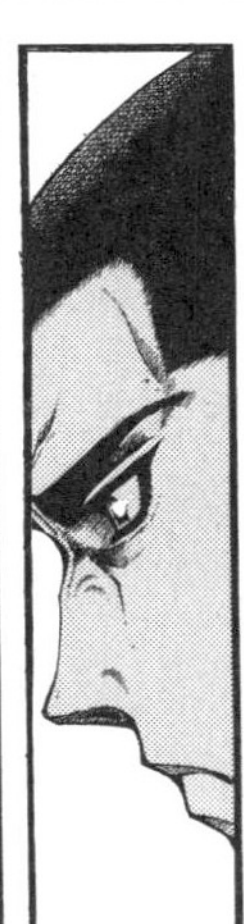

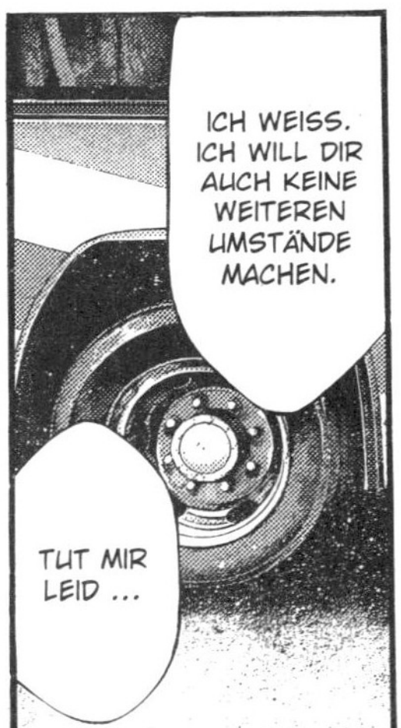
ICH WEISS. ICH WILL DIR AUCH KEINE WEITEREN UMSTÄNDE MACHEN.
TUT MIR LEID …

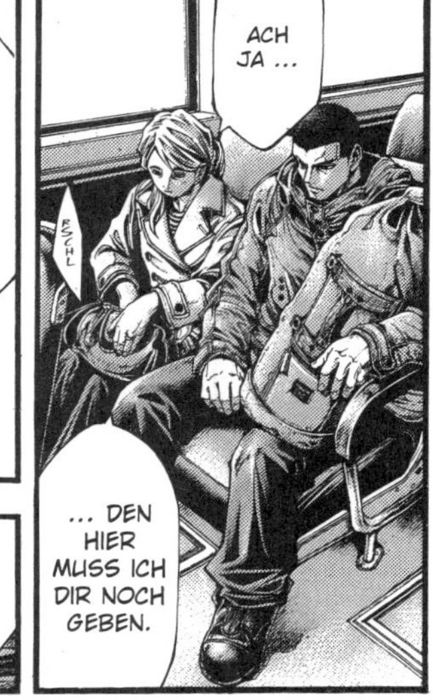
ACH JA ...
BSCHL
... DEN HIER MUSS ICH DIR NOCH GEBEN.

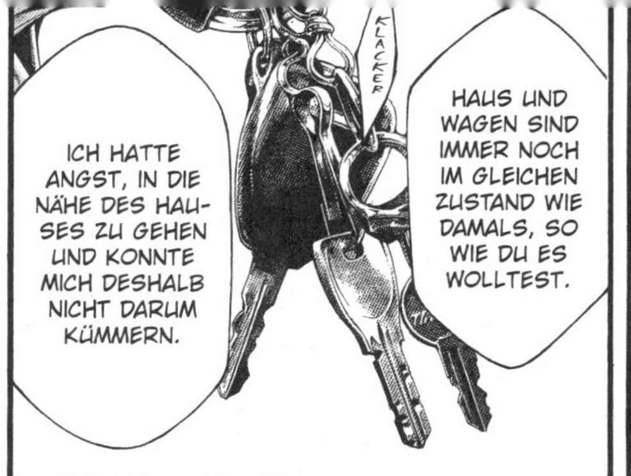
KLACKER
HAUS UND WAGEN SIND IMMER NOCH IM GLEICHEN ZUSTAND WIE DAMALS, SO WIE DU ES WOLLTEST.
ICH HATTE ANGST, IN DIE NÄHE DES HAUSES ZU GEHEN UND KONNTE MICH DESHALB NICHT DARUM KÜMMERN.

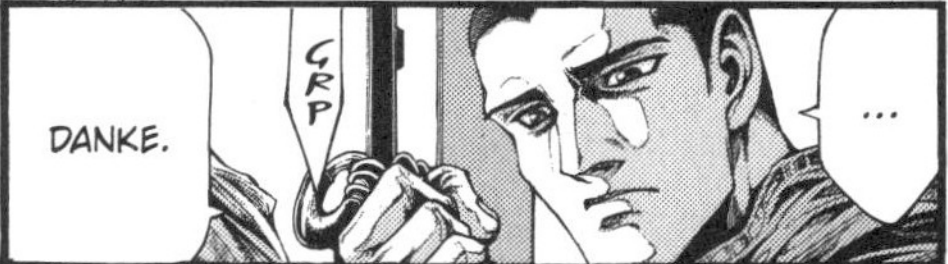
...
GRP
DANKE.

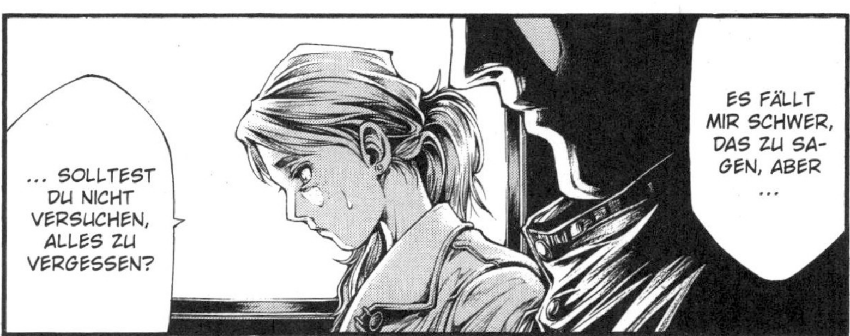
ES FÄLLT MIR SCHWER, DAS ZU SAGEN, ABER ...
... SOLLTEST DU NICHT VERSUCHEN, ALLES ZU VERGESSEN?

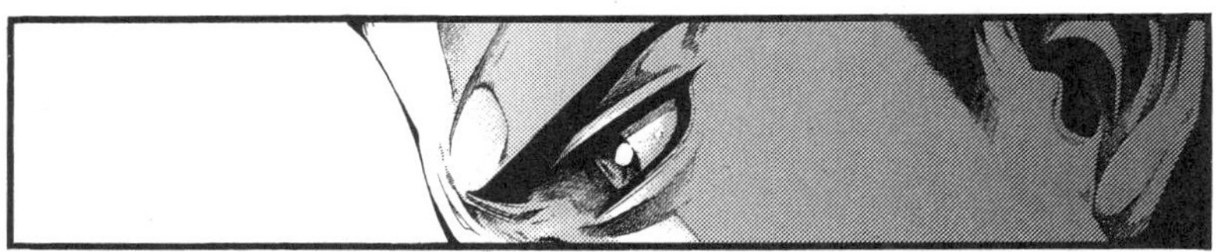

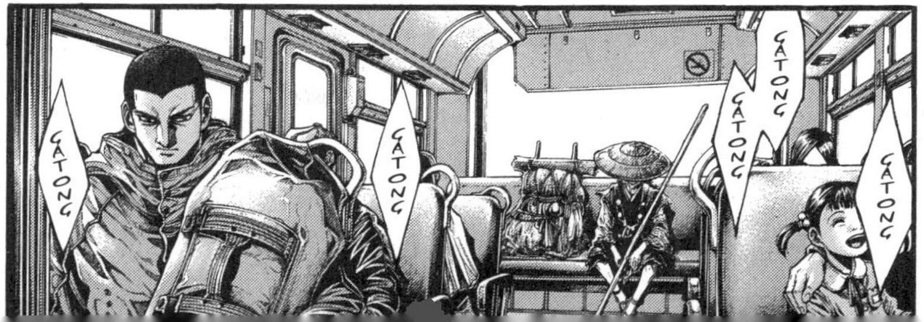
GATONG
GATONG
GATONG
GATONG
GATONG

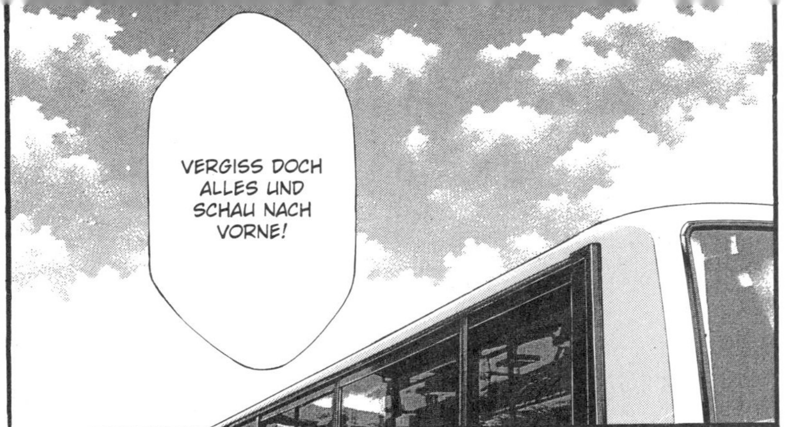

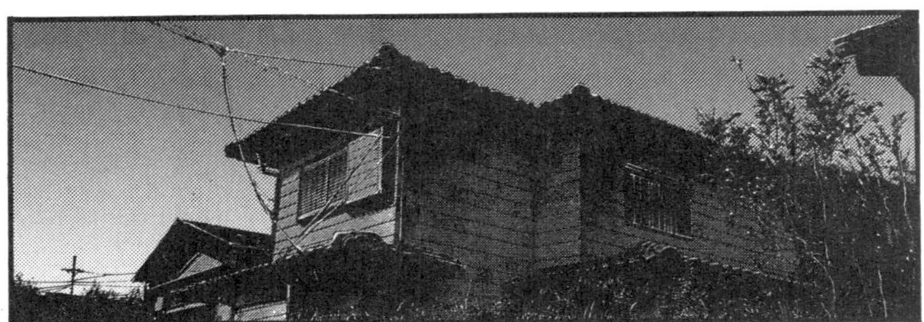

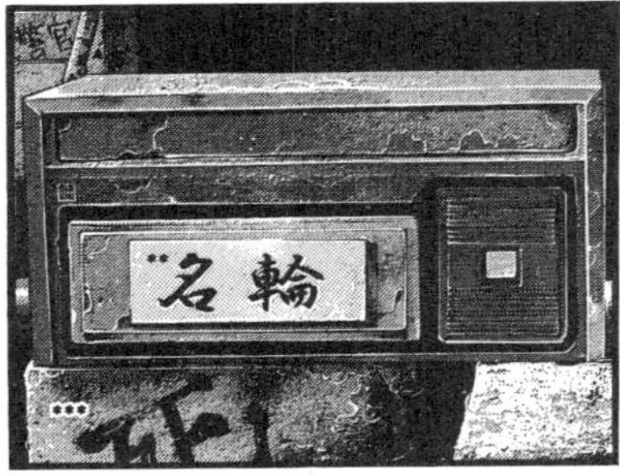

* „MÖRDER!" UND „DER BULLE IST EIN MÖRDER" ** NAWA *** „STIRB!"

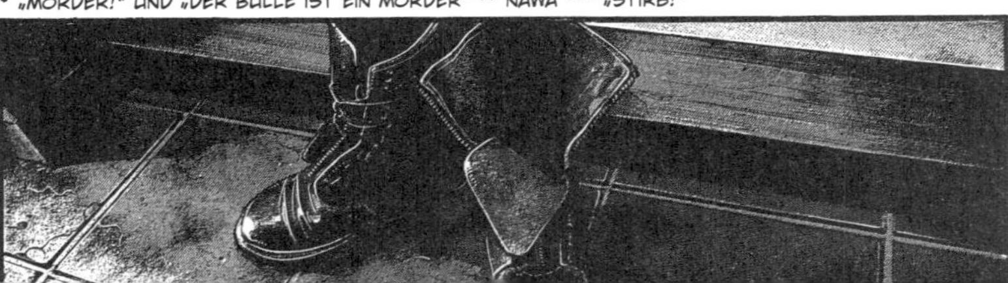

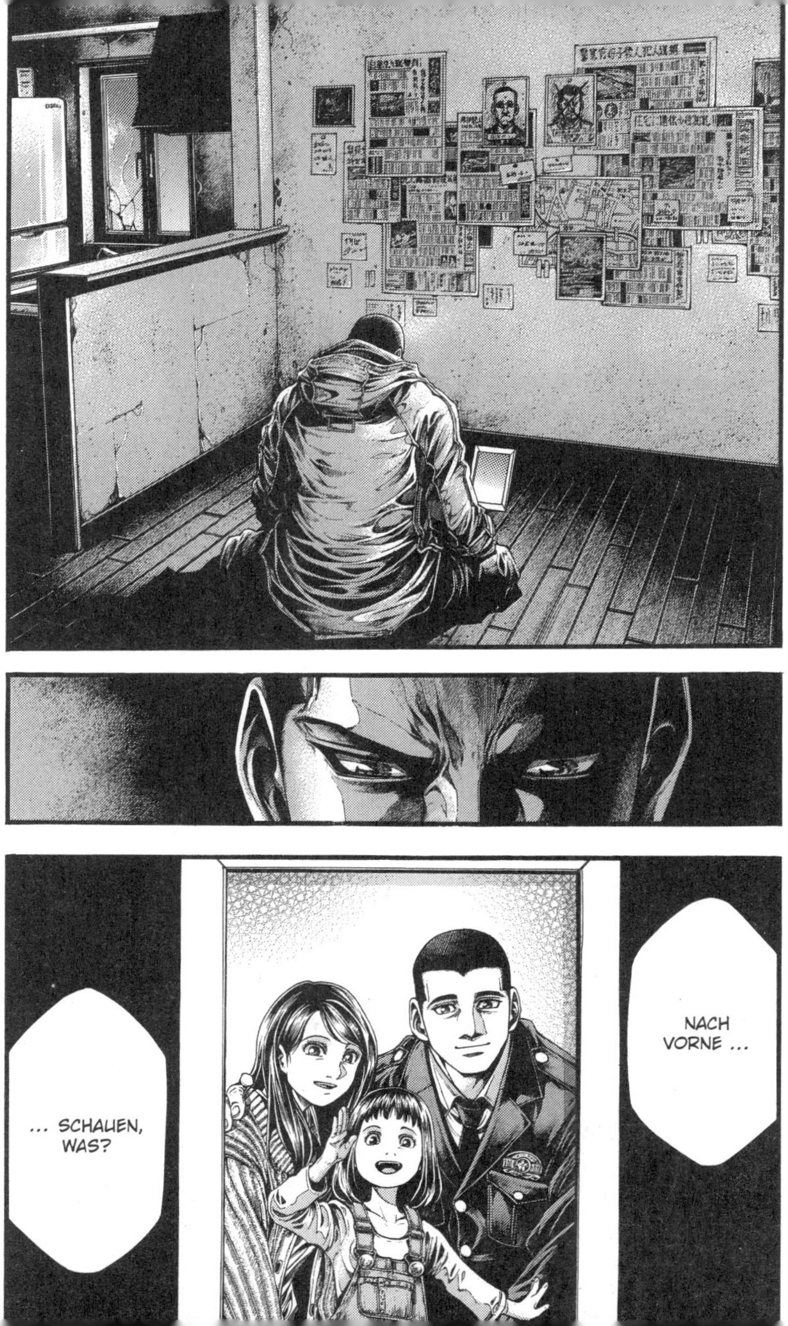

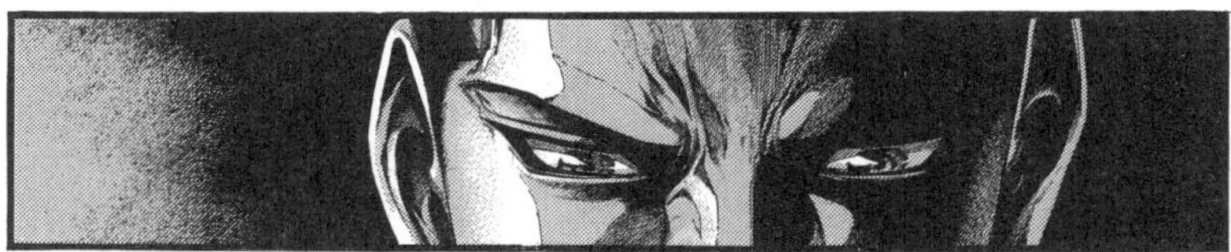

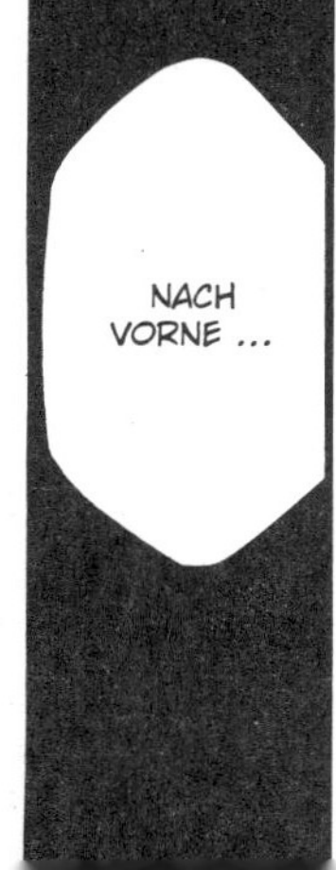
NACH VORNE …

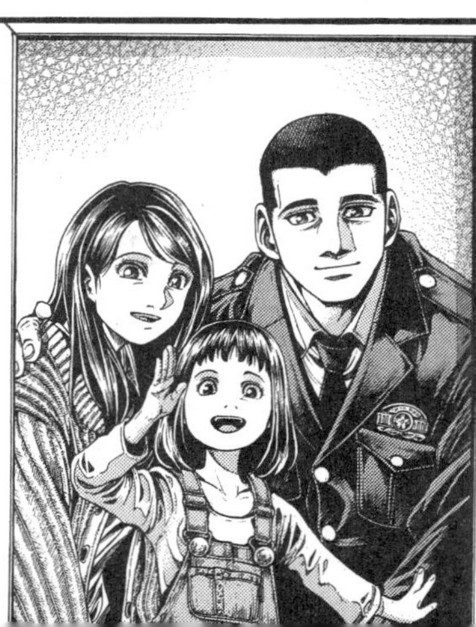

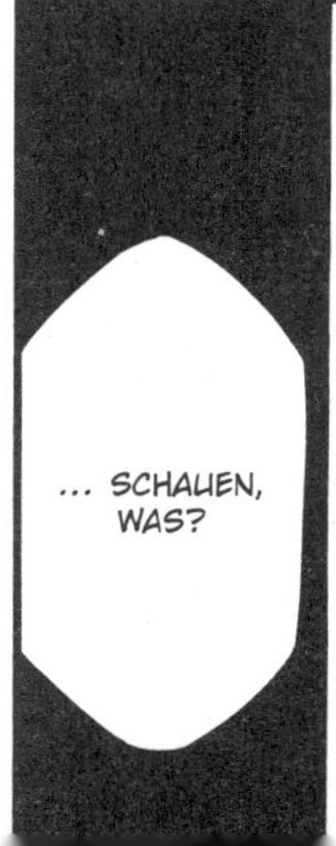
… SCHAUEN, WAS?

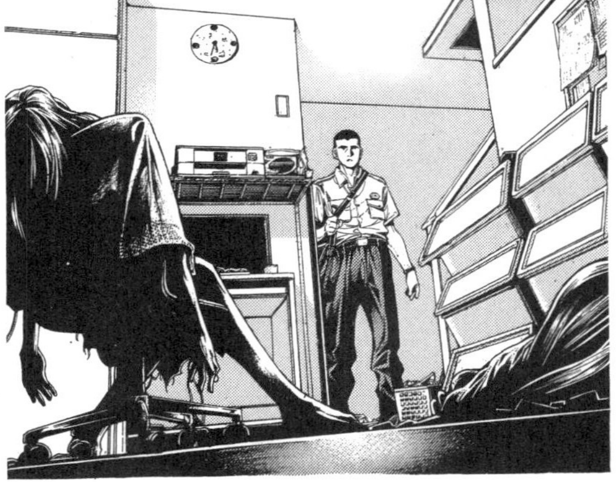

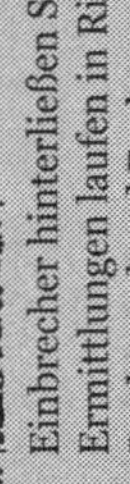

Einbrecher hinterließen Spuren
Ermittlungen laufen in Richtung Raubmord und Rachemord
Beide wurden erdrosselt
EHEFRAU UND KIND EINES POLIZISTEN ERMORDET AUFGEFUNDEN

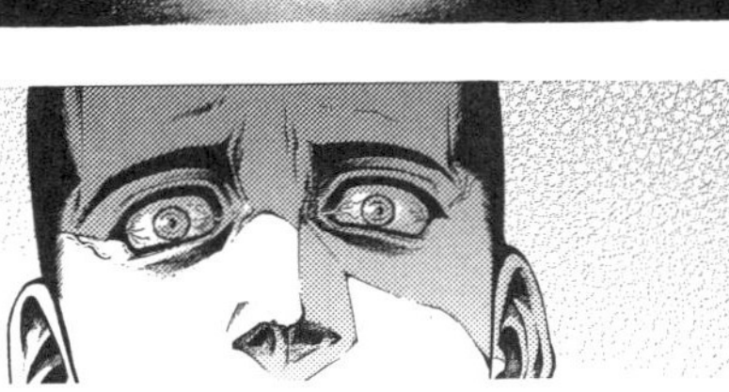

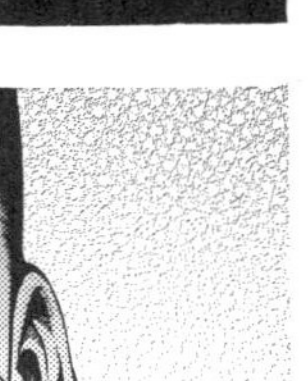

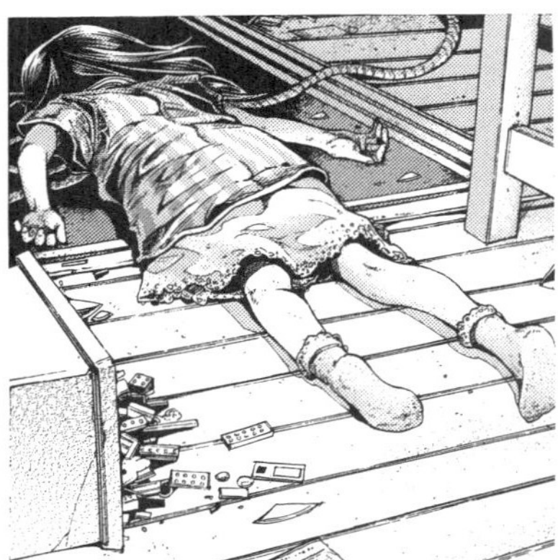

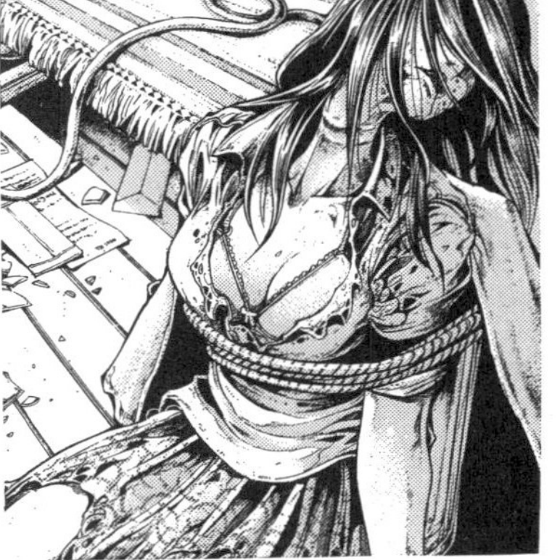

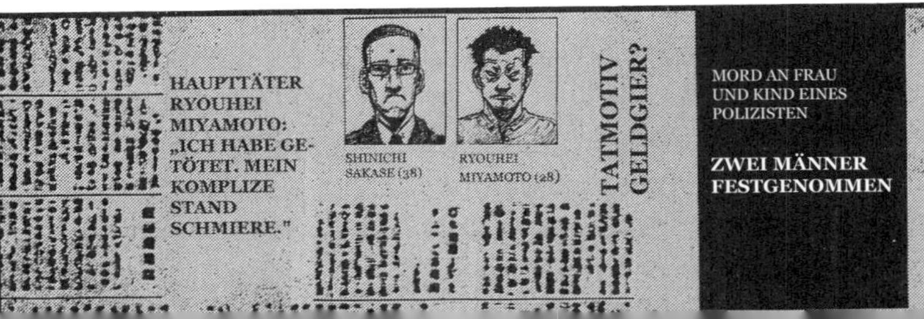

MORD AN FRAU UND KIND EINES POLIZISTEN
ZWEI MÄNNER FESTGENOMMEN
TATMOTIV GELDGIER?
SHINICHI SAKASE (38)
RYOUHEI MIYAMOTO (28)
HAUPTTÄTER RYOUHEI MIYAMOTO: „ICH HABE GETÖTET. MEIN KOMPLIZE STAND SCHMIERE."

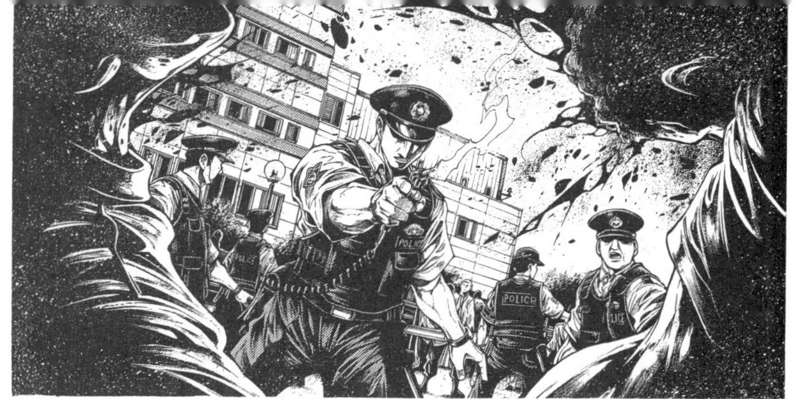

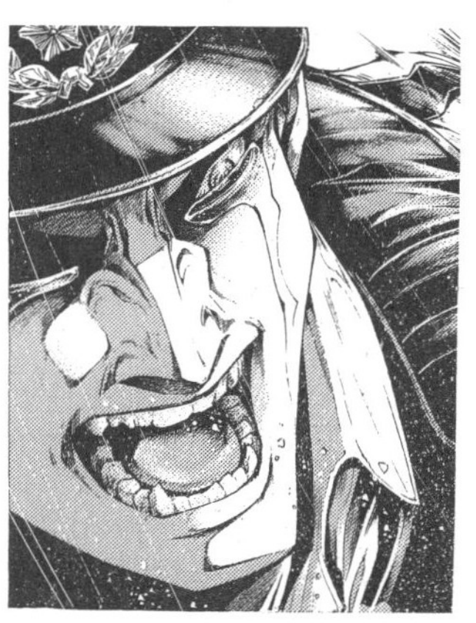

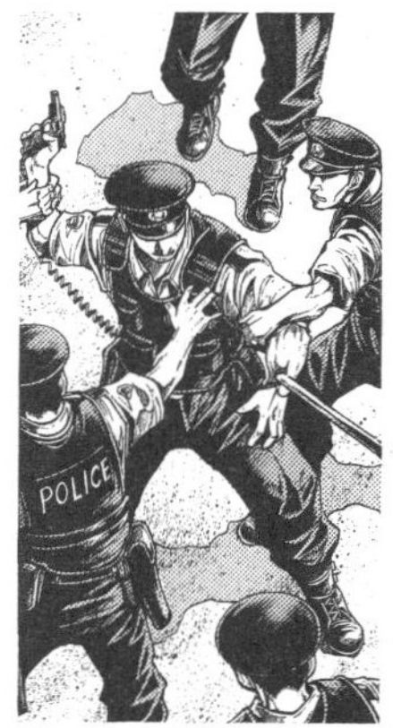

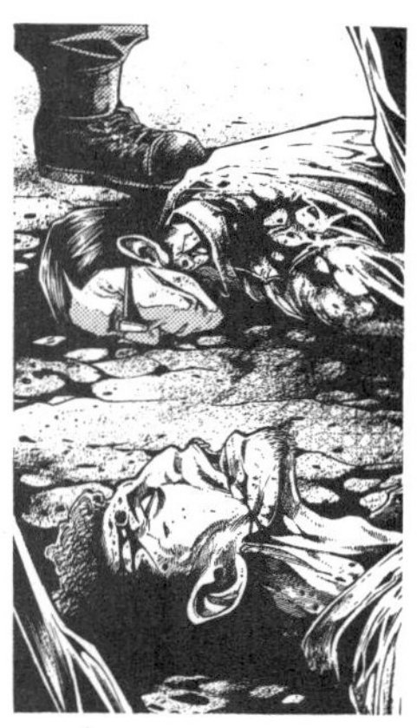

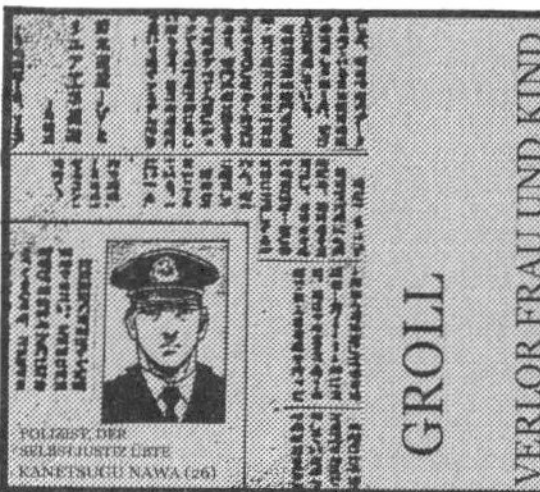

GROLL

VERLOR FRAU UND KIND

POLIZIST, DER SELBSTJUSTIZ ÜBTE
KANETSUGU NAWA (26)

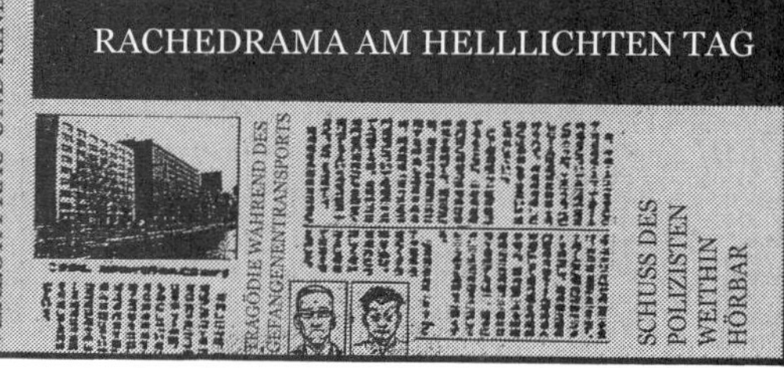

RACHEDRAMA AM HELLLICHTEN TAG

TRAGÖDIE WÄHREND DES GEFANGENENTRANSPORTS

SCHUSS DES POLIZISTEN WEITHIN HÖRBAR

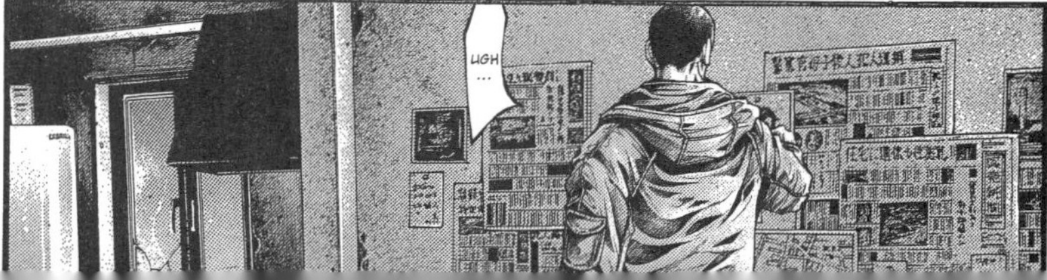

MUTMASSLICHER MÖRDER VON FRAU UND KIND EINES POLIZISTEN

DAS WUNDERSAME ÜBERLEBEN EINES ERSCHOSSENEN

ZUNÄCHST WURDE DER SOFORTIGE TOD FESTGESTELLT

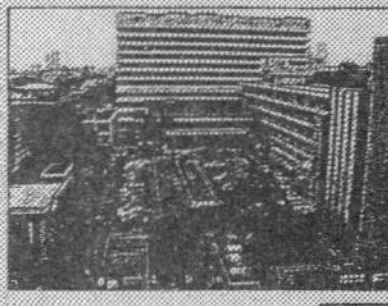

OFFENBAR INS LEBEN ZURÜCKGEKEHRT: MUTMASSLICHER KOMPLIZE SHINICHI SAKASE

MORD UND VERSUCHTER MORD – FALL WIRD ERNEUT DER STAATSANWALTSCHAFT ÜBERGEBEN

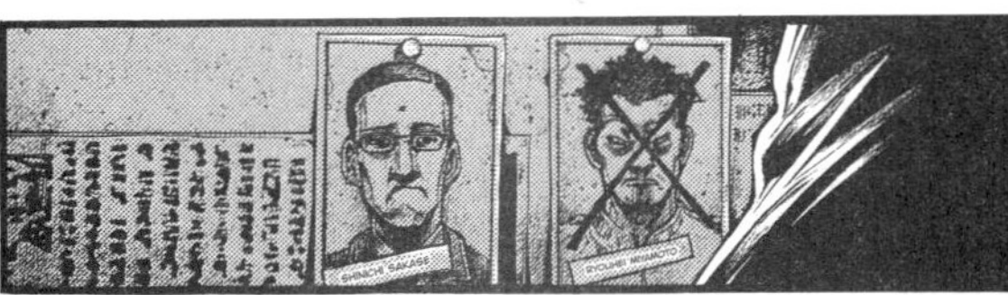

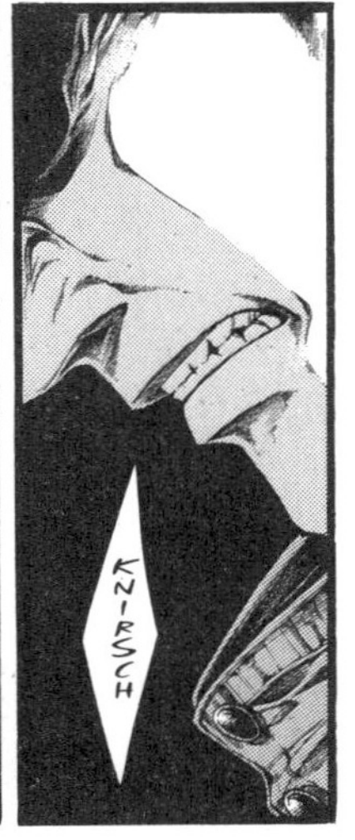

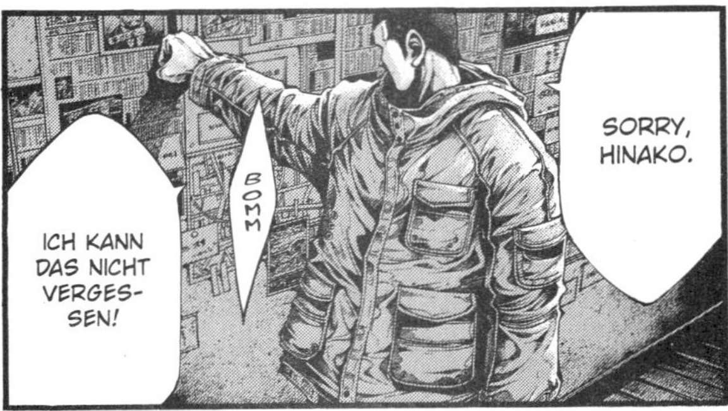

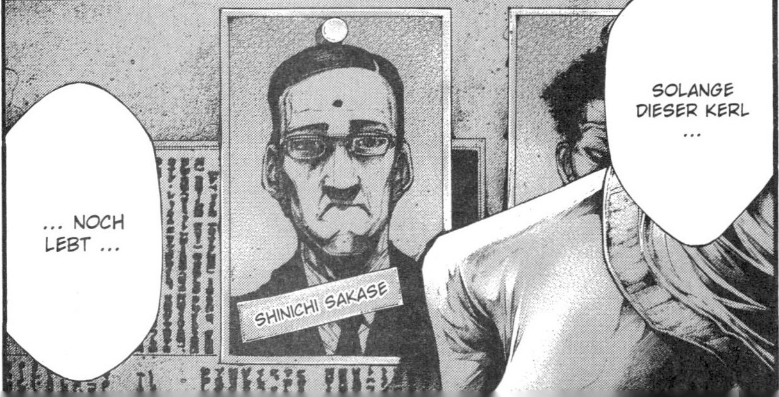

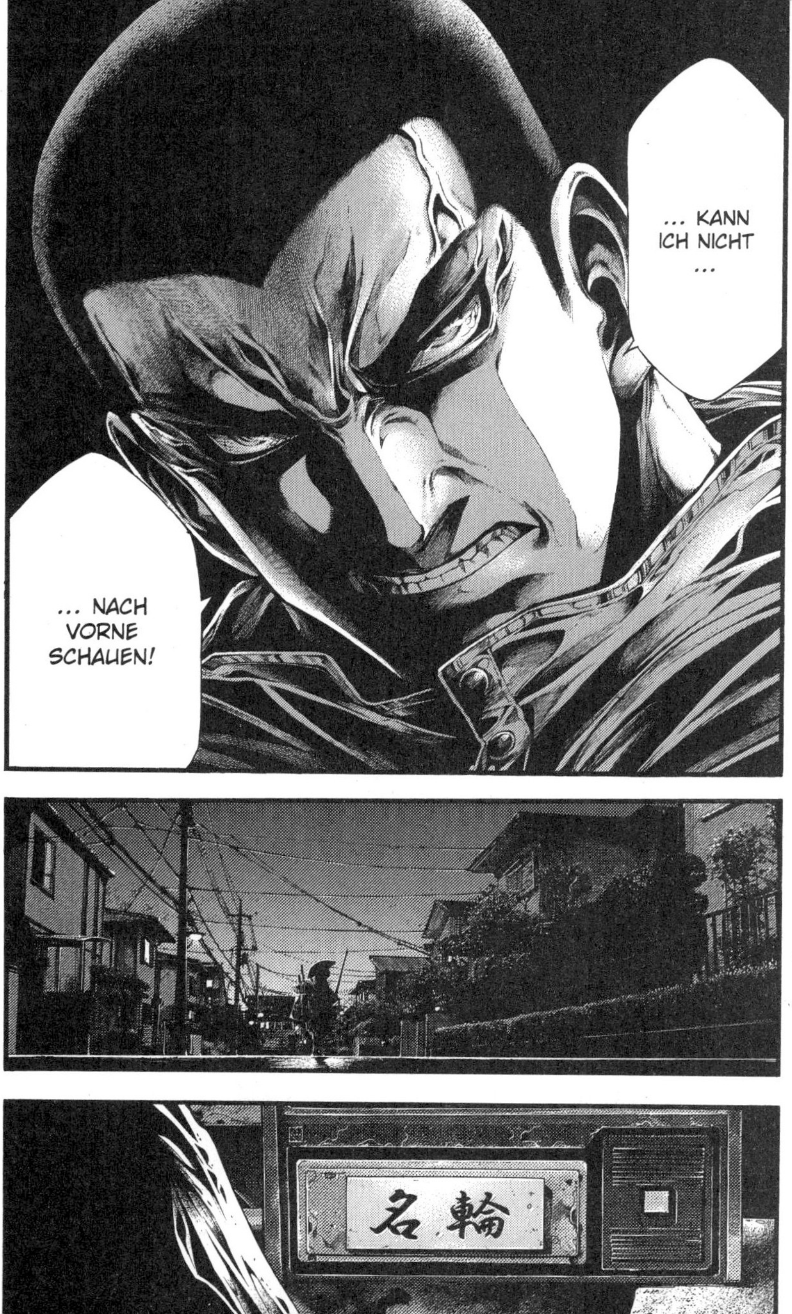

... KANN ICH NICHT ...

... NACH VORNE SCHAUEN!

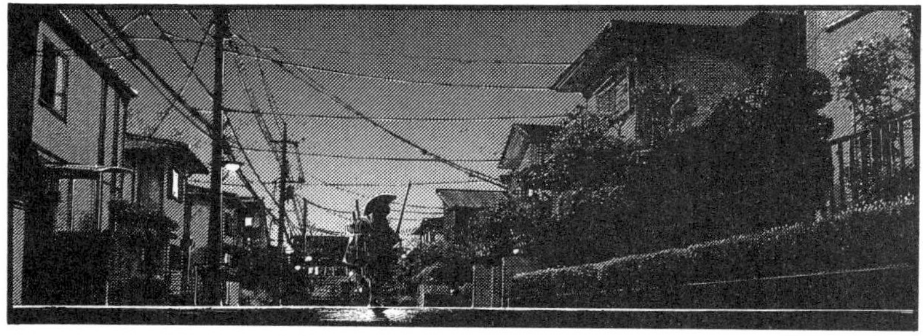

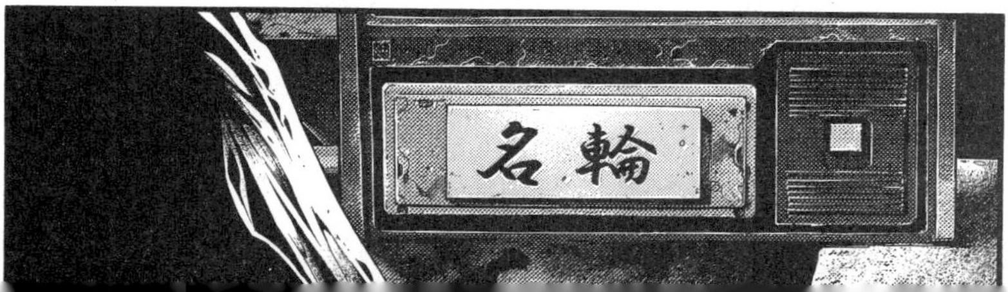

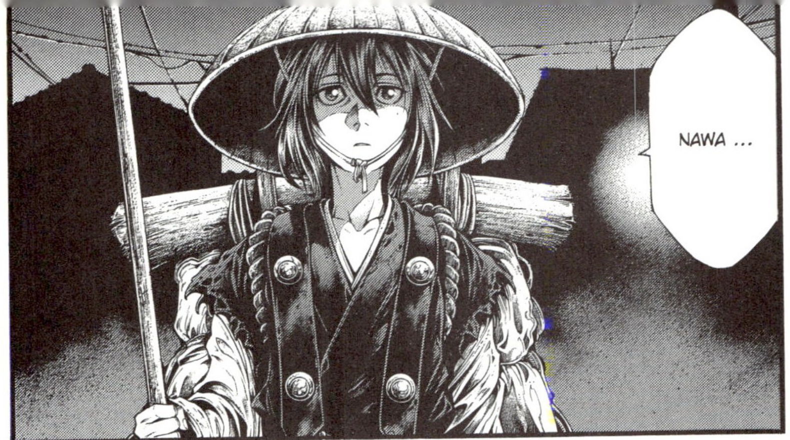
NAWA …

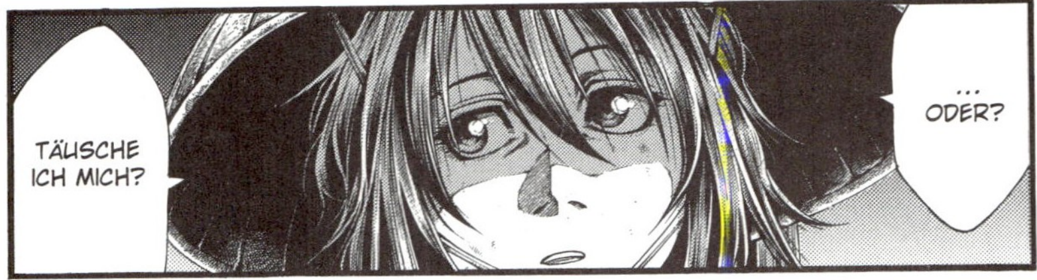
… ODER?
TÄUSCHE ICH MICH?

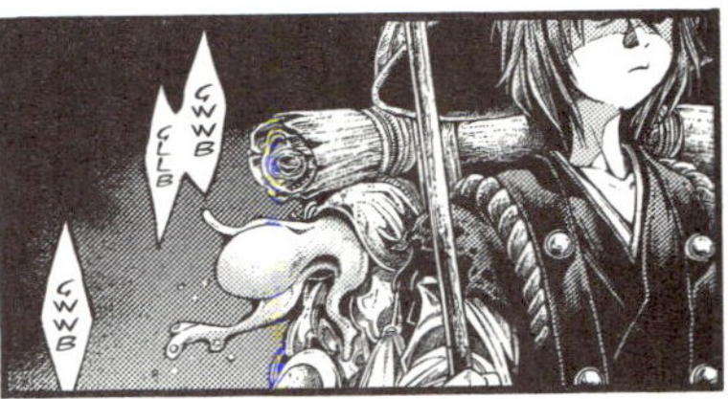
GWWB
GLLB
GWWB

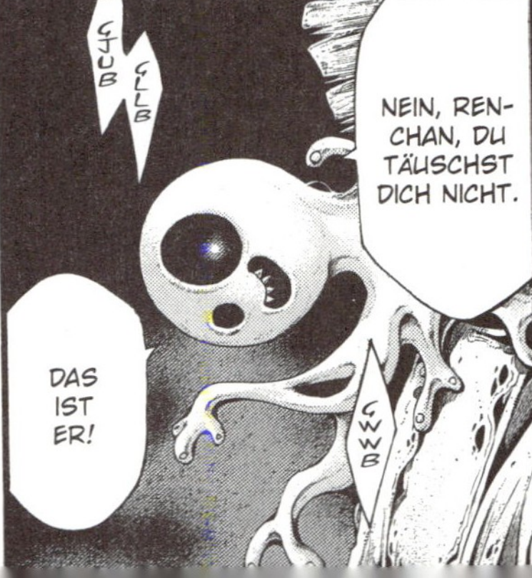
NEIN, REN-CHAN, DU TÄUSCHST DICH NICHT.
GJUB
GLLB
DAS IST ER!
GWWB

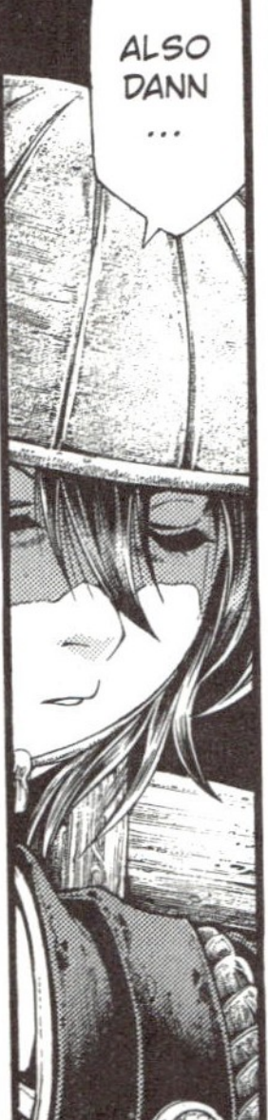
ALSO DANN …

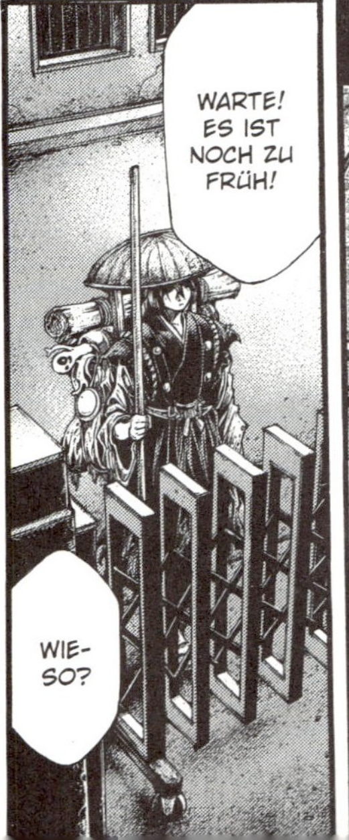
WARTE! ES IST NOCH ZU FRÜH!
WIE-SO?

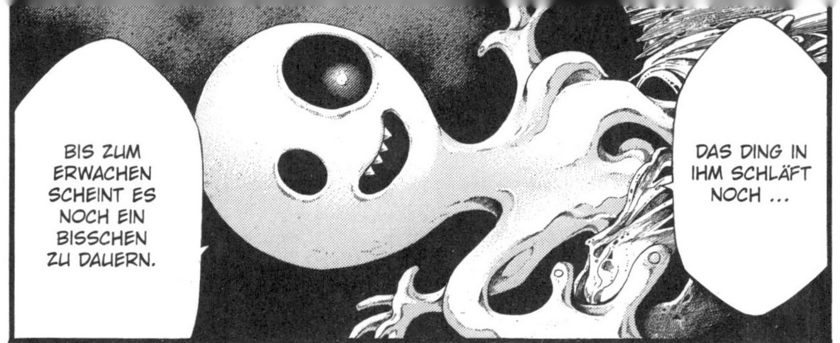
DAS DING IN IHM SCHLÄFT NOCH ...
BIS ZUM ERWACHEN SCHEINT ES NOCH EIN BISSCHEN ZU DAUERN.

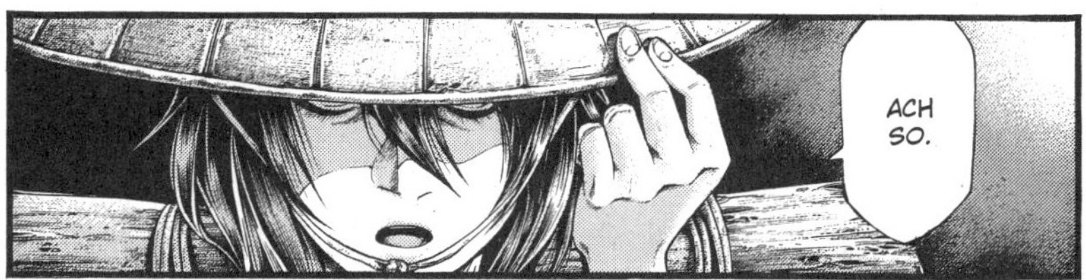
ACH SO.

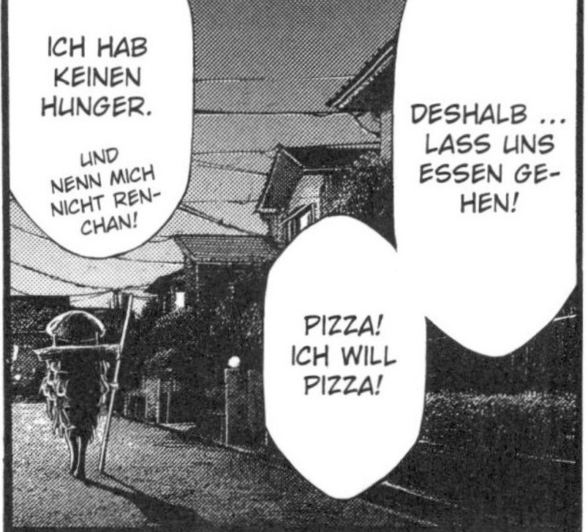
DESHALB ... LASS UNS ESSEN GEHEN!
ICH HAB KEINEN HUNGER.
UND NENN MICH NICHT REN-CHAN!
PIZZA! ICH WILL PIZZA!

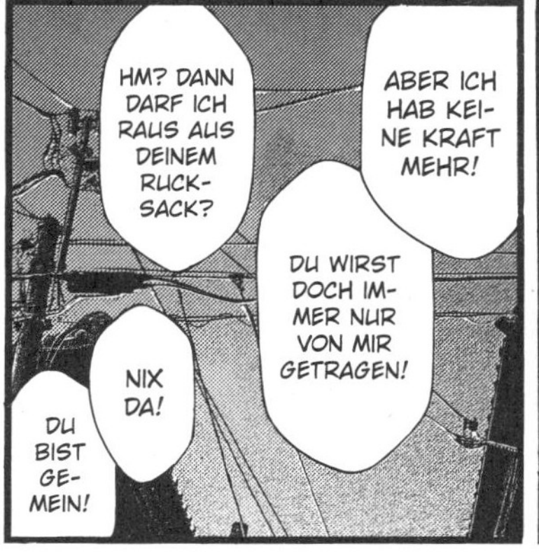
ABER ICH HAB KEINE KRAFT MEHR!
HM? DANN DARF ICH RAUS AUS DEINEM RUCKSACK?
DU WIRST DOCH IMMER NUR VON MIR GETRAGEN!
NIX DA!
DU BIST GEMEIN!

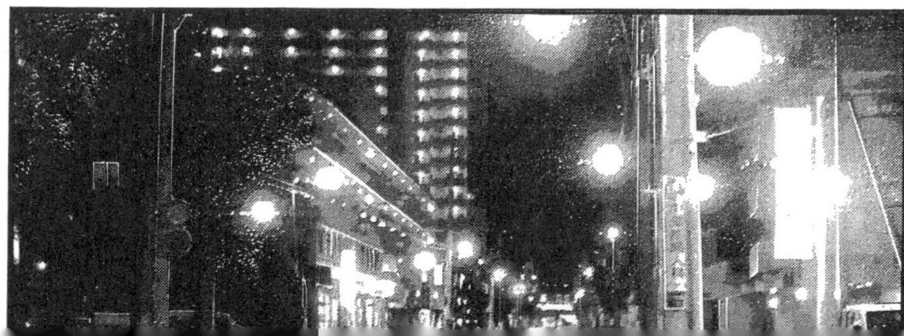

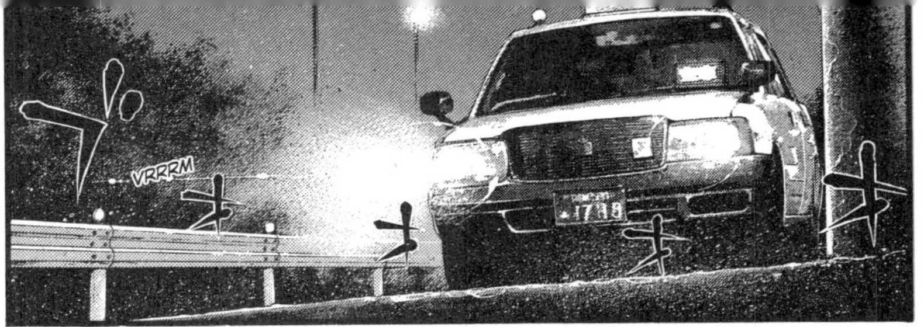

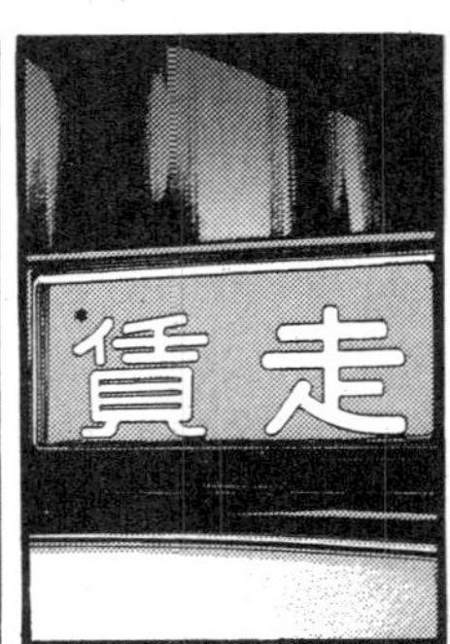

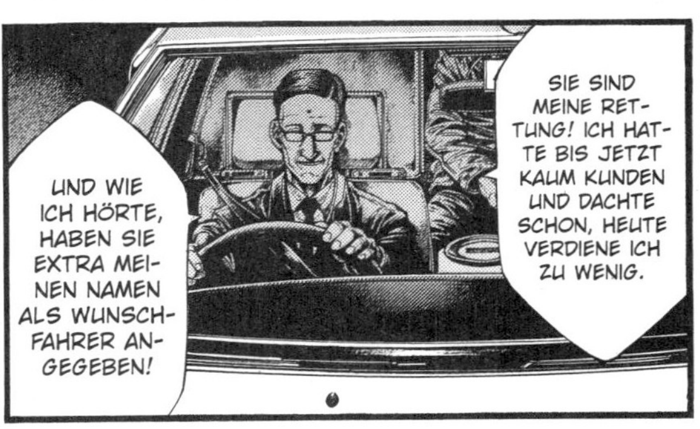

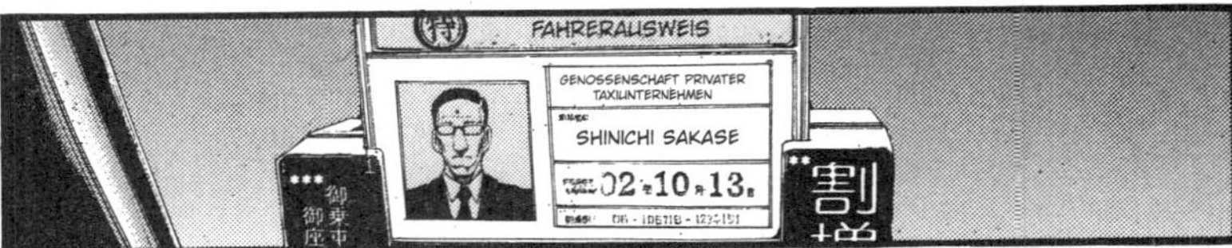

* BELEGT ** NACHTTARIF *** „DANKE, DASS SIE MIT UNS FAHREN"

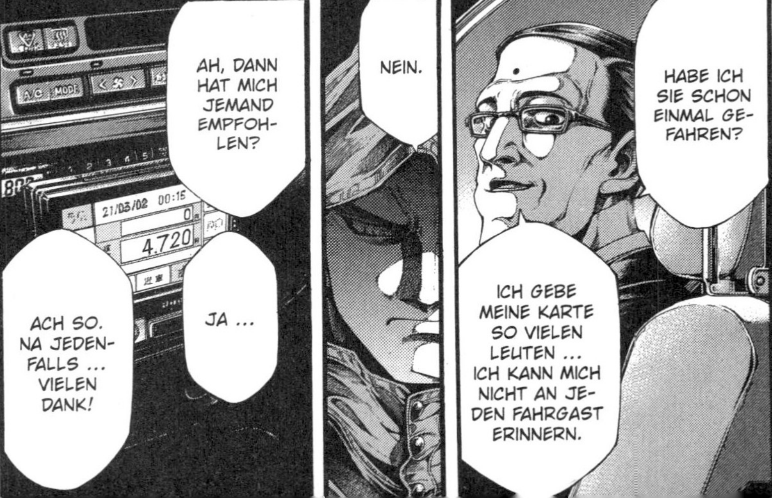

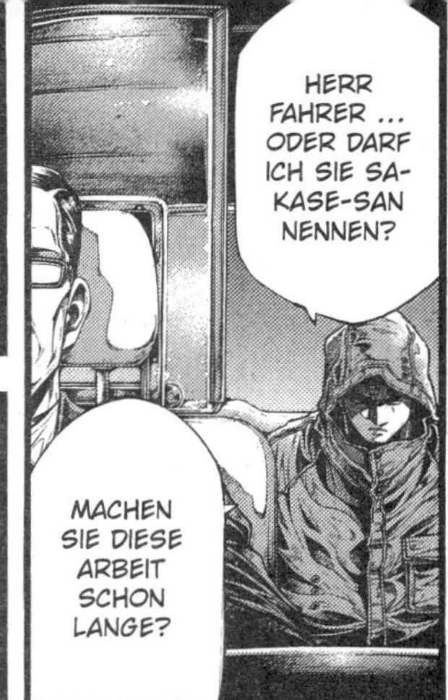
HERR FAHRER ... ODER DARF ICH SIE SAKASE-SAN NENNEN?
MACHEN SIE DIESE ARBEIT SCHON LANGE?

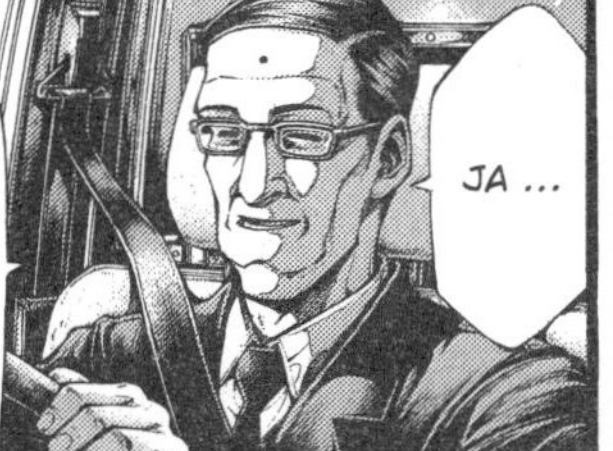
JA ...

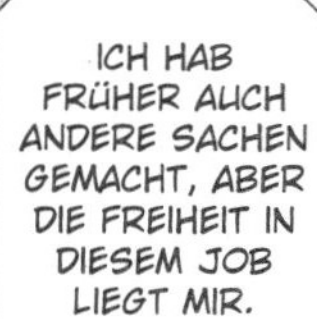
ICH HAB FRÜHER AUCH ANDERE SACHEN GEMACHT, ABER DIE FREIHEIT IN DIESEM JOB LIEGT MIR.

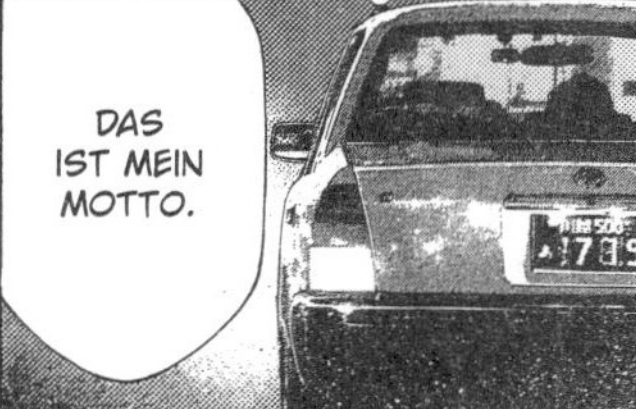
ICH WOLLTE ALLE FESSELN ABWERFEN UND TUN, WAS MIR SPASS MACHT ...
DAS IST MEIN MOTTO.

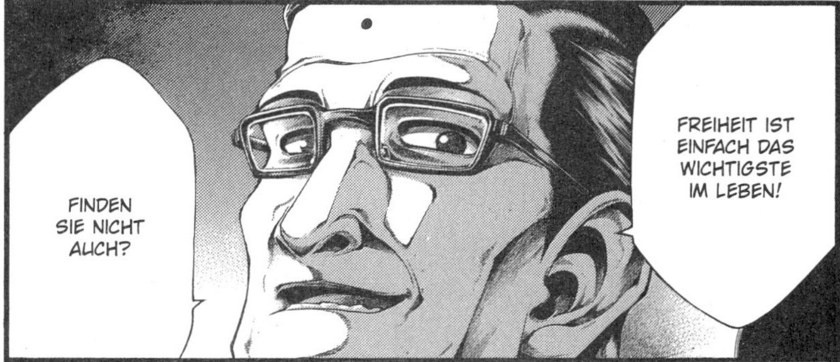
FREIHEIT IST EINFACH DAS WICHTIGSTE IM LEBEN!
FINDEN SIE NICHT AUCH?

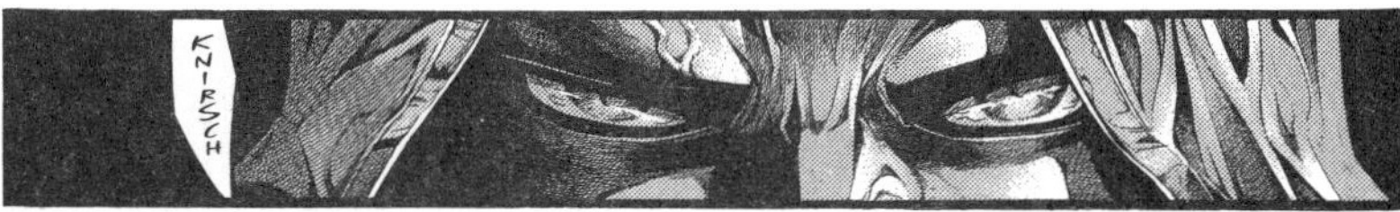
KNIRSCH

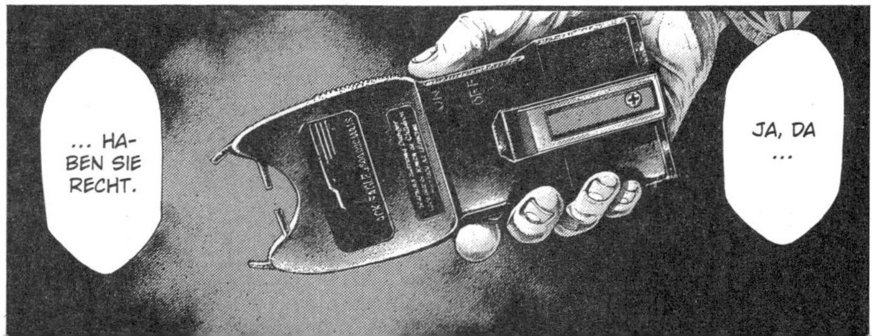
JA, DA ...
... HABEN SIE RECHT.

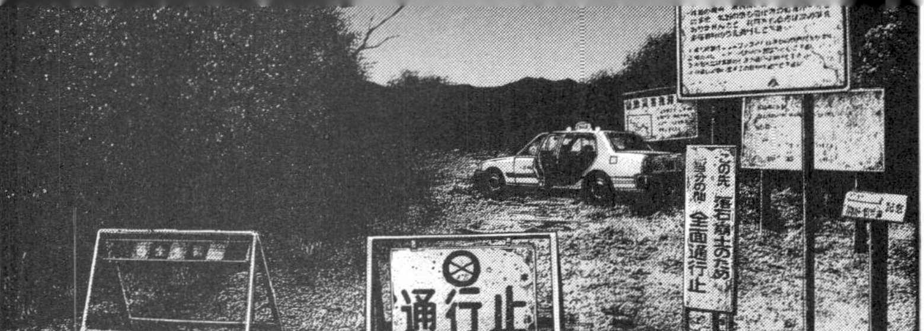

* WEGEN STEINSCHLAGGEFAHR VORÜBERGEHEND GESPERRT

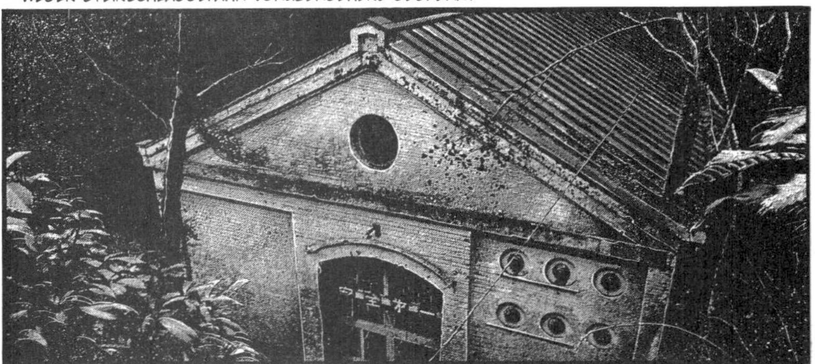

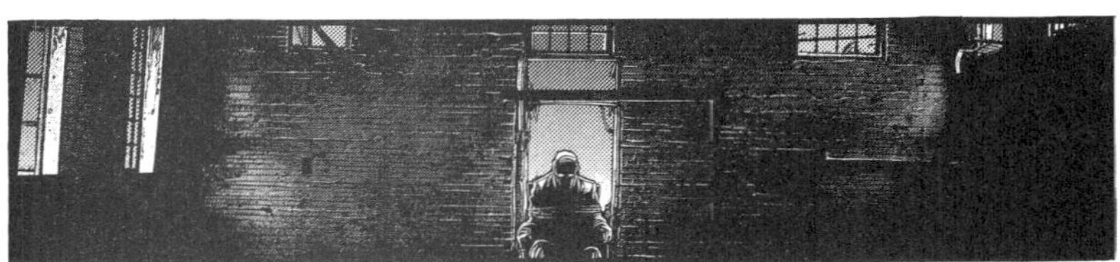

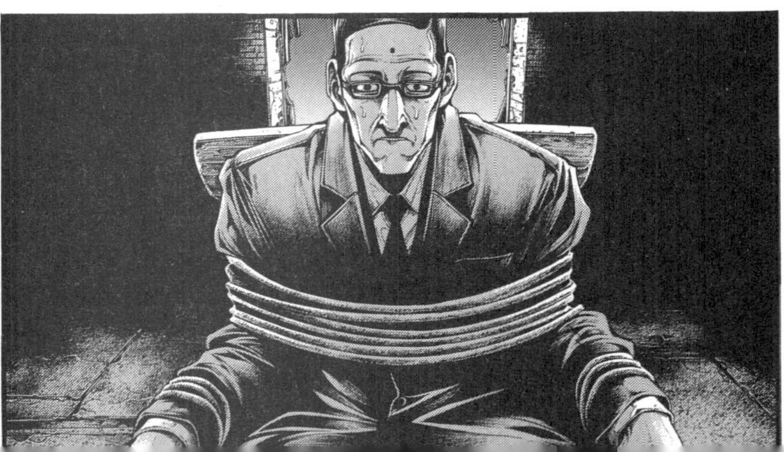

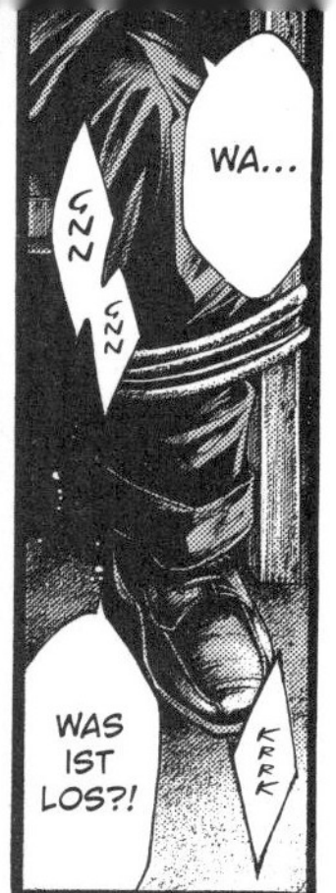
WA…
GNN
GNN
WAS IST LOS?!
KRRK
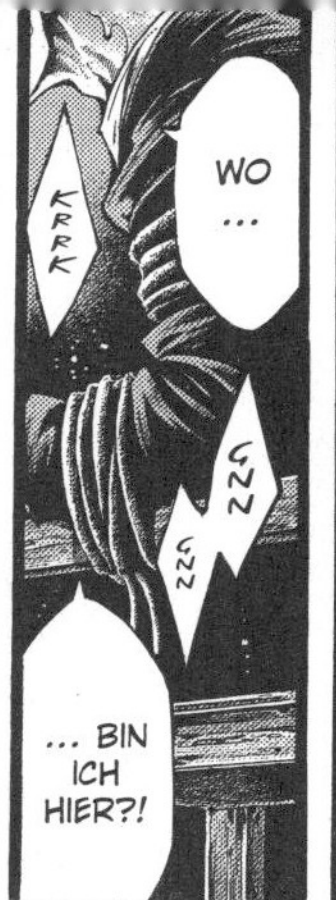
WO …
KRRK
GNN
GNN
… BIN ICH HIER?!
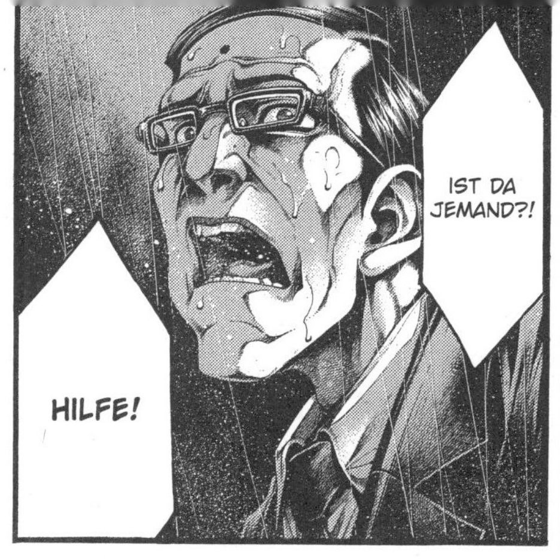
IST DA JEMAND?!
HILFE!
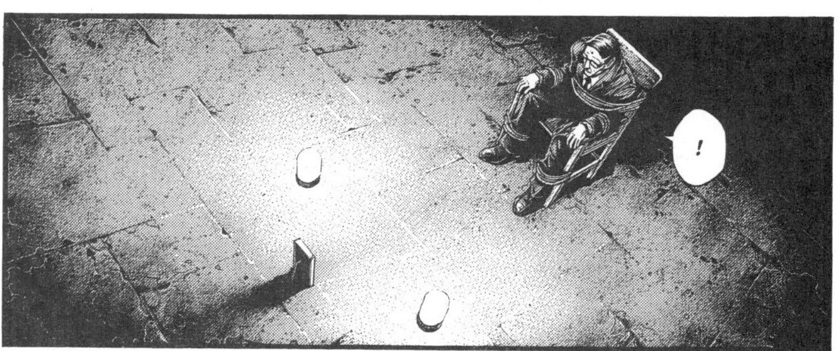
!
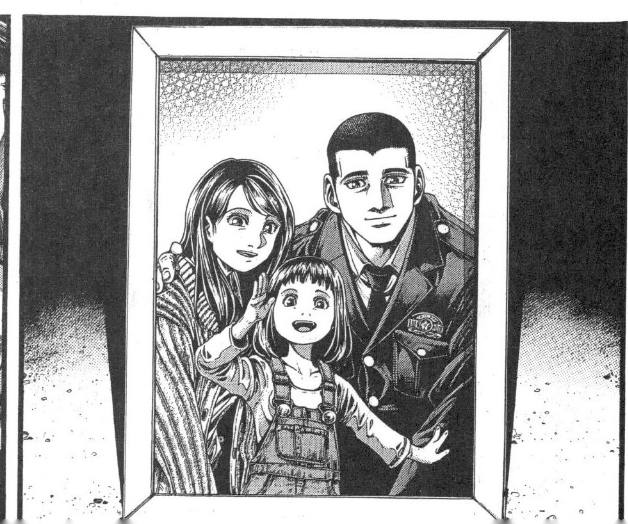
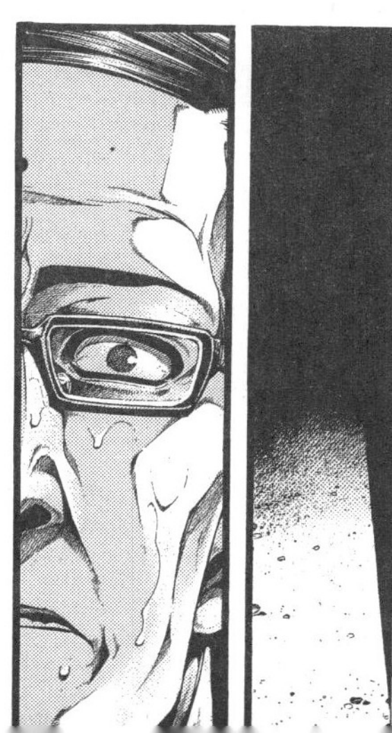

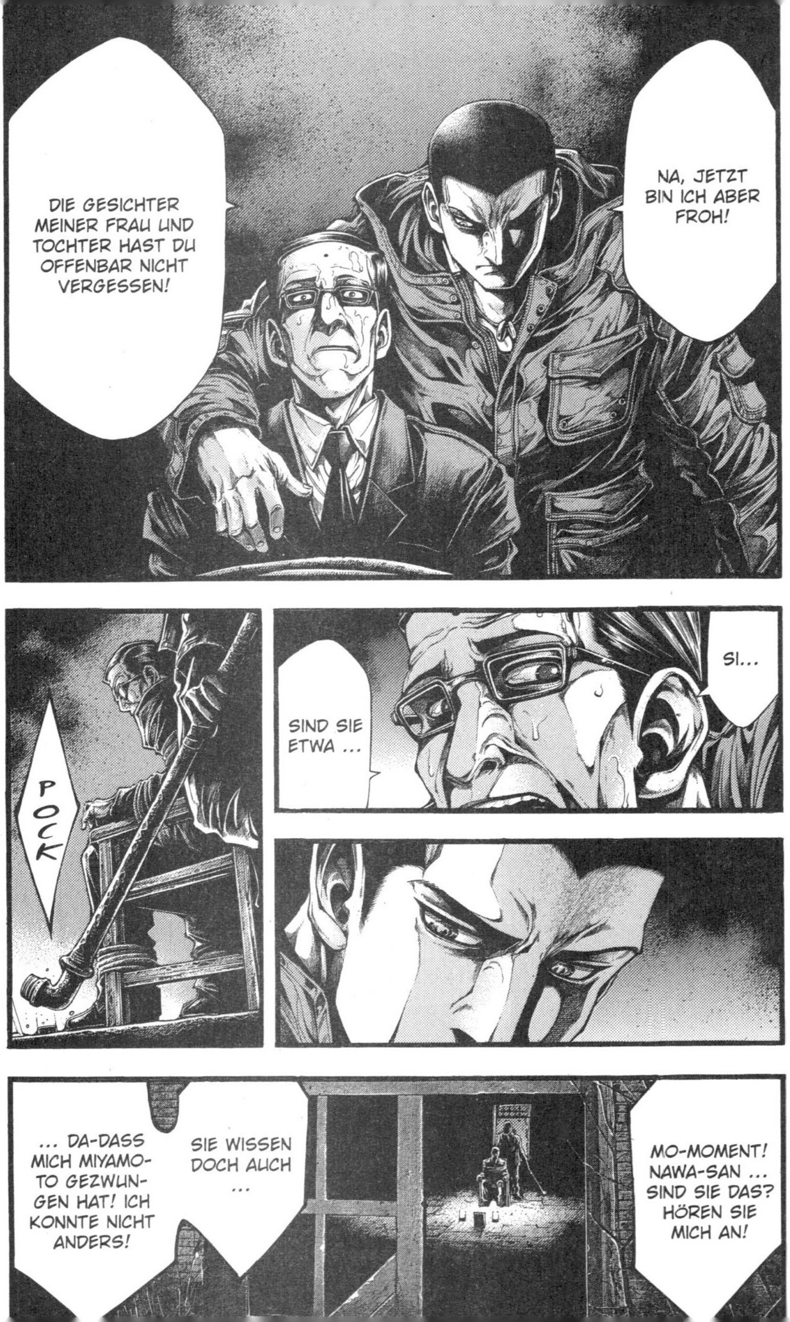

NA, JETZT BIN ICH ABER FROH!

DIE GESICHTER MEINER FRAU UND TOCHTER HAST DU OFFENBAR NICHT VERGESSEN!

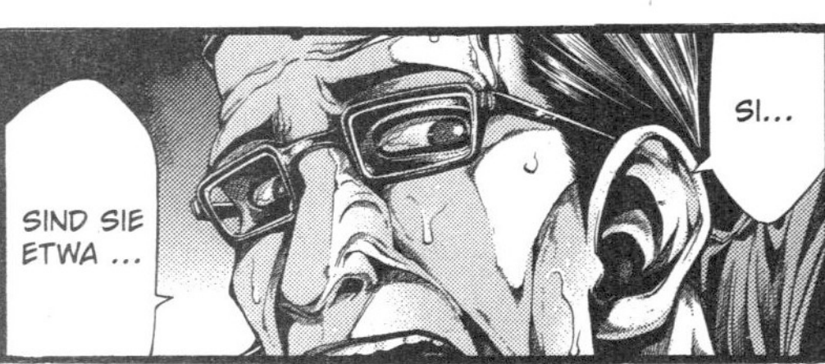

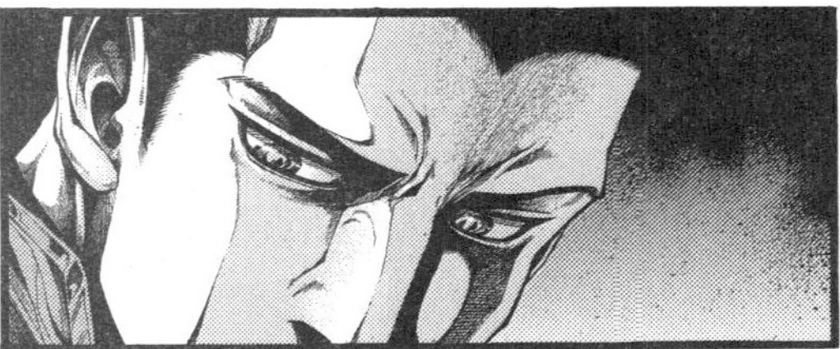

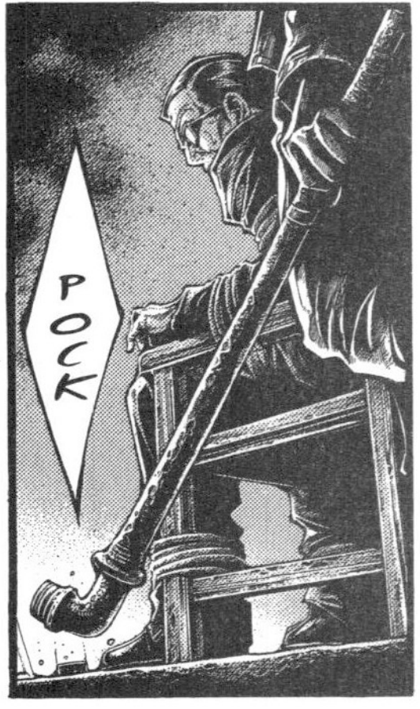

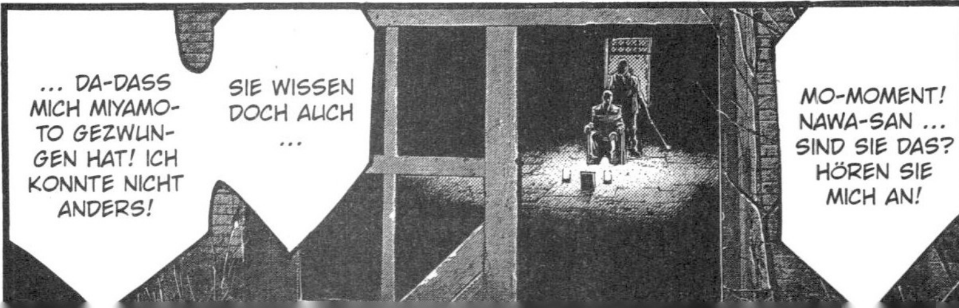

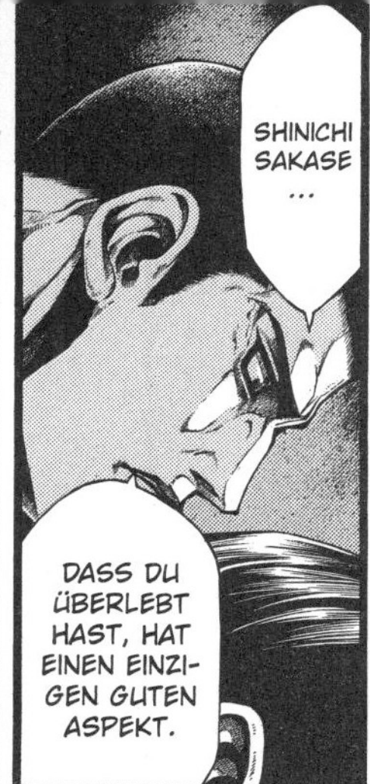
SHINICHI SAKASE …
DASS DU ÜBERLEBT HAST, HAT EINEN EINZIGEN GUTEN ASPEKT.

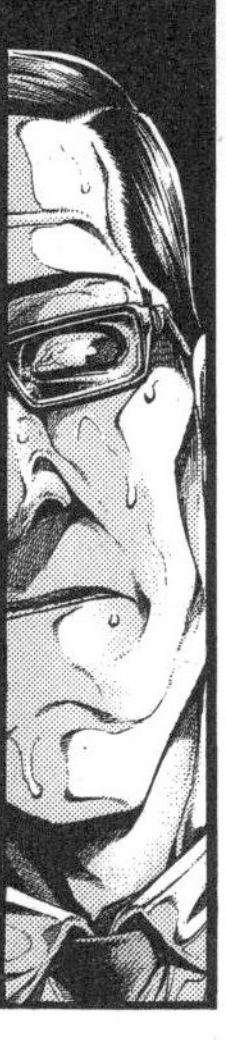

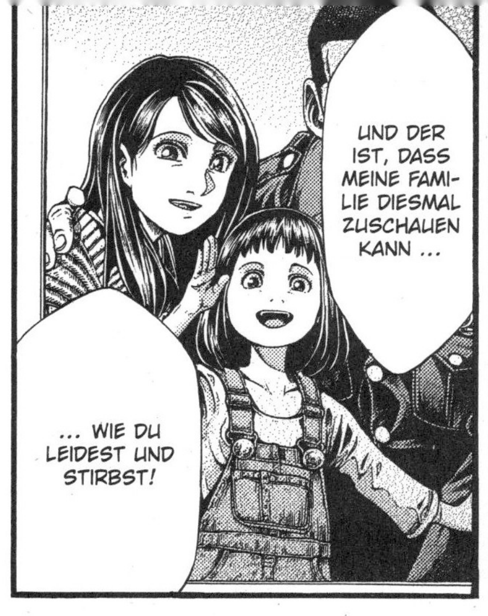
UND DER IST, DASS MEINE FAMILIE DIESMAL ZUSCHAUEN KANN …
… WIE DU LEIDEST UND STIRBST!

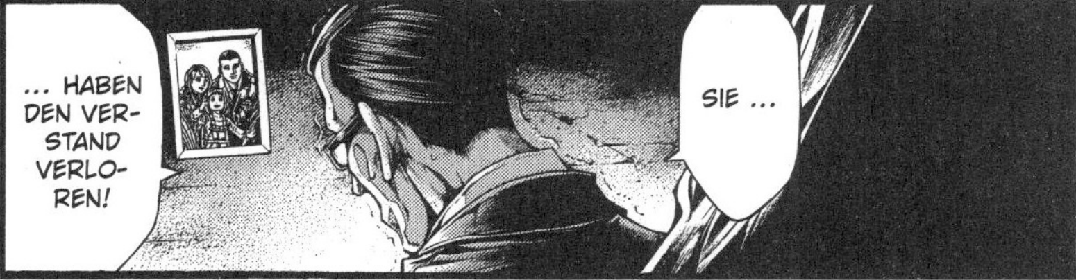
SIE …
… HABEN DEN VERSTAND VERLOREN!

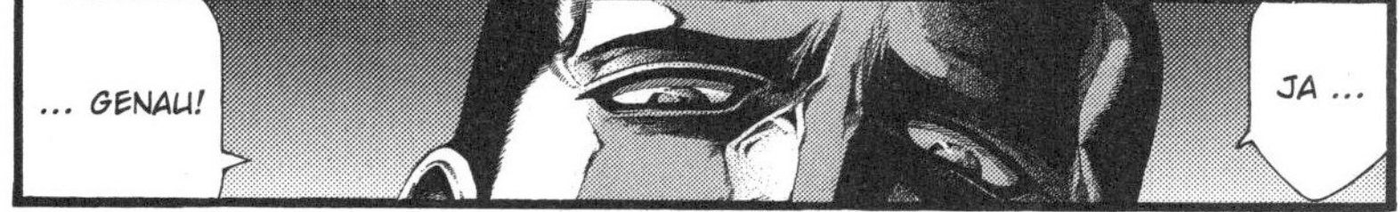
JA …
… GENAU!

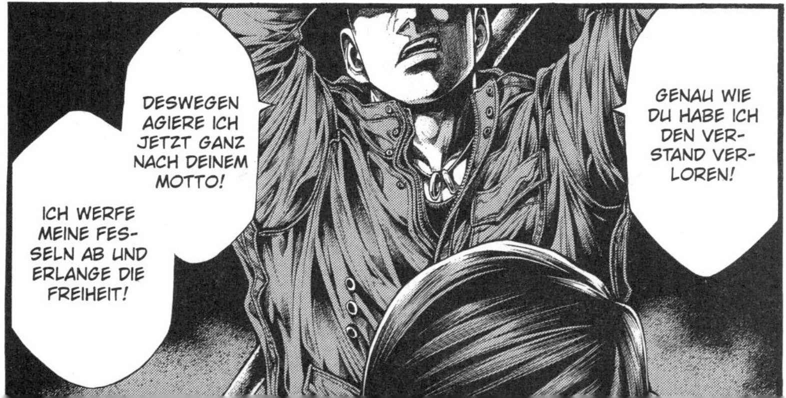
GENAU WIE DU HABE ICH DEN VERSTAND VERLOREN!
DESWEGEN AGIERE ICH JETZT GANZ NACH DEINEM MOTTO!
ICH WERFE MEINE FESSELN AB UND ERLANGE DIE FREIHEIT!

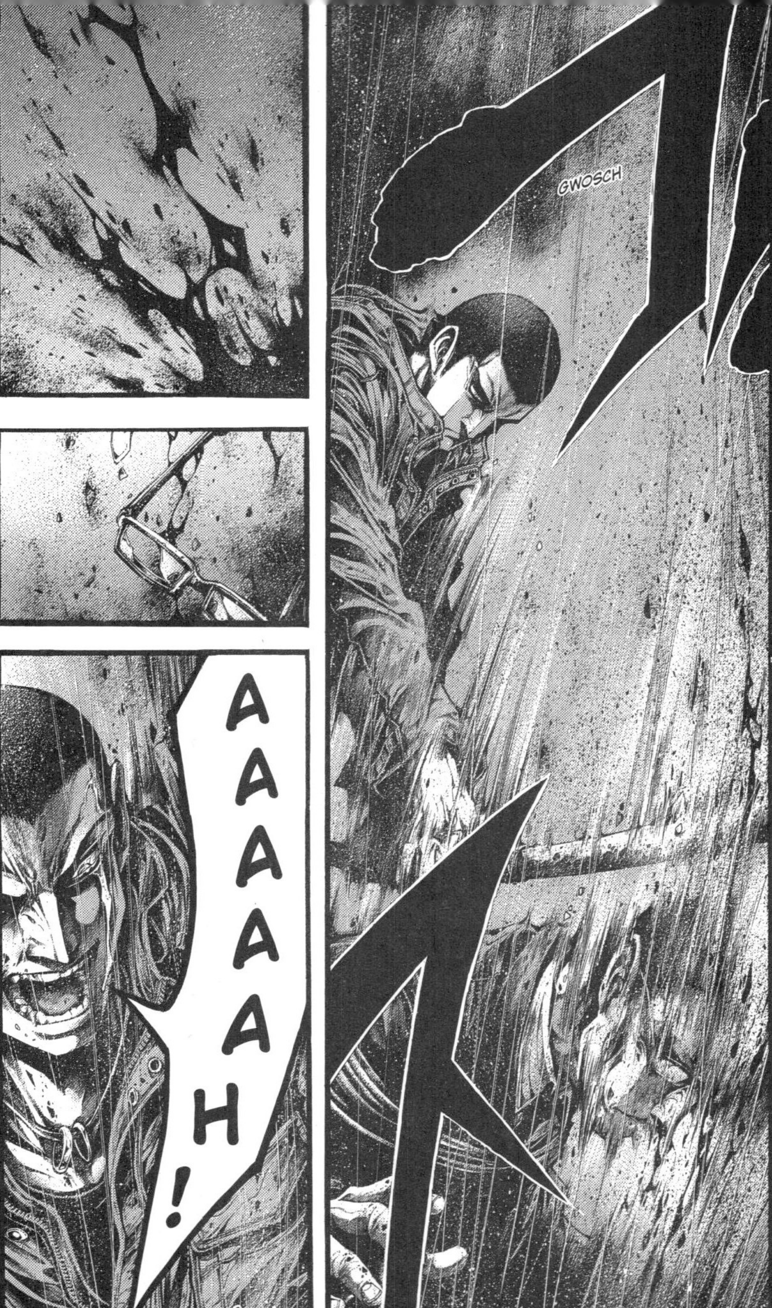
GWOSCH
AAAAAH!

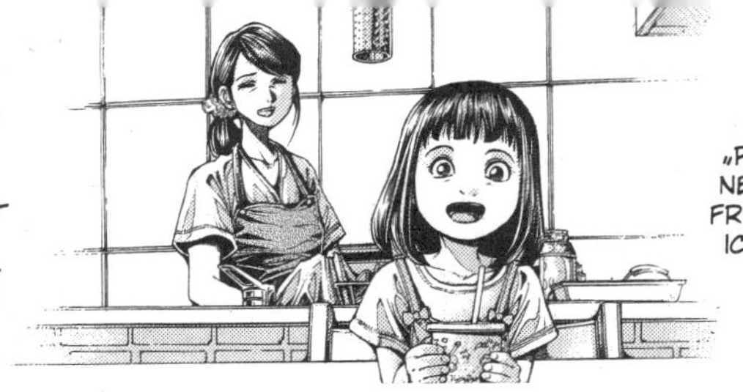
„PAPA! AN DEINEM NÄCHSTEN FREIEN TAG WILL ICH INS AQUARIUM"!
„NEIN, HIKARI-CHAN! PAPA MUSS IMMER SO VIEL ARBEITEN … LASS IHM AUCH MAL EIN BISSCHEN RUHE!"

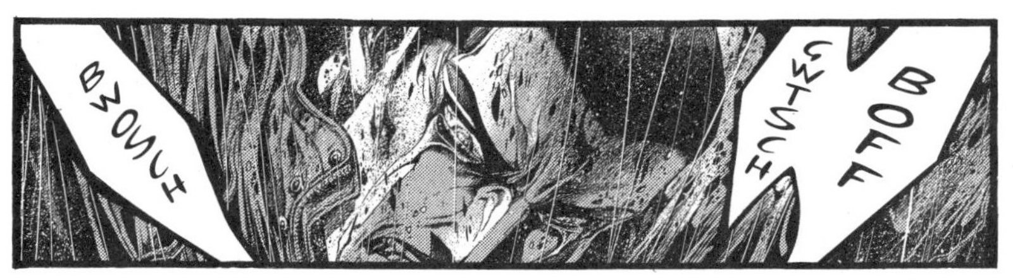
BOFF
GWTSCH
BWOSCH

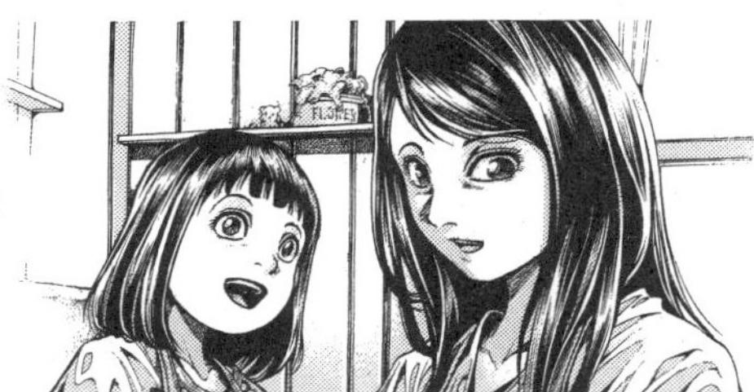
„PAPA IST POLIZIST UND EIN HELD DER GERECHTIGKEIT! ER KÄMPFT JEDEN TAG DAFÜR, DASS WIR ALLE IN SICHERHEIT SIND!"
„WAH, TOLL! PAPA IST EIN HELD?"

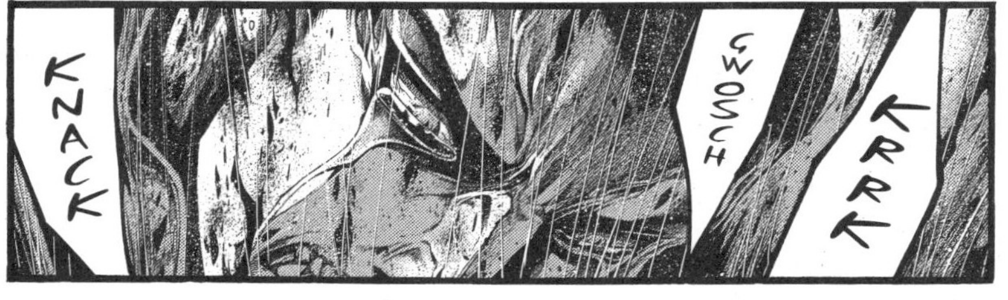
KRRK
GWOSCH
KNACK

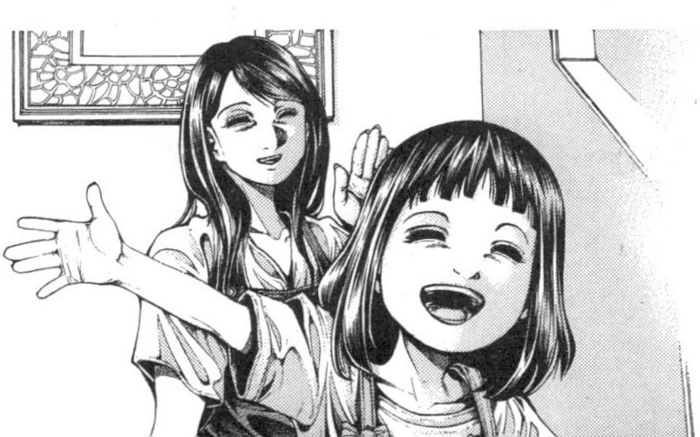
„ARBEITE SCHÖN, PAPA!"
„BIS HEUTE ABEND, LIEBLING!"

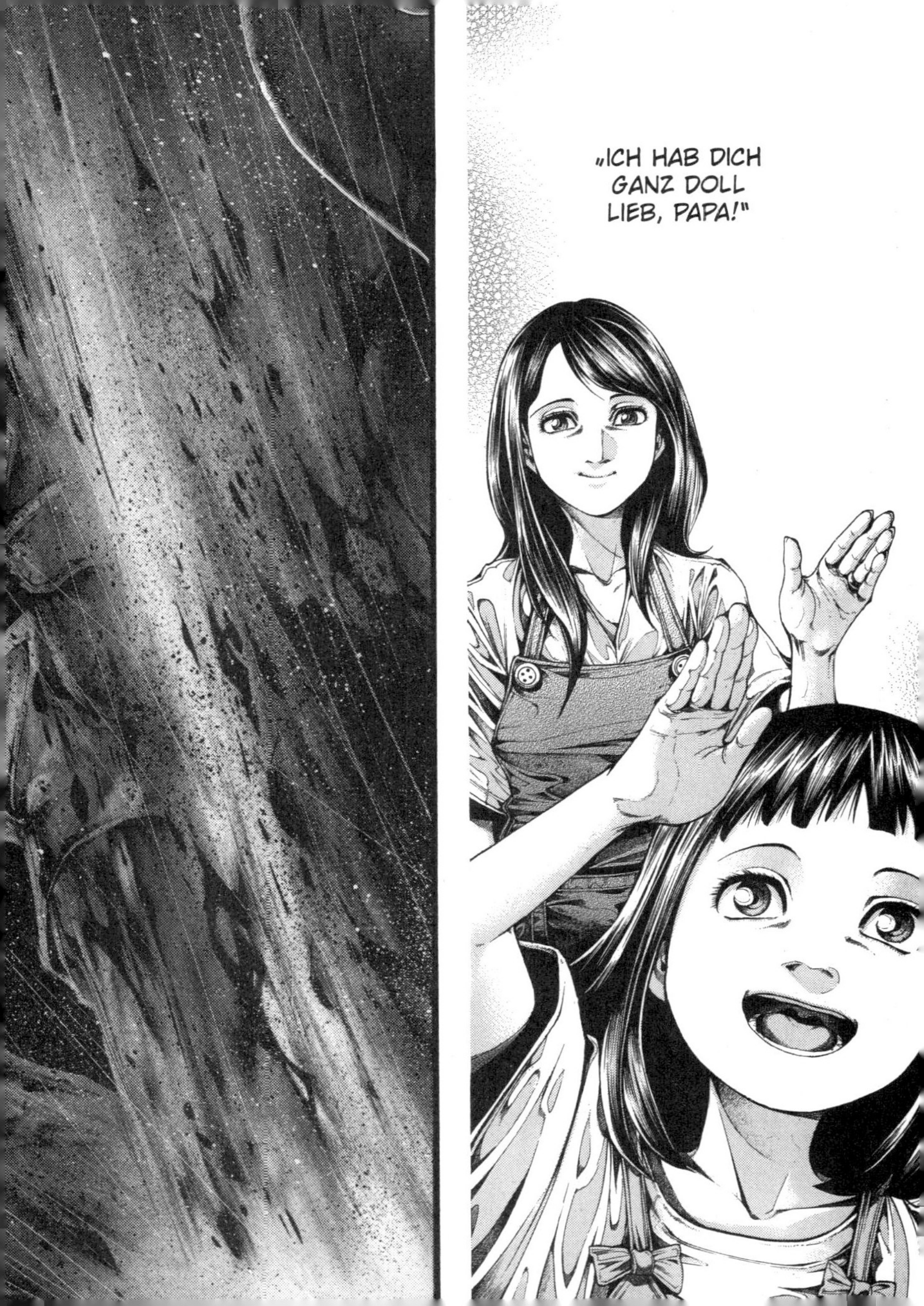

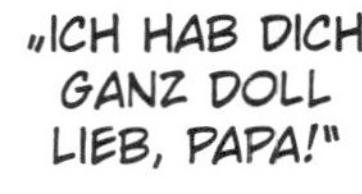
„ICH HAB DICH
GANZ DOLL
LIEB, PAPA!“

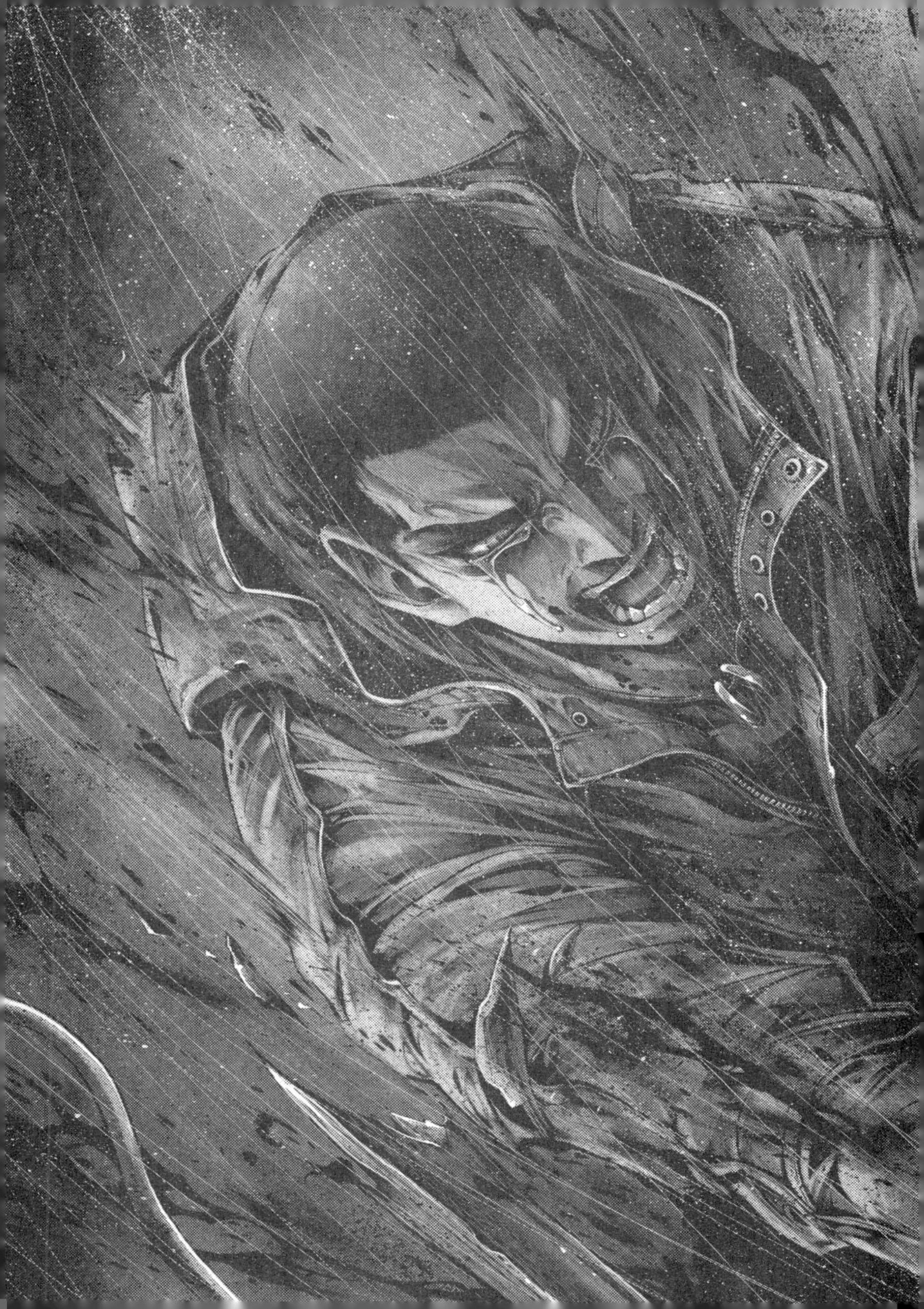

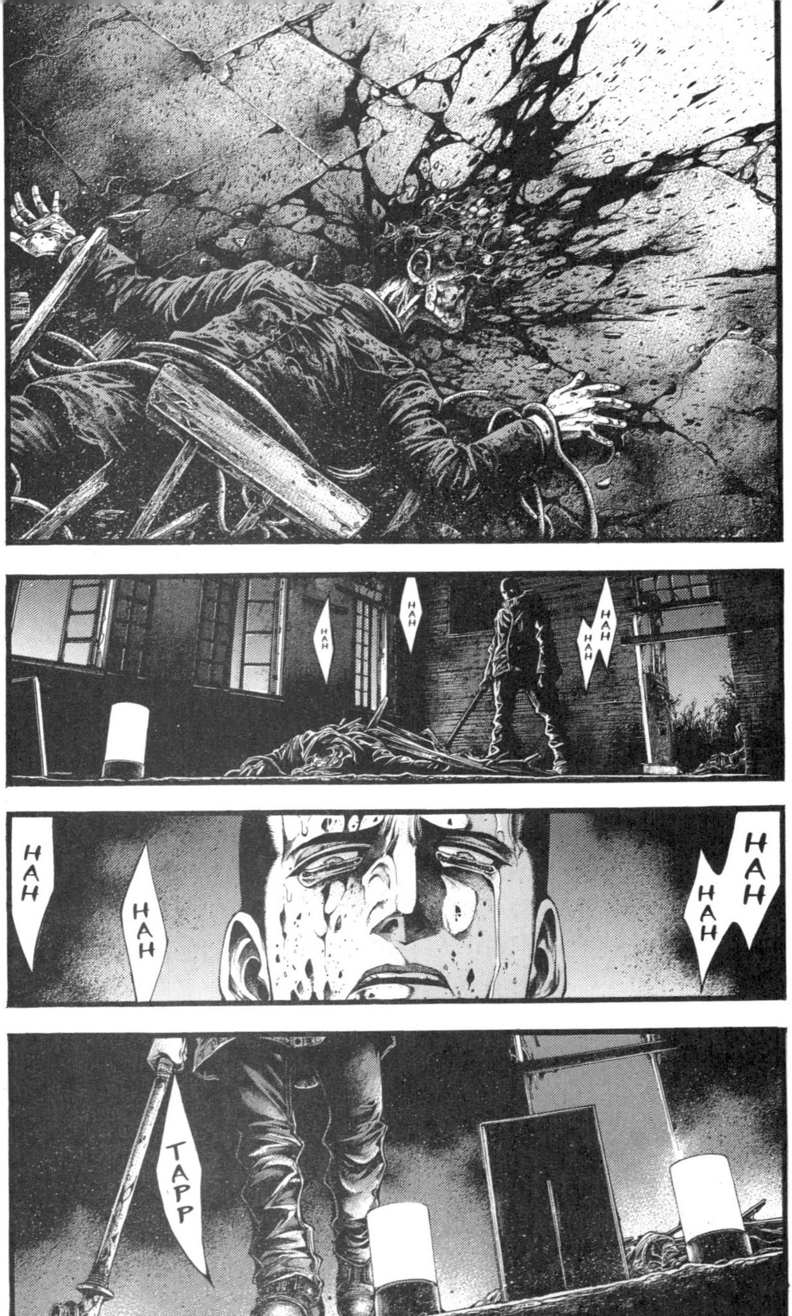

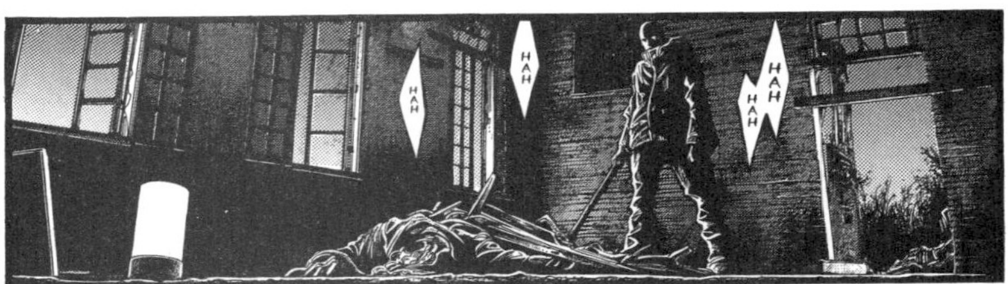
HAH
HAH
HAH
HAH

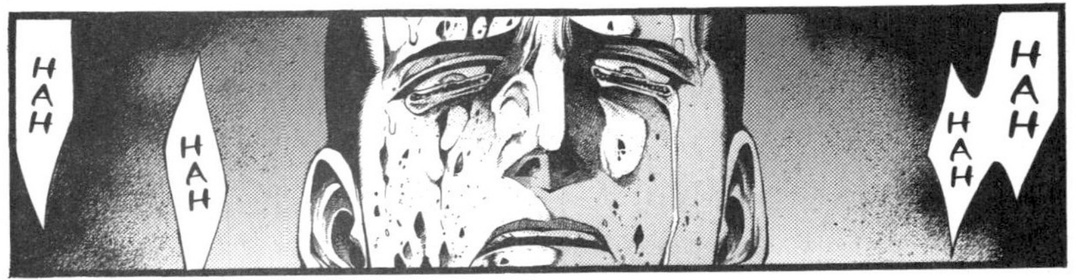
HAH
HAH
HAH
HAH

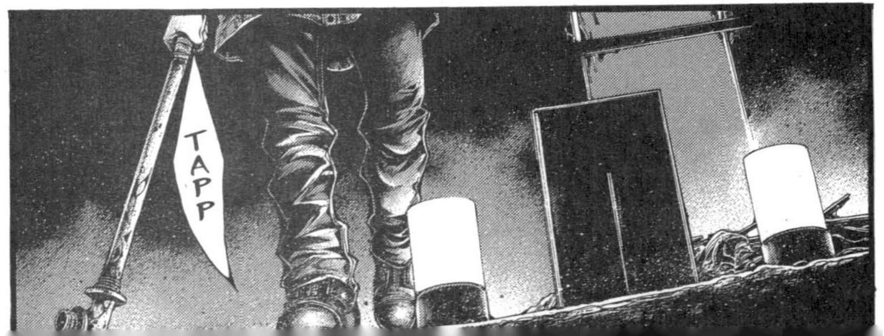
TAPP

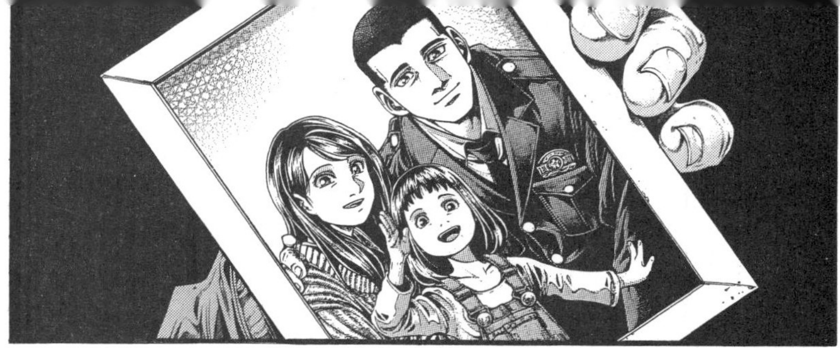

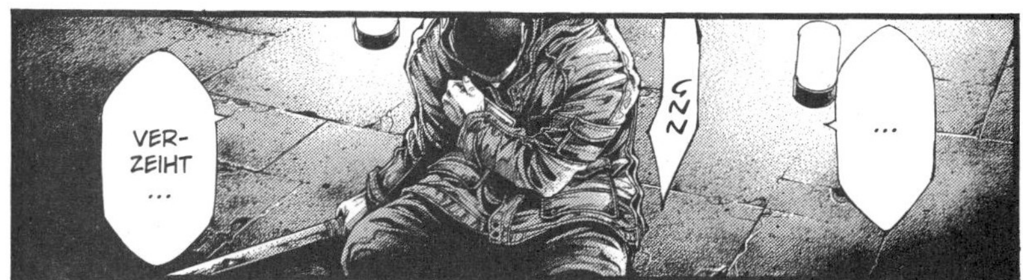
...
GNN
VER-
ZEIHT
...

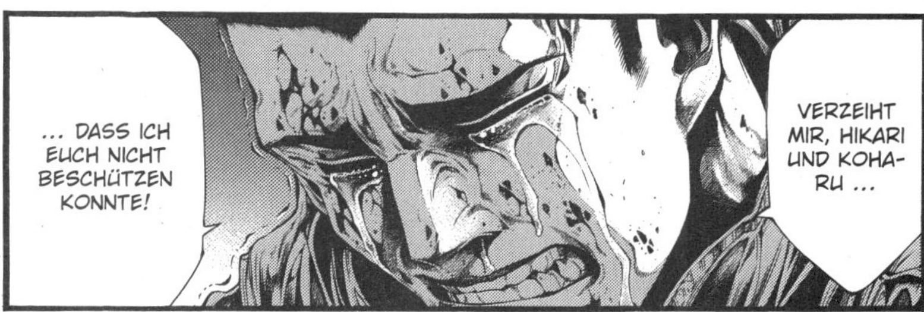
VERZEIHT
MIR, HIKARI
UND KOHA-
RU ...
... DASS ICH
EUCH NICHT
BESCHÜTZEN
KONNTE!

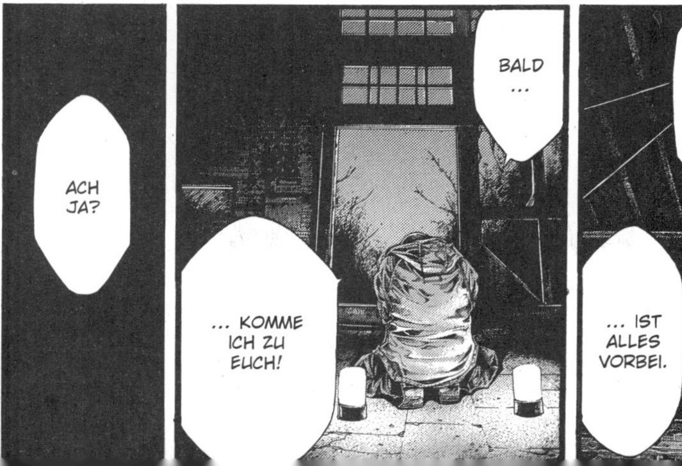
ABER
JETZT
...
... IST
ALLES
VORBEI.
BALD
...
... KOMME
ICH ZU
EUCH!
ACH
JA?

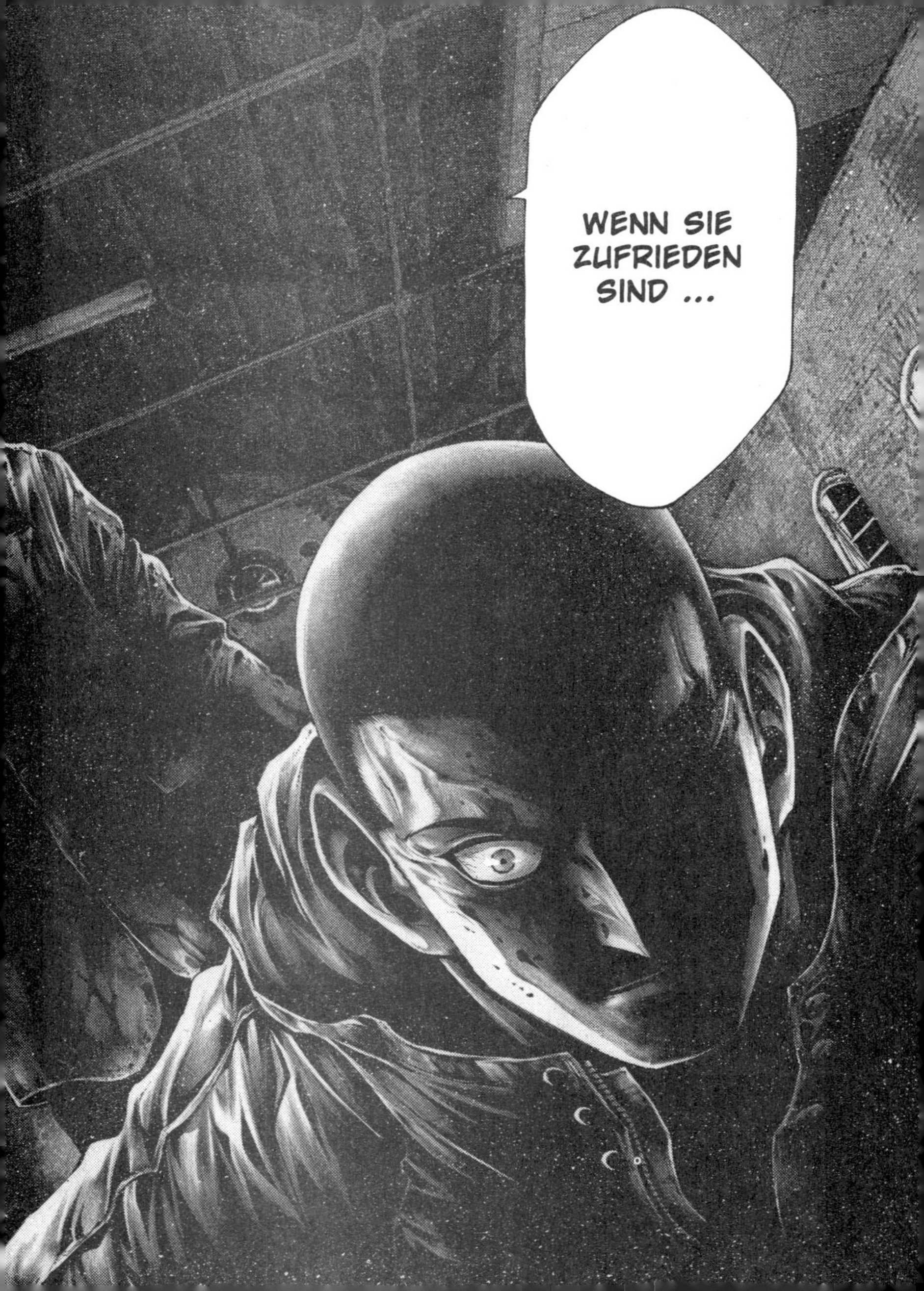
WENN SIE ZUFRIEDEN SIND ...

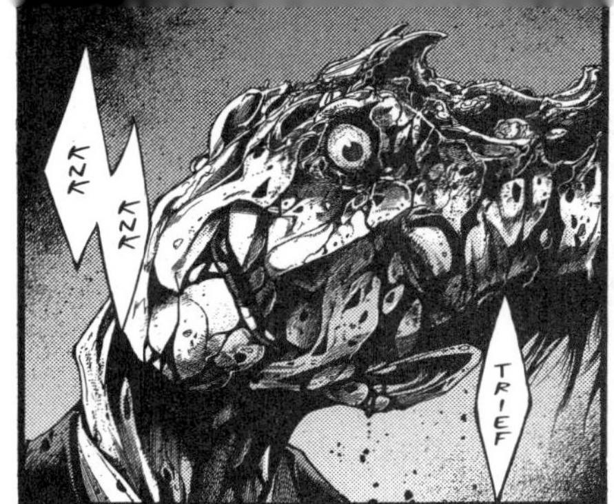

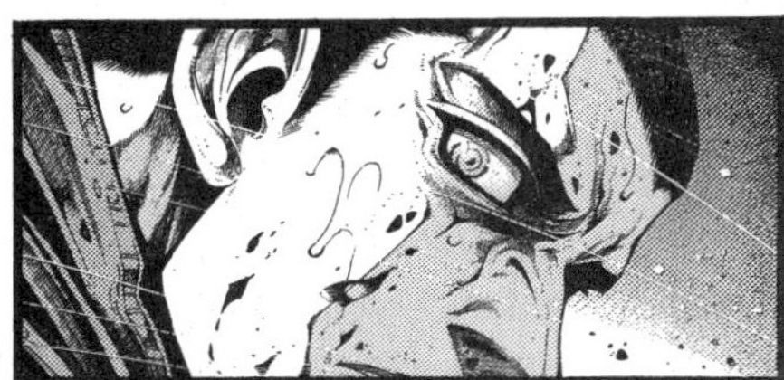

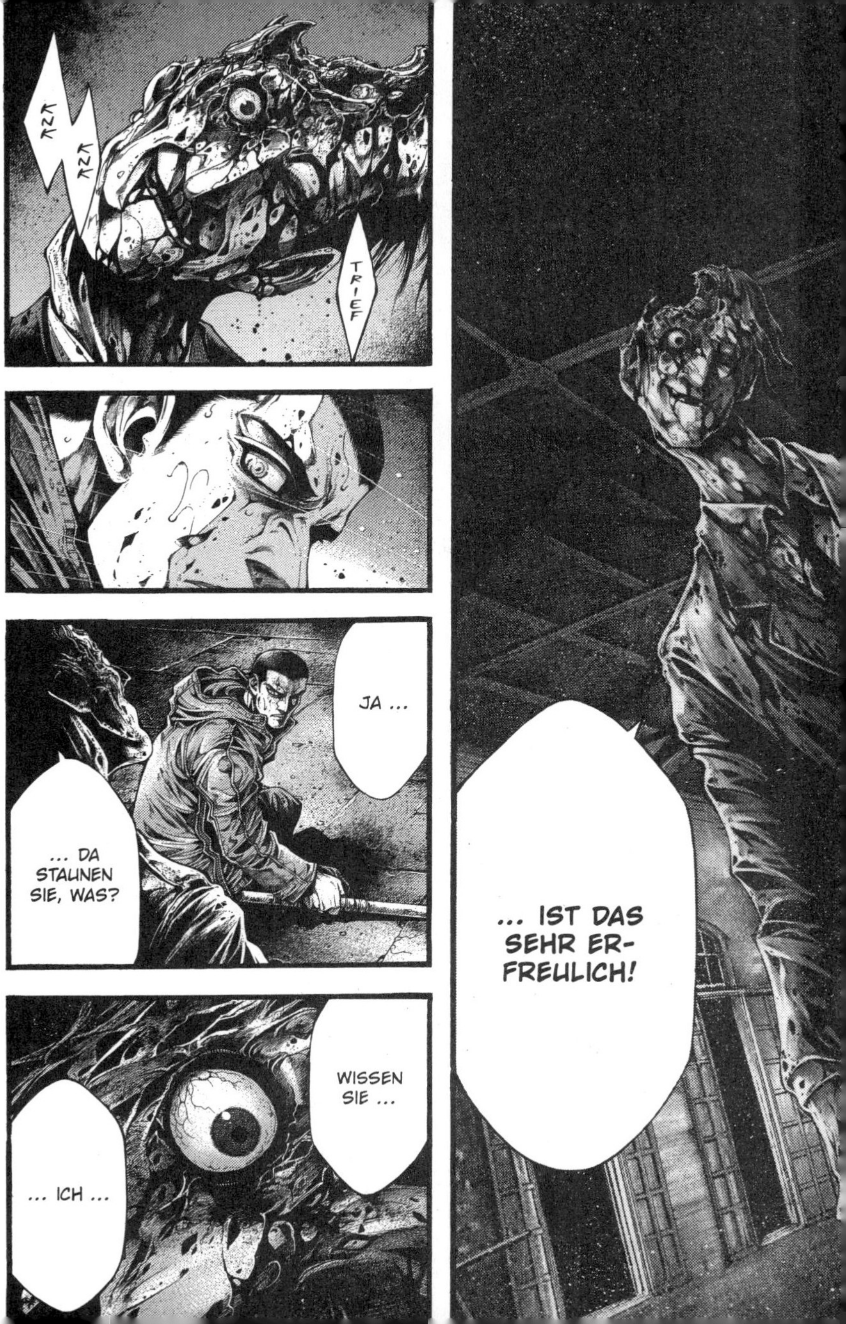

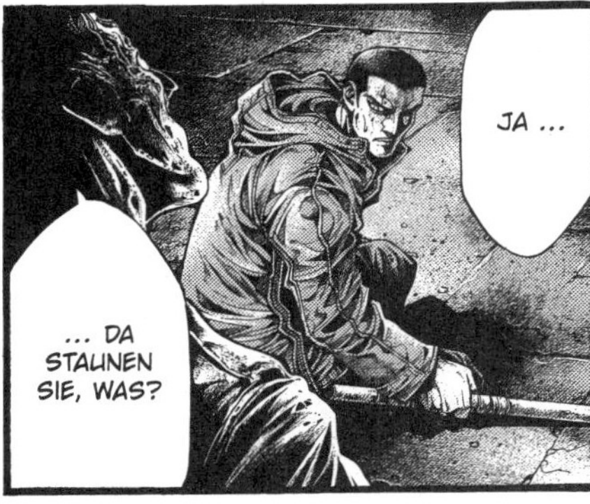

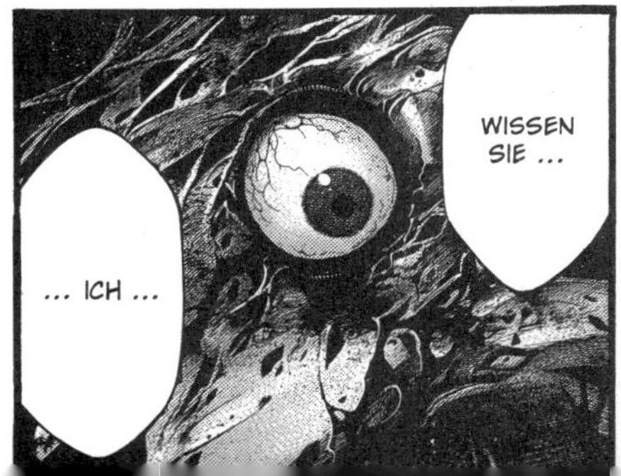

... IST DAS SEHR ER-FREULICH!

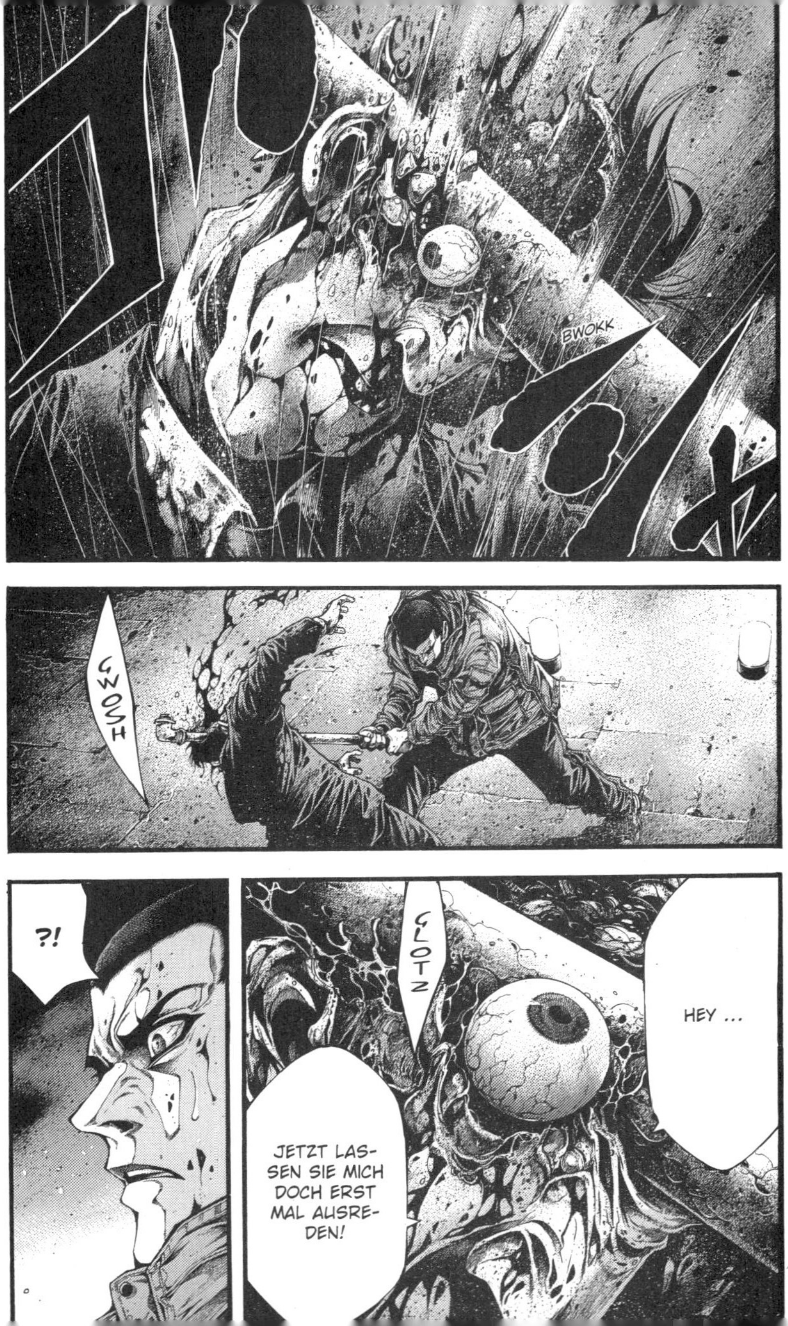

BWOKK

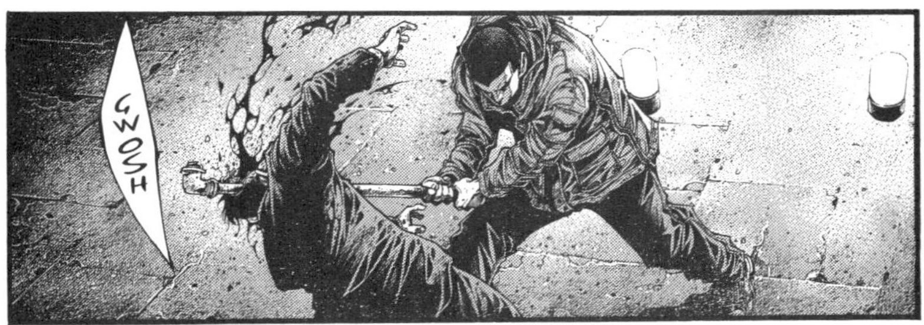
GWOSH

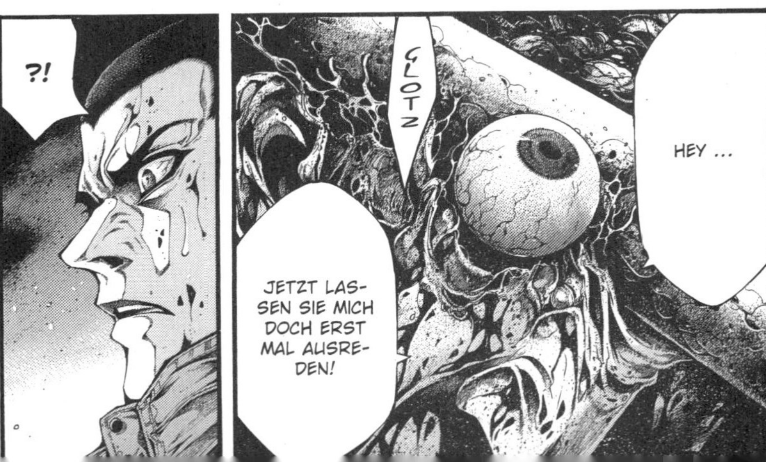
HEY ...
GLOTZ
JETZT LASSEN SIE MICH DOCH ERST MAL AUSREDEN!
?!

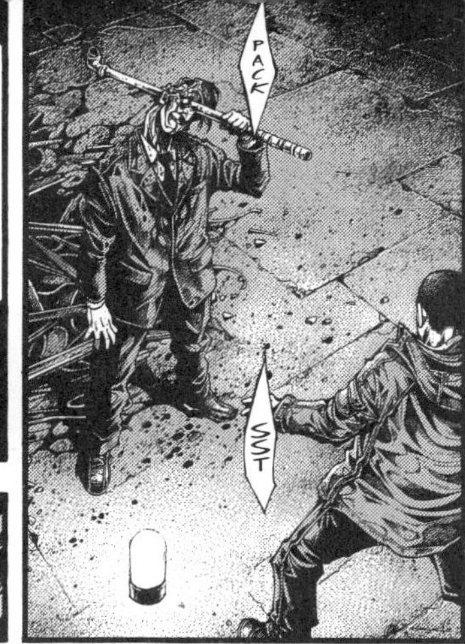
PACK
SST

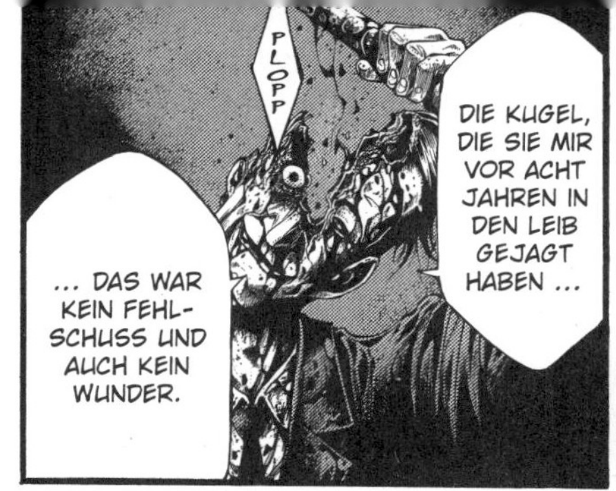
PLOPP
DIE KUGEL, DIE SIE MIR VOR ACHT JAHREN IN DEN LEIB GEJAGT HABEN ...
... DAS WAR KEIN FEHL-SCHUSS UND AUCH KEIN WUNDER.

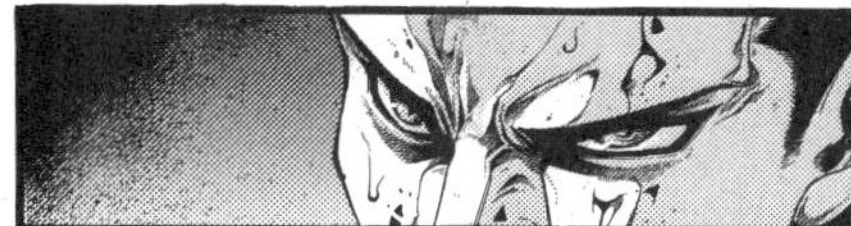

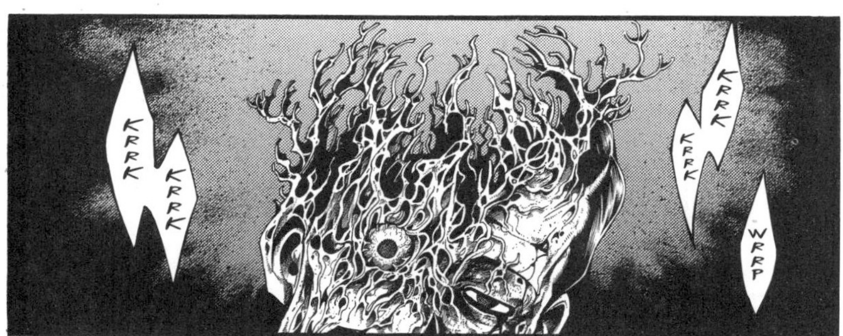
KRRK
KRRK
WRRP
KRRK
KRRK

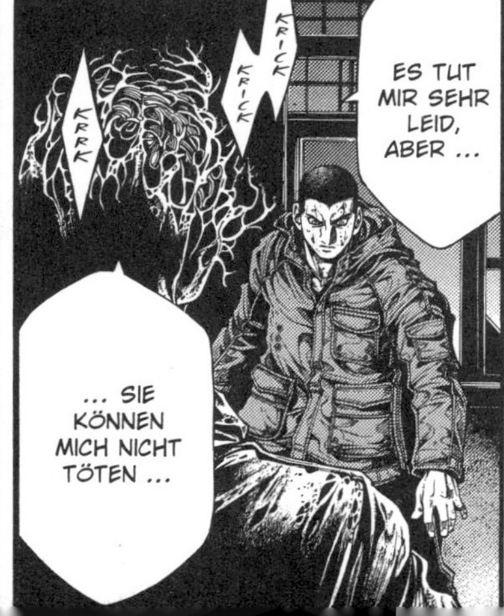
KRICK
KRICK
KRRK
ES TUT MIR SEHR LEID, ABER ...
... SIE KÖNNEN MICH NICHT TÖTEN ...

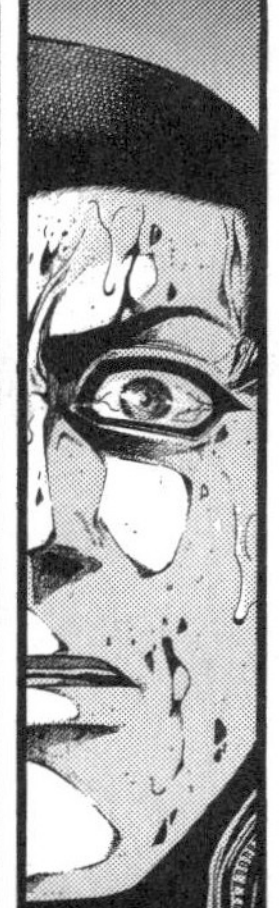
... EGAL OB SIE MICH ER-STECHEN ODER ER-SCHIES-SEN!
KNK

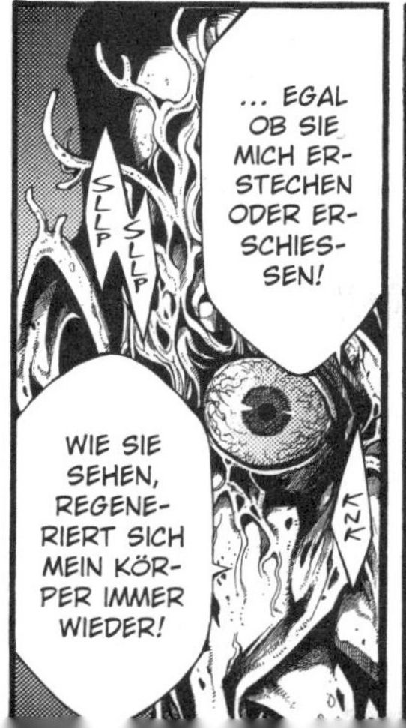
SLLP
SLLP
WIE SIE SEHEN, REGENE-RIERT SICH MEIN KÖR-PER IMMER WIEDER!

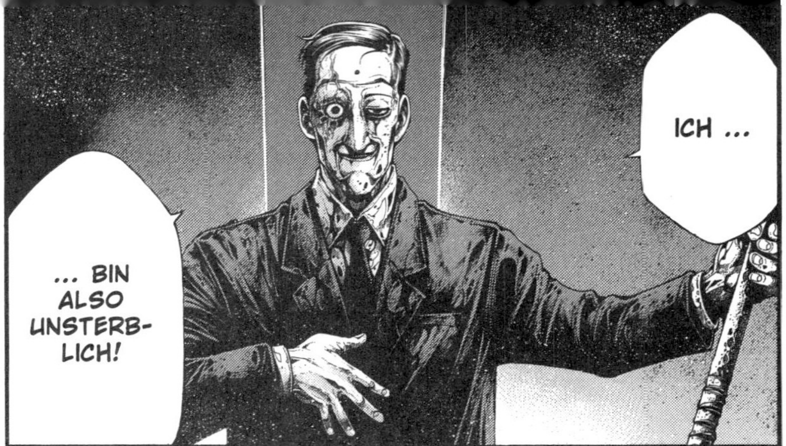
ICH …
… BIN ALSO UNSTERB-LICH!

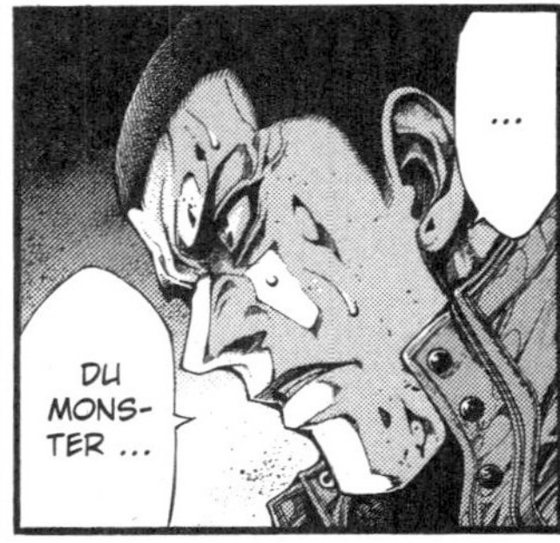
…
DU MONS-TER …

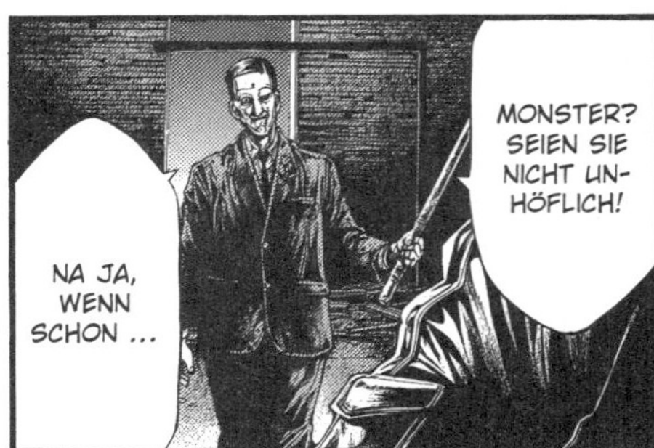
MONSTER? SEIEN SIE NICHT UN-HÖFLICH!
NA JA, WENN SCHON …

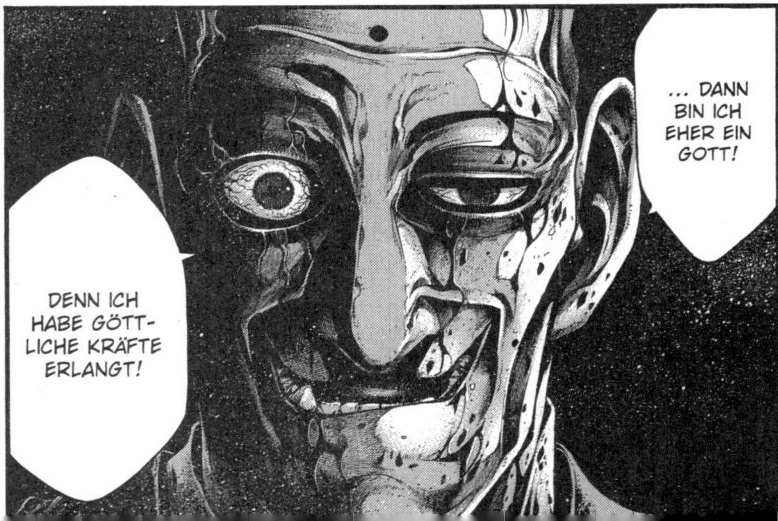
… DANN BIN ICH EHER EIN GOTT!
DENN ICH HABE GÖTT-LICHE KRÄFTE ERLANGT!

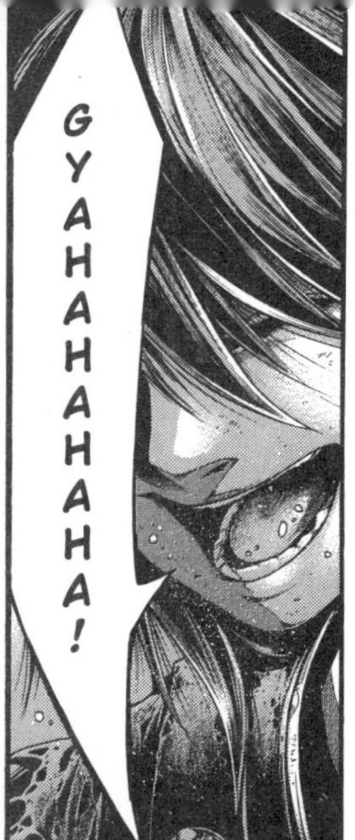
GYAHAHAHAHAHA!

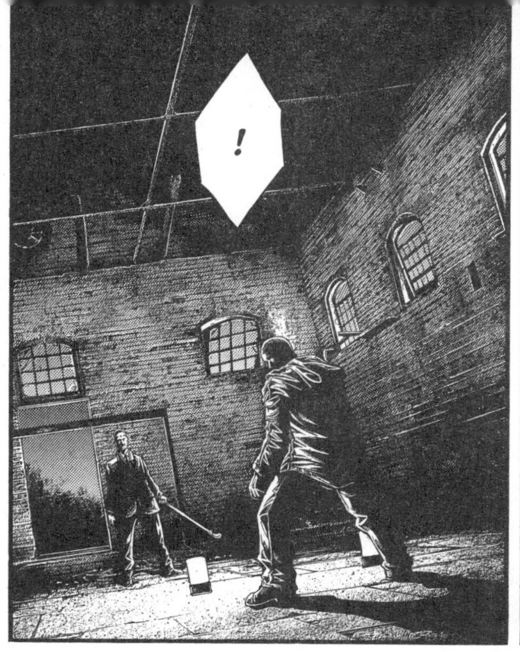
!

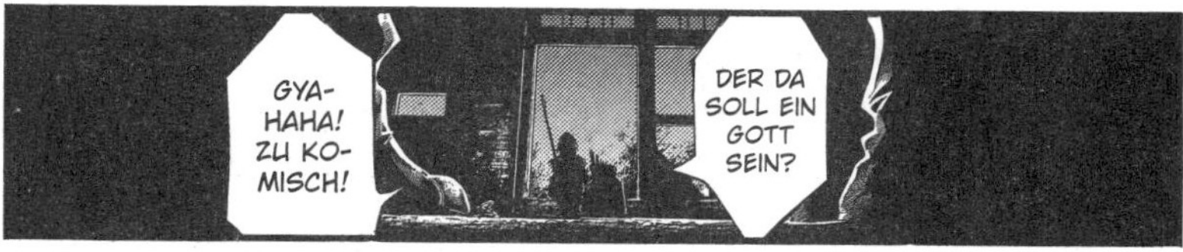
DER DA SOLL EIN GOTT SEIN?
GYA-HAHA! ZU KO-MISCH!

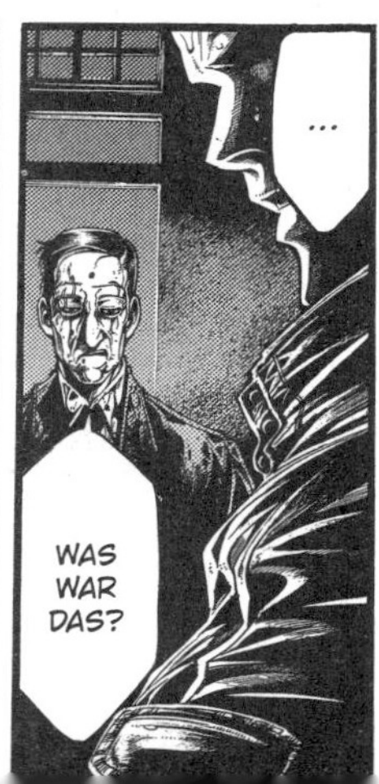
...
WAS WAR DAS?

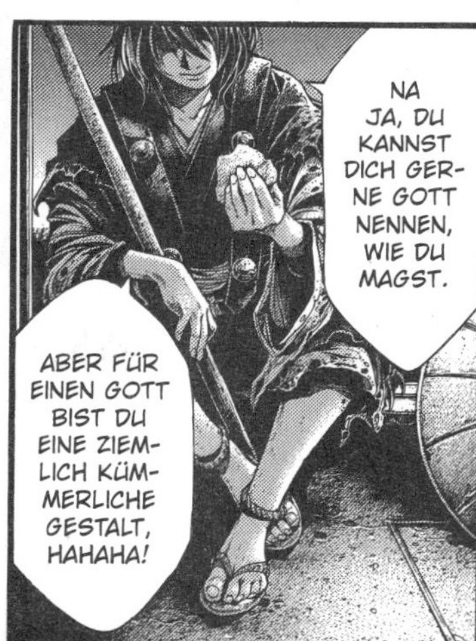
NA JA, DU KANNST DICH GER-NE GOTT NENNEN, WIE DU MAGST.
ABER FÜR EINEN GOTT BIST DU EINE ZIEM-LICH KÜM-MERLICHE GESTALT, HAHAHA!

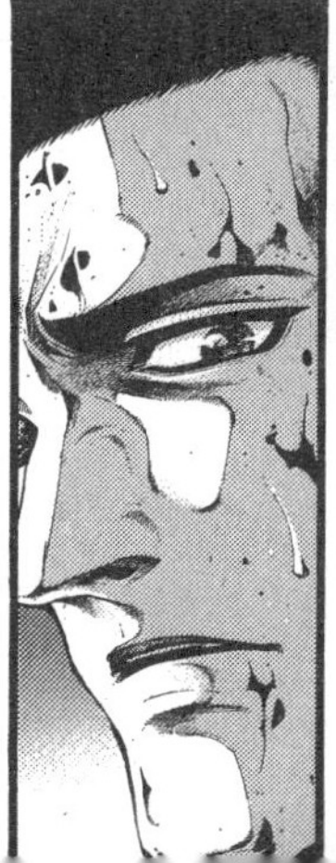

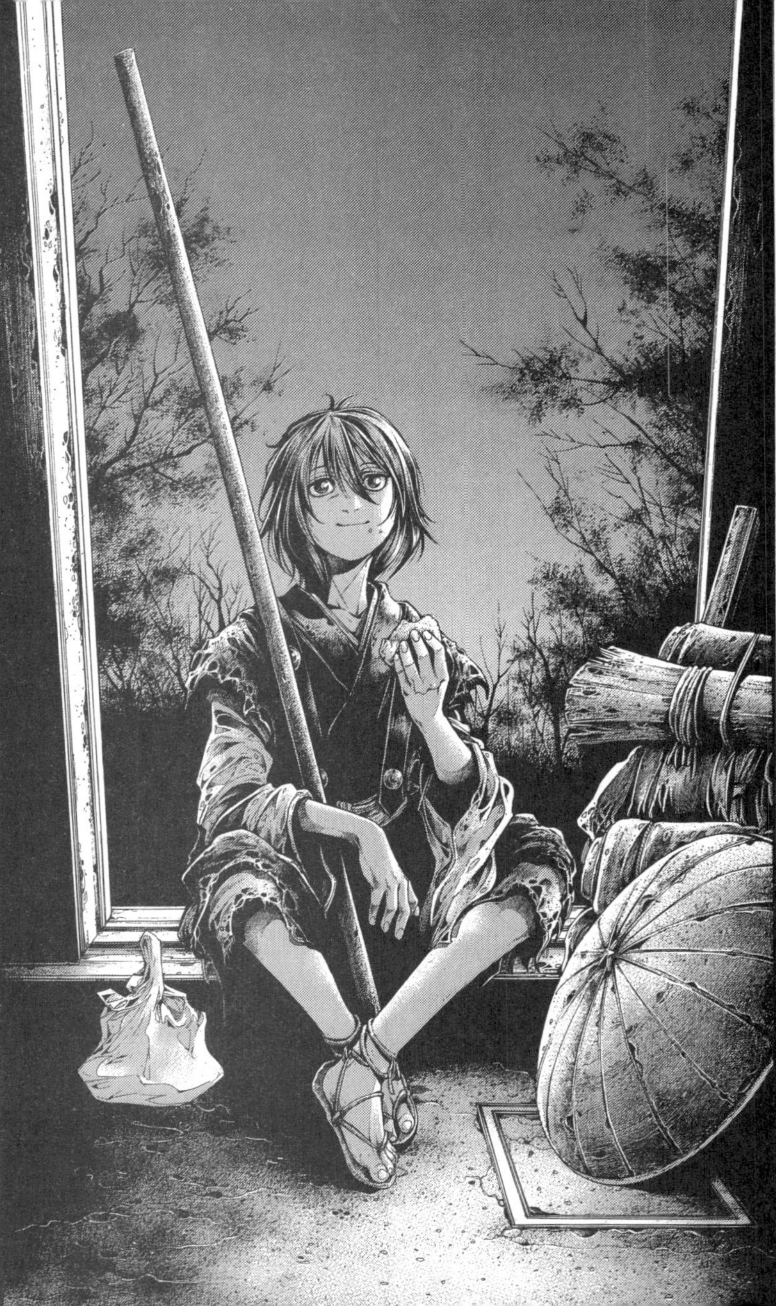

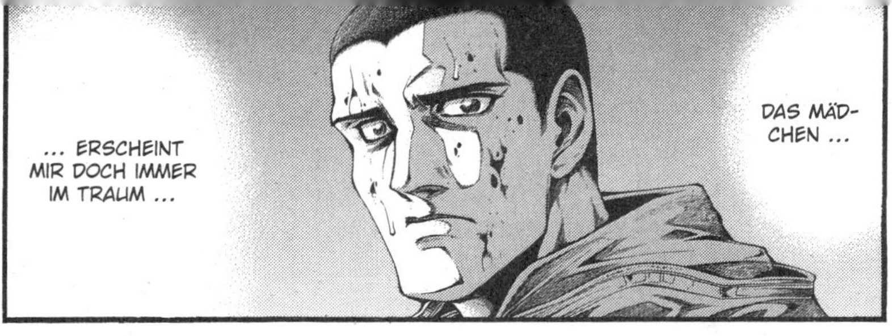
DAS MÄDCHEN ...
... ERSCHEINT MIR DOCH IMMER IM TRAUM ...

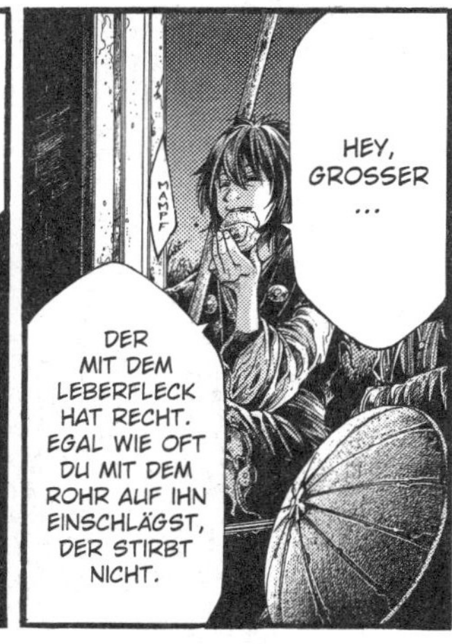
HEY, GROSSER ...
MAMPF
DER MIT DEM LEBERFLECK HAT RECHT. EGAL WIE OFT DU MIT DEM ROHR AUF IHN EINSCHLÄGST, DER STIRBT NICHT.

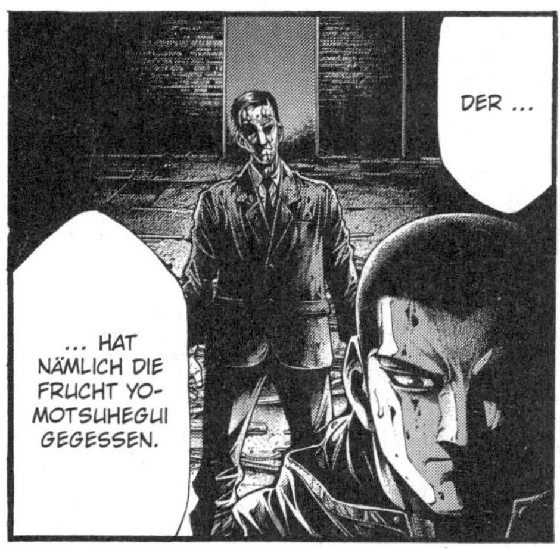
DER ...
... HAT NÄMLICH DIE FRUCHT YOMOTSUHEGUI GEGESSEN.

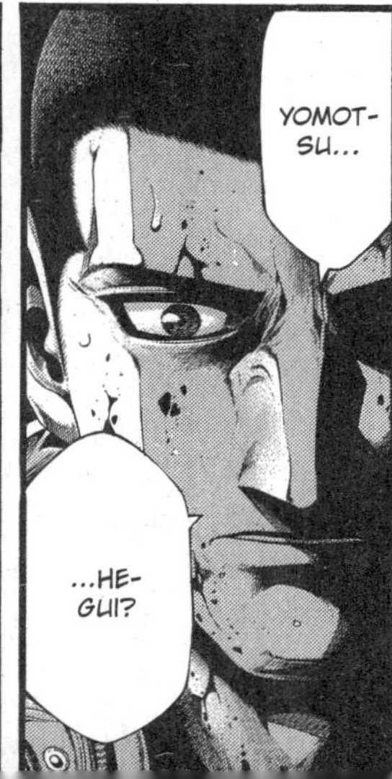
YOMOTSU...
...HEGUI?

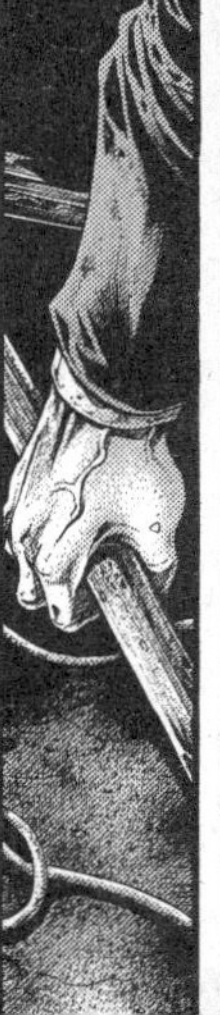

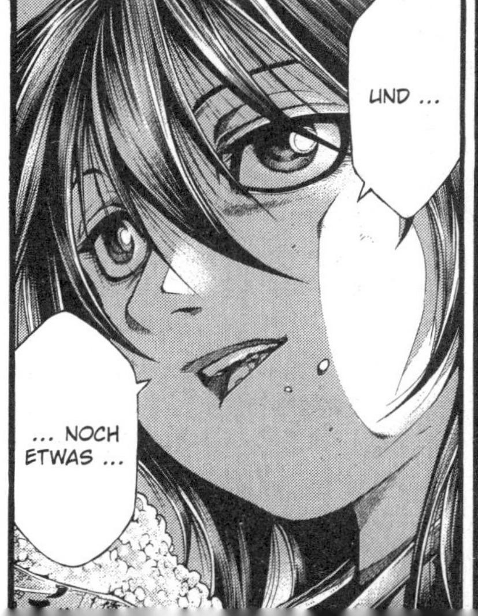
UND ...
... NOCH ETWAS ...

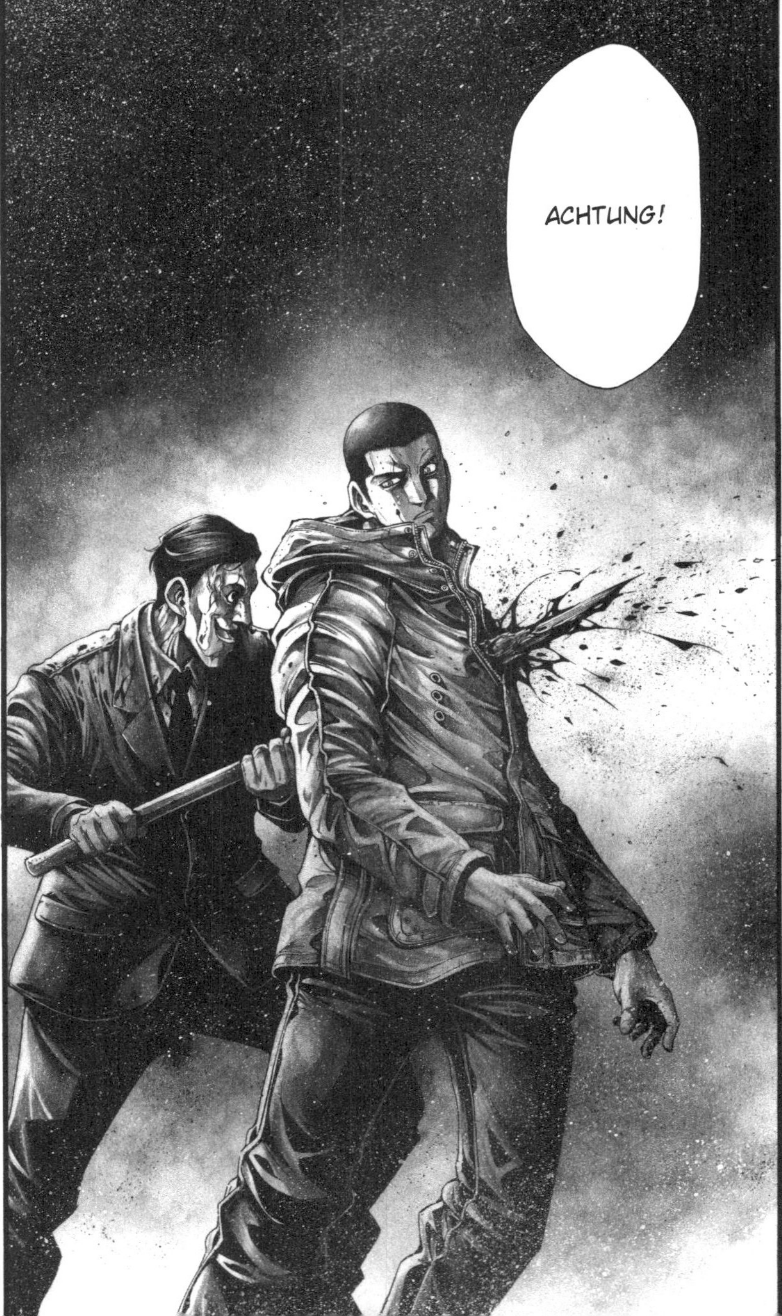
ACHTUNG!

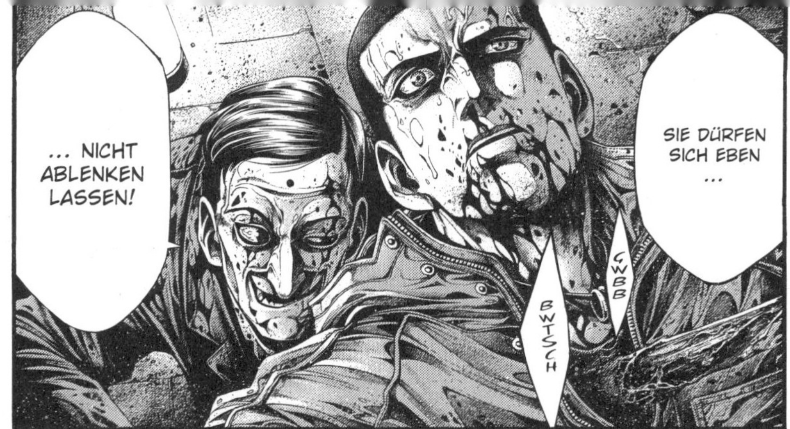
SIE DÜRFEN SICH EBEN ...
GWBB
BWTSCH
... NICHT ABLENKEN LASSEN!

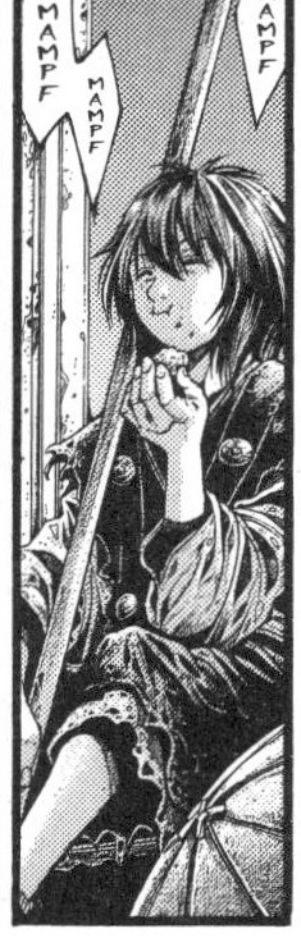
MAMPF
MAMPF
MAMPF

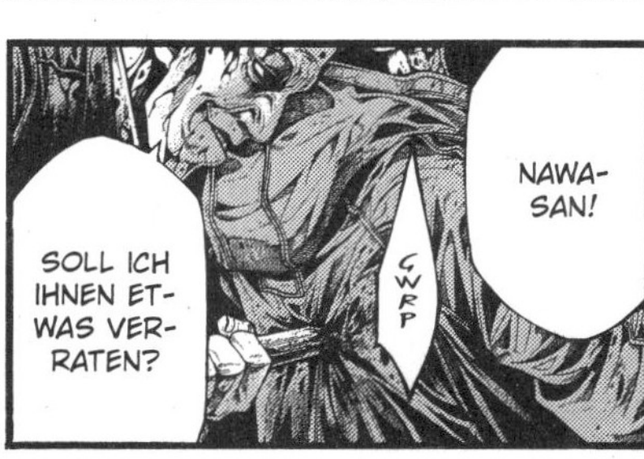
NAWA-SAN!
GWRP
SOLL ICH IHNEN ET-WAS VER-RATEN?

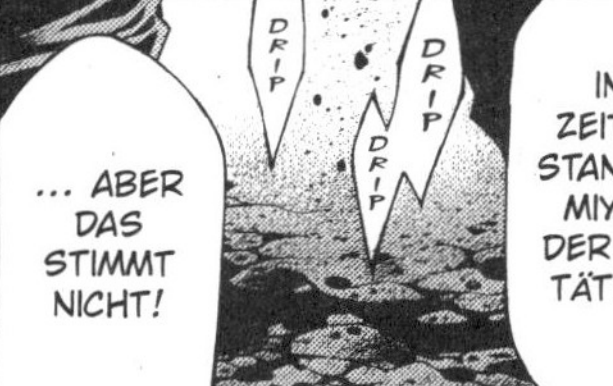
IN DEN ZEITUNGEN STAND, DASS MIYAMOTO DER HAUPT-TÄTER WAR ...
DRIP
DRIP
DRIP
... ABER DAS STIMMT NICHT!

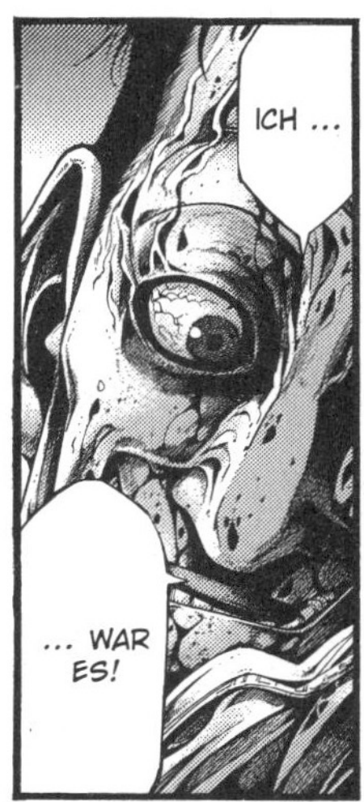
ICH ...
... WAR ES!

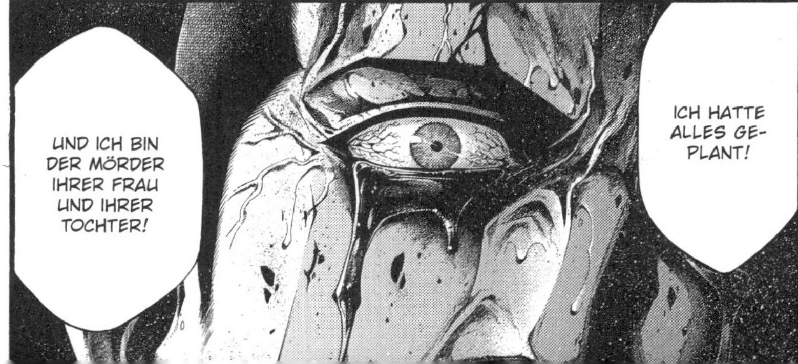
ICH HATTE ALLES GE-PLANT!
UND ICH BIN DER MÖRDER IHRER FRAU UND IHRER TOCHTER!

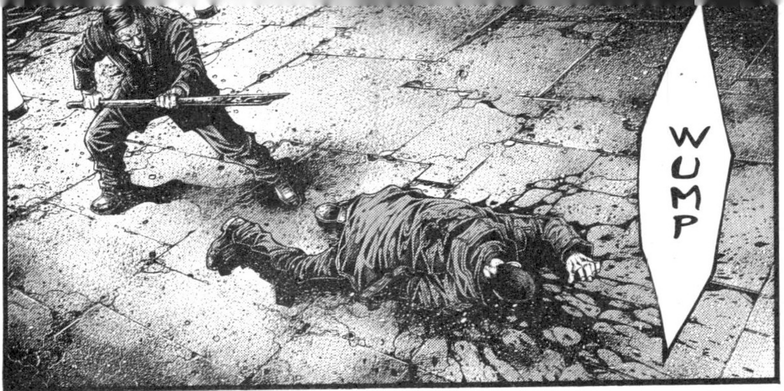
WUMP
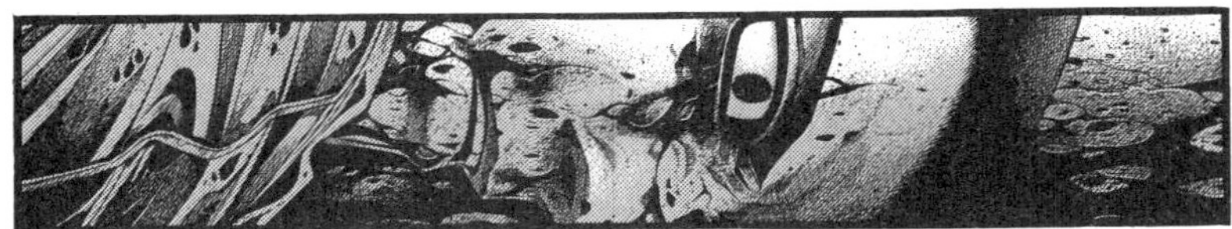
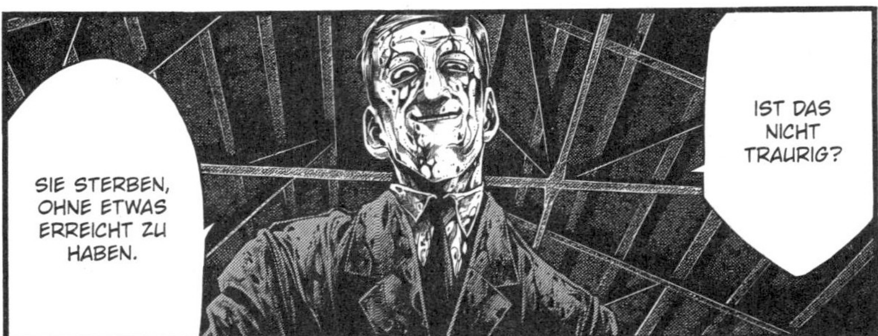
IST DAS NICHT TRAURIG?
SIE STERBEN, OHNE ETWAS ERREICHT ZU HABEN.
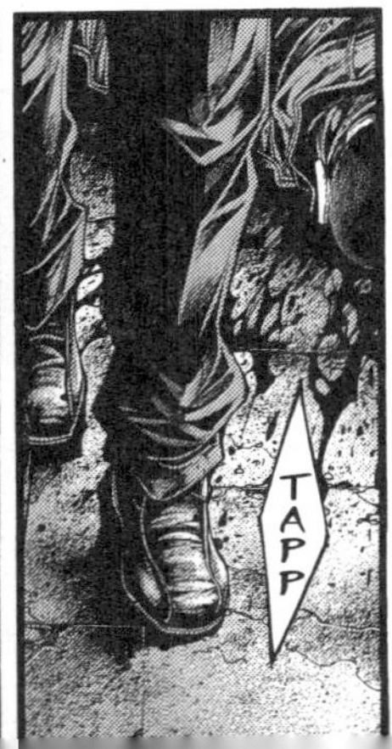
TAPP
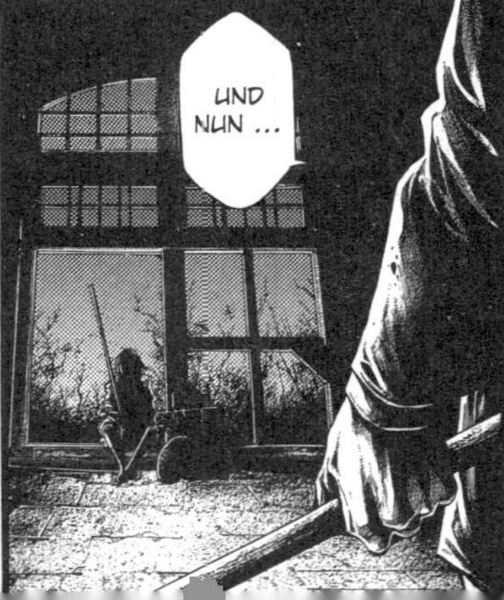
UND NUN ...
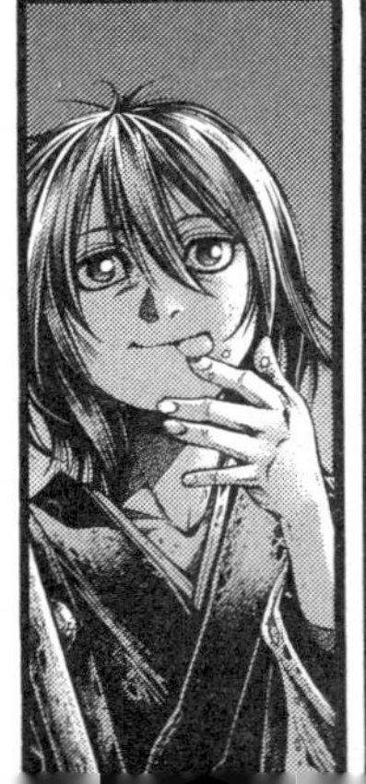

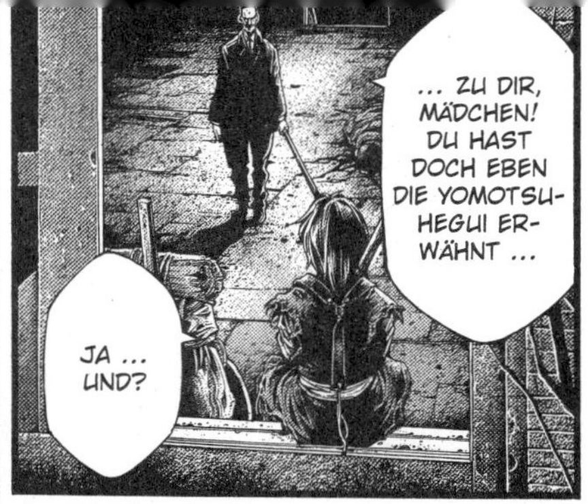
... ZU DIR, MÄDCHEN! DU HAST DOCH EBEN DIE YOMOTSUHEGUI ERWÄHNT ...
JA ... UND?

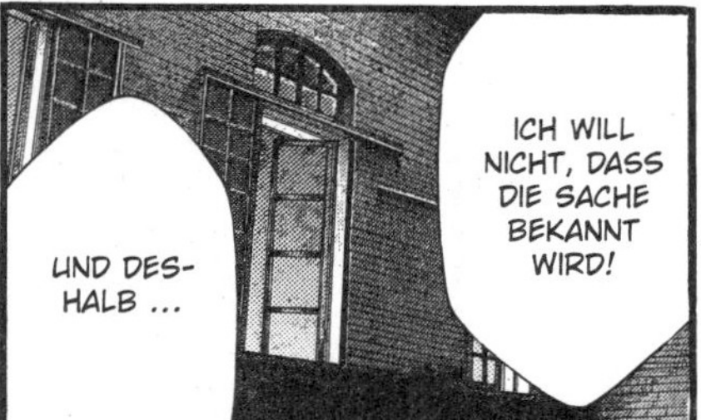
ICH WILL NICHT, DASS DIE SACHE BEKANNT WIRD!
UND DESHALB ...

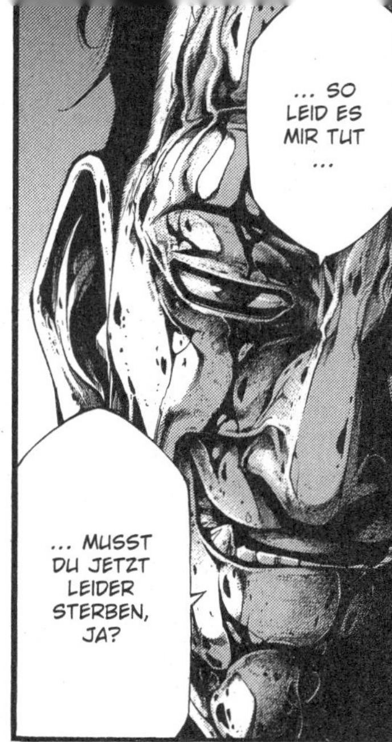
... SO LEID ES MIR TUT ...
... MUSST DU JETZT LEIDER STERBEN, JA?

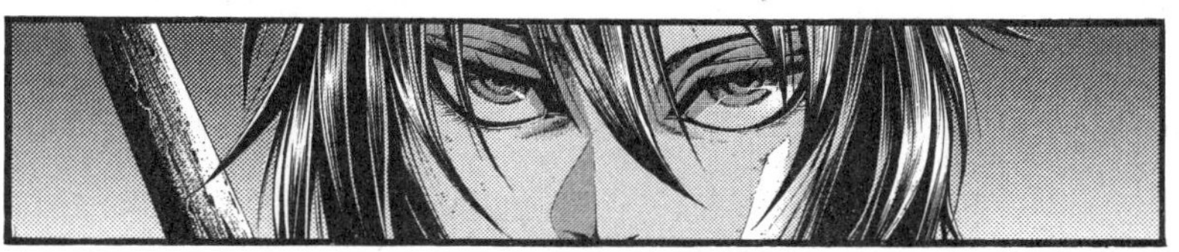

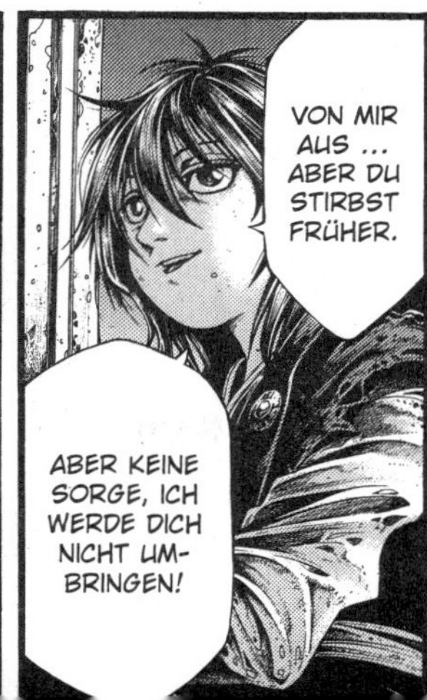
VON MIR AUS ... ABER DU STIRBST FRÜHER.
ABER KEINE SORGE, ICH WERDE DICH NICHT UMBRINGEN!

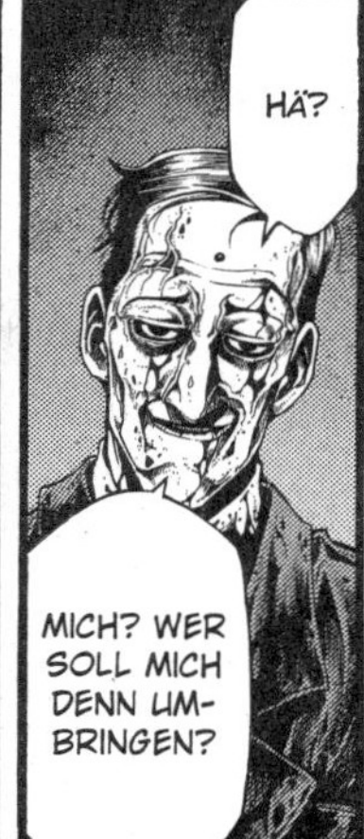
HÄ?
MICH? WER SOLL MICH DENN UMBRINGEN?

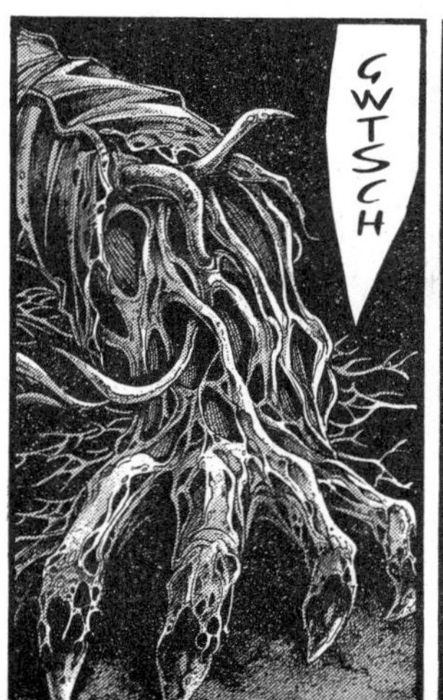
GWTSCH

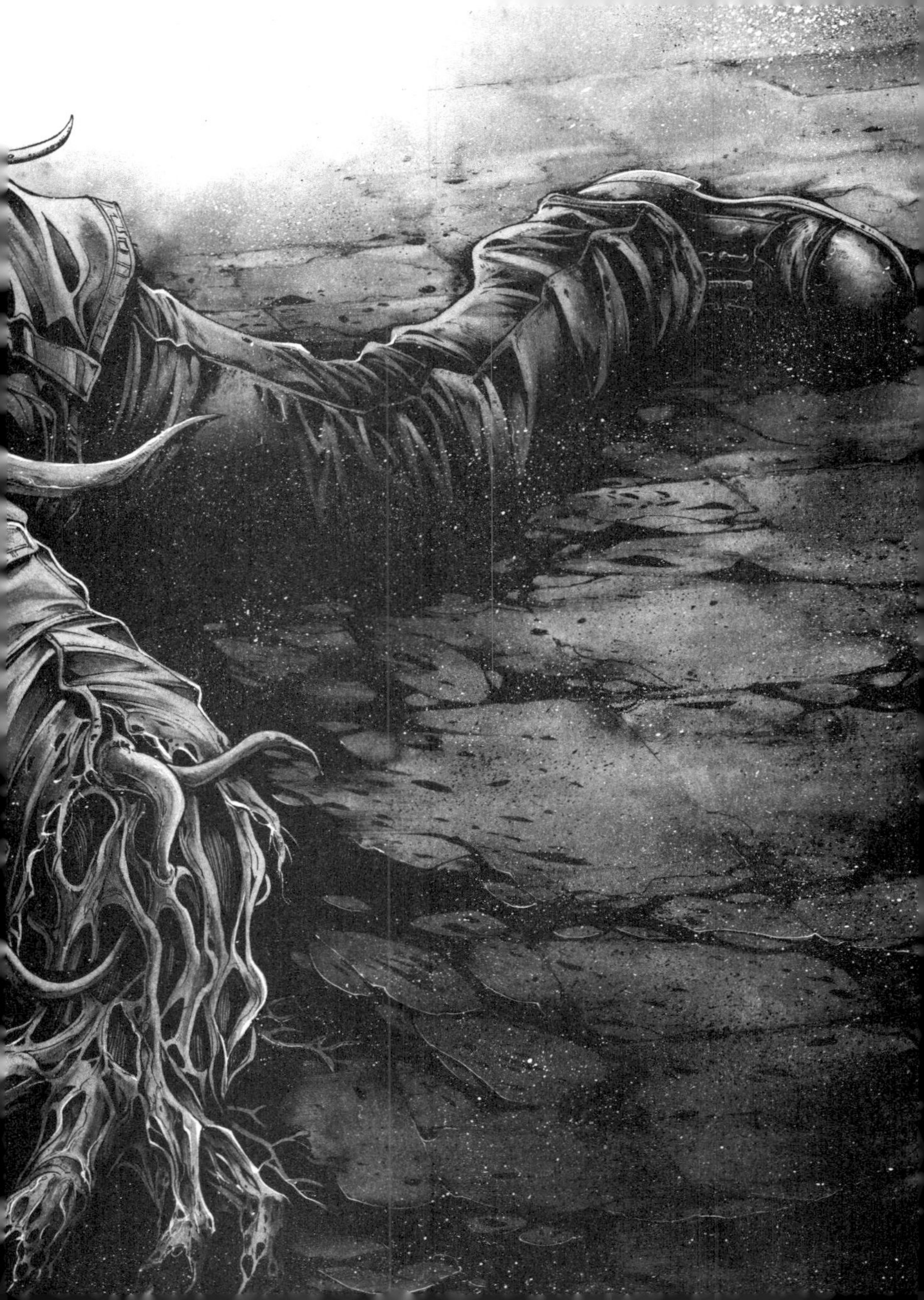

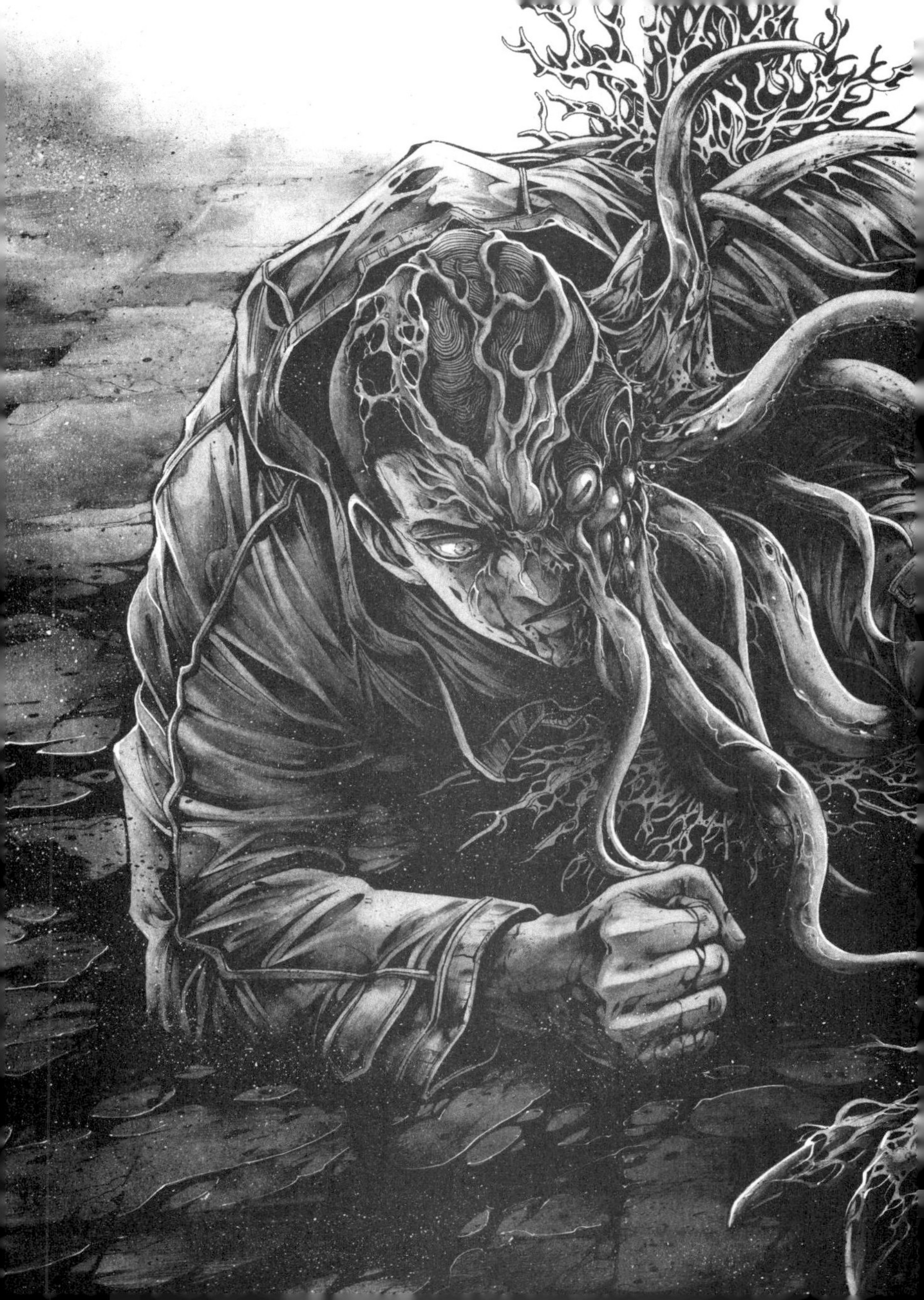

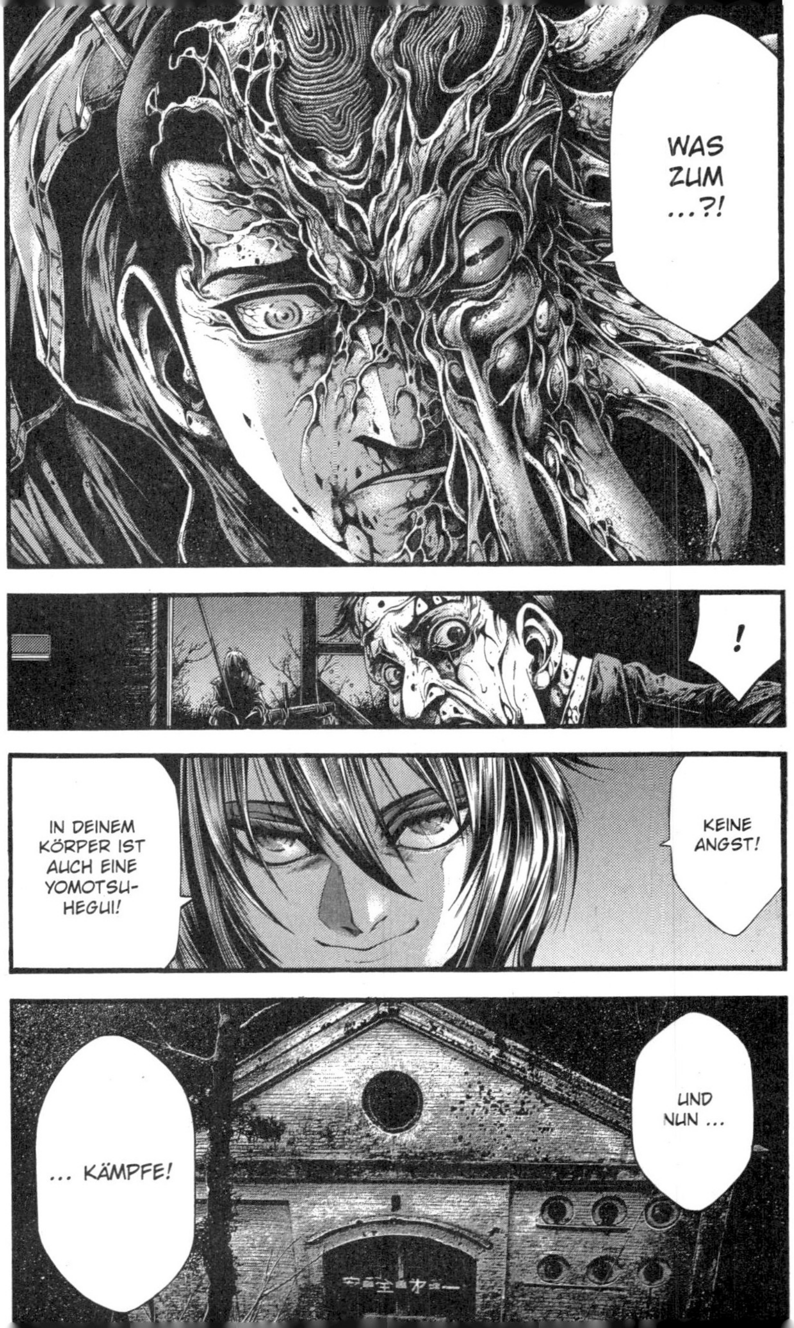

WAS ZUM ...?!

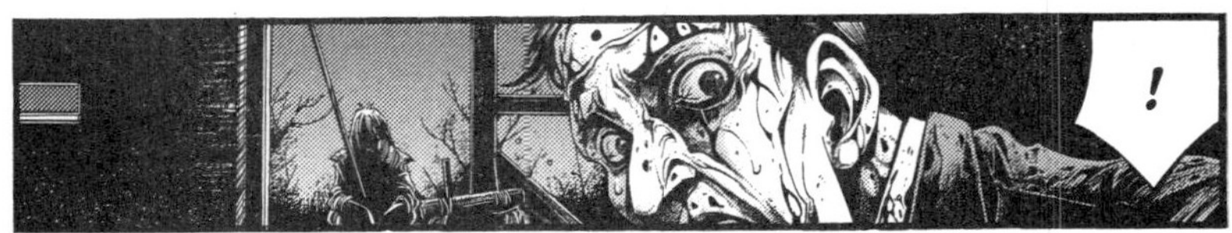
!

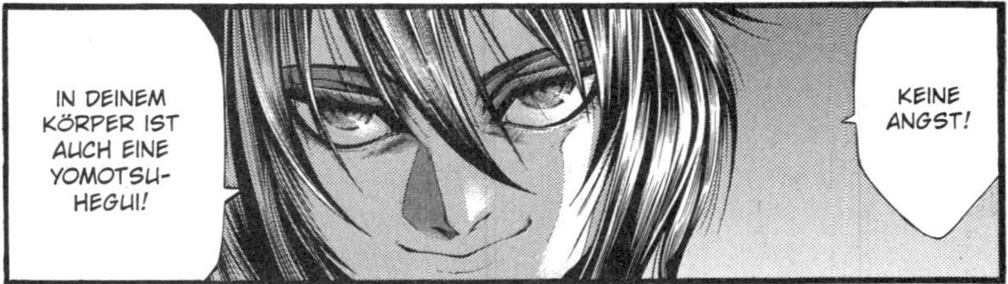
KEINE ANGST!
IN DEINEM KÖRPER IST AUCH EINE YOMOTSU-HEGUI!

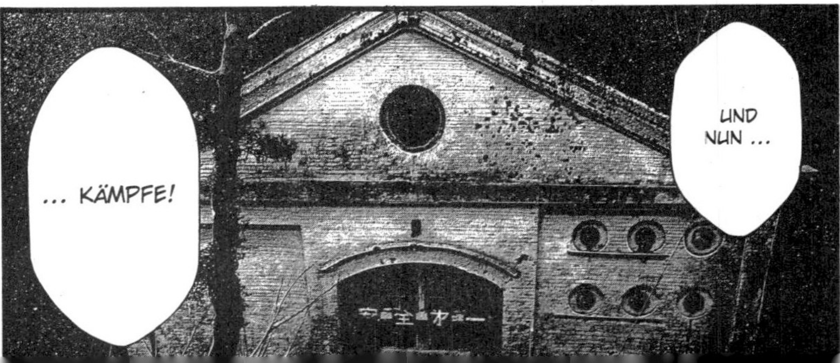
UND NUN ...
... KÄMPFE!

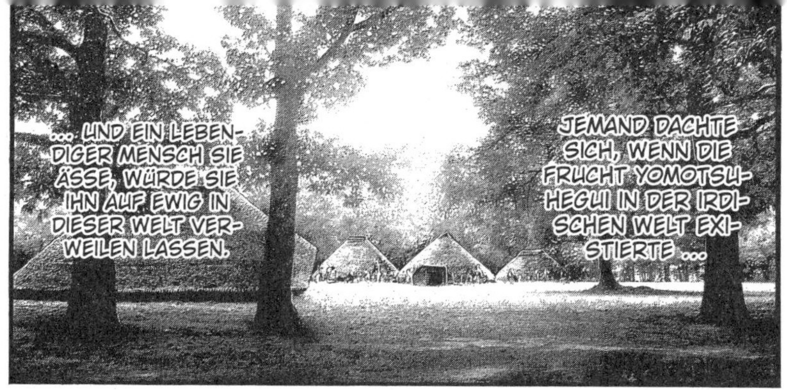
JEMAND DACHTE SICH, WENN DIE FRUCHT YOMOTSU-HEGUI IN DER IRDI-SCHEN WELT EXI-STIERTE ...
... UND EIN LEBEN-DIGER MENSCH SIE ÄSSE, WÜRDE SIE IHN AUF EWIG IN DIESER WELT VER-WEILEN LASSEN.

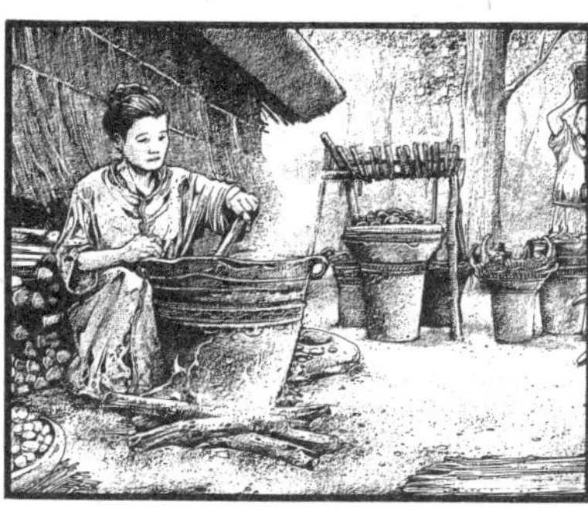

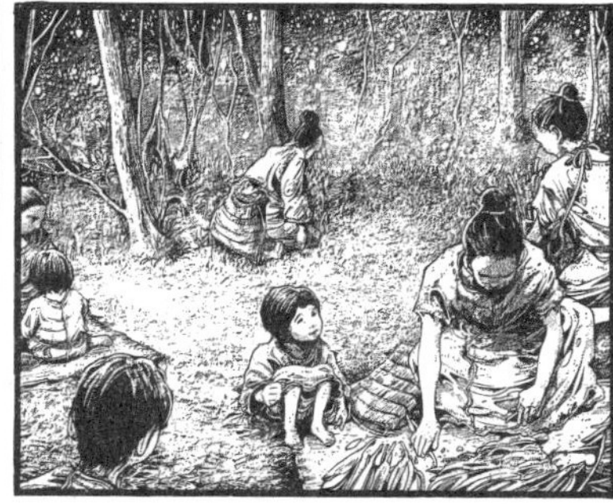

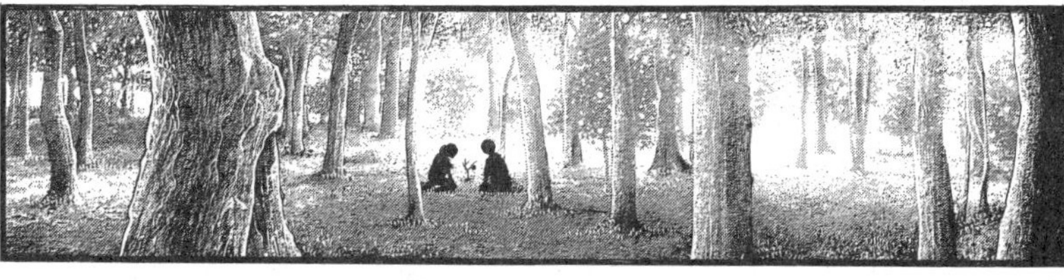

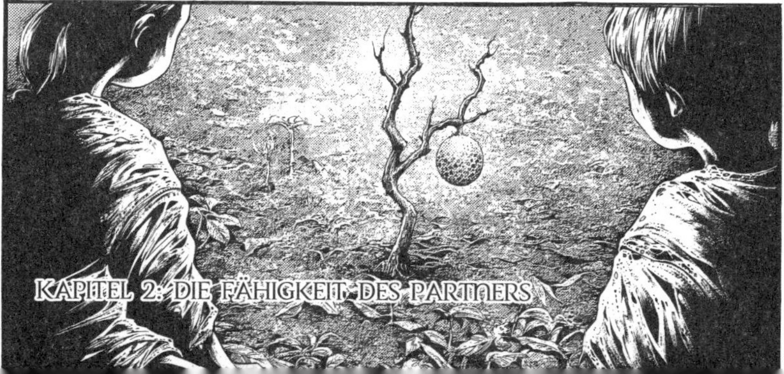
KAPITEL 2: DIE FÄHIGKEIT DES PARTNERS

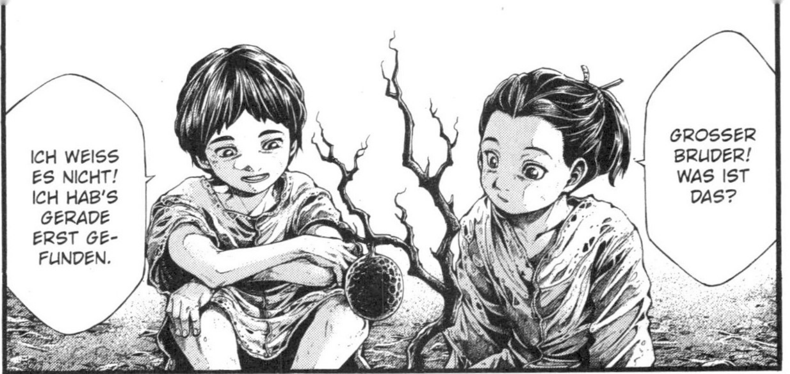
GROSSER BRUDER! WAS IST DAS?
ICH WEISS ES NICHT! ICH HAB'S GERADE ERST GE-FUNDEN.
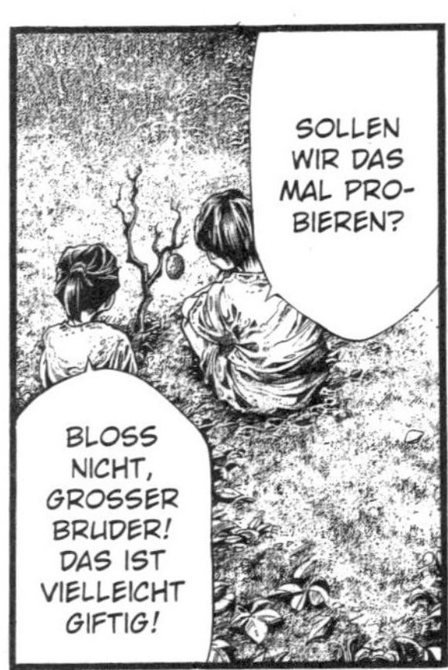
SOLLEN WIR DAS MAL PRO-BIEREN?
BLOSS NICHT, GROSSER BRUDER! DAS IST VIELLEICHT GIFTIG!
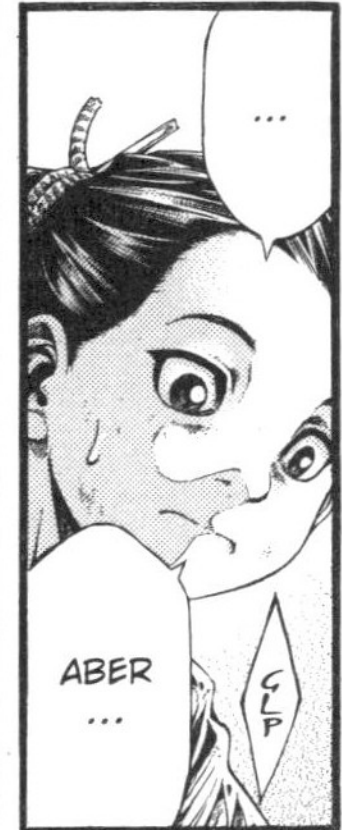
...
ABER ...
GLP
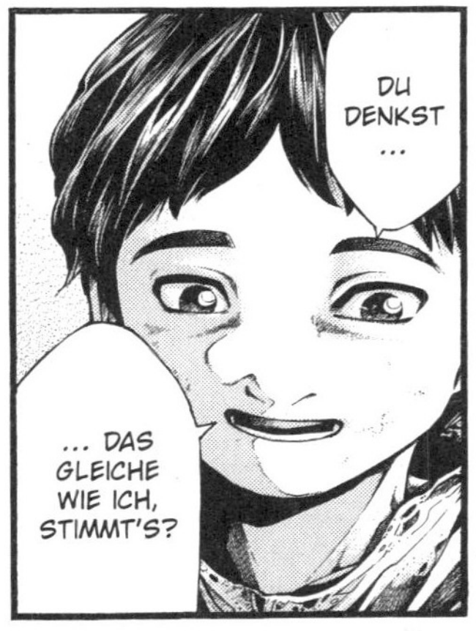
DU DENKST ...
... DAS GLEICHE WIE ICH, STIMMT'S?
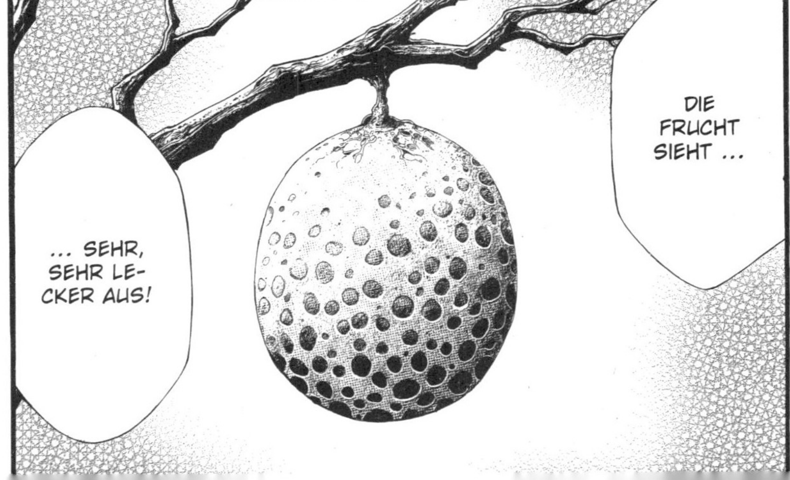
DIE FRUCHT SIEHT ...
... SEHR, SEHR LE-CKER AUS!

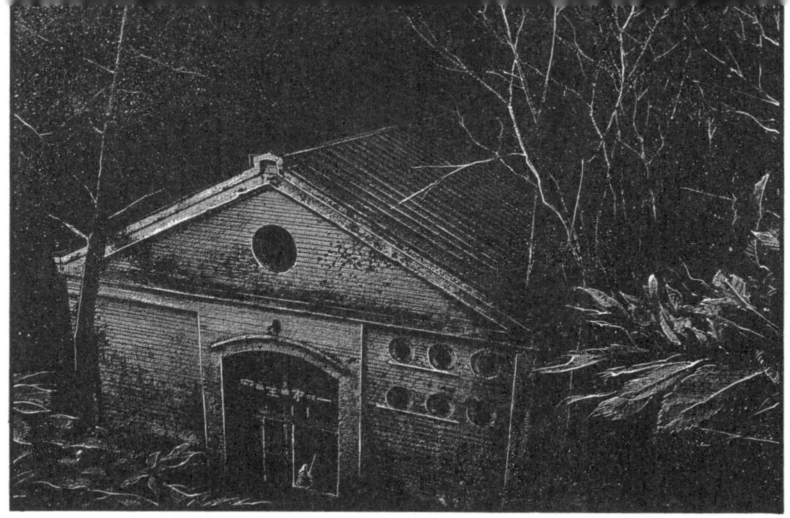

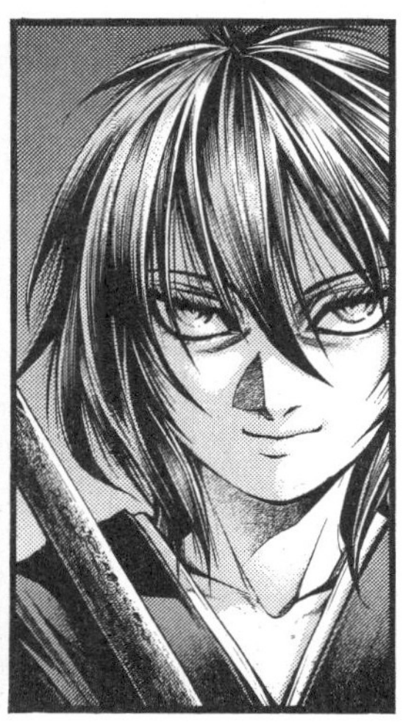

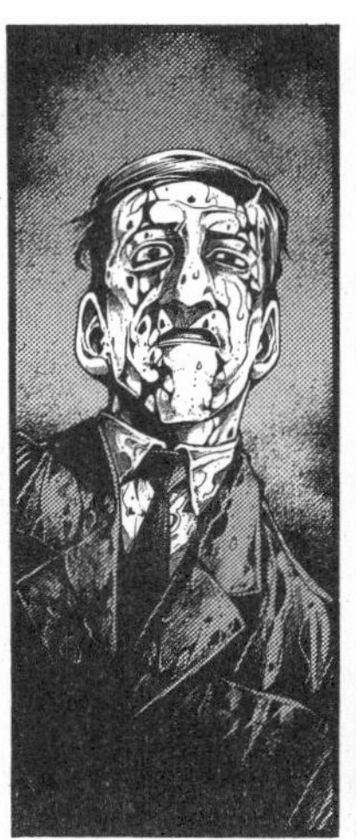

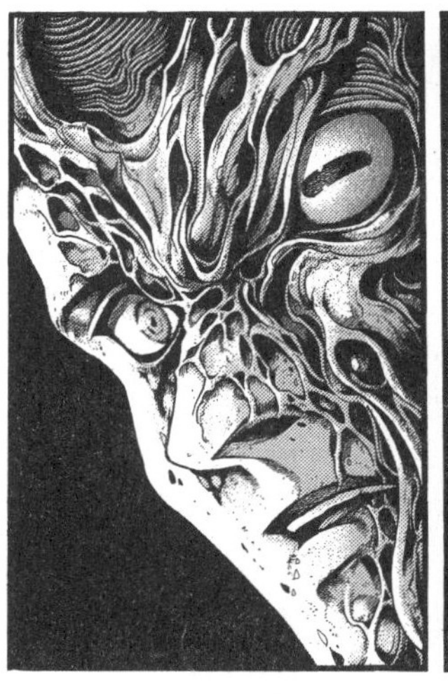

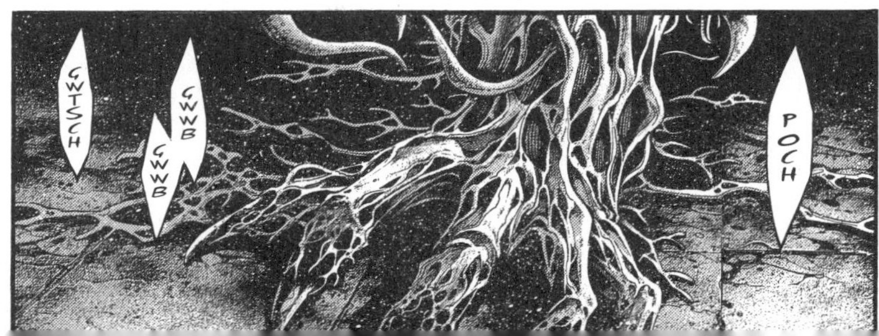
POCH
GWWB
GWWB
GWTSCH

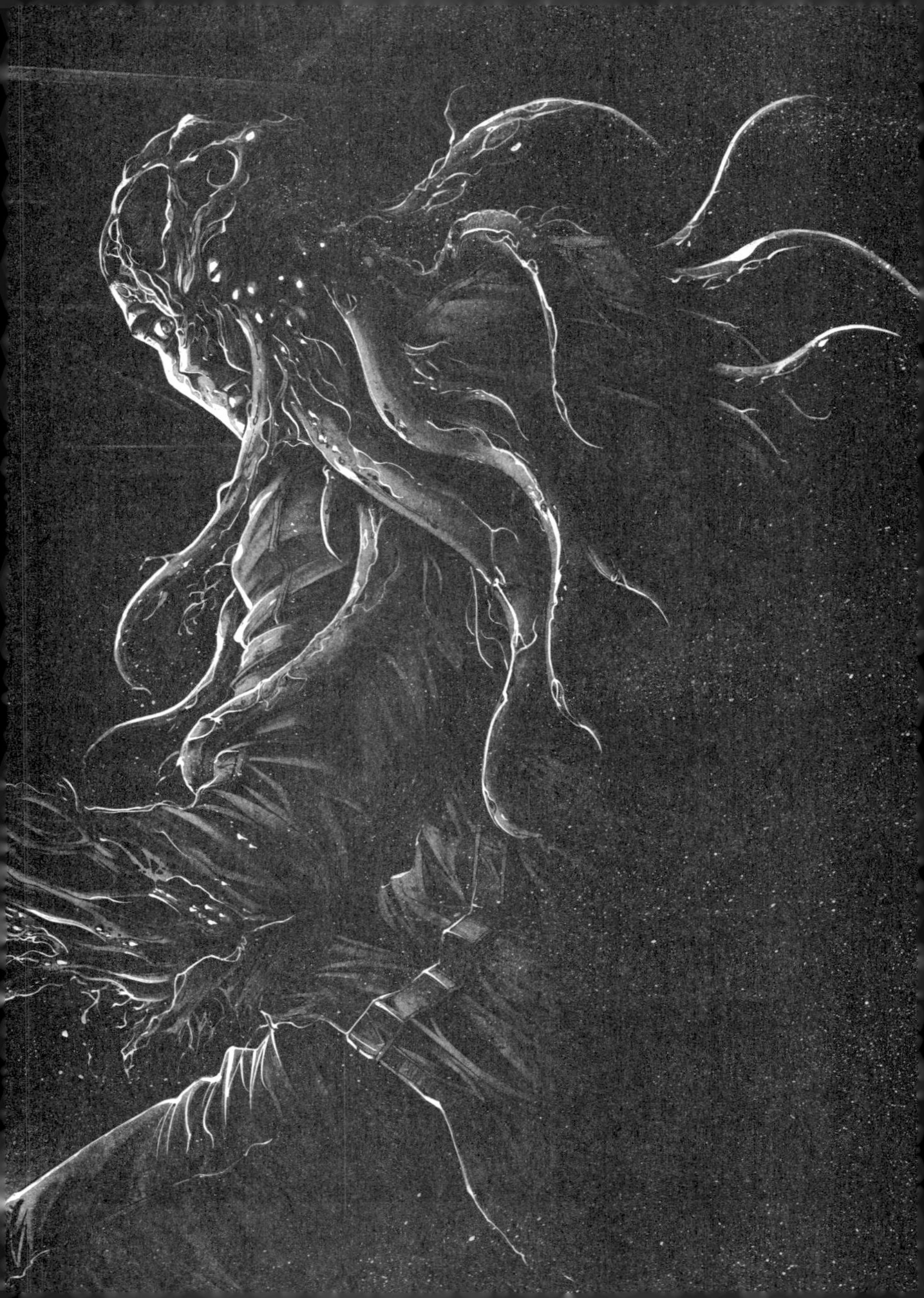

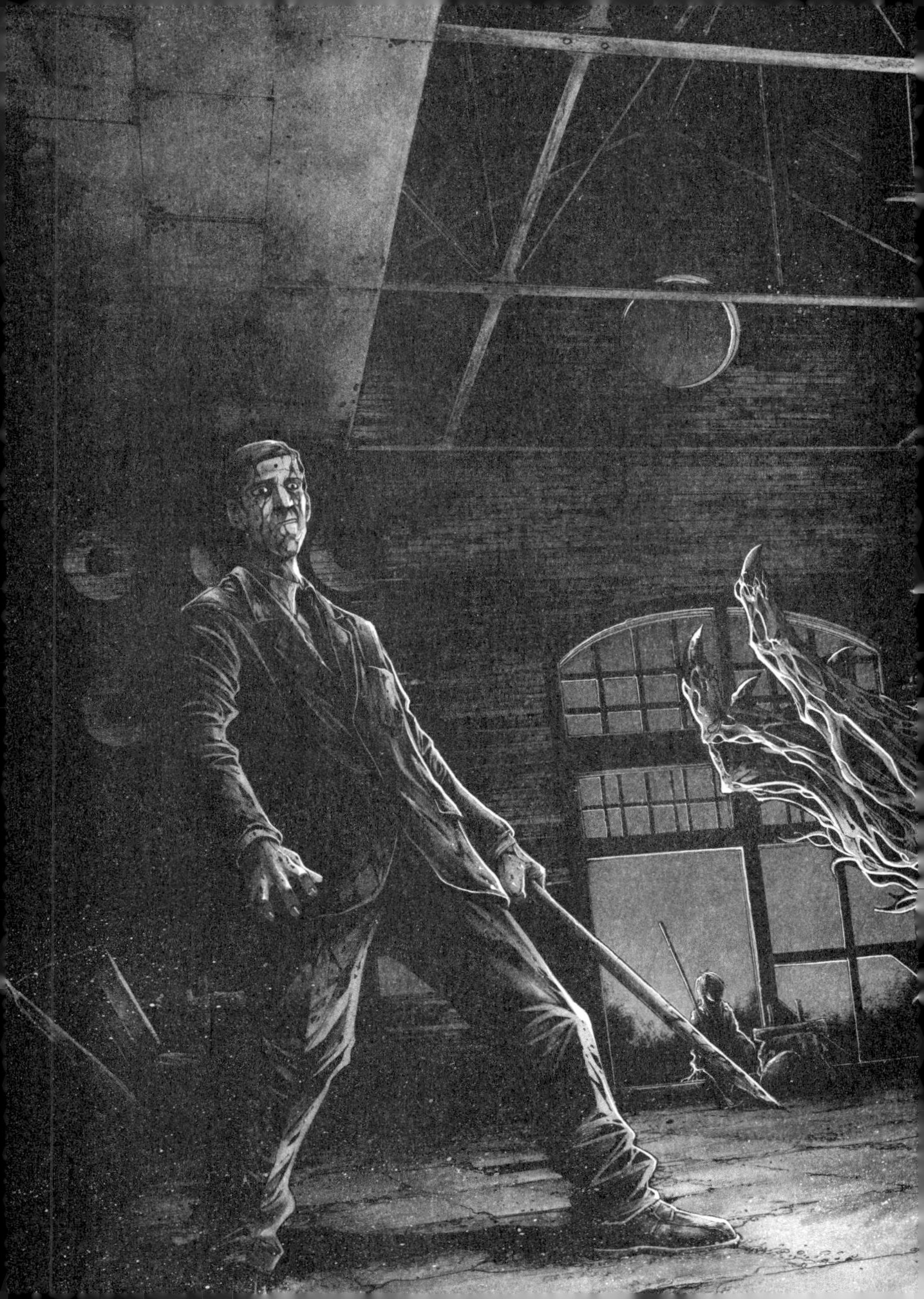

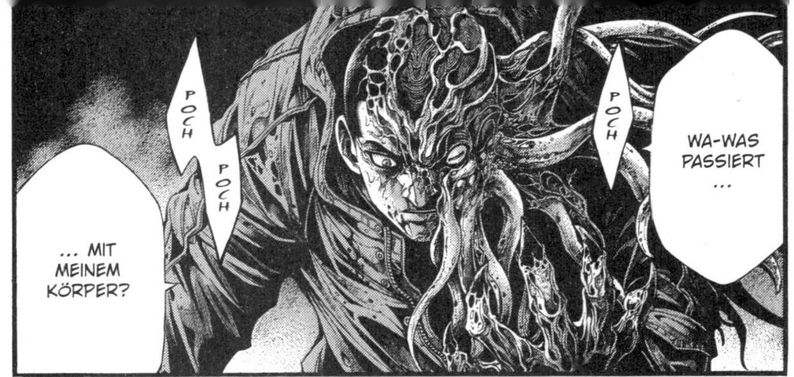
POCH
WA-WAS PASSIERT ...
POCH
POCH
... MIT MEINEM KÖRPER?

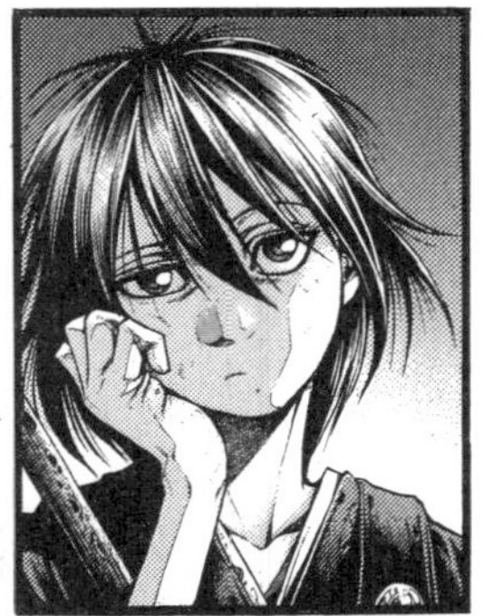

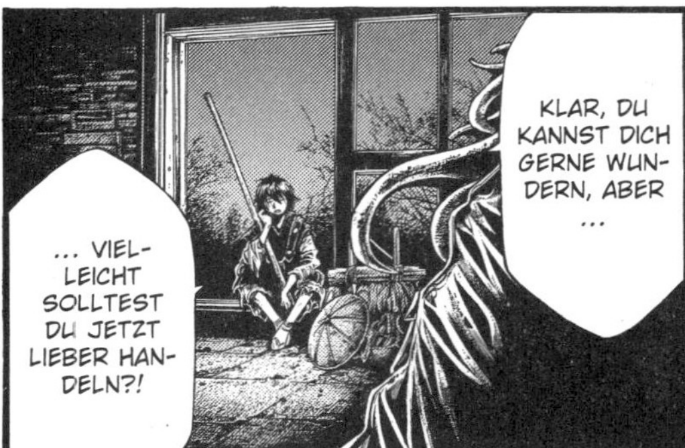
KLAR, DU KANNST DICH GERNE WUNDERN, ABER ...
... VIELLEICHT SOLLTEST DU JETZT LIEBER HANDELN?!

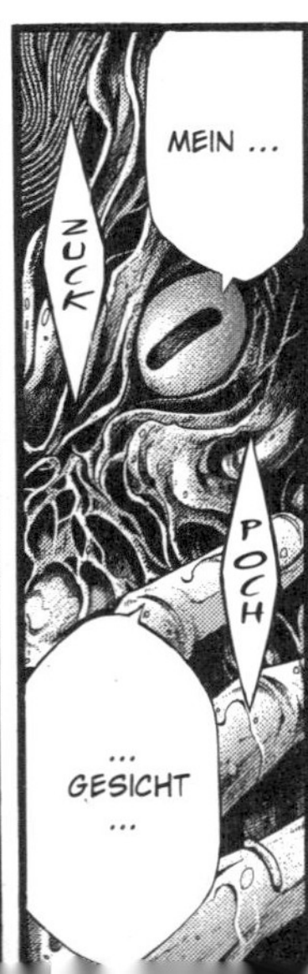
MEIN ...
ZUCK
POCH
... GESICHT ...

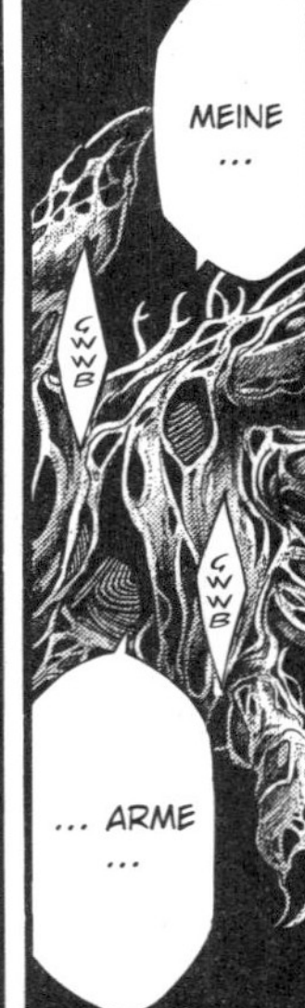
MEINE ...
GWWB
GWWB
... ARME ...

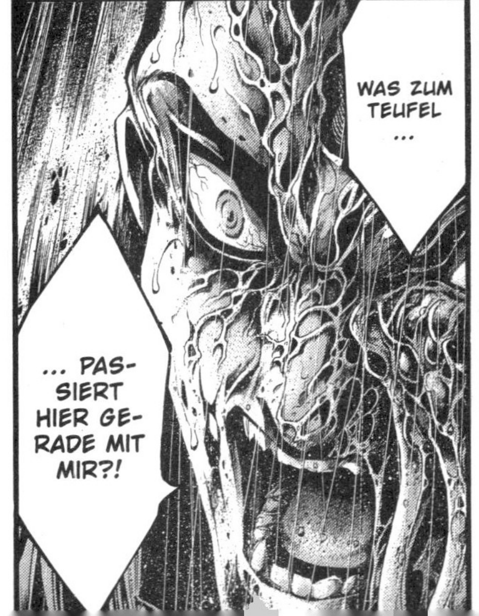
WAS ZUM TEUFEL ...
... PASSIERT HIER GERADE MIT MIR?!

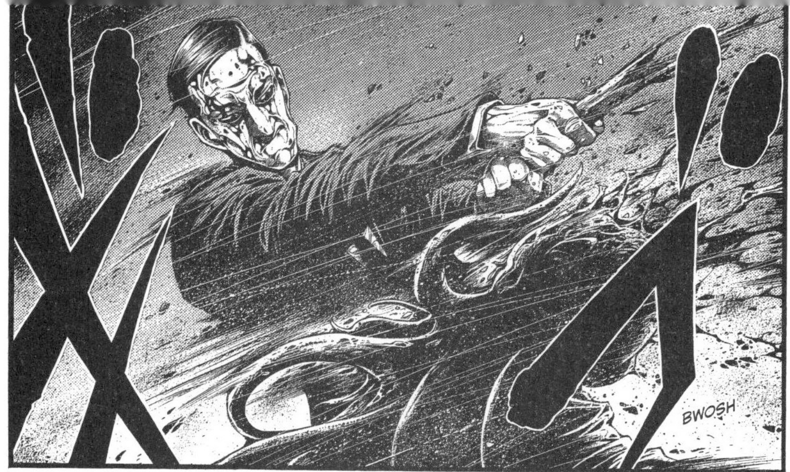
BWOSH

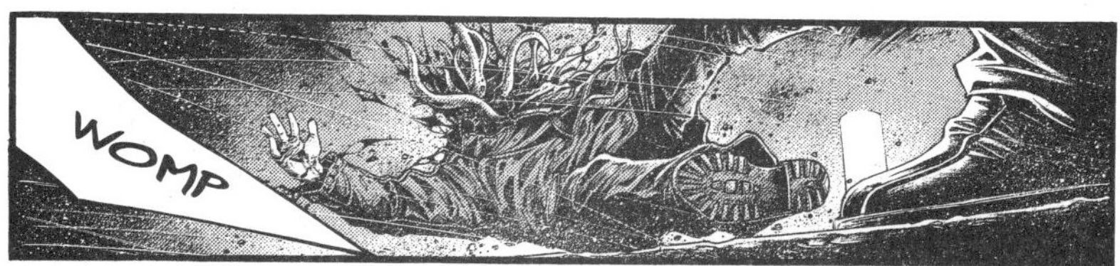
WOMP

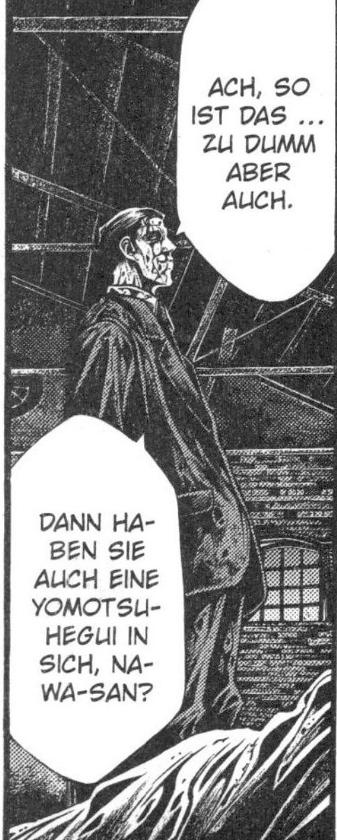
ACH, SO IST DAS … ZU DUMM ABER AUCH.
DANN HABEN SIE AUCH EINE YOMOTSUHEGUI IN SICH, NAWA-SAN?

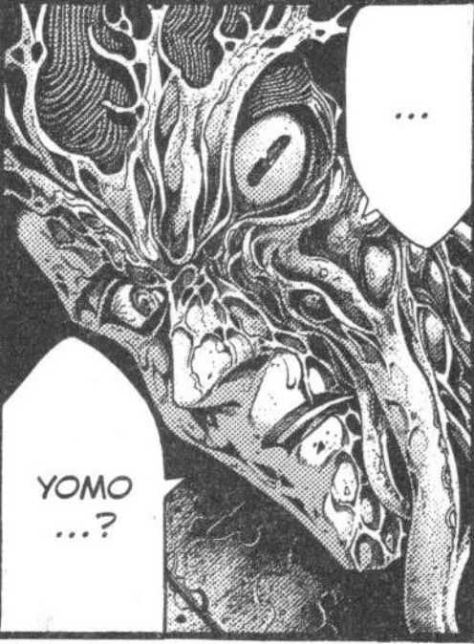
…
YOMO …?

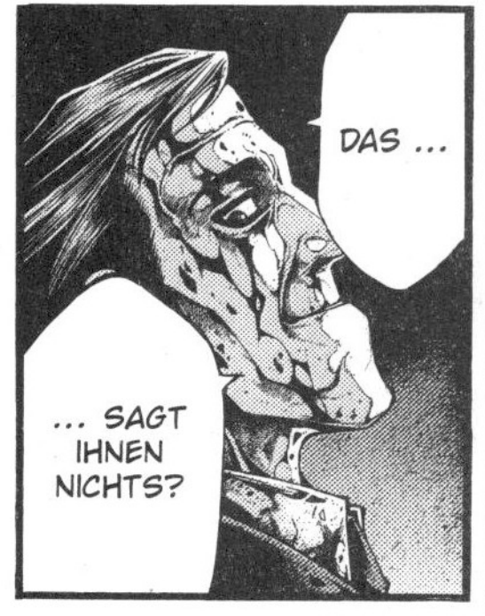
DAS …
… SAGT IHNEN NICHTS?

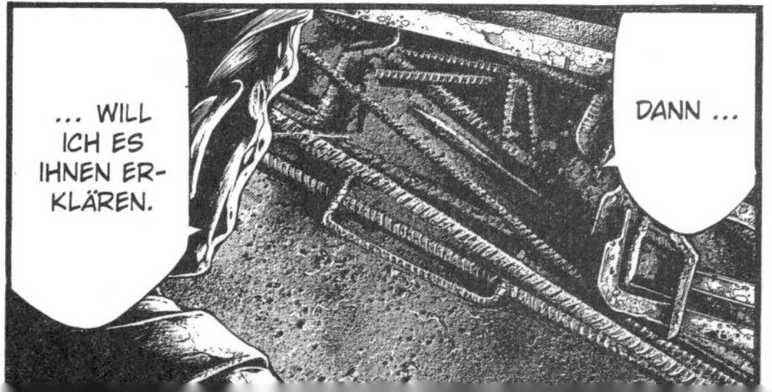
DANN …
… WILL ICH ES IHNEN ERKLÄREN.

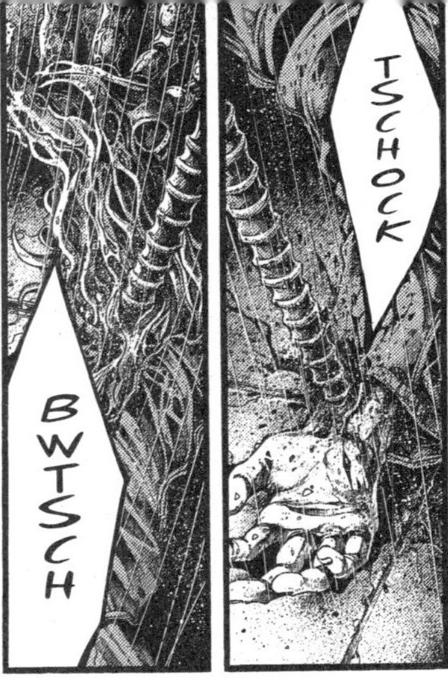
TSCHOCK
BWTSCH

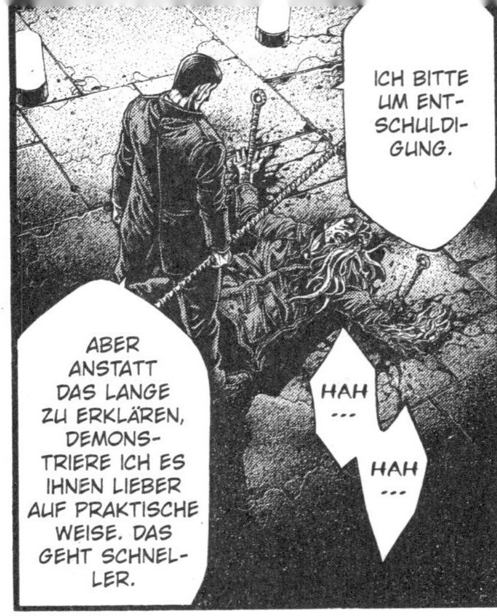
ICH BITTE UM ENT-SCHULDI-GUNG.
ABER ANSTATT DAS LANGE ZU ERKLÄREN, DEMONS-TRIERE ICH ES IHNEN LIEBER AUF PRAKTISCHE WEISE. DAS GEHT SCHNEL-LER.
HAH ...
HAH ...

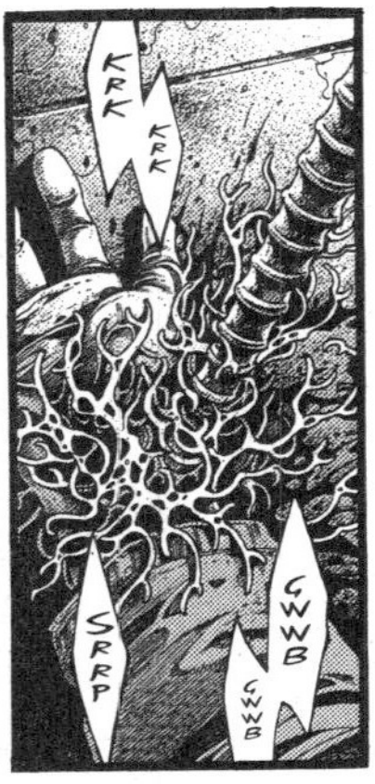
KRK
KRK
SRRP
GWWB
GWWB

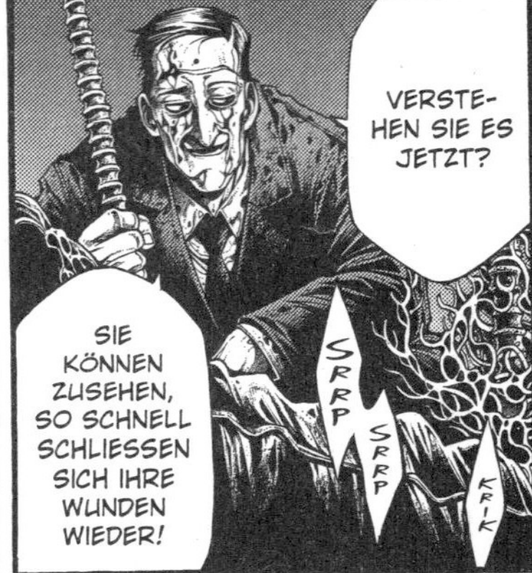
VERSTE-HEN SIE ES JETZT?
SIE KÖNNEN ZUSEHEN, SO SCHNELL SCHLIESSEN SICH IHRE WUNDEN WIEDER!
SRRP
SRRP
KRIK

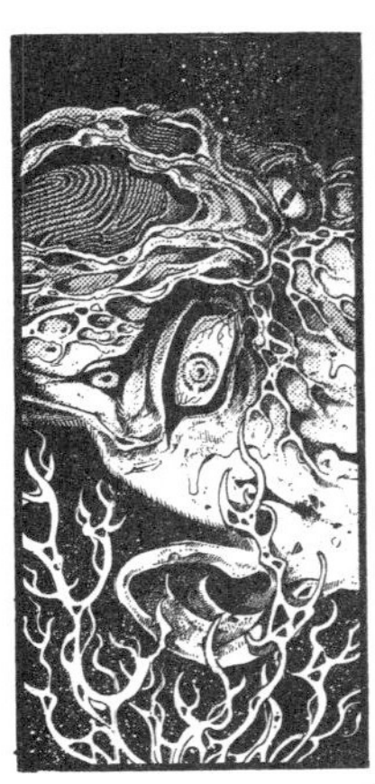

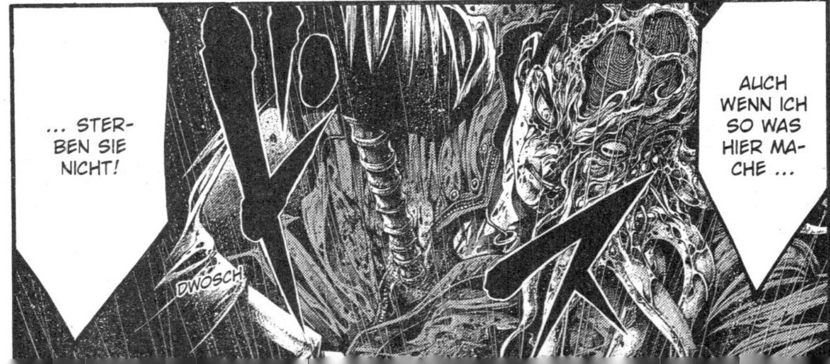
AUCH WENN ICH SO WAS HIER MA-CHE ...
... STER-BEN SIE NICHT!
DWOSCH

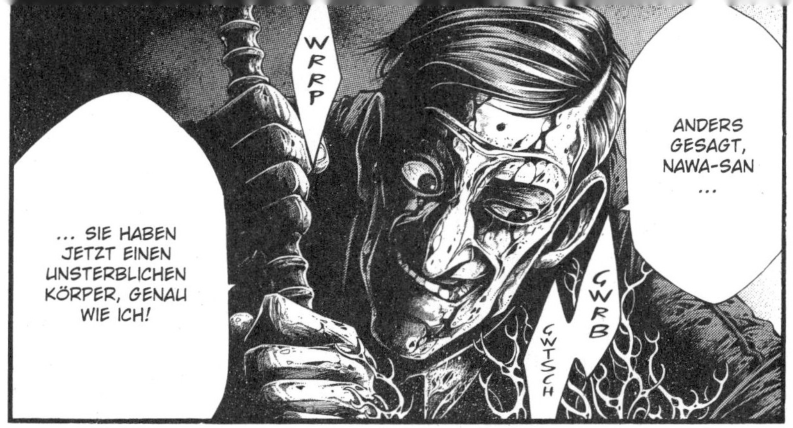
ANDERS GESAGT, NAWA-SAN ...
WRRP
GWRB
GWTSCH
... SIE HABEN JETZT EINEN UNSTERBLICHEN KÖRPER, GENAU WIE ICH!

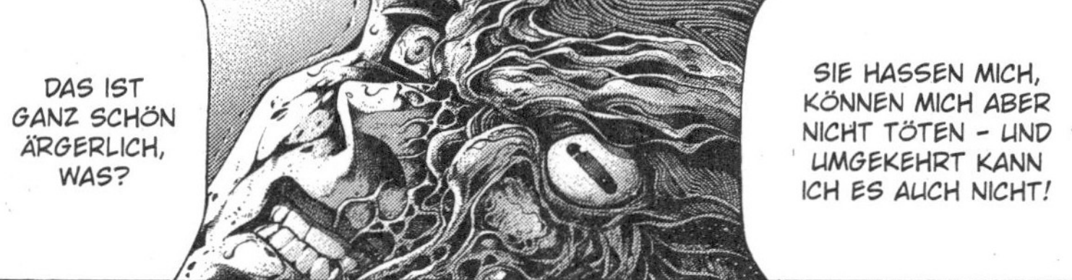
SIE HASSEN MICH, KÖNNEN MICH ABER NICHT TÖTEN - UND UMGEKEHRT KANN ICH ES AUCH NICHT!
DAS IST GANZ SCHÖN ÄRGERLICH, WAS?

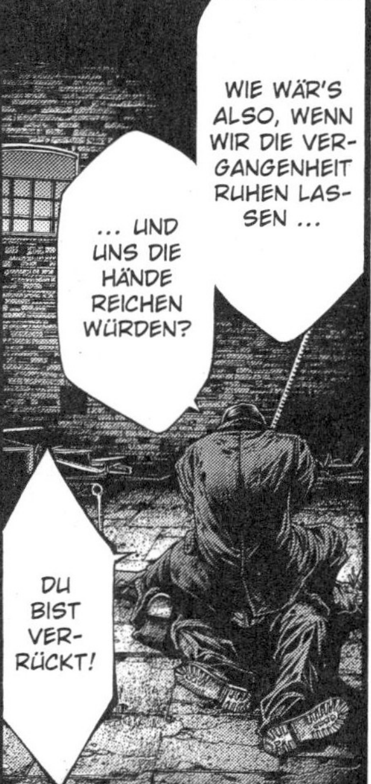
WIE WÄR'S ALSO, WENN WIR DIE VERGANGENHEIT RUHEN LASSEN ...
... UND UNS DIE HÄNDE REICHEN WÜRDEN?
DU BIST VERRÜCKT!

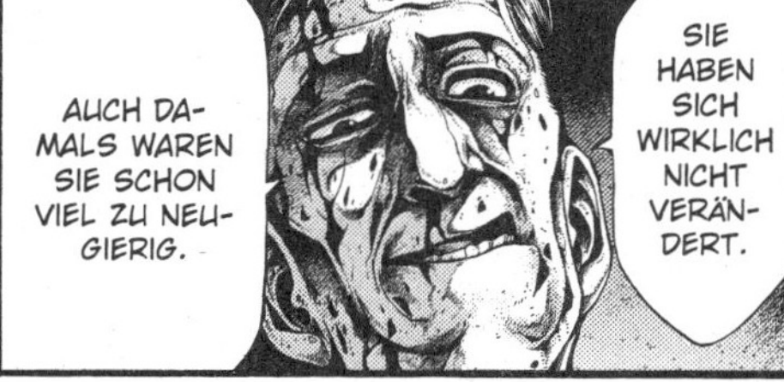
SIE HABEN SICH WIRKLICH NICHT VERÄNDERT.
AUCH DAMALS WAREN SIE SCHON VIEL ZU NEUGIERIG.

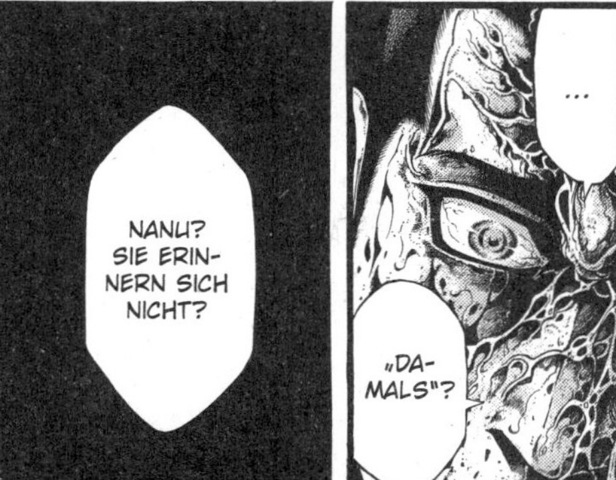
...
„DAMALS"?
NANU? SIE ERINNERN SICH NICHT?

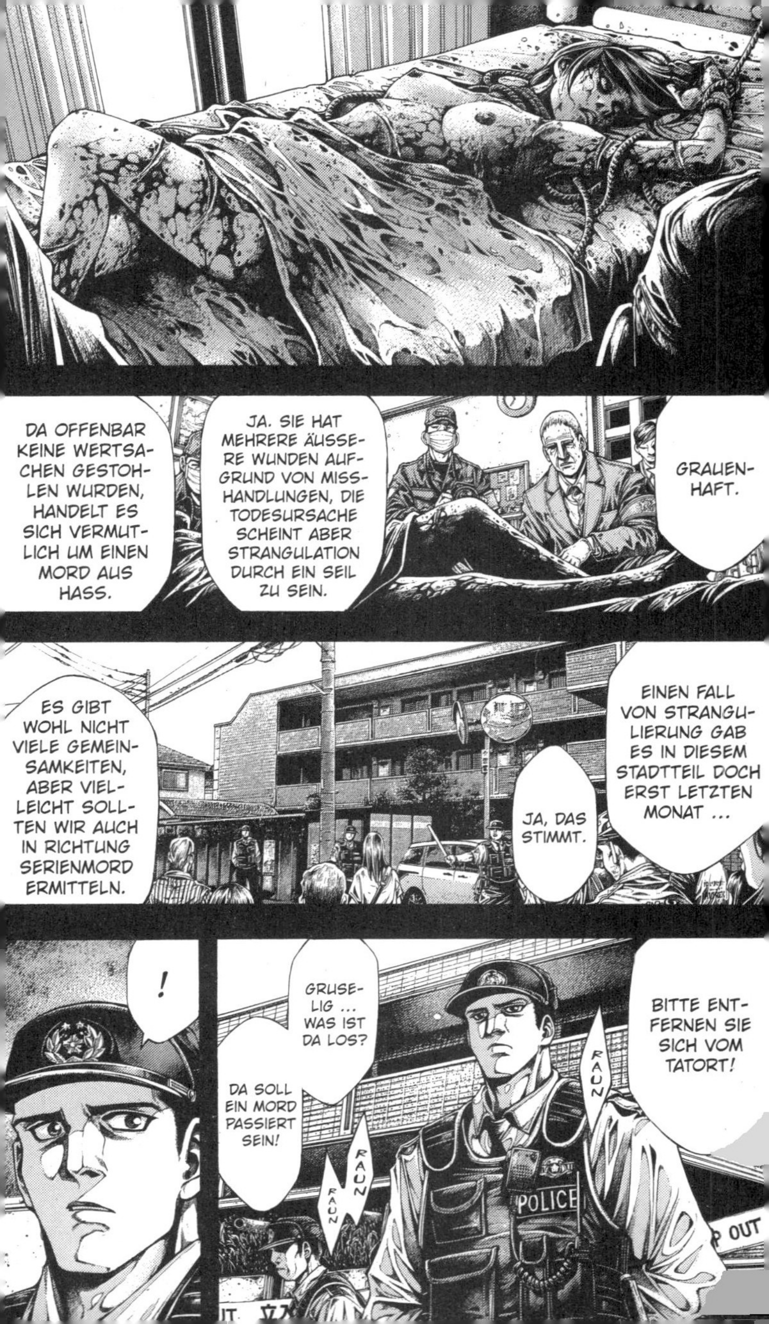
GRAUEN-HAFT.
JA. SIE HAT MEHRERE ÄUSSERE WUNDEN AUFGRUND VON MISSHANDLUNGEN, DIE TODESURSACHE SCHEINT ABER STRANGULATION DURCH EIN SEIL ZU SEIN.
DA OFFENBAR KEINE WERTSACHEN GESTOHLEN WURDEN, HANDELT ES SICH VERMUTLICH UM EINEN MORD AUS HASS.
EINEN FALL VON STRANGULIERUNG GAB ES IN DIESEM STADTTEIL DOCH ERST LETZTEN MONAT ...
JA, DAS STIMMT.
ES GIBT WOHL NICHT VIELE GEMEINSAMKEITEN, ABER VIELLEICHT SOLLTEN WIR AUCH IN RICHTUNG SERIENMORD ERMITTELN.
BITTE ENTFERNEN SIE SICH VOM TATORT!
RAUN
POLICE
GRUSELIG ... WAS IST DA LOS?
DA SOLL EIN MORD PASSIERT SEIN!
RAUN
RAUN
!

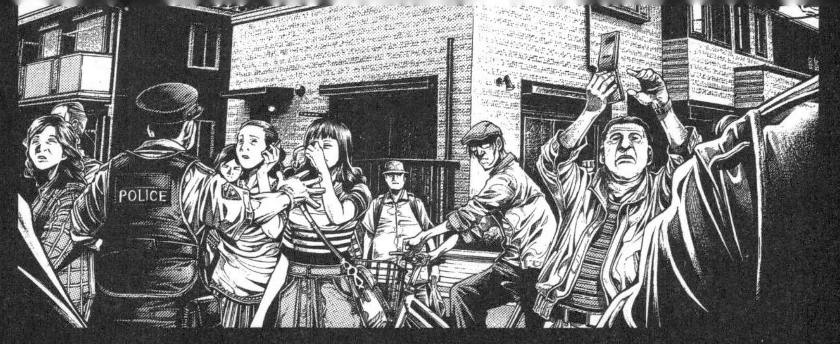
POLICE
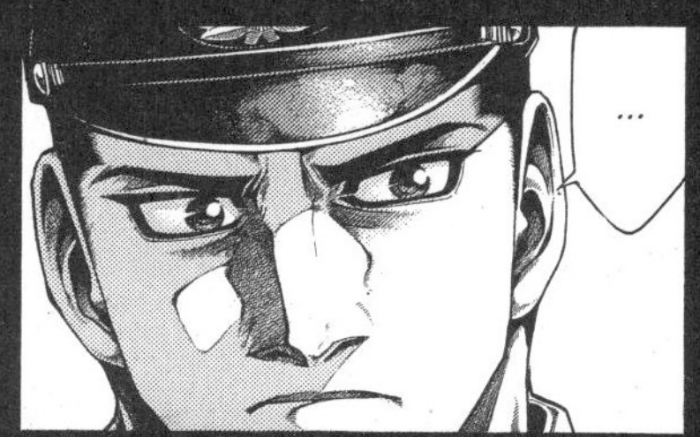
...
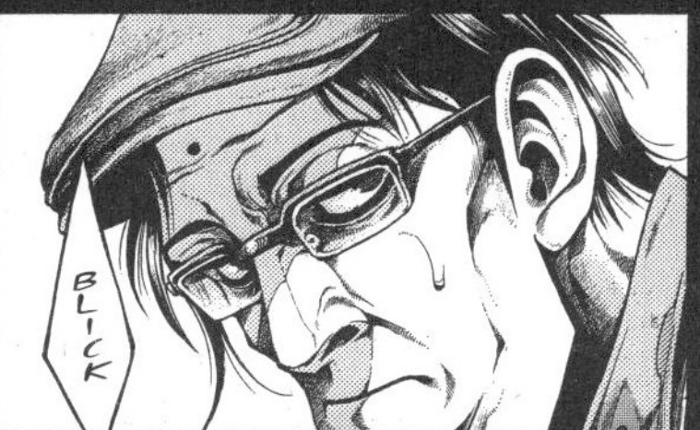
BLICK
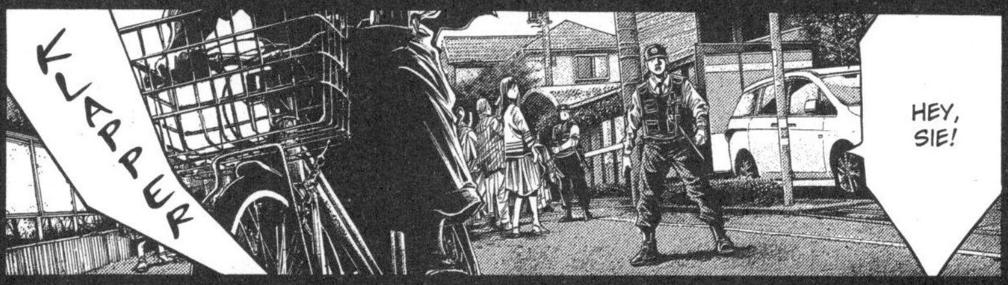
HEY, SIE!
KLAPPER
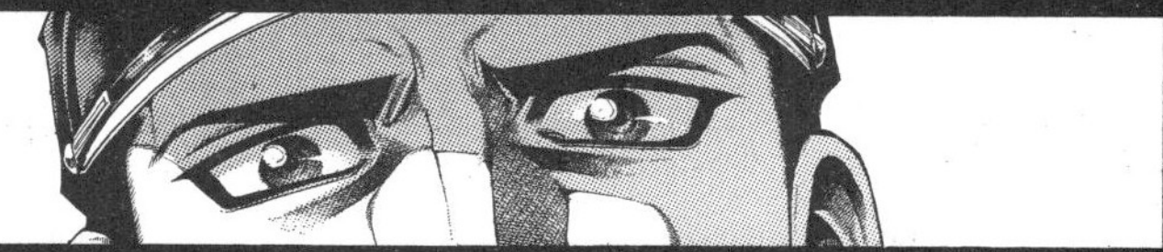
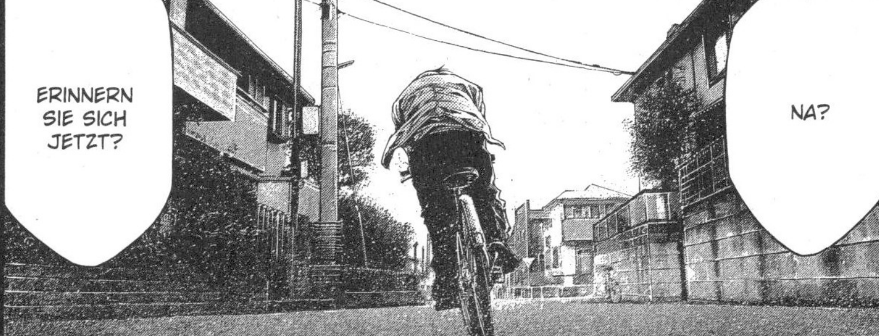
NA?
ERINNERN SIE SICH JETZT?

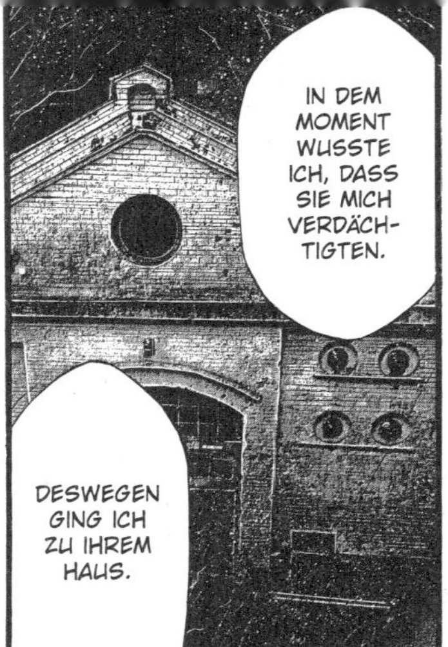
IN DEM MOMENT WUSSTE ICH, DASS SIE MICH VERDÄCHTIGTEN.
DESWEGEN GING ICH ZU IHREM HAUS.

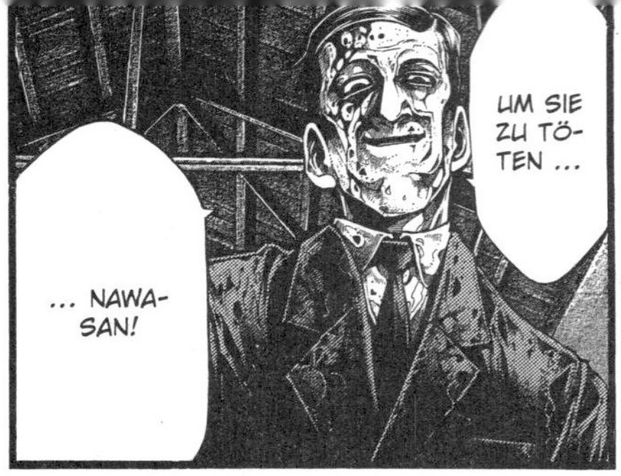
UM SIE ZU TÖTEN ...
... NAWA-SAN!

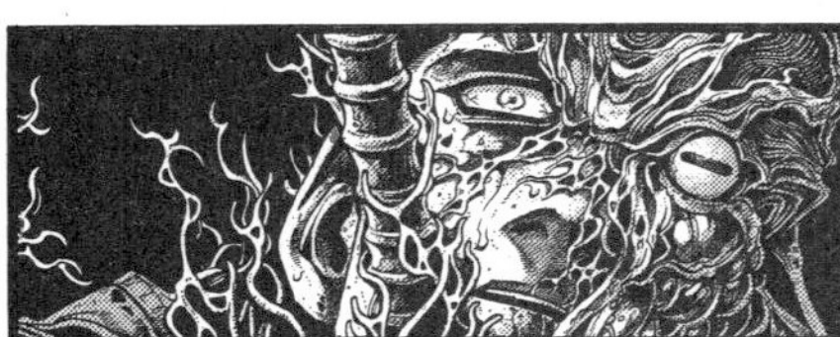

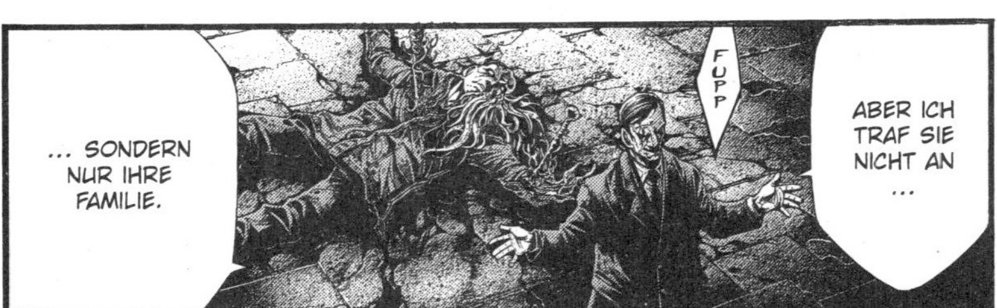
ABER ICH TRAF SIE NICHT AN ...
FUPP
... SONDERN NUR IHRE FAMILIE.

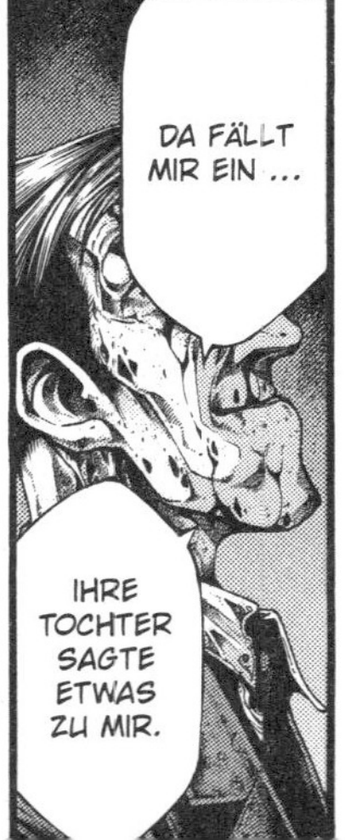
DA FÄLLT MIR EIN ...
IHRE TOCHTER SAGTE ETWAS ZU MIR.

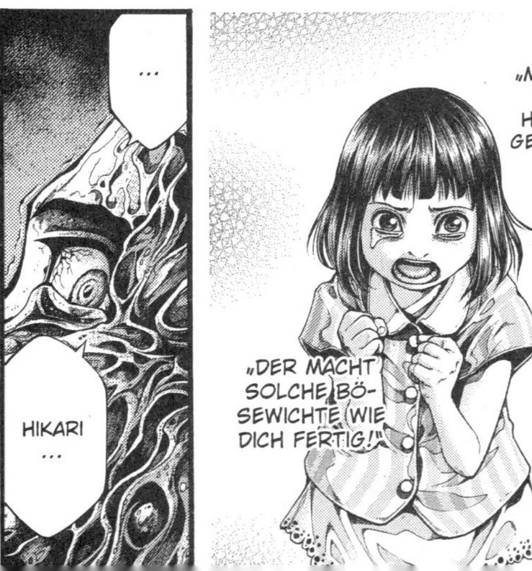
„MEIN PAPA IST EIN HELD DER GERECHTIGKEIT!"
„DER MACHT SOLCHE BÖSEWICHTE WIE DICH FERTIG!"
...
HIKARI ...

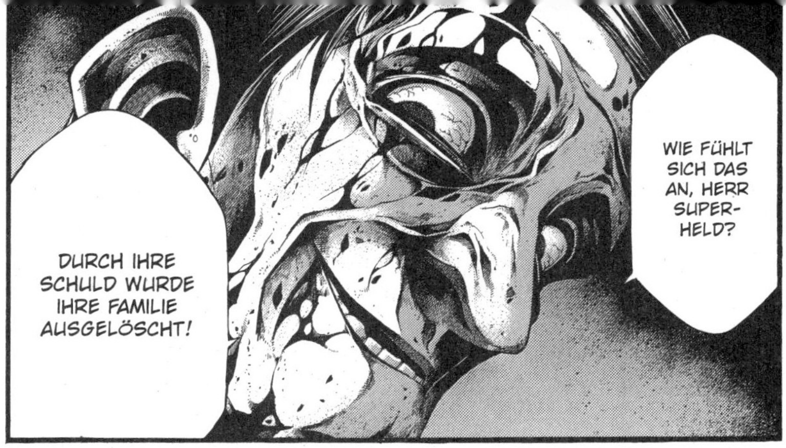
WIE FÜHLT SICH DAS AN, HERR SUPER-HELD?
DURCH IHRE SCHULD WURDE IHRE FAMILIE AUSGELÖSCHT!

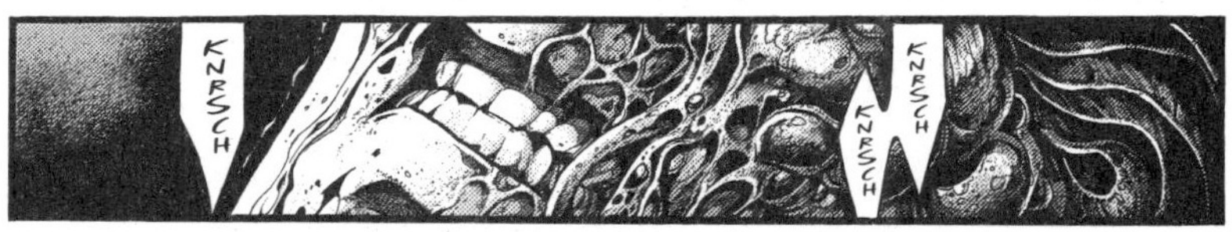
KNRSCH
KNRSCH
KNRSCH

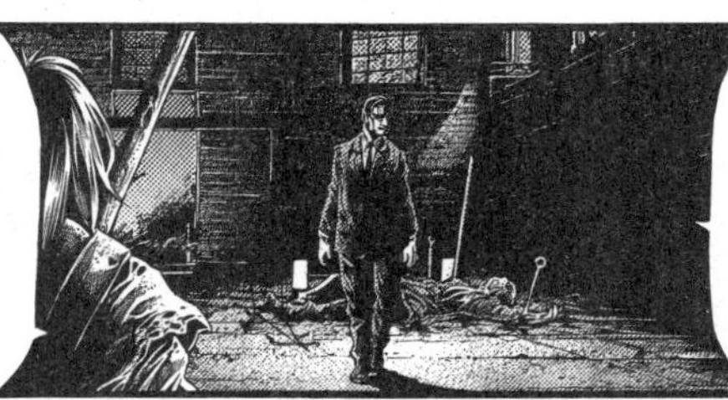
ES TUT MIR LEID, ABER ICH MUSS SIE BITTEN, SICH FÜR EIN WEILCHEN ZU BERUHIGEN.
WENN SIE IHREN ZORN NICHT BÄNDIGEN KÖNNEN, DÜRFEN SIE SPÄTER GERNE IN ALLER RUHE AUF MICH EINSCHLAGEN.

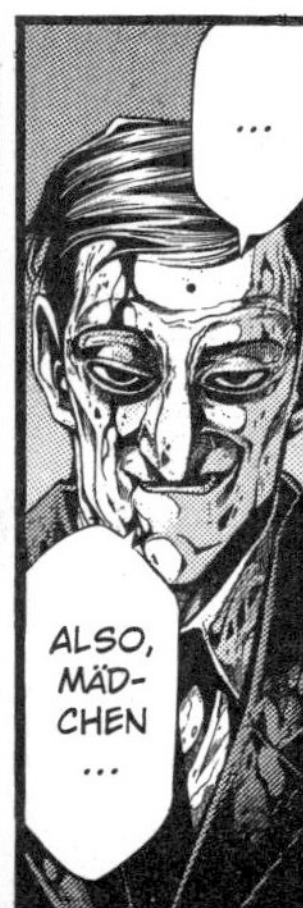
...
ALSO, MÄDCHEN ...

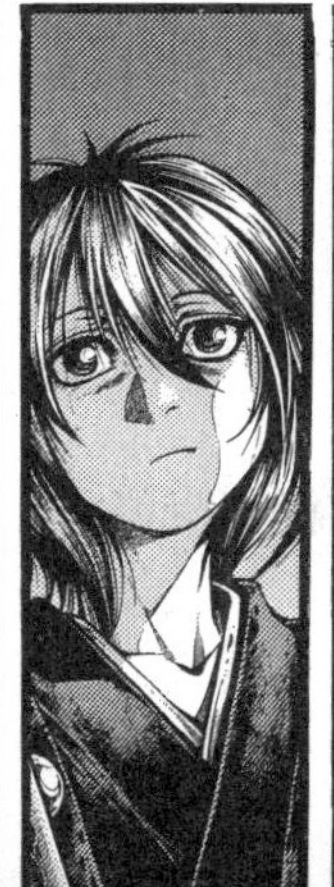

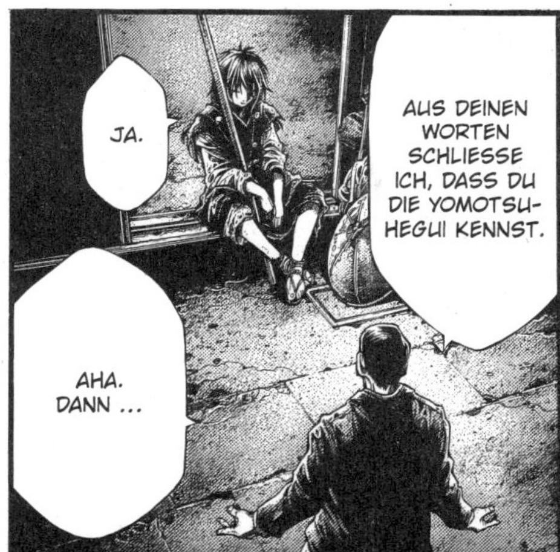
AUS DEINEN WORTEN SCHLIESSE ICH, DASS DU DIE YOMOTSU-HEGUI KENNST.
JA.
AHA. DANN ...

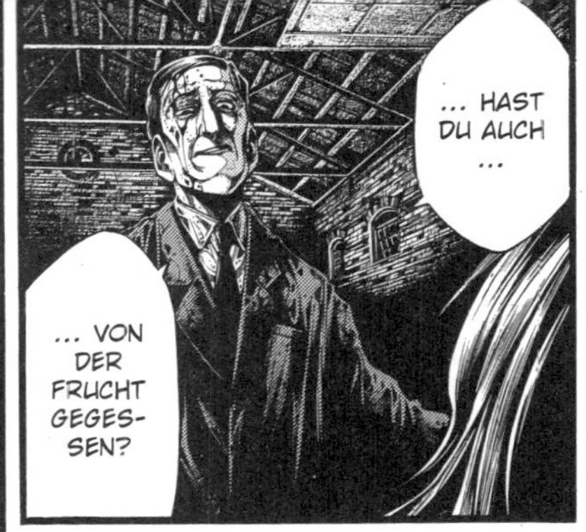
... HAST DU AUCH ...
... VON DER FRUCHT GEGESSEN?

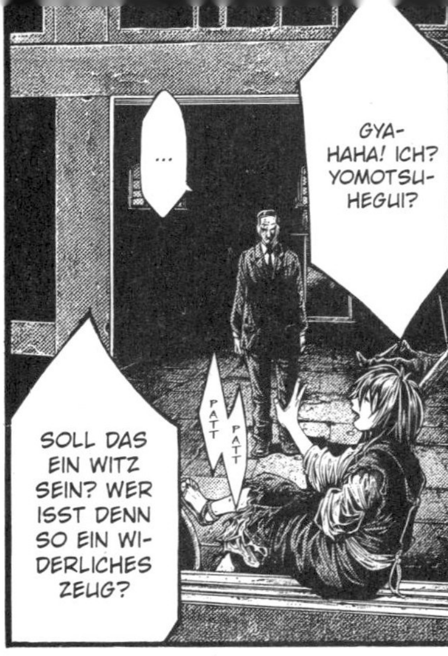
GYA-HAHA! ICH? YOMOTSU-HEGUI?
...
PATT PATT
SOLL DAS EIN WITZ SEIN? WER ISST DENN SO EIN WIDERLICHES ZEUG?

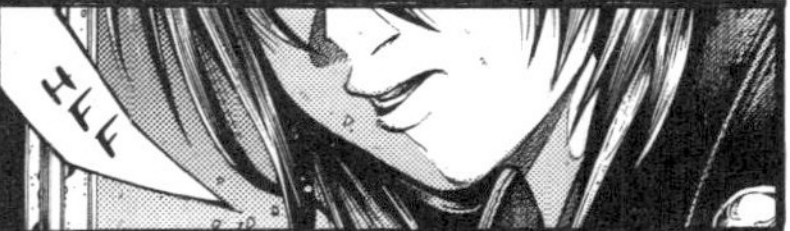
HFF

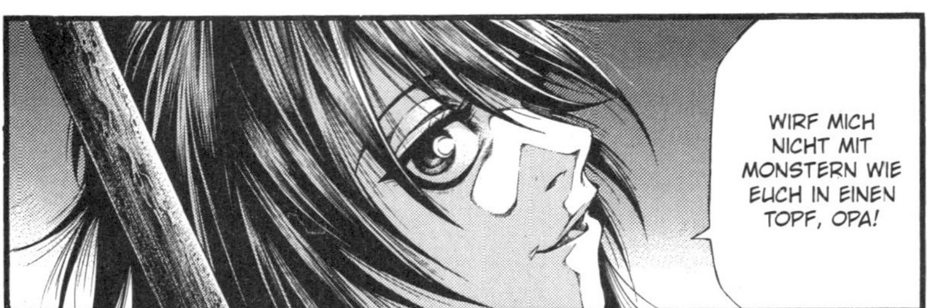
WIRF MICH NICHT MIT MONSTERN WIE EUCH IN EINEN TOPF, OPA!

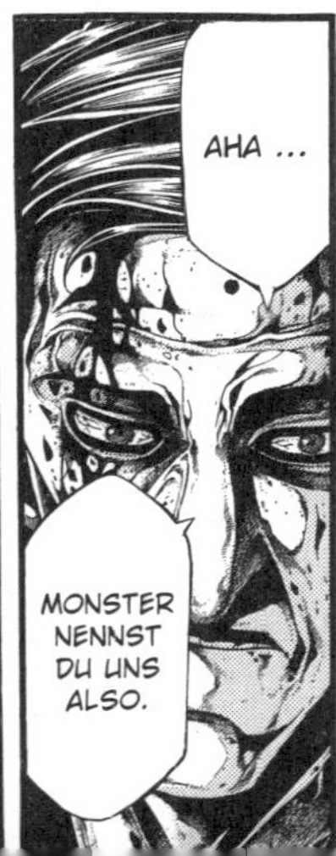
AHA ...
MONSTER NENNST DU UNS ALSO.

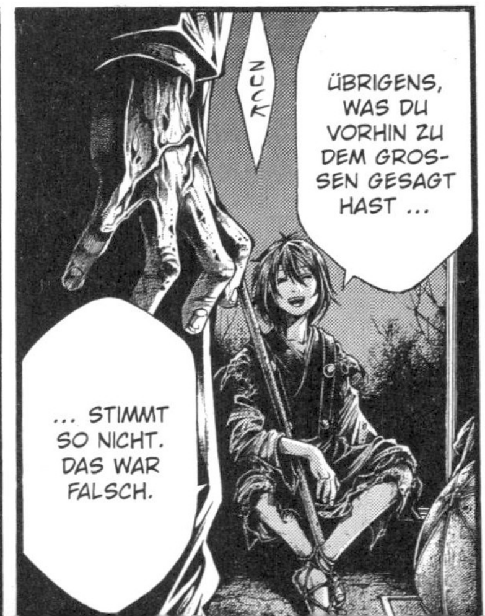
ÜBRIGENS, WAS DU VORHIN ZU DEM GROSSEN GESAGT HAST ...
ZUCK
... STIMMT SO NICHT. DAS WAR FALSCH.

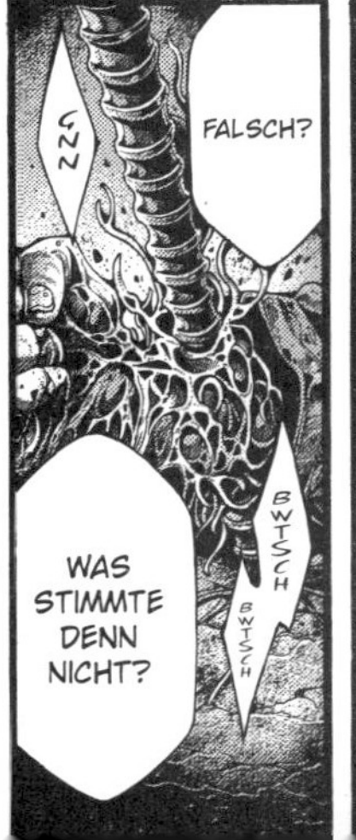
FALSCH?
GNN
BWTSCH
BWTSCH
WAS STIMMTE DENN NICHT?

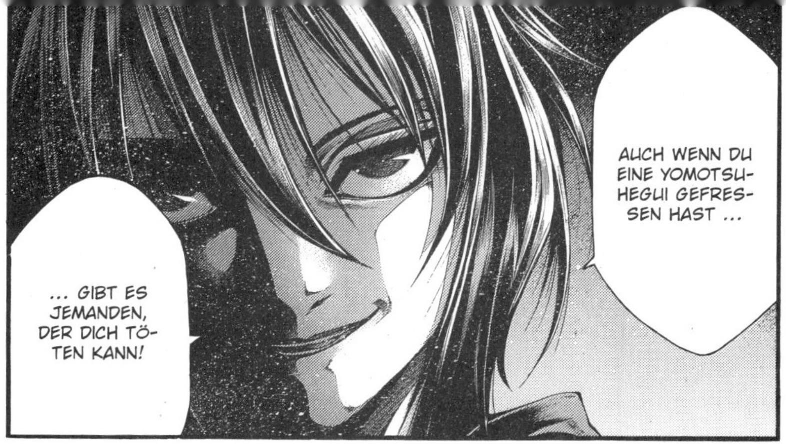
AUCH WENN DU EINE YOMOTSUHEGUI GEFRESSEN HAST …
… GIBT ES JEMANDEN, DER DICH TÖTEN KANN!

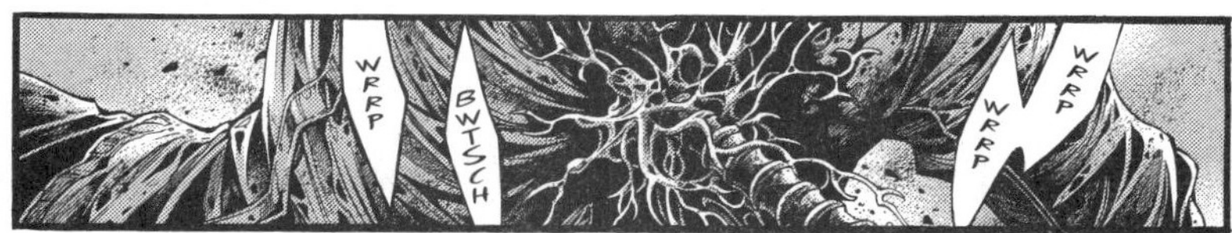
WRRP
WRRP
BWTSCH
WRRP

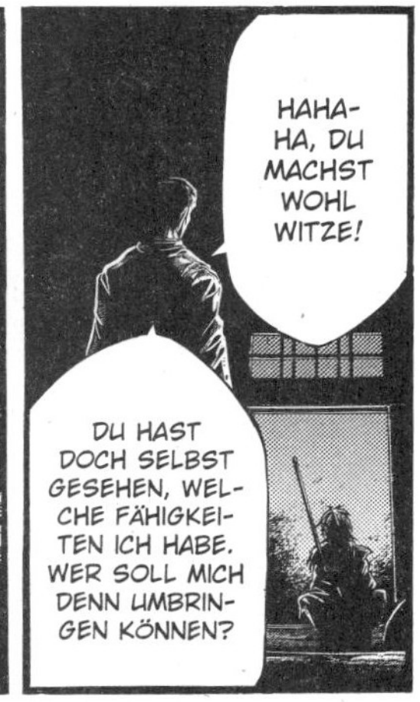
HAHAHA, DU MACHST WOHL WITZE!
DU HAST DOCH SELBST GESEHEN, WELCHE FÄHIGKEITEN ICH HABE. WER SOLL MICH DENN UMBRINGEN KÖNNEN?

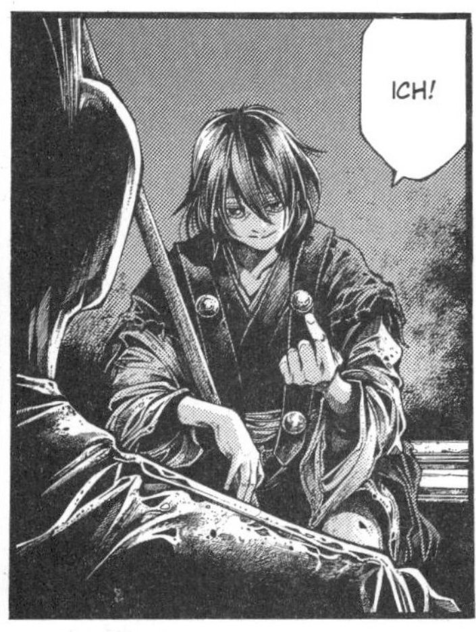
ICH!

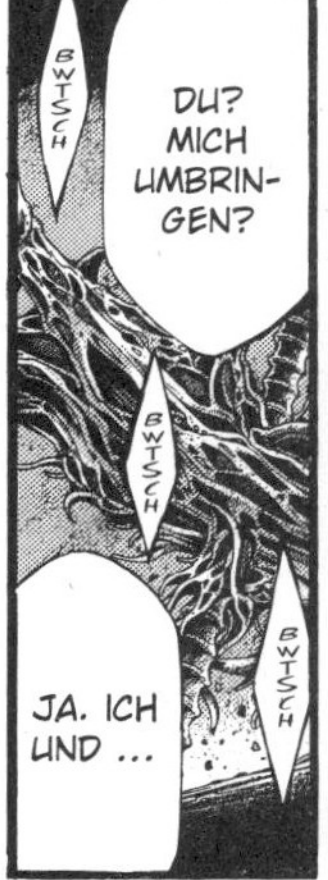
BWTSCH
DU? MICH UMBRINGEN?
BWTSCH
BWTSCH
JA. ICH UND …

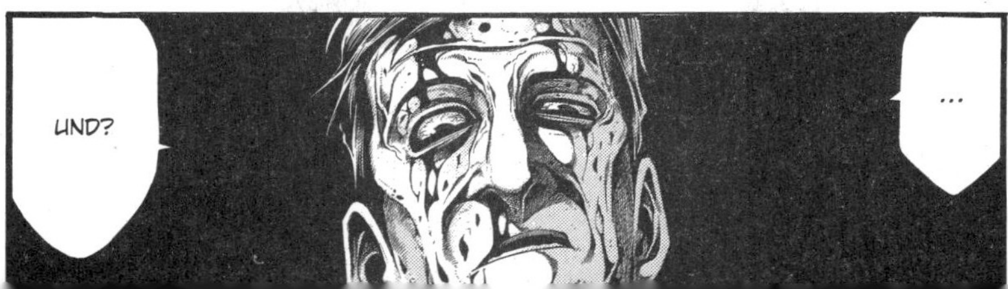
…
UND?

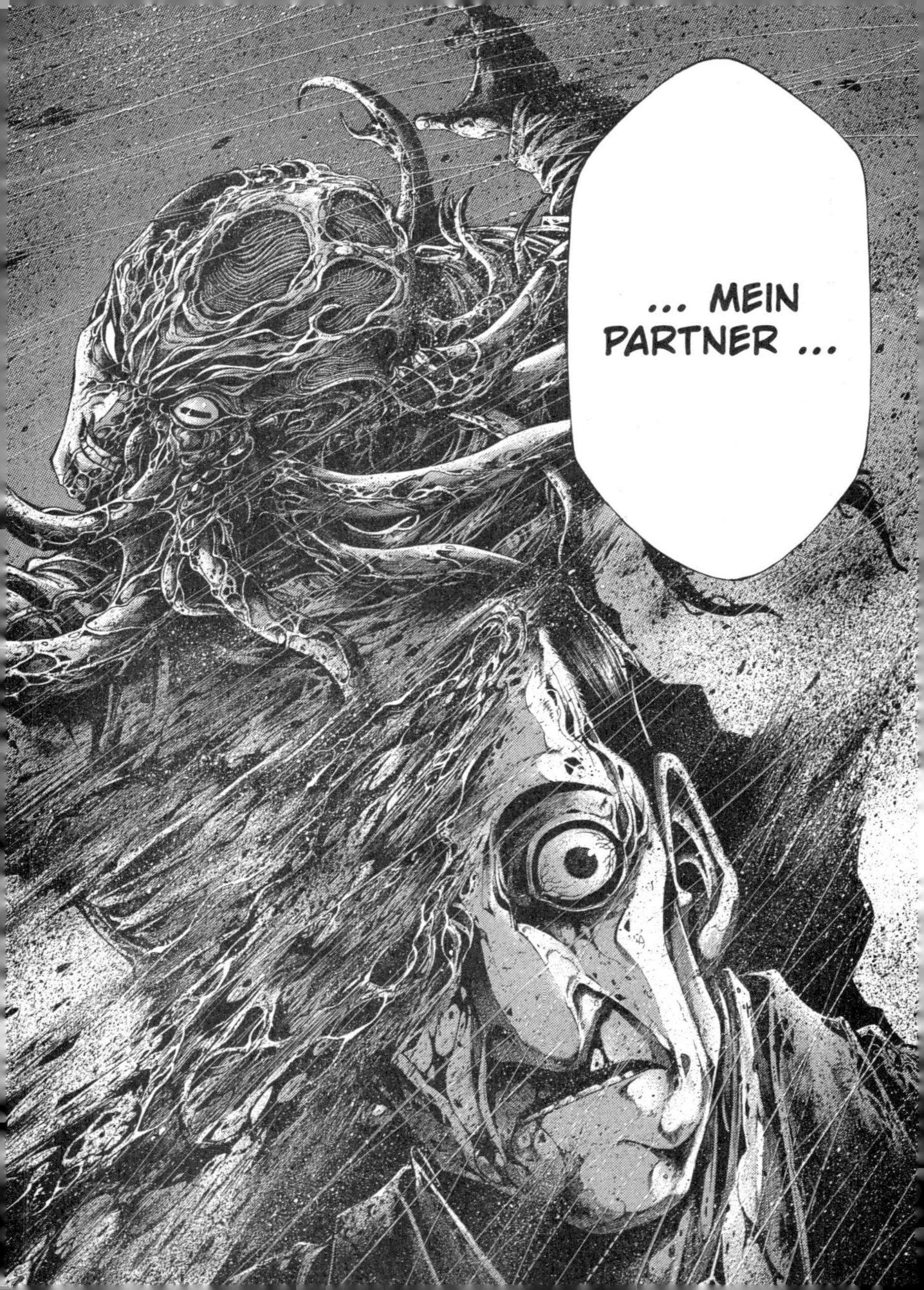
... MEIN PARTNER ...

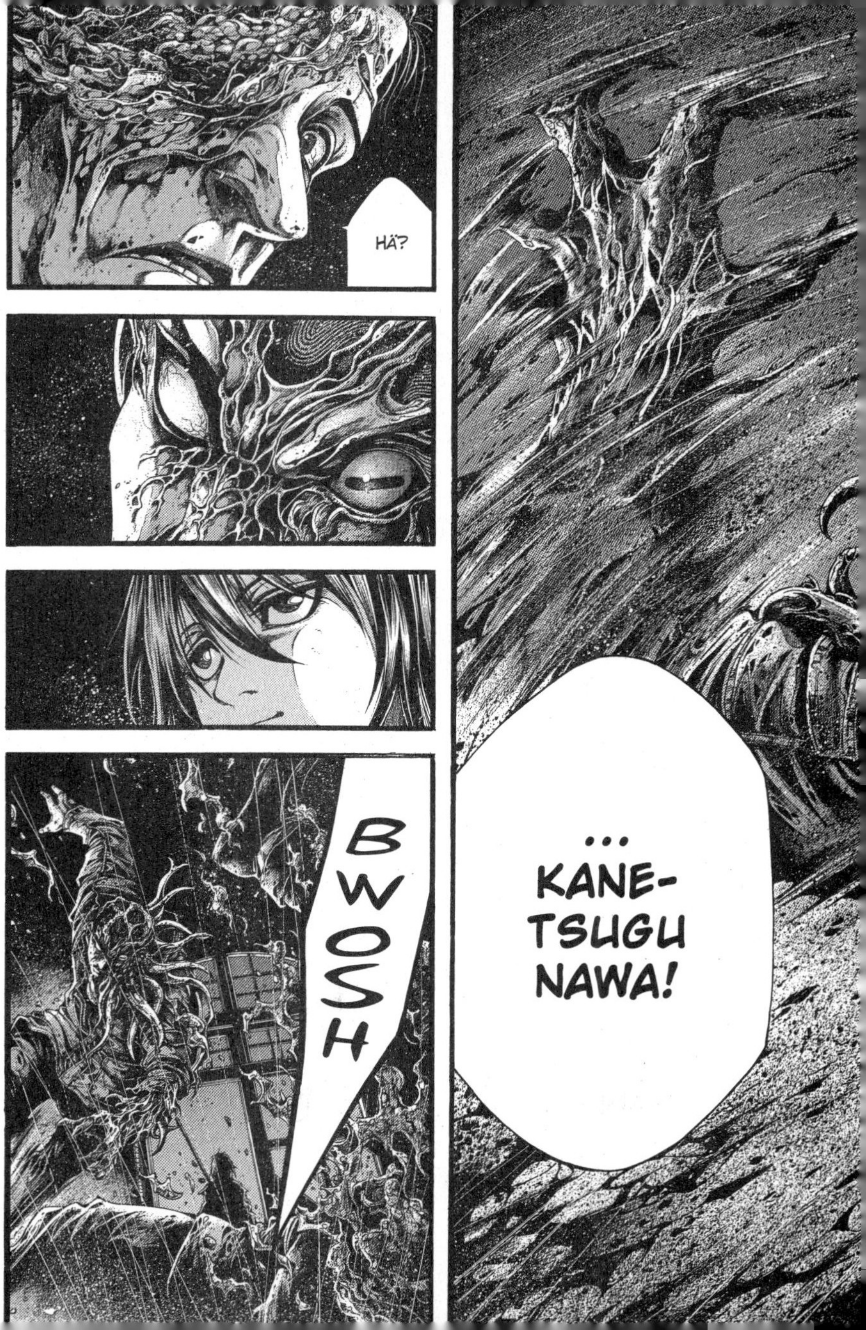

... KANE-
TSUGU
NAWA!

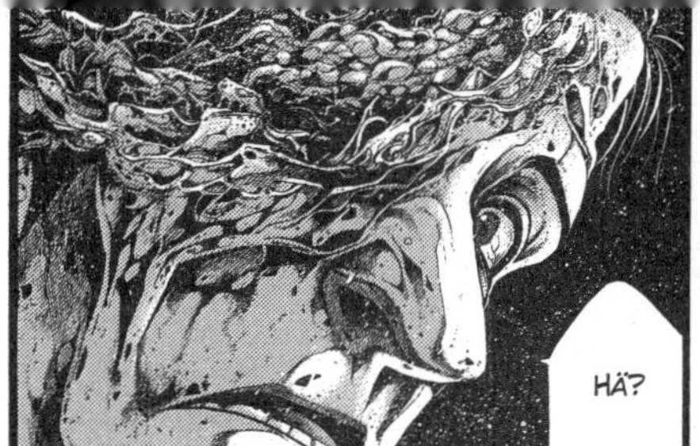

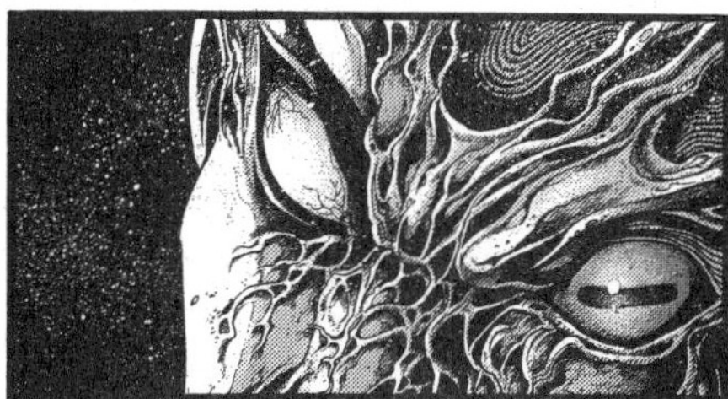

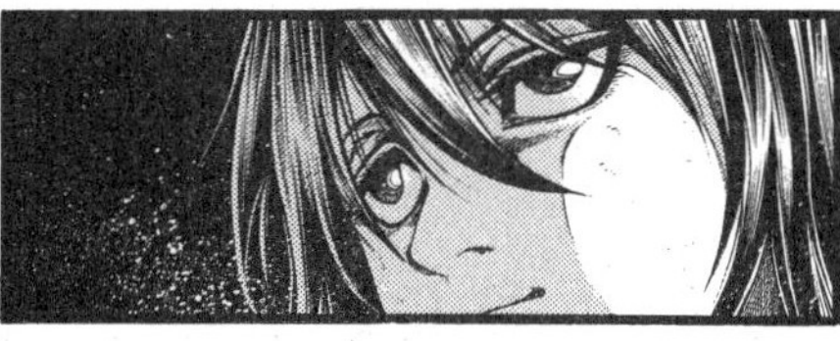

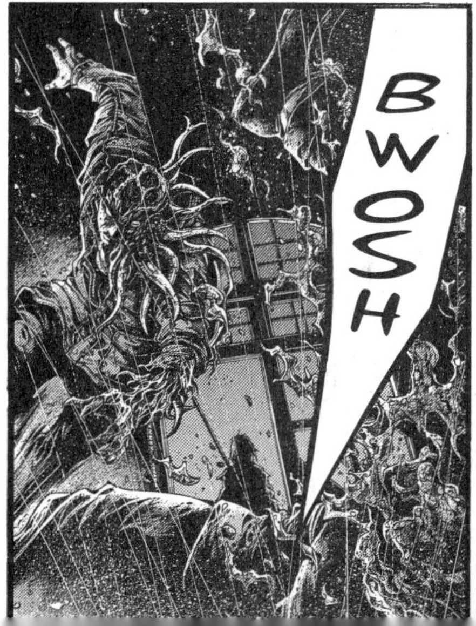

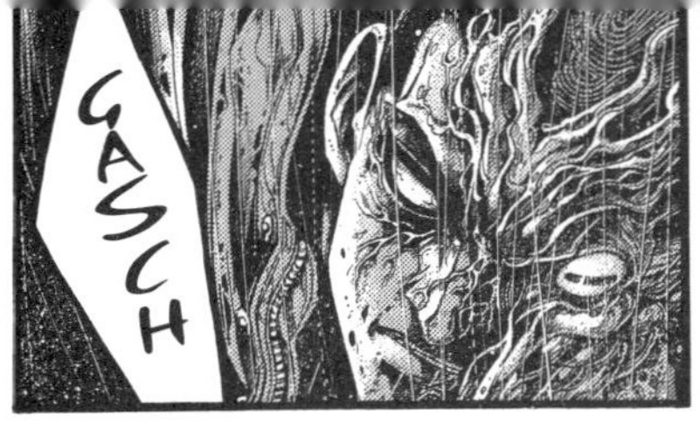
GASCH

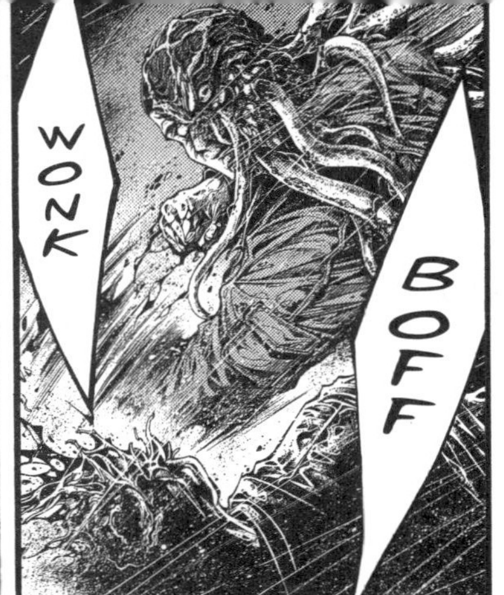
WONK
BOFF

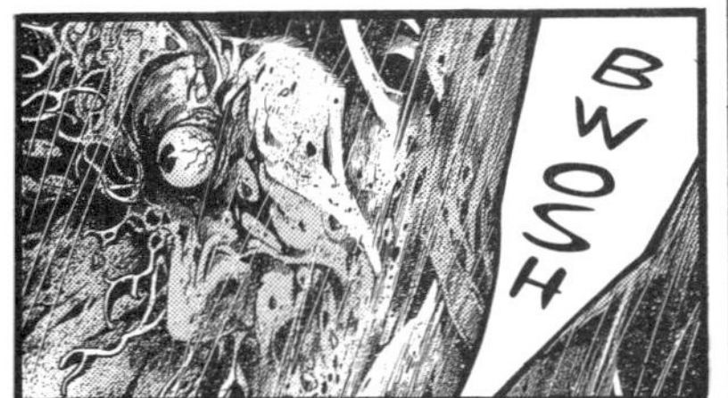
BWOSH

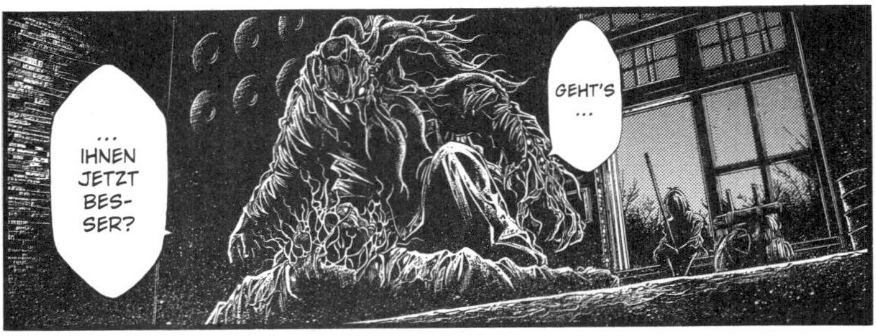
GEHT'S
...
... IHNEN JETZT BESSER?

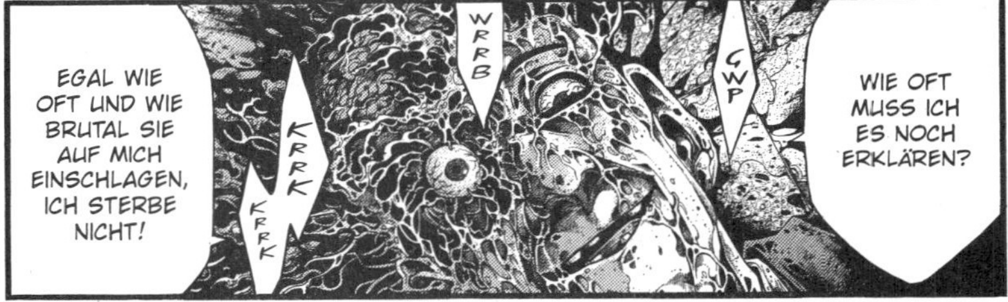
WIE OFT MUSS ICH ES NOCH ERKLÄREN?
GWP
WRRB
KRRK
KRRK
EGAL WIE OFT UND WIE BRUTAL SIE AUF MICH EINSCHLAGEN, ICH STERBE NICHT!

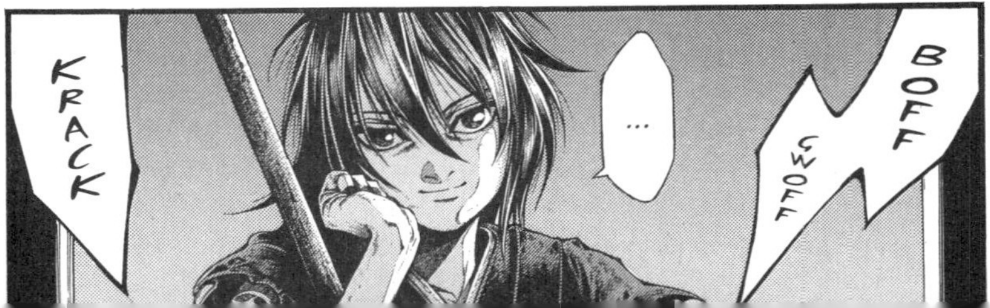
BOFF
GWOFF
...
KRACK

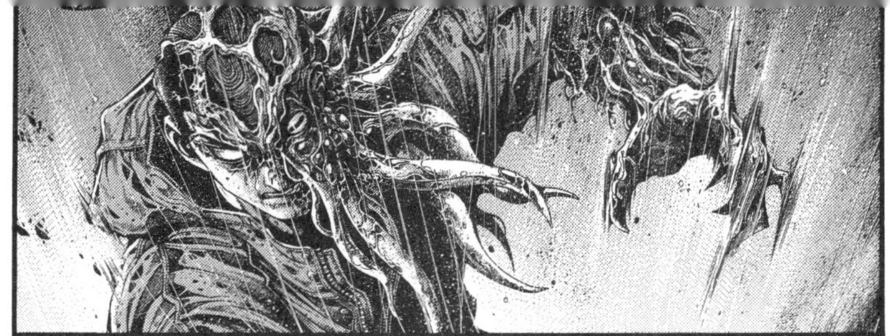
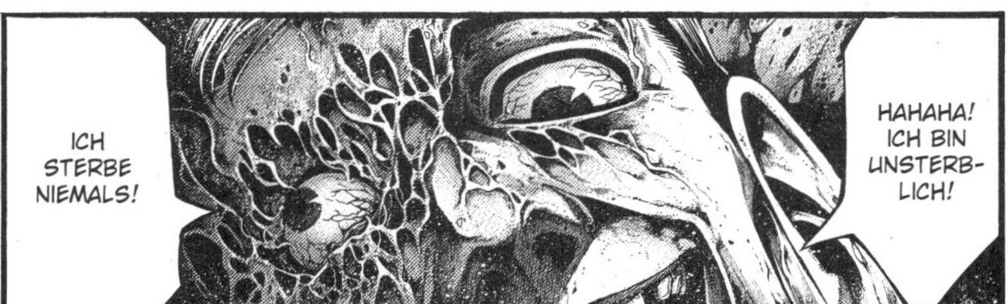
HAHAHA! ICH BIN UNSTERB-LICH!
ICH STERBE NIEMALS!
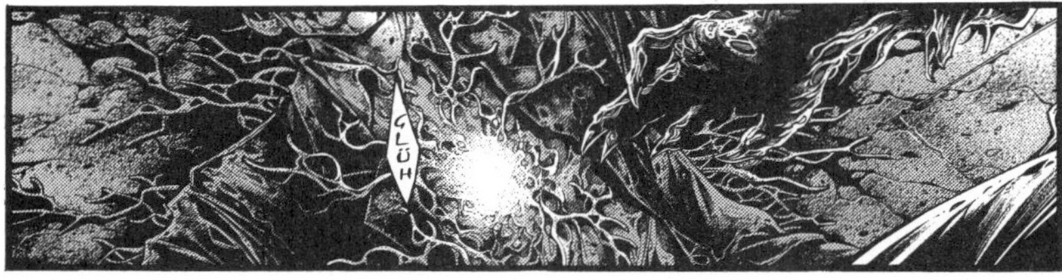
GLÜH
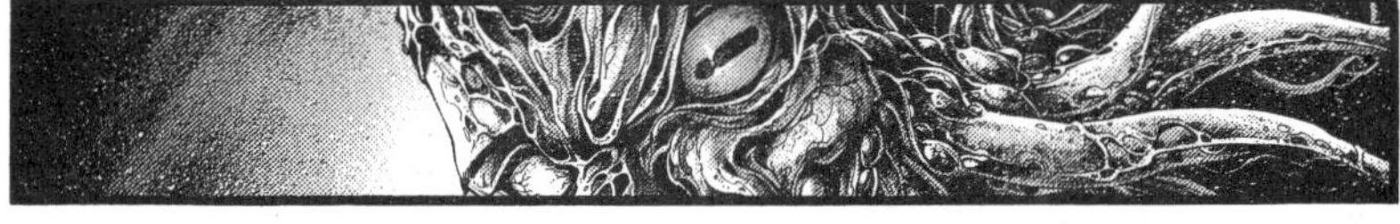
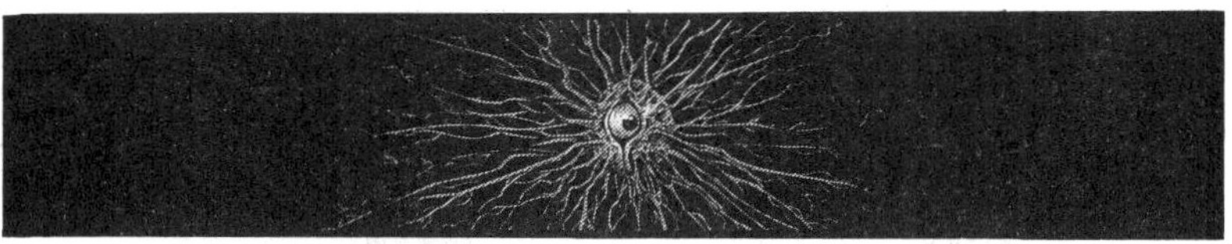
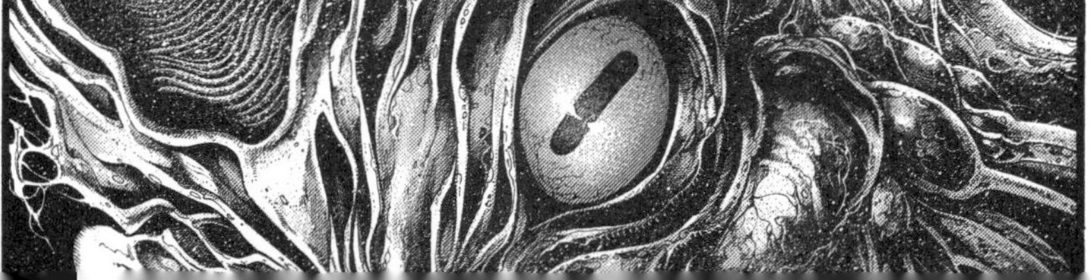

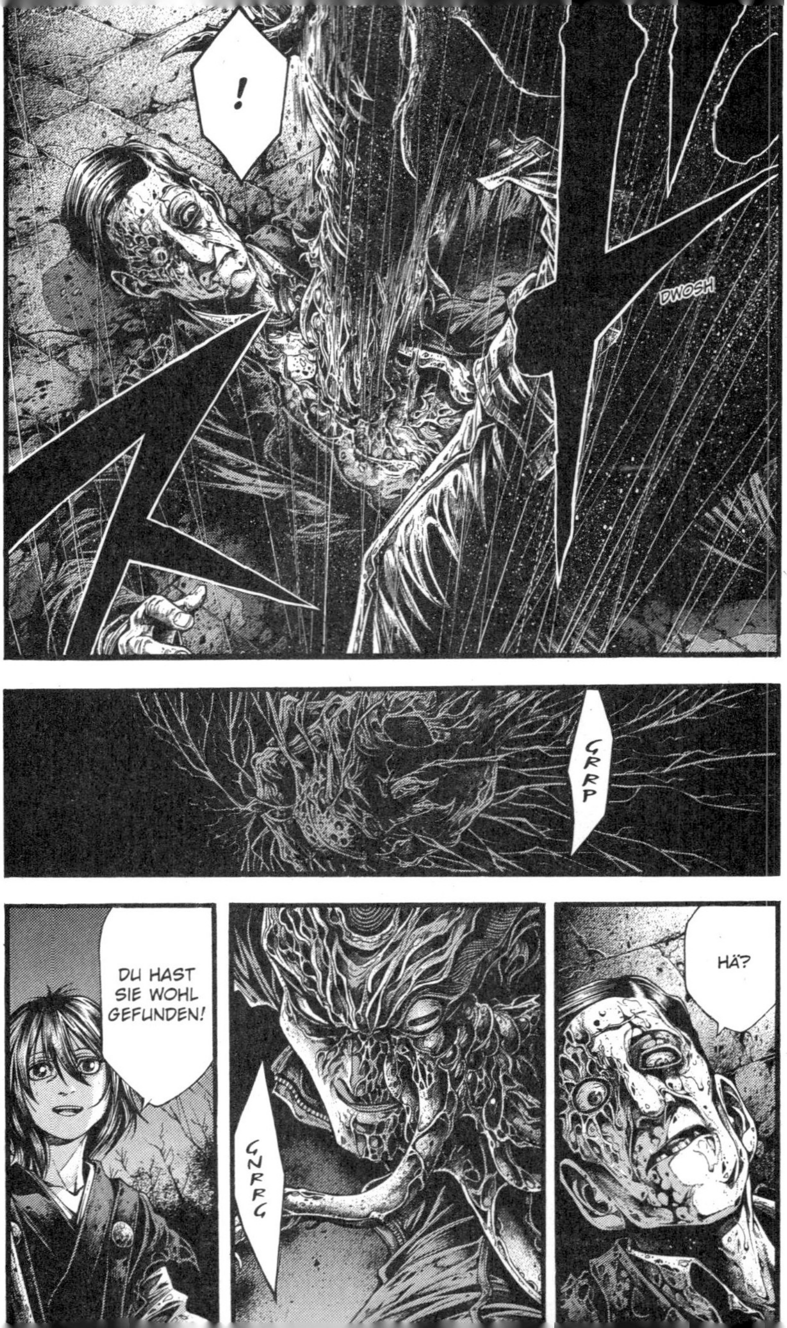

!
DWOSH

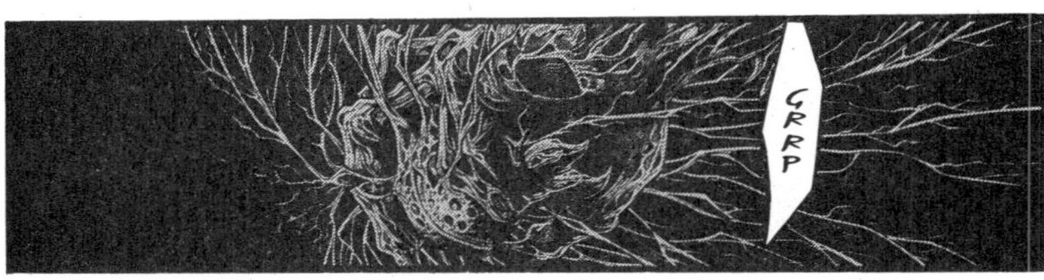

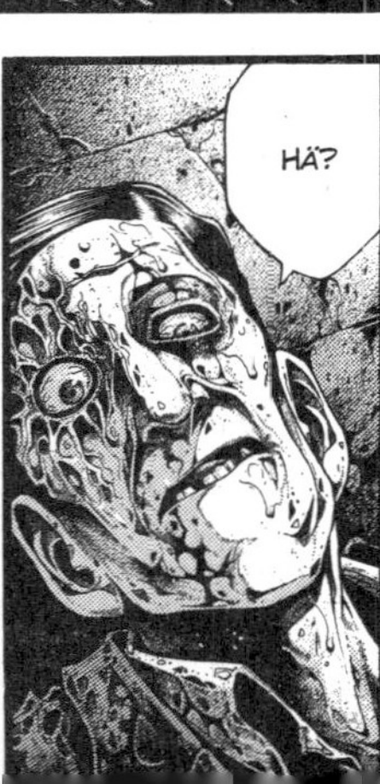

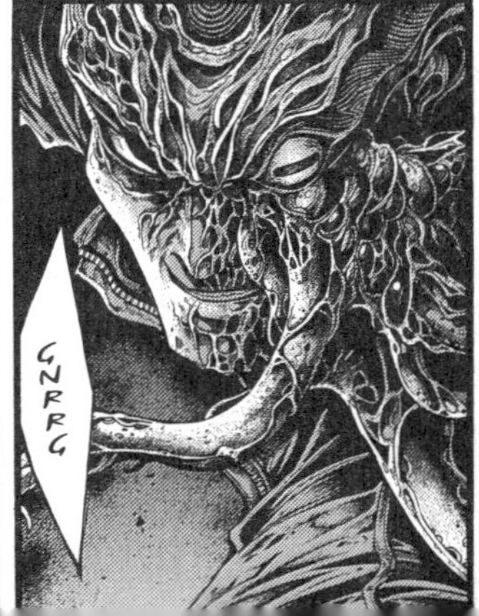

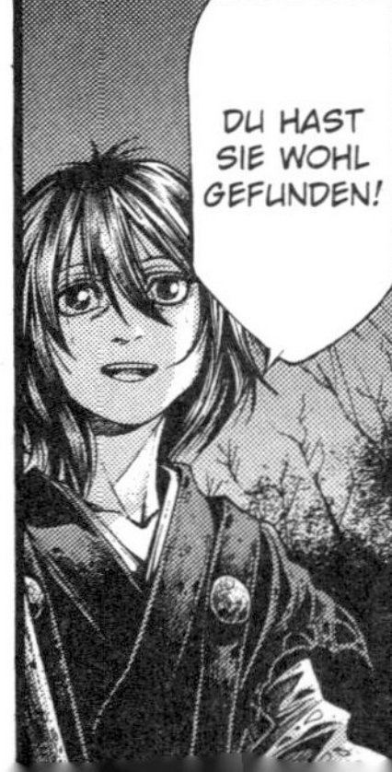

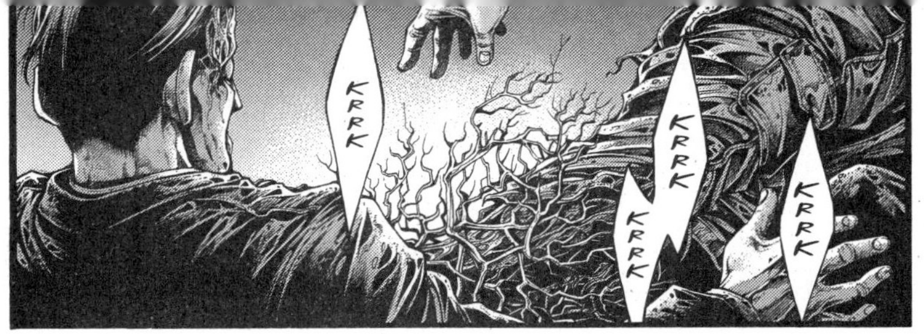
KRRK
KRRK
KRRK
KRRK
KRRK

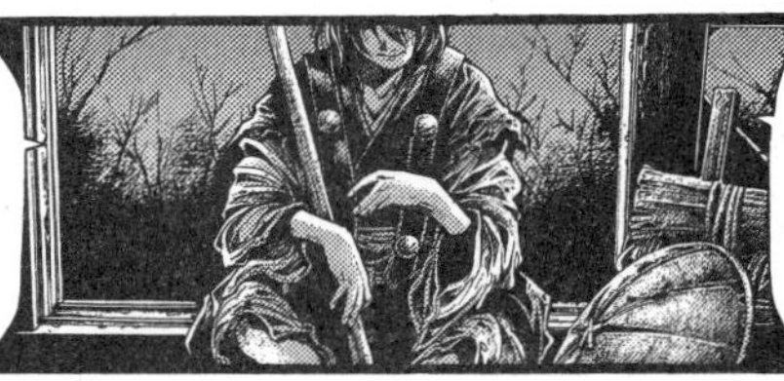
WENN EINE YOMOTSUHEGUI IN EINEN MENSCHLICHEN KÖRPER EINDRINGT …
… LÄSST IHR SAMEN WURZELN DURCH DEN GANZEN KÖRPER SPRIESSEN.

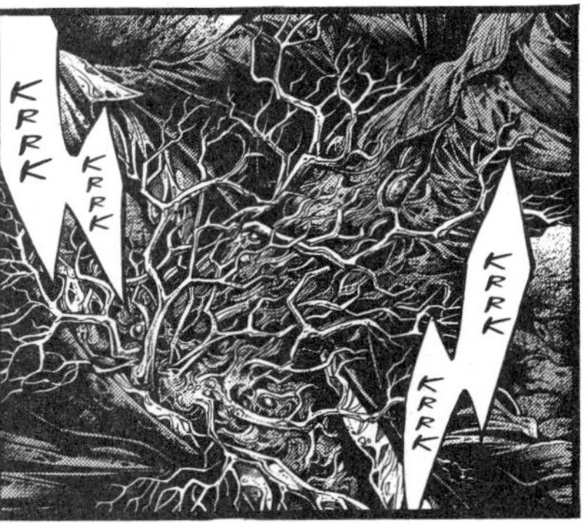
KRRK
KRRK
KRRK
KRRK

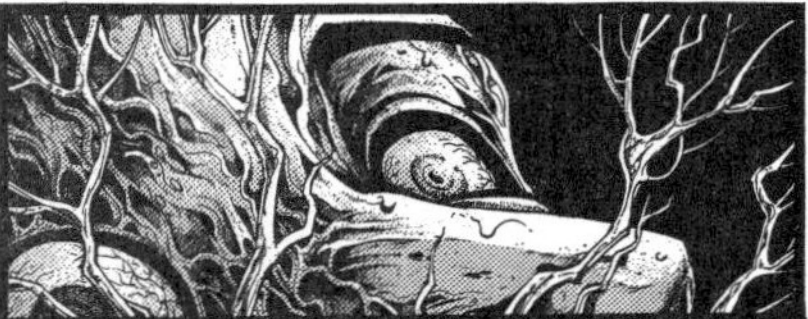

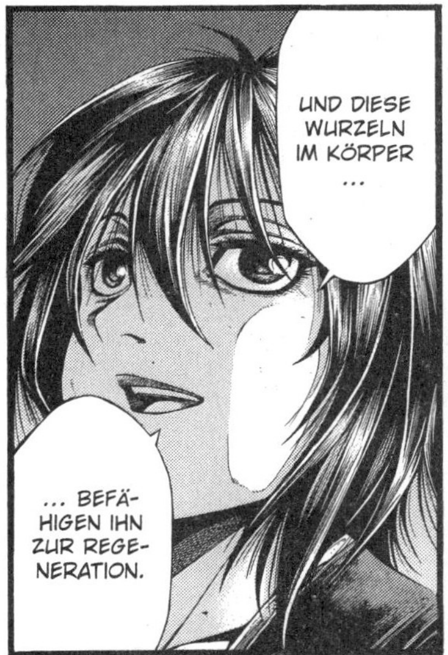
UND DIESE WURZELN IM KÖRPER …
… BEFÄHIGEN IHN ZUR REGENERATION.

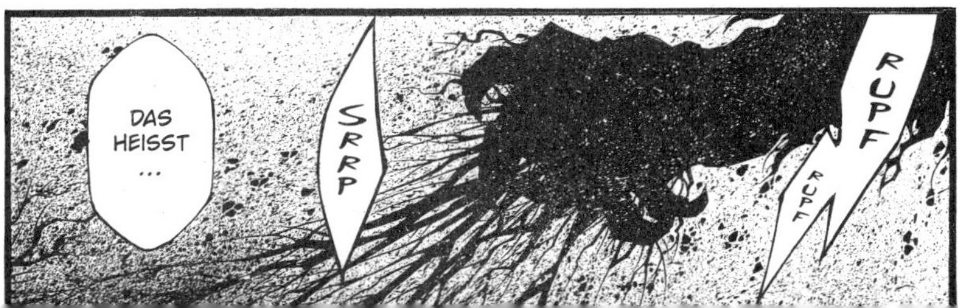
RUPF
RUPF
SRRP
DAS HEISST …

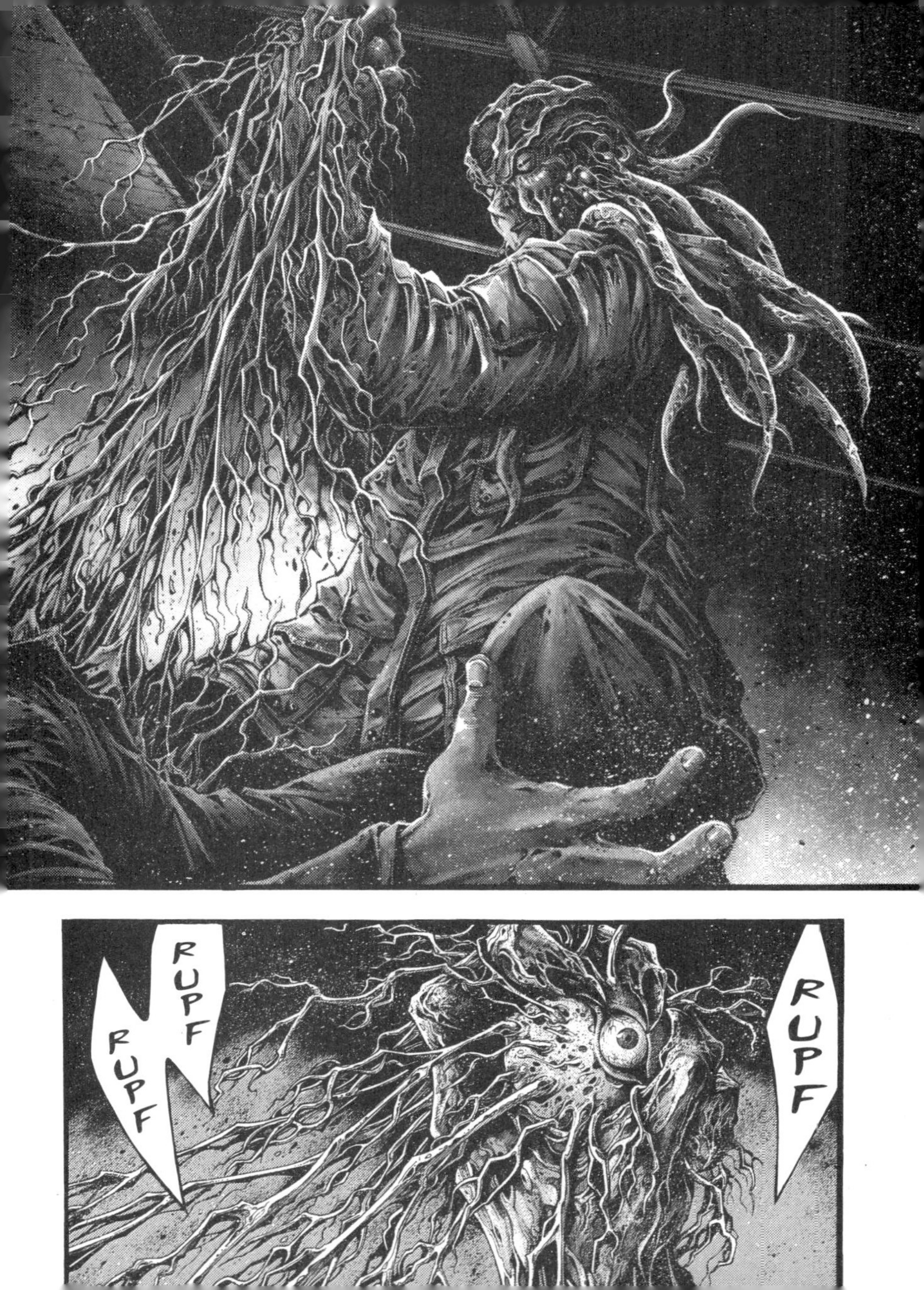

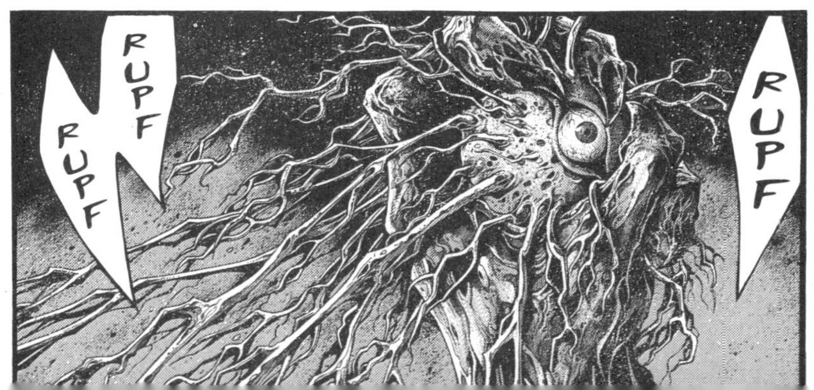
RUPF RUPF
RUPF

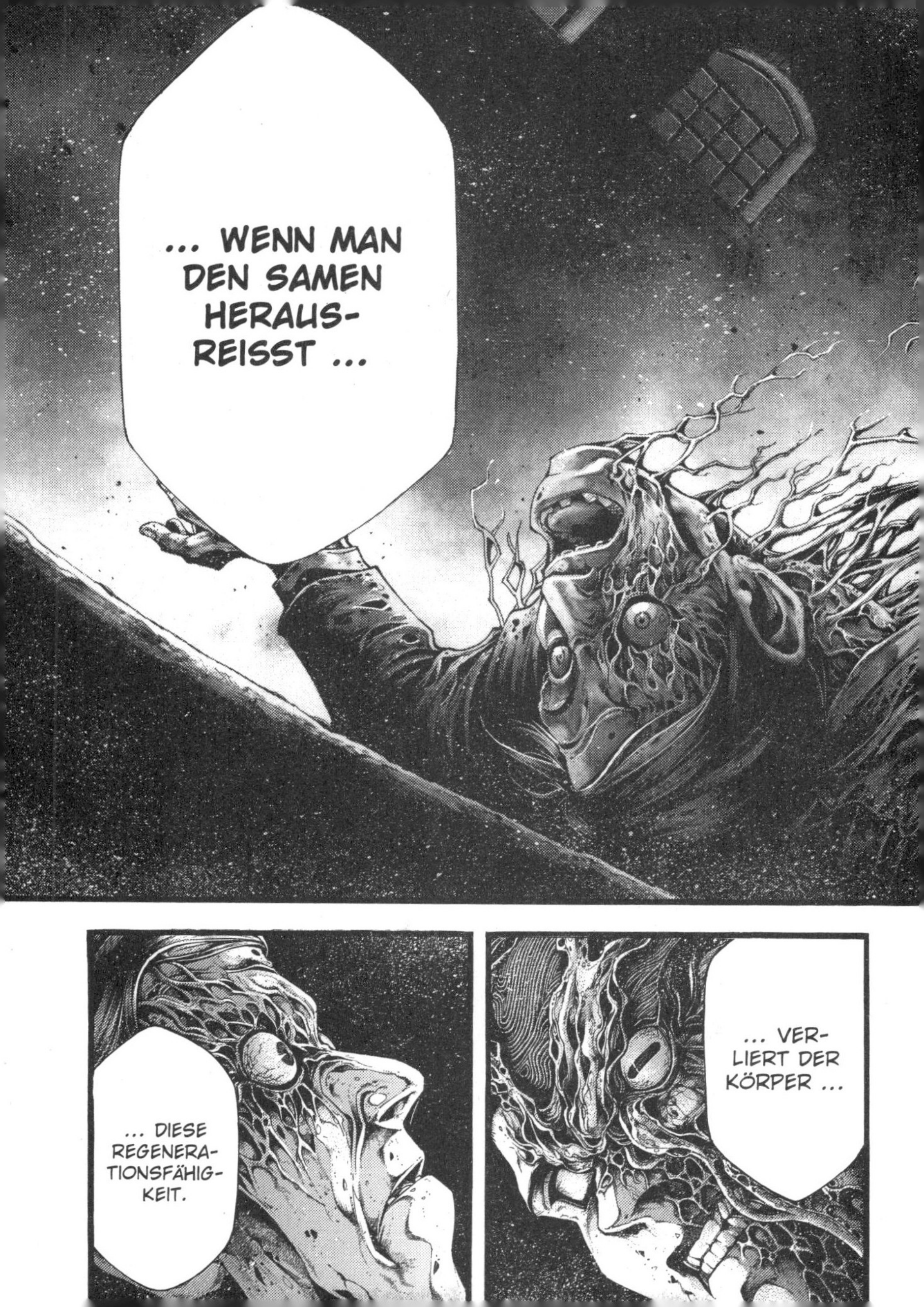

... WENN MAN
DEN SAMEN
HERAUS-
REISST ...

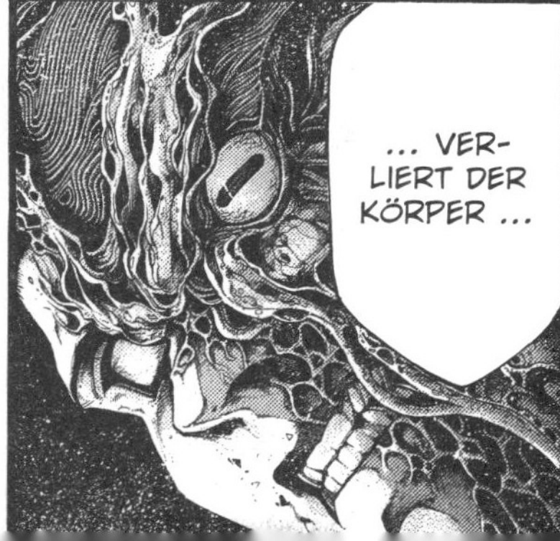

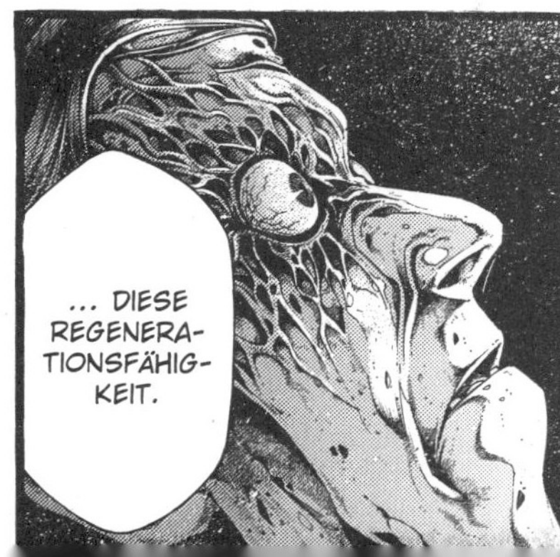

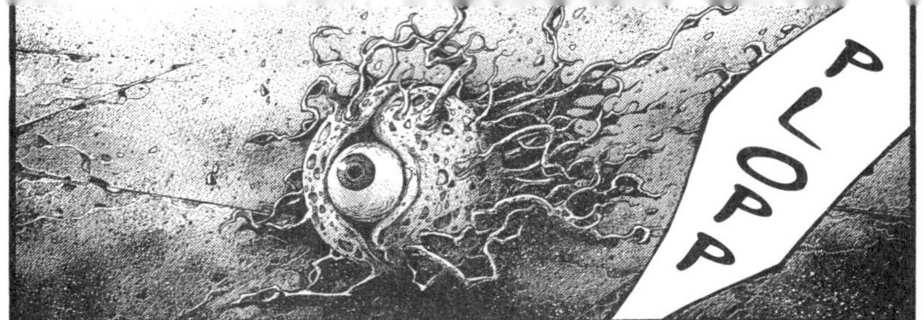
PLOPP

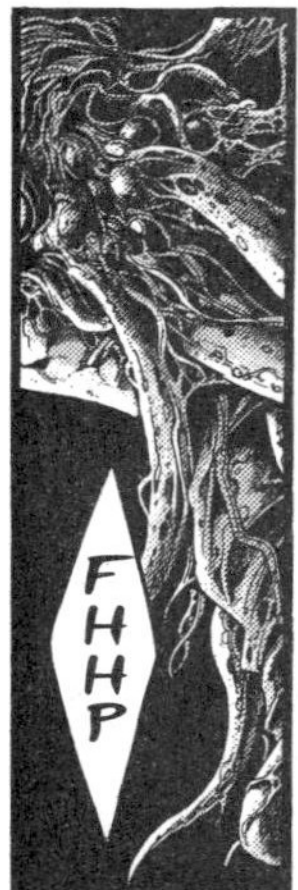
FHHP

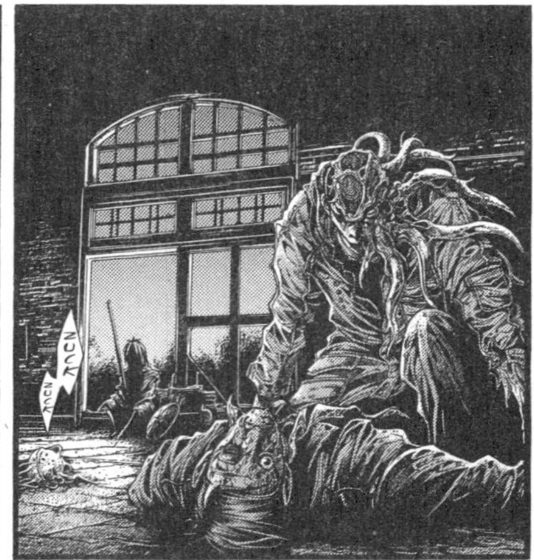
ZUCK
ZUCK

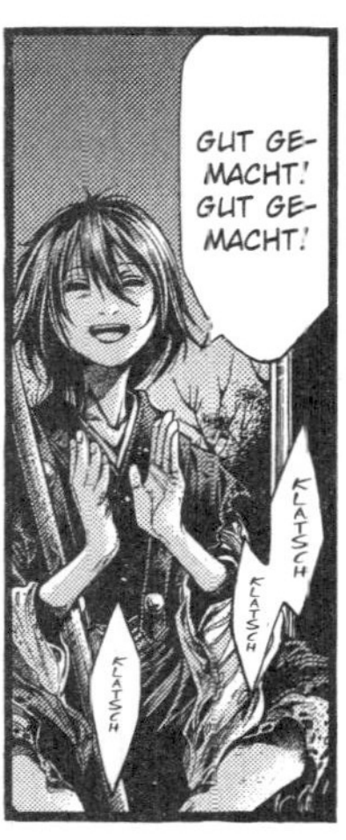
GUT GE-
MACHT!
GUT GE-
MACHT!
KLATSCH
KLATSCH
KLATSCH

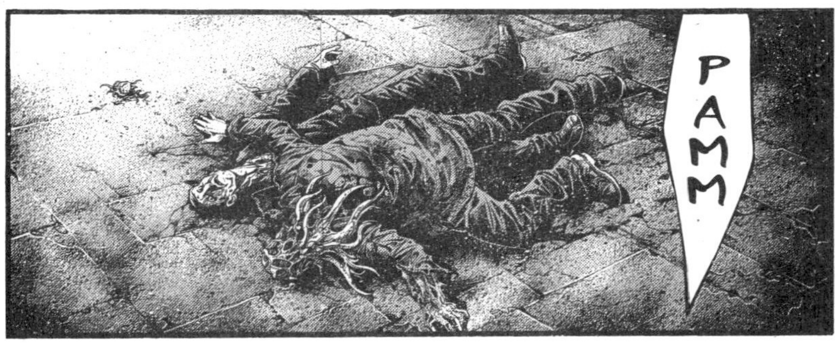
PAMM

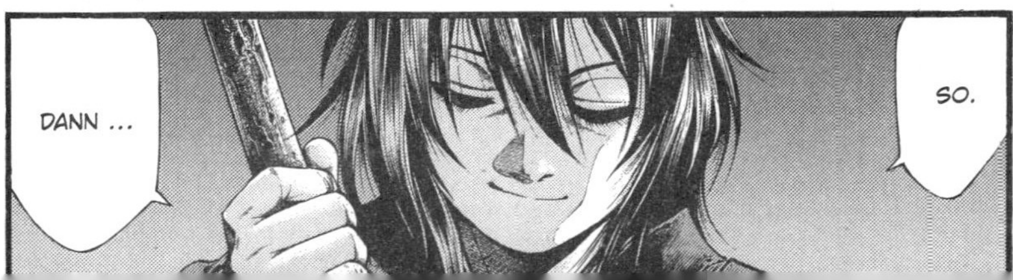
SO.
DANN ...

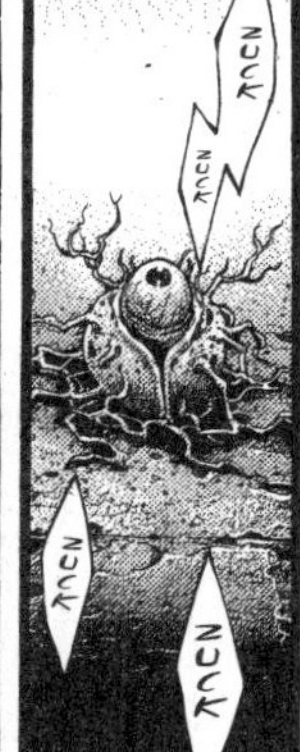
ZUCK
ZUCK
ZUCK
ZUCK

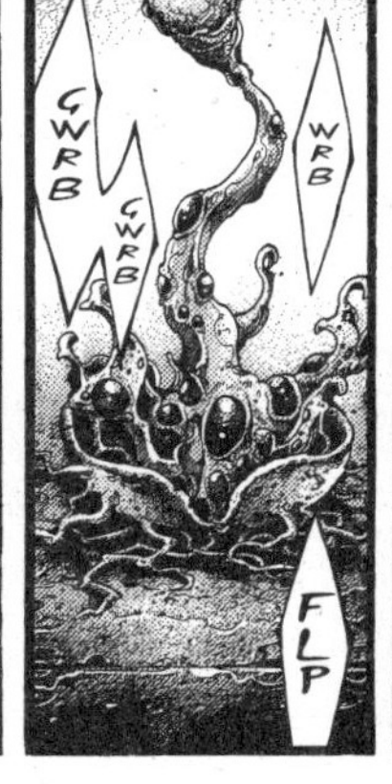
WRB
GWRB
GWRB
FLP

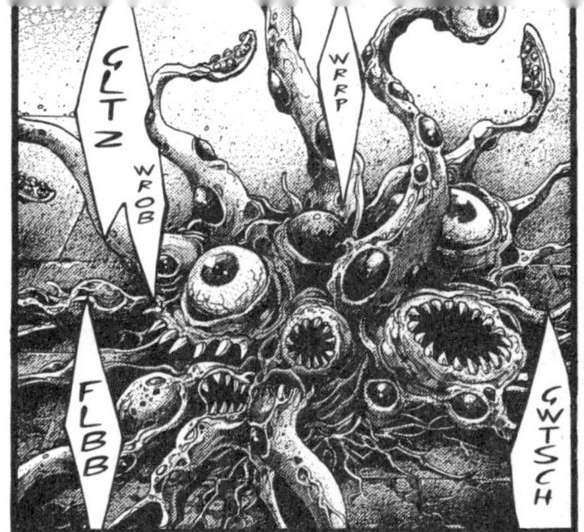
WRRP
GLTZ
WROB
GWTSCH
FLBB

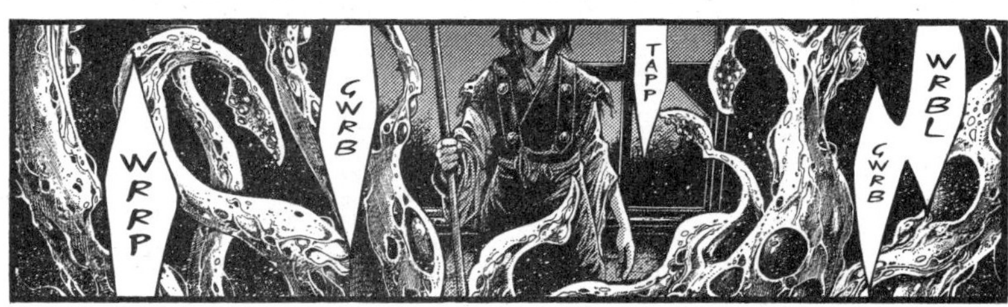
WRBL
GWRB
TAPP
GWRB
WRRP

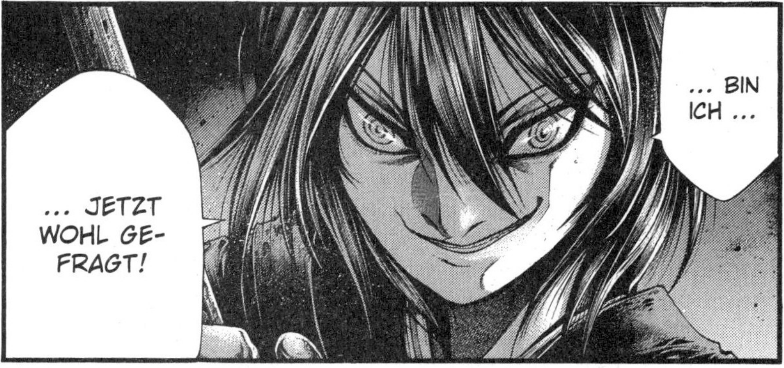
... BIN ICH ...
... JETZT WOHL GE-FRAGT!

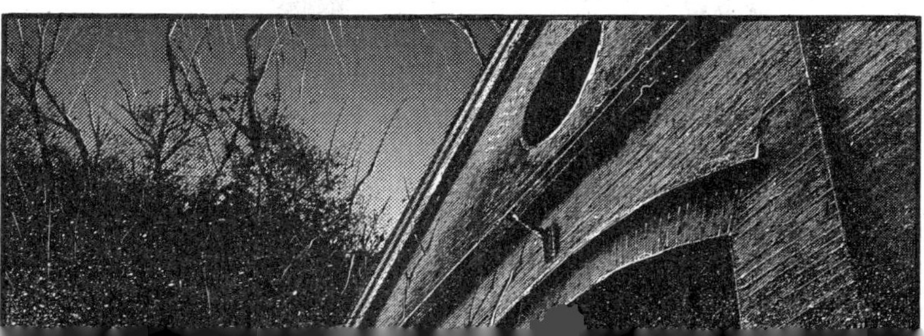

KOHARU … HIKARI …
ES IST VORBEI.

ICH KOMME JETZT ZU EUCH
IN DIE ANDERE WELT!

NEIN … DU KANNST
NICHT HIERHERKOMMEN!

WARUM NICHT?

WEIL DU SCHON …

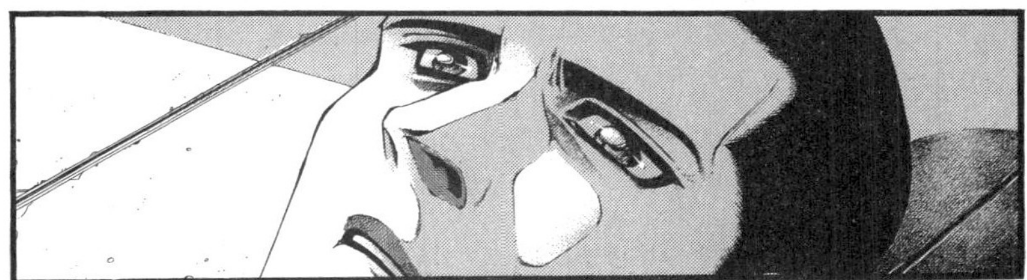

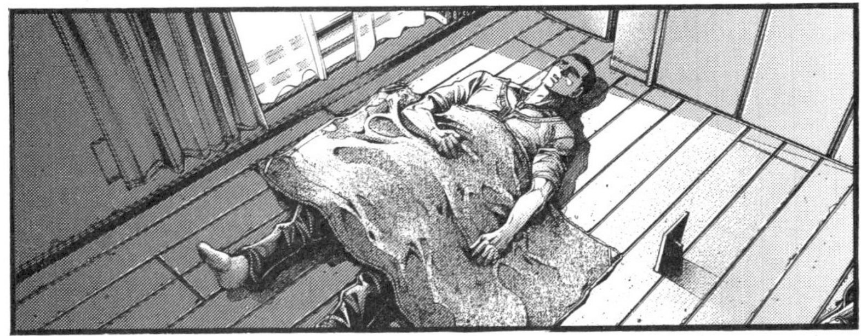

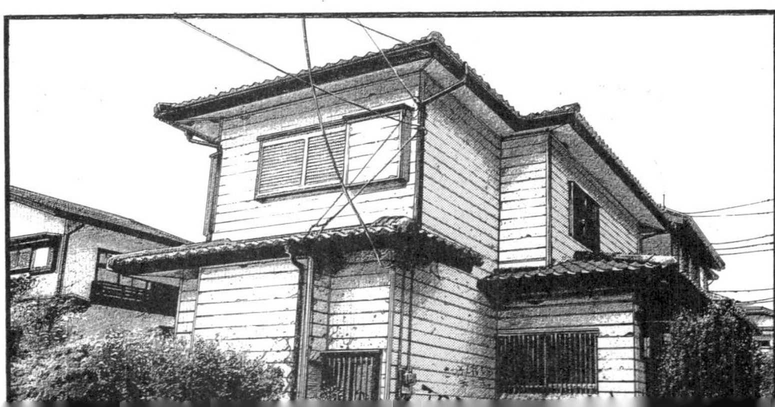

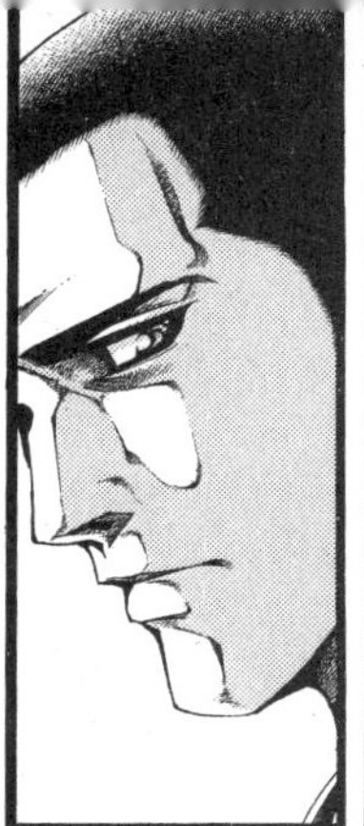
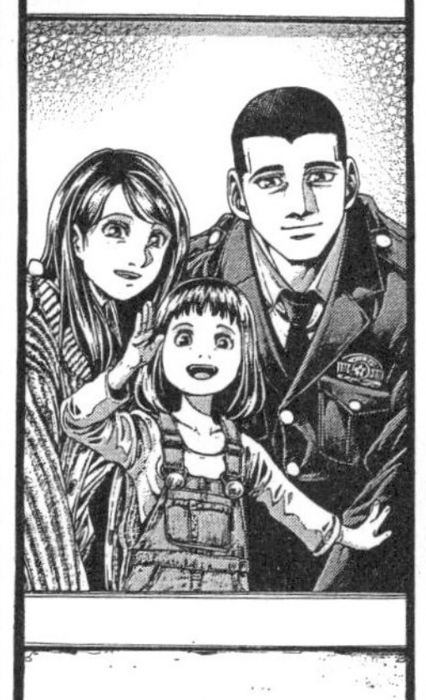
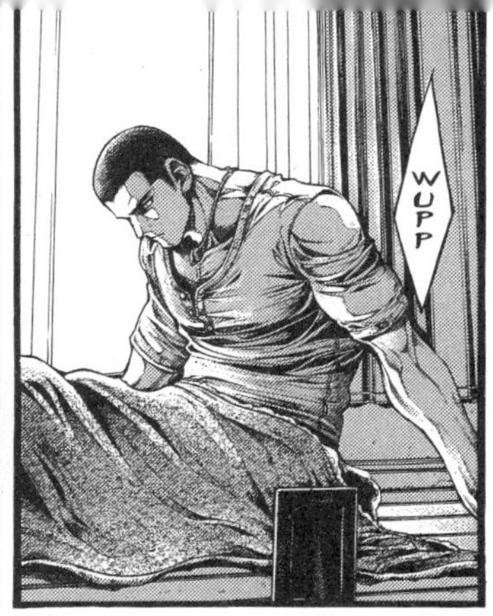
WUPP
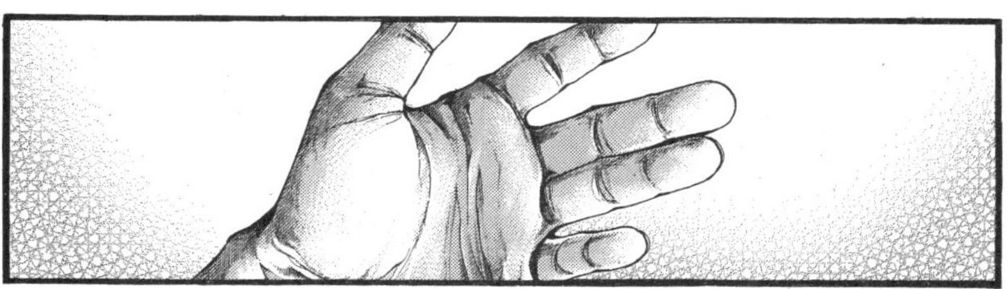
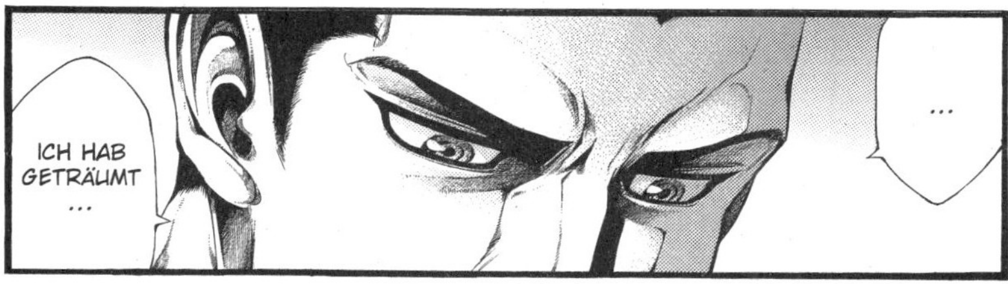
...
ICH HAB GETRÄUMT ...
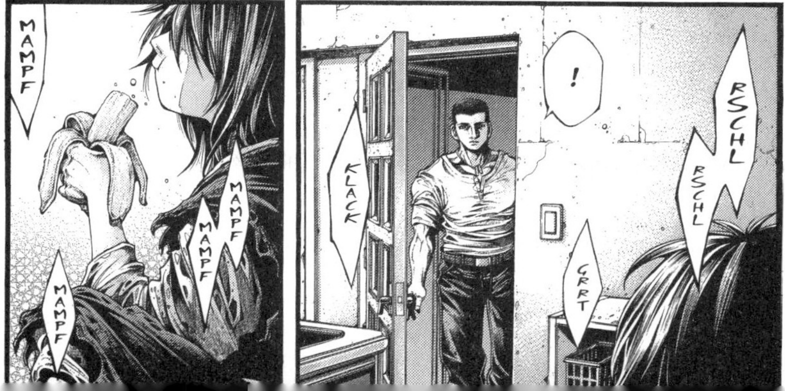
RSCHL
RSCHL
GRRT
!
KLACK
MAMPF
MAMPF
MAMPF
MAMPF
MAMPF

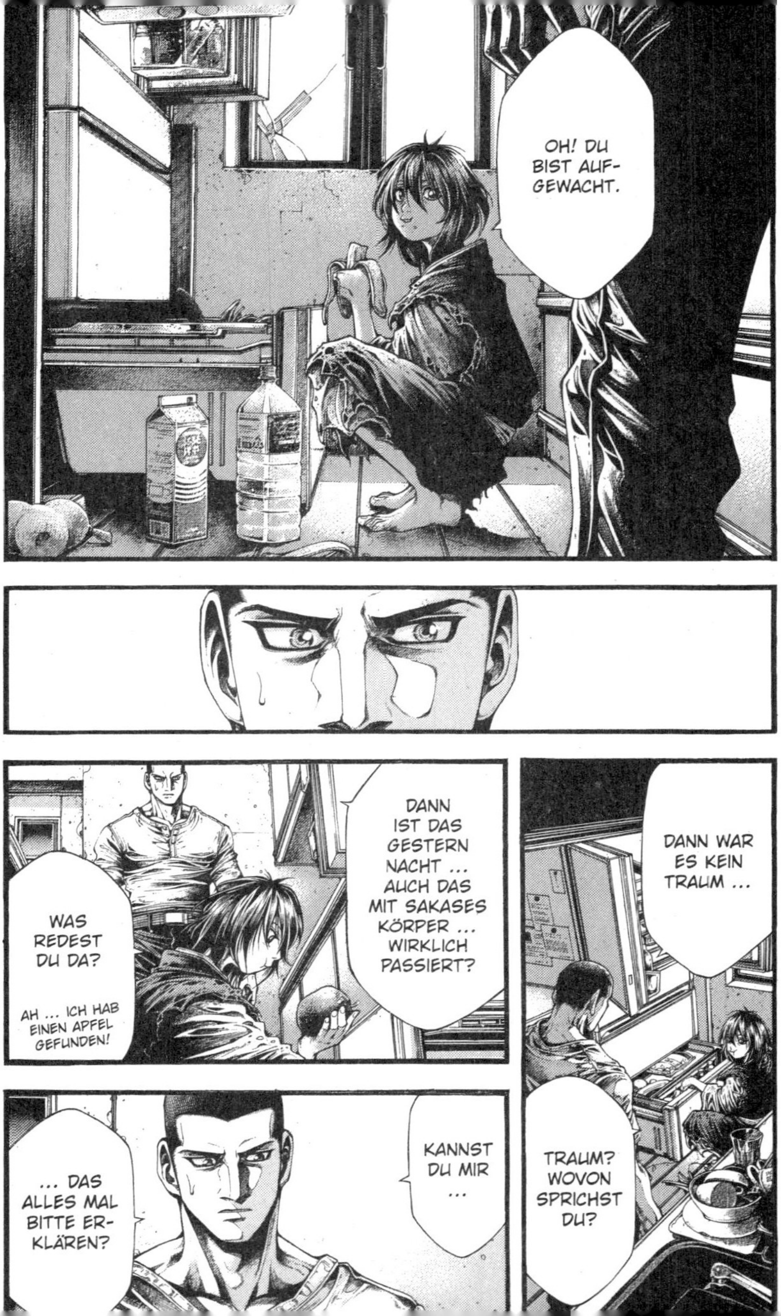

OH! DU
BIST AUF-
GEWACHT.

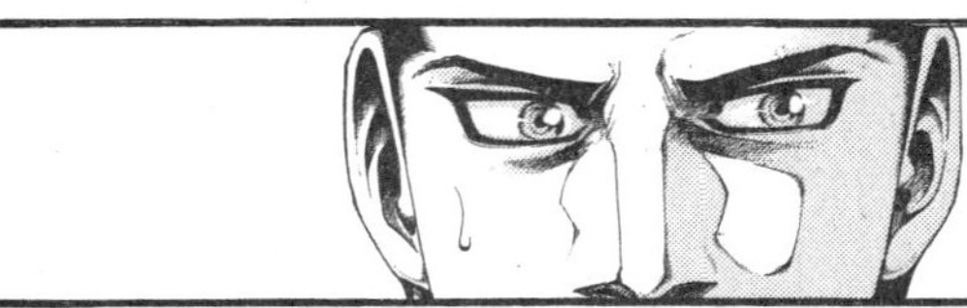

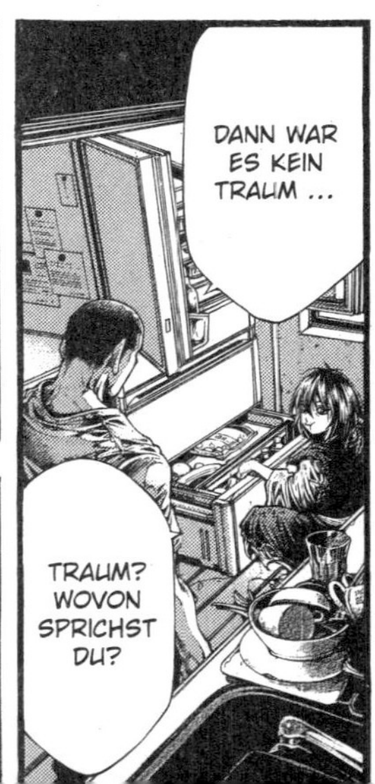

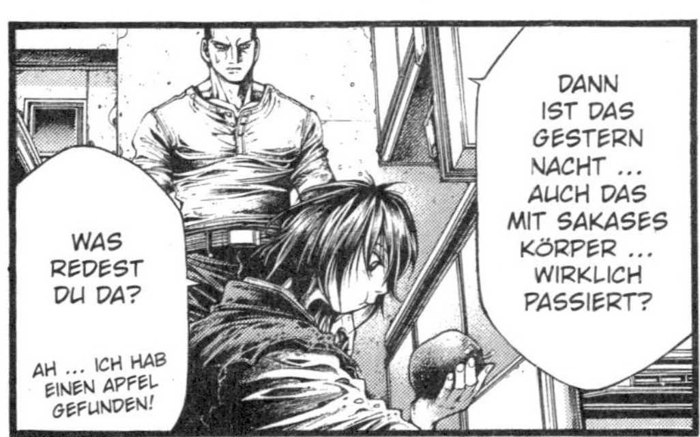

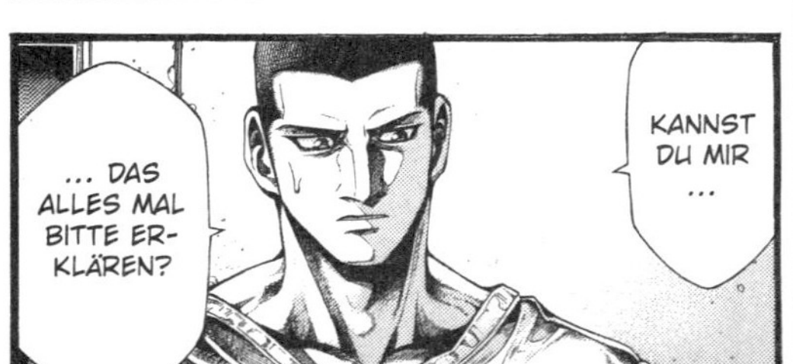

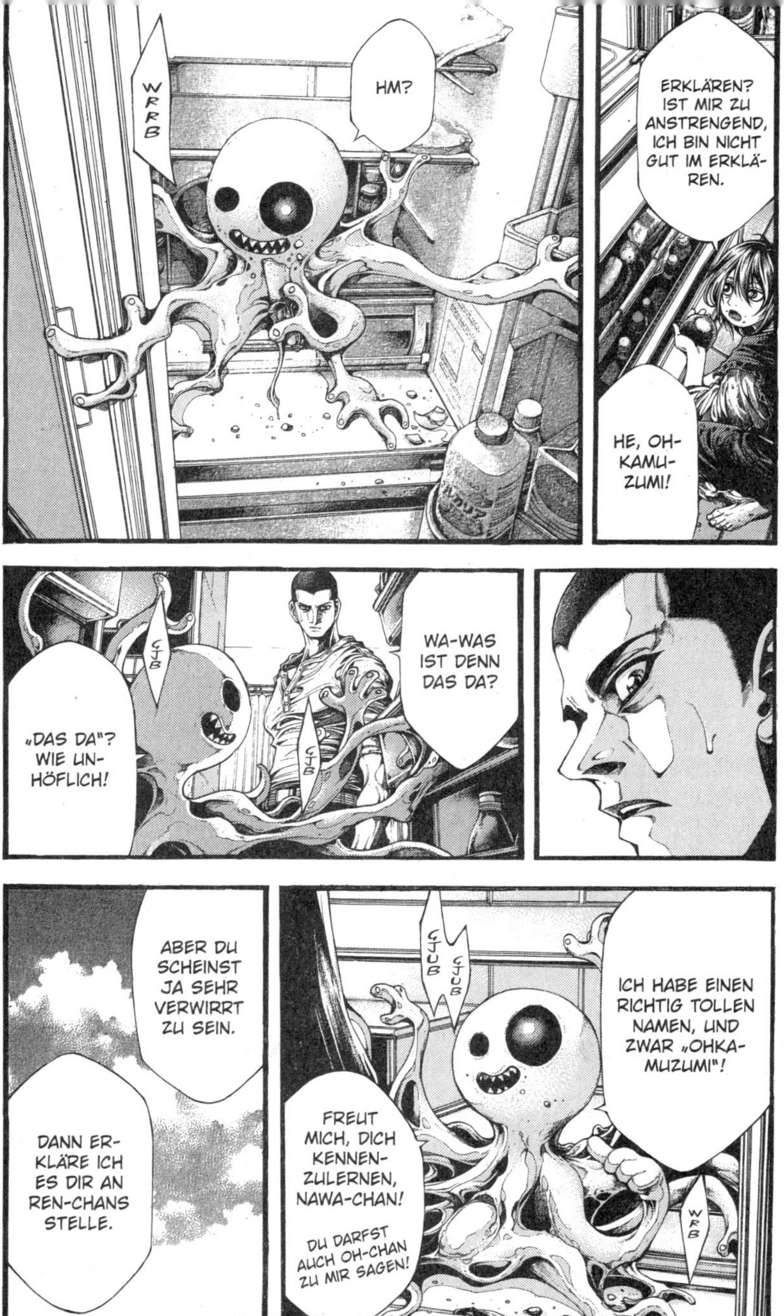

ERKLÄREN? IST MIR ZU ANSTRENGEND, ICH BIN NICHT GUT IM ERKLÄREN.

HE, OHKAMUZUMI!

HM?

WRRB

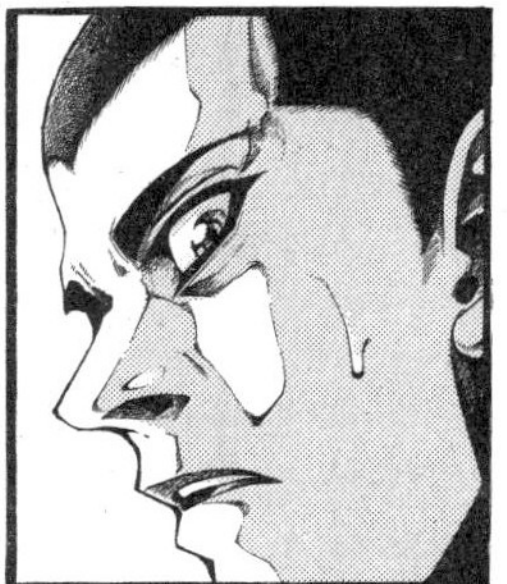

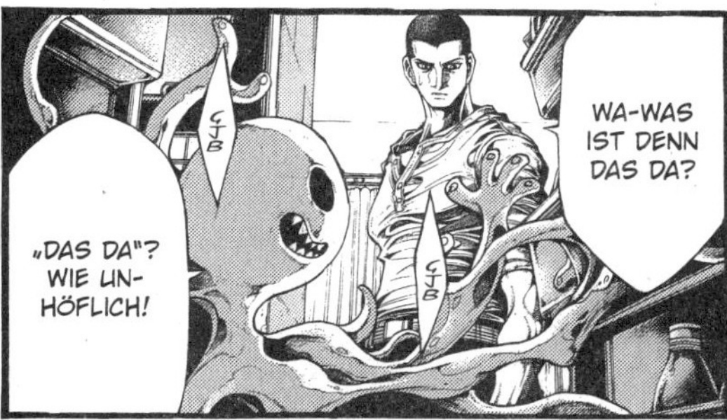

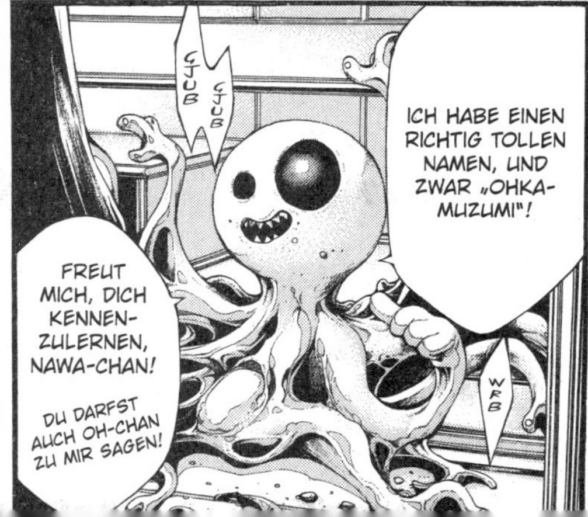

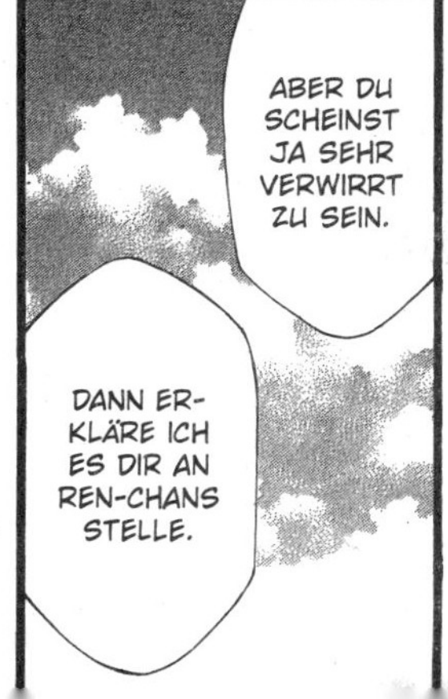

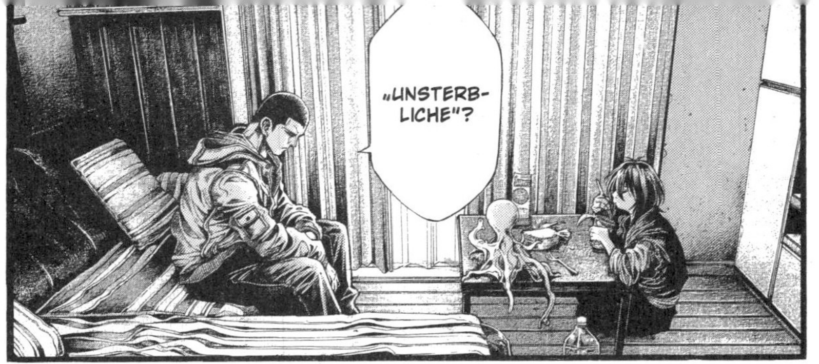
„UNSTERBLICHE"?

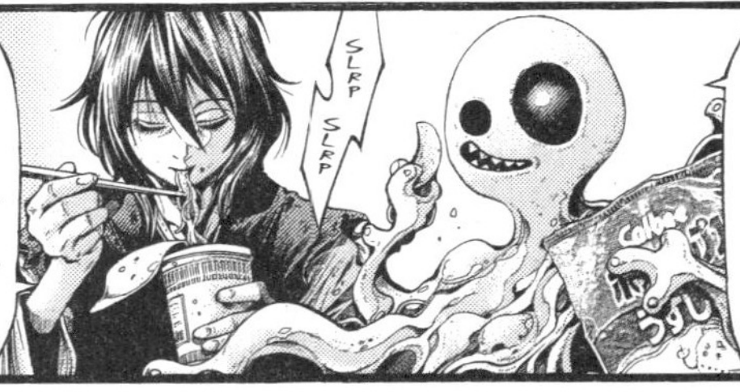
JA, SO NENNEN WIR SIE.
SLRP SLRP

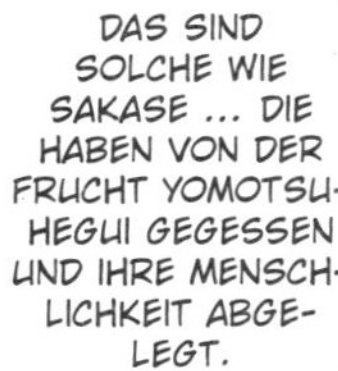
DAS SIND SOLCHE WIE SAKASE … DIE HABEN VON DER FRUCHT YOMOTSUHEGUI GEGESSEN UND IHRE MENSCHLICHKEIT ABGELEGT.

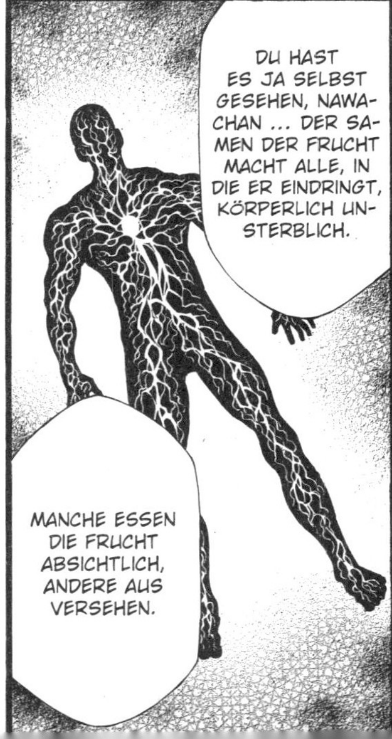
DU HAST ES JA SELBST GESEHEN, NAWACHAN … DER SAMEN DER FRUCHT MACHT ALLE, IN DIE ER EINDRINGT, KÖRPERLICH UNSTERBLICH.
MANCHE ESSEN DIE FRUCHT ABSICHTLICH, ANDERE AUS VERSEHEN.

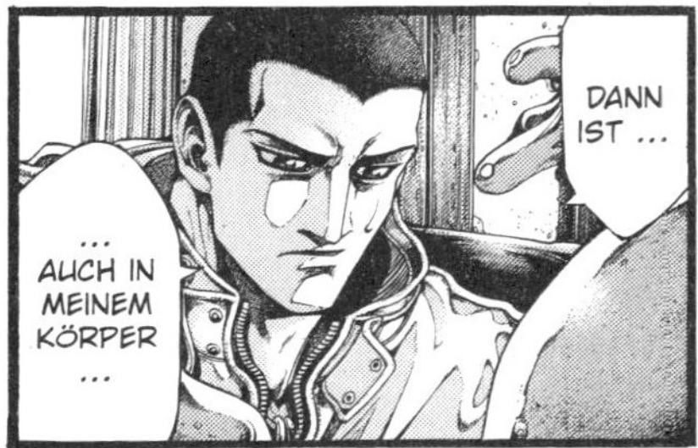
DANN IST …
… AUCH IN MEINEM KÖRPER …

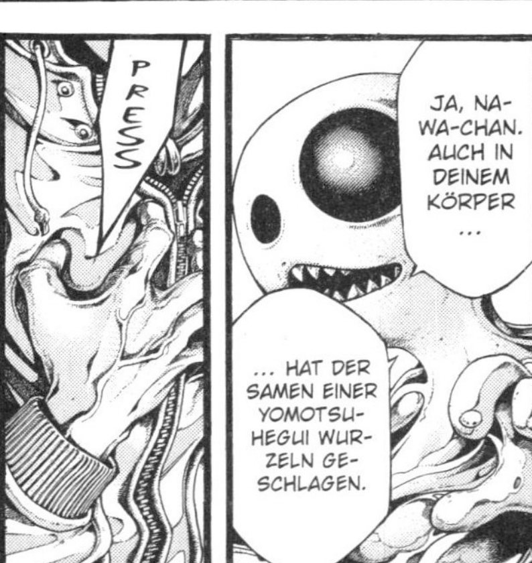
JA, NAWA-CHAN. AUCH IN DEINEM KÖRPER …
… HAT DER SAMEN EINER YOMOTSUHEGUI WURZELN GESCHLAGEN.
PRESS

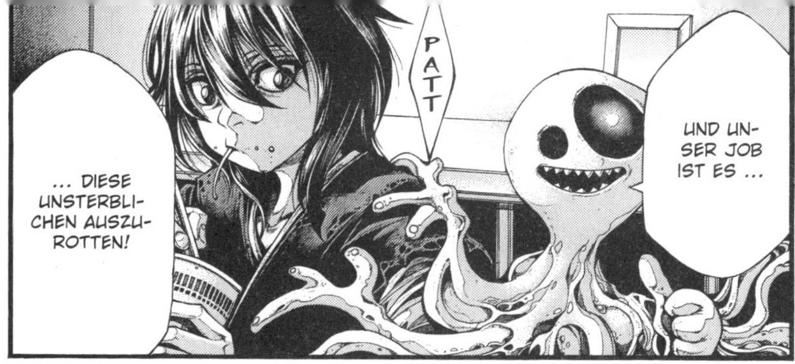

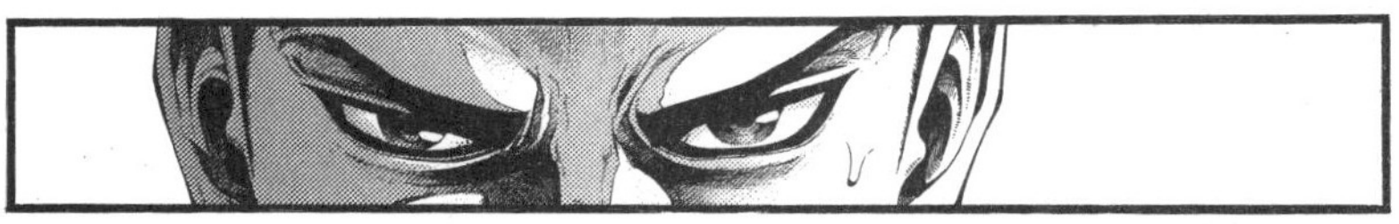

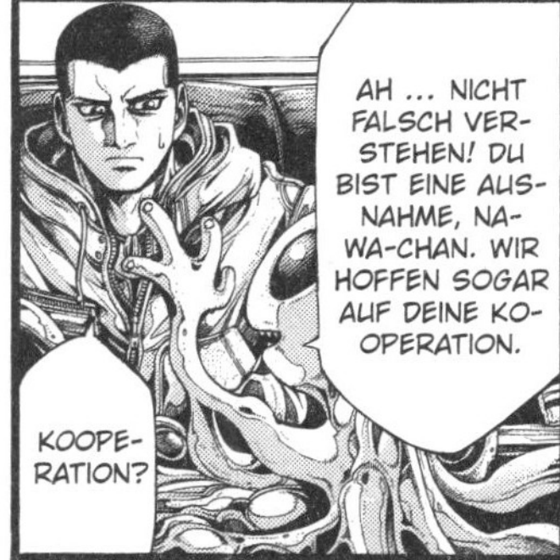

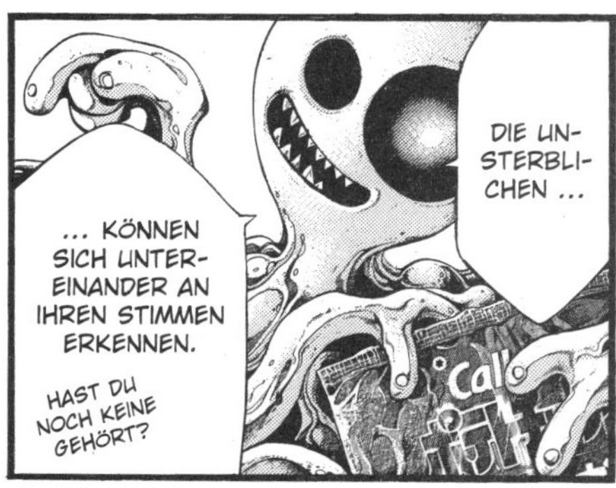

* KARTOFFELCHIPS

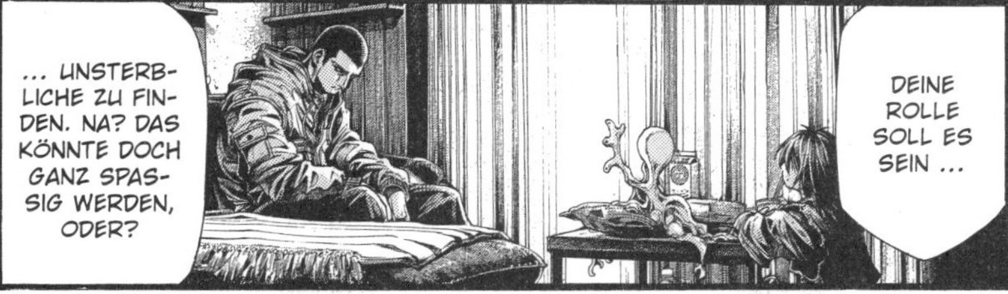

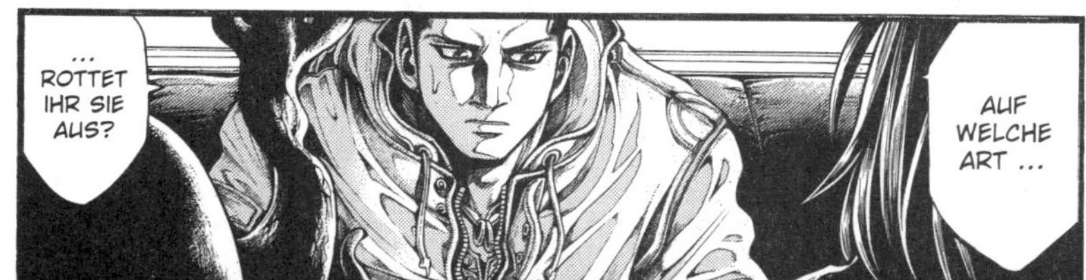

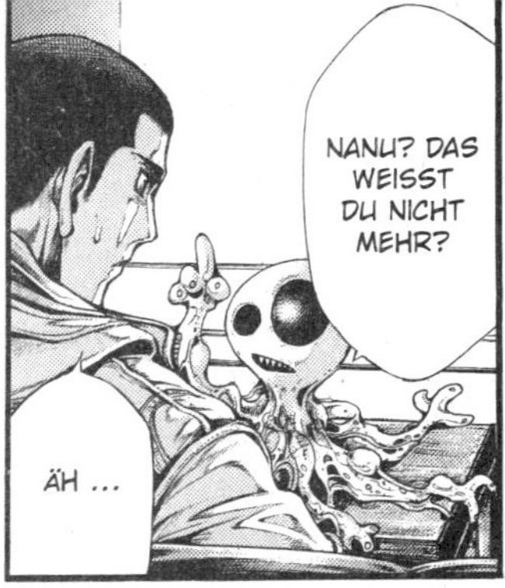
NANU? DAS WEISST DU NICHT MEHR?
ÄH ...

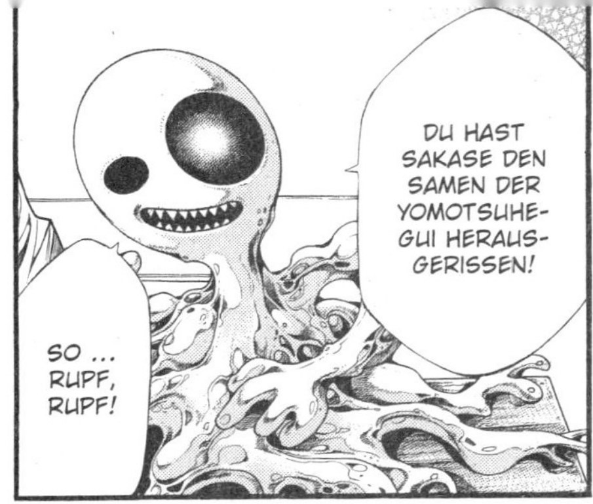
DU HAST SAKASE DEN SAMEN DER YOMOTSUHE-GUI HERAUS-GERISSEN!
SO ... RUPF, RUPF!

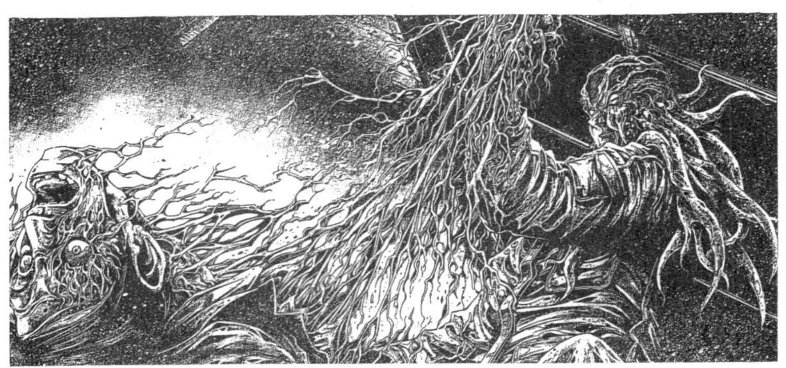

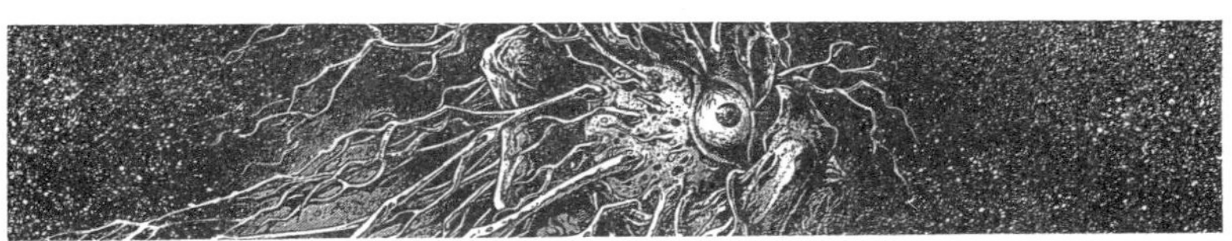

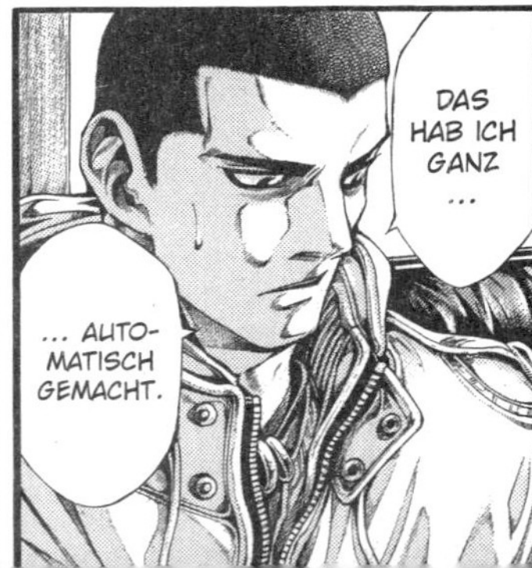
DAS HAB ICH GANZ ...
... AUTO-MATISCH GEMACHT.

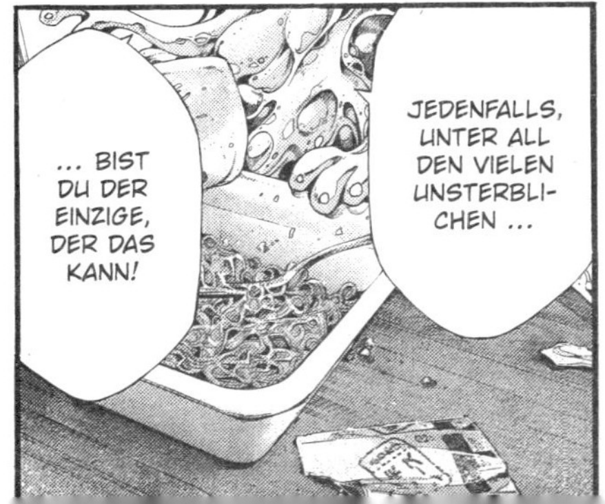
JEDENFALLS, UNTER ALL DEN VIELEN UNSTERBLI-CHEN ...
... BIST DU DER EINZIGE, DER DAS KANN!

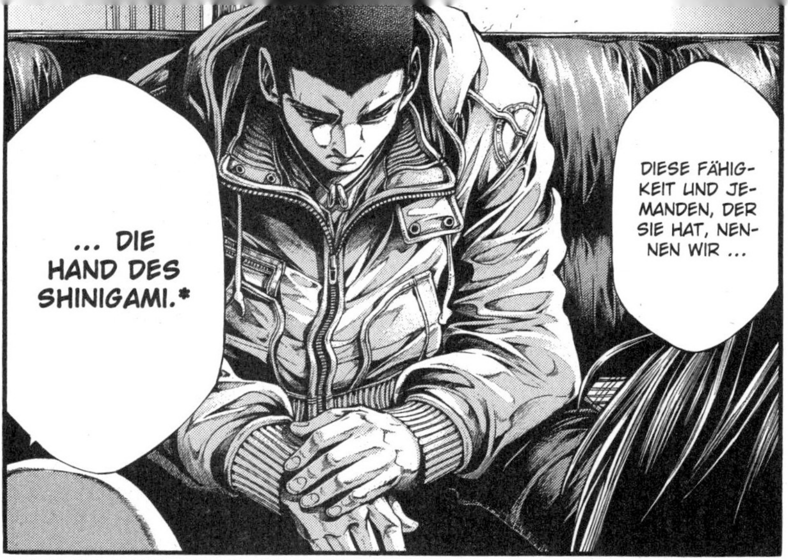

DIESE FÄHIGKEIT UND JEMANDEN, DER SIE HAT, NENNEN WIR …

… DIE HAND DES SHINIGAMI.*

* ETWA: TODESENGEL ODER TODESGOTTHEIT

NACHDEM DU DEN SAMEN HERAUSGERUPFT HAST, WIRD REN-CHAN IHN UNSCHÄDLICH MACHEN.

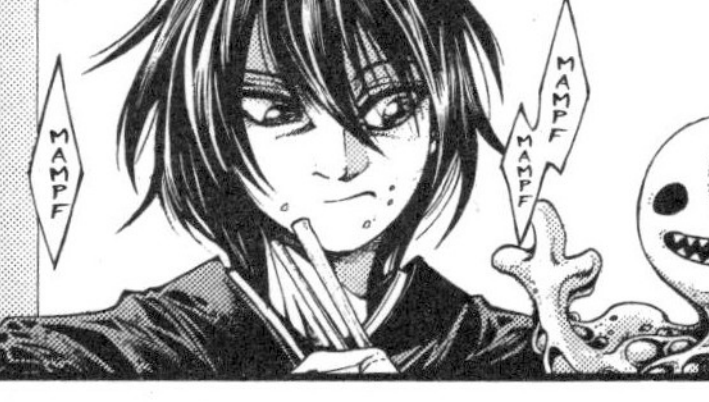

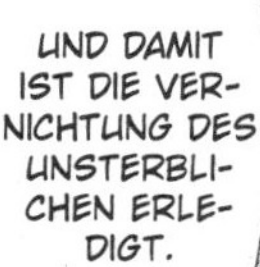

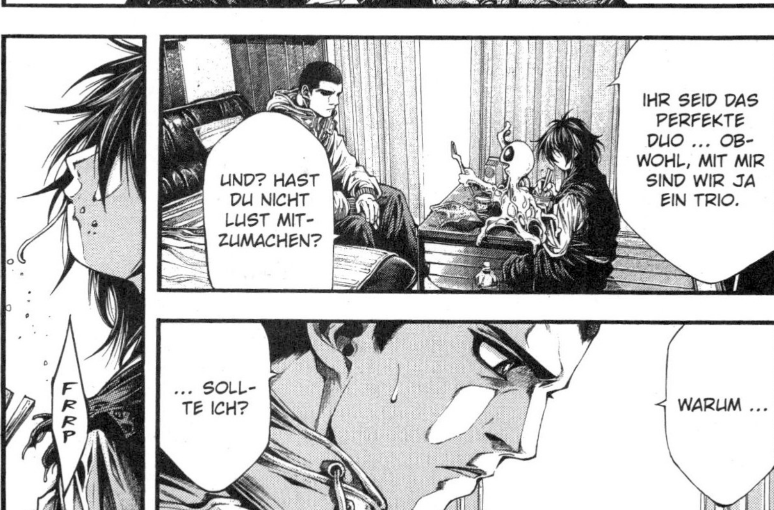

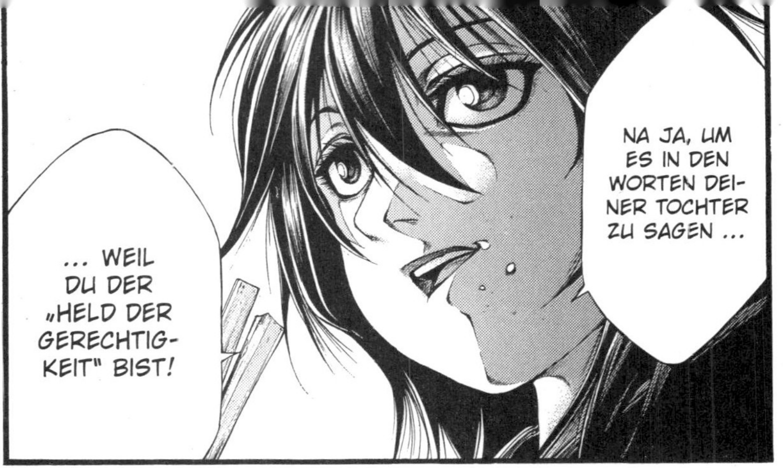
NA JA, UM ES IN DEN WORTEN DEI-NER TOCHTER ZU SAGEN ...
... WEIL DU DER „HELD DER GERECHTIG-KEIT" BIST!

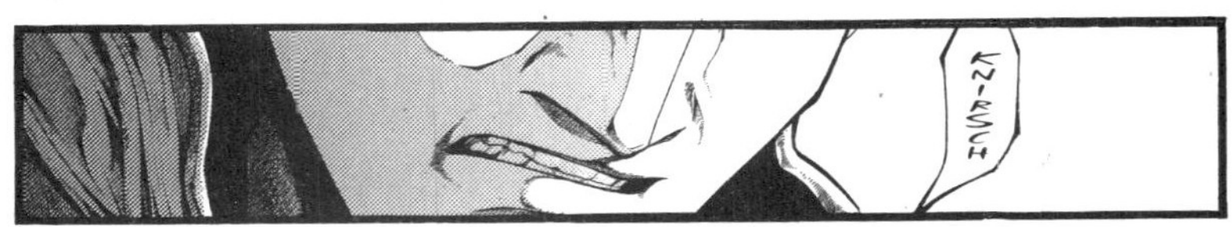
KNIRSCH

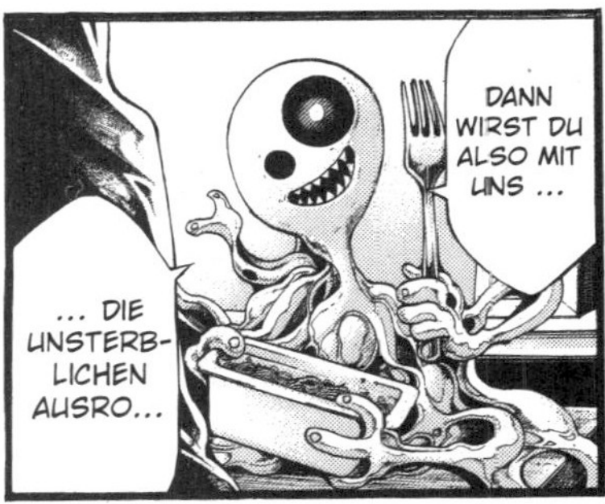
DANN WIRST DU ALSO MIT UNS ...
... DIE UNSTERB-LICHEN AUSRO...

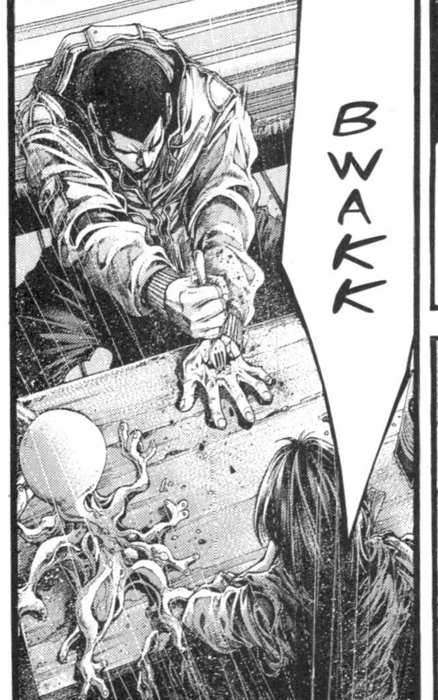
BWAKK

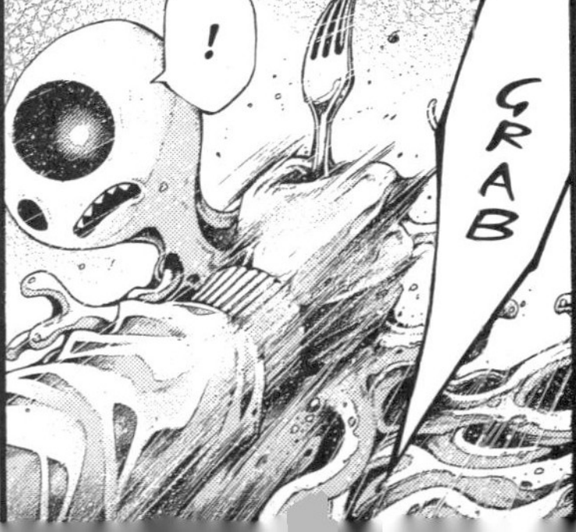
GRAB
!

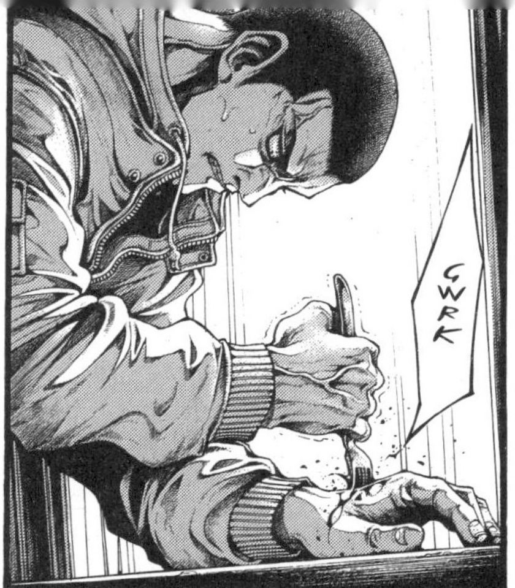
GWRK
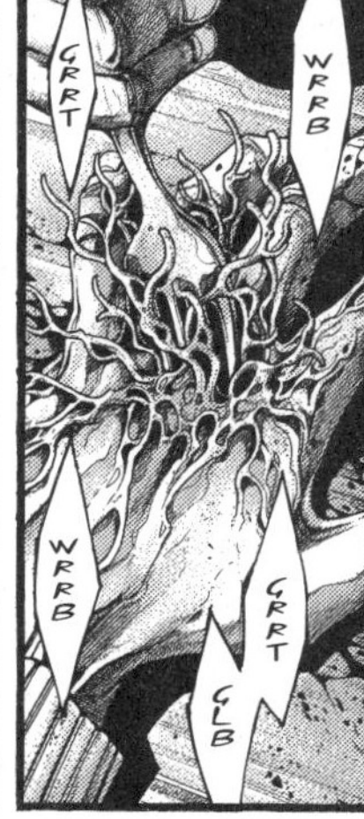
WRRB
GRRT
GRRT
WRRB
GLB
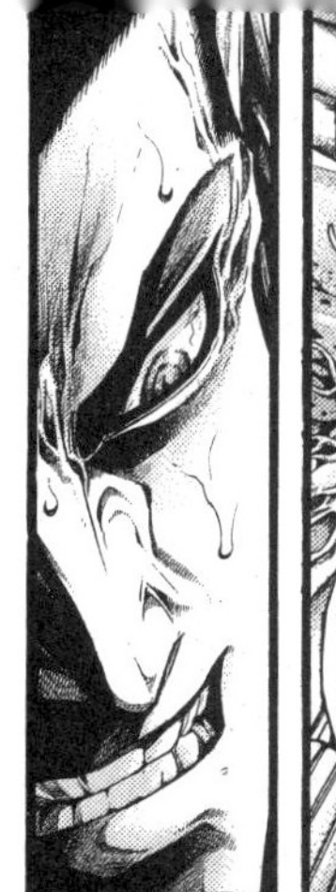
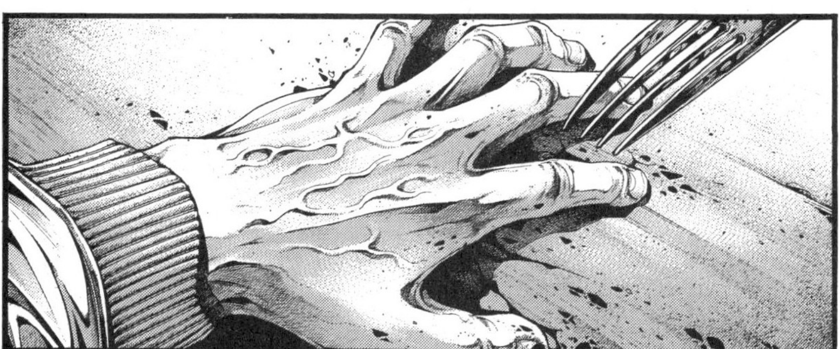
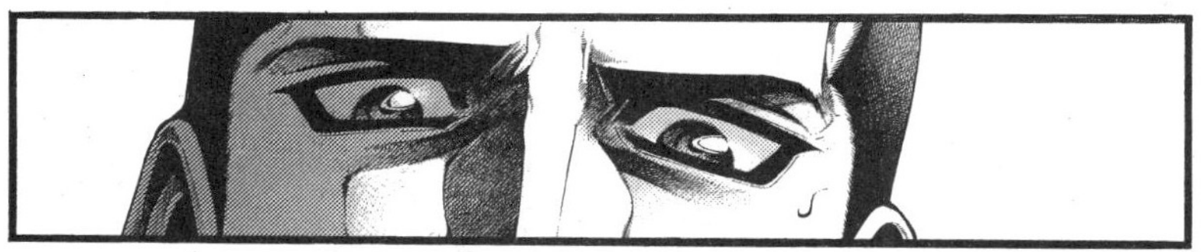
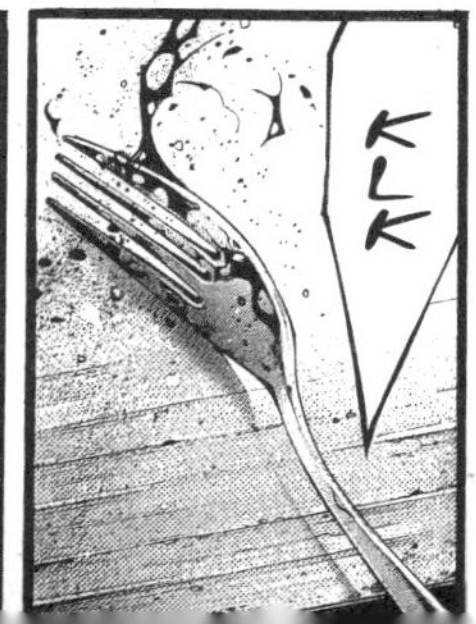
KLK
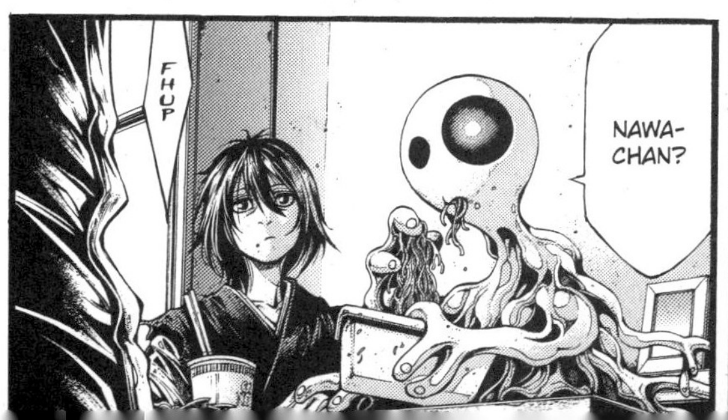
NAWA-CHAN?
FHUP

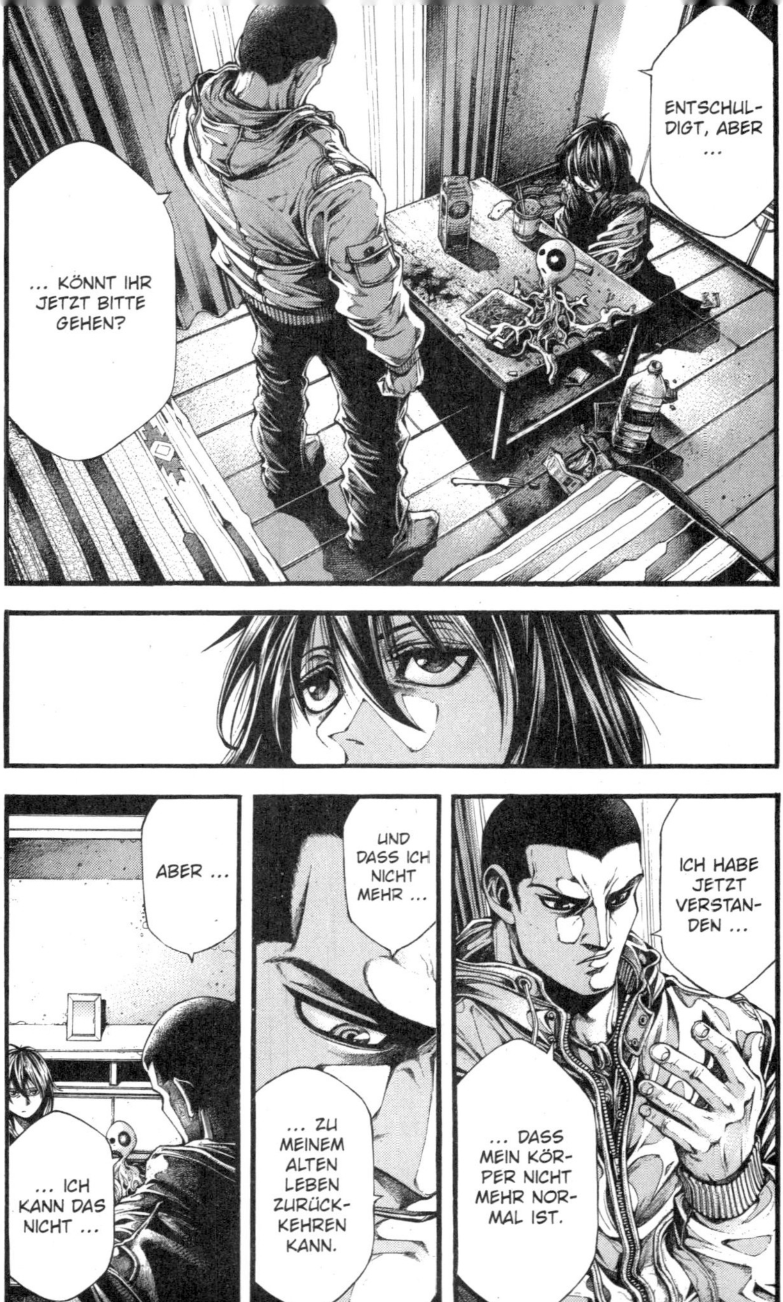

ENTSCHULDIGT, ABER ...
... KÖNNT IHR JETZT BITTE GEHEN?

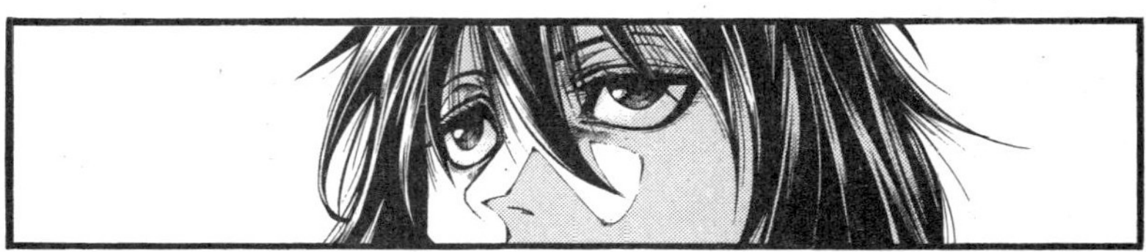

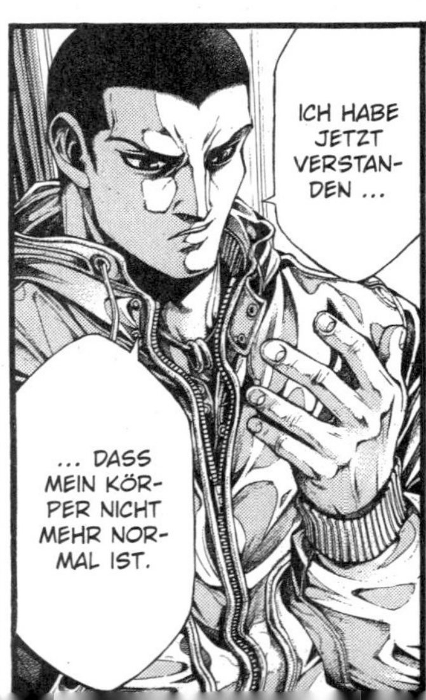
ICH HABE JETZT VERSTANDEN ...
... DASS MEIN KÖRPER NICHT MEHR NORMAL IST.

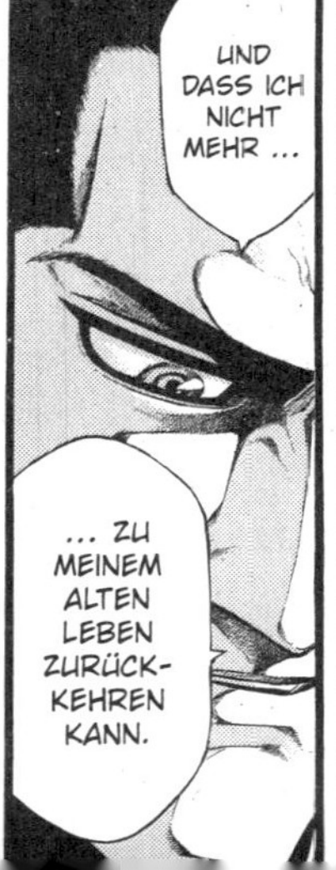
UND DASS ICH NICHT MEHR ...
... ZU MEINEM ALTEN LEBEN ZURÜCKKEHREN KANN.

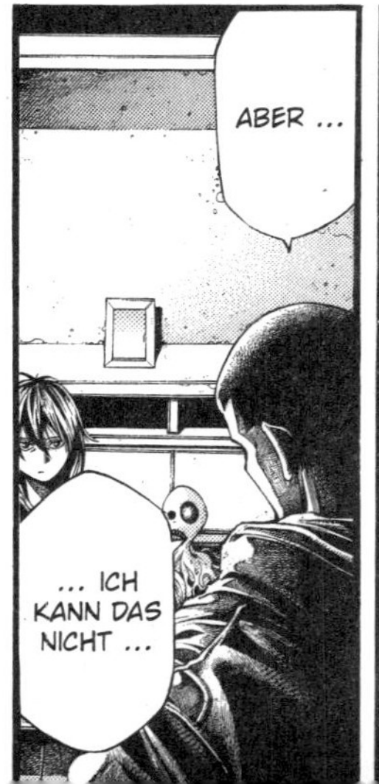
ABER ...
... ICH KANN DAS NICHT ...

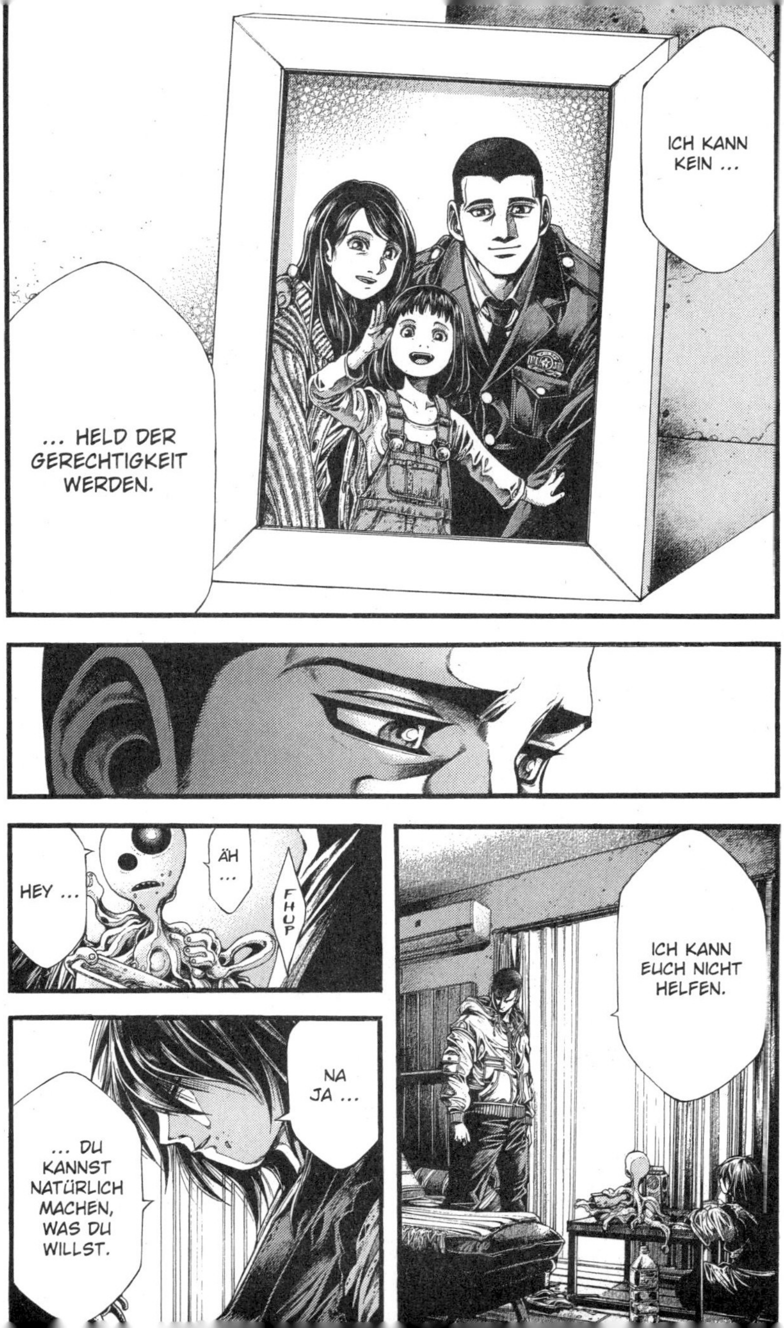

ICH KANN KEIN ...

... HELD DER GERECHTIGKEIT WERDEN.

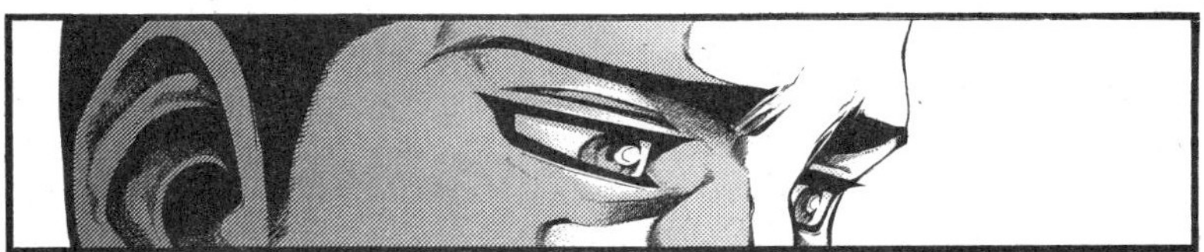

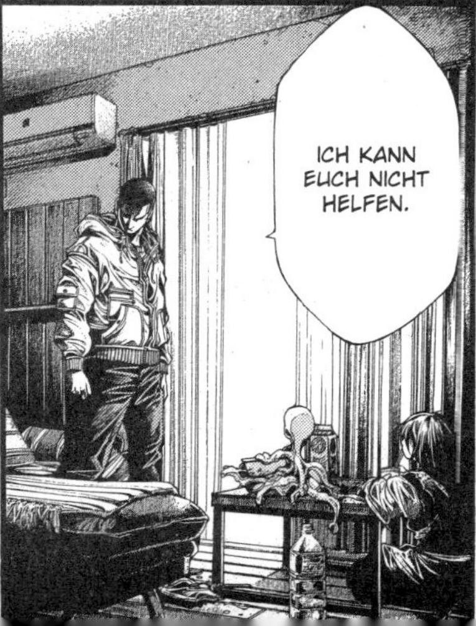

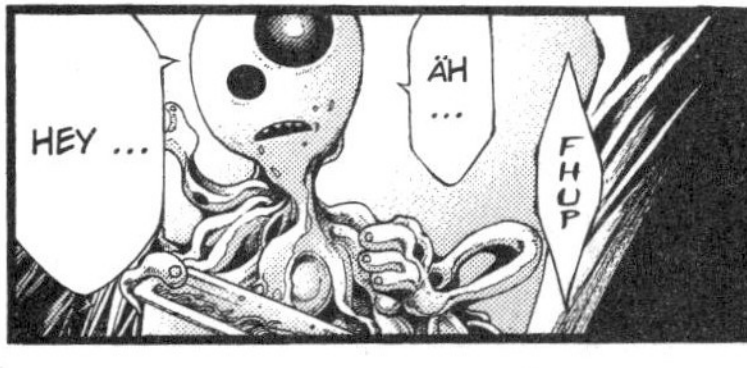

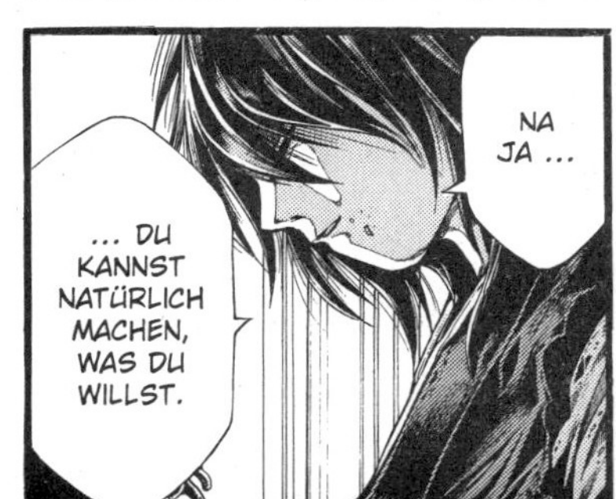

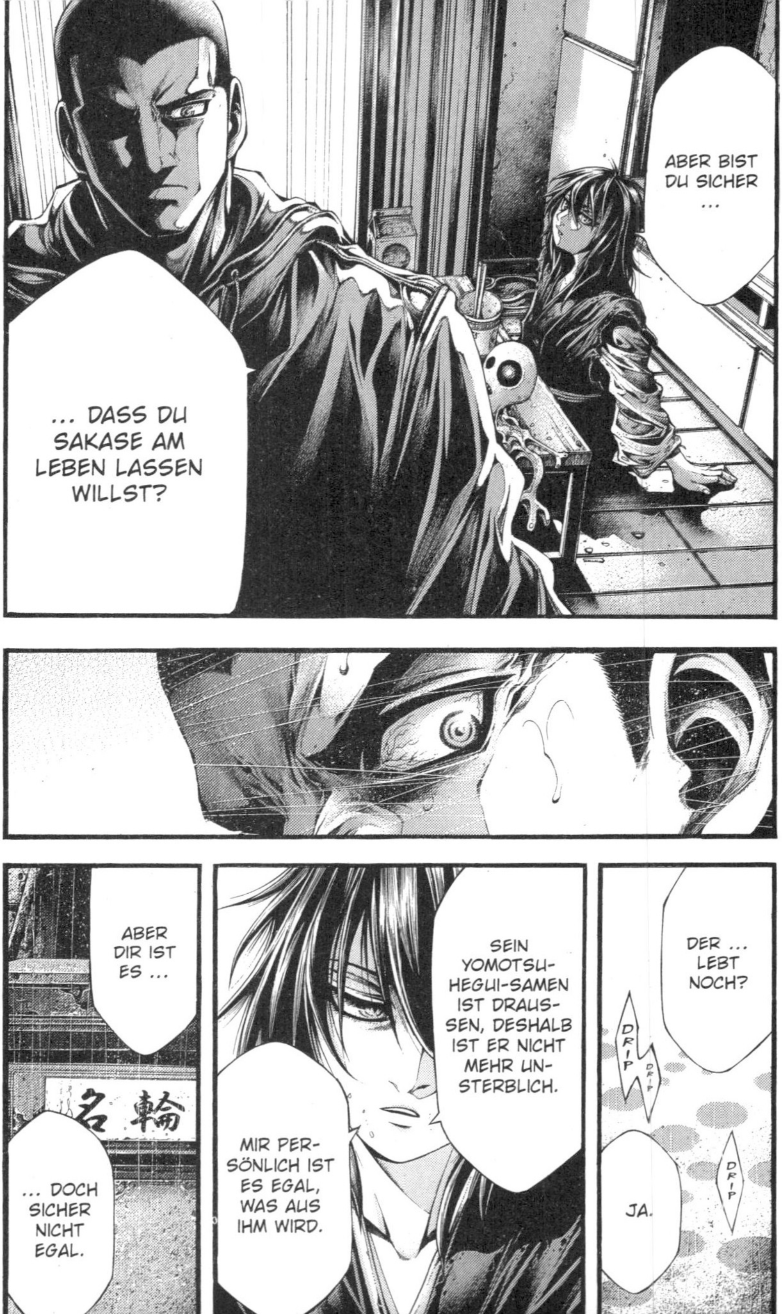

ABER BIST DU SICHER ...
... DASS DU SAKASE AM LEBEN LASSEN WILLST?

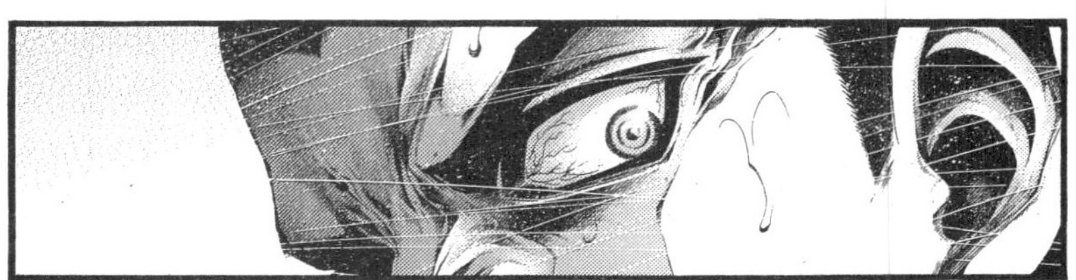

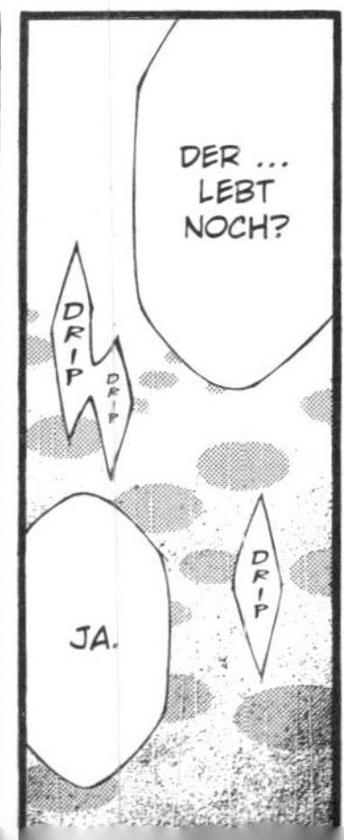

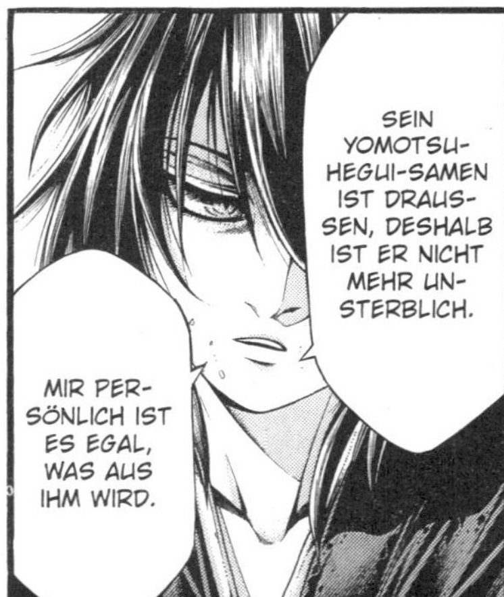

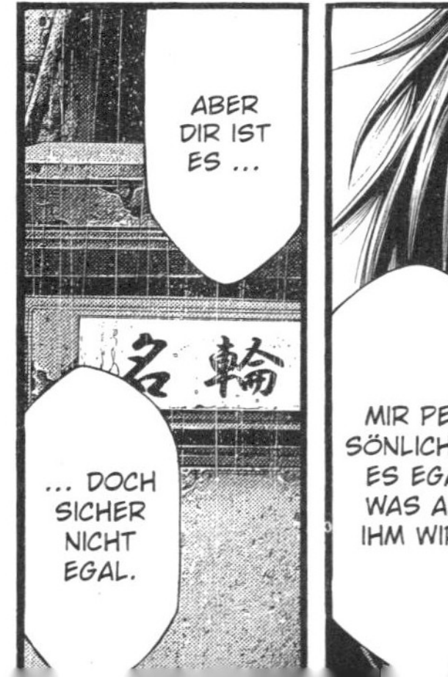

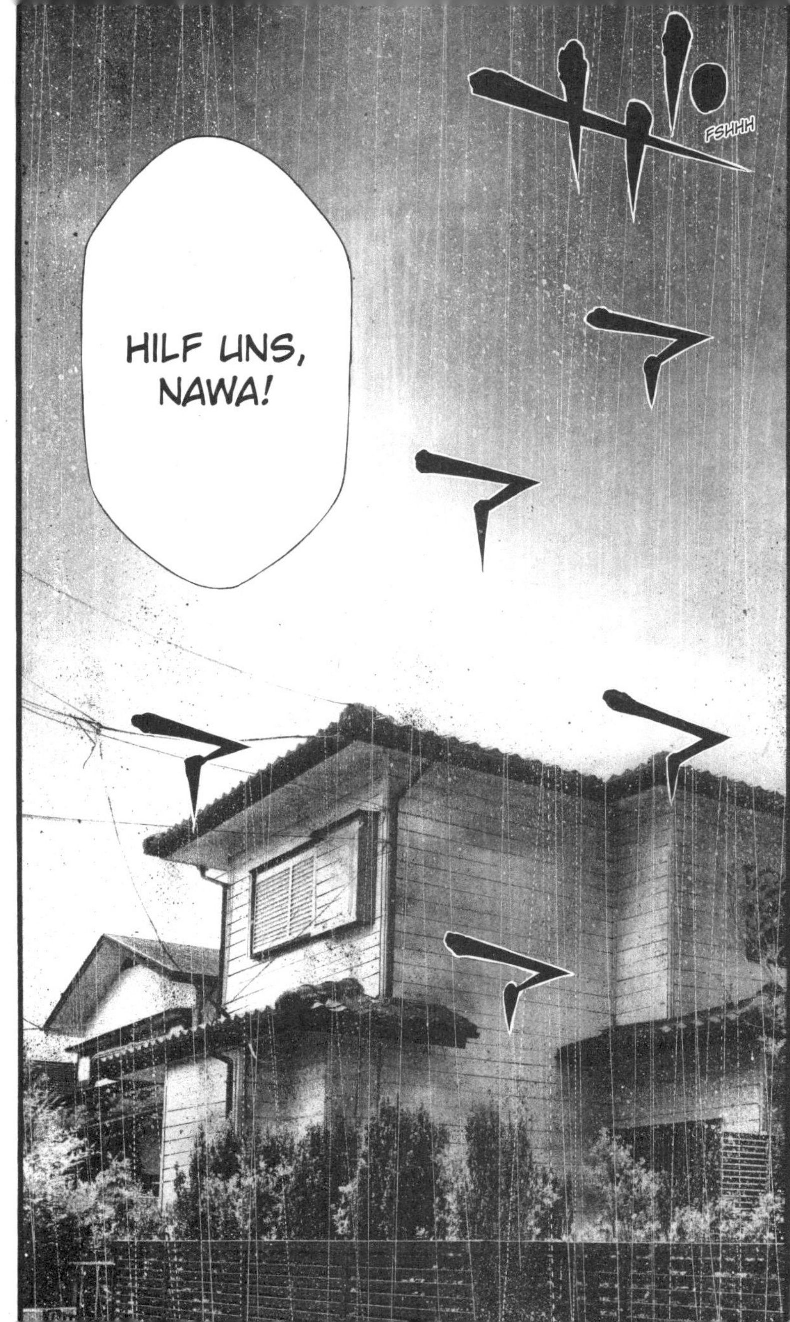
FSHHH
HILF UNS, NAWA!

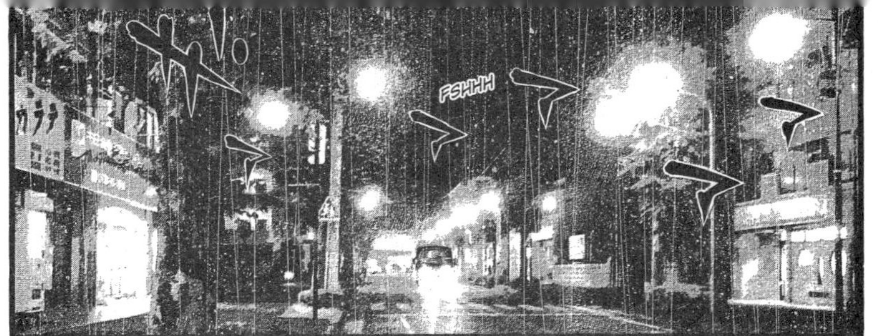
FSHHH

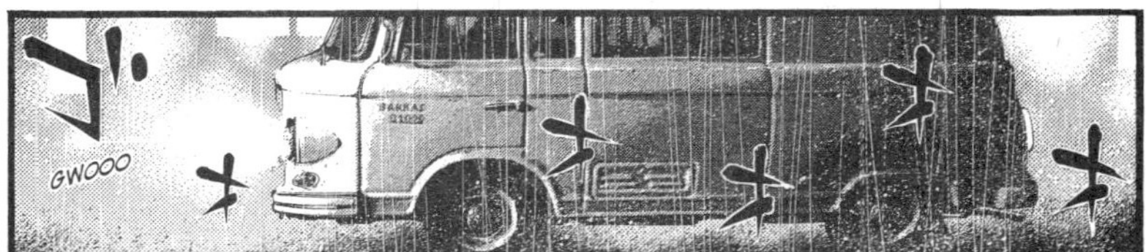
GWOOO

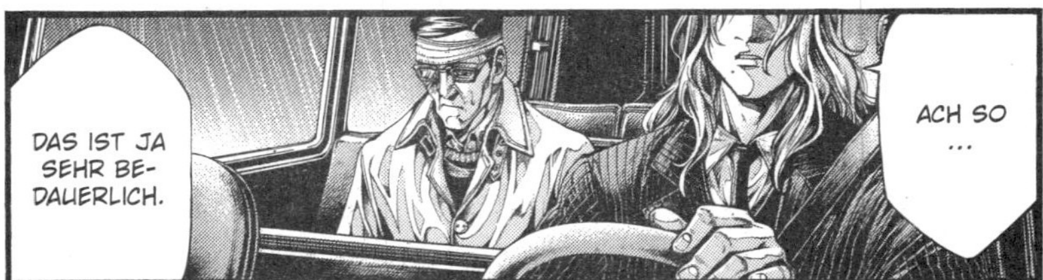
ACH SO …
DAS IST JA SEHR BE-DAUERLICH.

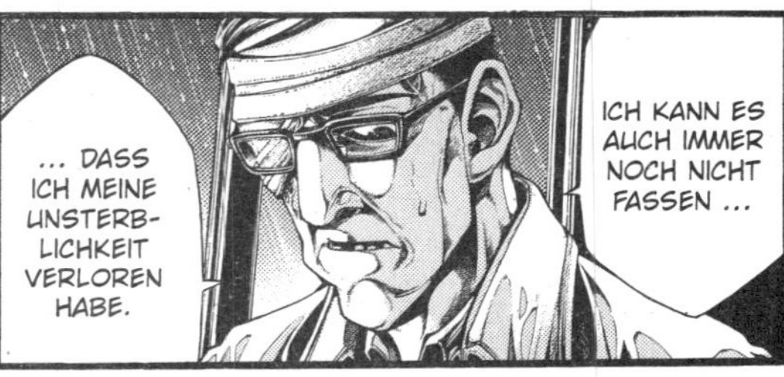
ICH KANN ES AUCH IMMER NOCH NICHT FASSEN …
… DASS ICH MEINE UNSTERB-LICHKEIT VERLOREN HABE.

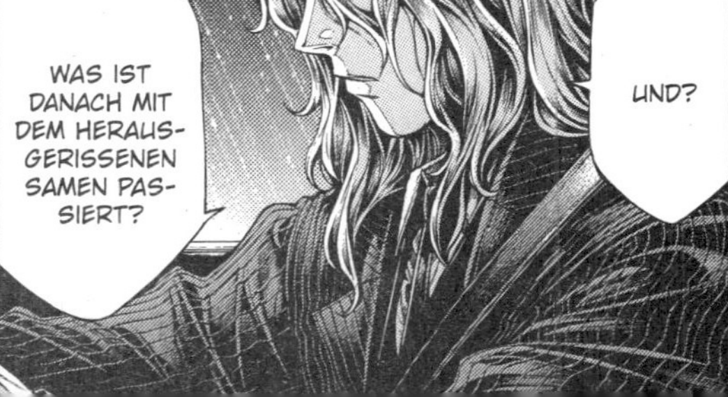
UND?
WAS IST DANACH MIT DEM HERAUS-GERISSENEN SAMEN PAS-SIERT?

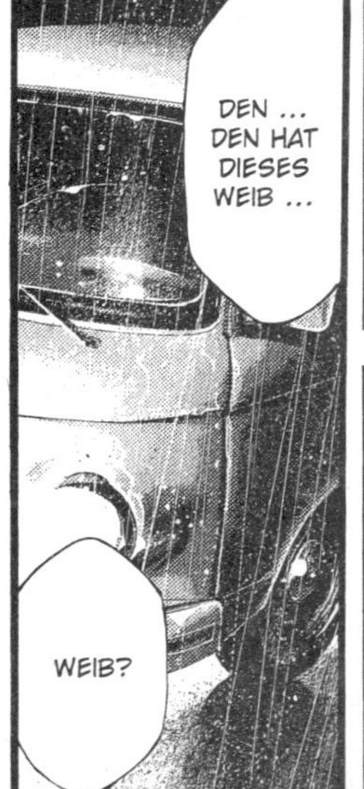
DEN … DEN HAT DIESES WEIB …
WEIB?

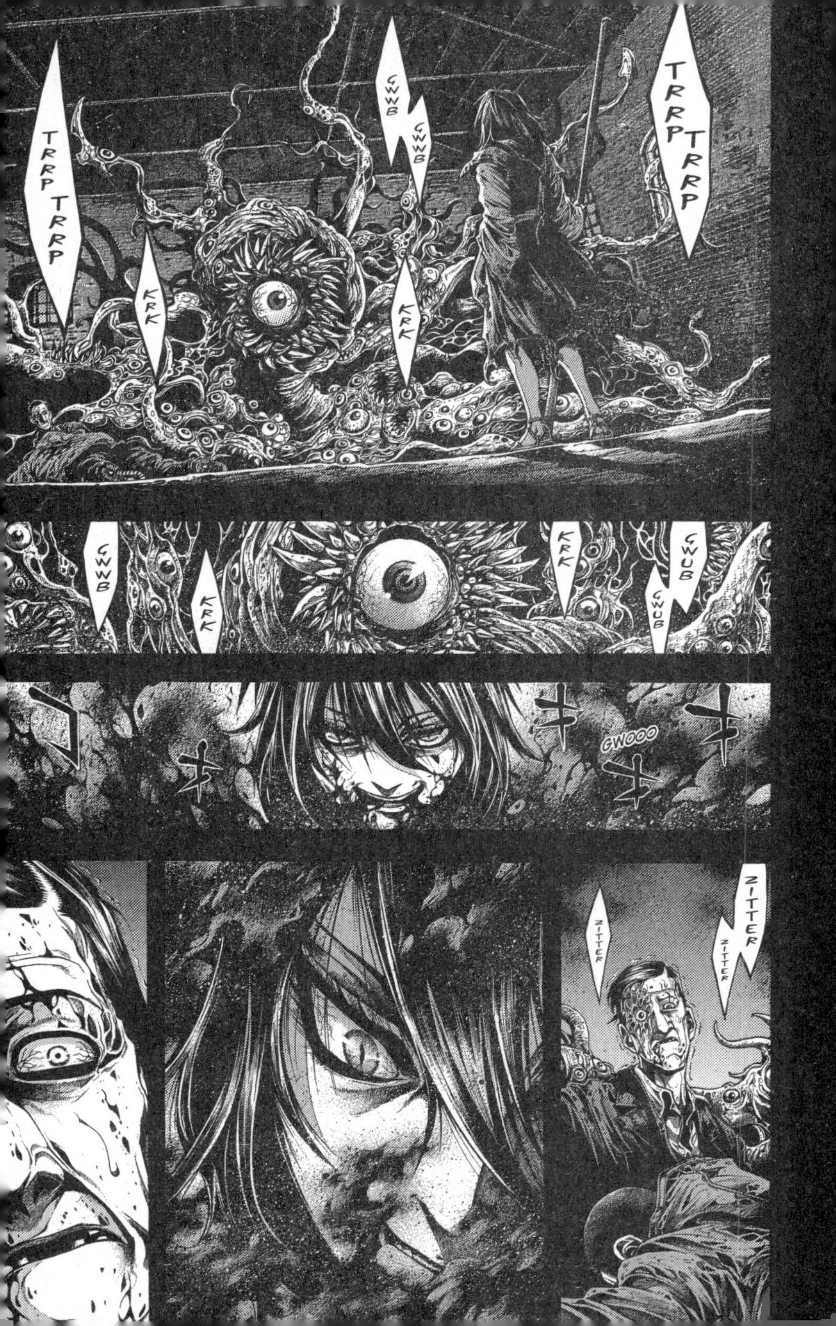
TRRP TRRP
GWWB
GWWB
KRK
KRK
TRRP TRRP
GWUB
GWUB
KRK
KRK
GWWB
GWOOO
ZITTER
ZITTER
ZITTER

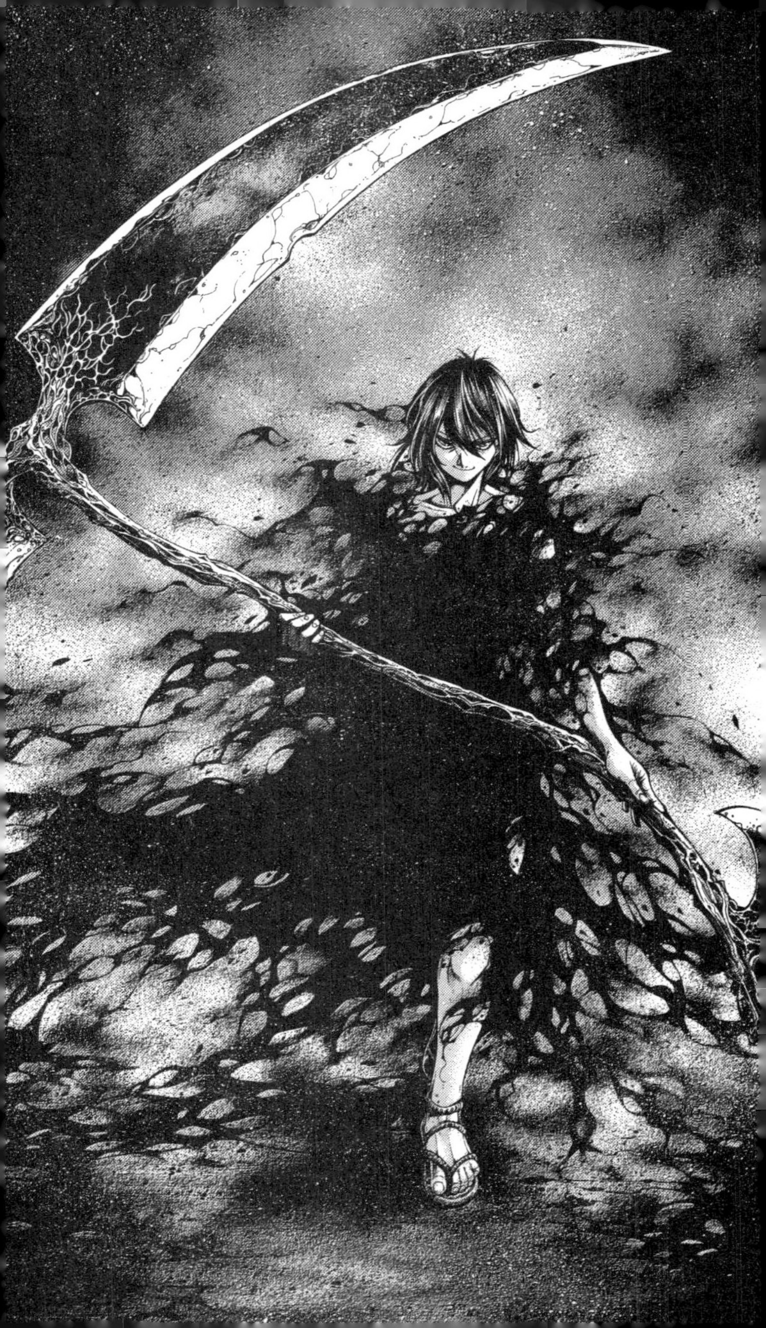

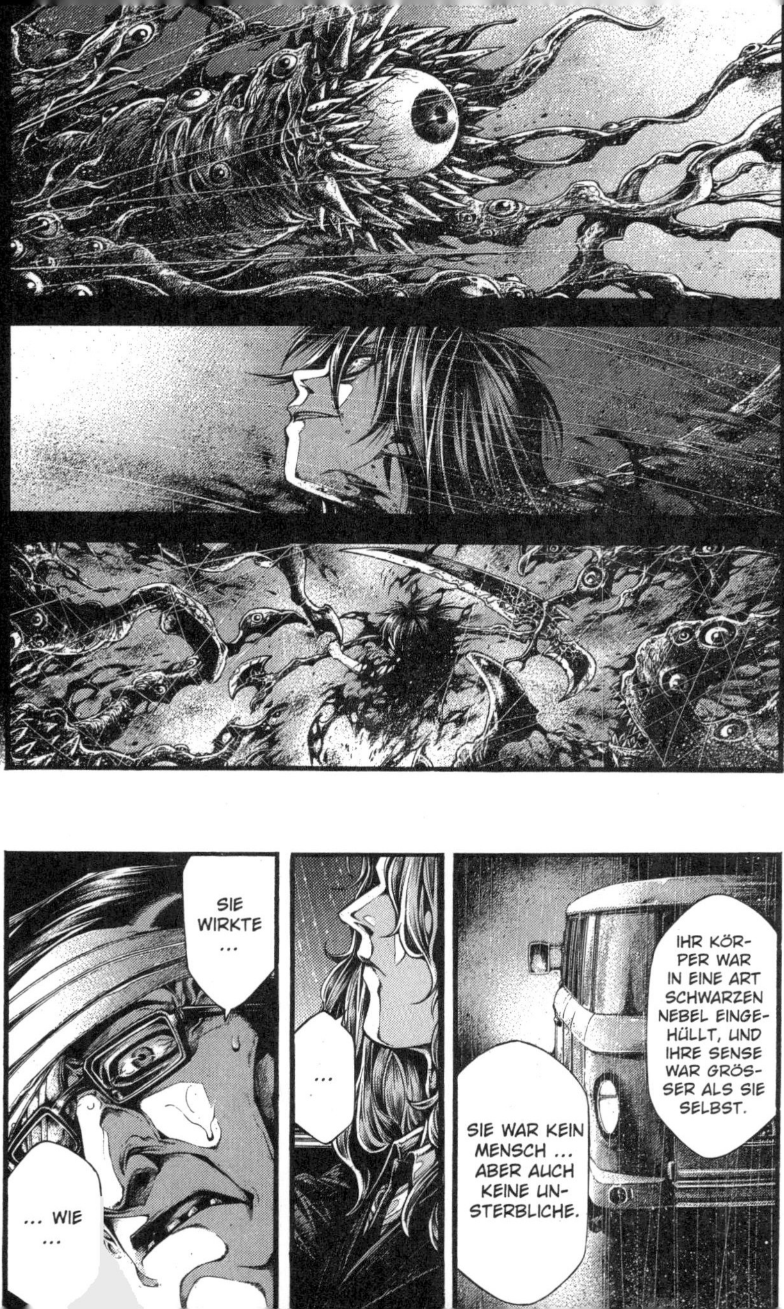

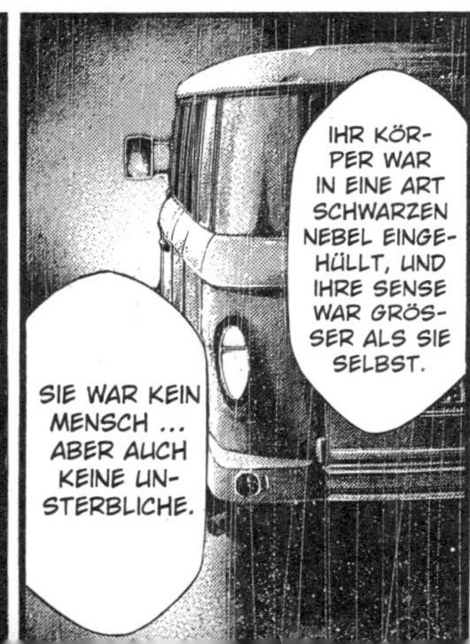
IHR KÖRPER WAR IN EINE ART SCHWARZEN NEBEL EINGEHÜLLT, UND IHRE SENSE WAR GRÖSSER ALS SIE SELBST.
SIE WAR KEIN MENSCH … ABER AUCH KEINE UNSTERBLICHE.

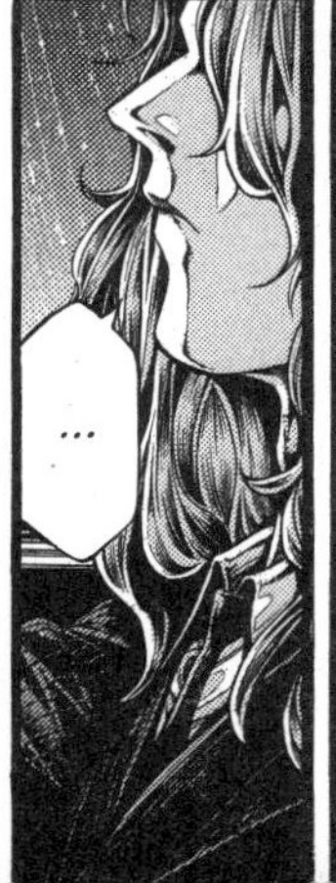
…

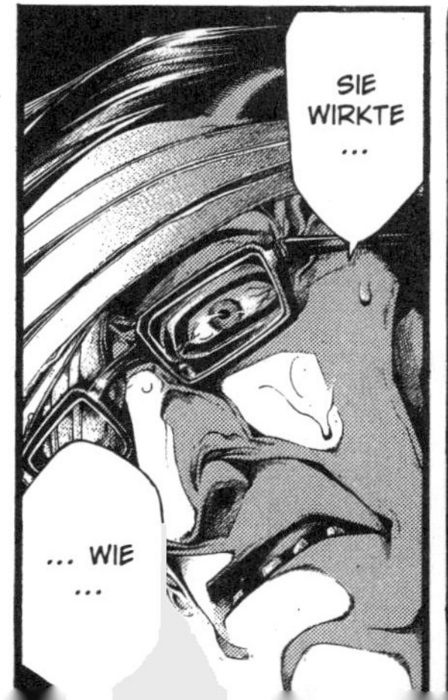
SIE WIRKTE …
… WIE …

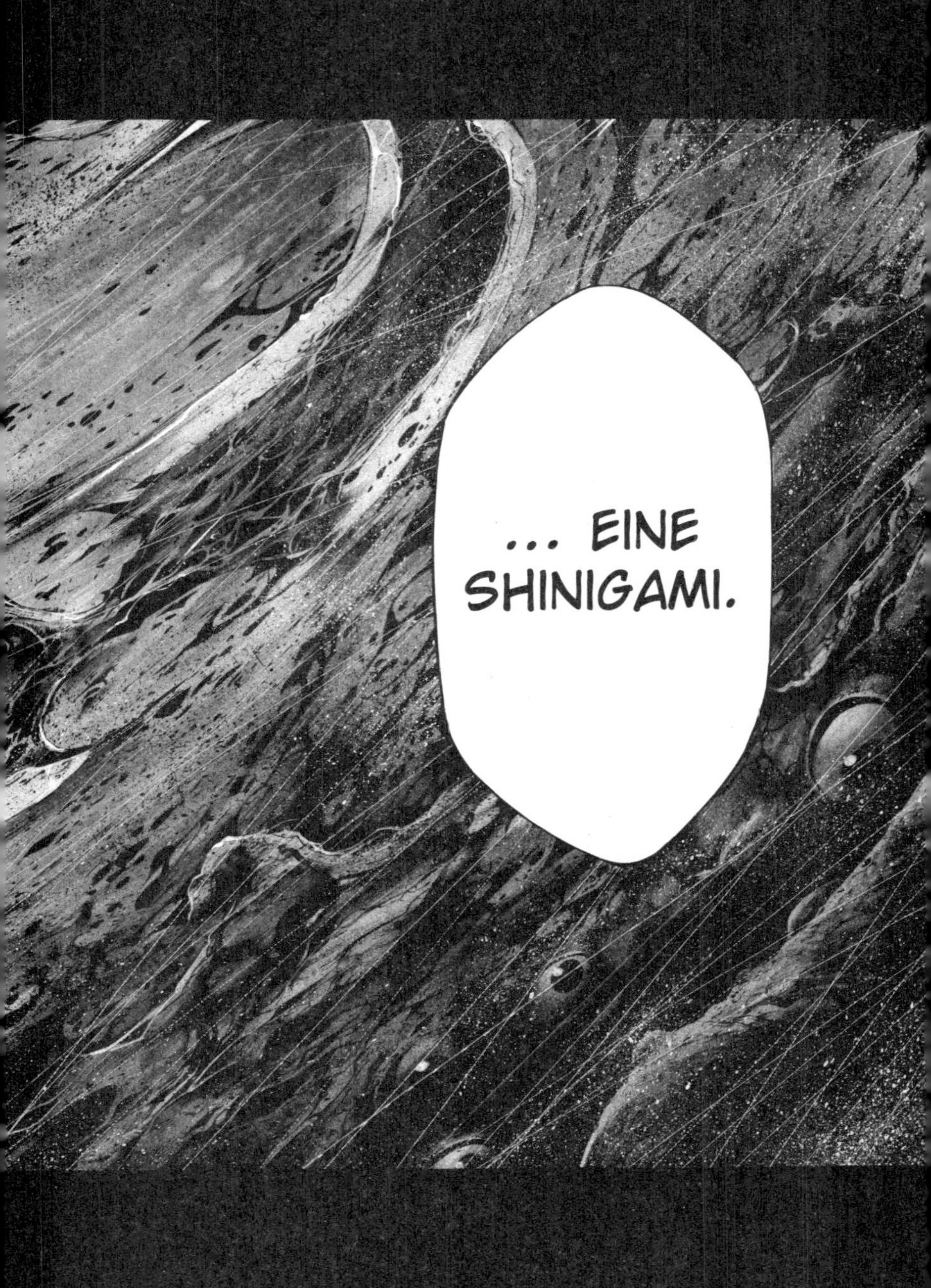
... EINE
SHINIGAMI.

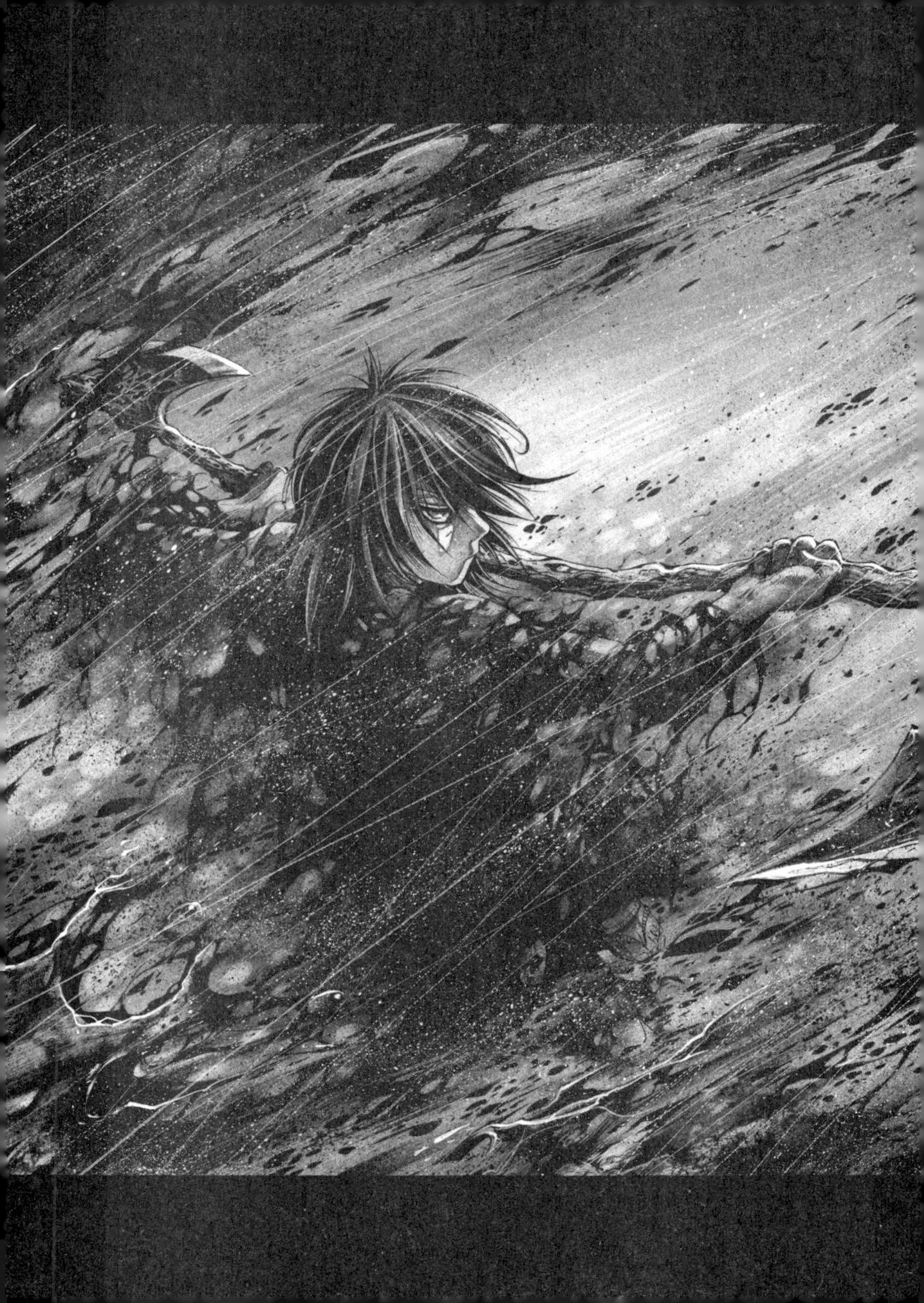

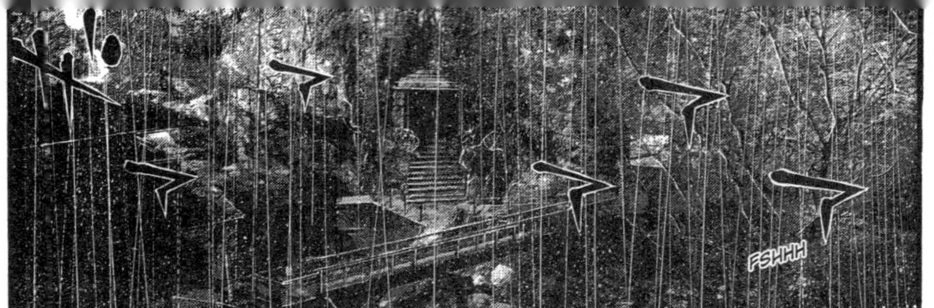
FSHHH

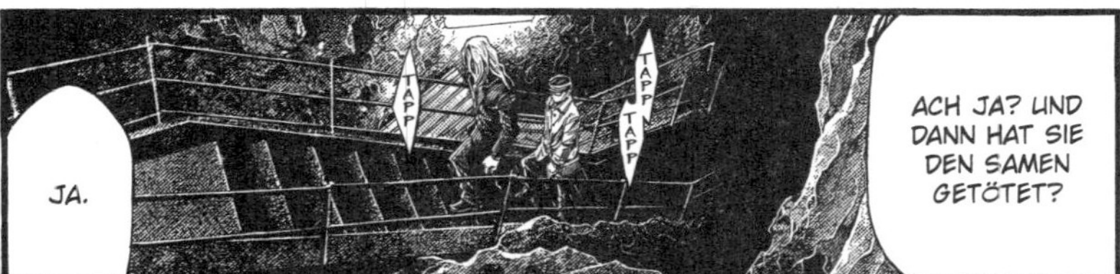
ACH JA? UND DANN HAT SIE DEN SAMEN GETÖTET?
TAPP
TAPP
TAPP
JA.

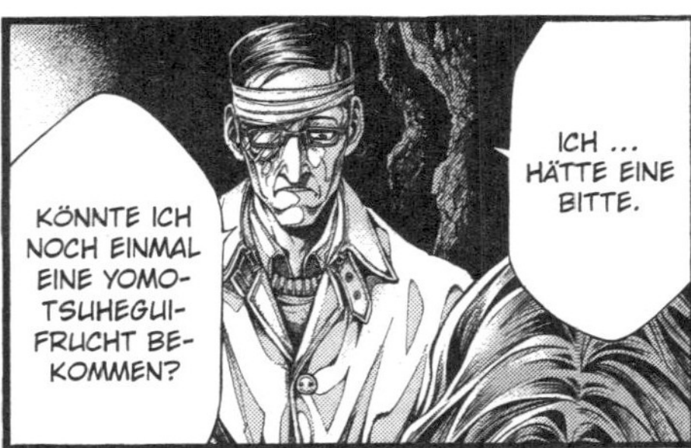
ICH ... HÄTTE EINE BITTE.
KÖNNTE ICH NOCH EINMAL EINE YOMO-TSUHEGUI-FRUCHT BE-KOMMEN?

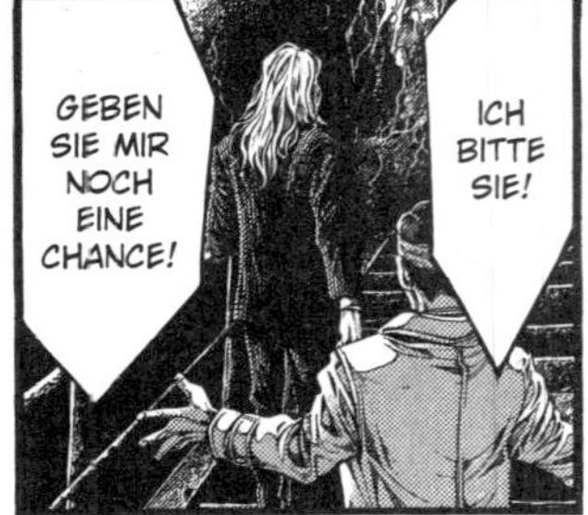
ICH BITTE SIE!
GEBEN SIE MIR NOCH EINE CHANCE!

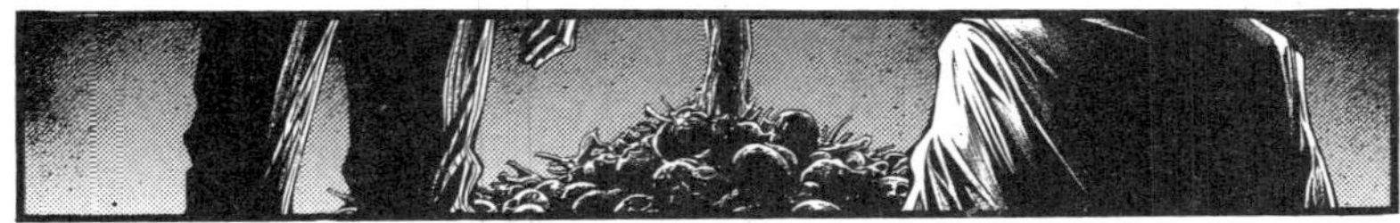

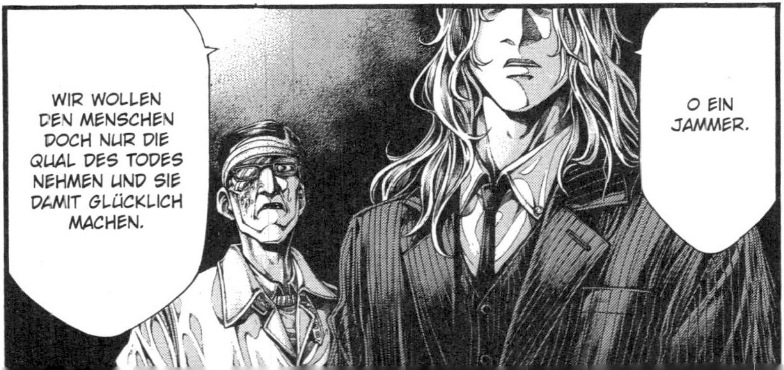
O EIN JAMMER.
WIR WOLLEN DEN MENSCHEN DOCH NUR DIE QUAL DES TODES NEHMEN UND SIE DAMIT GLÜCKLICH MACHEN.

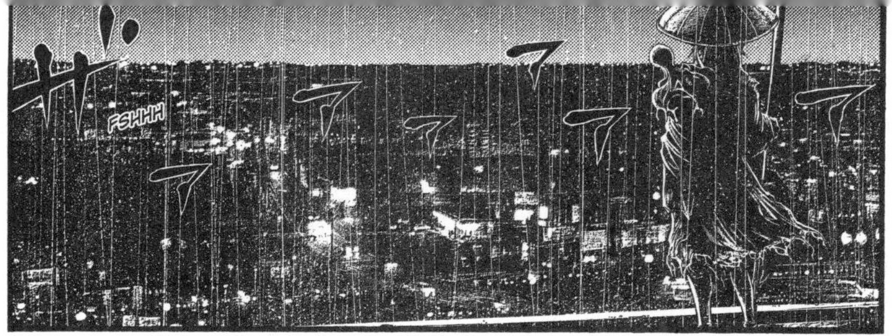

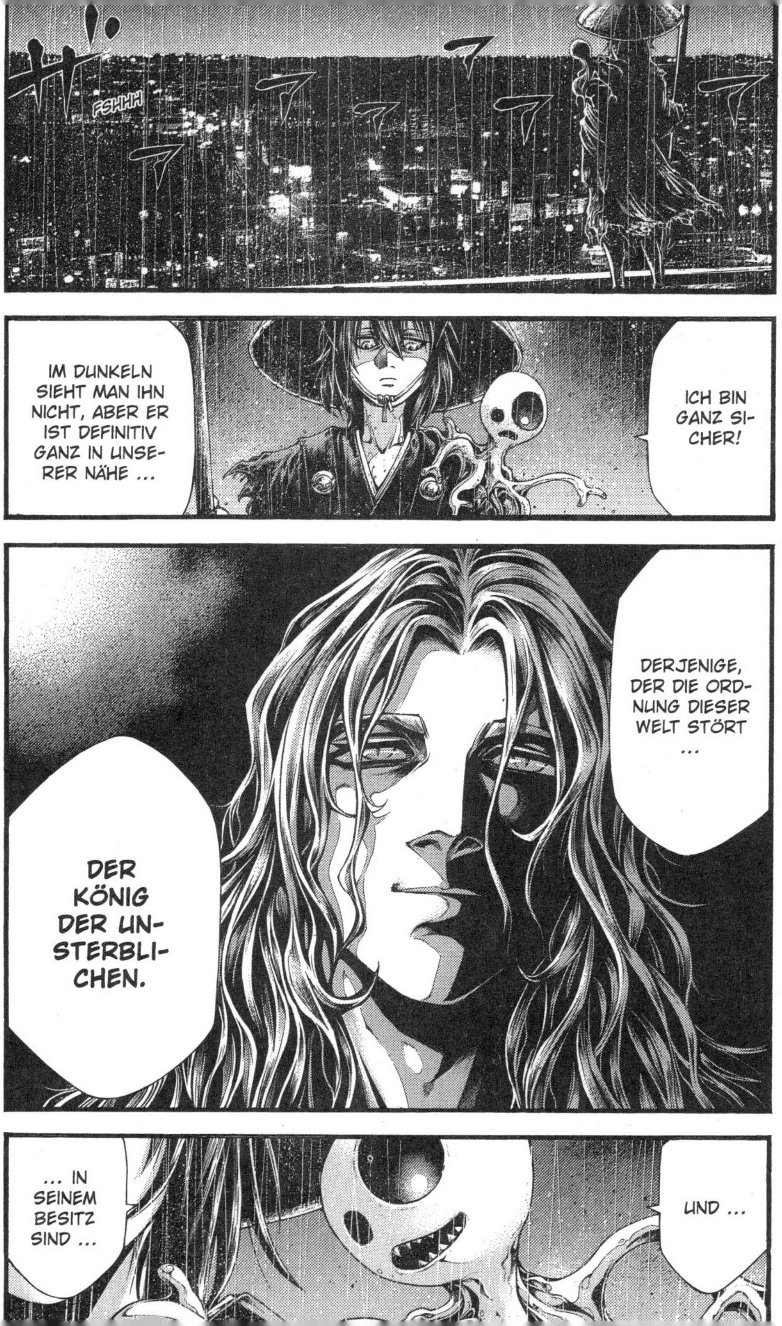

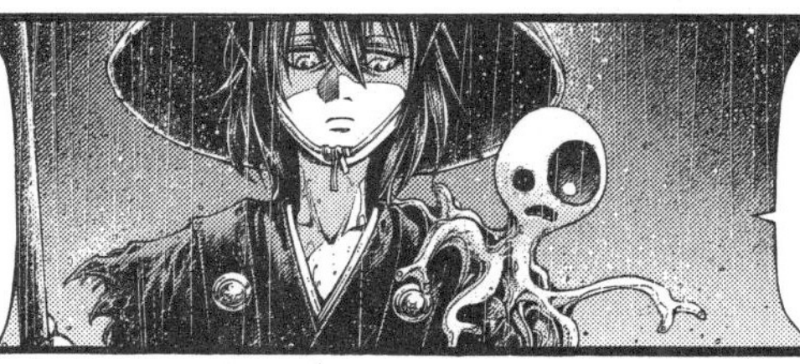

DERJENIGE, DER DIE ORDNUNG DIESER WELT STÖRT ...

DER KÖNIG DER UNSTERBLICHEN.

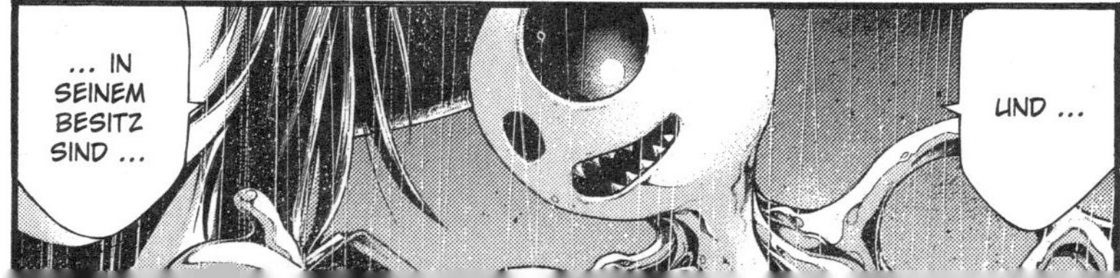

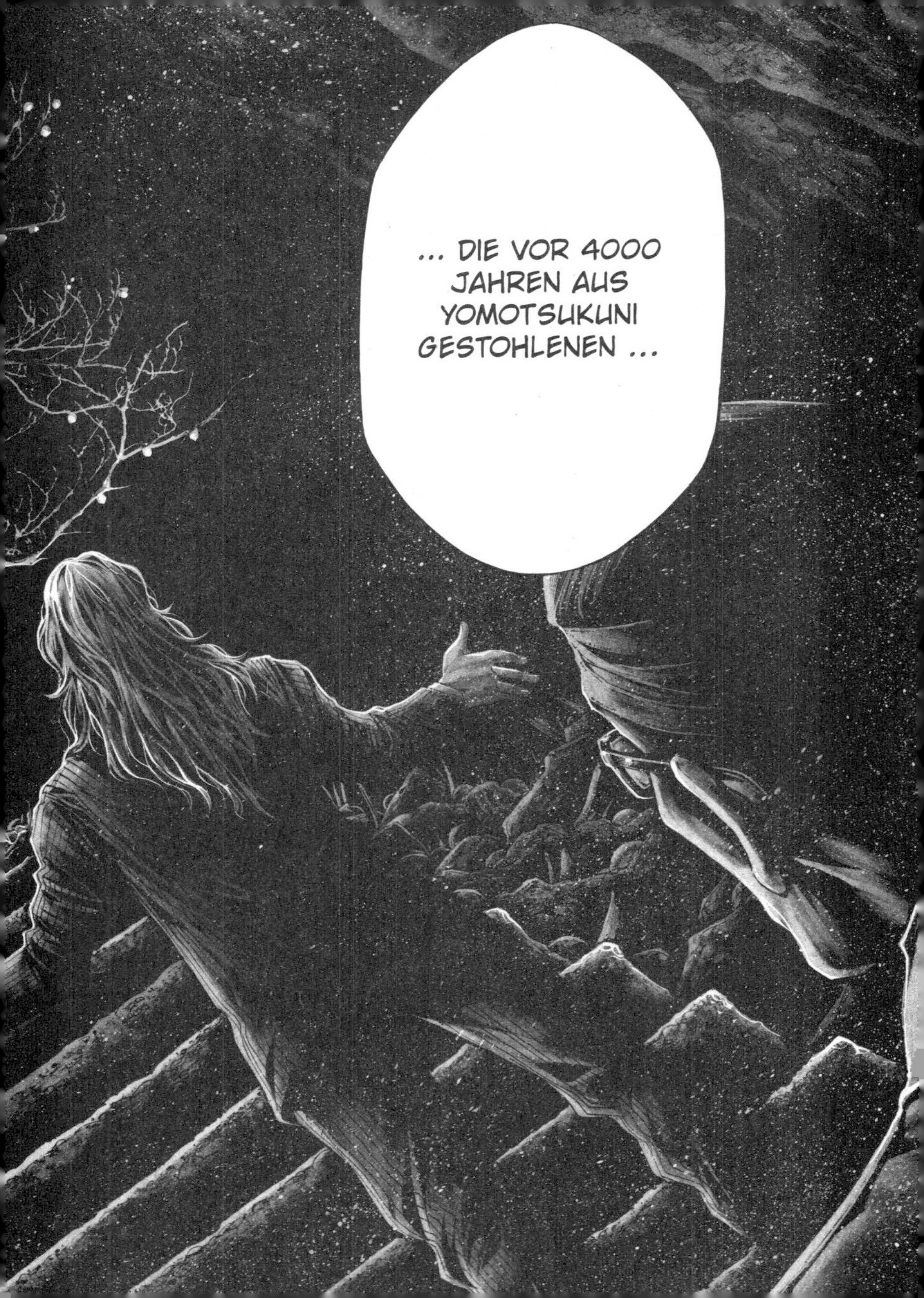
... DIE VOR 4000 JAHREN AUS YOMOTSUKUNI GESTOHLENEN ...

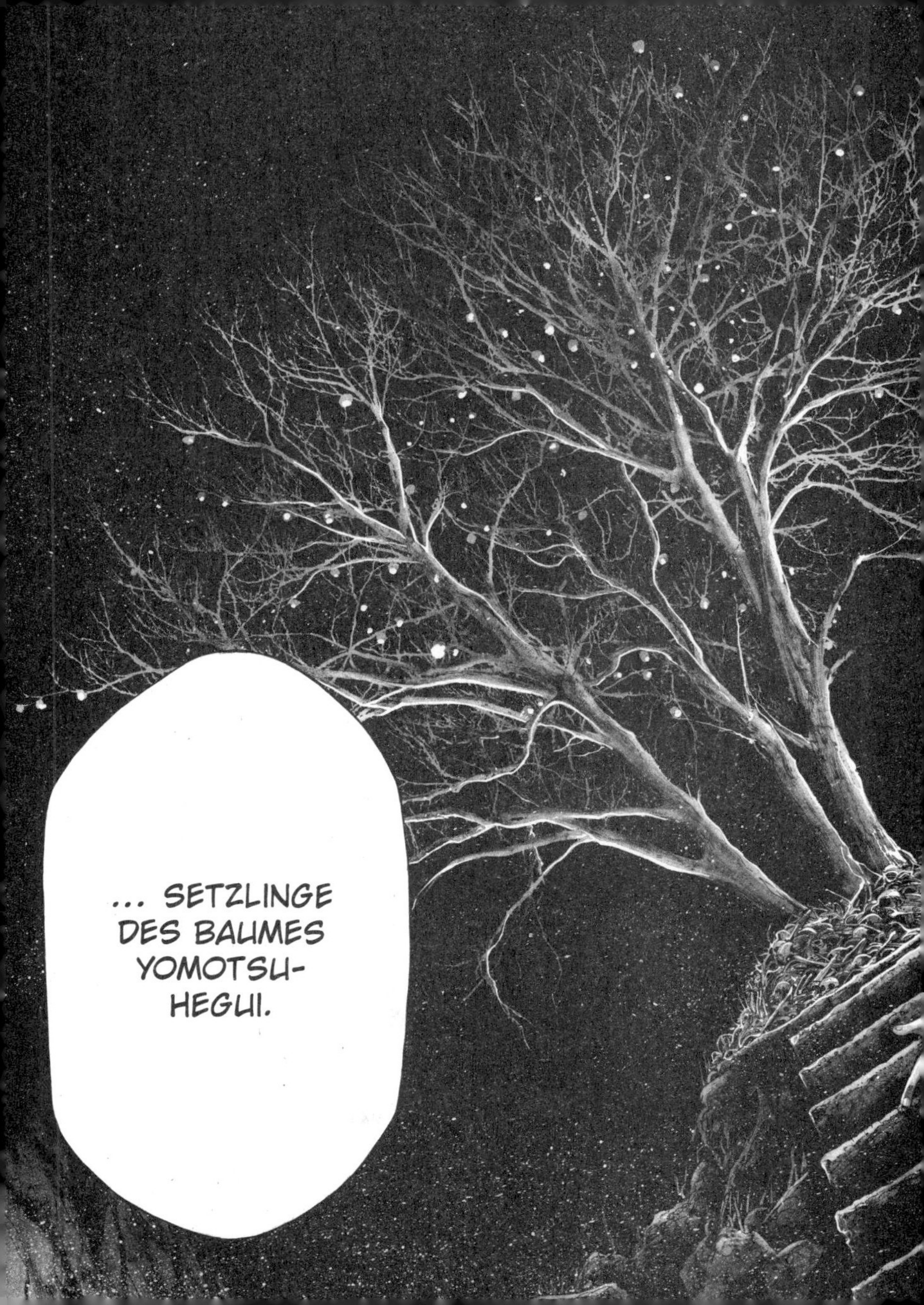
... SETZLINGE DES BAUMES YOMOTSU-HEGUI.

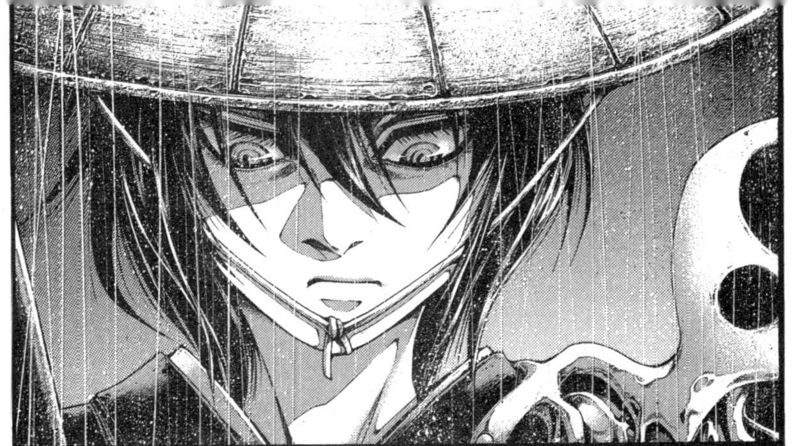
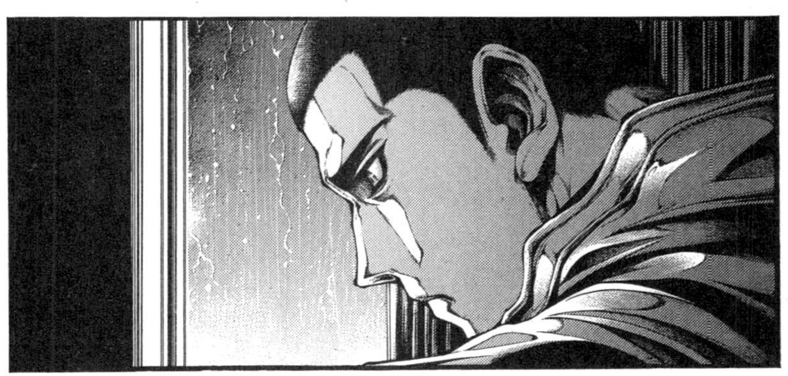
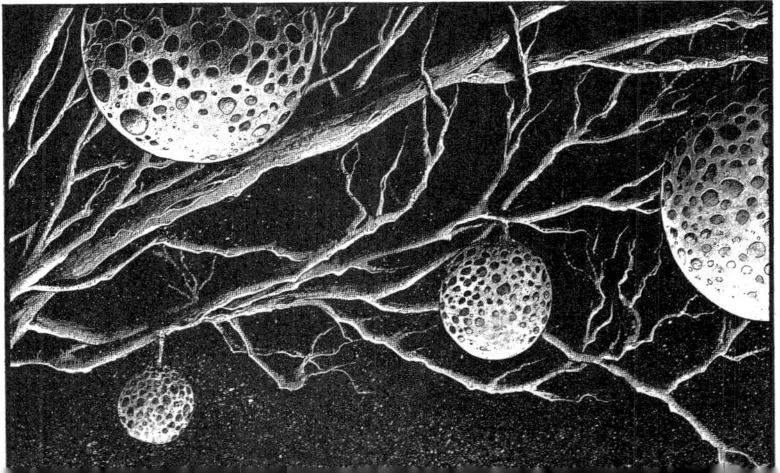

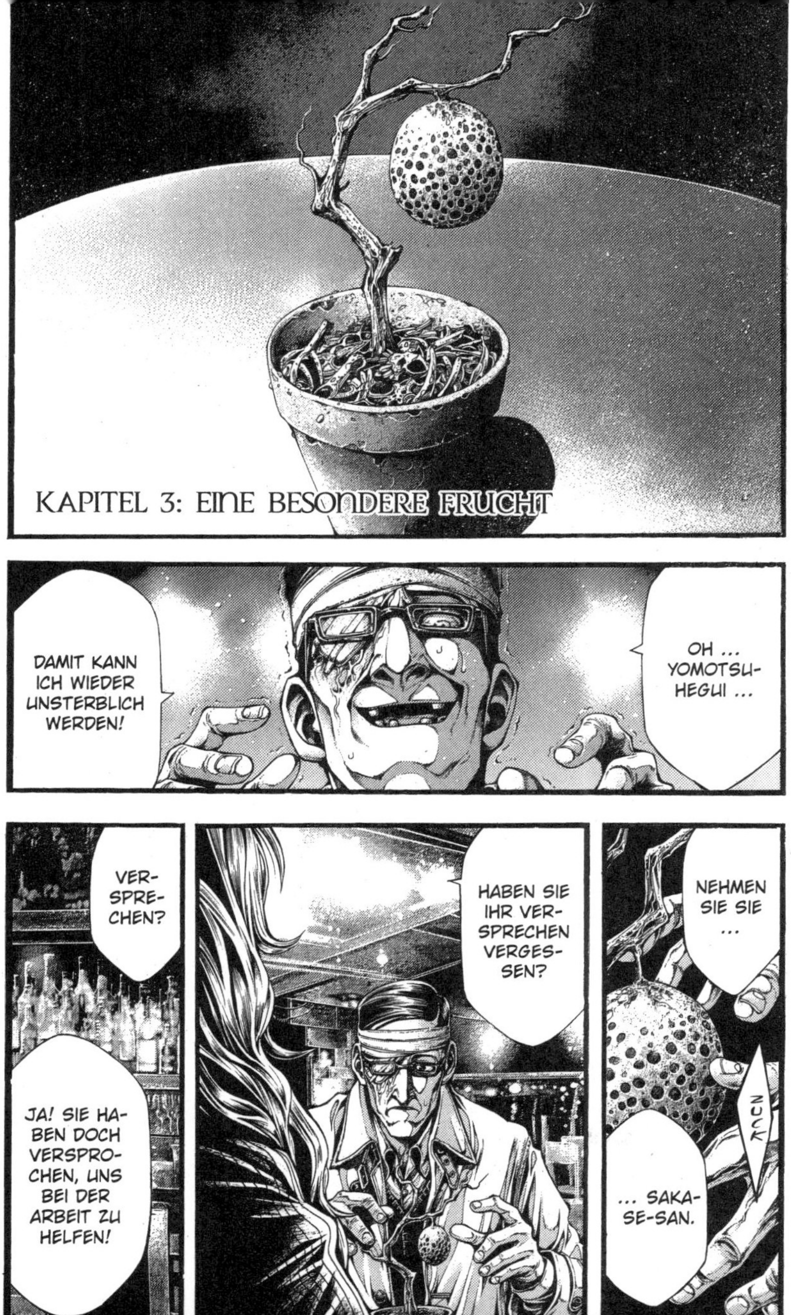

KAPITEL 3: EINE BESONDERE FRUCHT

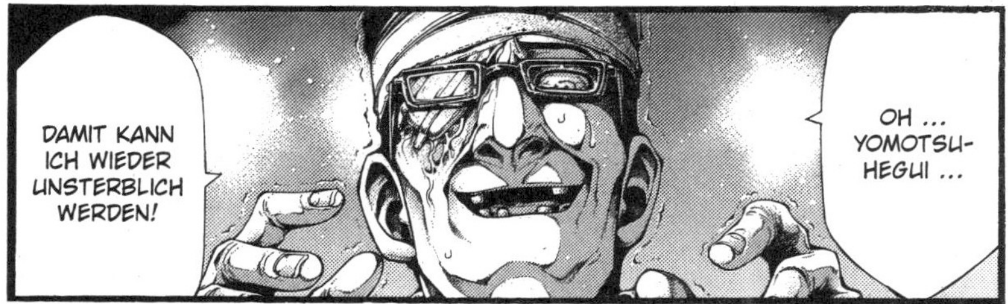

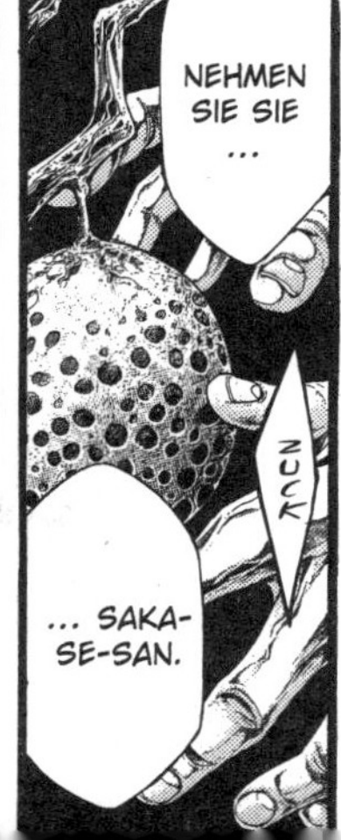

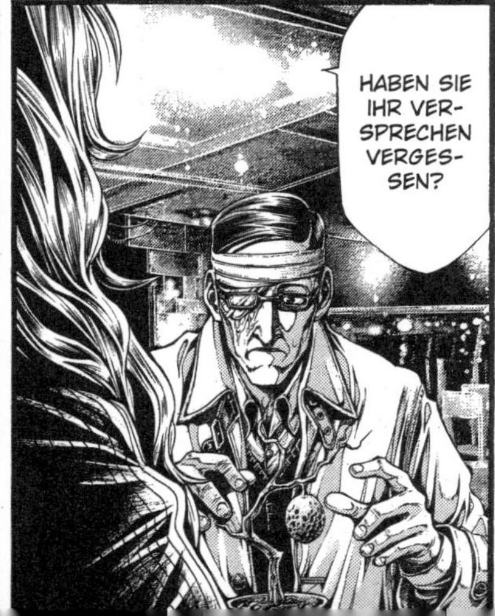

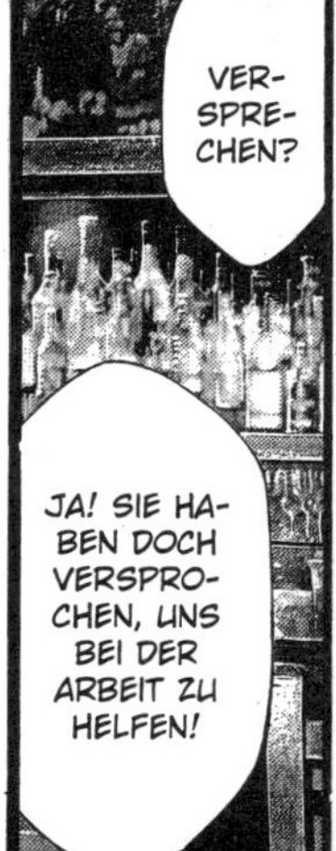

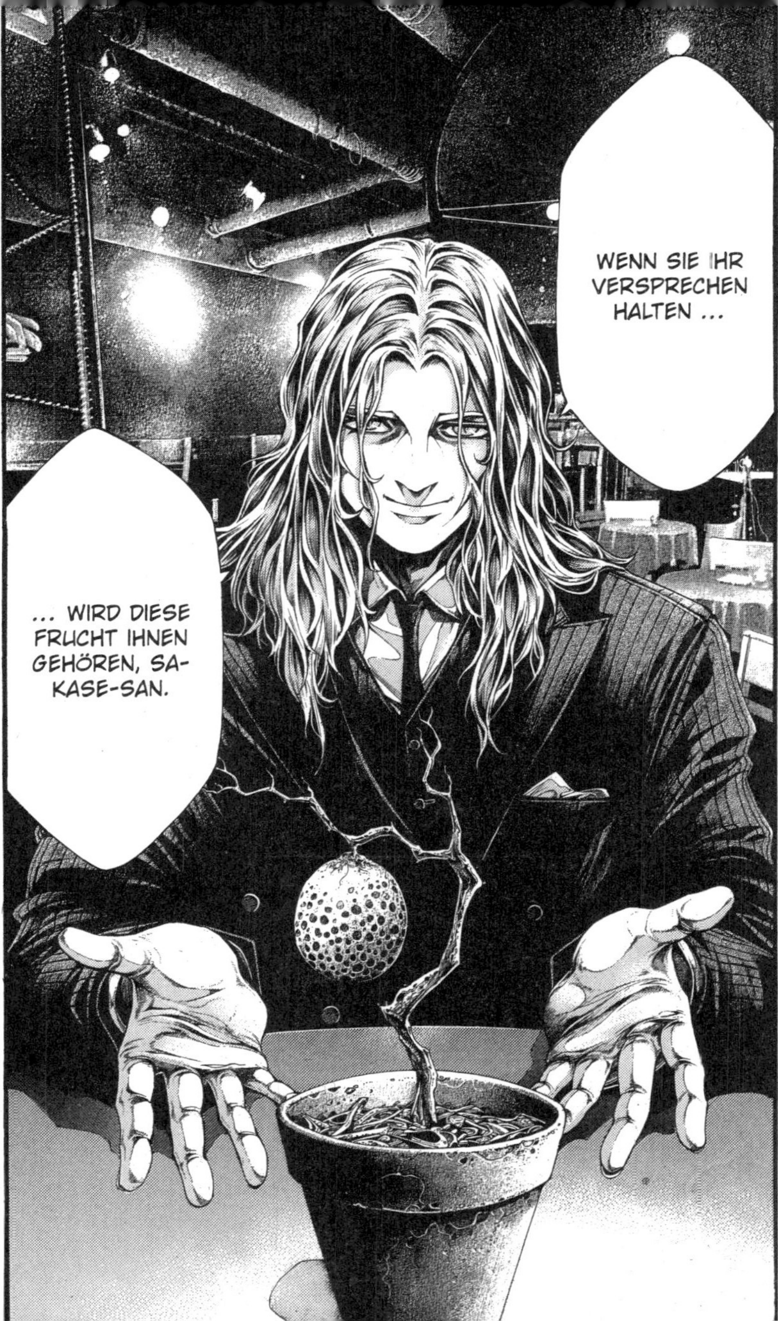
WENN SIE IHR VERSPRECHEN HALTEN ...
... WIRD DIESE FRUCHT IHNEN GEHÖREN, SA-KASE-SAN.

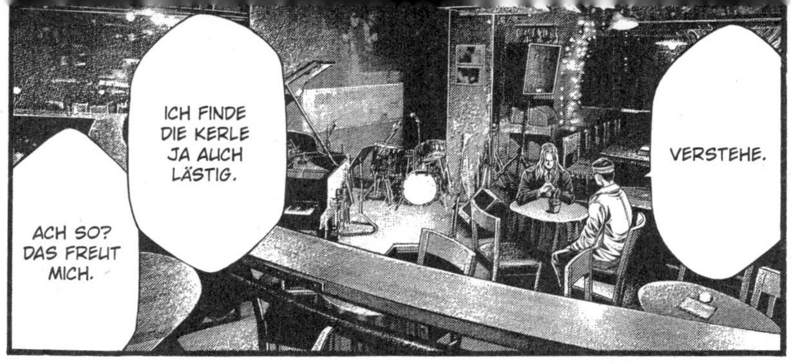
VERSTEHE.
ICH FINDE DIE KERLE JA AUCH LÄSTIG.
ACH SO? DAS FREUT MICH.

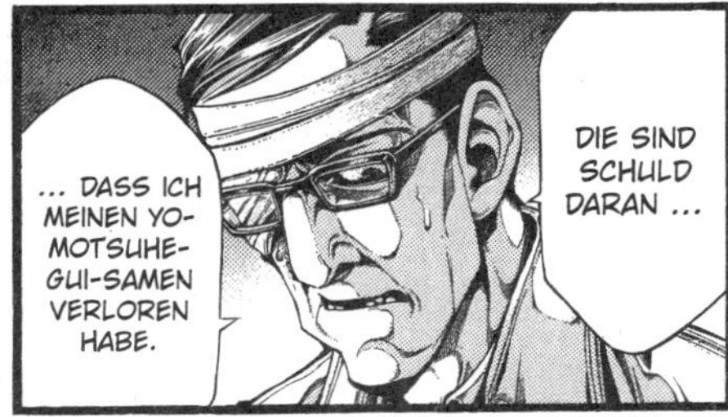
DIE SIND SCHULD DARAN ...
... DASS ICH MEINEN YOMOTSUHEGUI-SAMEN VERLOREN HABE.

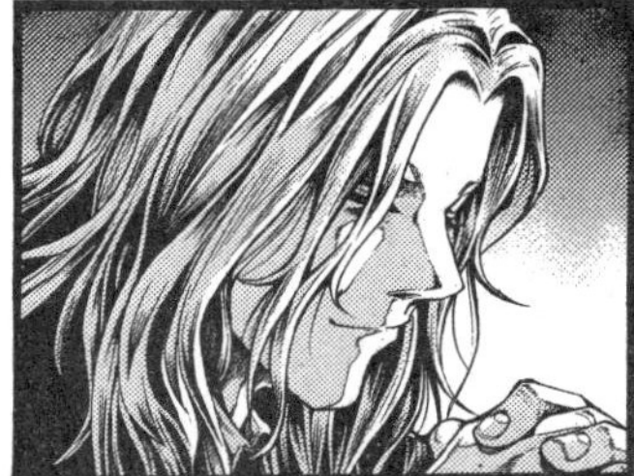

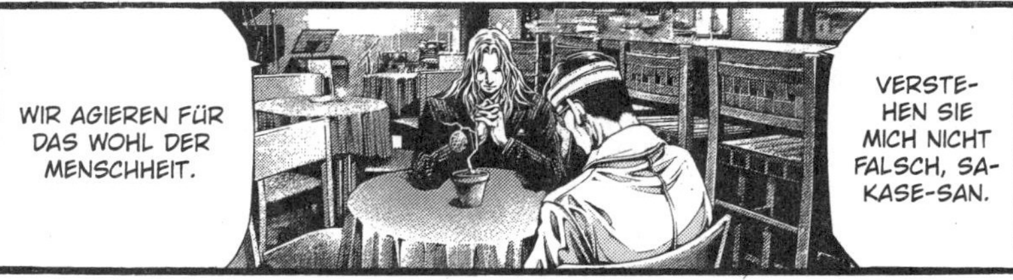
VERSTEHEN SIE MICH NICHT FALSCH, SAKASE-SAN.
WIR AGIEREN FÜR DAS WOHL DER MENSCHHEIT.

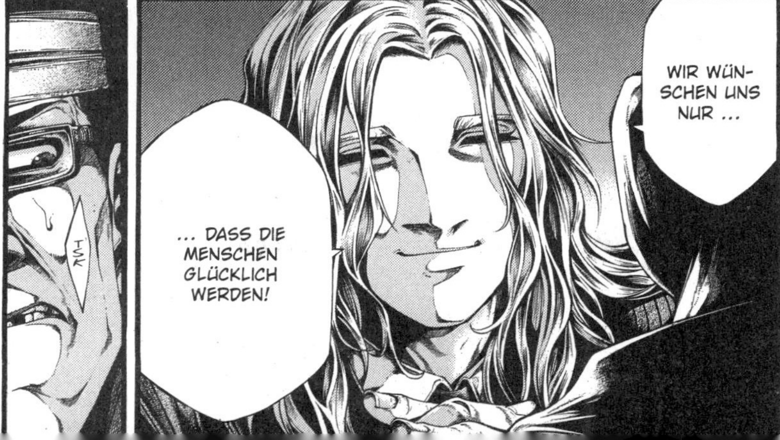
WIR WÜNSCHEN UNS NUR ...
... DASS DIE MENSCHEN GLÜCKLICH WERDEN!
TSK

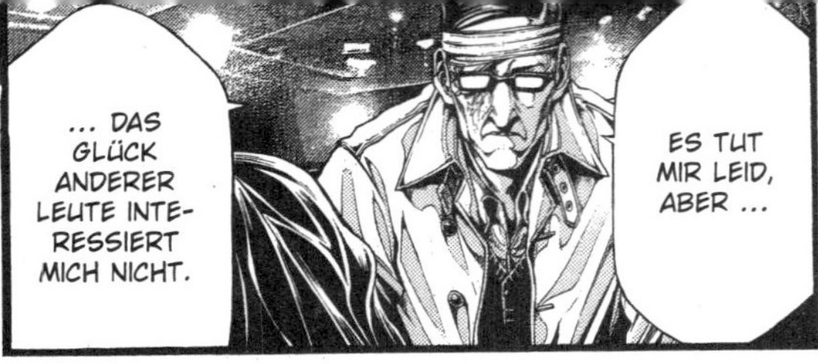
ES TUT MIR LEID, ABER …
… DAS GLÜCK ANDERER LEUTE INTERESSIERT MICH NICHT.

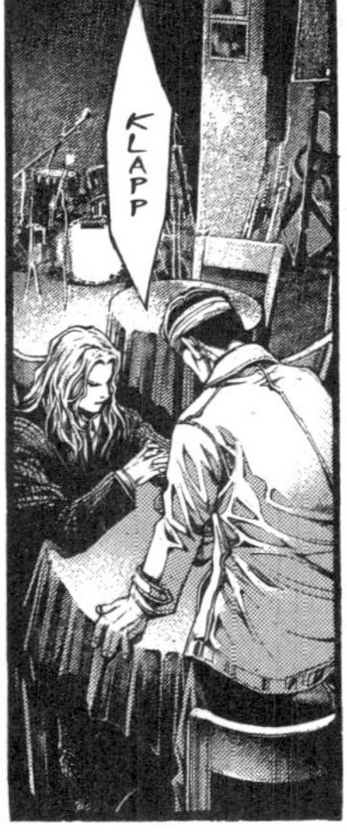
KLAPP

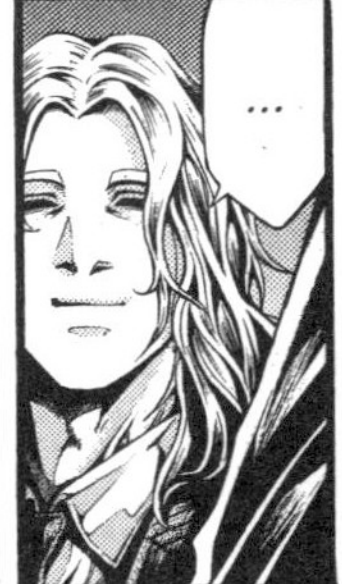
…

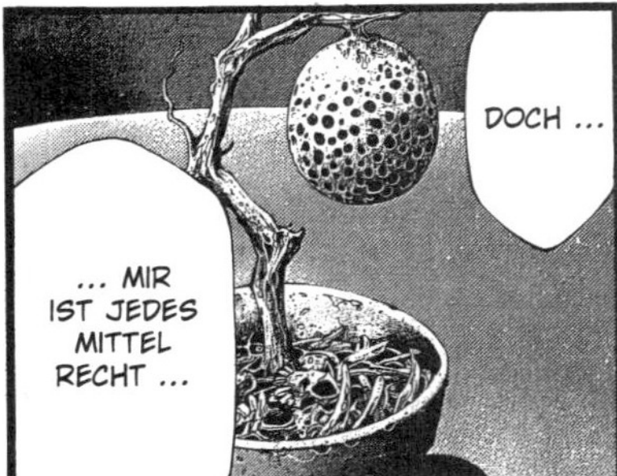
DOCH …
… MIR IST JEDES MITTEL RECHT …

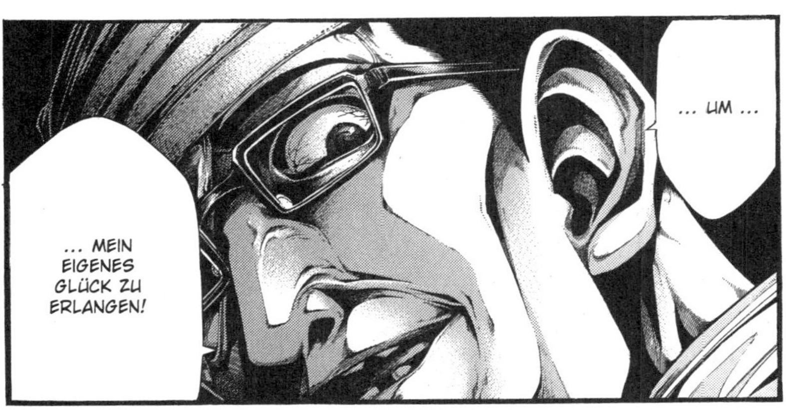
… UM …
… MEIN EIGENES GLÜCK ZU ERLANGEN!

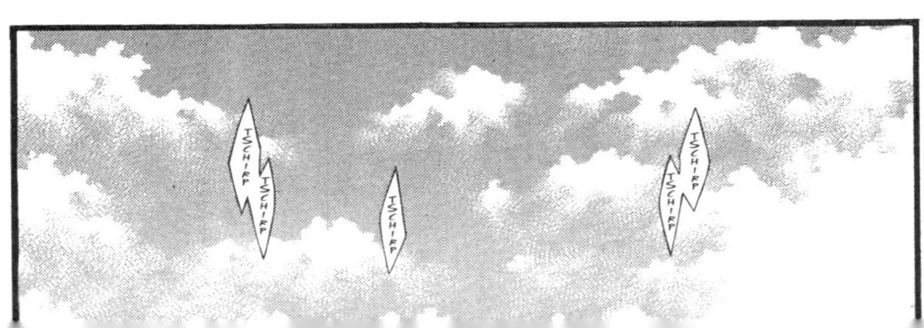
TSCHIRP TSCHIRP
TSCHIRP
TSCHIRP TSCHIRP

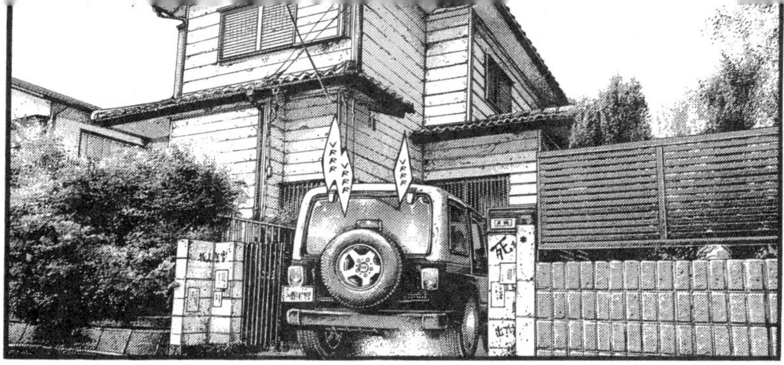
VRRR
VRRR
VRRR
*

* „STIRB!"

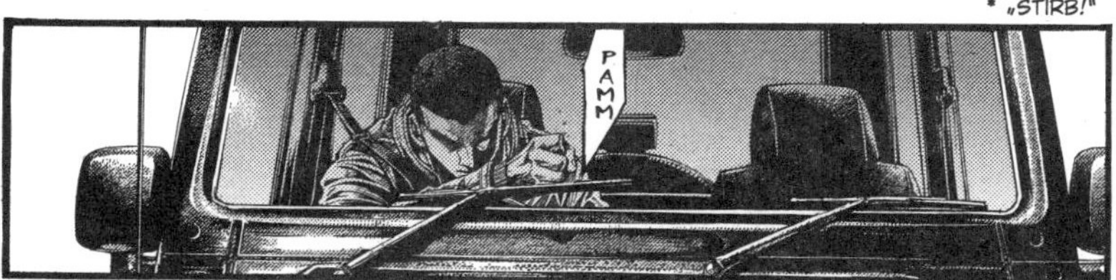
PAMM

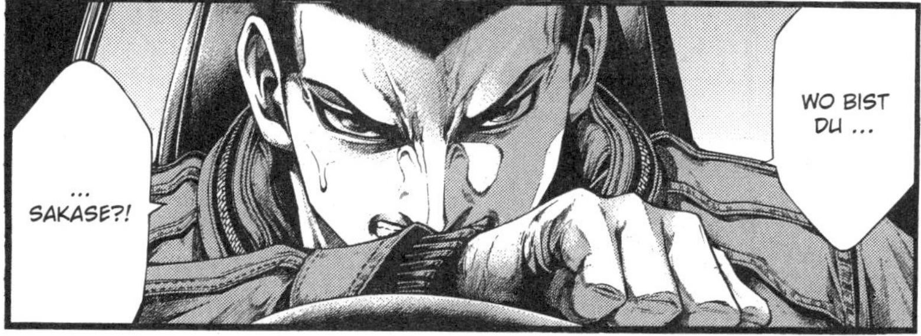
WO BIST DU …
… SAKASE?!

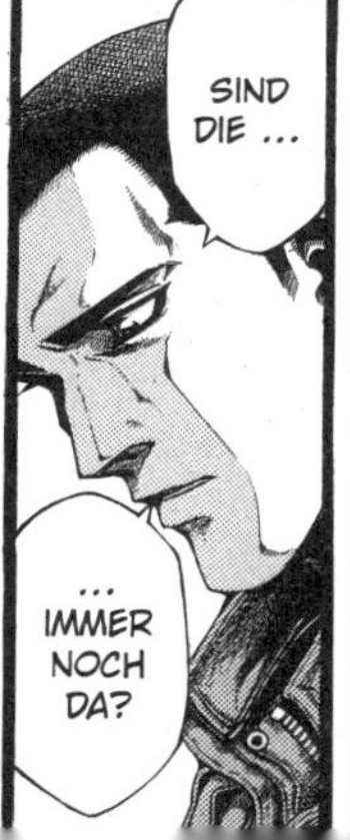
SIND DIE …
… IMMER NOCH DA?

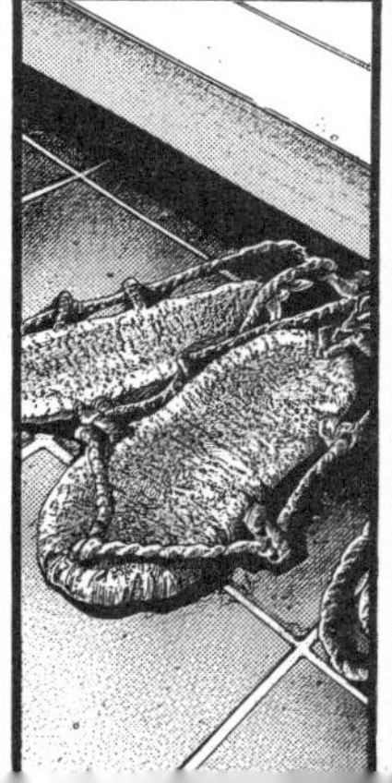

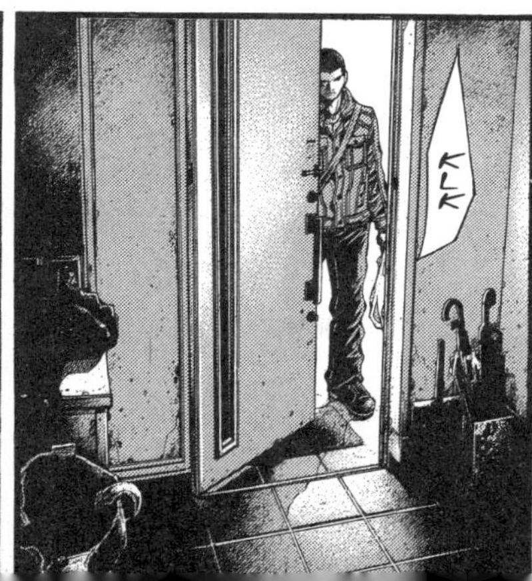
KLK

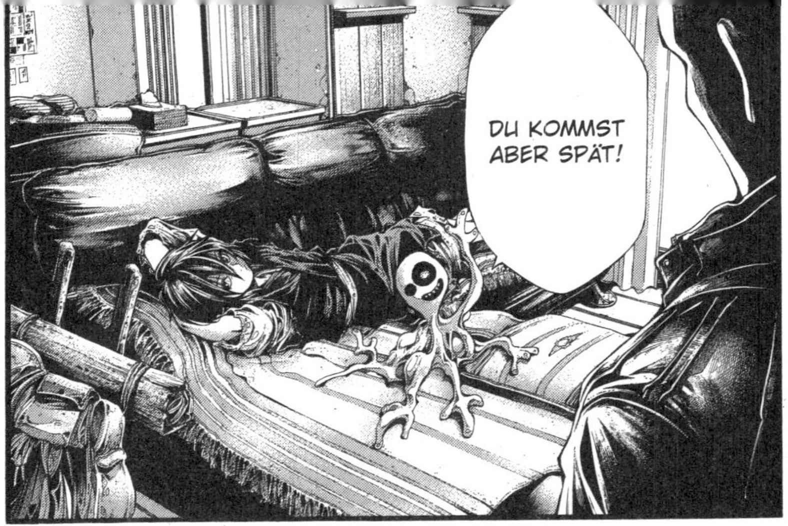
DU KOMMST ABER SPÄT!

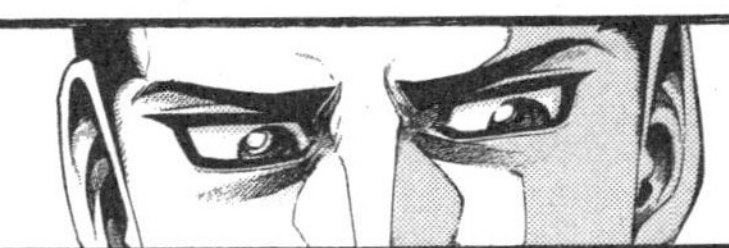

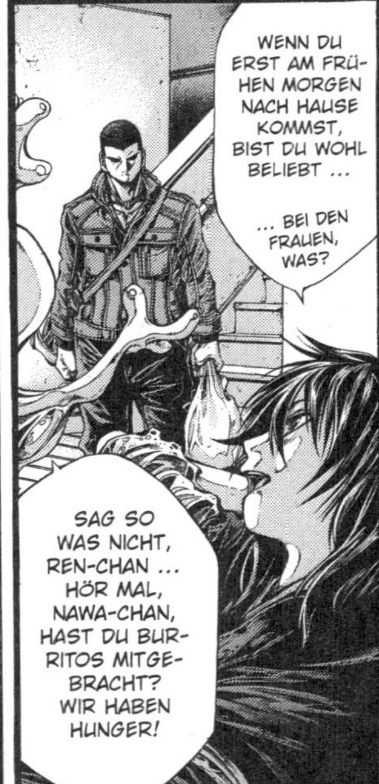
WENN DU ERST AM FRÜHEN MORGEN NACH HAUSE KOMMST, BIST DU WOHL BELIEBT …
… BEI DEN FRAUEN, WAS?
SAG SO WAS NICHT, REN-CHAN … HÖR MAL, NAWA-CHAN, HAST DU BURRITOS MITGEBRACHT? WIR HABEN HUNGER!
RSCHL

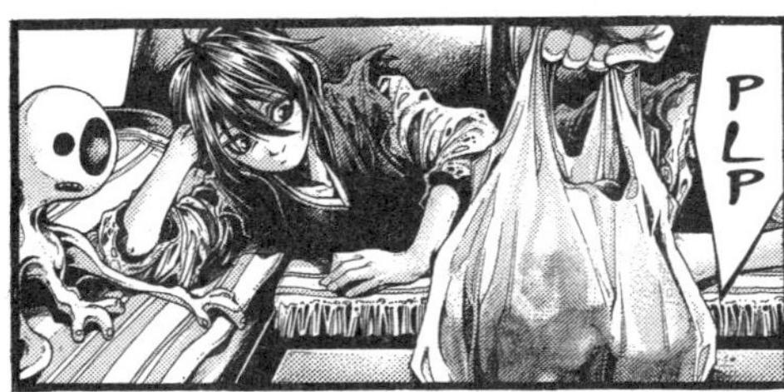
PLP

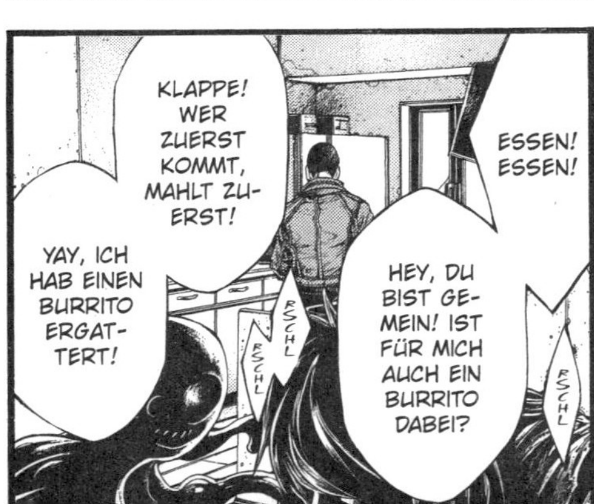
ESSEN! ESSEN!
HEY, DU BIST GEMEIN! IST FÜR MICH AUCH EIN BURRITO DABEI?
KLAPPE! WER ZUERST KOMMT, MAHLT ZUERST!
YAY, ICH HAB EINEN BURRITO ERGATTERT!
RSCHL
RSCHL

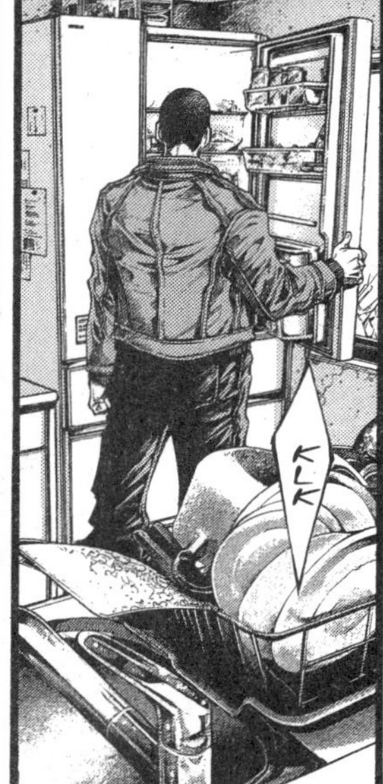
KLK

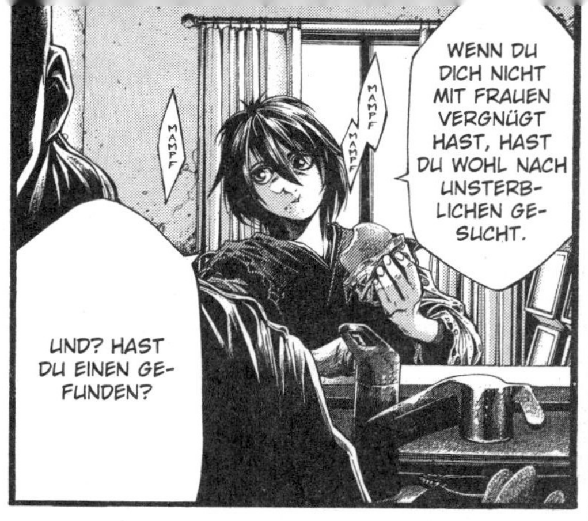
WENN DU DICH NICHT MIT FRAUEN VERGNÜGT HAST, HAST DU WOHL NACH UNSTERB-LICHEN GE-SUCHT.
MAMPF MAMPF
MAMPF
UND? HAST DU EINEN GE-FUNDEN?

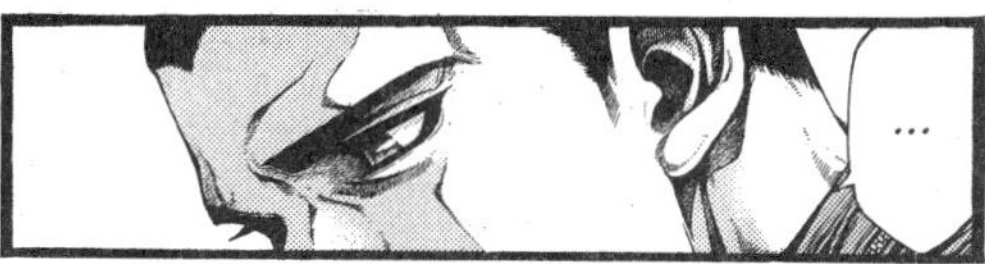
...

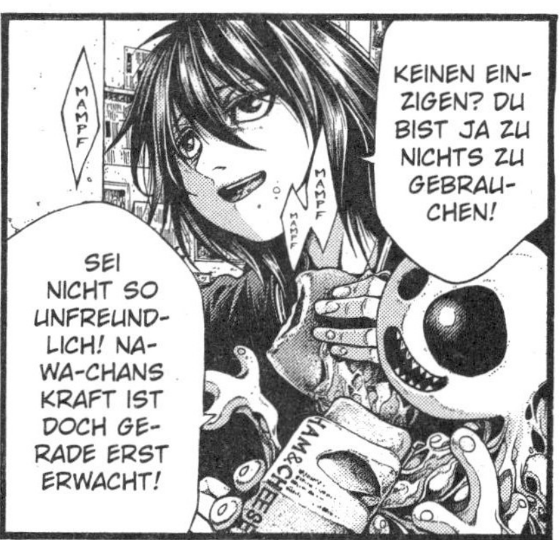
KEINEN EIN-ZIGEN? DU BIST JA ZU NICHTS ZU GEBRAU-CHEN!
MAMPF
MAMPF
SEI NICHT SO UNFREUND-LICH! NA-WA-CHANS KRAFT IST DOCH GE-RADE ERST ERWACHT!
HAM&CHEESE

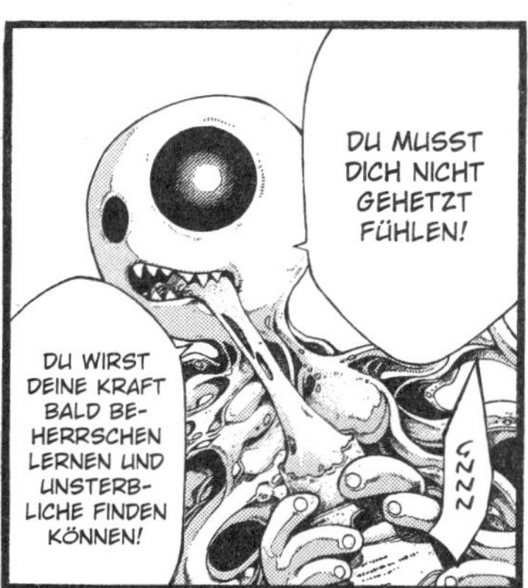
DU MUSST DICH NICHT GEHETZT FÜHLEN!
GNNN
DU WIRST DEINE KRAFT BALD BE-HERRSCHEN LERNEN UND UNSTERB-LICHE FINDEN KÖNNEN!

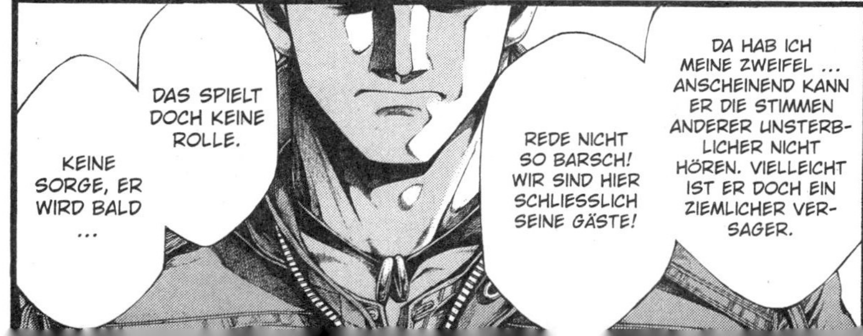
DA HAB ICH MEINE ZWEIFEL ... ANSCHEINEND KANN ER DIE STIMMEN ANDERER UNSTERB-LICHER NICHT HÖREN. VIELLEICHT IST ER DOCH EIN ZIEMLICHER VER-SAGER.
REDE NICHT SO BARSCH! WIR SIND HIER SCHLIESSLICH SEINE GÄSTE!
DAS SPIELT DOCH KEINE ROLLE.
KEINE SORGE, ER WIRD BALD ...

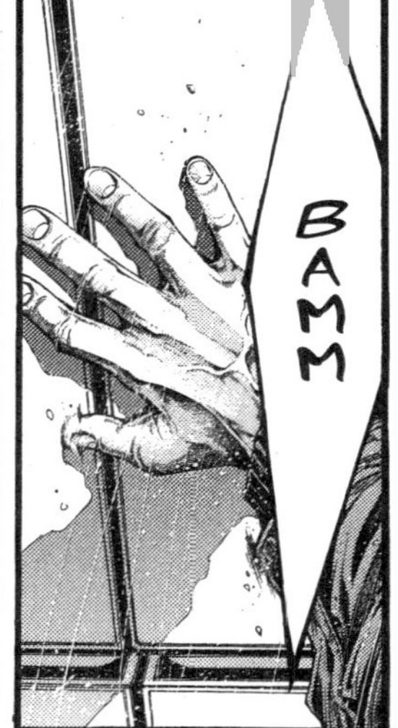
BAMM

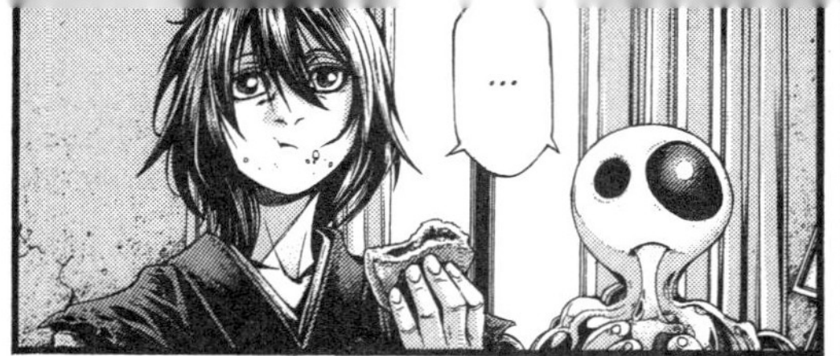
…

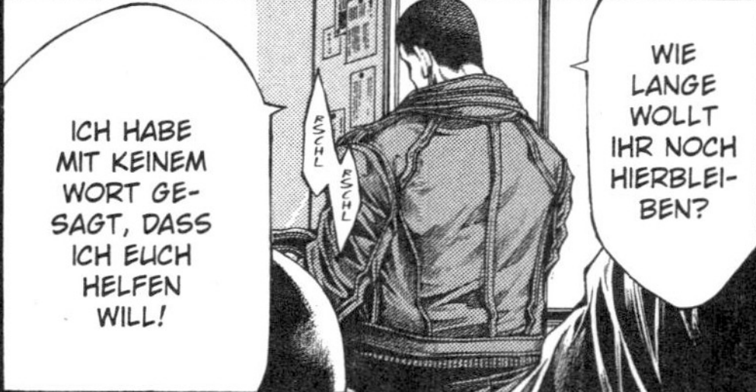
WIE LANGE WOLLT IHR NOCH HIERBLEI-BEN?
RSCHL RSCHL
ICH HABE MIT KEINEM WORT GE-SAGT, DASS ICH EUCH HELFEN WILL!

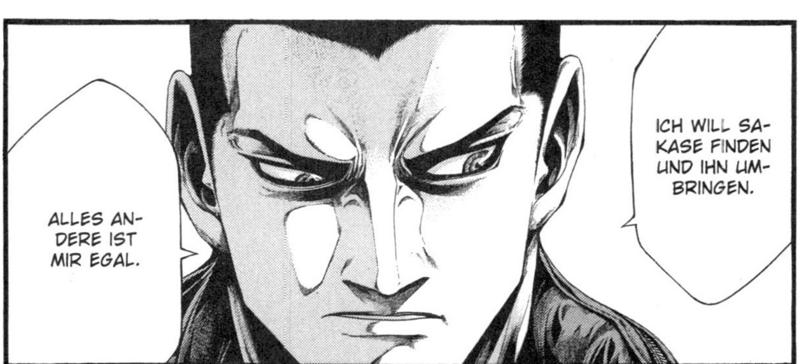
ICH WILL SA-KASE FINDEN UND IHN UM-BRINGEN.
ALLES AN-DERE IST MIR EGAL.

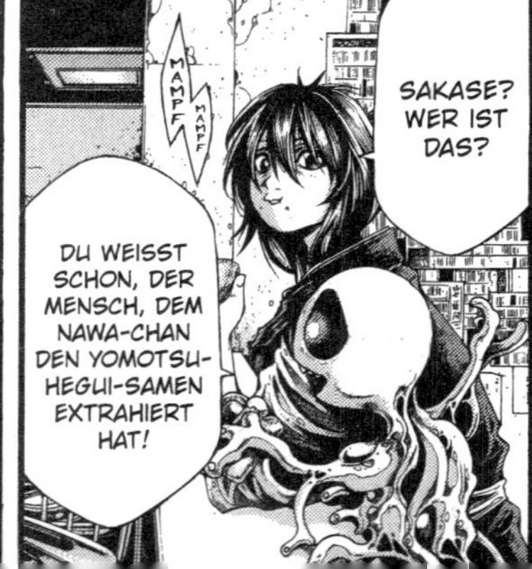
SAKASE? WER IST DAS?
MAMPF MAMPF
DU WEISST SCHON, DER MENSCH, DEM NAWA-CHAN DEN YOMOTSU-HEGUI-SAMEN EXTRAHIERT HAT!

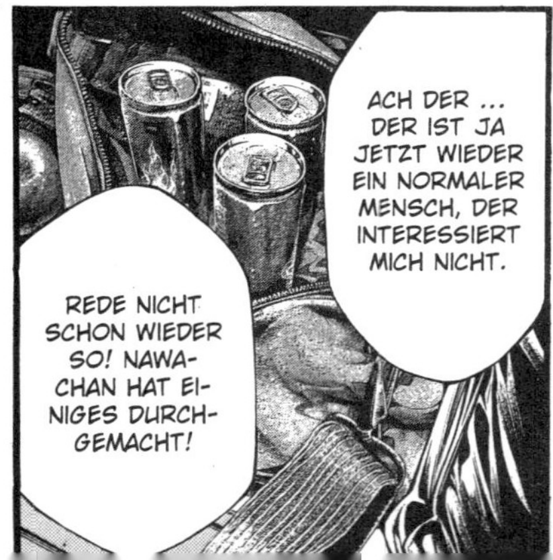
ACH DER … DER IST JA JETZT WIEDER EIN NORMALER MENSCH, DER INTERESSIERT MICH NICHT.
REDE NICHT SCHON WIEDER SO! NAWA-CHAN HAT EI-NIGES DURCH-GEMACHT!

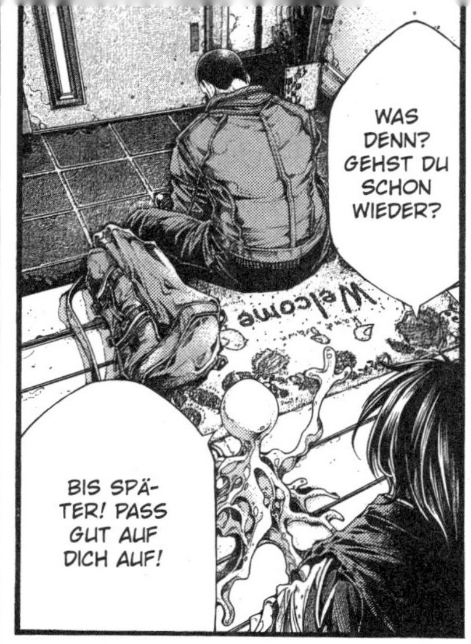
WAS DENN? GEHST DU SCHON WIEDER?
Welcome
BIS SPÄTER! PASS GUT AUF DICH AUF!

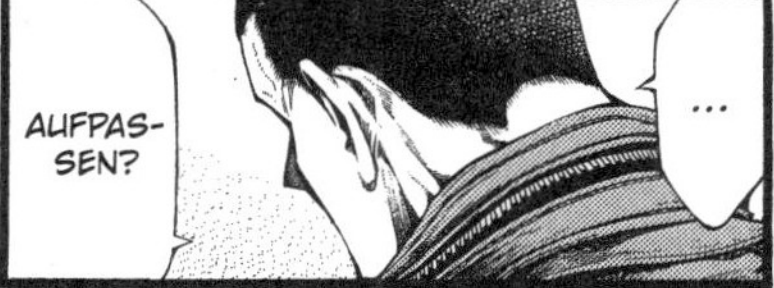
...
AUFPASSEN?

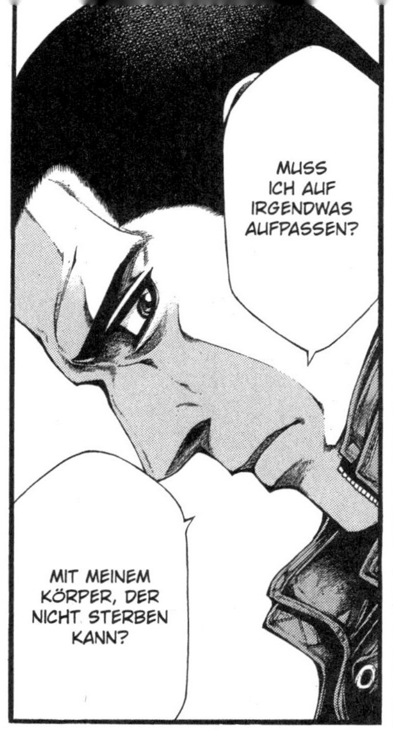
MUSS ICH AUF IRGENDWAS AUFPASSEN?
MIT MEINEM KÖRPER, DER NICHT STERBEN KANN?

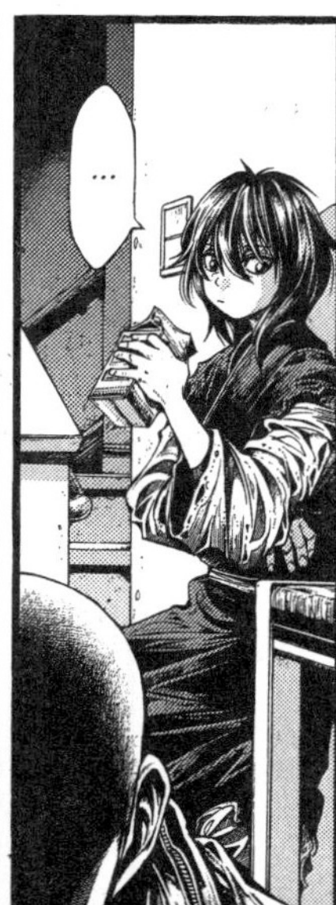
...

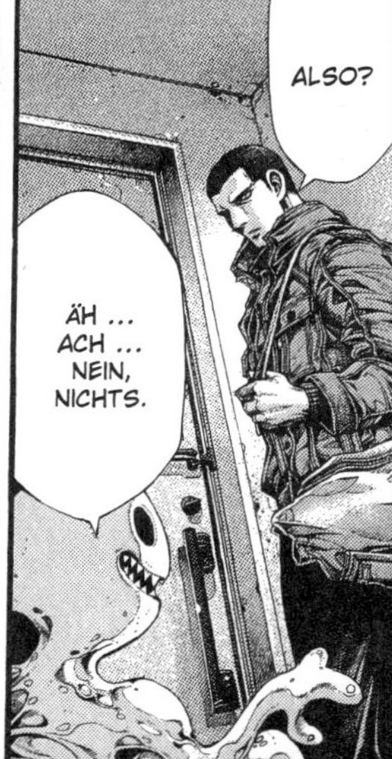
ALSO?
ÄH ... ACH ... NEIN, NICHTS.

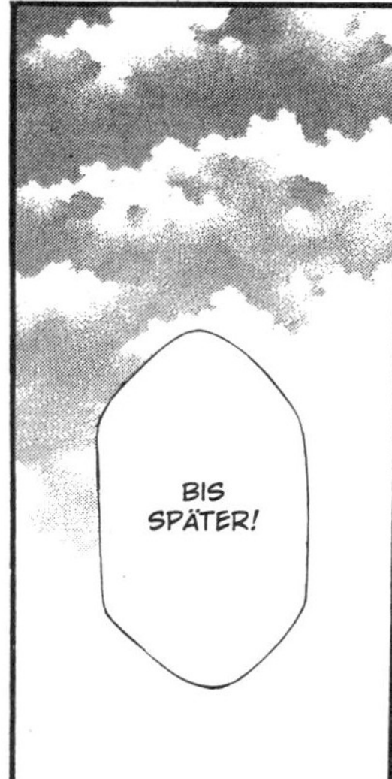
BIS SPÄTER!

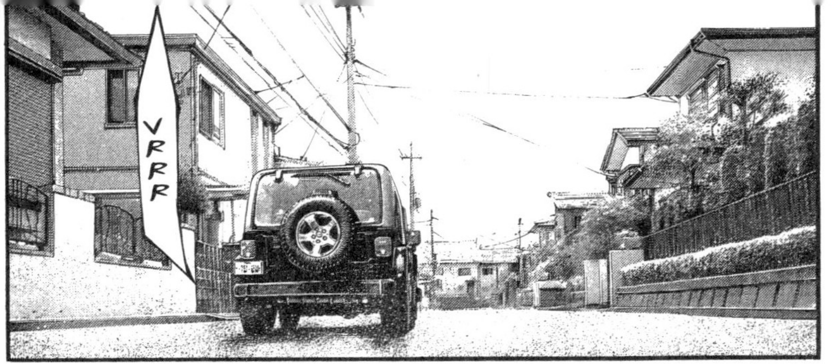
VRRR

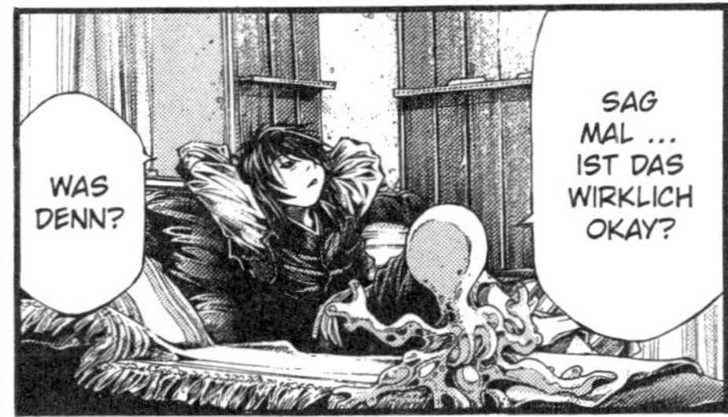
SAG MAL ... IST DAS WIRKLICH OKAY?
WAS DENN?

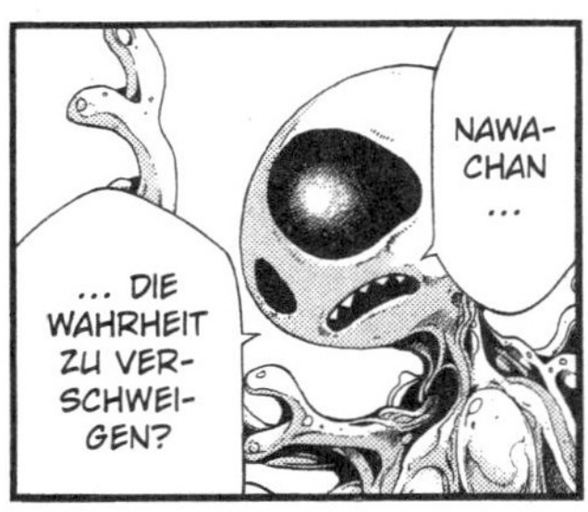
NAWA-CHAN ...
... DIE WAHRHEIT ZU VER-SCHWEI-GEN?

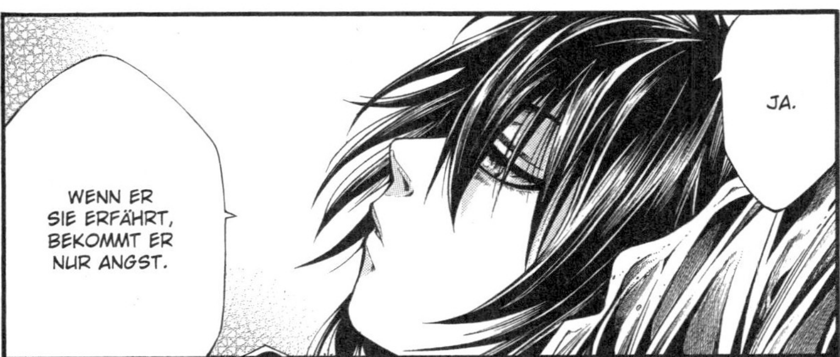
JA.
WENN ER SIE ERFÄHRT, BEKOMMT ER NUR ANGST.

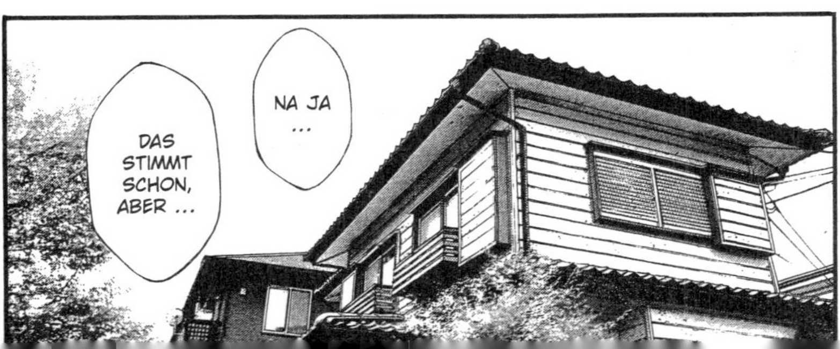
NA JA ...
DAS STIMMT SCHON, ABER ...

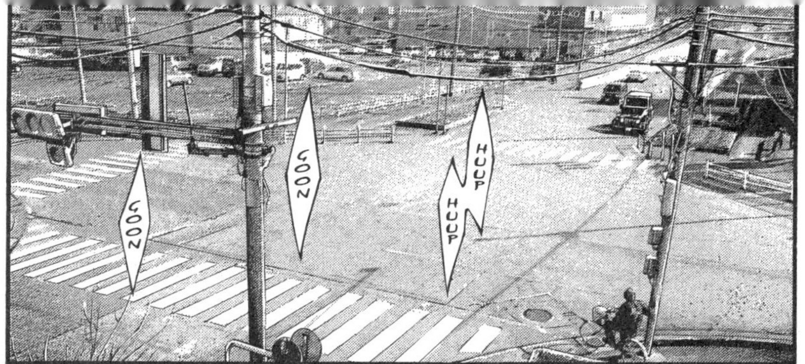
HUUP
HUUP
GOON
GOON

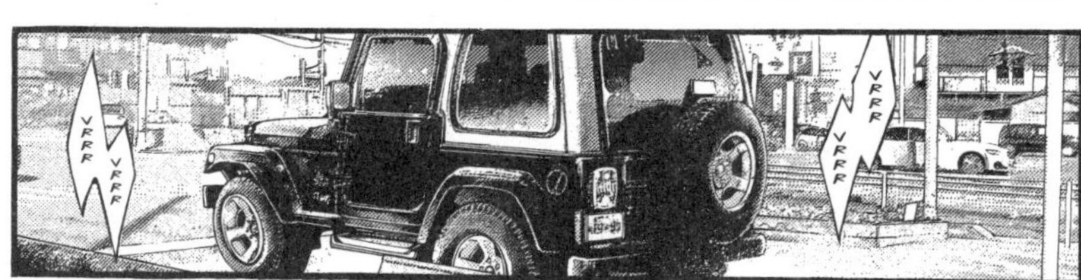
VRRR
VRRR
VRRR
VRRR

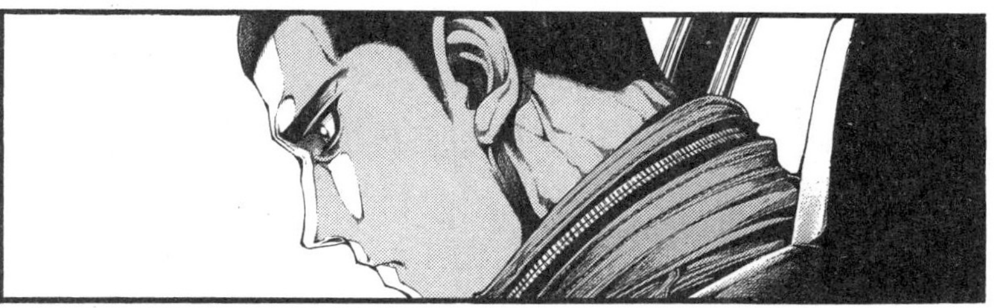

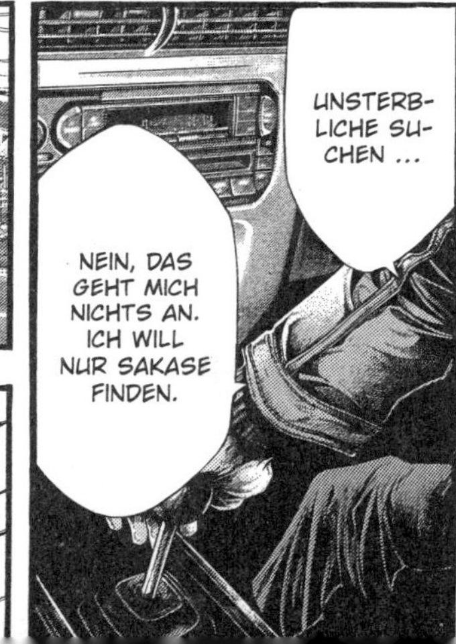
UNSTERB-LICHE SU-CHEN …
NEIN, DAS GEHT MICH NICHTS AN. ICH WILL NUR SAKASE FINDEN.

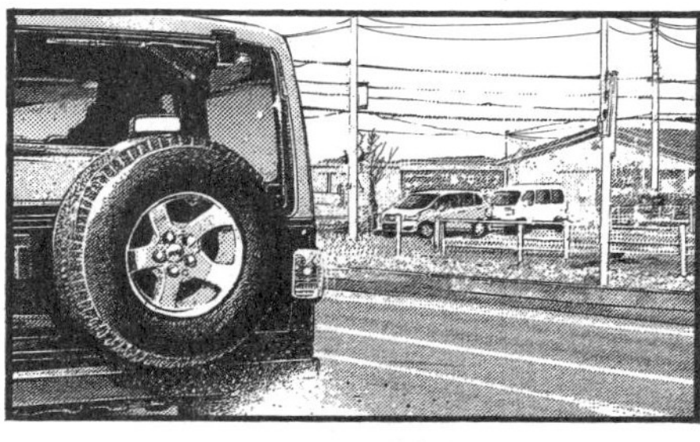

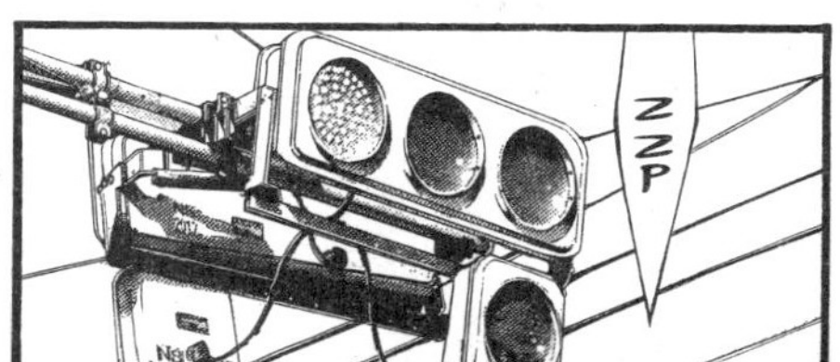
ZZP

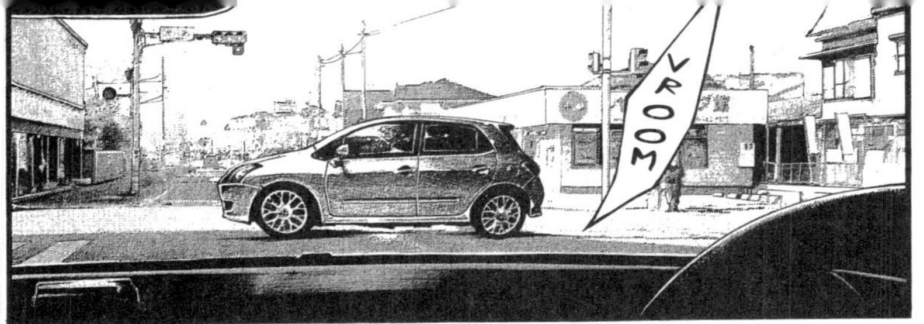
VROOM
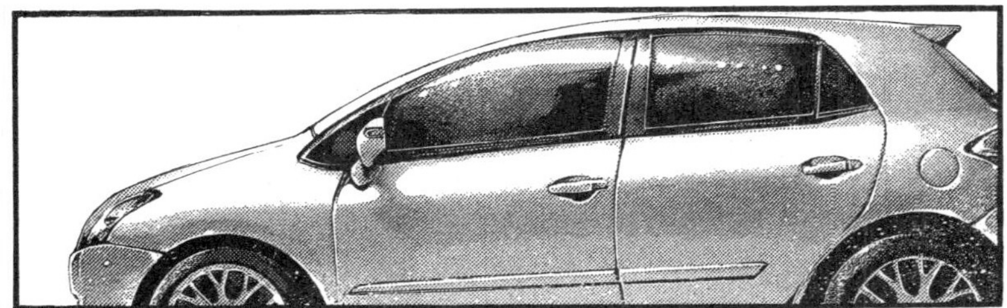

HILFE ...
...
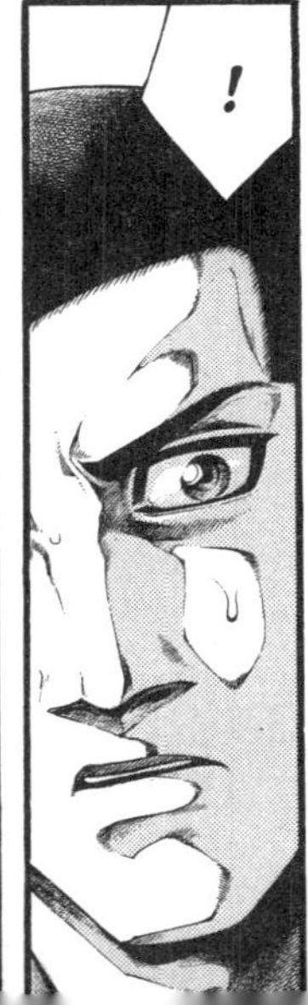
!
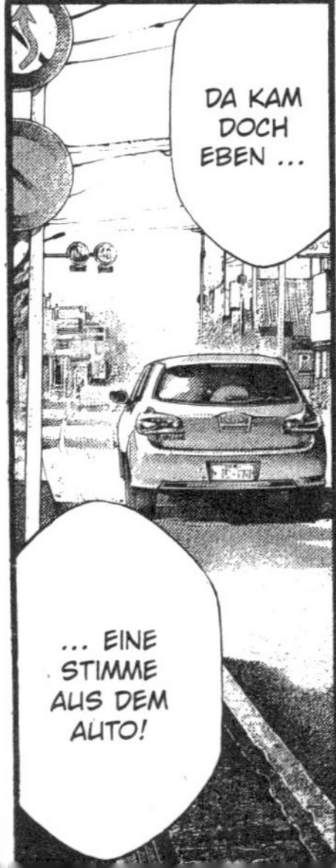
DA KAM DOCH EBEN ...
... EINE STIMME AUS DEM AUTO!
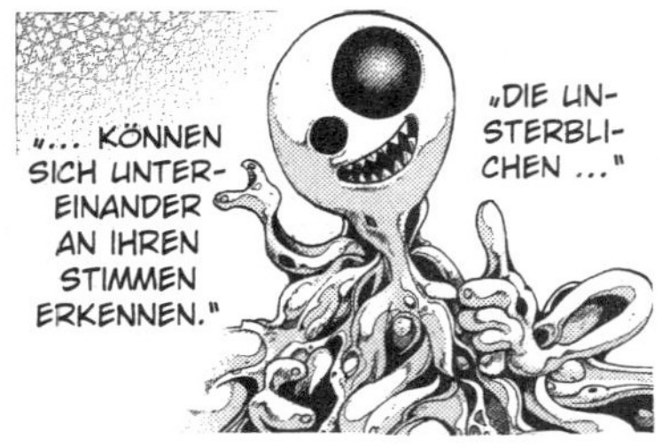
„DIE UNSTERBLICHEN ..."
„... KÖNNEN SICH UNTEREINANDER AN IHREN STIMMEN ERKENNEN."
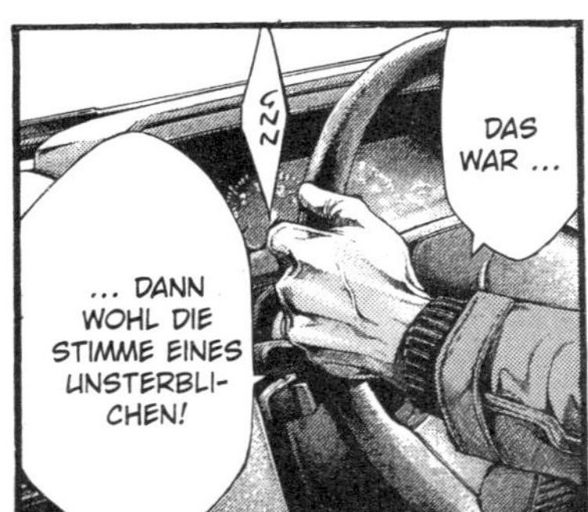
GNN
DAS WAR ...
... DANN WOHL DIE STIMME EINES UNSTERBLICHEN!

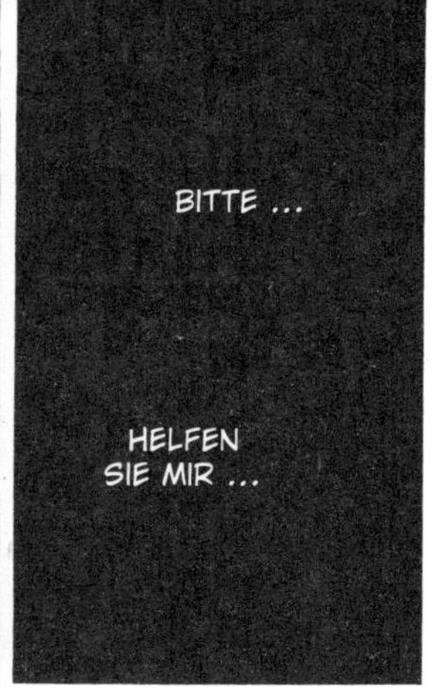
BITTE ...
HELFEN SIE MIR ...

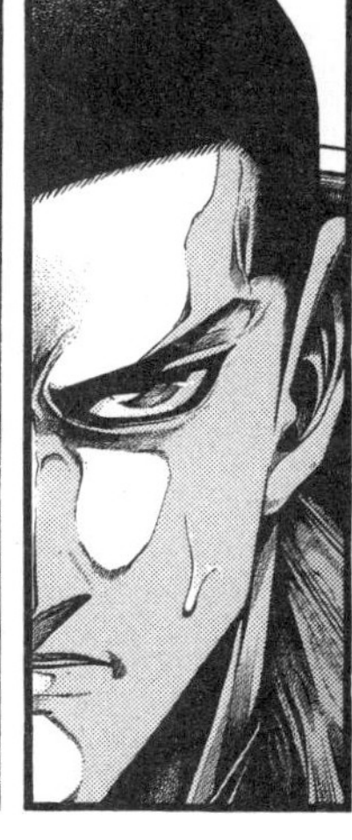

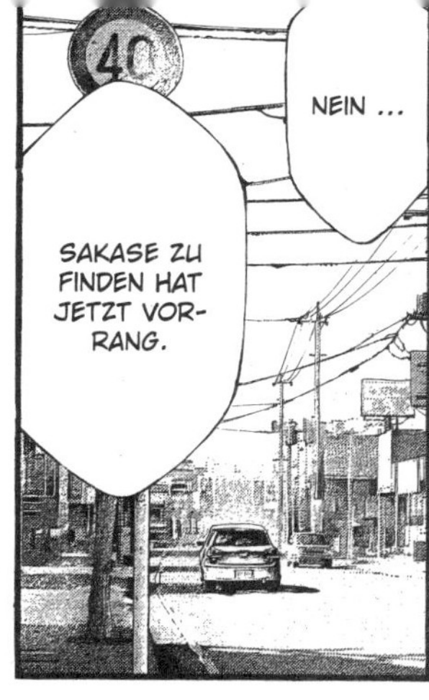
NEIN ...
SAKASE ZU FINDEN HAT JETZT VORRANG.

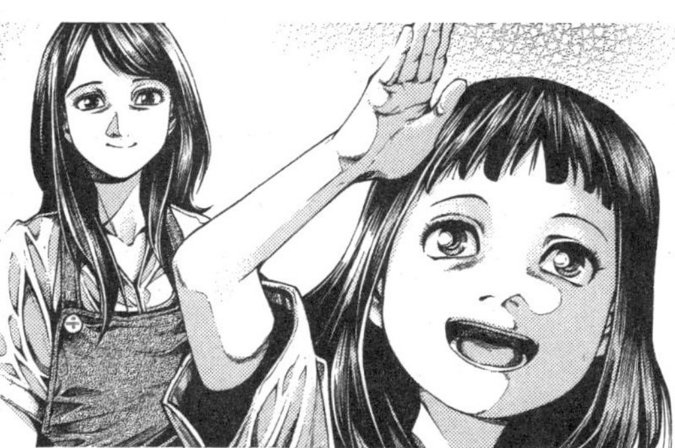
„PAPA IST ..."

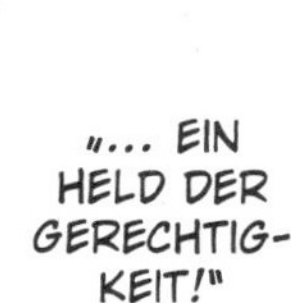
„... EIN HELD DER GERECHTIGKEIT!"

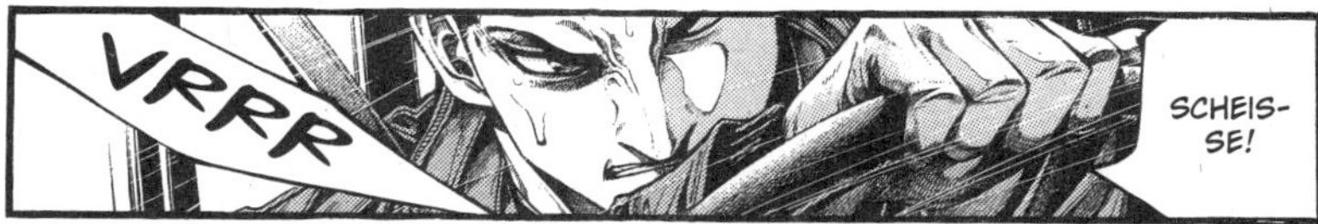
SCHEISSE!
VRRR

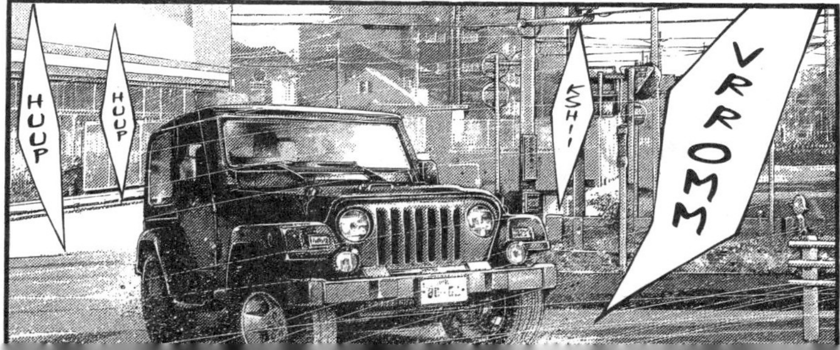
VRROMM
KSH!
HUUP
HUUP

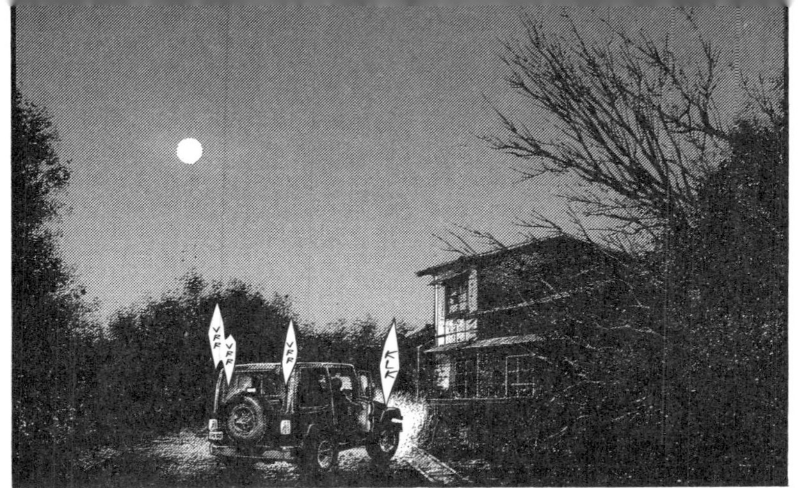
VRR
VRR
VRR
KLK

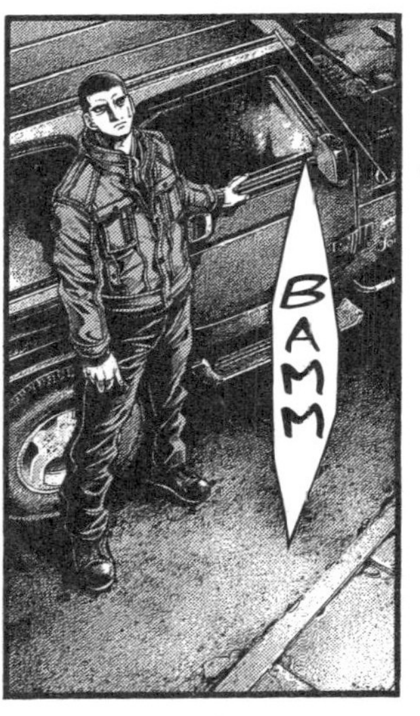
BAMM

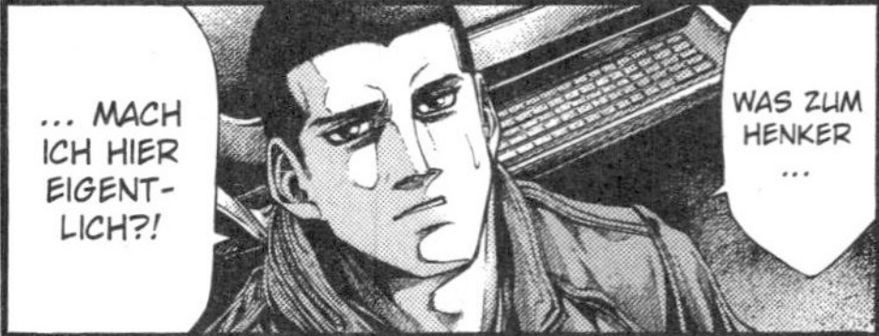
WAS ZUM HENKER ...
... MACH ICH HIER EIGENT-LICH?!

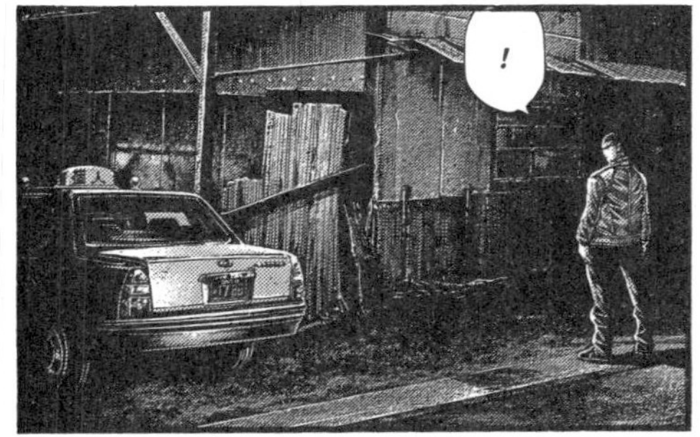
!

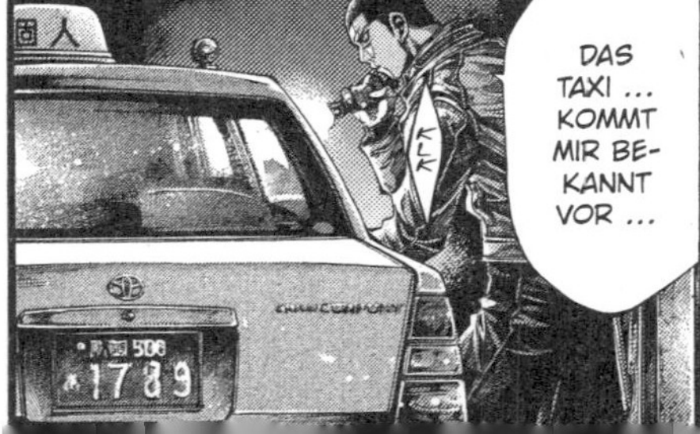
KLK
DAS TAXI ... KOMMT MIR BE-KANNT VOR ...

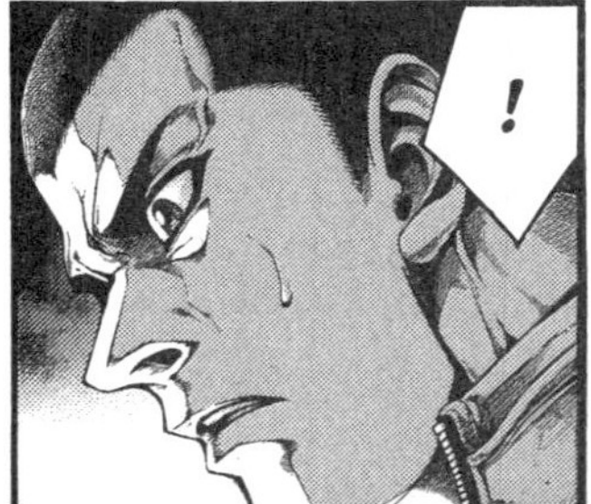
!

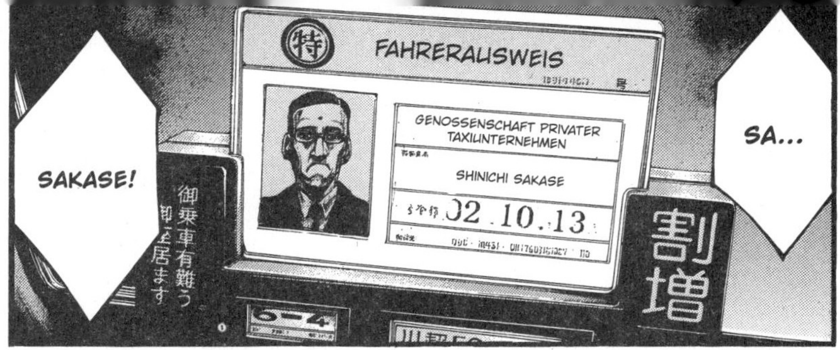
SA...
FAHRERAUSWEIS
GENOSSENSCHAFT PRIVATER TAXIUNTERNEHMEN
SHINICHI SAKASE
02.10.13
割増
御乗車有難う御座居ます
SAKASE!

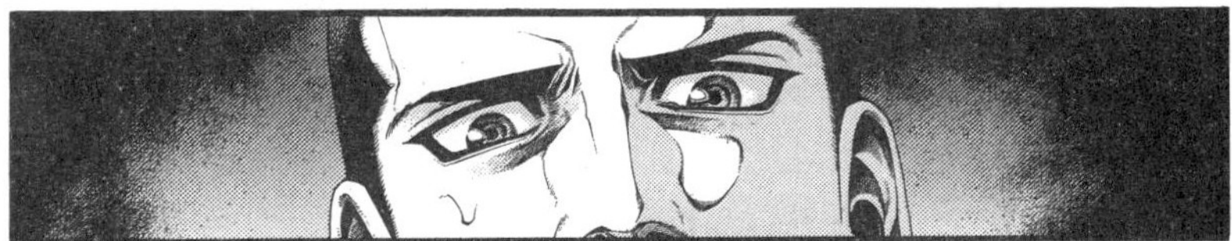

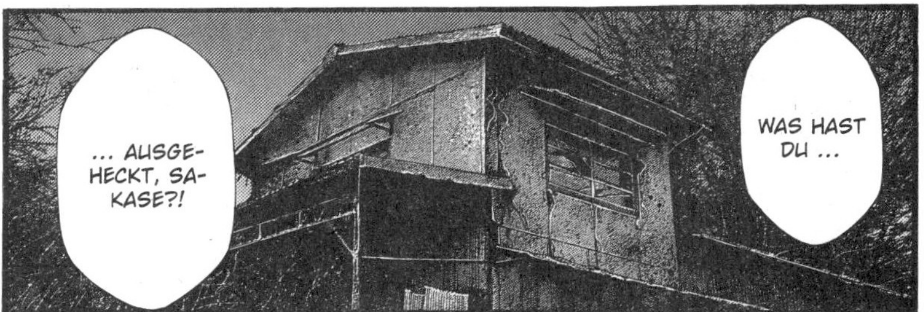
WAS HAST DU ...
... AUSGE-HECKT, SA-KASE?!

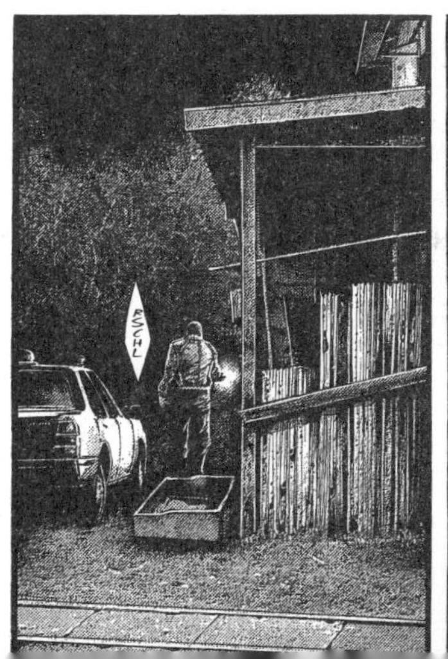
RSCHL

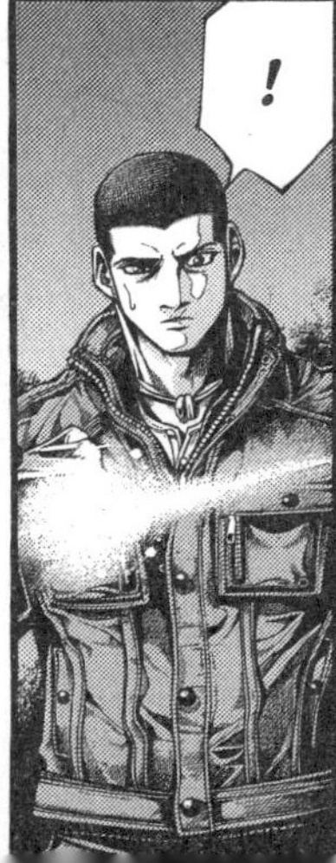
!

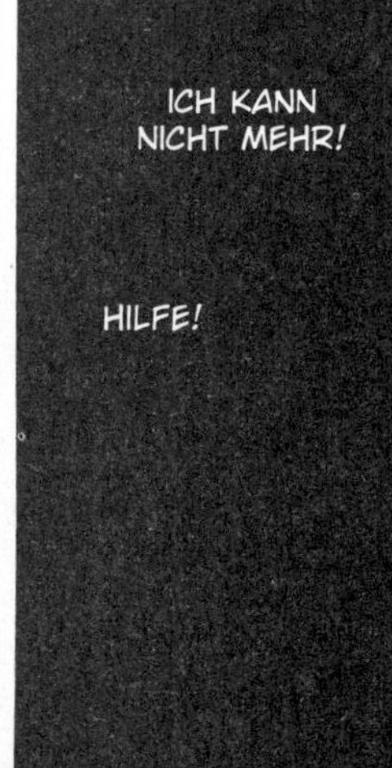
ICH KANN NICHT MEHR!
HILFE!

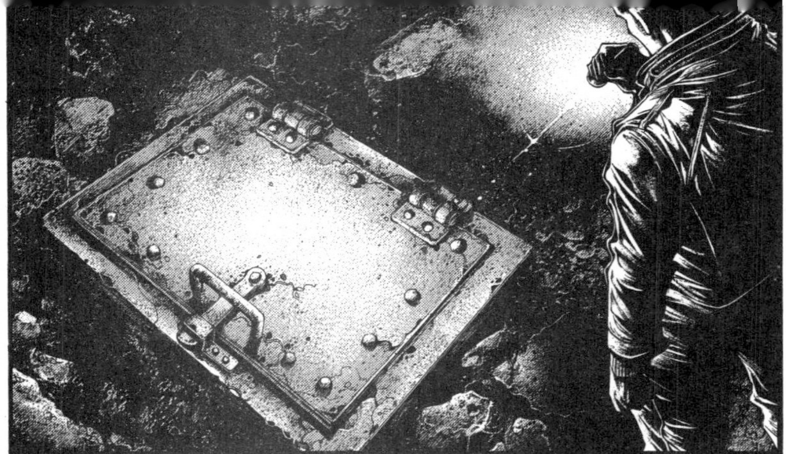

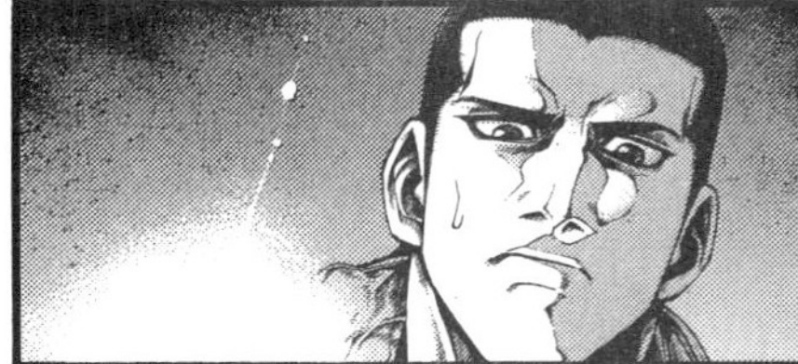

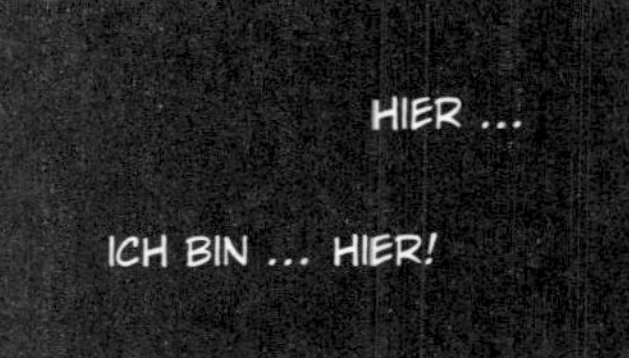
HIER ...
ICH BIN ... HIER!

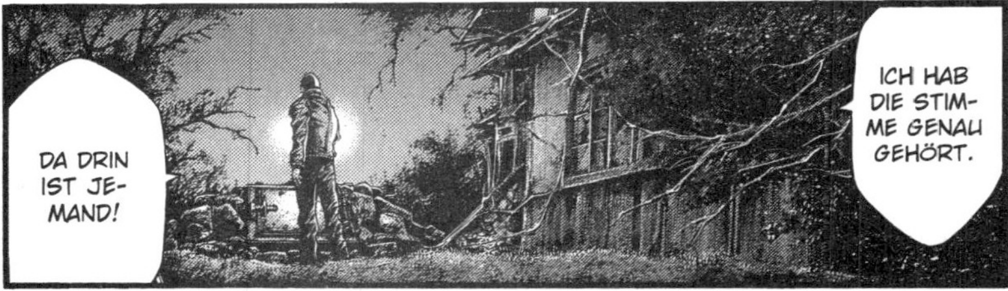
ICH HAB DIE STIM-ME GENAU GEHÖRT.
DA DRIN IST JE-MAND!

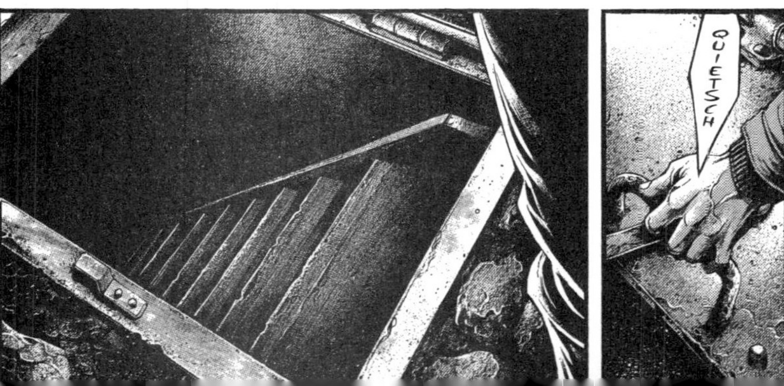
QUIETSCH

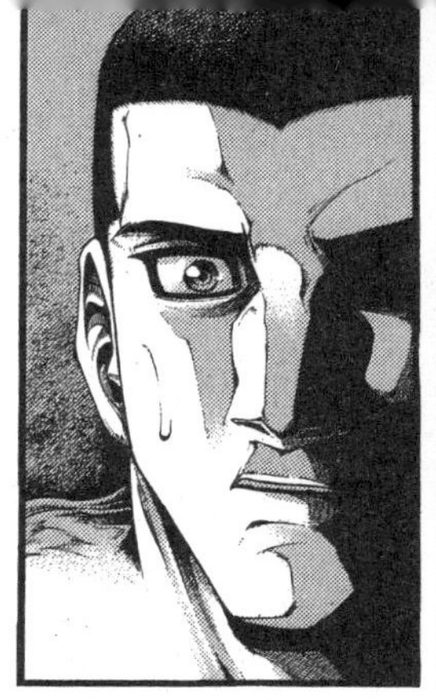
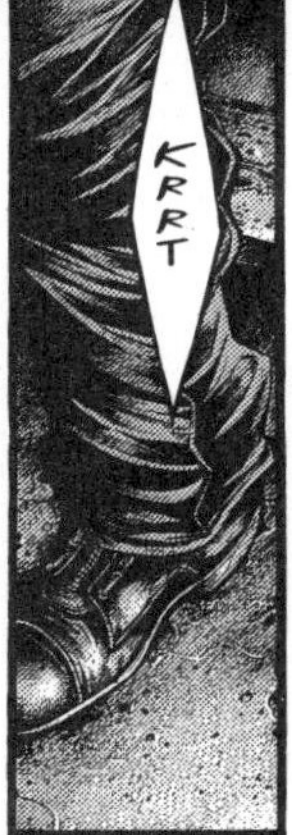
KRRT
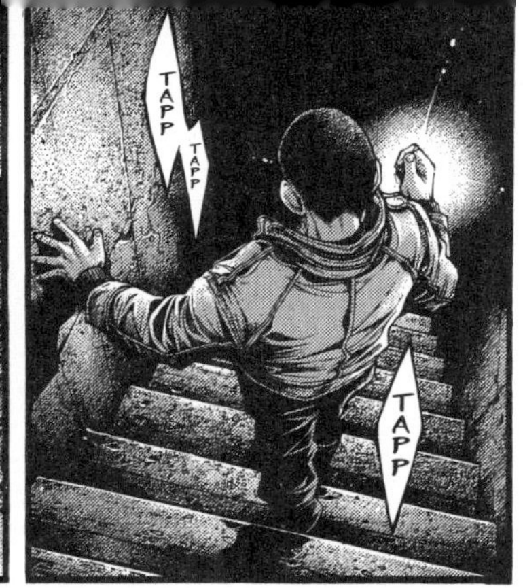
TAPP
TAPP
TAPP
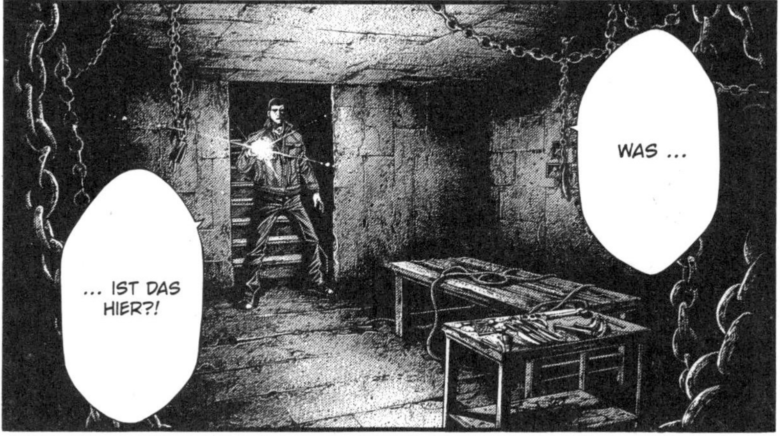
WAS ...
... IST DAS HIER?!
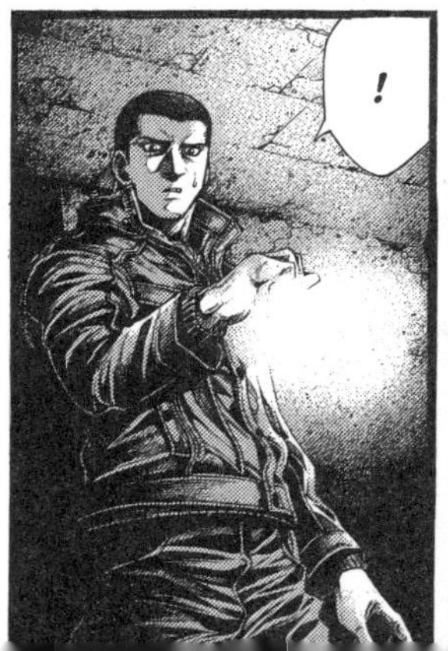
!
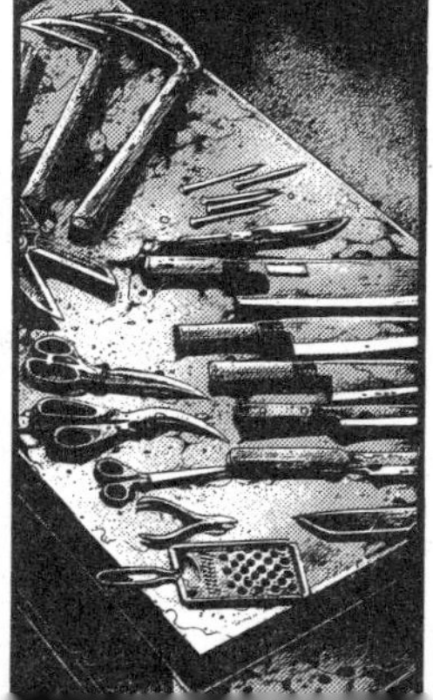
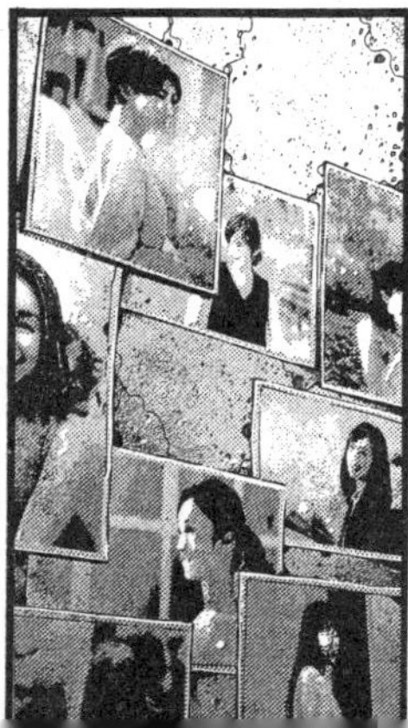

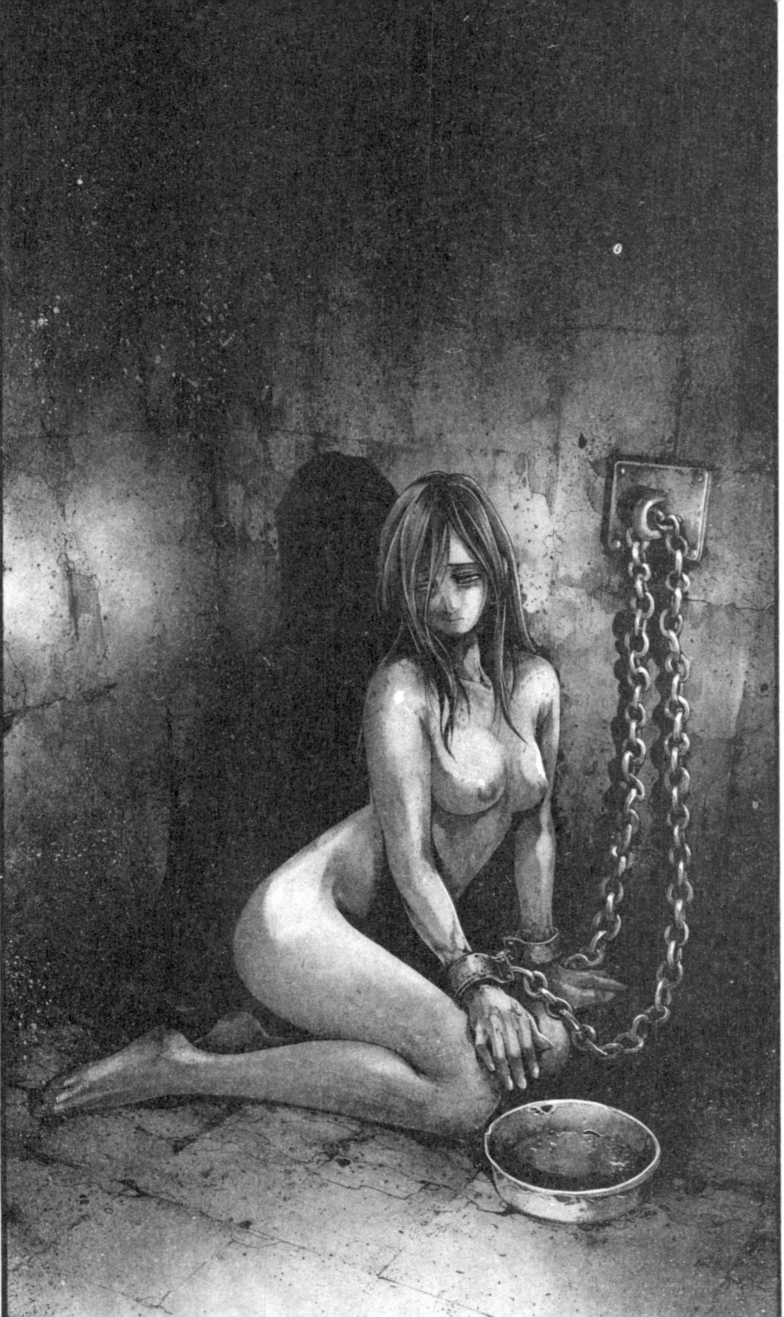

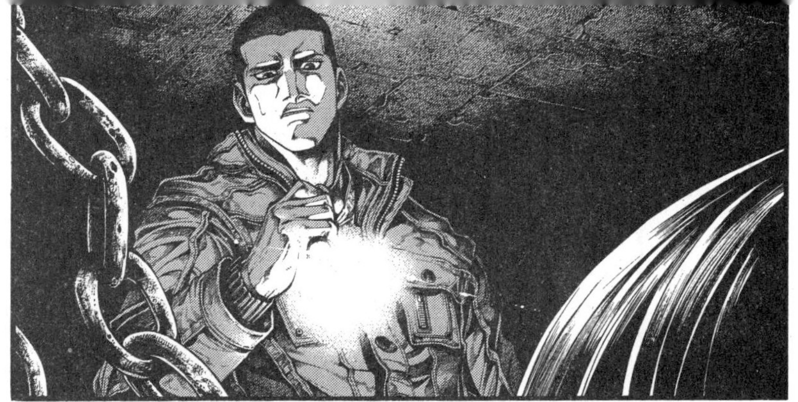

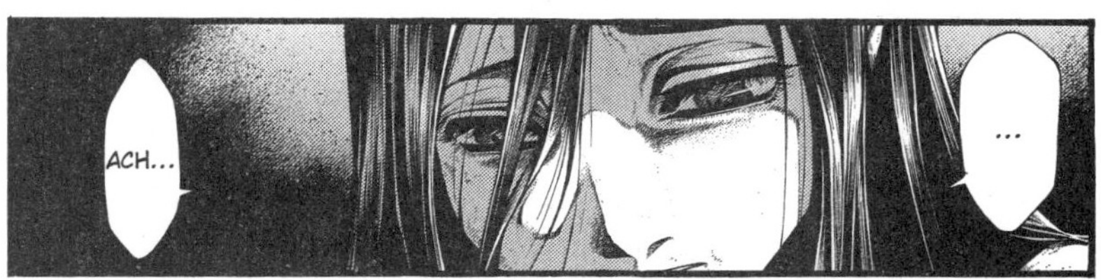
…
ACH…

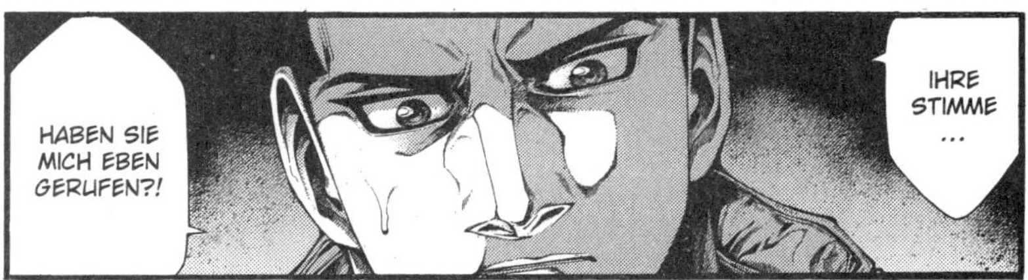
IHRE STIMME …
HABEN SIE MICH EBEN GERUFEN?!

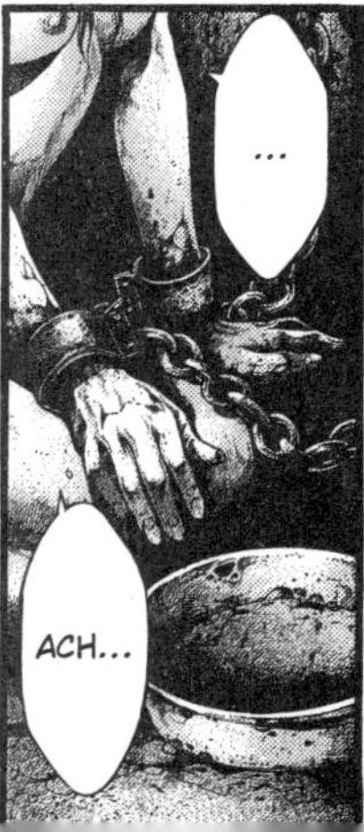
…
ACH…

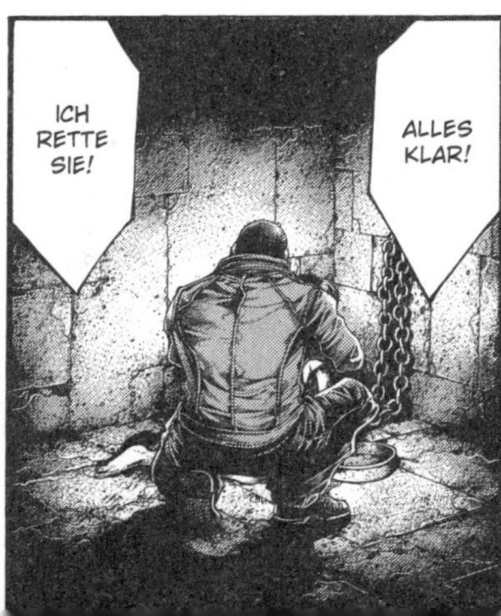
ALLES KLAR!
ICH RETTE SIE!

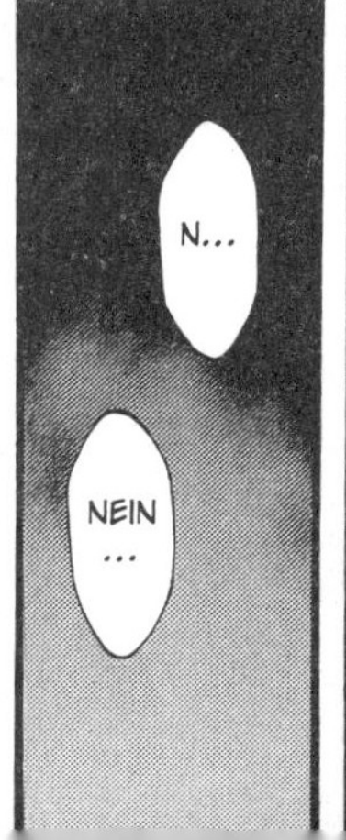
N…
NEIN …

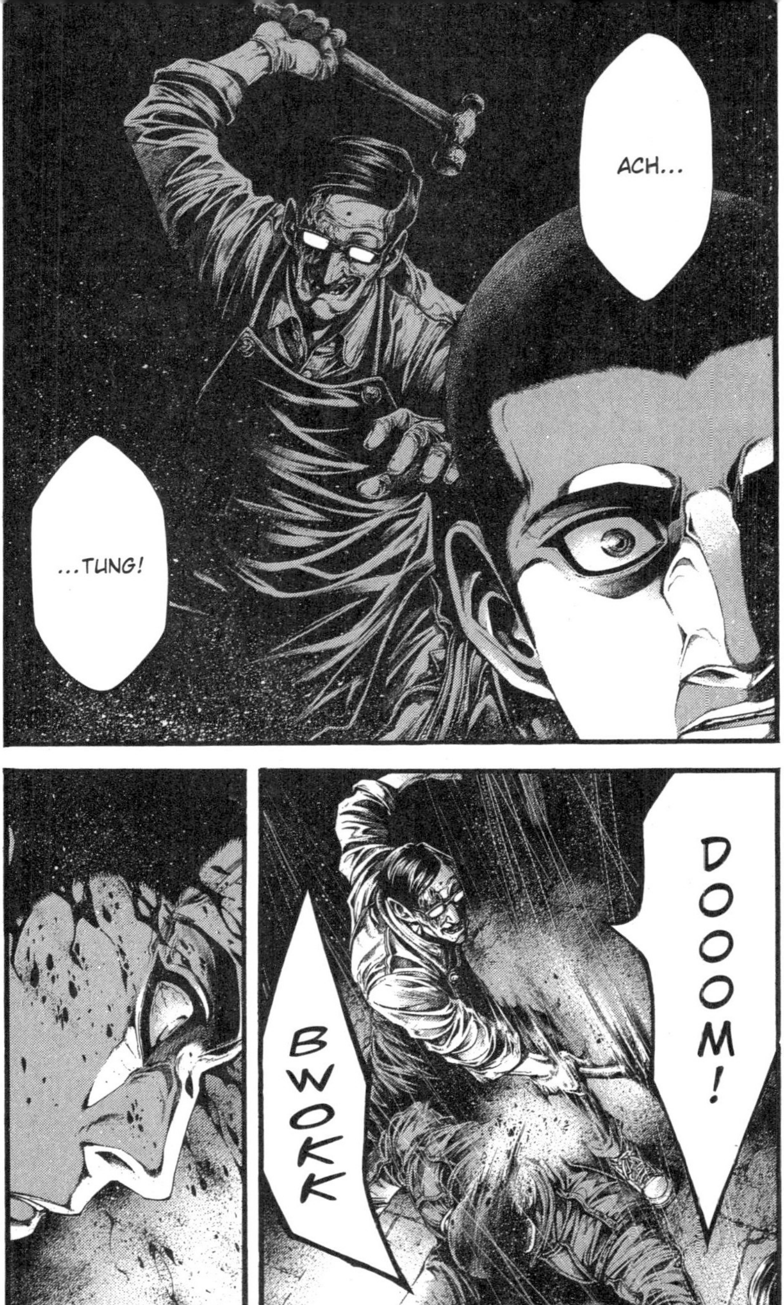

ACH...

...TUNG!

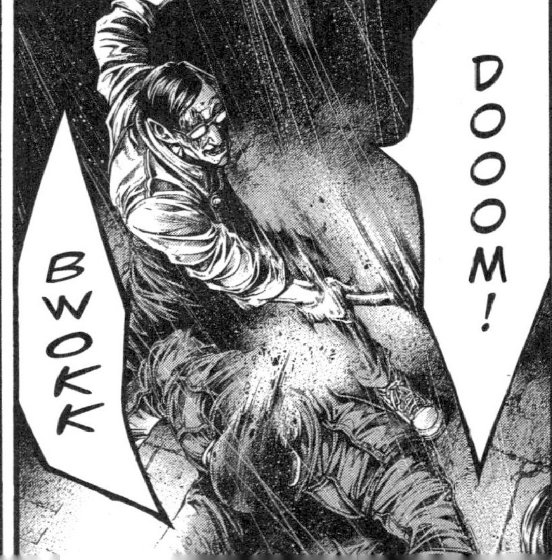

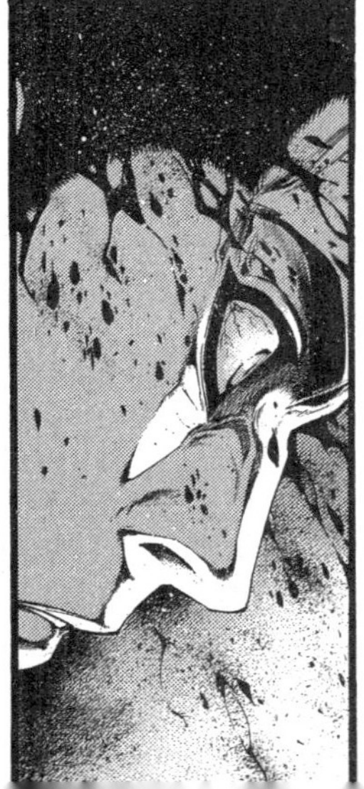

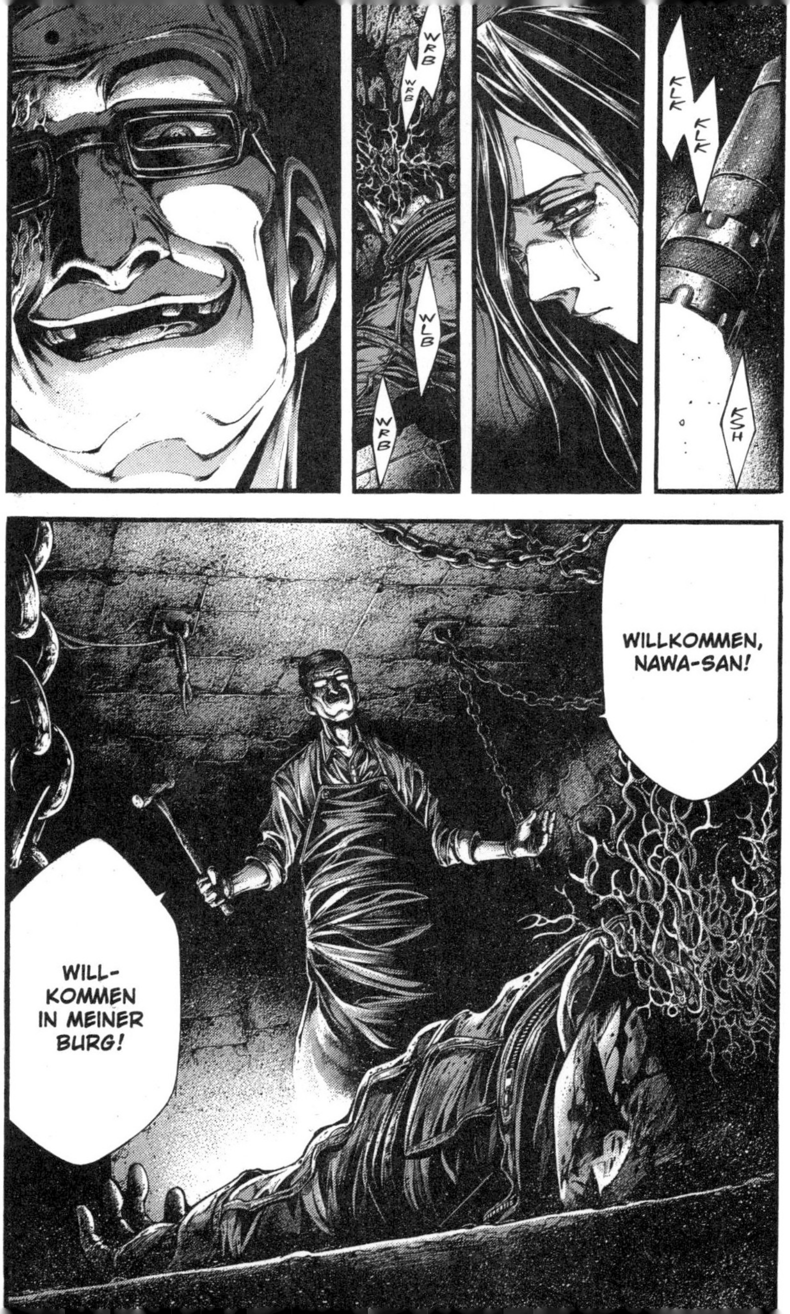

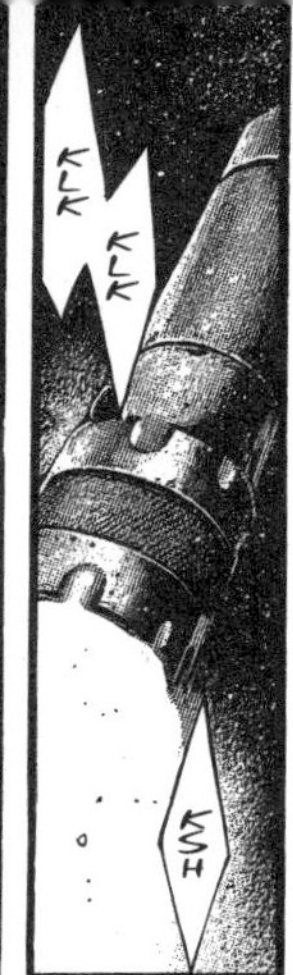

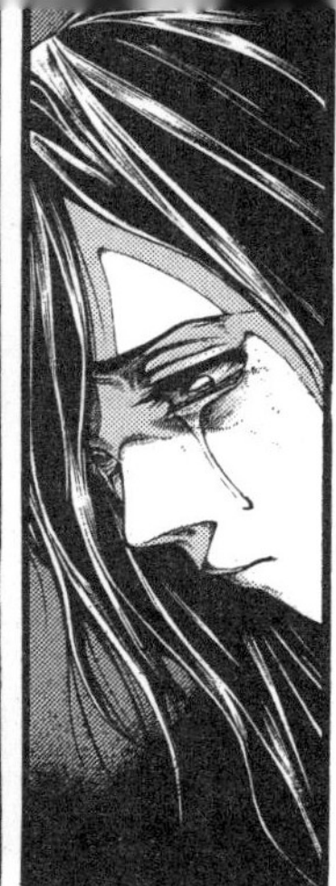

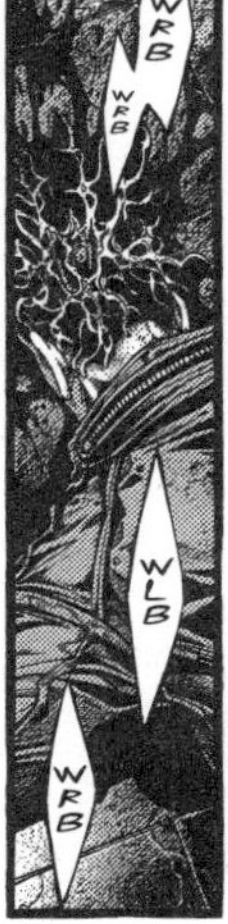

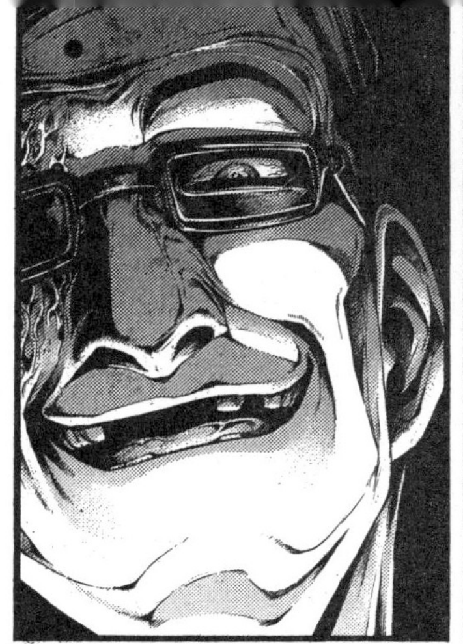

WILLKOMMEN, NAWA-SAN!

WILLKOMMEN IN MEINER BURG!

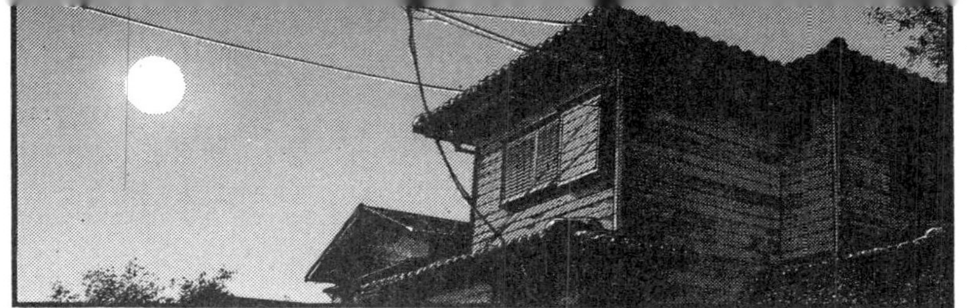

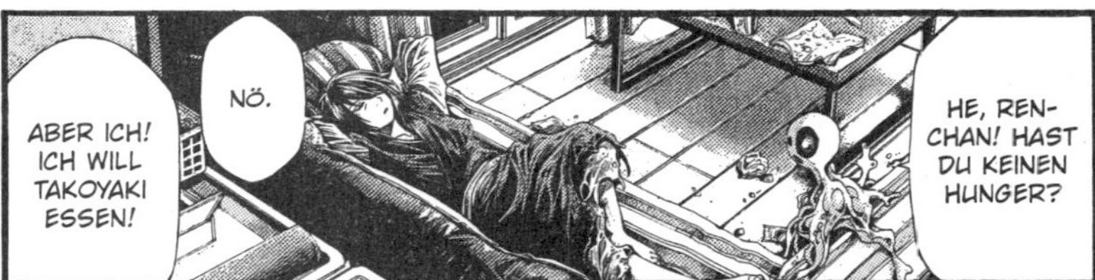
HE, REN-CHAN! HAST DU KEINEN HUNGER?
NÖ.
ABER ICH! ICH WILL TAKOYAKI ESSEN!

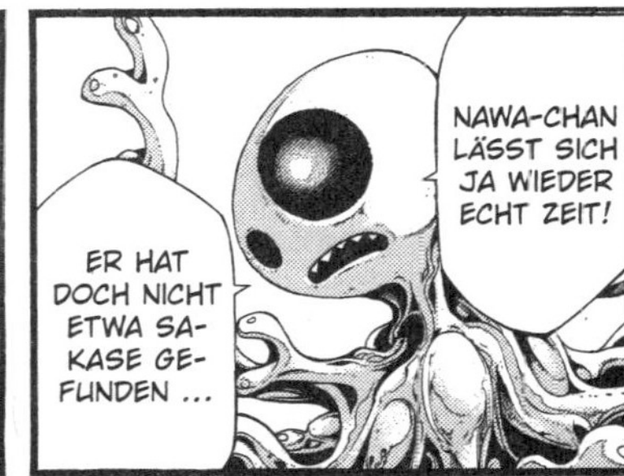
NAWA-CHAN LÄSST SICH JA WIEDER ECHT ZEIT!
ER HAT DOCH NICHT ETWA SAKASE GEFUNDEN …

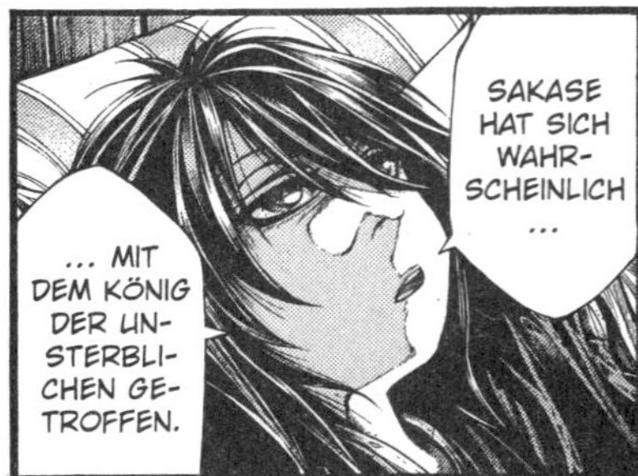
SAKASE HAT SICH WAHRSCHEINLICH …
… MIT DEM KÖNIG DER UNSTERBLICHEN GETROFFEN.

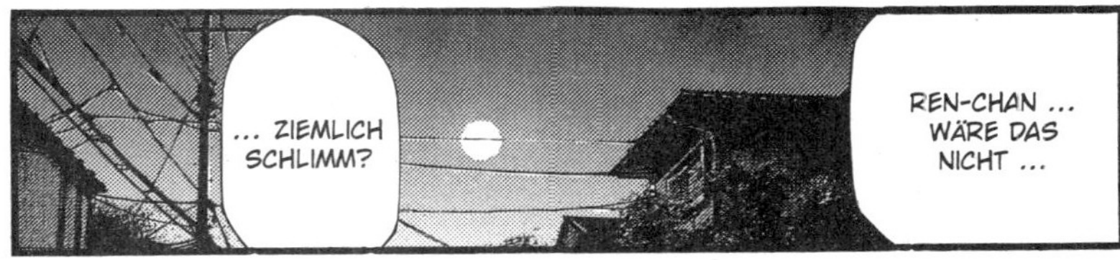
REN-CHAN … WÄRE DAS NICHT …
… ZIEMLICH SCHLIMM?

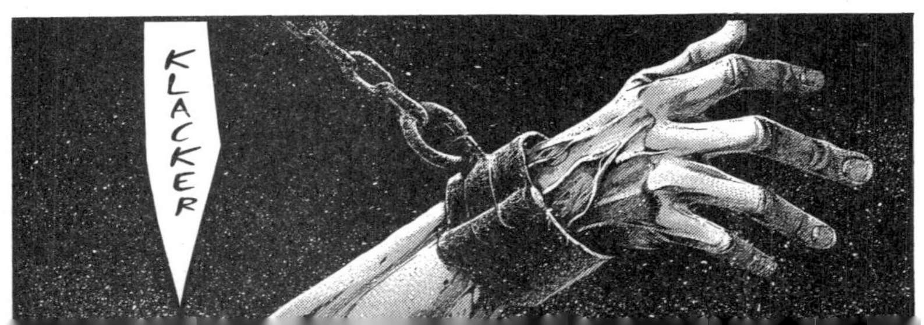
KLACKER

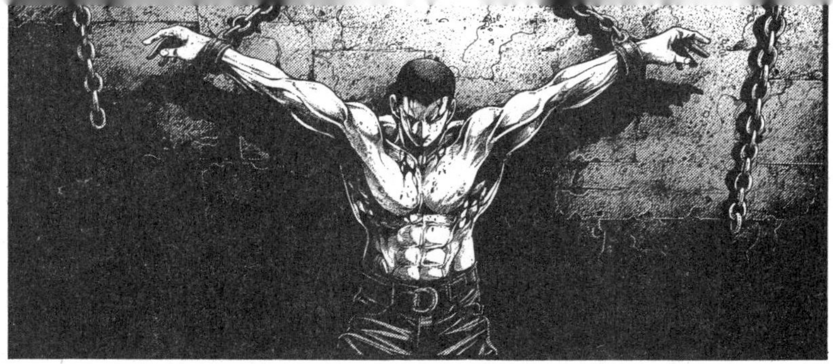

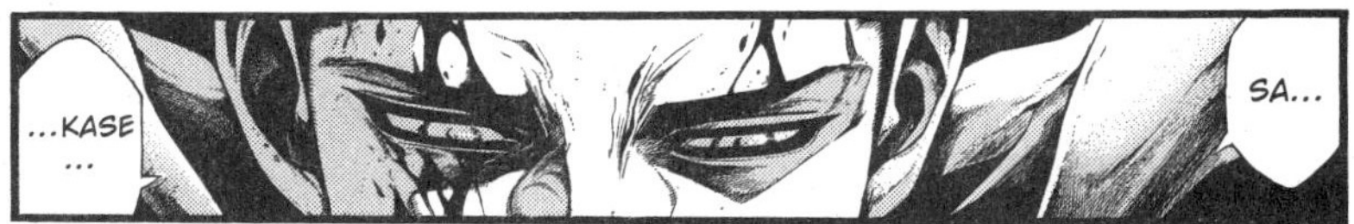
SA...
...KASE ...

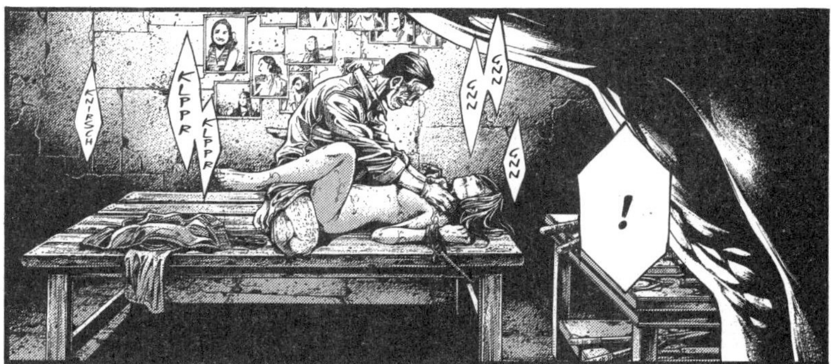
!
GNN
GNN
GNN
KLPPR
KLPPR
KNIRSCH

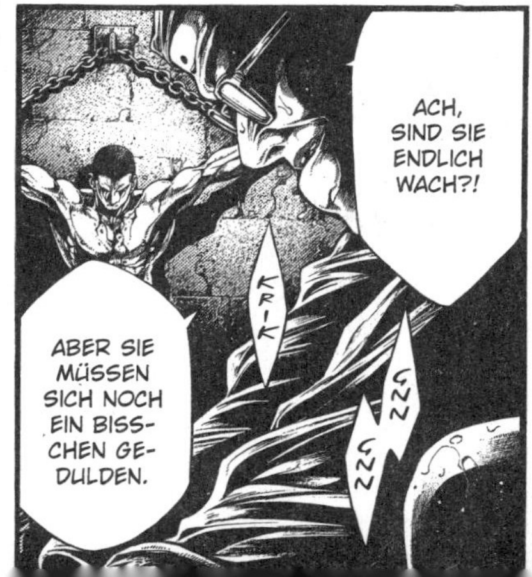
ACH, SIND SIE ENDLICH WACH?!
KRIK
ABER SIE MÜSSEN SICH NOCH EIN BISS-CHEN GE-DULDEN.
GNN
GNN

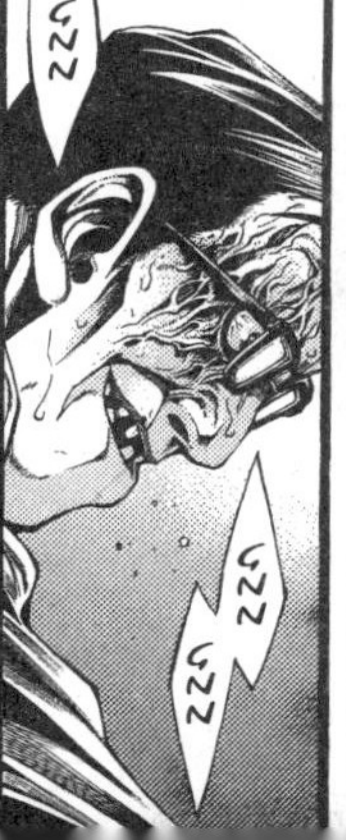
GNN
GNN
GNN

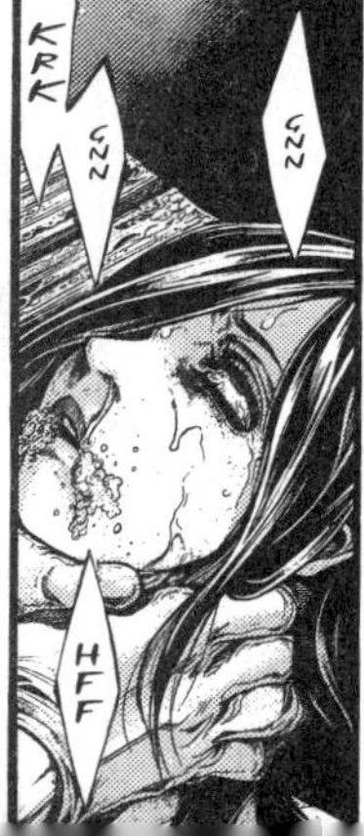
GNN
KRK
GNN
HFF

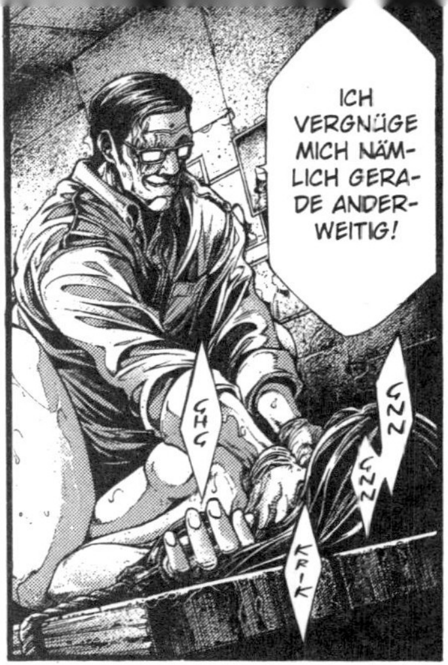
ICH VERGNÜGE MICH NÄMLICH GERADE ANDERWEITIG!
GNN
GNN
GHG
KRIK

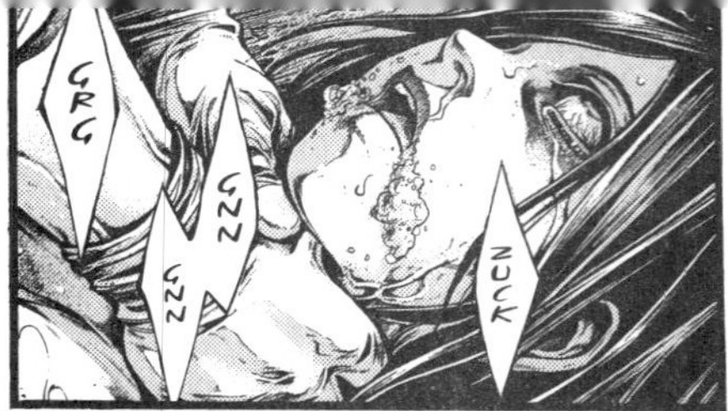
ZUCK
GNN
GNN
GRG

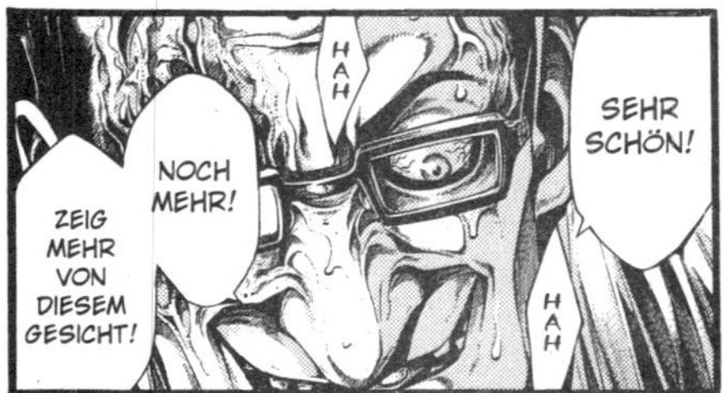
HAH
SEHR SCHÖN!
NOCH MEHR!
ZEIG MEHR VON DIESEM GESICHT!
HAH

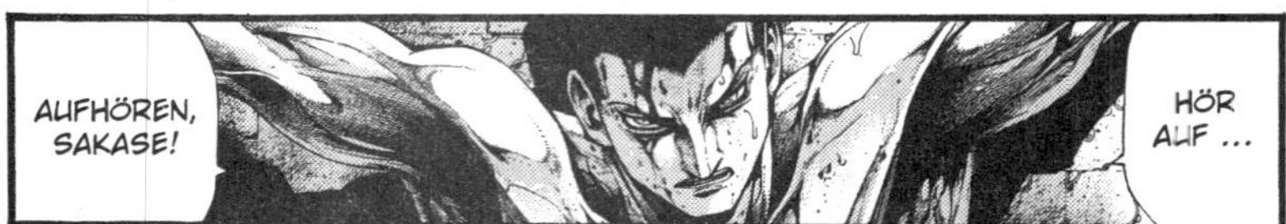
HÖR AUF ...
AUFHÖREN, SAKASE!

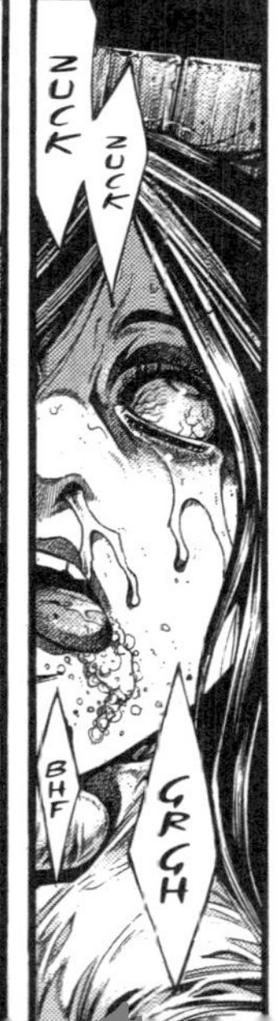
ZUCK
ZUCK
BHF
GRGH

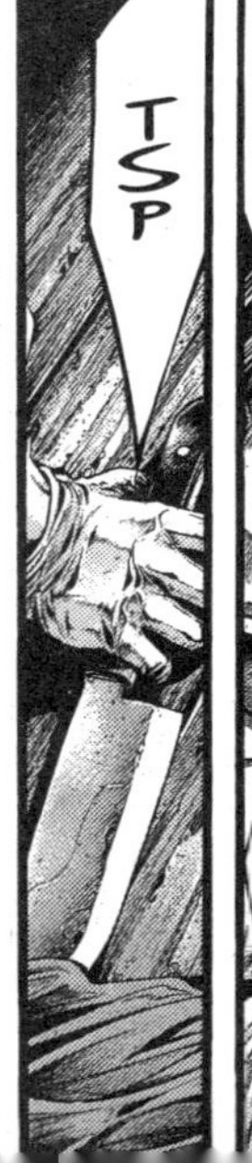
TSP

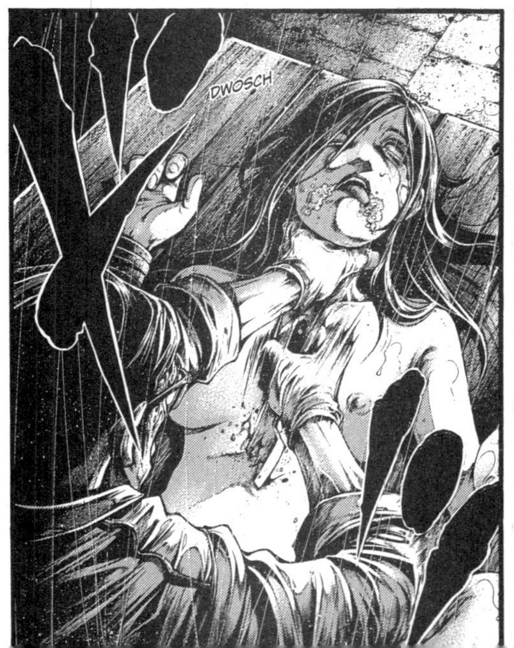
DWOSCH

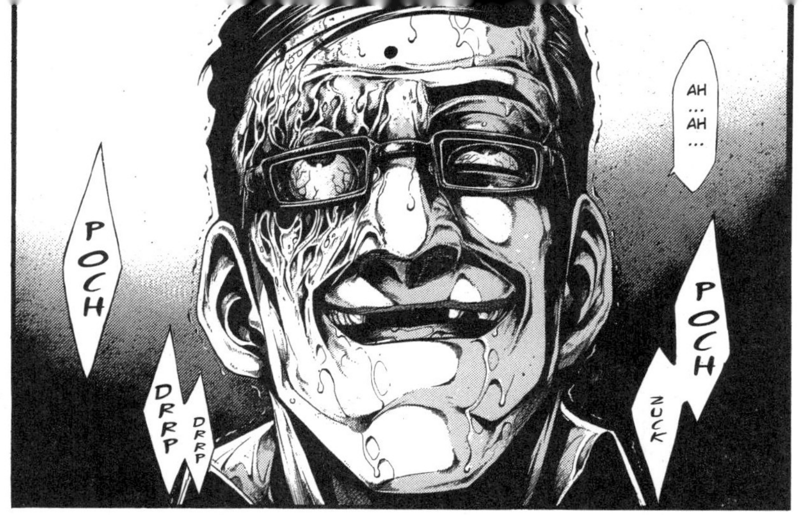
AH ... AH ...
POCH
POCH
ZUCK
DRRP
DRRP

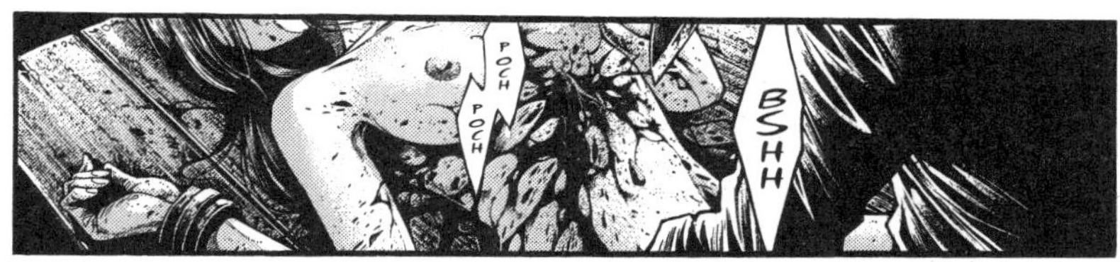
BSHH
POCH
POCH

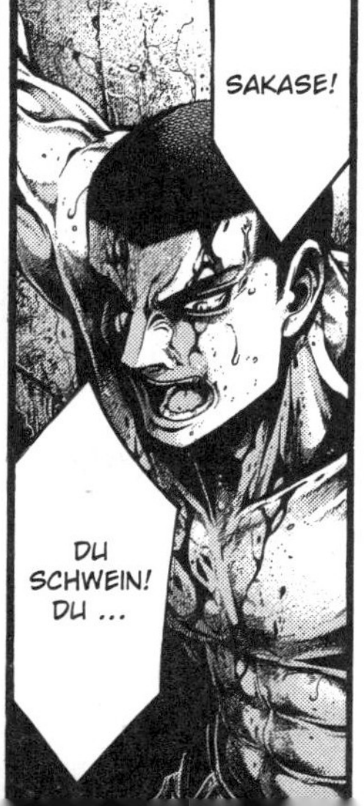
SAKASE!

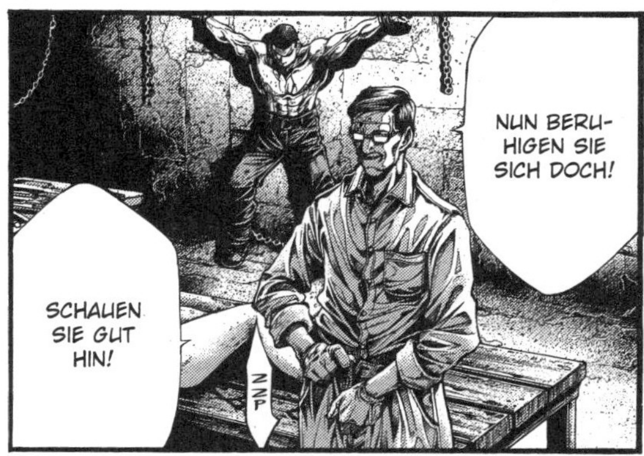
NUN BERUHIGEN SIE SICH DOCH!
SCHAUEN SIE GUT HIN!
ZZP

DU SCHWEIN! DU ...

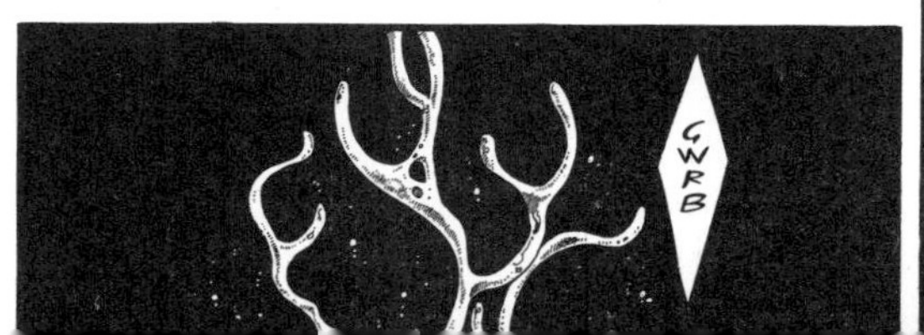
GWRB

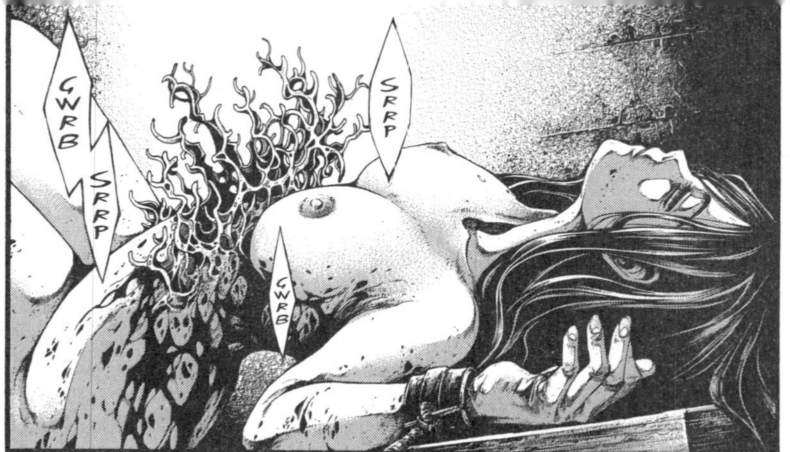
SRRP
GWRB
SRRP
GWRB

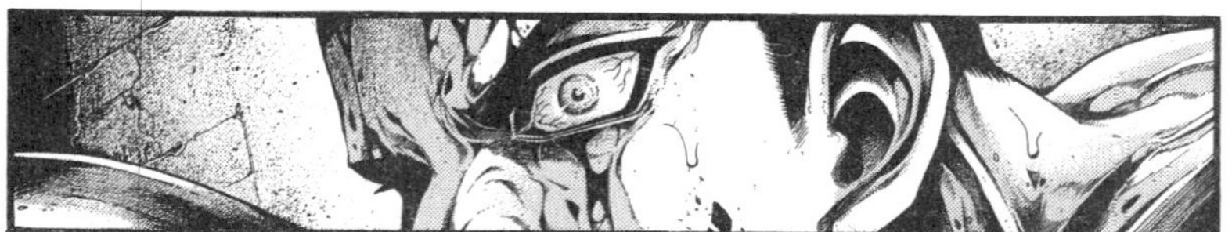

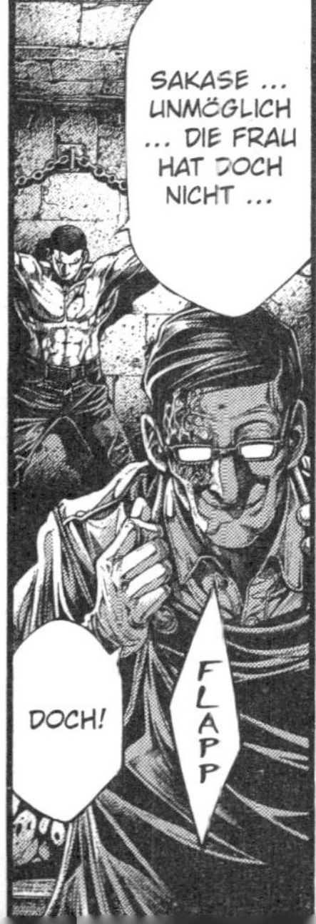
SAKASE ... UNMÖGLICH ... DIE FRAU HAT DOCH NICHT ...
FLAPP
DOCH!

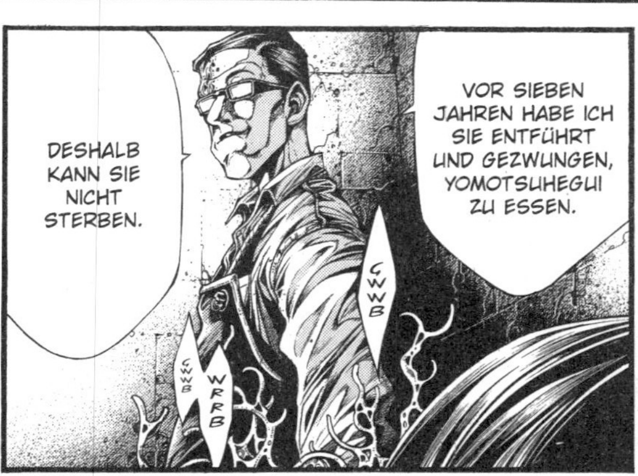
VOR SIEBEN JAHREN HABE ICH SIE ENTFÜHRT UND GEZWUNGEN, YOMOTSUHEGUI ZU ESSEN.
DESHALB KANN SIE NICHT STERBEN.
GWWB
WRRB
GWWB

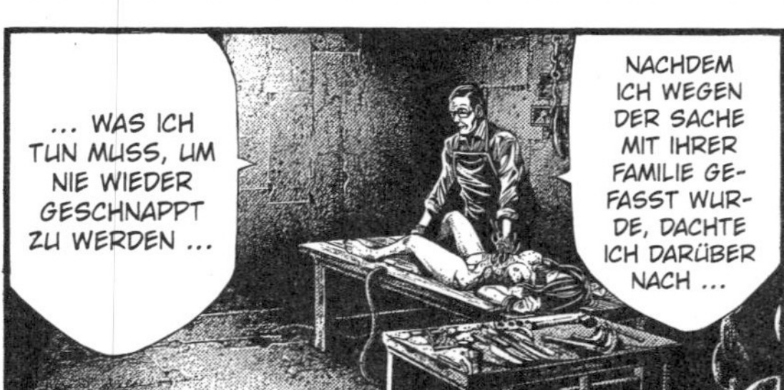
NACHDEM ICH WEGEN DER SACHE MIT IHRER FAMILIE GEFASST WURDE, DACHTE ICH DARÜBER NACH ...
... WAS ICH TUN MUSS, UM NIE WIEDER GESCHNAPPT ZU WERDEN ...

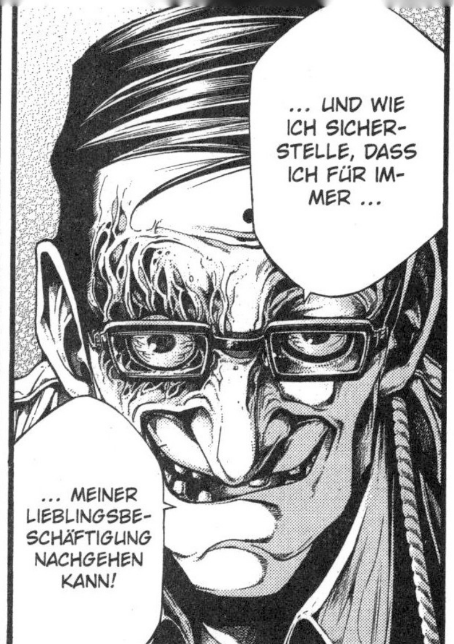
... UND WIE ICH SICHERSTELLE, DASS ICH FÜR IMMER ...
... MEINER LIEBLINGSBESCHÄFTIGUNG NACHGEHEN KANN!

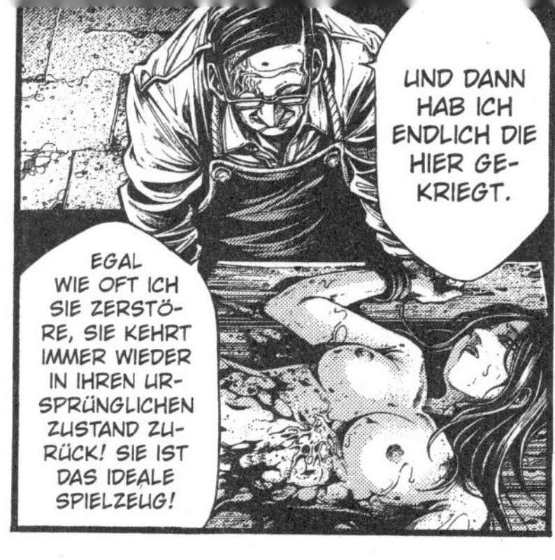
UND DANN HAB ICH ENDLICH DIE HIER GEKRIEGT.
EGAL WIE OFT ICH SIE ZERSTÖRE, SIE KEHRT IMMER WIEDER IN IHREN URSPRÜNGLICHEN ZUSTAND ZURÜCK! SIE IST DAS IDEALE SPIELZEUG!

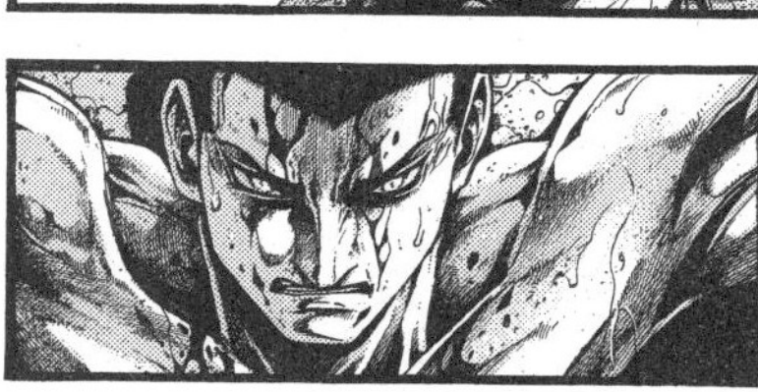

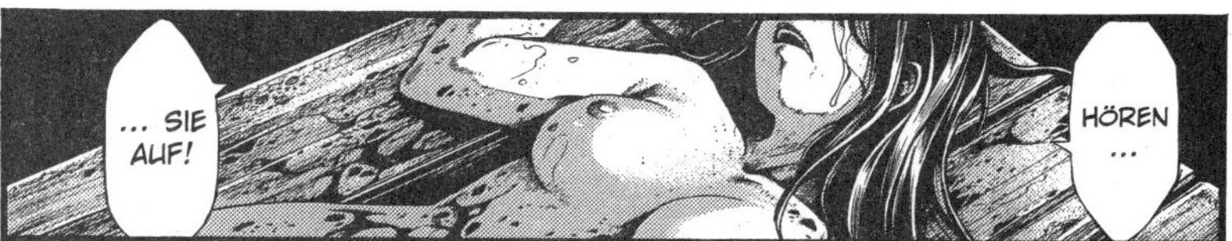
HÖREN ...
... SIE AUF!

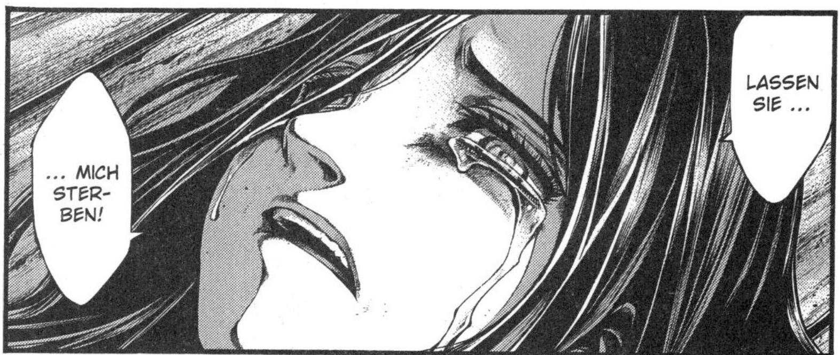
LASSEN SIE ...
... MICH STERBEN!

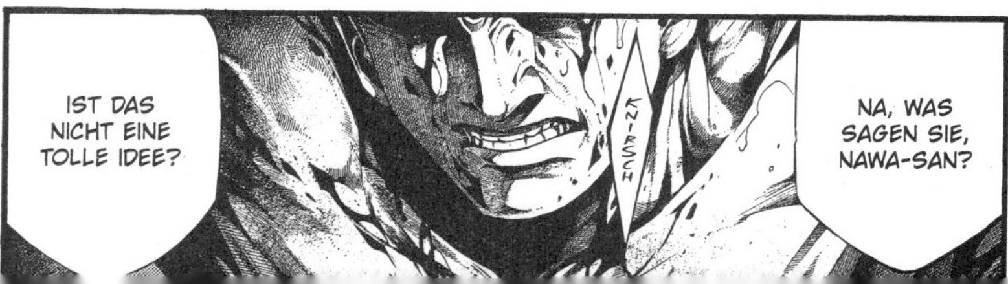
NA, WAS SAGEN SIE, NAWA-SAN?
KNIRSCH
IST DAS NICHT EINE TOLLE IDEE?

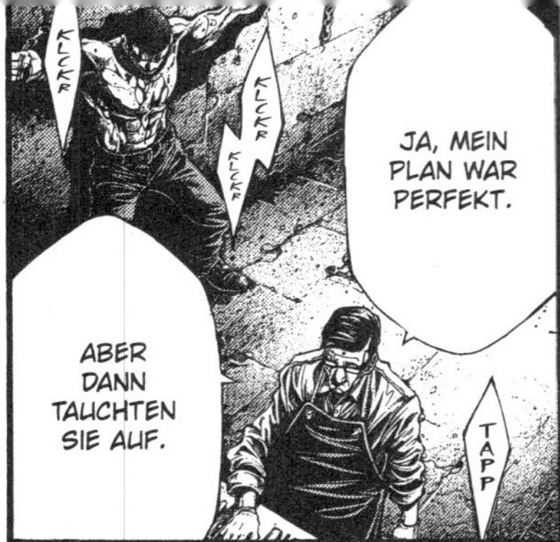
KLCKR
KLCKR
KLCKR
JA, MEIN PLAN WAR PERFEKT.
ABER DANN TAUCHTEN SIE AUF.
TAPP
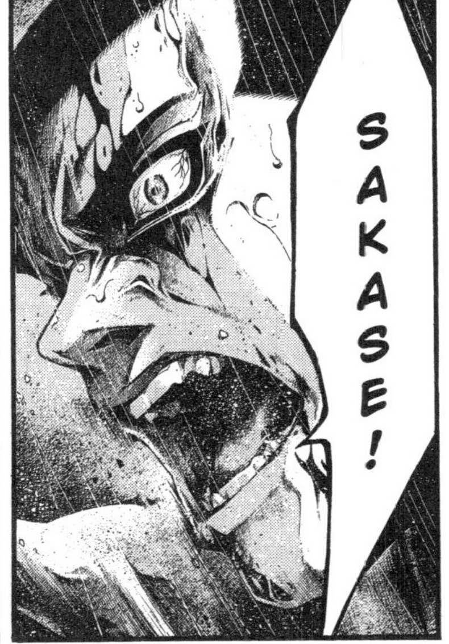
SAKASE!
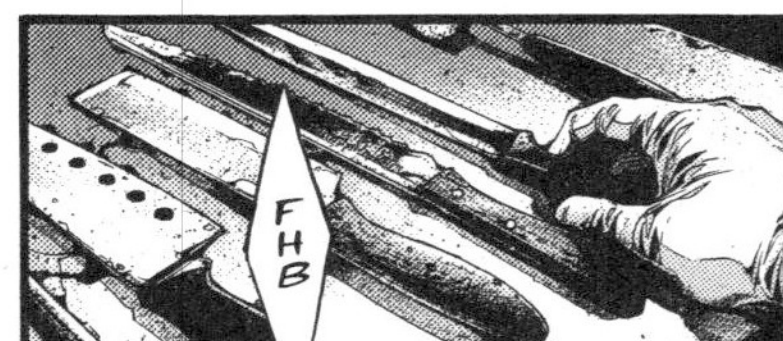
FHB
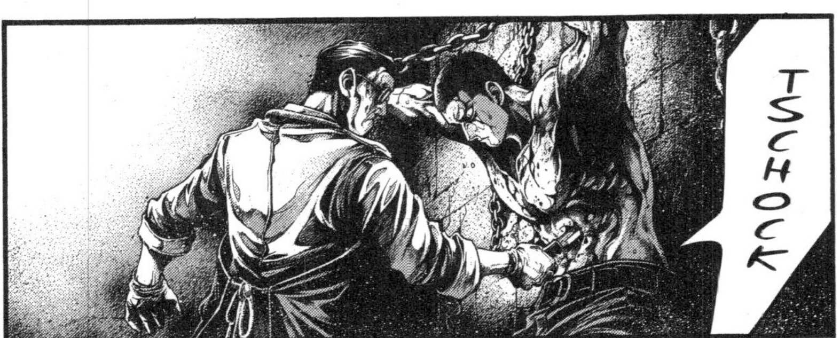
TSCHOCK
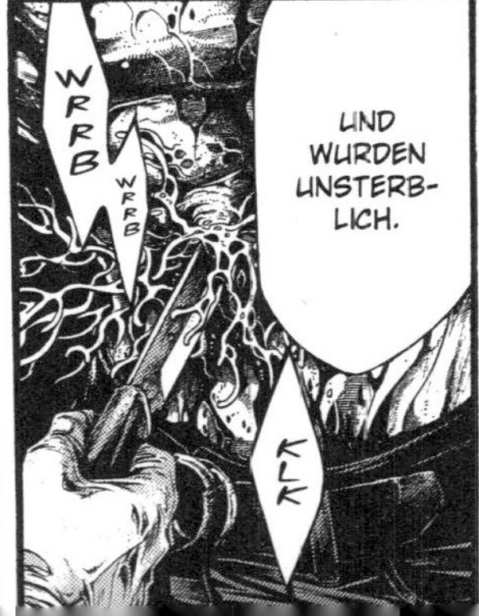
UND WURDEN UNSTERB-LICH.
WRRB
WRRB
KLK
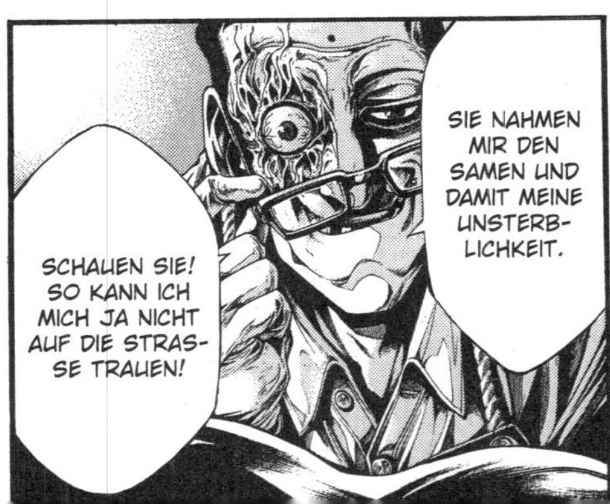
SIE NAHMEN MIR DEN SAMEN UND DAMIT MEINE UNSTERB-LICHKEIT.
SCHAUEN SIE! SO KANN ICH MICH JA NICHT AUF DIE STRAS-SE TRAUEN!

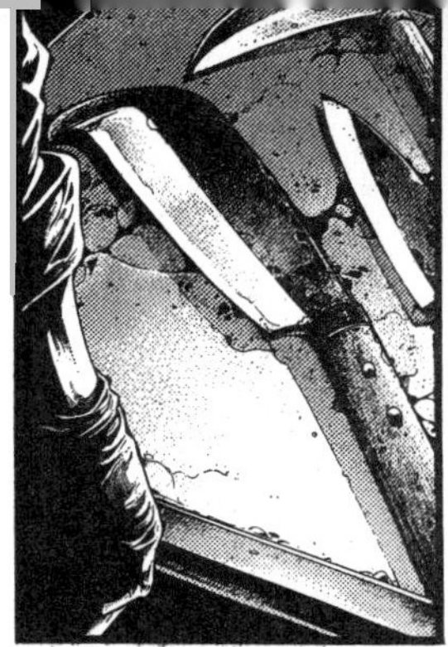

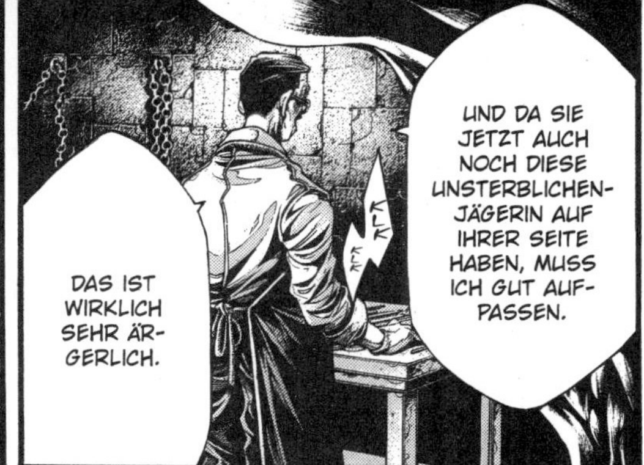

UND DA SIE JETZT AUCH NOCH DIESE UNSTERBLICHEN-JÄGERIN AUF IHRER SEITE HABEN, MUSS ICH GUT AUF-PASSEN.
KLK
KLK
DAS IST WIRKLICH SEHR ÄR-GERLICH.

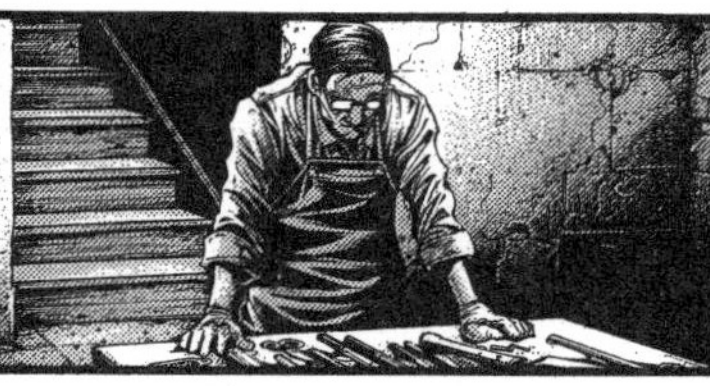

DESWEGEN HABE ICH MIR VIEL MÜHE GEGEBEN ...
... UM SIE HIERHER ZU LOCKEN.

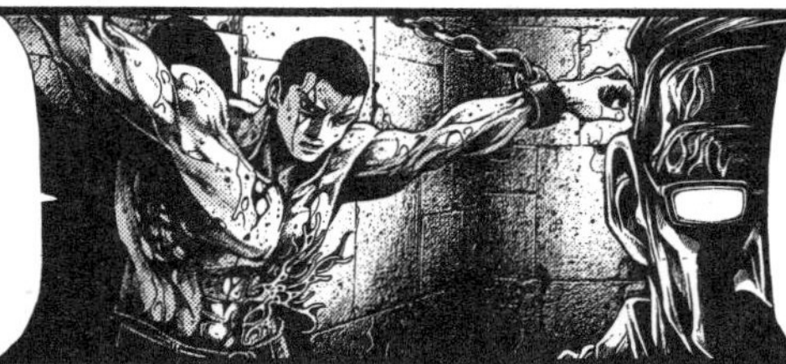

WAS HAST DU JETZT VOR? DU WEISST DOCH ...
... DASS ICH NICHT STERBEN KANN!

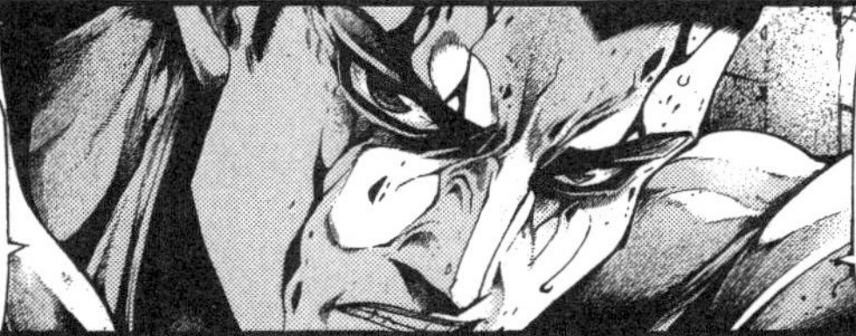

DU KANNST MICH ...
... NICHT UMBRIN-GEN!

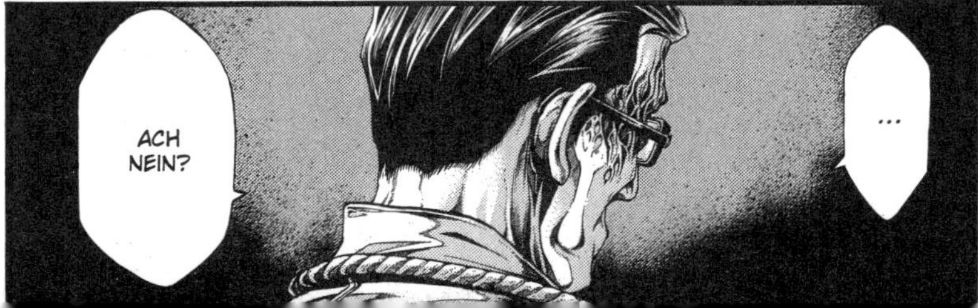

...
ACH NEIN?

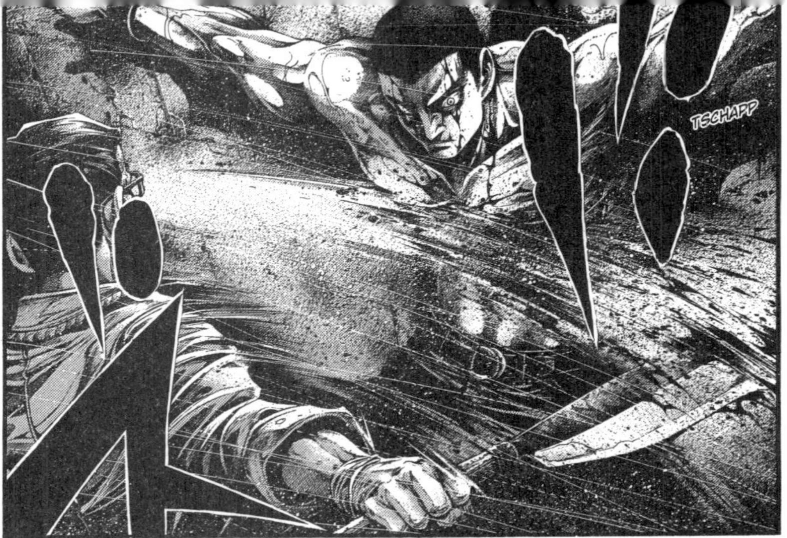
TSCHAPP

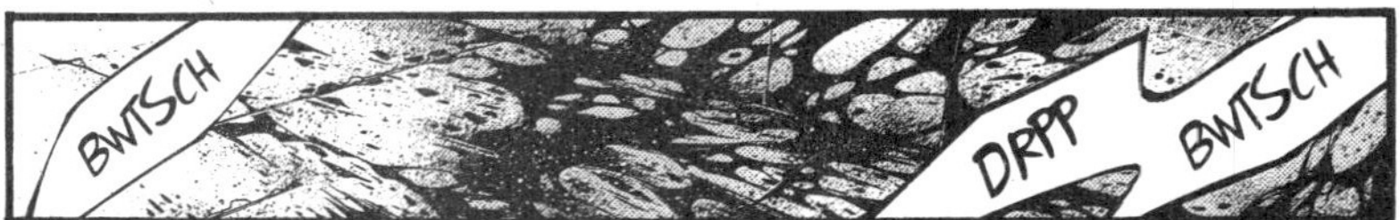
BWTSCH
DRPP
BWTSCH

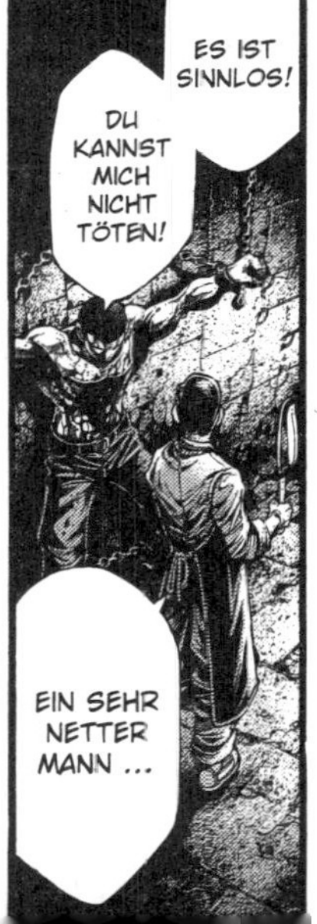
ES IST SINNLOS!
DU KANNST MICH NICHT TÖTEN!
EIN SEHR NETTER MANN …

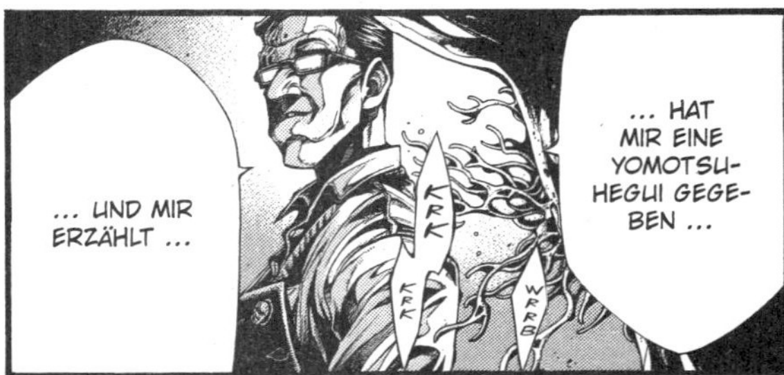
… HAT MIR EINE YOMOTSU-HEGUI GEGE-BEN …
WRRB
KRK
KRK
… UND MIR ERZÄHLT …

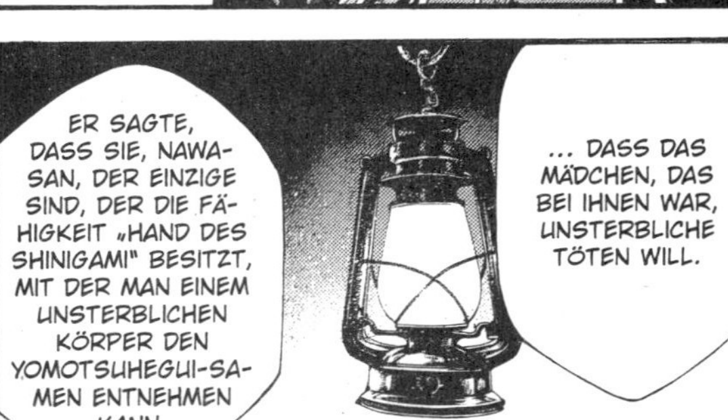
… DASS DAS MÄDCHEN, DAS BEI IHNEN WAR, UNSTERBLICHE TÖTEN WILL.
ER SAGTE, DASS SIE, NAWA-SAN, DER EINZIGE SIND, DER DIE FÄ-HIGKEIT „HAND DES SHINIGAMI“ BESITZT, MIT DER MAN EINEM UNSTERBLICHEN KÖRPER DEN YOMOTSUHEGUI-SA-MEN ENTNEHMEN KANN.

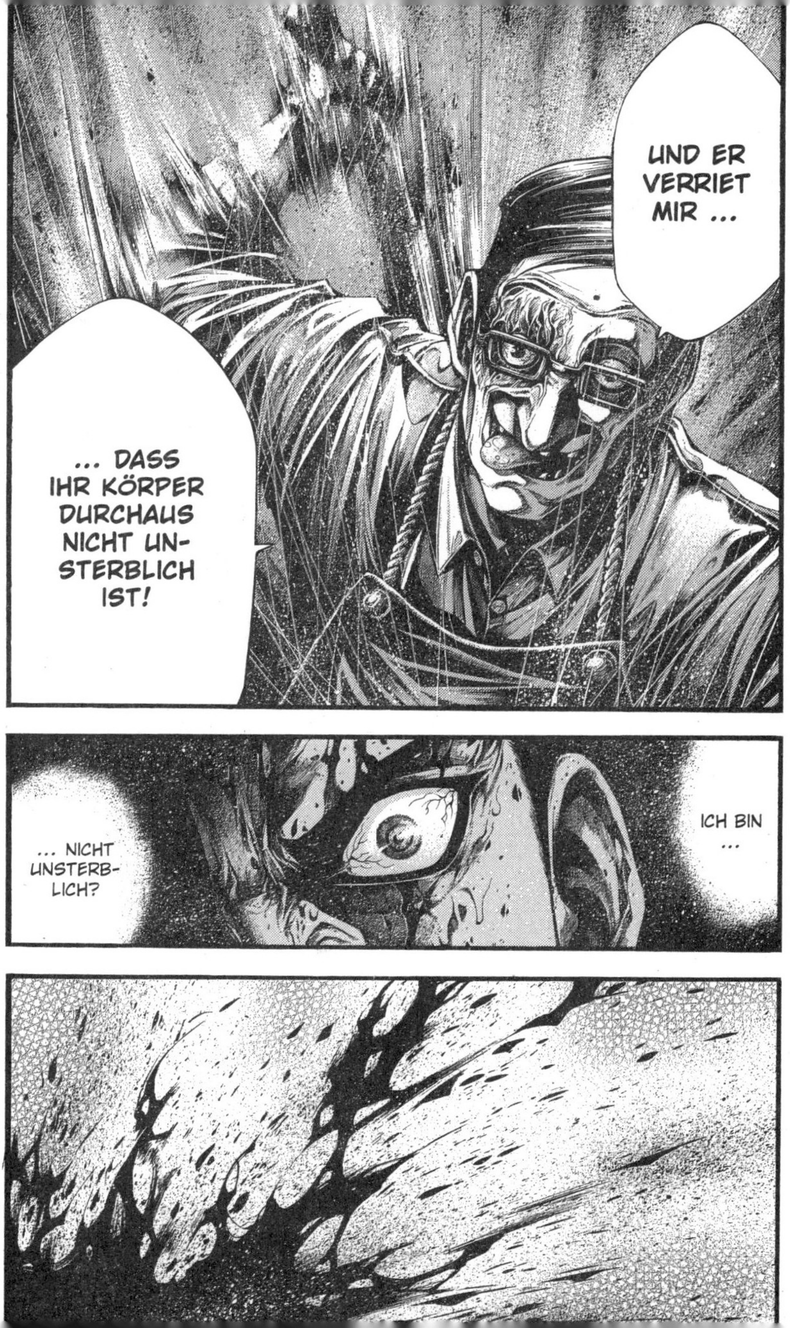

UND ER VERRIET MIR ...

... DASS IHR KÖRPER DURCHAUS NICHT UN-STERBLICH IST!

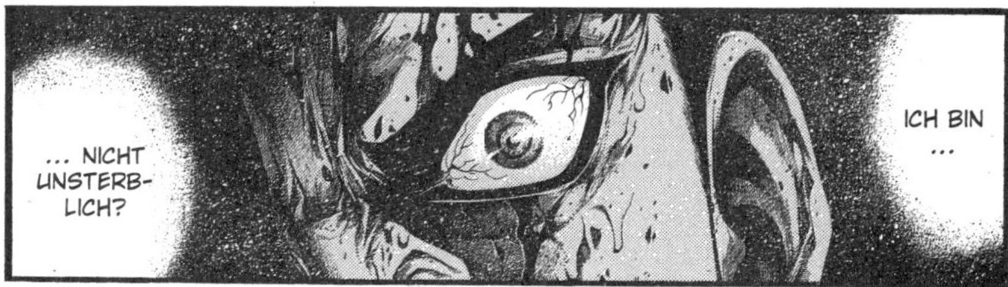

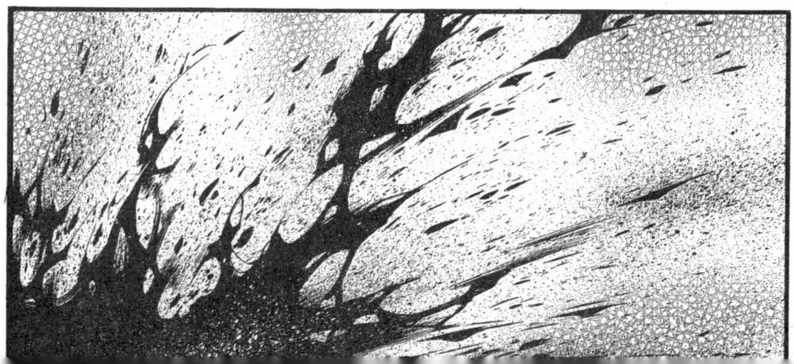

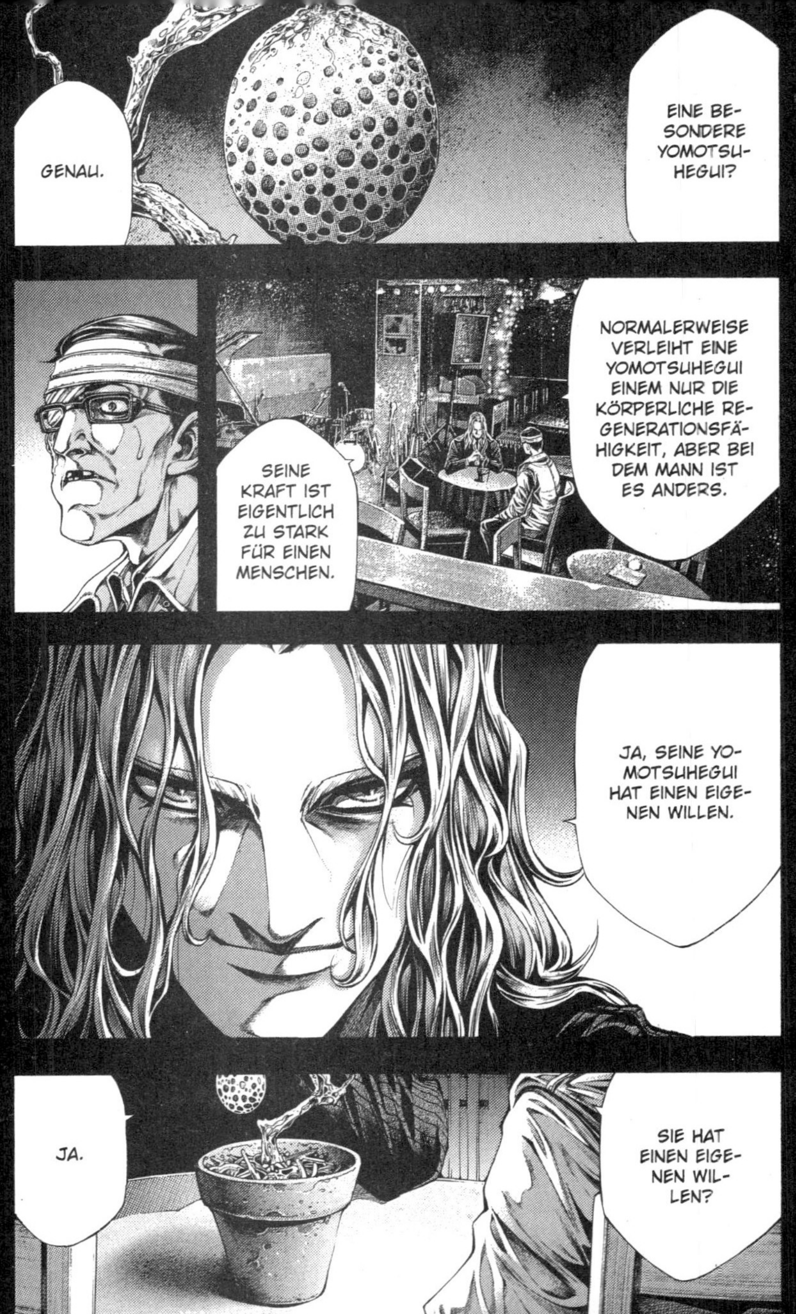
EINE BESONDERE YOMOTSUHEGUI?
GENAU.
NORMALERWEISE VERLEIHT EINE YOMOTSUHEGUI EINEM NUR DIE KÖRPERLICHE REGENERATIONSFÄHIGKEIT, ABER BEI DEM MANN IST ES ANDERS.
SEINE KRAFT IST EIGENTLICH ZU STARK FÜR EINEN MENSCHEN.
JA, SEINE YOMOTSUHEGUI HAT EINEN EIGENEN WILLEN.
SIE HAT EINEN EIGENEN WILLEN?
JA.

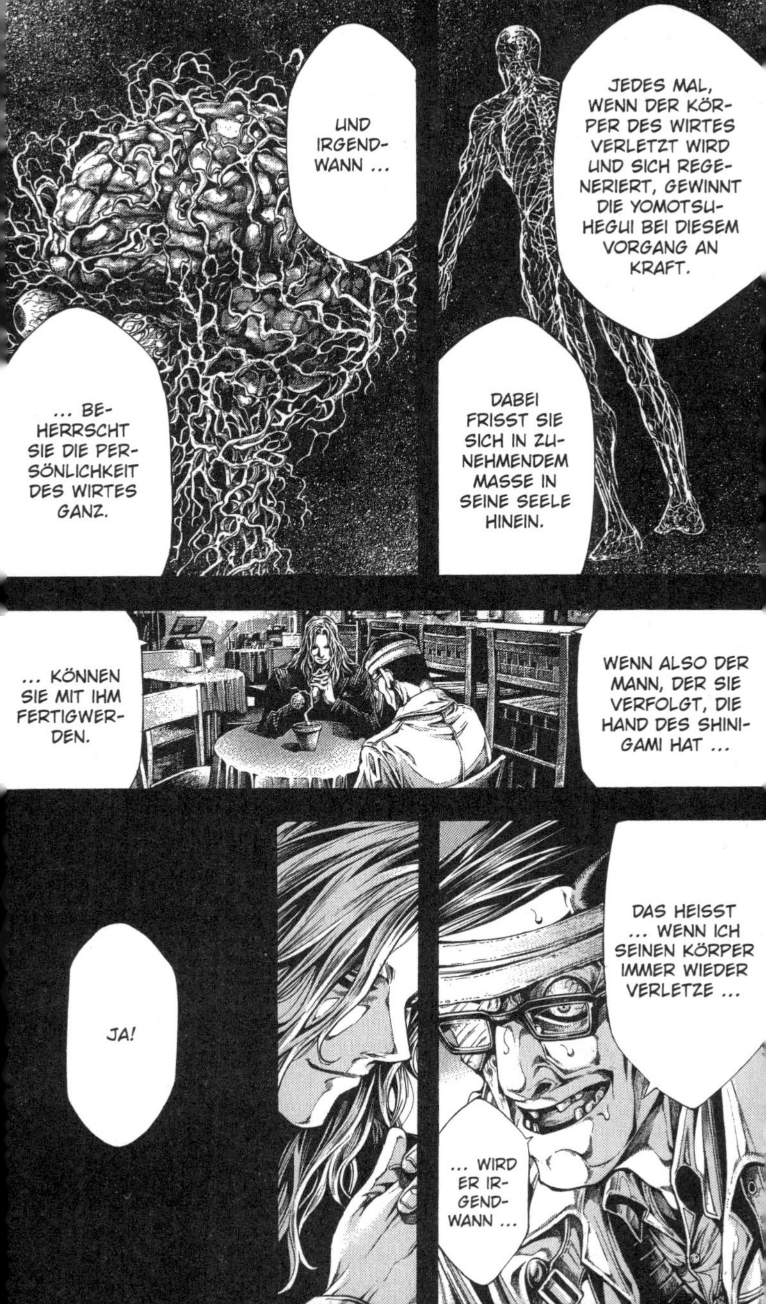

JEDES MAL, WENN DER KÖRPER DES WIRTES VERLETZT WIRD UND SICH REGENERIERT, GEWINNT DIE YOMOTSUHEGUI BEI DIESEM VORGANG AN KRAFT.
DABEI FRISST SIE SICH IN ZUNEHMENDEM MASSE IN SEINE SEELE HINEIN.
UND IRGENDWANN …
… BEHERRSCHT SIE DIE PERSÖNLICHKEIT DES WIRTES GANZ.
WENN ALSO DER MANN, DER SIE VERFOLGT, DIE HAND DES SHINIGAMI HAT …
… KÖNNEN SIE MIT IHM FERTIGWERDEN.
DAS HEISST … WENN ICH SEINEN KÖRPER IMMER WIEDER VERLETZE …
… WIRD ER IRGENDWANN …
JA!

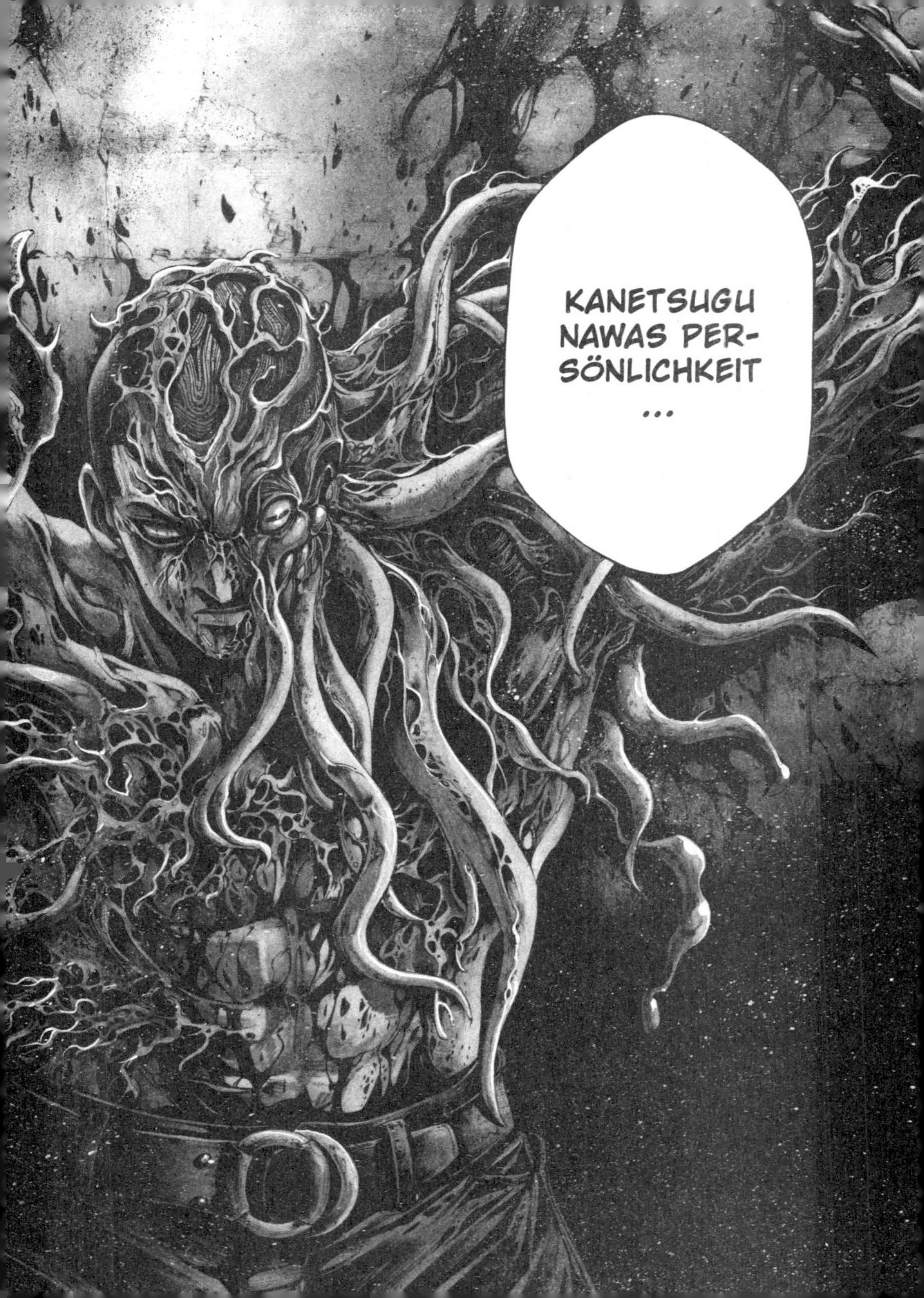
KANETSUGU NAWAS PER-SÖNLICHKEIT ...

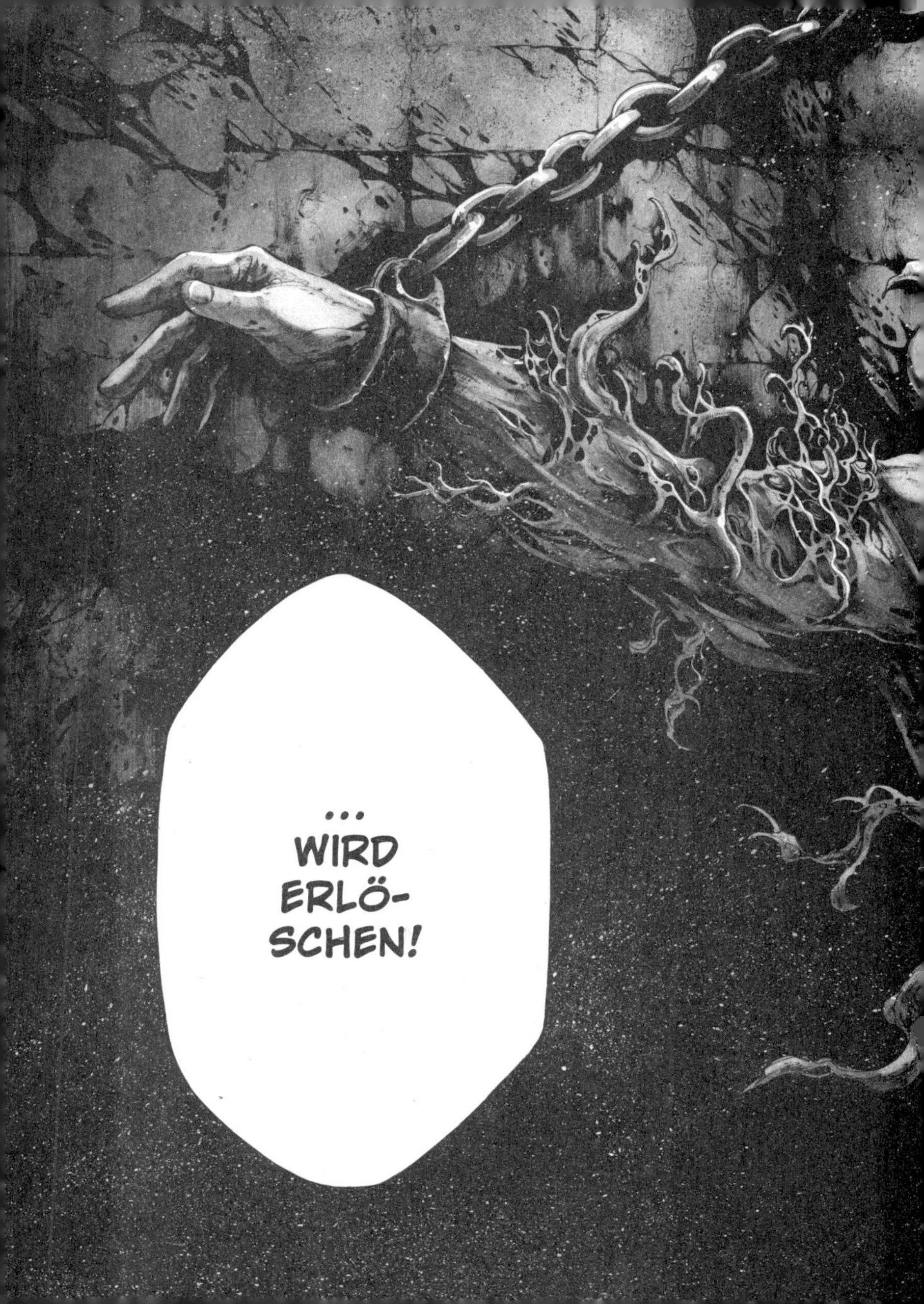
... WIRD ERLÖSCHEN!

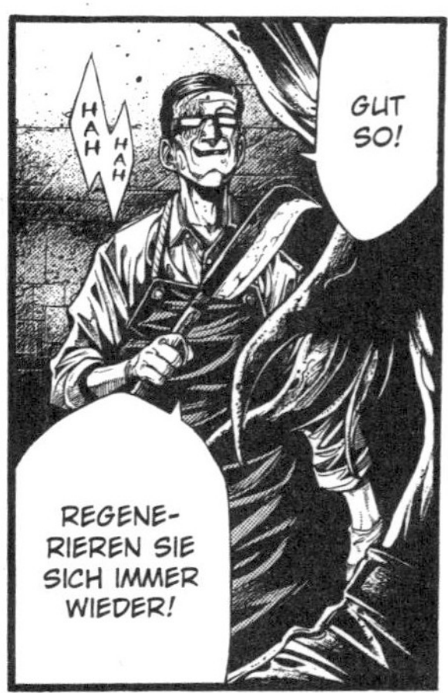
HAH HAH
GUT SO!
REGENE-RIEREN SIE SICH IMMER WIEDER!

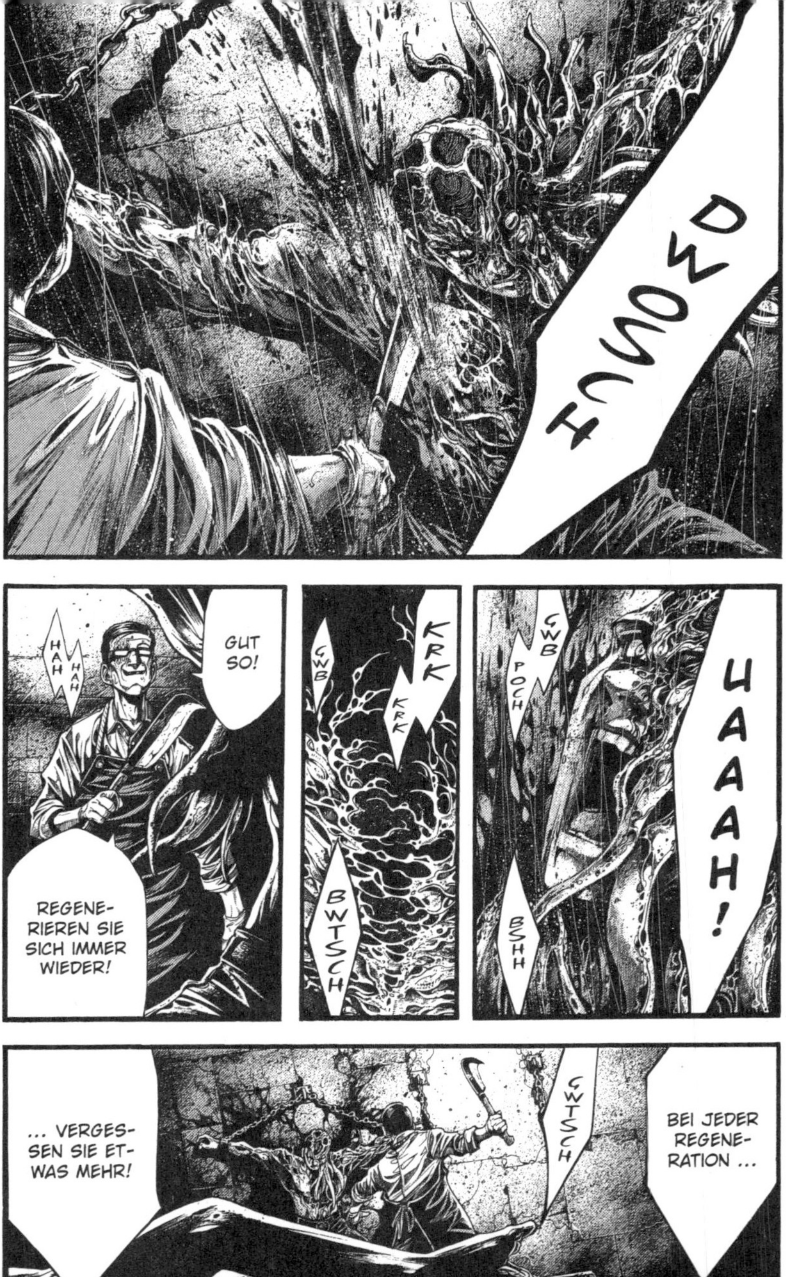

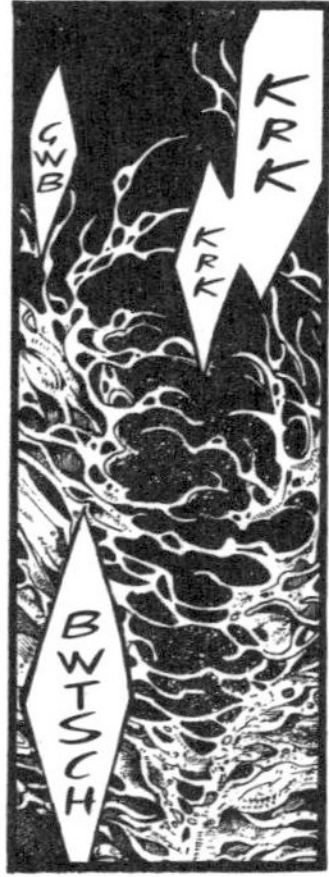
KRK
GWB
KRK
BWTSCH

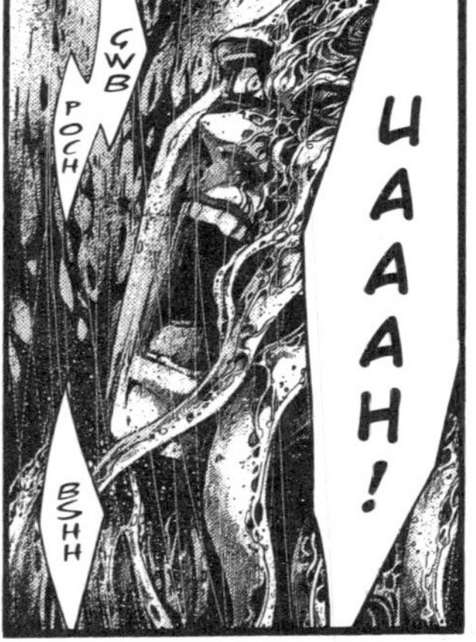
UAAAAH!
GWB
POCH
BSHH

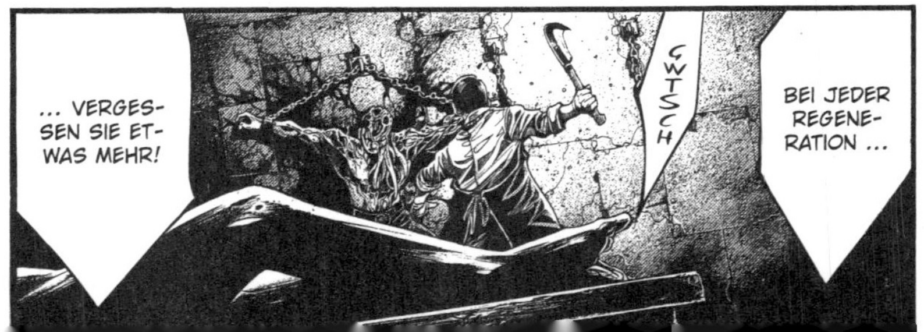
BEI JEDER REGENE-RATION …
GWTSCH
… VERGES-SEN SIE ET-WAS MEHR!

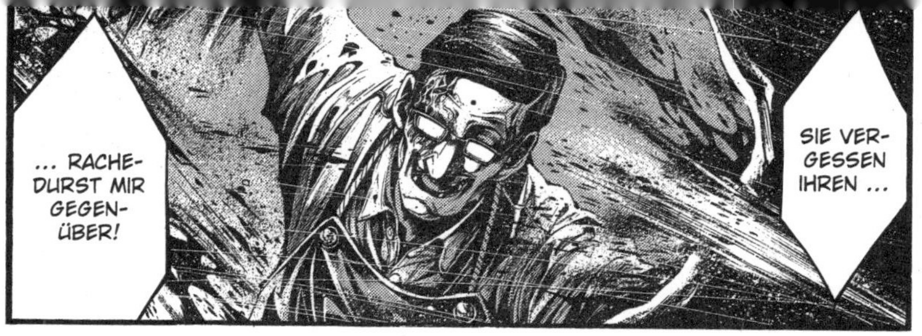
SIE VERGESSEN IHREN ...
... RACHEDURST MIR GEGENÜBER!

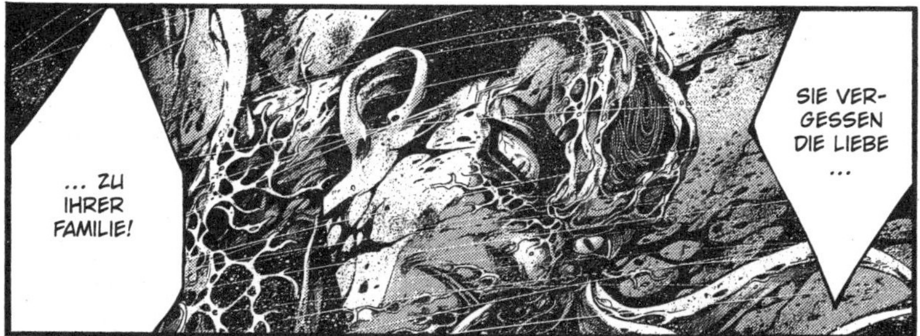
SIE VERGESSEN DIE LIEBE ...
... ZU IHRER FAMILIE!

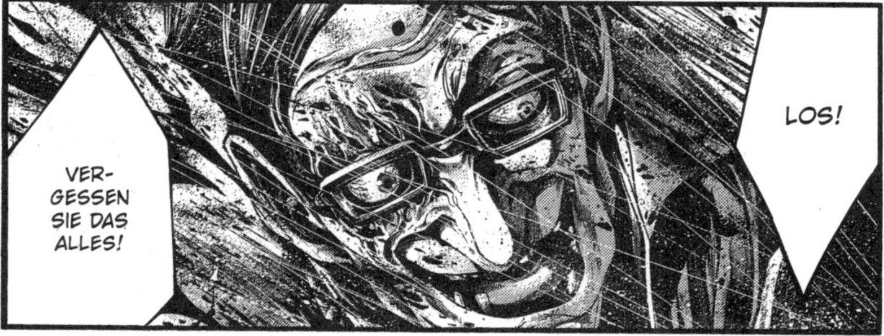
LOS!
VERGESSEN SIE DAS ALLES!

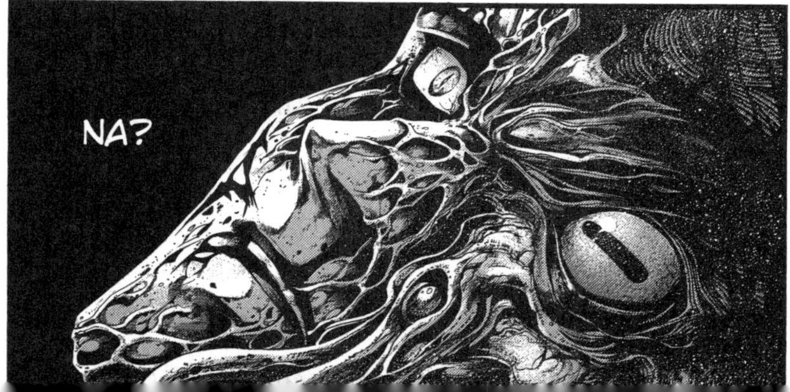
NA?

NA?

DU BIST AM LIMIT, ODER?

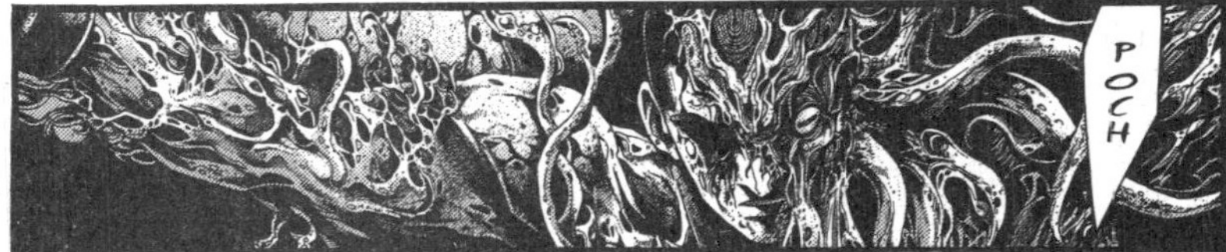

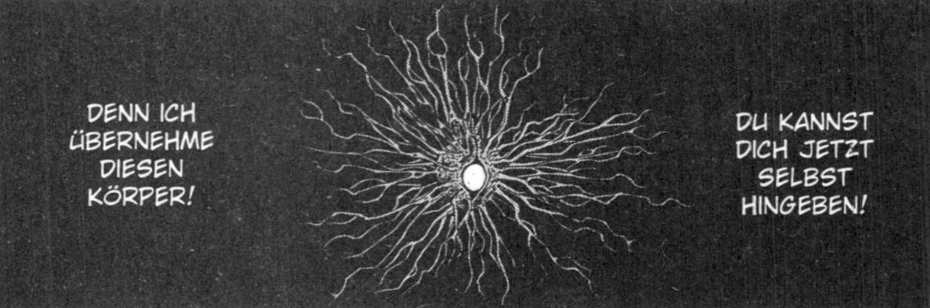

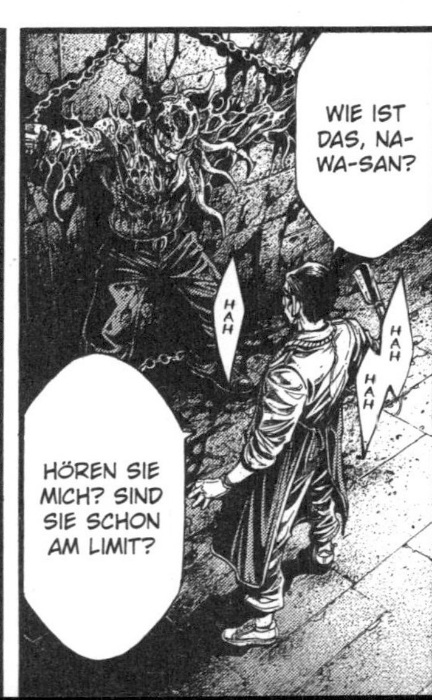

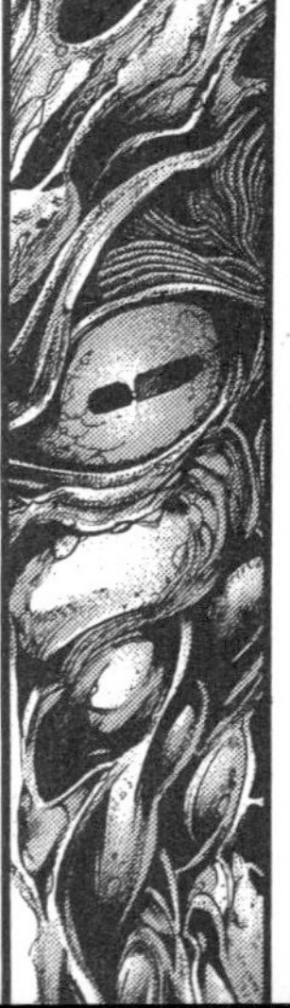

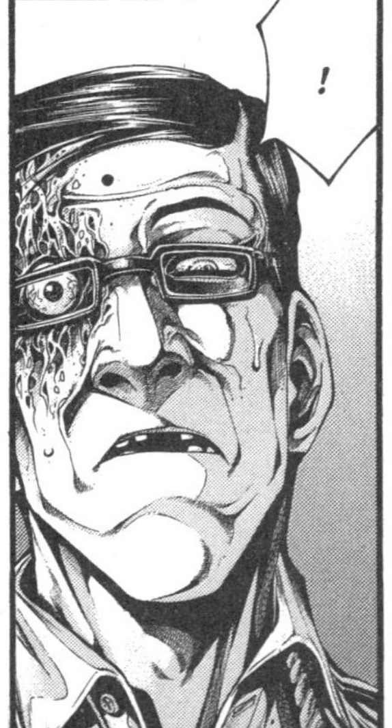

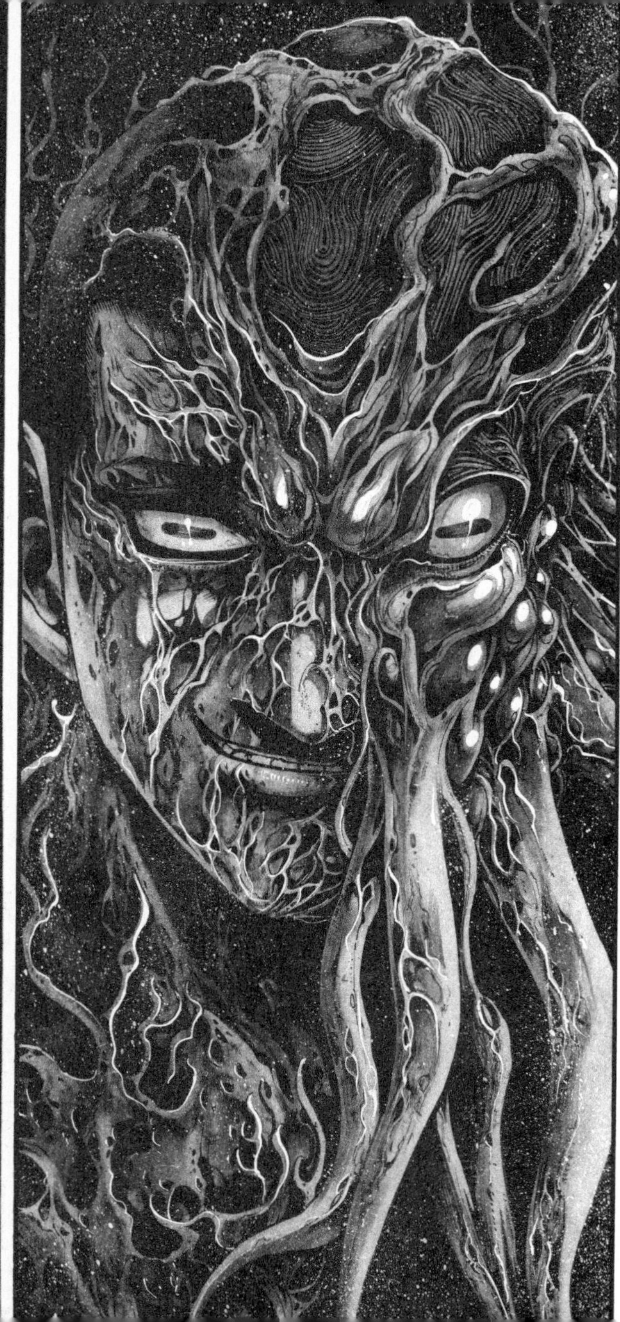
SO, KA-
NETSUGU
NAWA ...
... LASS
MICH
FREI!

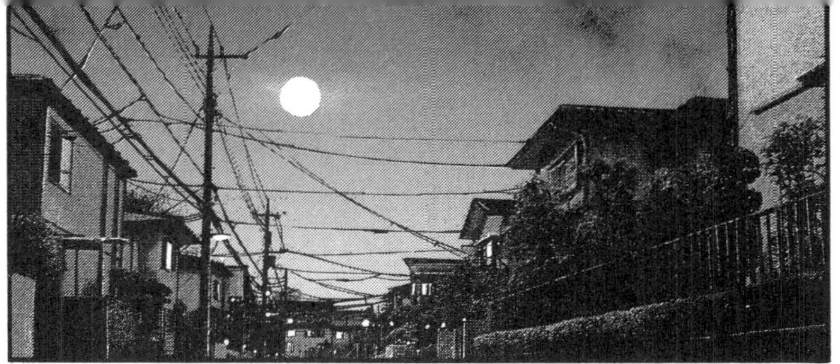

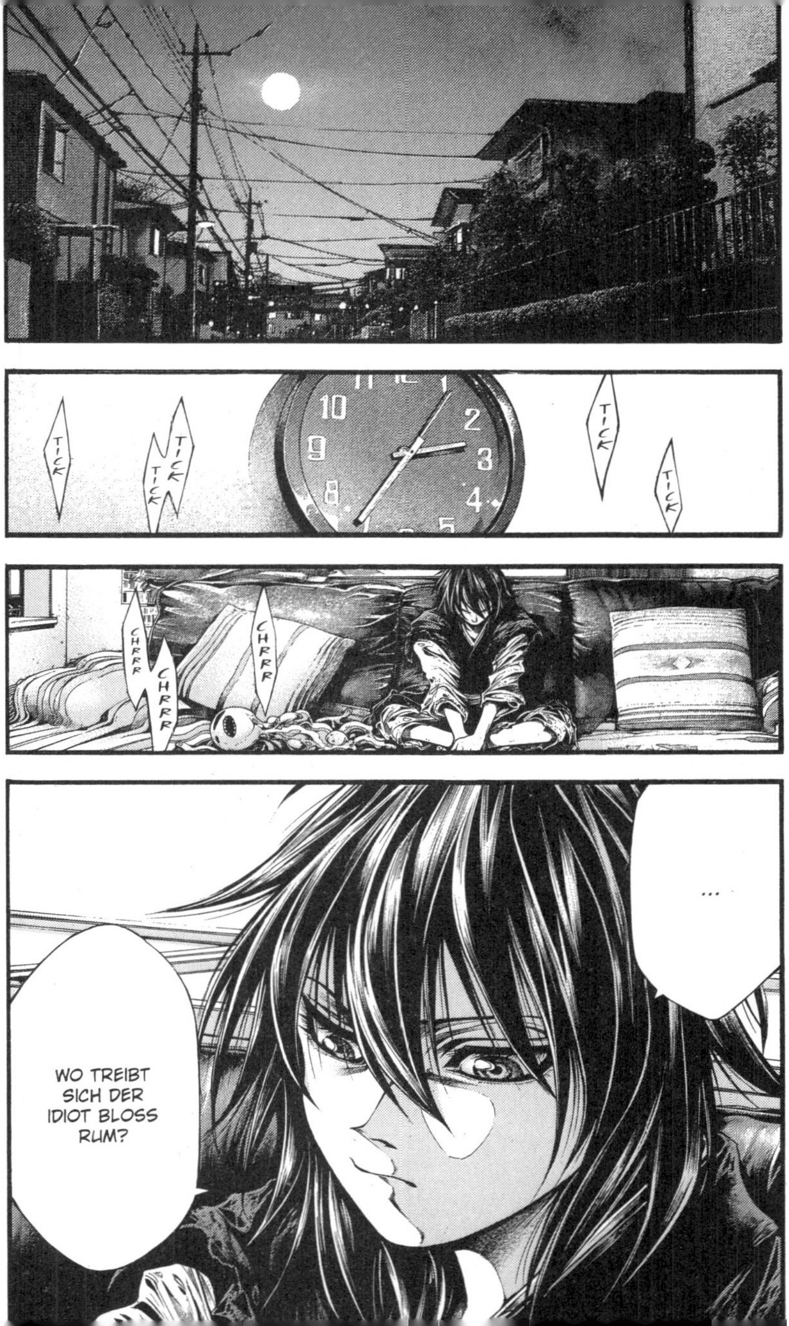

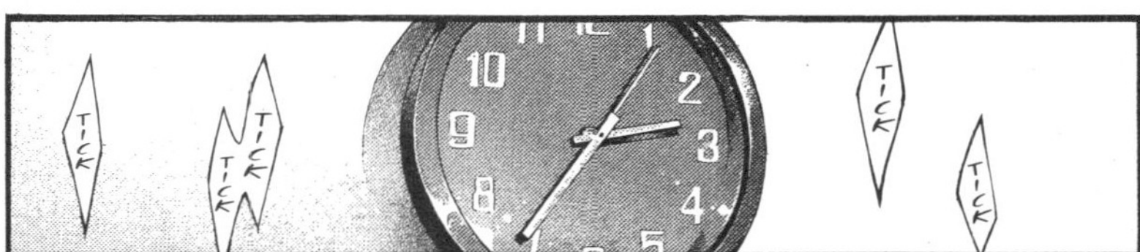

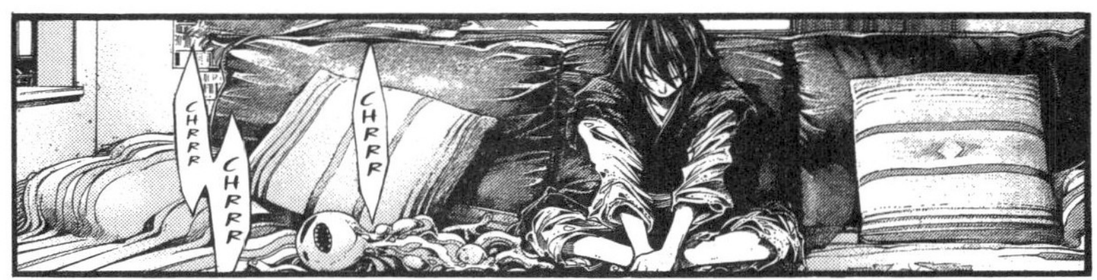

...

WO TREIBT SICH DER IDIOT BLOSS RUM?

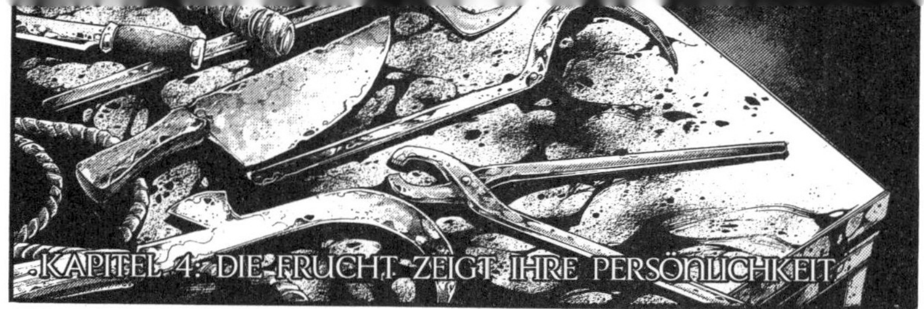
KAPITEL 4: DIE FRUCHT ZEIGT IHRE PERSÖNLICHKEIT

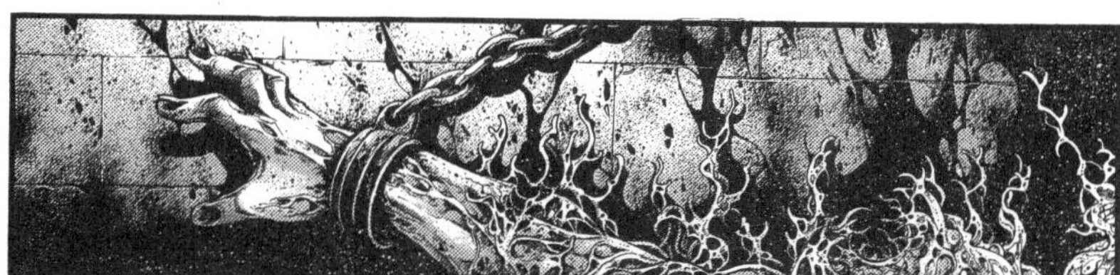

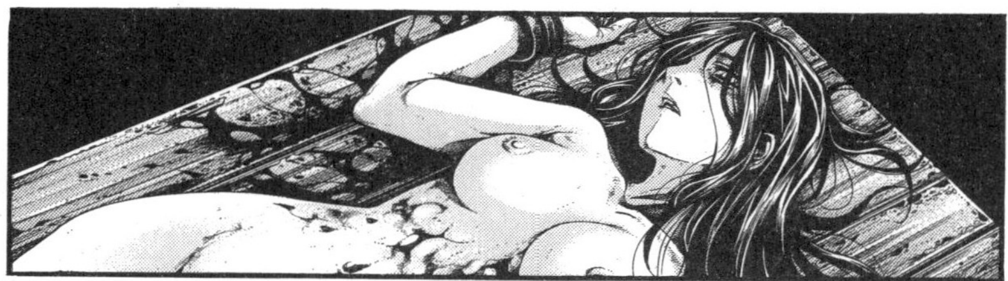

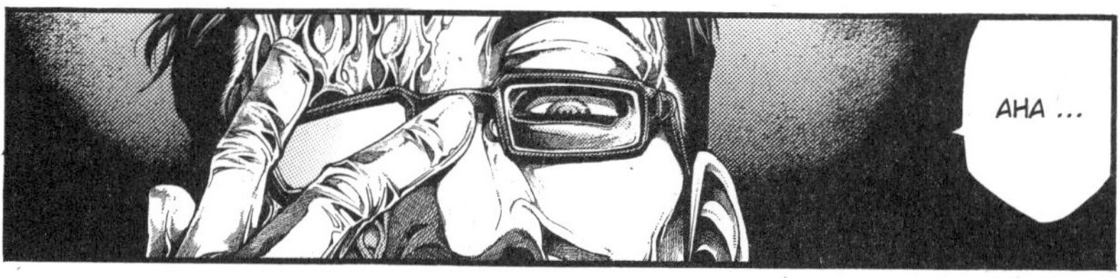
AHA ...

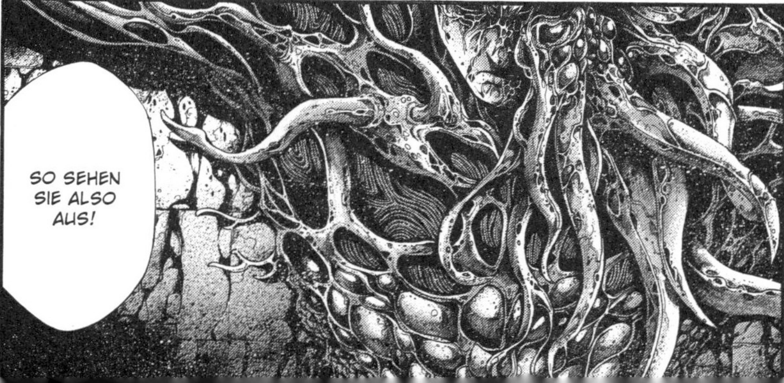
SO SEHEN SIE ALSO AUS!

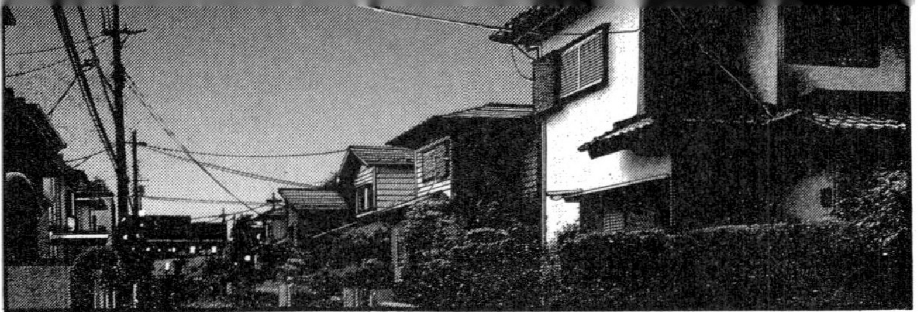

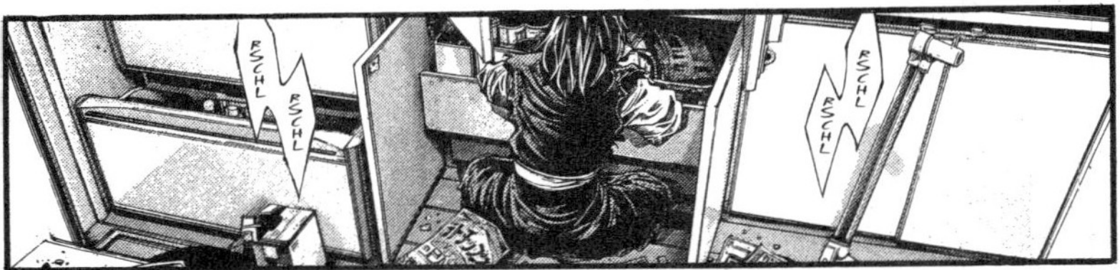
RSCHL
RSCHL
RSCHL
RSCHL

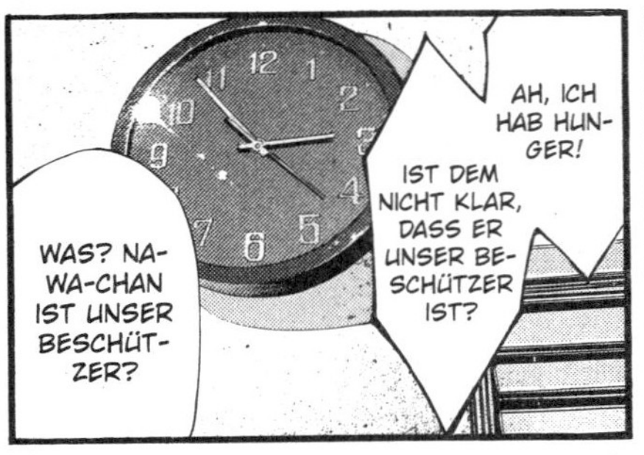
AH, ICH HAB HUNGER!
IST DEM NICHT KLAR, DASS ER UNSER BESCHÜTZER IST?
WAS? NAWA-CHAN IST UNSER BESCHÜTZER?

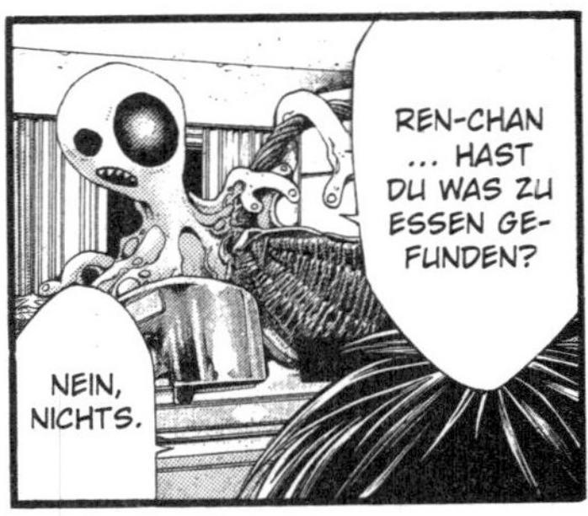
REN-CHAN ... HAST DU WAS ZU ESSEN GEFUNDEN?
NEIN, NICHTS.

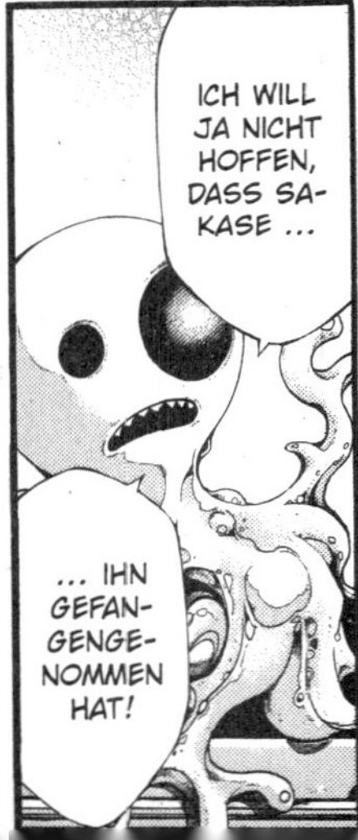
ICH WILL JA NICHT HOFFEN, DASS SAKASE ...
... IHN GEFANGENGENOMMEN HAT!

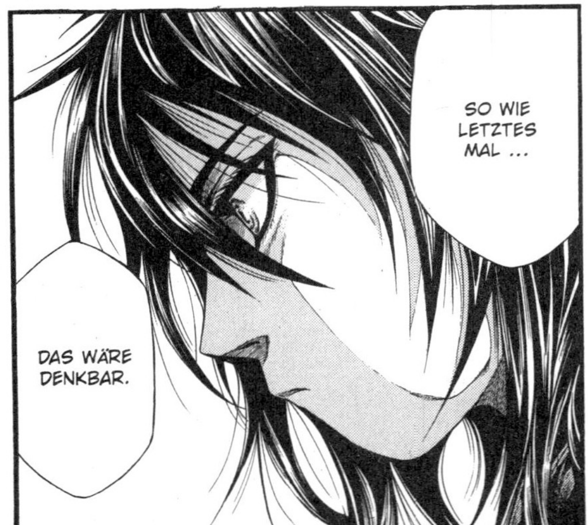
SO WIE LETZTES MAL ...
DAS WÄRE DENKBAR.

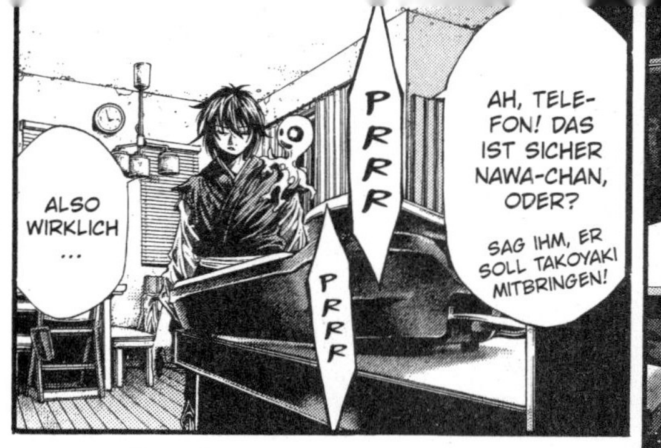
PRRR
AH, TELEFON! DAS IST SICHER NAWA-CHAN, ODER?
SAG IHM, ER SOLL TAKOYAKI MITBRINGEN!
PRRR
ALSO WIRKLICH ...

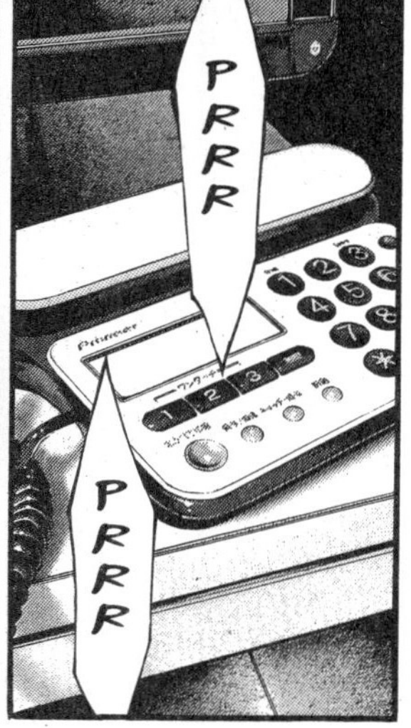
PRRR
PRRR

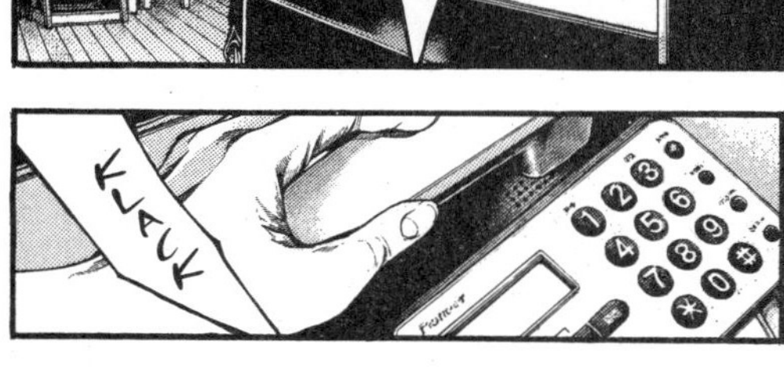
KLACK

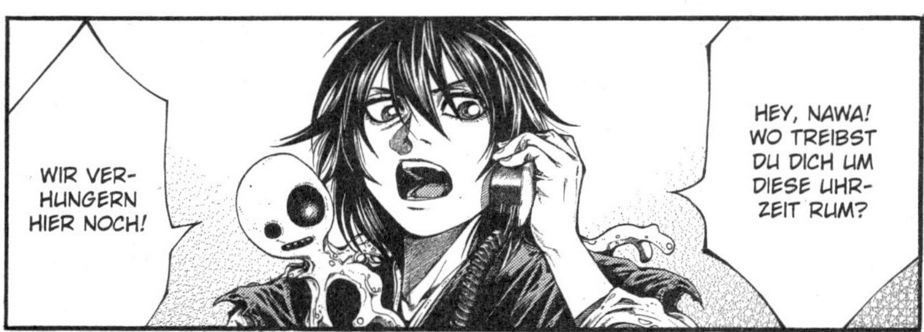
HEY, NAWA! WO TREIBST DU DICH UM DIESE UHRZEIT RUM?
WIR VERHUNGERN HIER NOCH!

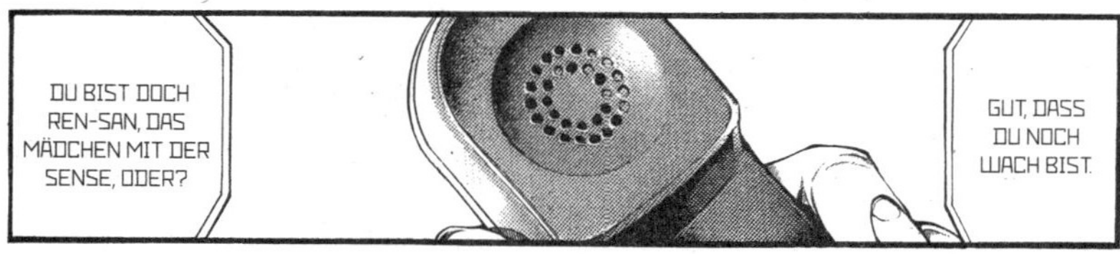
GUT, DASS DU NOCH WACH BIST.
DU BIST DOCH REN-SAN, DAS MÄDCHEN MIT DER SENSE, ODER?

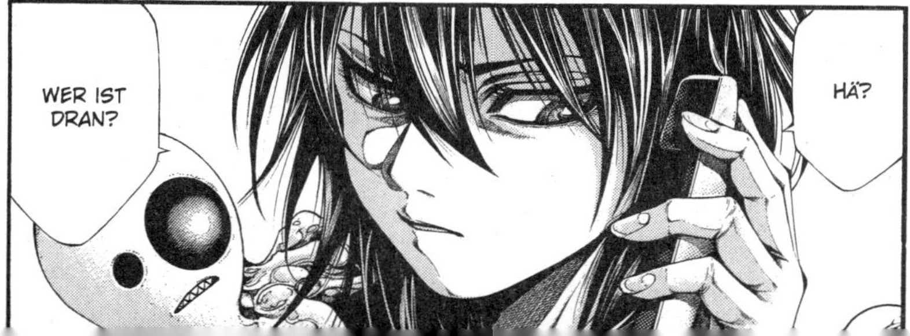
HÄ?
WER IST DRAN?

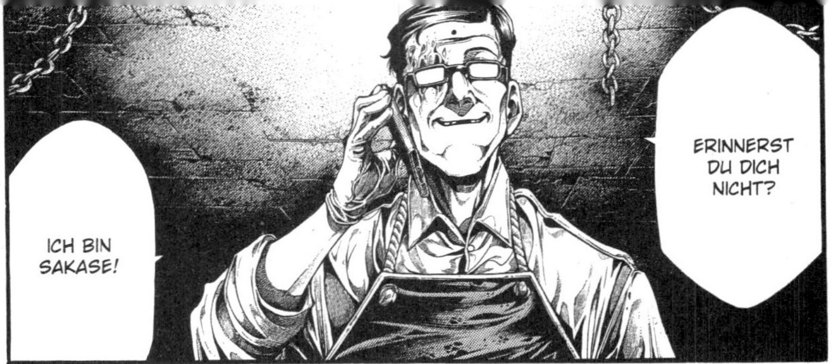
ERINNERST DU DICH NICHT?
ICH BIN SAKASE!

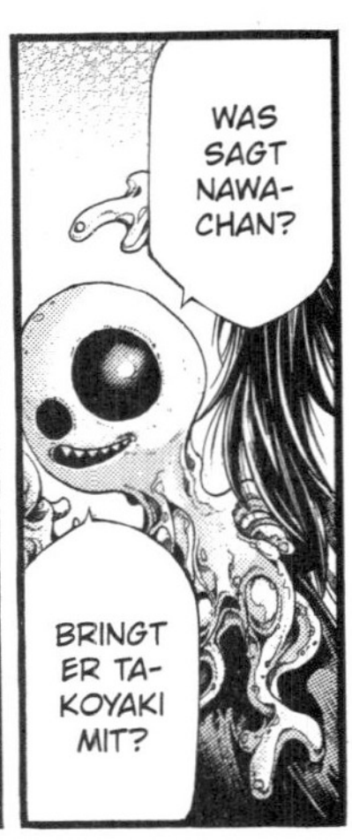
WAS SAGT NAWA-CHAN?
BRINGT ER TAKOYAKI MIT?

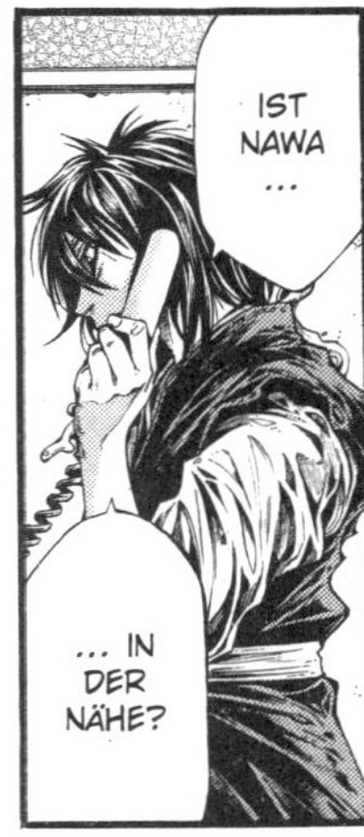
IST NAWA ...
... IN DER NÄHE?

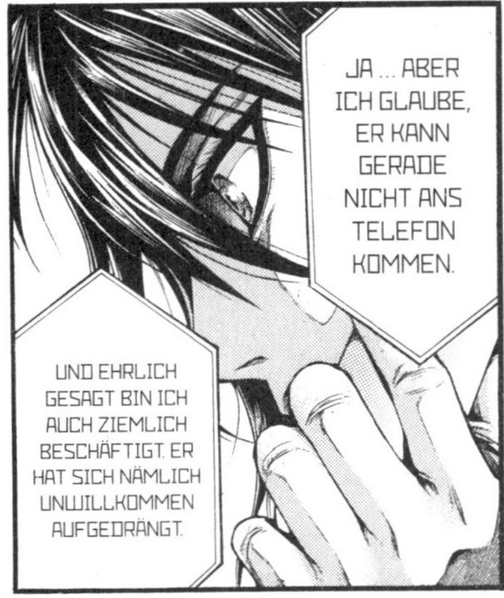
JA ... ABER ICH GLAUBE, ER KANN GERADE NICHT ANS TELEFON KOMMEN.
UND EHRLICH GESAGT BIN ICH AUCH ZIEMLICH BESCHÄFTIGT. ER HAT SICH NÄMLICH UNWILLKOMMEN AUFGEDRÄNGT.

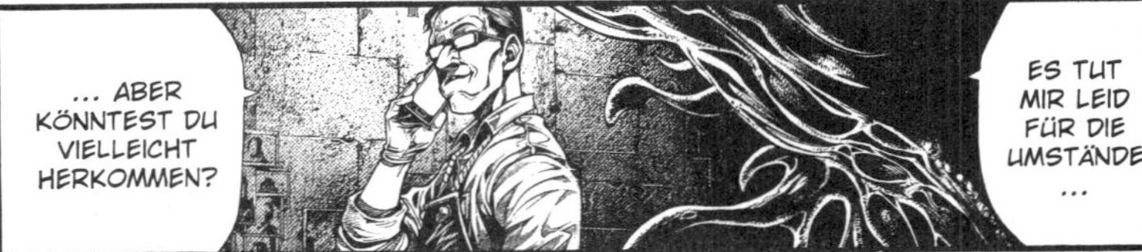
ES TUT MIR LEID FÜR DIE UMSTÄNDE ...
... ABER KÖNNTEST DU VIELLEICHT HERKOMMEN?

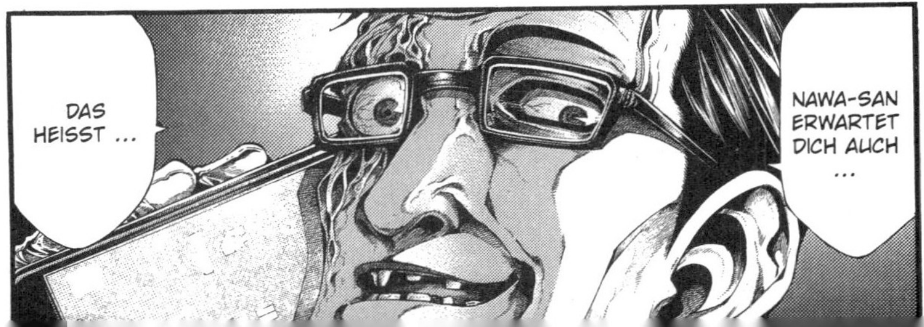
NAWA-SAN ERWARTET DICH AUCH ...
DAS HEISST ...

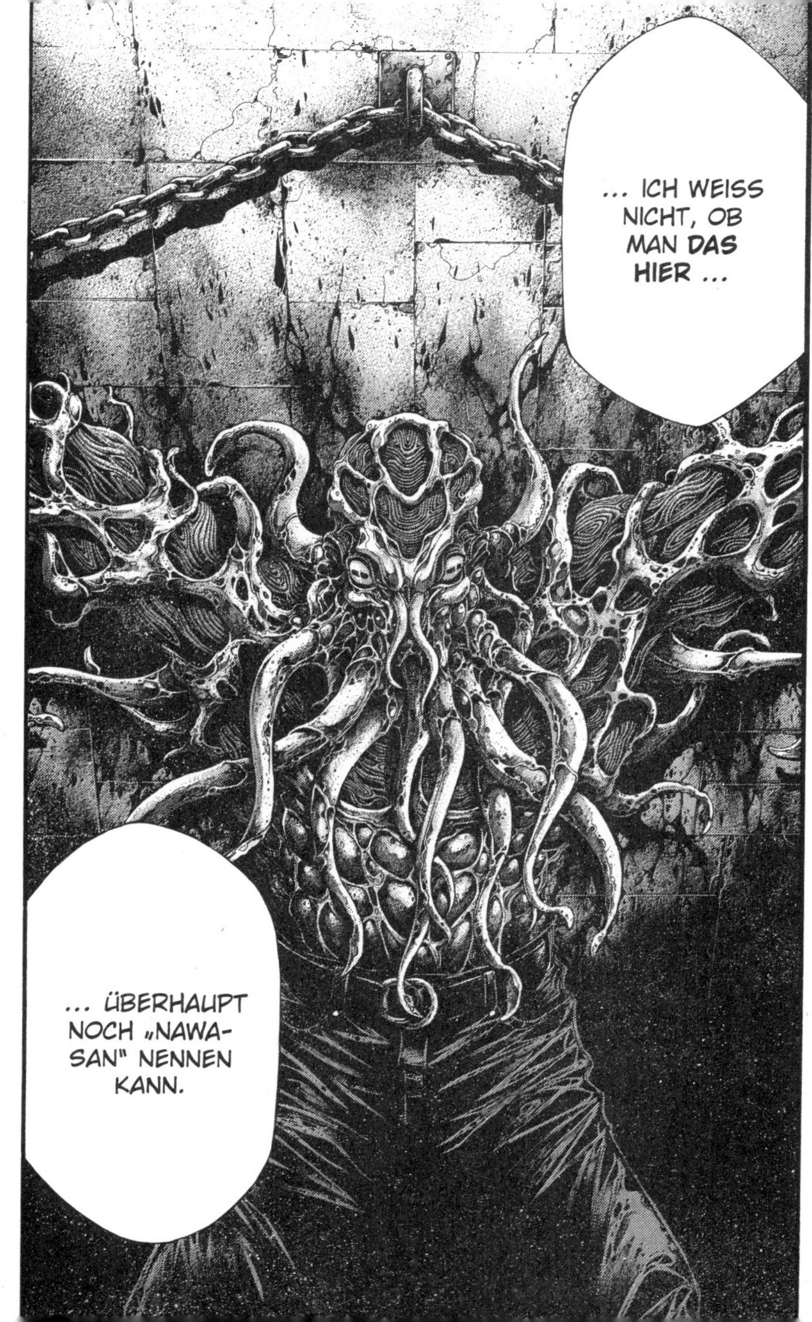
… ICH WEISS NICHT, OB MAN DAS HIER …
… ÜBERHAUPT NOCH „NAWA-SAN" NENNEN KANN.

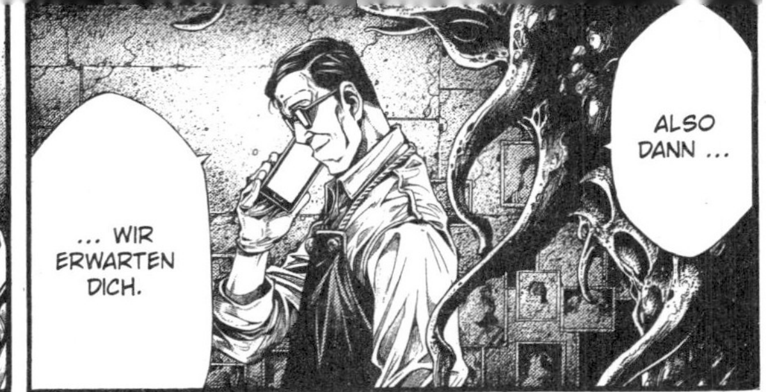
ALSO DANN ...
... WIR ERWARTEN DICH.

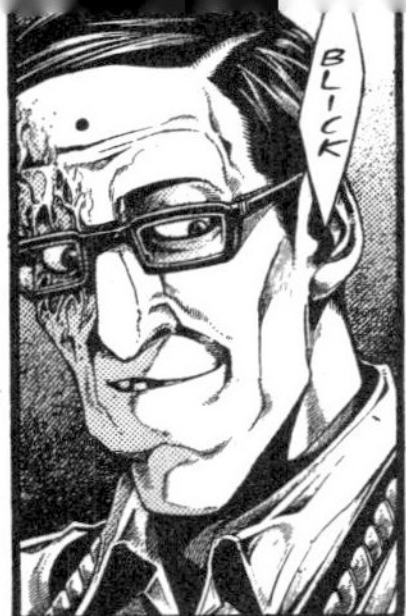
BLICK

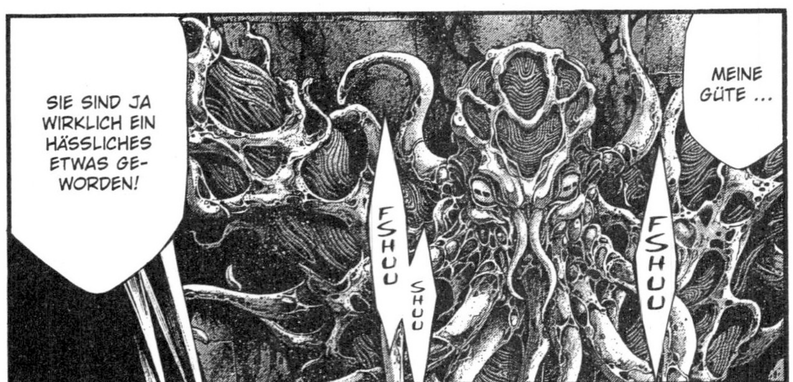
MEINE GÜTE ...
FSHUU
SHUU
FSHUU
SIE SIND JA WIRKLICH EIN HÄSSLICHES ETWAS GE-WORDEN!

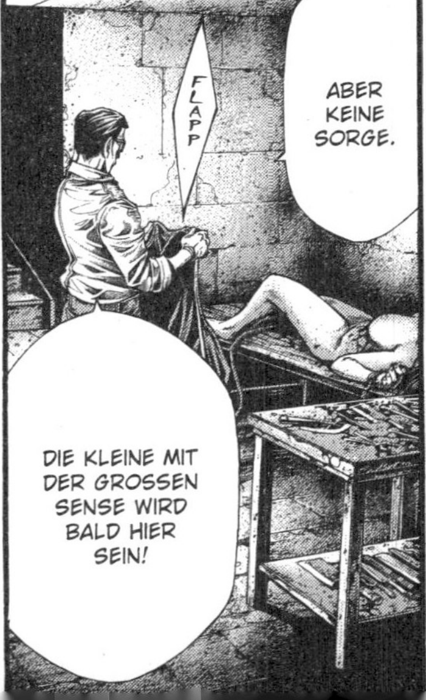
ABER KEINE SORGE.
FLAPP
DIE KLEINE MIT DER GROSSEN SENSE WIRD BALD HIER SEIN!

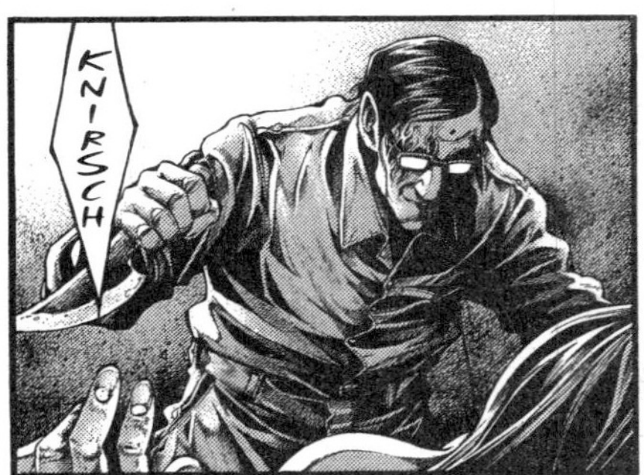
KNIRSCH

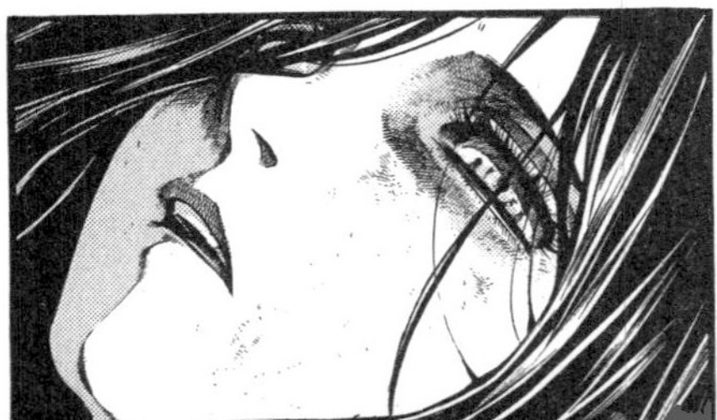

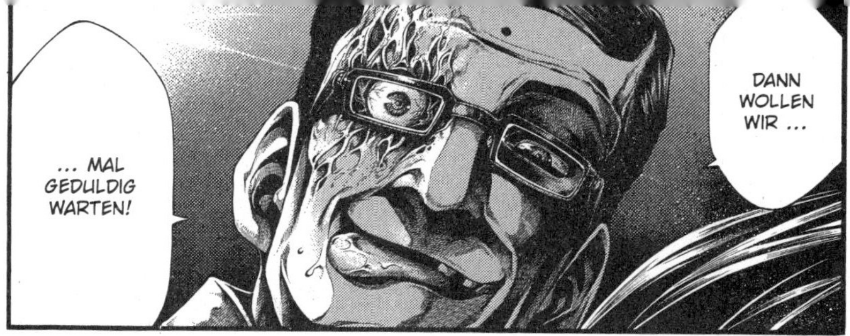

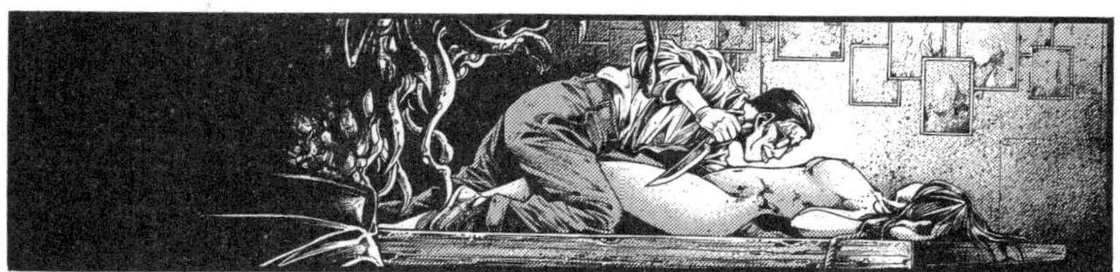

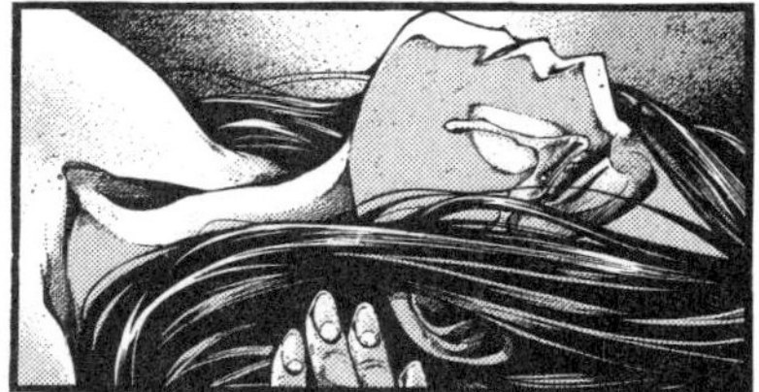

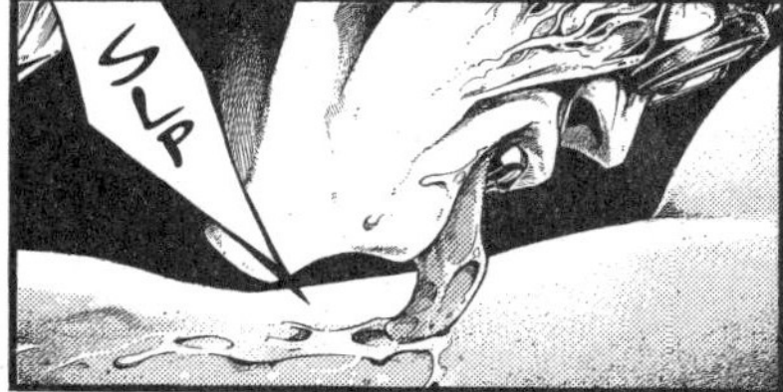

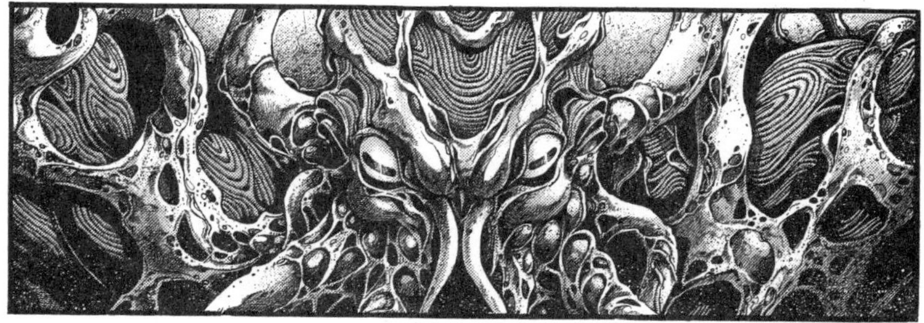

... KANETSUGU ...

...TSUGU ...

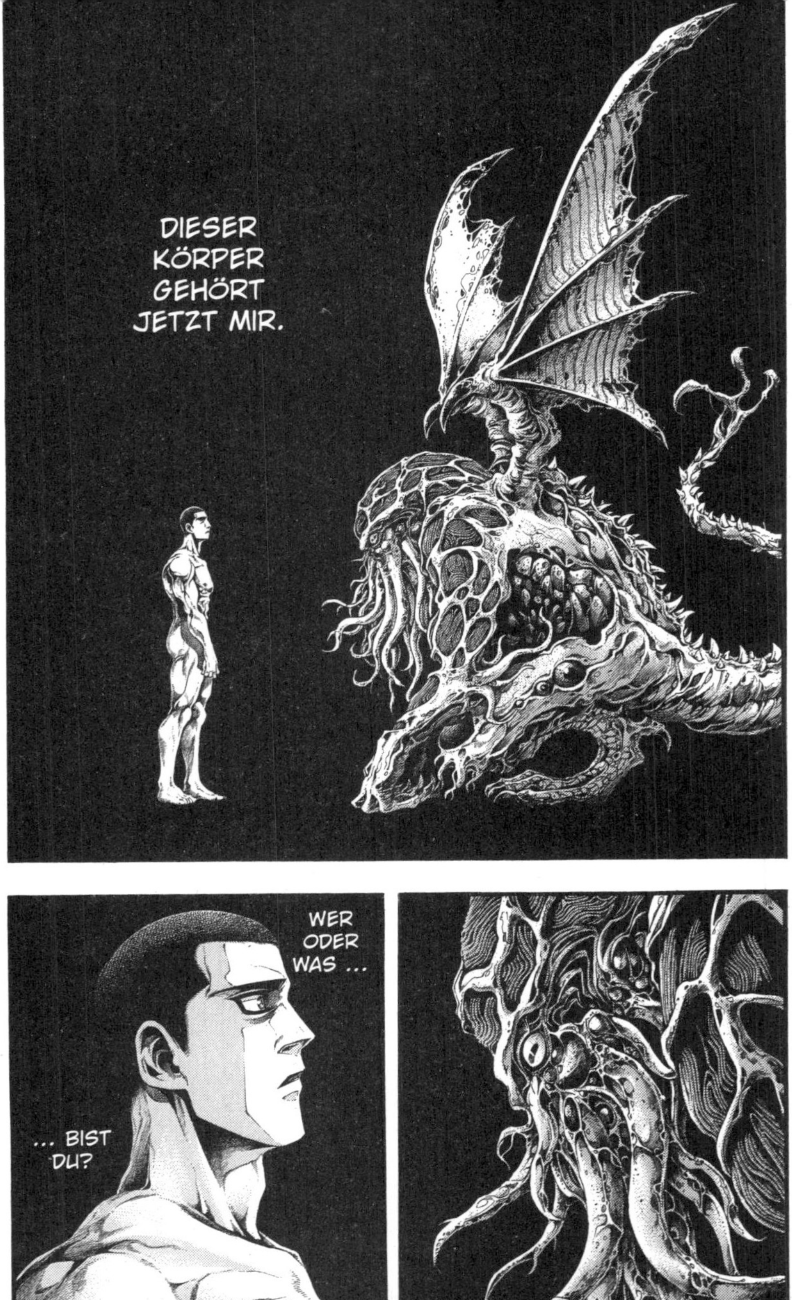

DIESER KÖRPER GEHÖRT JETZT MIR.

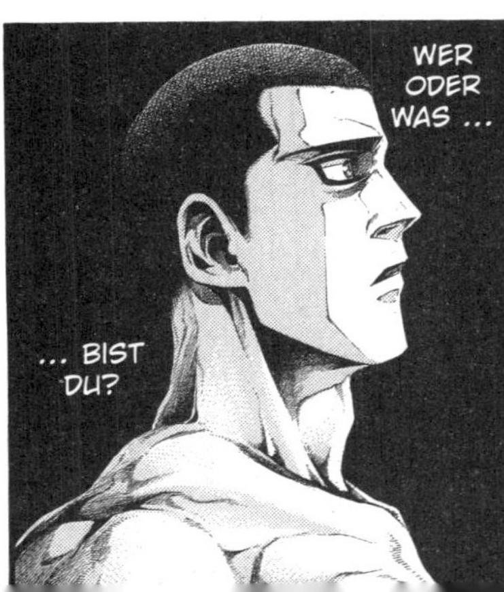

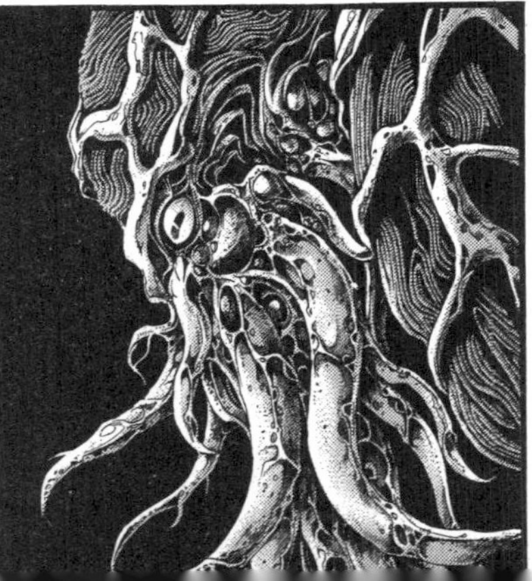

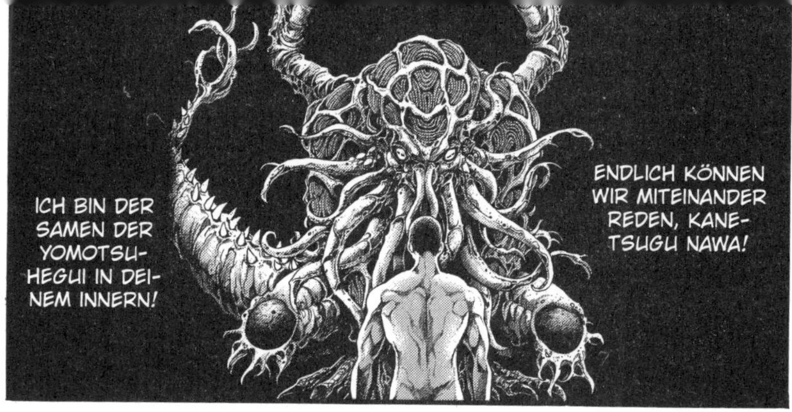
ENDLICH KÖNNEN WIR MITEINANDER REDEN, KANETSUGU NAWA!
ICH BIN DER SAMEN DER YOMOTSUHEGUI IN DEINEM INNERN!

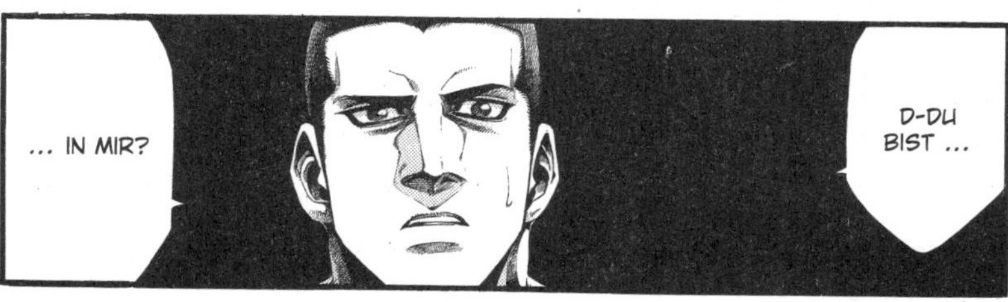
D-DU BIST ...
... IN MIR?

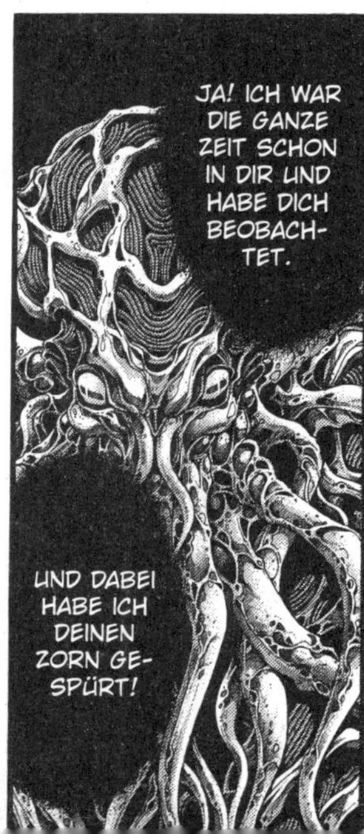
JA! ICH WAR DIE GANZE ZEIT SCHON IN DIR UND HABE DICH BEOBACHTET.
UND DABEI HABE ICH DEINEN ZORN GESPÜRT!

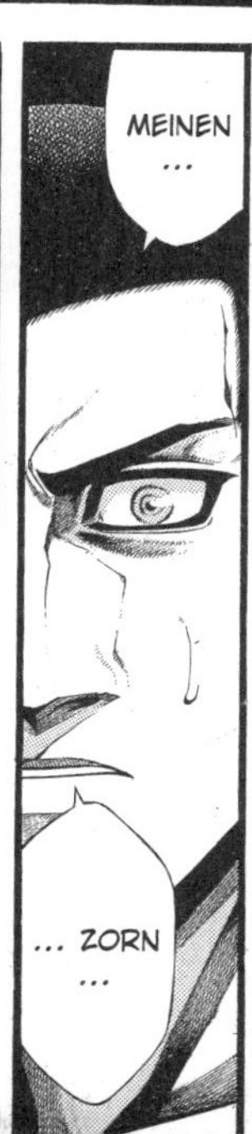
MEINEN ...
... ZORN ...

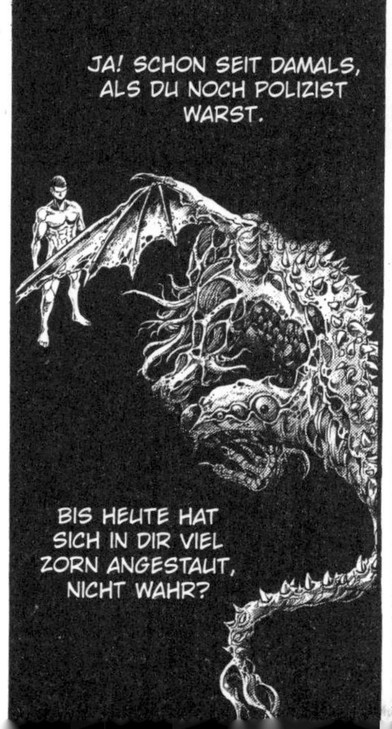
JA! SCHON SEIT DAMALS, ALS DU NOCH POLIZIST WARST.
BIS HEUTE HAT SICH IN DIR VIEL ZORN ANGESTAUT, NICHT WAHR?

EHEFRAU UND TOCHTER EINES POLIZISTEN ERMORDET

ERMITTLUNGEN GEHEN NUN AUCH IN RICHTUNG SERIENMORD

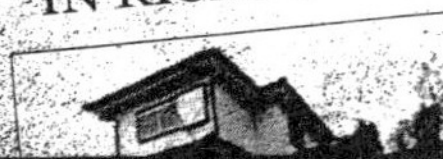

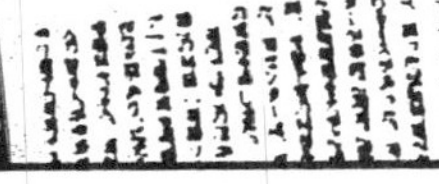

IM EIGENEN HAUS STRANGULIERT

ZORN WEGEN DER GRAUSAMEN UND ABGRUNDTIEF BÖSEN TAT ...

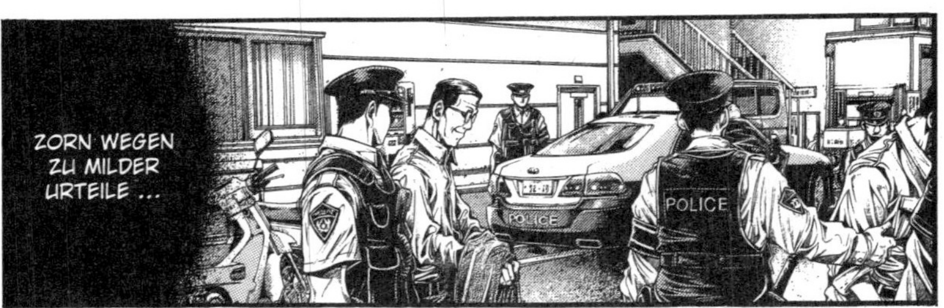

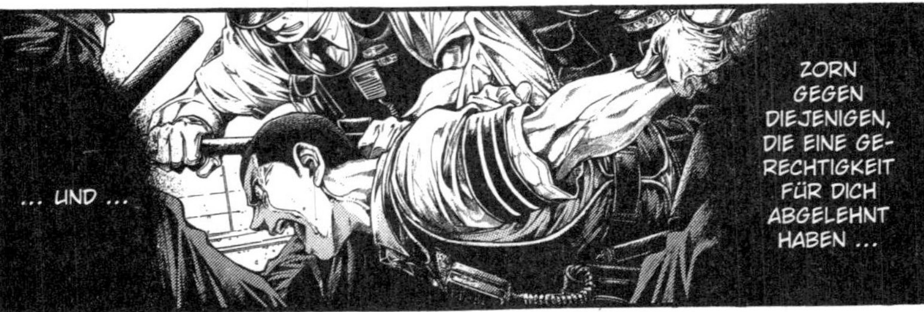

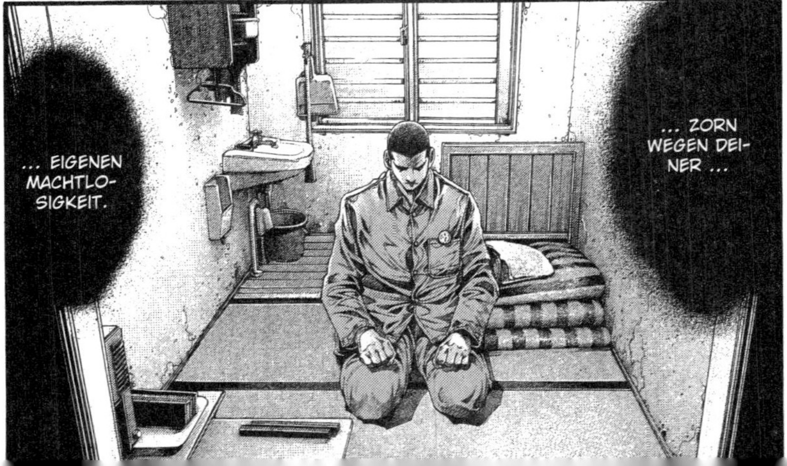

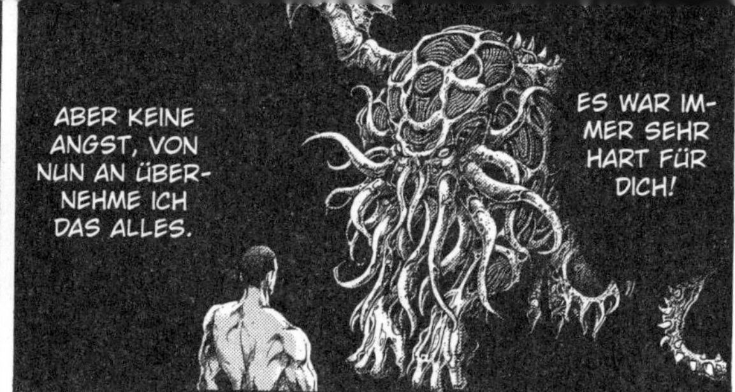
ES WAR IMMER SEHR HART FÜR DICH!
ABER KEINE ANGST, VON NUN AN ÜBERNEHME ICH DAS ALLES.

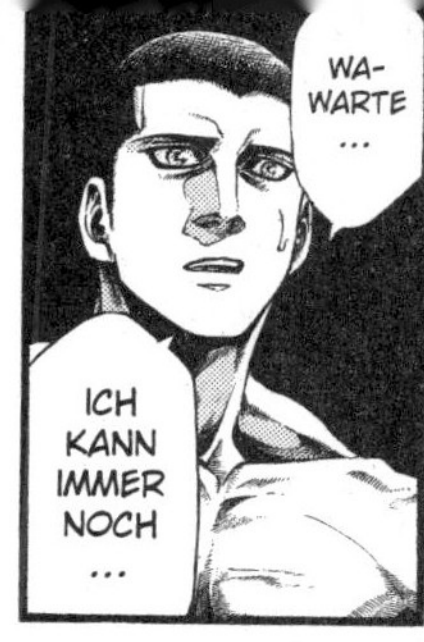
WA-WARTE ...
ICH KANN IMMER NOCH ...

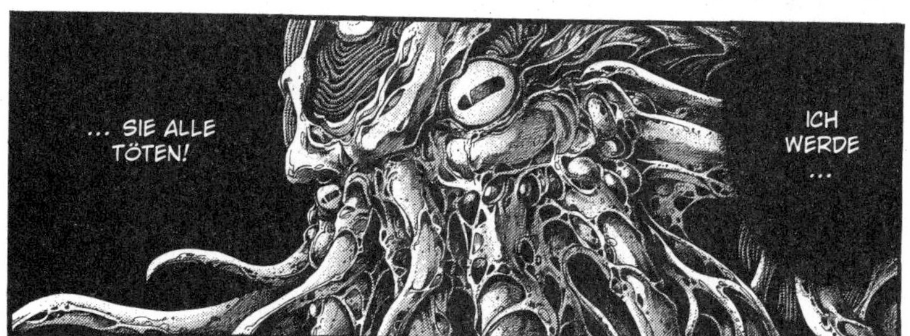
ICH WERDE ...
... SIE ALLE TÖTEN!

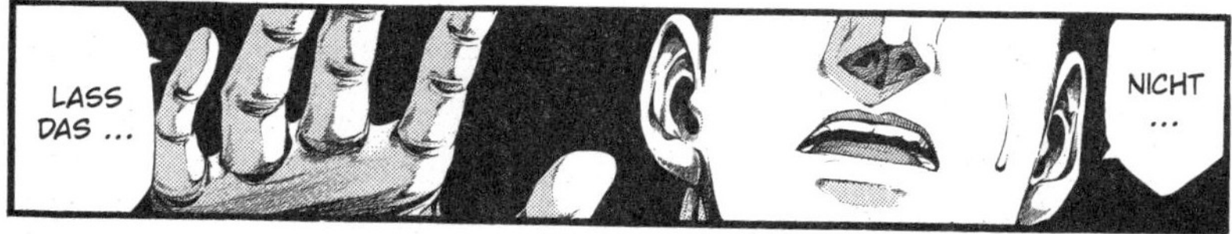
NICHT ...
LASS DAS ...

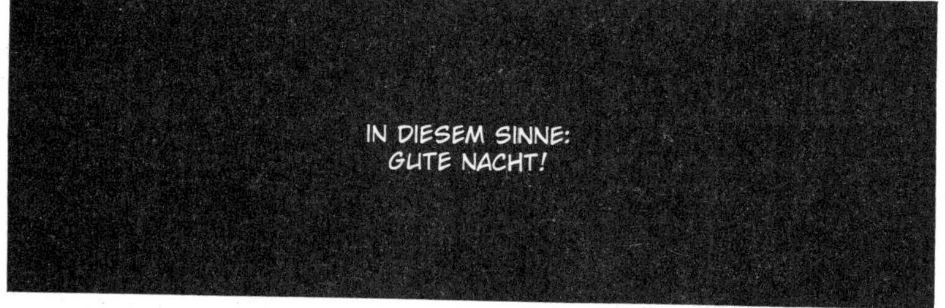
IN DIESEM SINNE: GUTE NACHT!

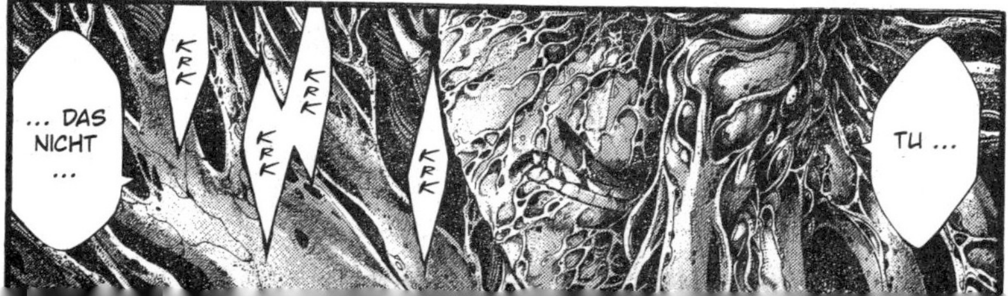
TU ...
KRK
KRK
KRK
KRK
... DAS NICHT ...

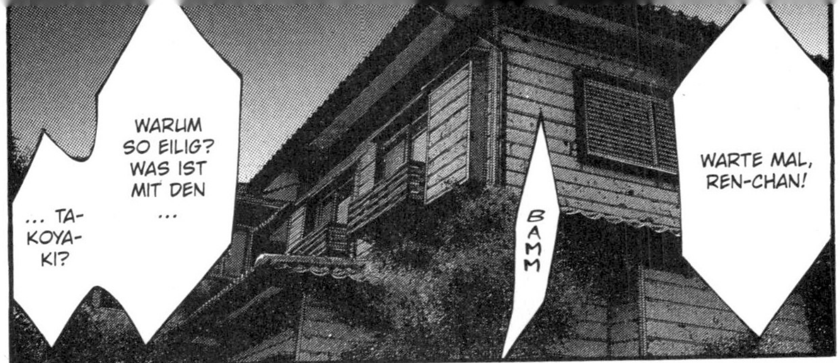
WARTE MAL, REN-CHAN!
BAMM
WARUM SO EILIG? WAS IST MIT DEN …
… TA-KOYA-KI?

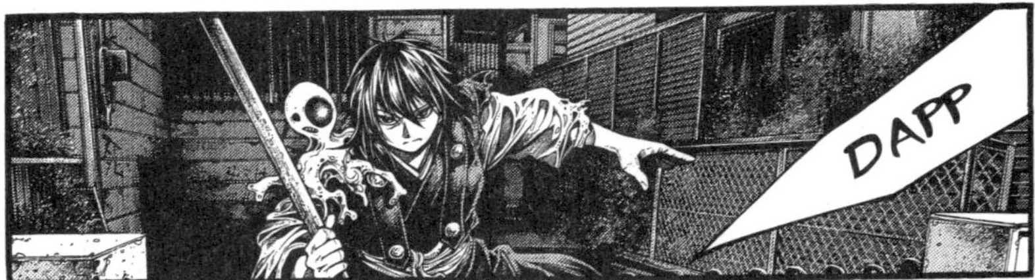
DAPP

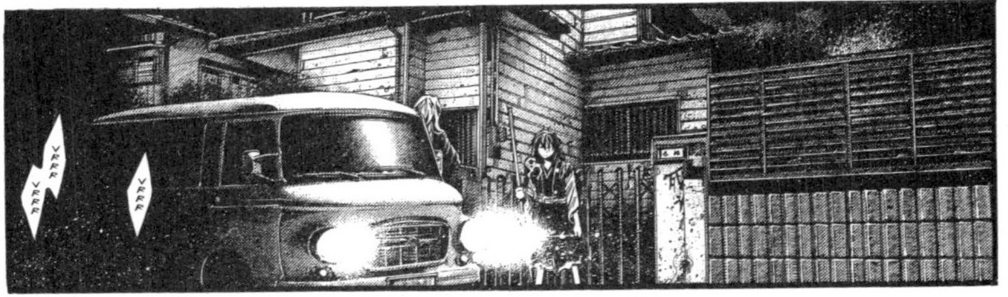
VRRR
VRRR
VRRR

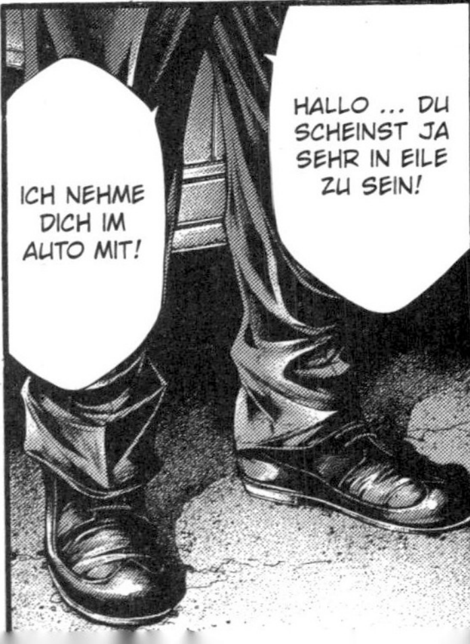
HALLO … DU SCHEINST JA SEHR IN EILE ZU SEIN!
ICH NEHME DICH IM AUTO MIT!

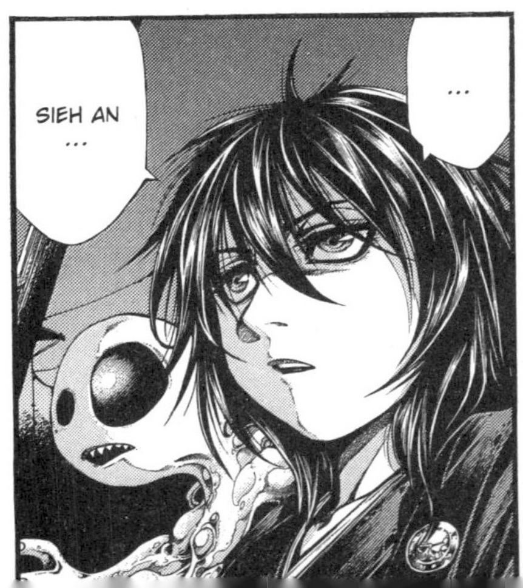
…
SIEH AN …

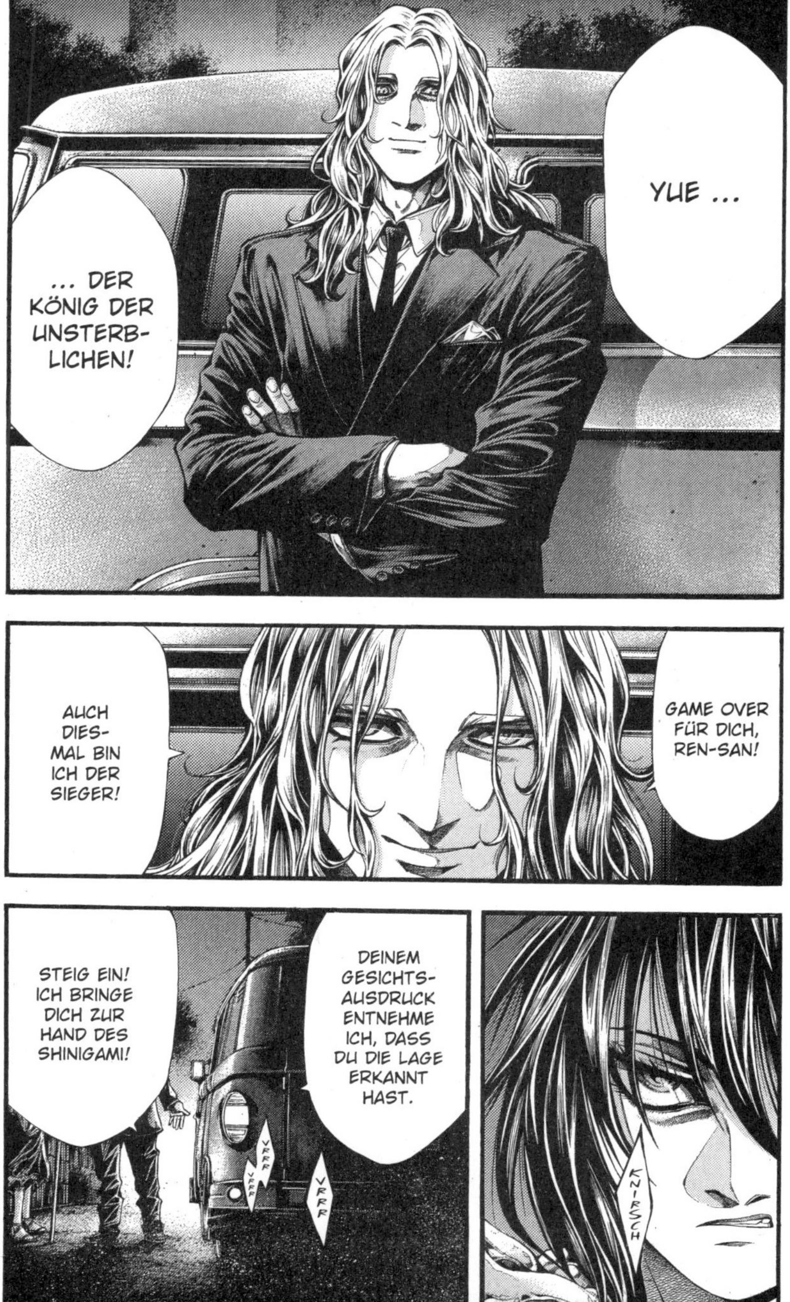

YUE ...

... DER KÖNIG DER UNSTERBLICHEN!

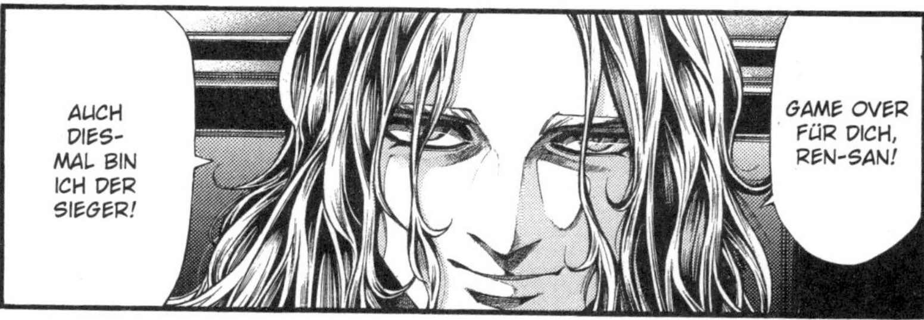

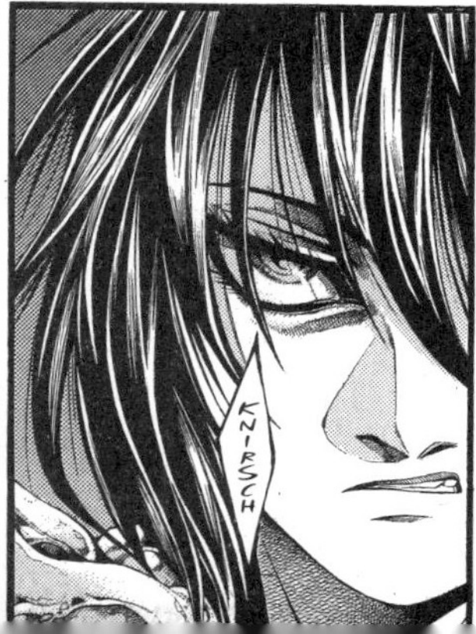

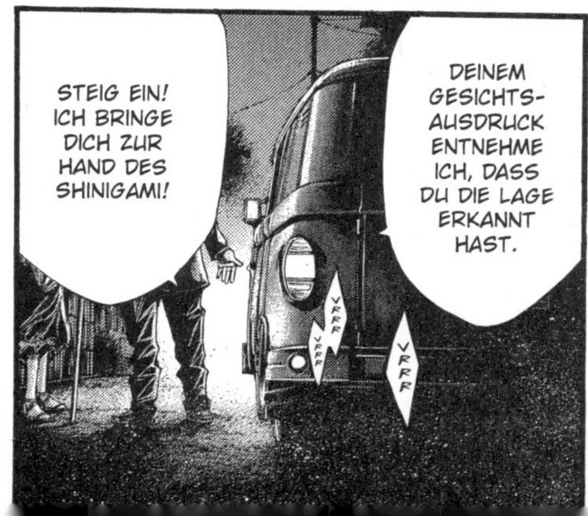

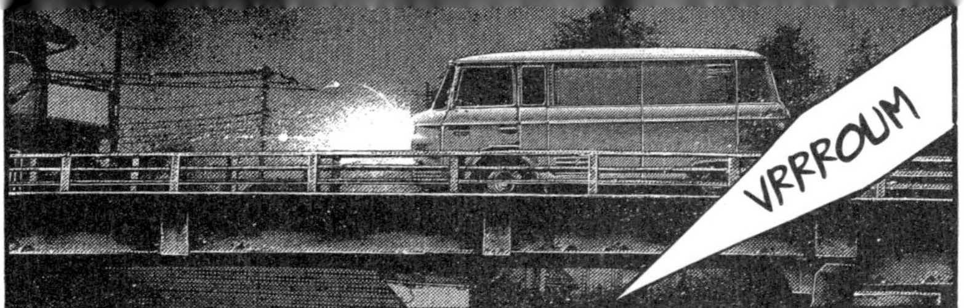
VRRROUM

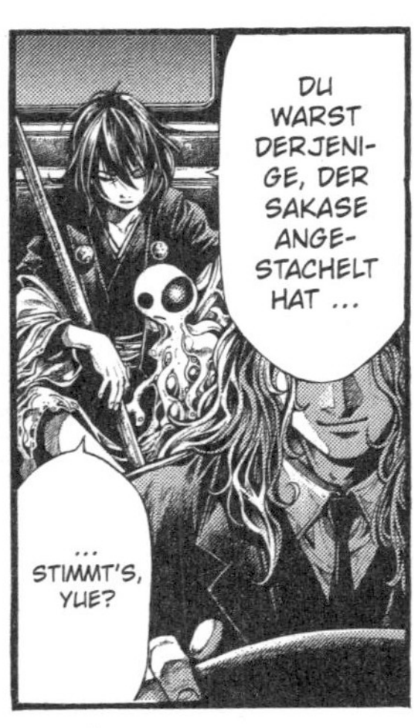
DU WARST DERJENIGE, DER SAKASE ANGESTACHELT HAT ...
... STIMMT'S, YUE?

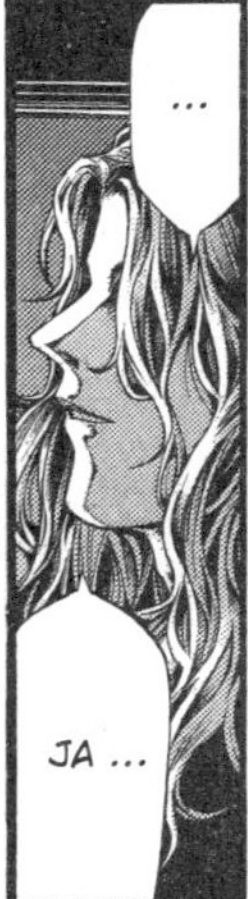
...
JA ...

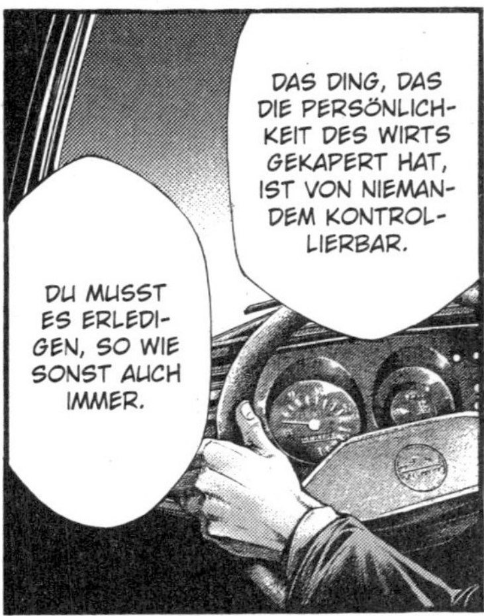
DAS DING, DAS DIE PERSÖNLICHKEIT DES WIRTS GEKAPERT HAT, IST VON NIEMANDEM KONTROLLIERBAR.
DU MUSST ES ERLEDIGEN, SO WIE SONST AUCH IMMER.

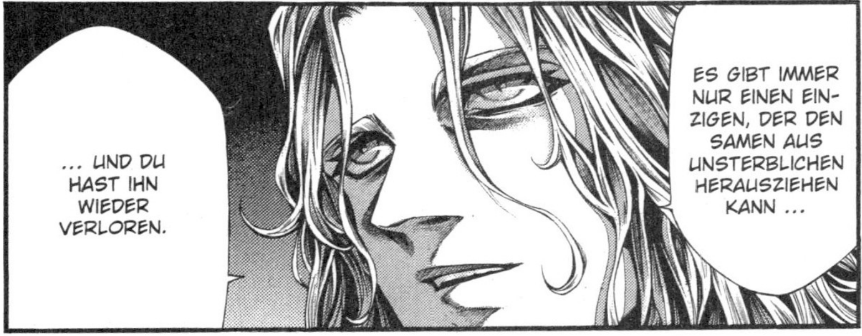
ES GIBT IMMER NUR EINEN EINZIGEN, DER DEN SAMEN AUS UNSTERBLICHEN HERAUSZIEHEN KANN ...
... UND DU HAST IHN WIEDER VERLOREN.

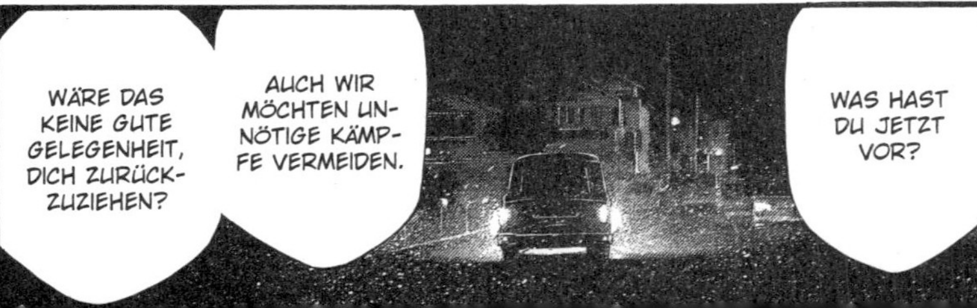
WAS HAST DU JETZT VOR?
AUCH WIR MÖCHTEN UNNÖTIGE KÄMPFE VERMEIDEN.
WÄRE DAS KEINE GUTE GELEGENHEIT, DICH ZURÜCKZUZIEHEN?

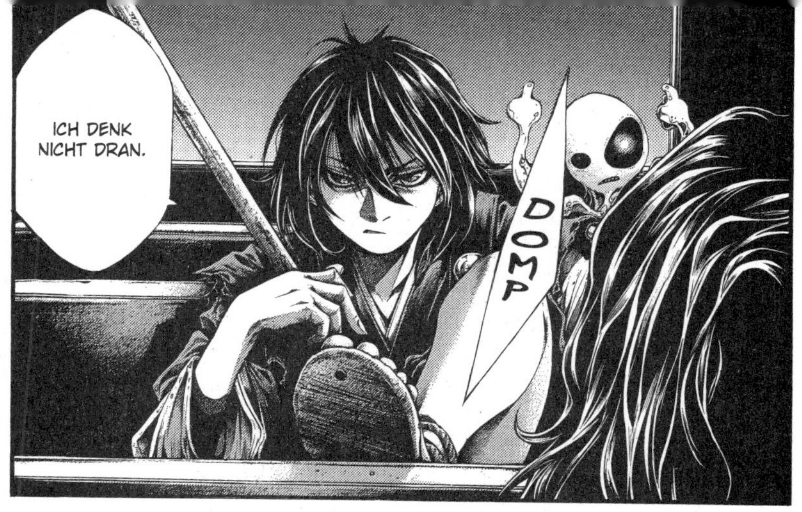
ICH DENK NICHT DRAN.
DOMP

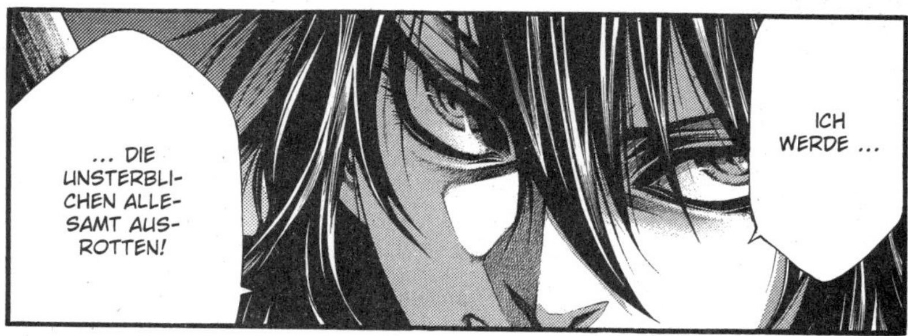
ICH WERDE ...
... DIE UNSTERBLICHEN ALLESAMT AUSROTTEN!

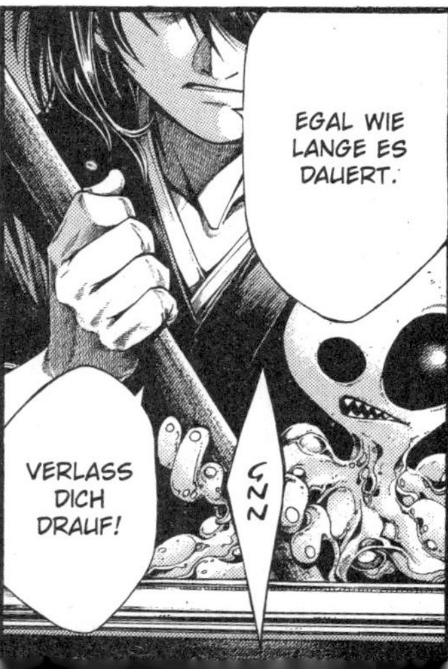
EGAL WIE LANGE ES DAUERT.
VERLASS DICH DRAUF!
GNN

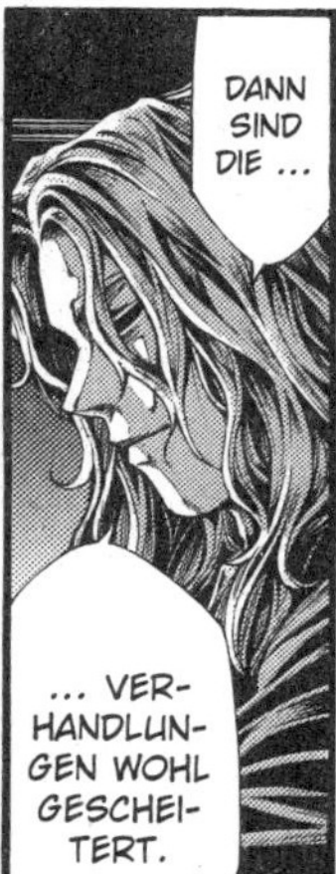
DANN SIND DIE ...
... VERHANDLUNGEN WOHL GESCHEITERT.

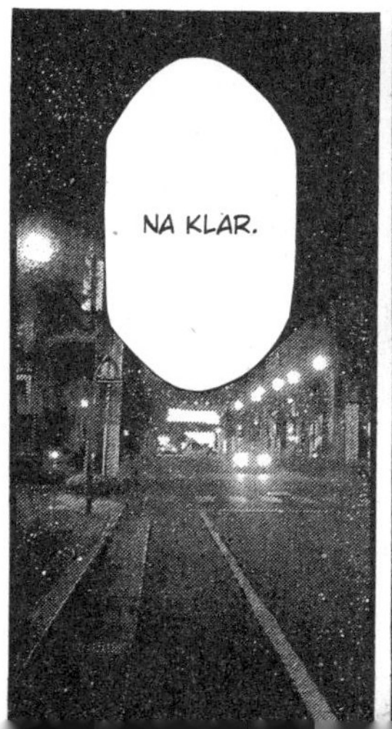
NA KLAR.

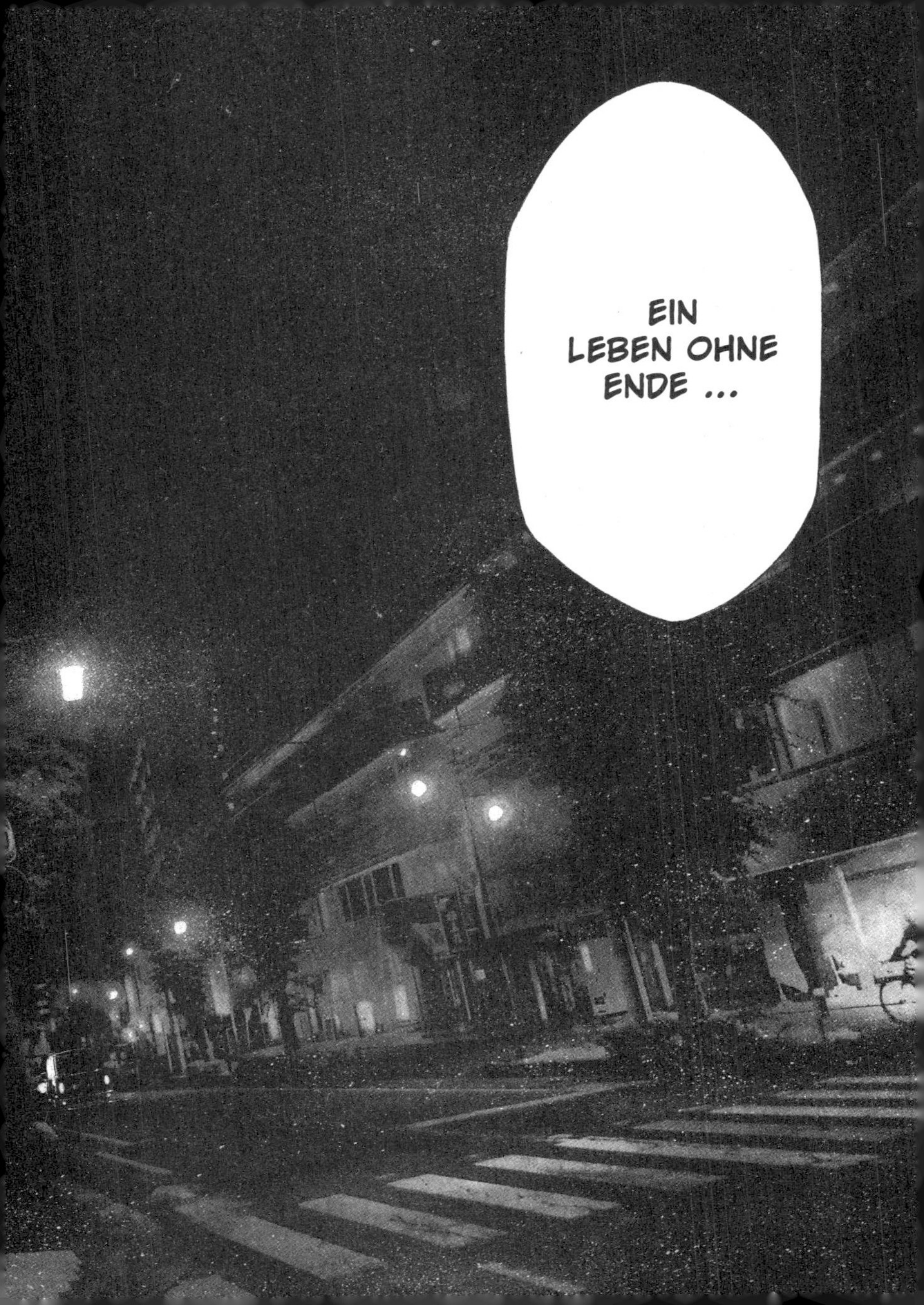
EIN LEBEN OHNE ENDE ...

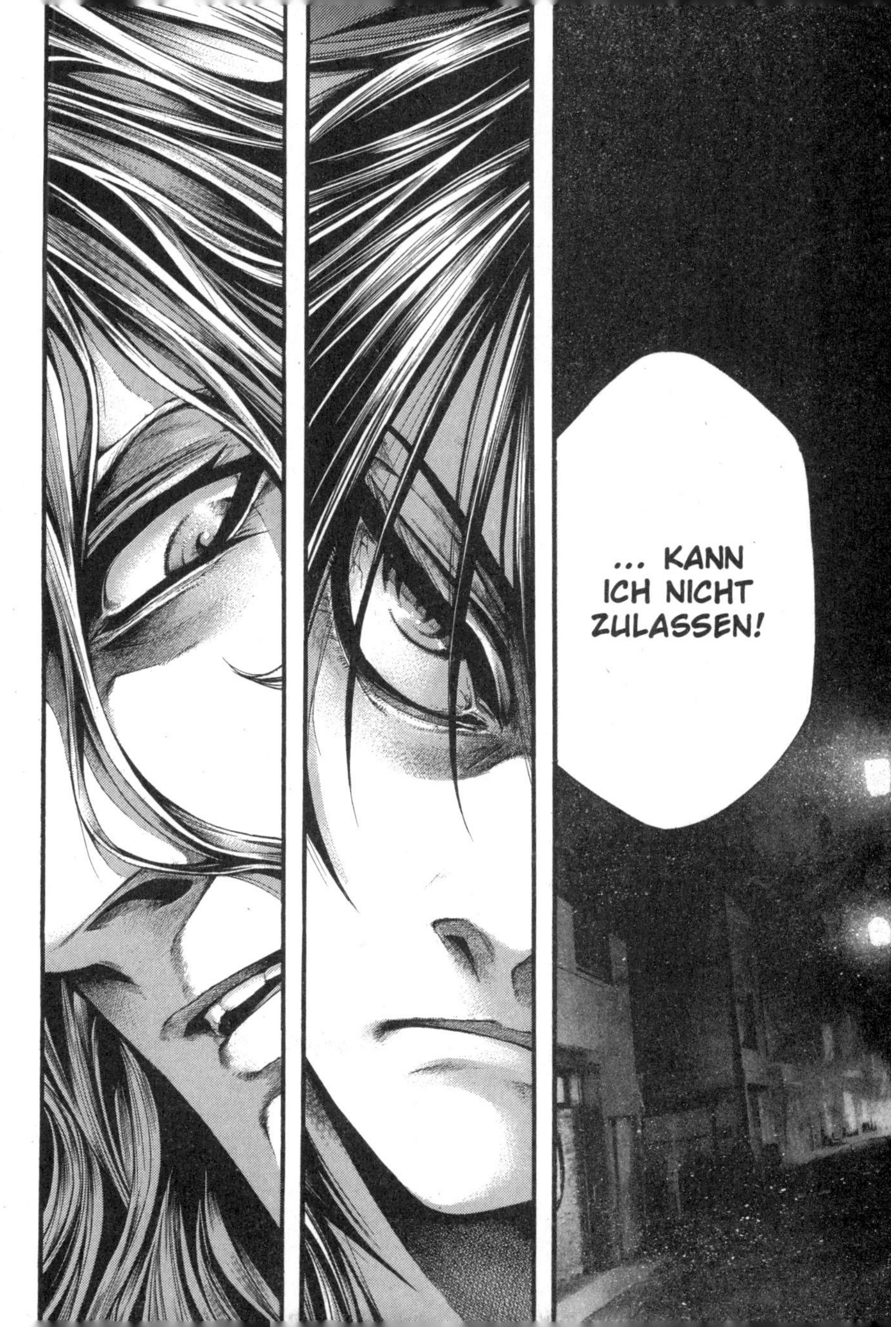
... KANN
ICH NICHT
ZULASSEN!

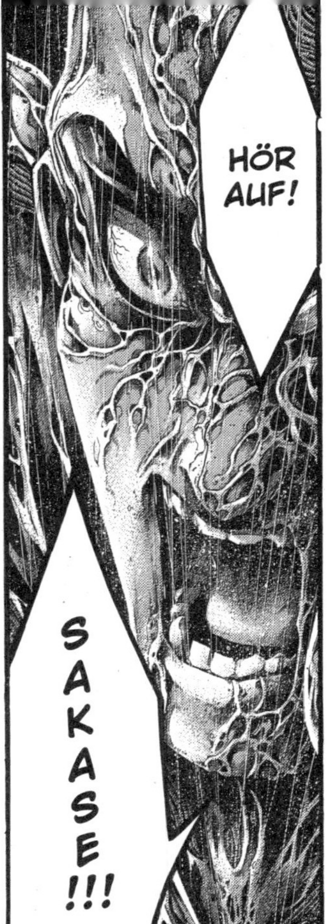
HÖR AUF!
SAKASE!!!

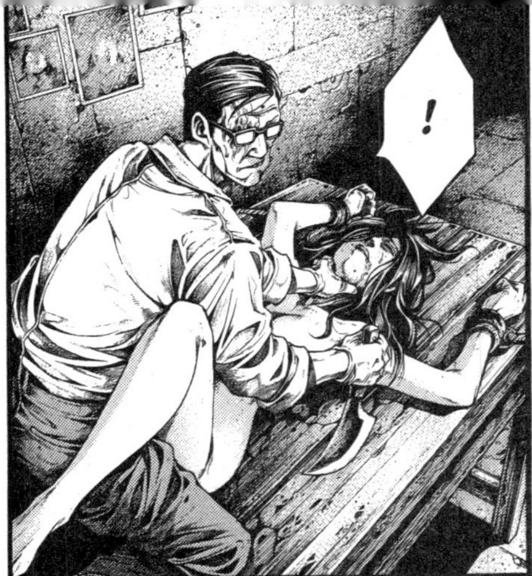
!

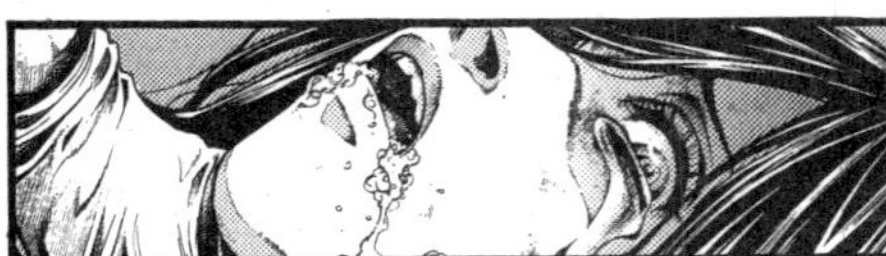

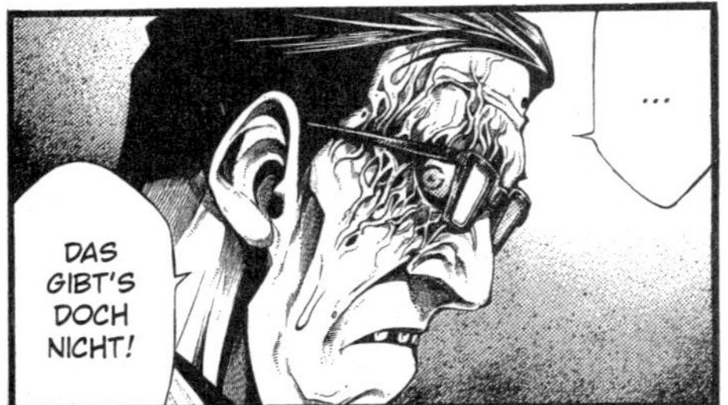
...
DAS GIBT'S DOCH NICHT!

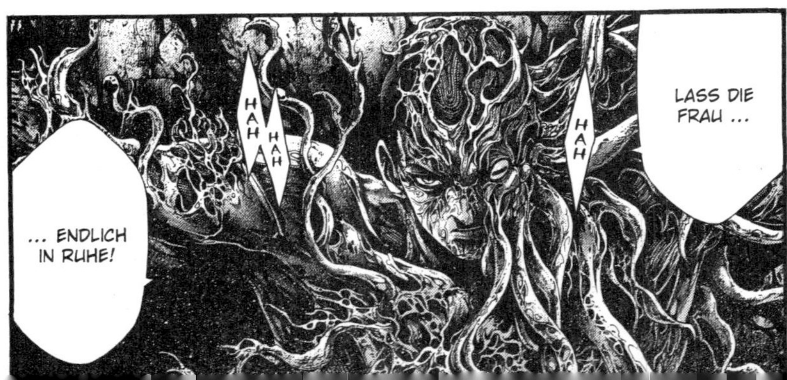
LASS DIE FRAU ...
HAH
HAH
HAH
... ENDLICH IN RUHE!

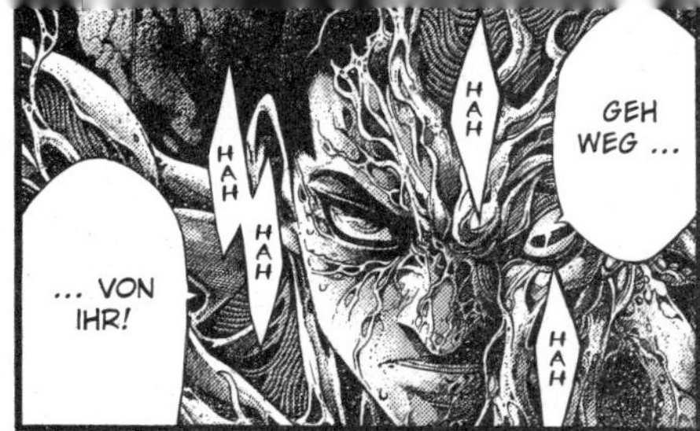
GEH WEG ...
HAH
HAH
HAH
HAH
... VON IHR!

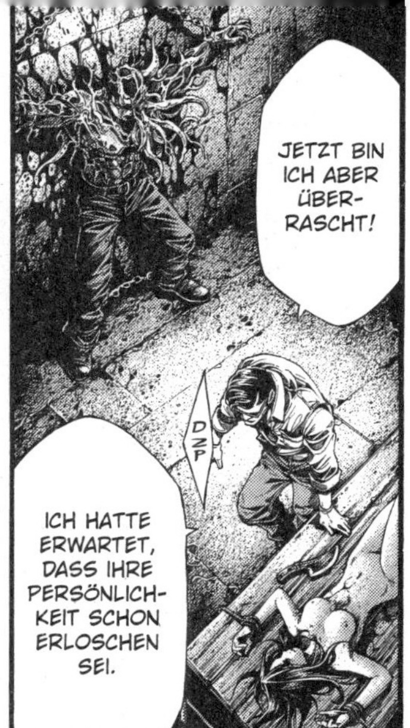
JETZT BIN ICH ABER ÜBER-RASCHT!
DZP
ICH HATTE ERWARTET, DASS IHRE PERSÖNLICH-KEIT SCHON ERLOSCHEN SEI.

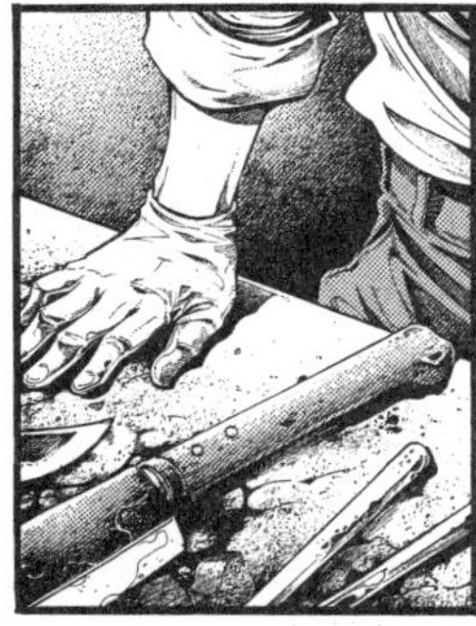

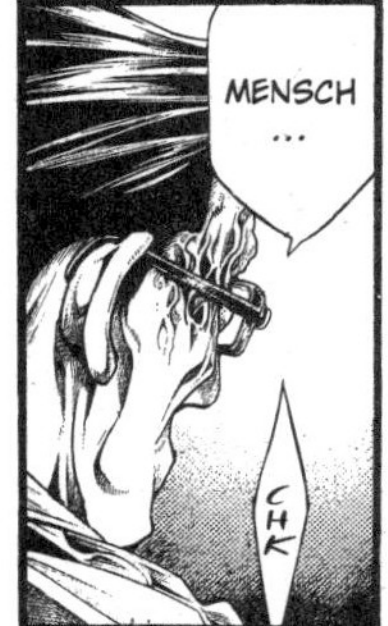
MENSCH ...
CHK

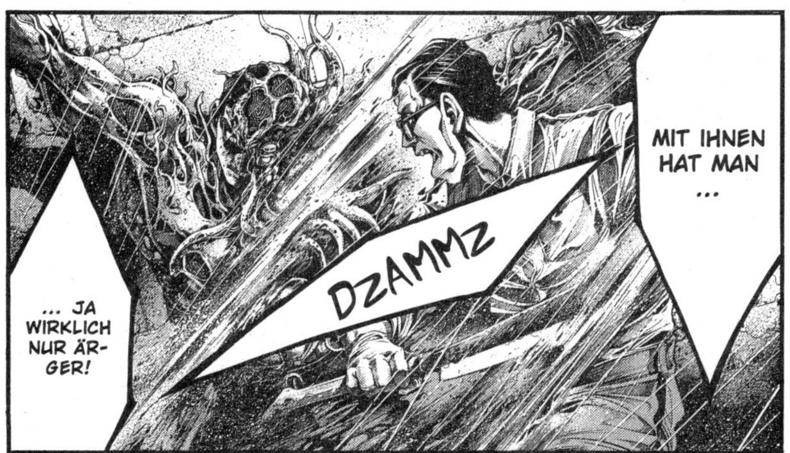
MIT IHNEN HAT MAN ...
DZAMMZ
... JA WIRKLICH NUR ÄR-GER!

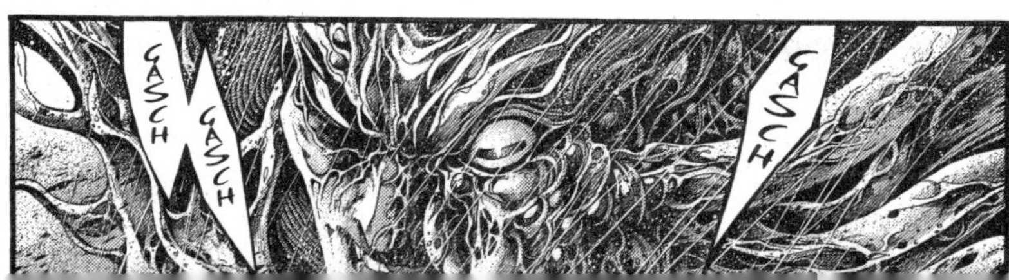
GASCH
GASCH
GASCH

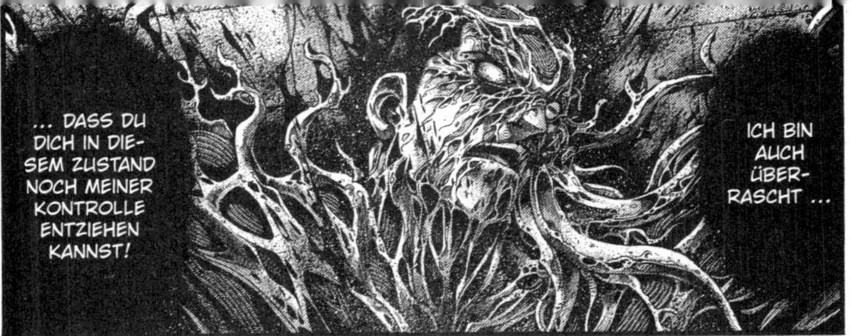
ICH BIN AUCH ÜBER-RASCHT ...
... DASS DU DICH IN DIE-SEM ZUSTAND NOCH MEINER KONTROLLE ENTZIEHEN KANNST!

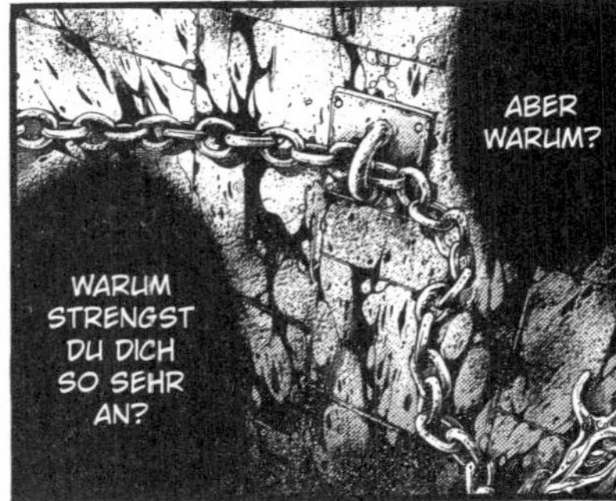
ABER WARUM?
WARUM STRENGST DU DICH SO SEHR AN?

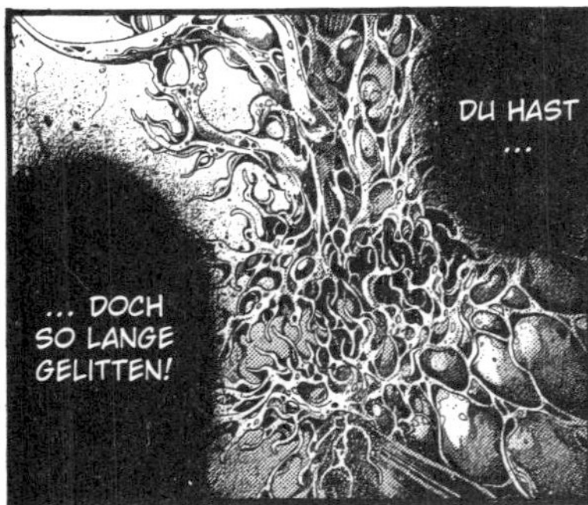
DU HAST ...
... DOCH SO LANGE GELITTEN!

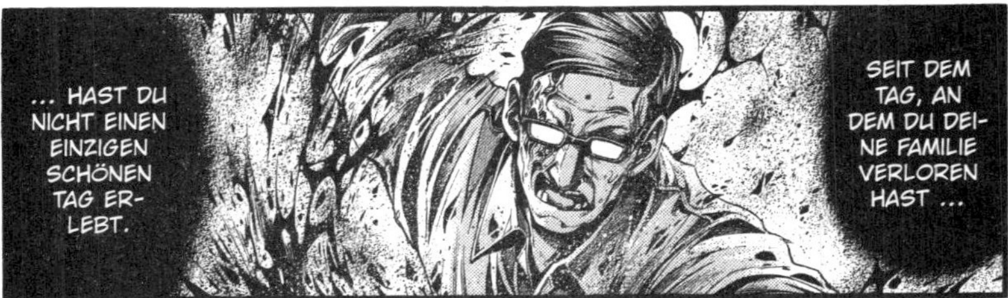
SEIT DEM TAG, AN DEM DU DEI-NE FAMILIE VERLOREN HAST ...
... HAST DU NICHT EINEN EINZIGEN SCHÖNEN TAG ER-LEBT.

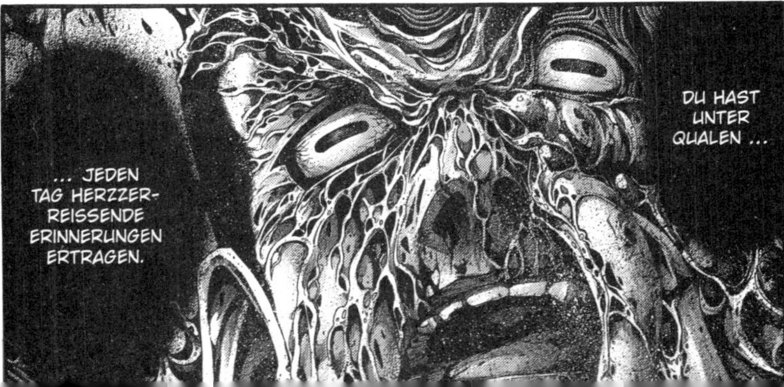
DU HAST UNTER QUALEN ...
... JEDEN TAG HERZZER-REISSENDE ERINNERUNGEN ERTRAGEN.

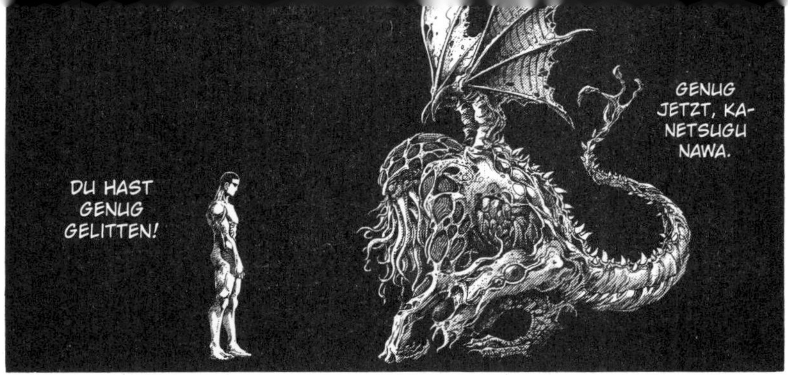
GENUG JETZT, KANETSUGU NAWA.
DU HAST GENUG GELITTEN!

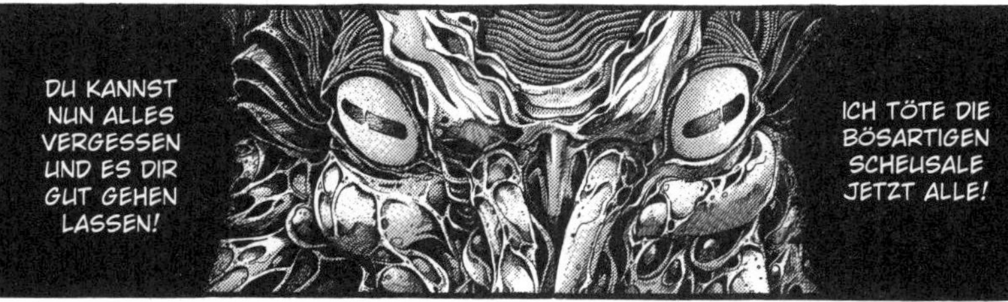
ICH TÖTE DIE BÖSARTIGEN SCHEUSALE JETZT ALLE!
DU KANNST NUN ALLES VERGESSEN UND ES DIR GUT GEHEN LASSEN!

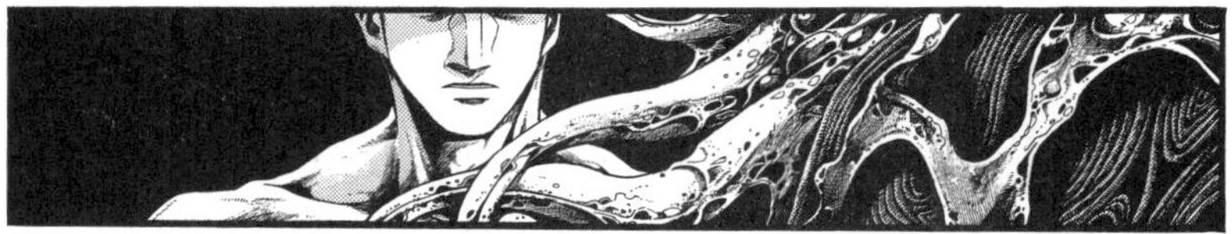

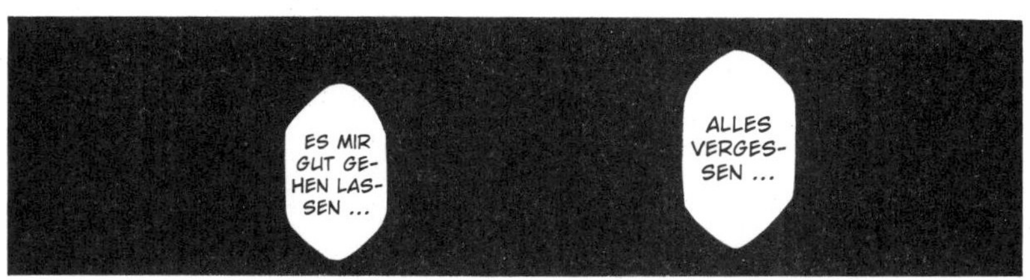
ALLES VERGESSEN ...
ES MIR GUT GEHEN LASSEN ...

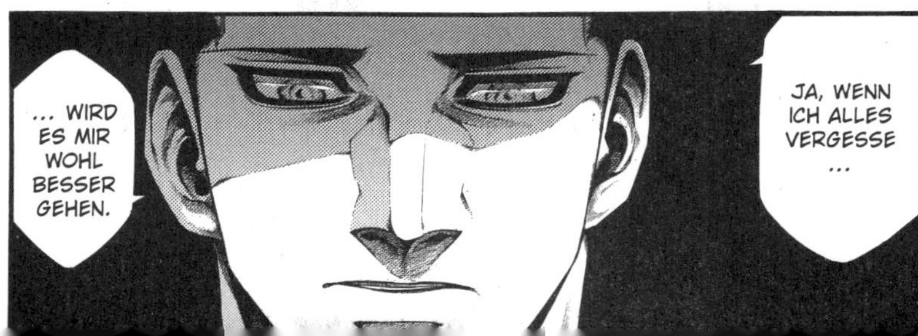
JA, WENN ICH ALLES VERGESSE ...
... WIRD ES MIR WOHL BESSER GEHEN.

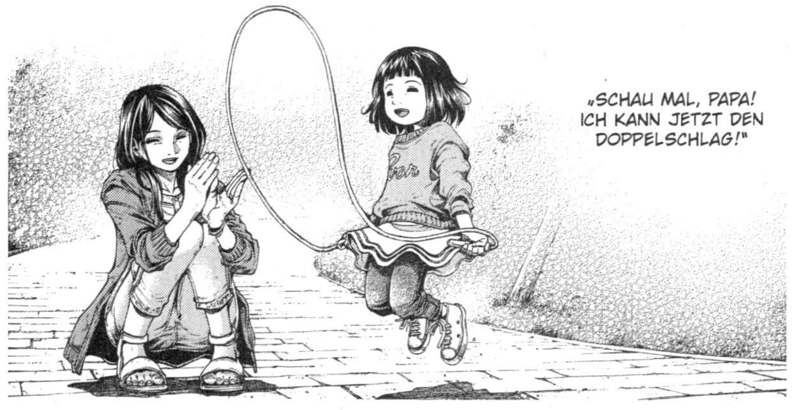
„SCHAU MAL, PAPA! ICH KANN JETZT DEN DOPPELSCHLAG!"

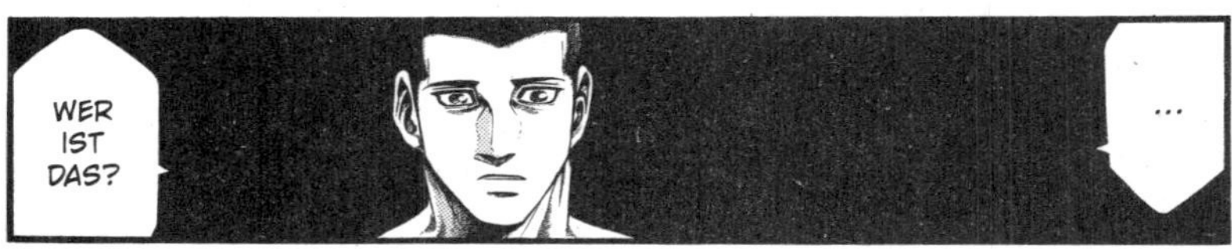
...
WER IST DAS?

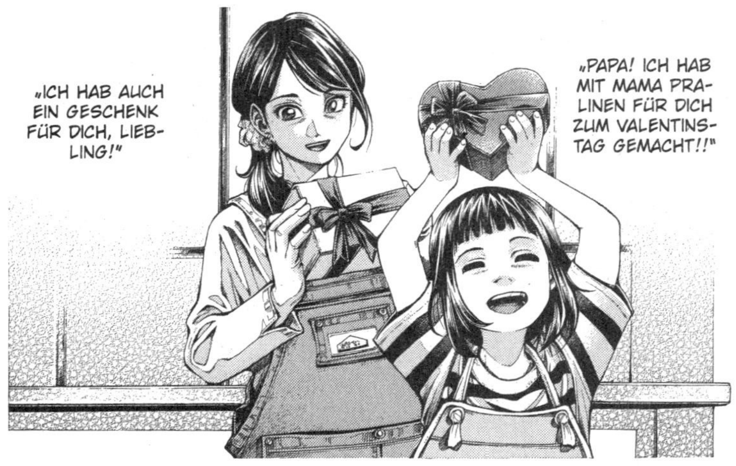
„PAPA! ICH HAB MIT MAMA PRALINEN FÜR DICH ZUM VALENTINSTAG GEMACHT!!"
„ICH HAB AUCH EIN GESCHENK FÜR DICH, LIEBLING!"

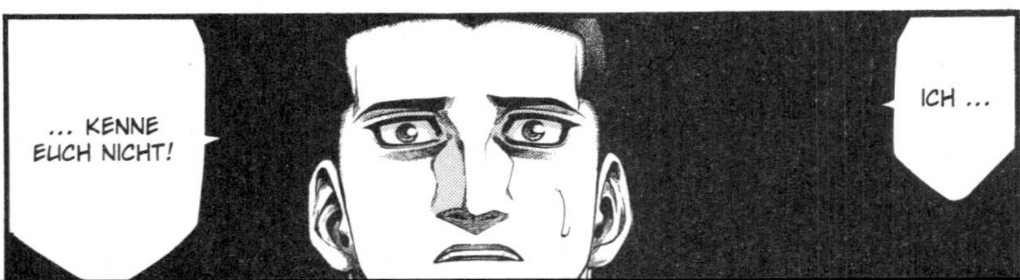
ICH ...
... KENNE EUCH NICHT!

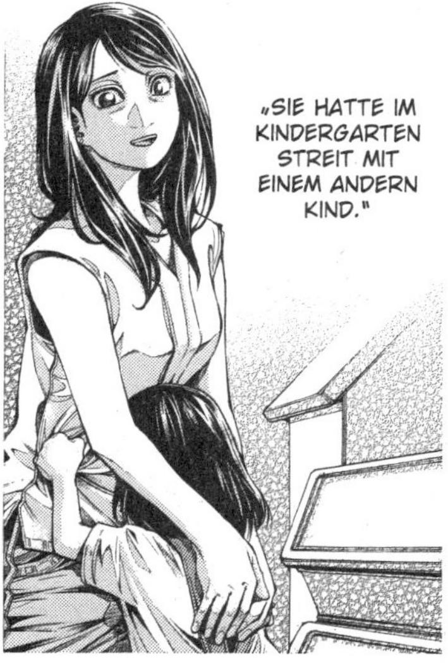
„SIE HATTE IM KINDERGARTEN STREIT MIT EINEM ANDERN KIND."

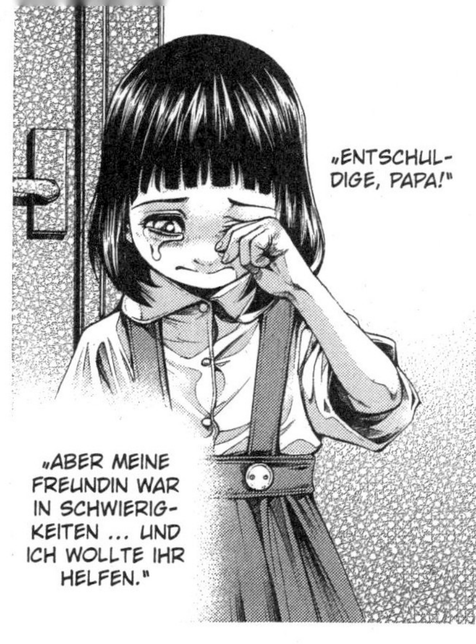
„ENTSCHULDIGE, PAPA!"
„ABER MEINE FREUNDIN WAR IN SCHWIERIGKEITEN ... UND ICH WOLLTE IHR HELFEN."

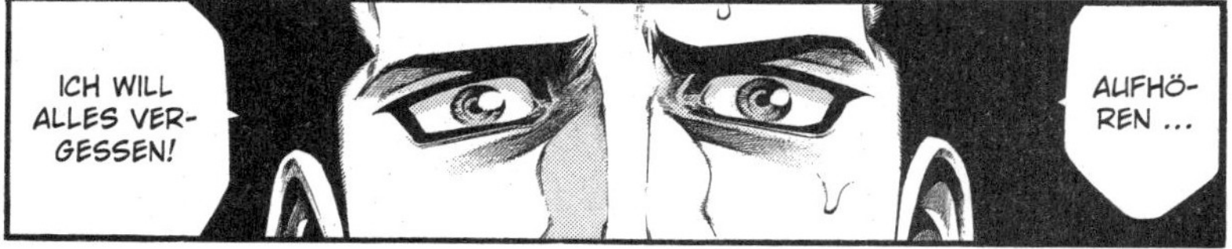
AUFHÖREN ...
ICH WILL ALLES VERGESSEN!

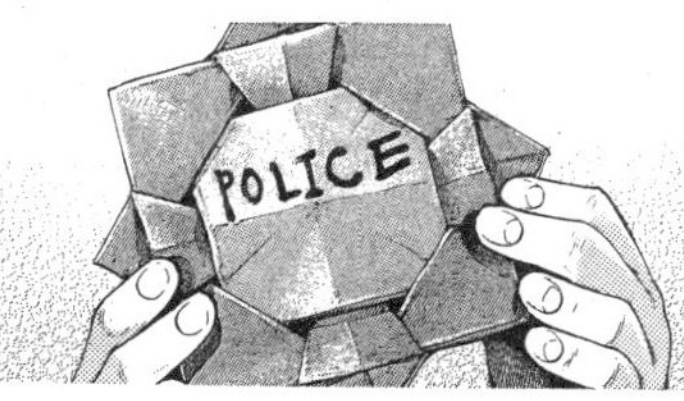
POLICE
„TADAA! SCHAU MAL, EIN POLIZEIABZEICHEN!"
„DAS HAB ICH HEUTE IM KINDERGARTEN GEMACHT!"

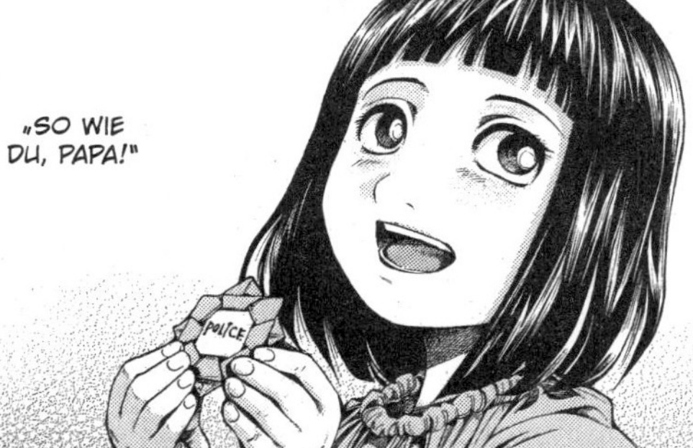
„DAMIT MACH ICH JETZT AUCH GANZ VIELE BÖSE MENSCHEN FERTIG!"
„SO WIE DU, PAPA!"
POLICE

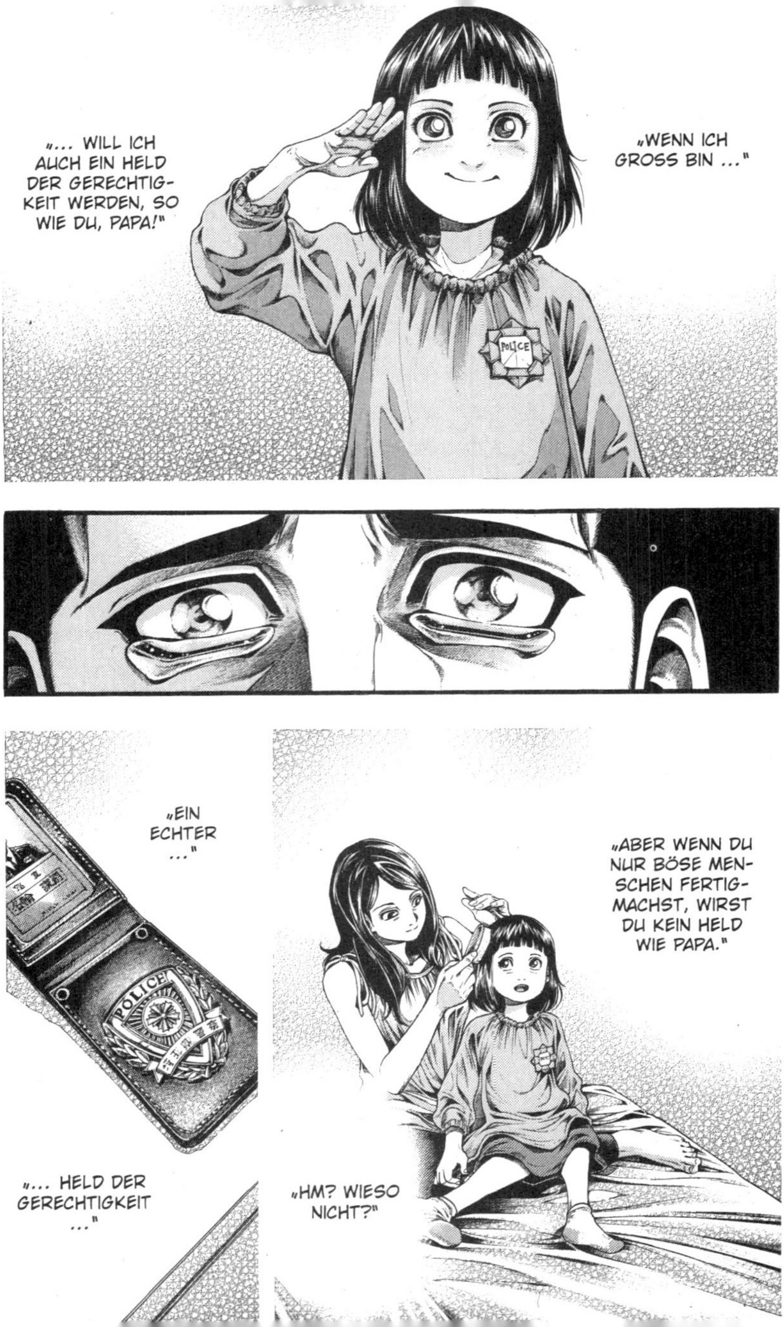

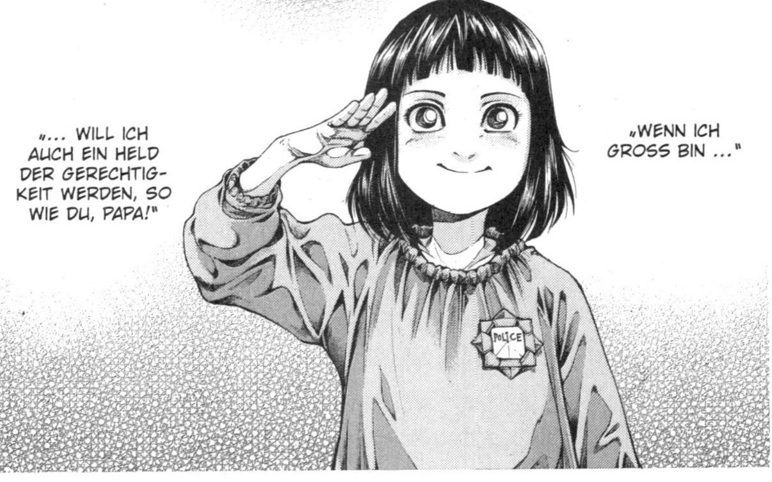

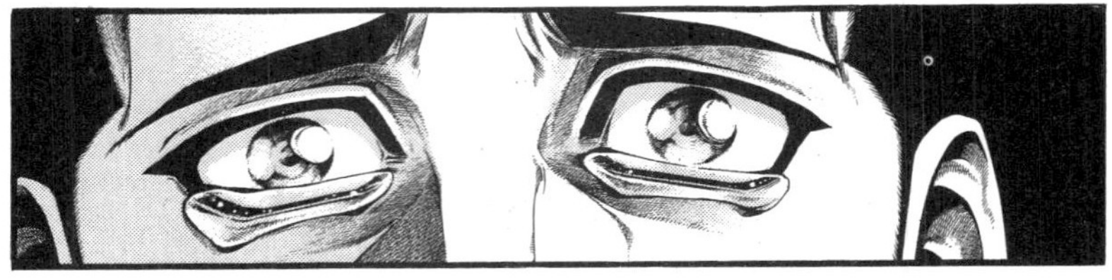

„ABER WENN DU NUR BÖSE MEN-SCHEN FERTIG-MACHST, WIRST DU KEIN HELD WIE PAPA."

„HM? WIESO NICHT?"

„EIN ECHTER ..."

„... HELD DER GERECHTIGKEIT ..."

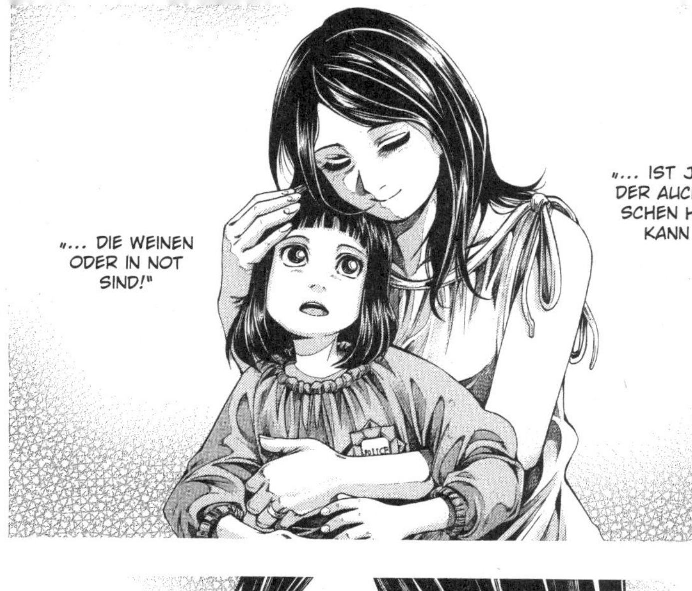
„... IST JEMAND, DER AUCH MEN-SCHEN HELFEN KANN ...“
„... DIE WEINEN ODER IN NOT SIND!“

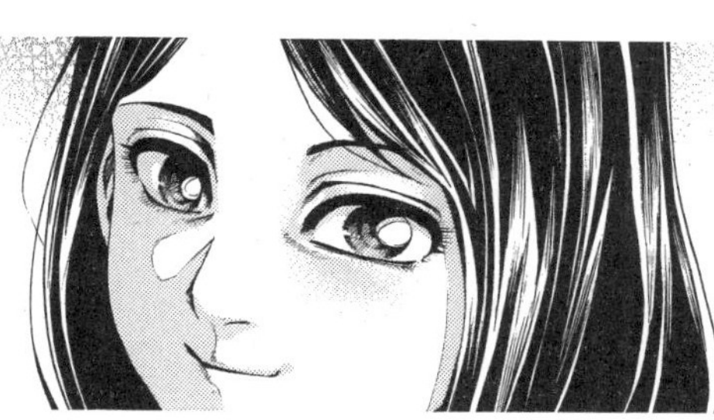
„UND PAPA ...“

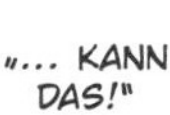
„... KANN DAS!“

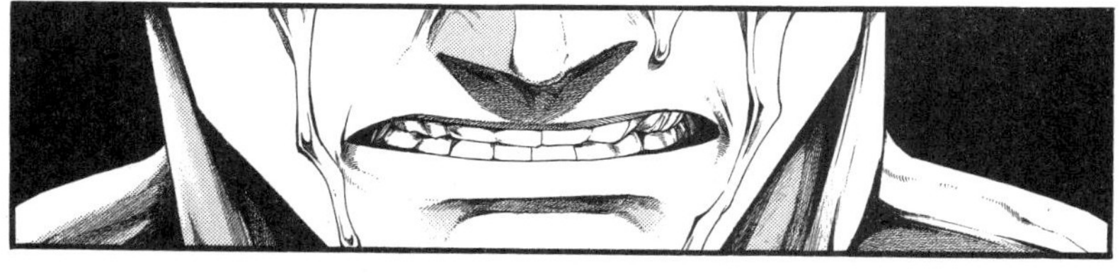

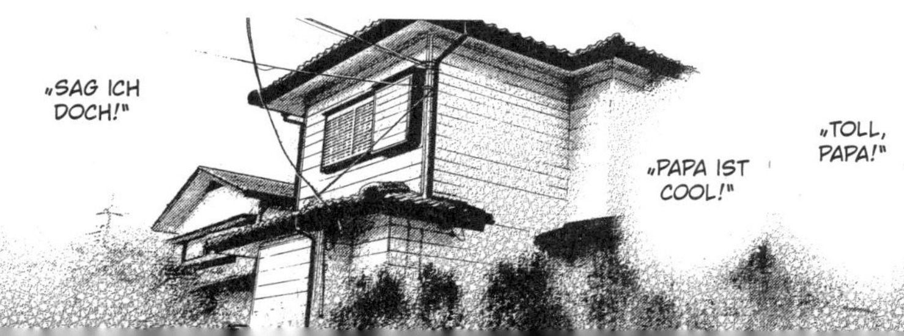
„TOLL, PAPA!“
„PAPA IST COOL!“
„SAG ICH DOCH!“

„PAPA IST EIN ..."

„... ECHTER HELD DER GERECHTIGKEIT!"

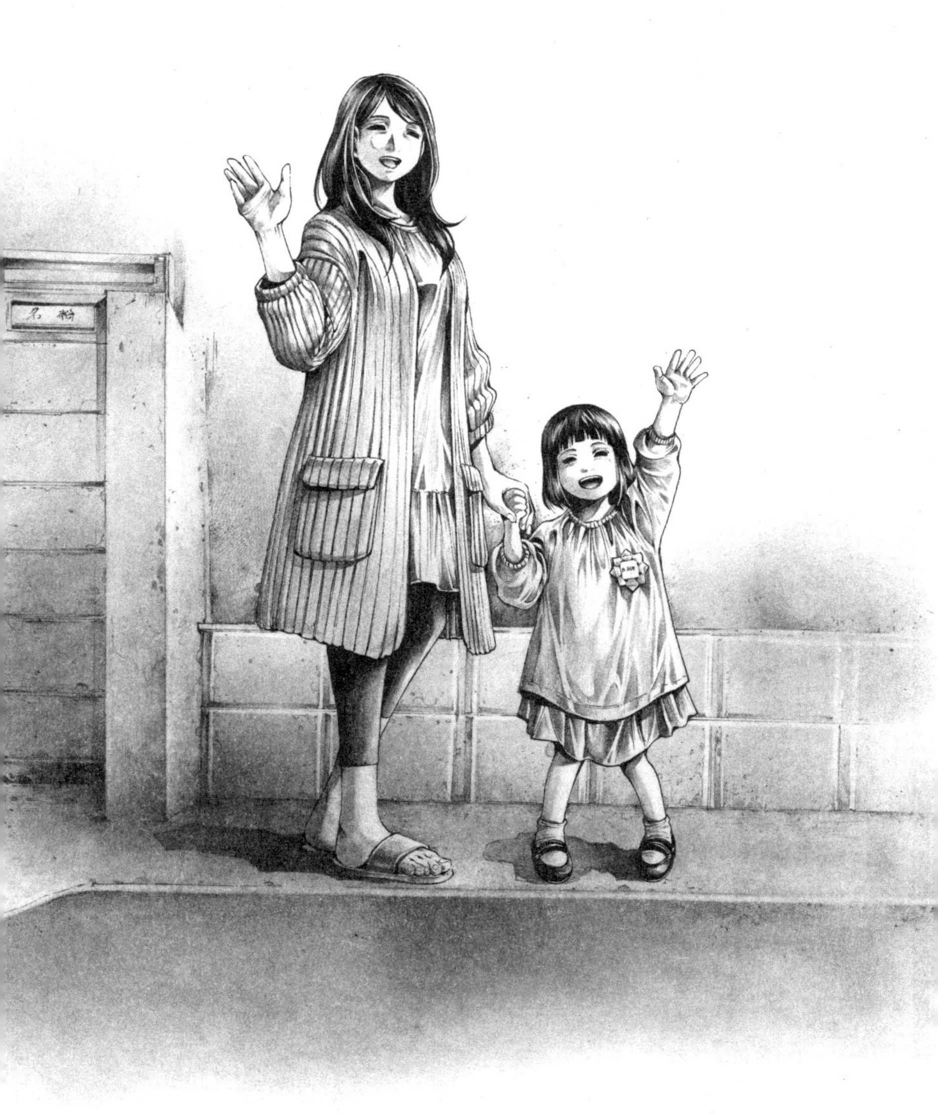

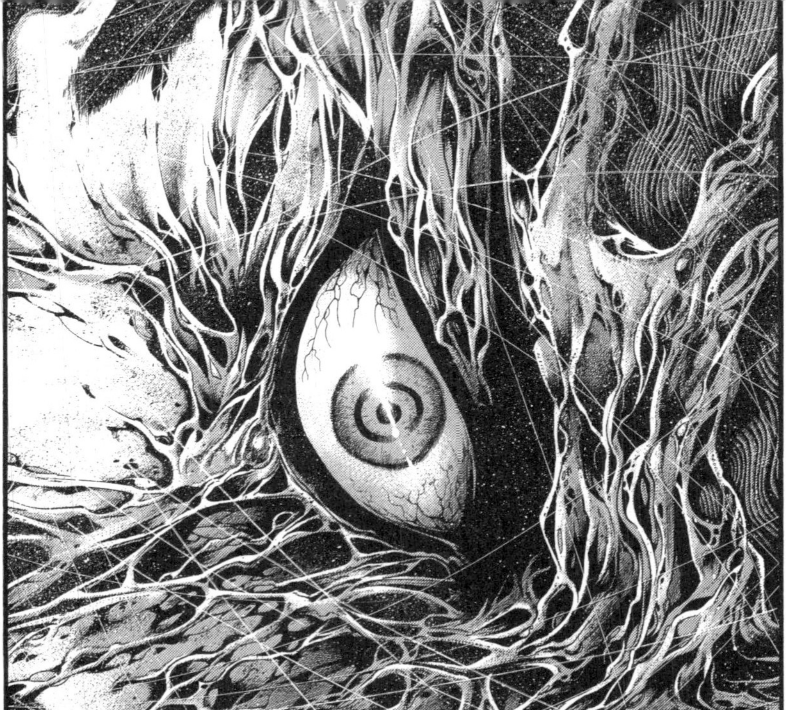

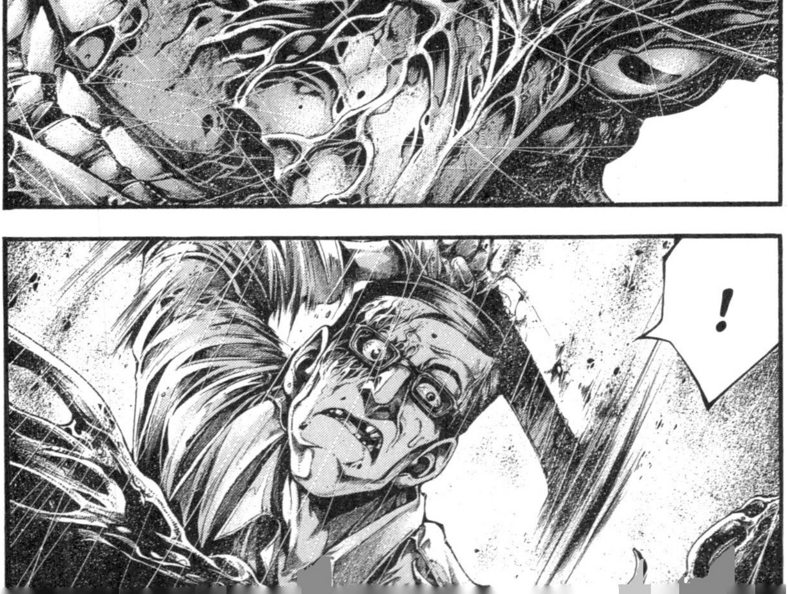

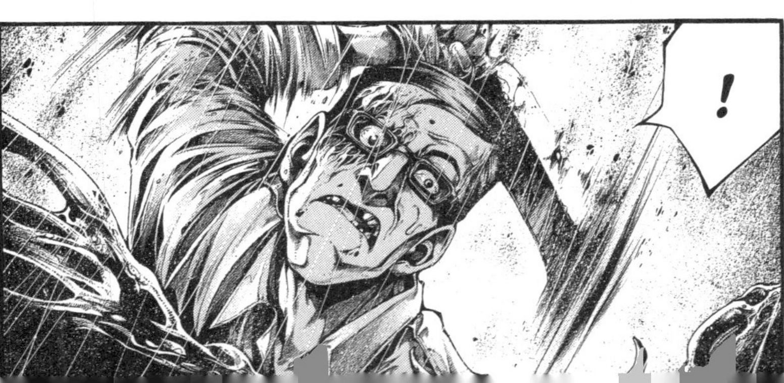

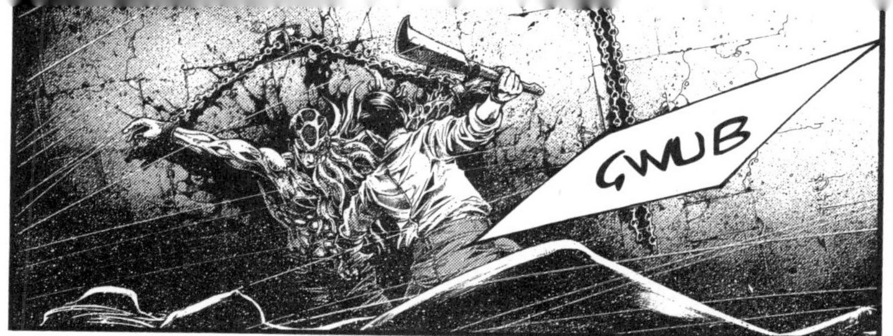
GWUB

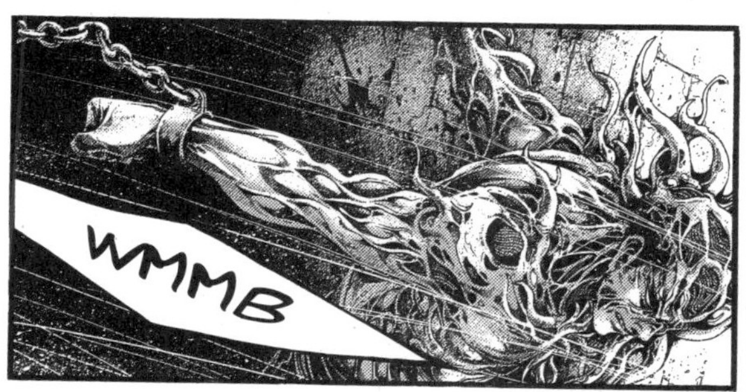
WMMB

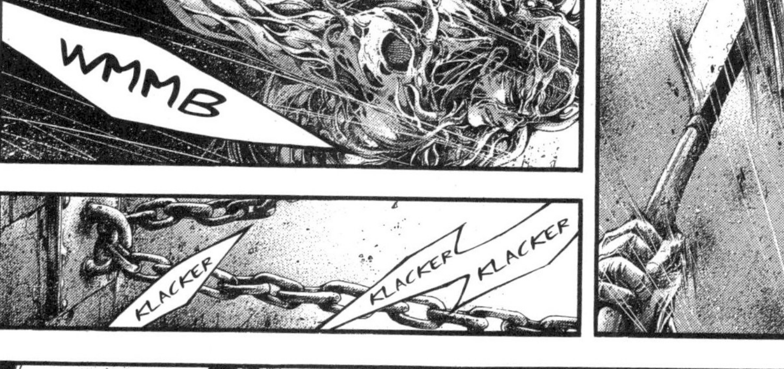
KLACKER
KLACKER
KLACKER

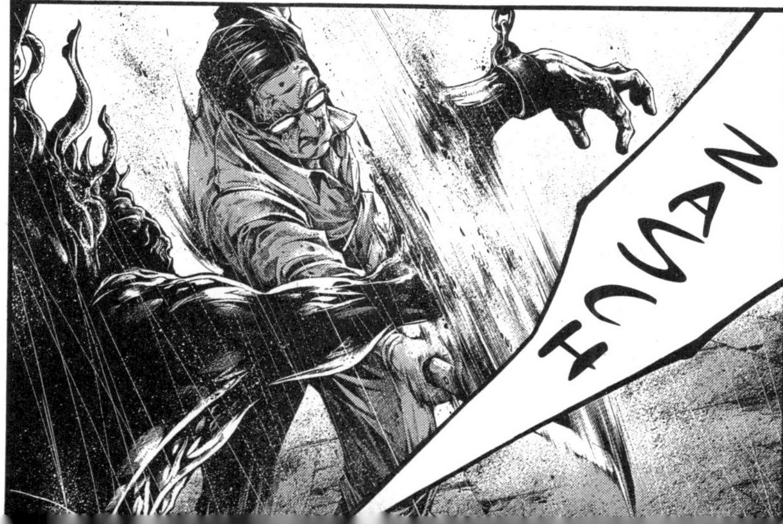

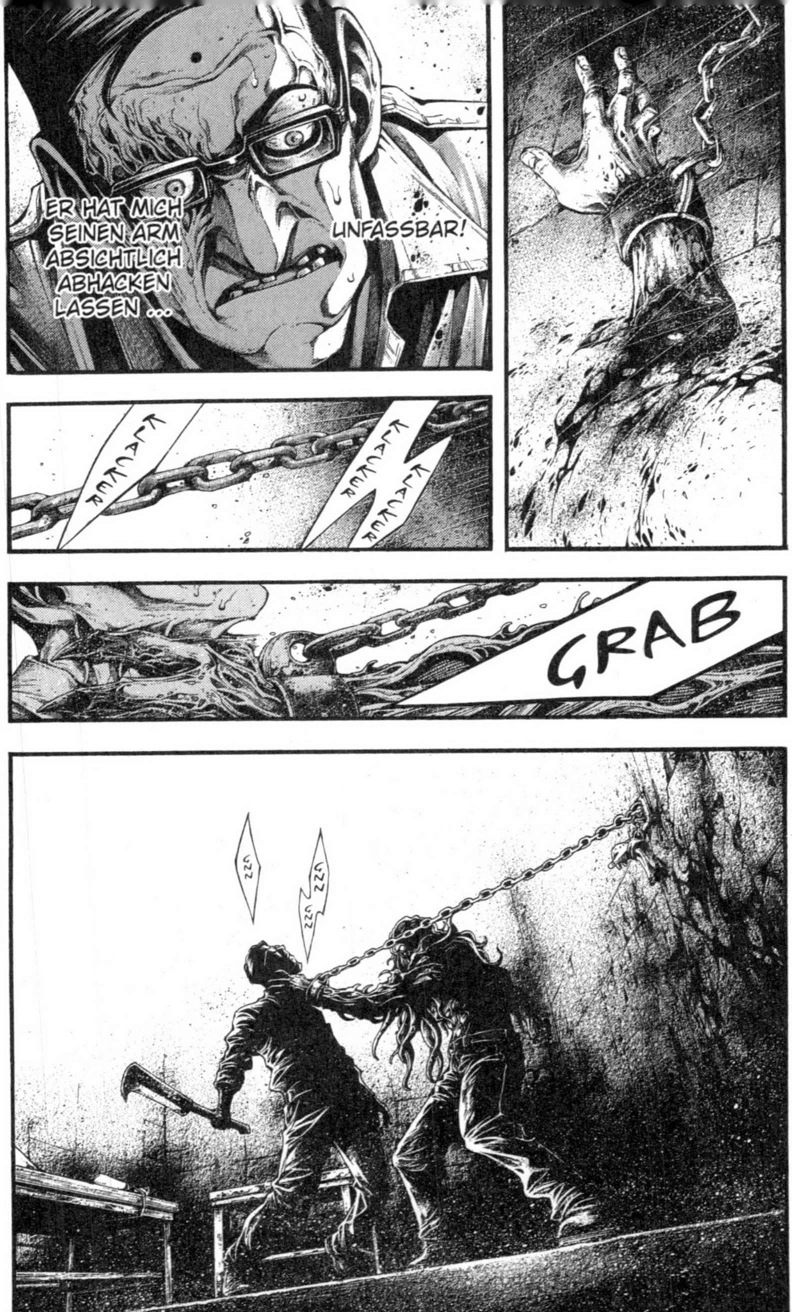

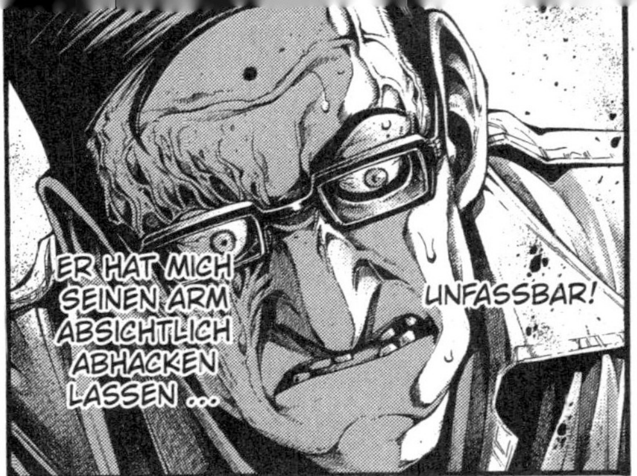
ER HAT MICH SEINEN ARM ABSICHTLICH ABHACKEN LASSEN ...
UNFASSBAR!

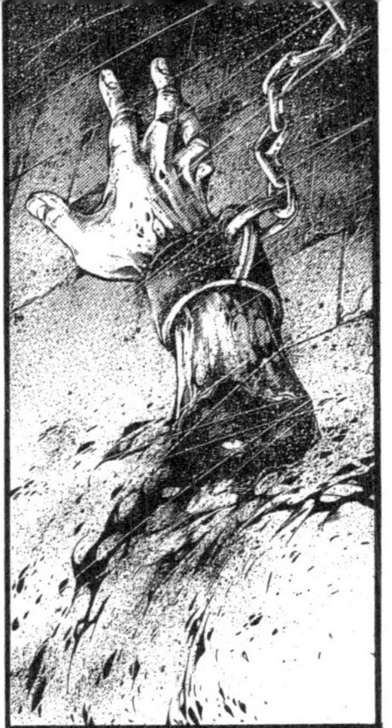

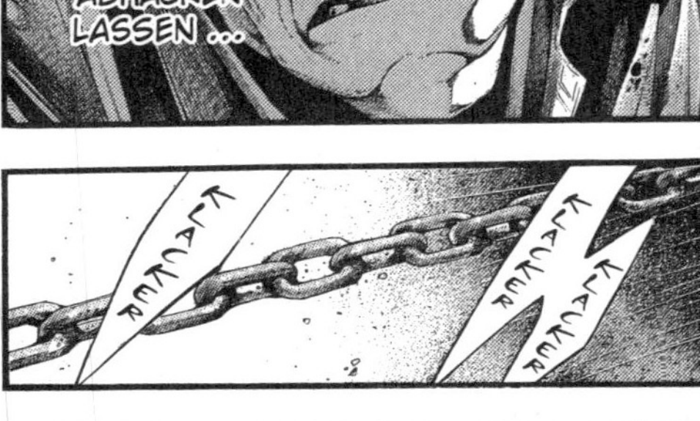
KLACKER
KLACKER

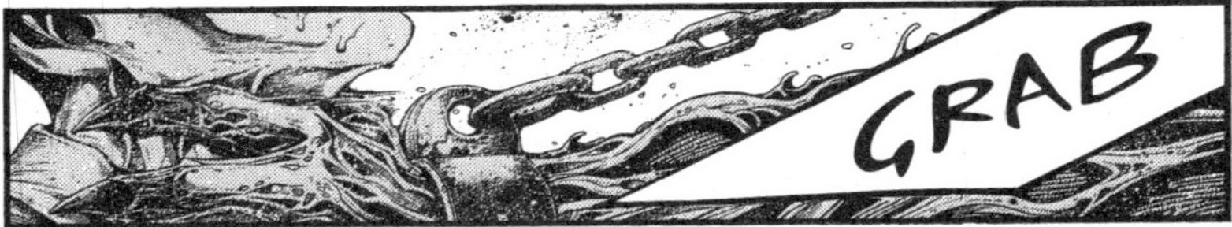
GRAB

GNN
GNN
GNN

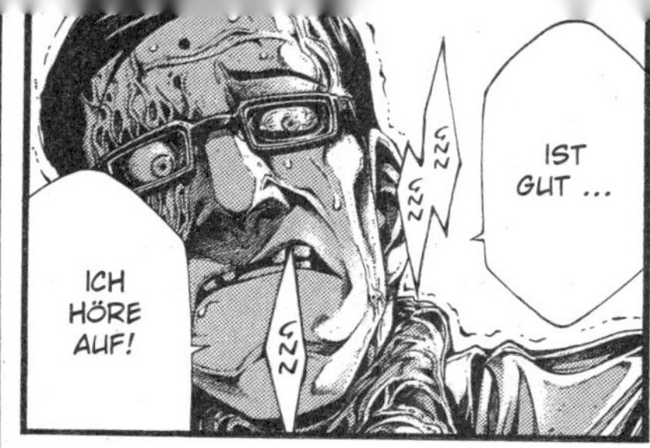

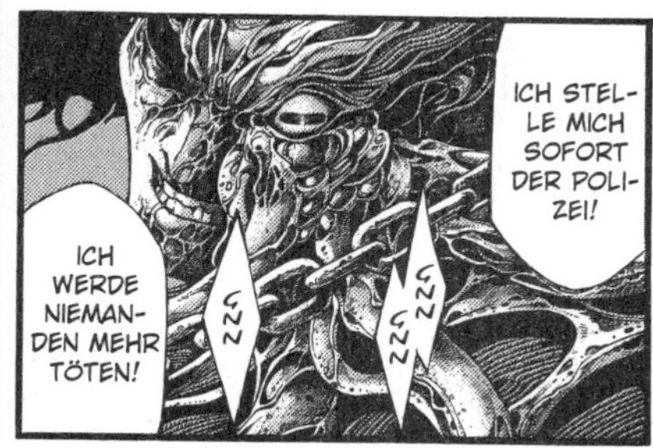

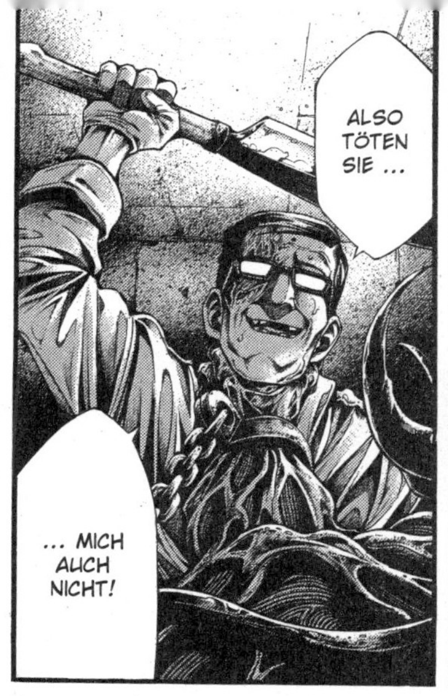

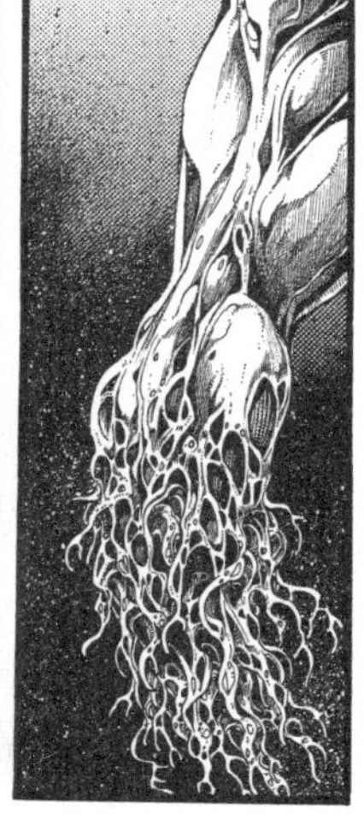

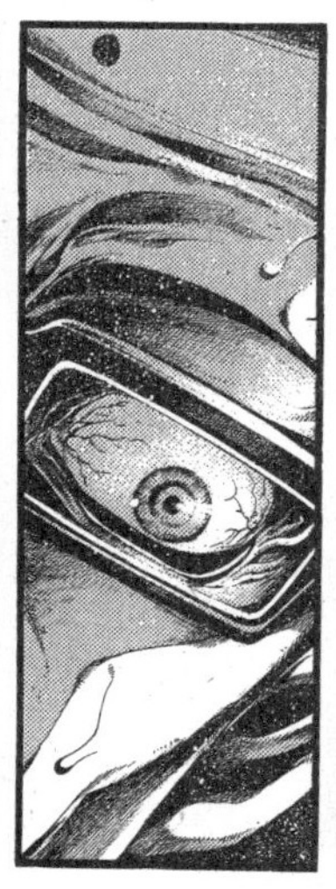

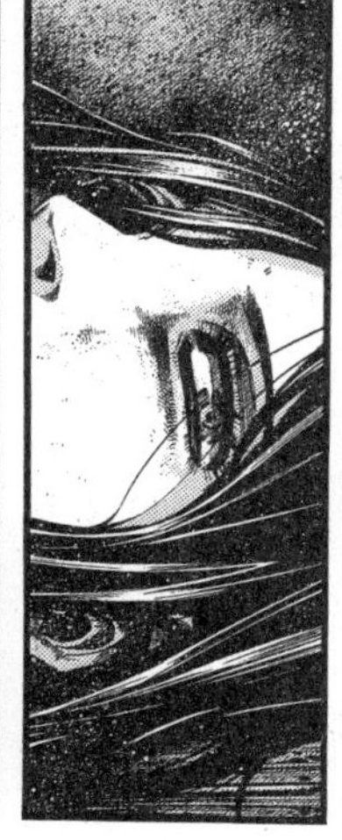

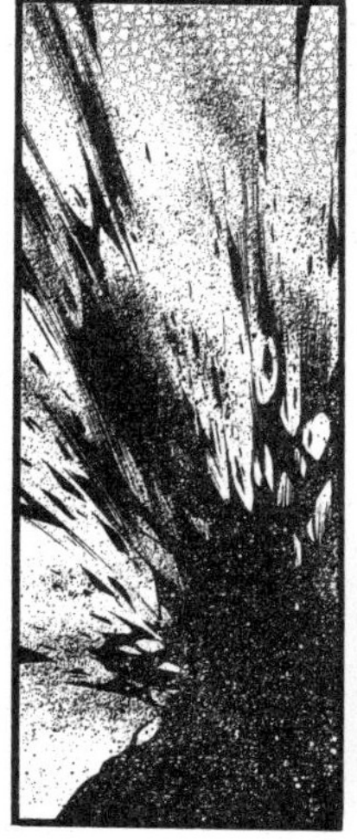

JA, DAS STIMMT ...

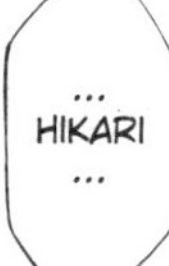

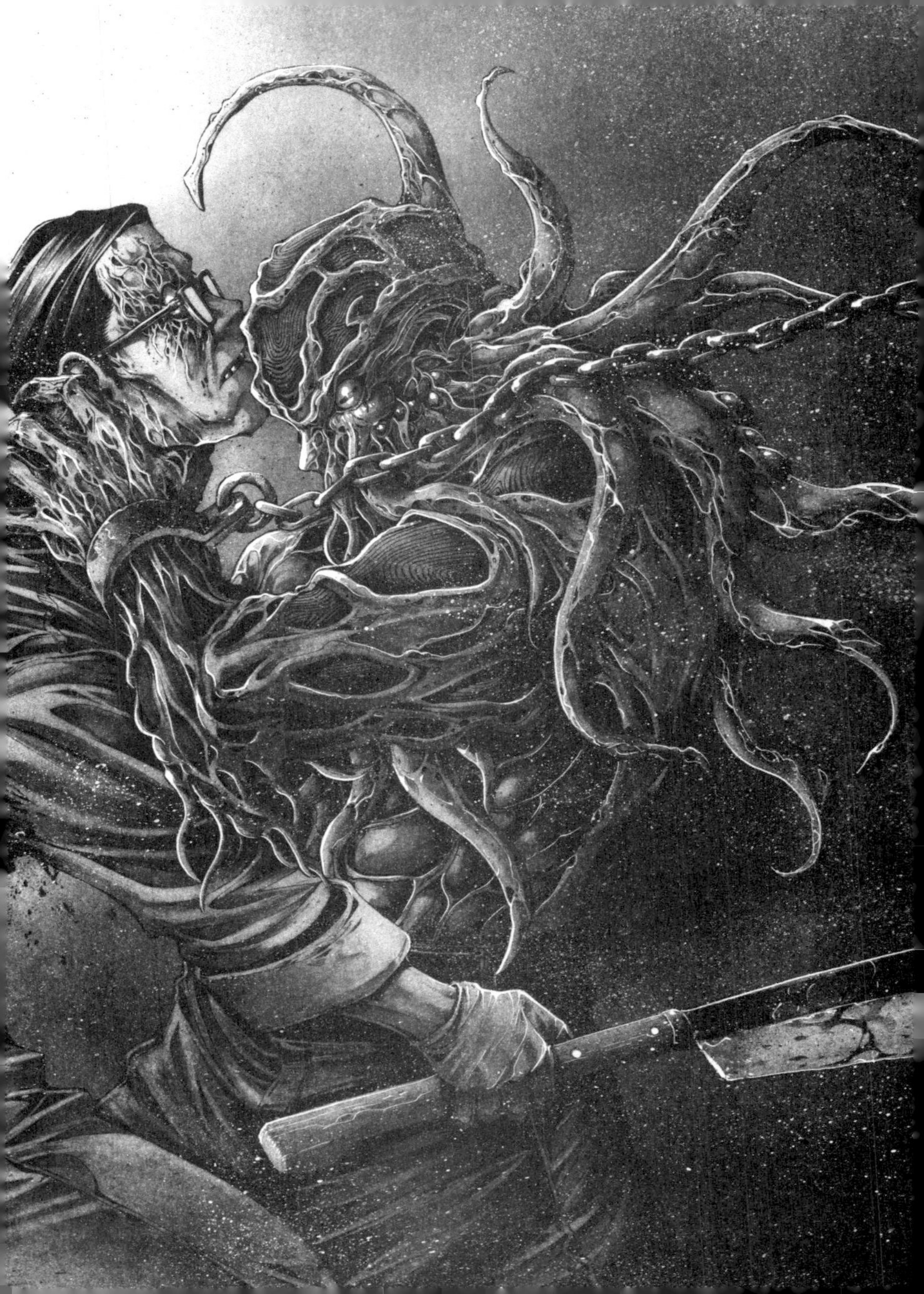

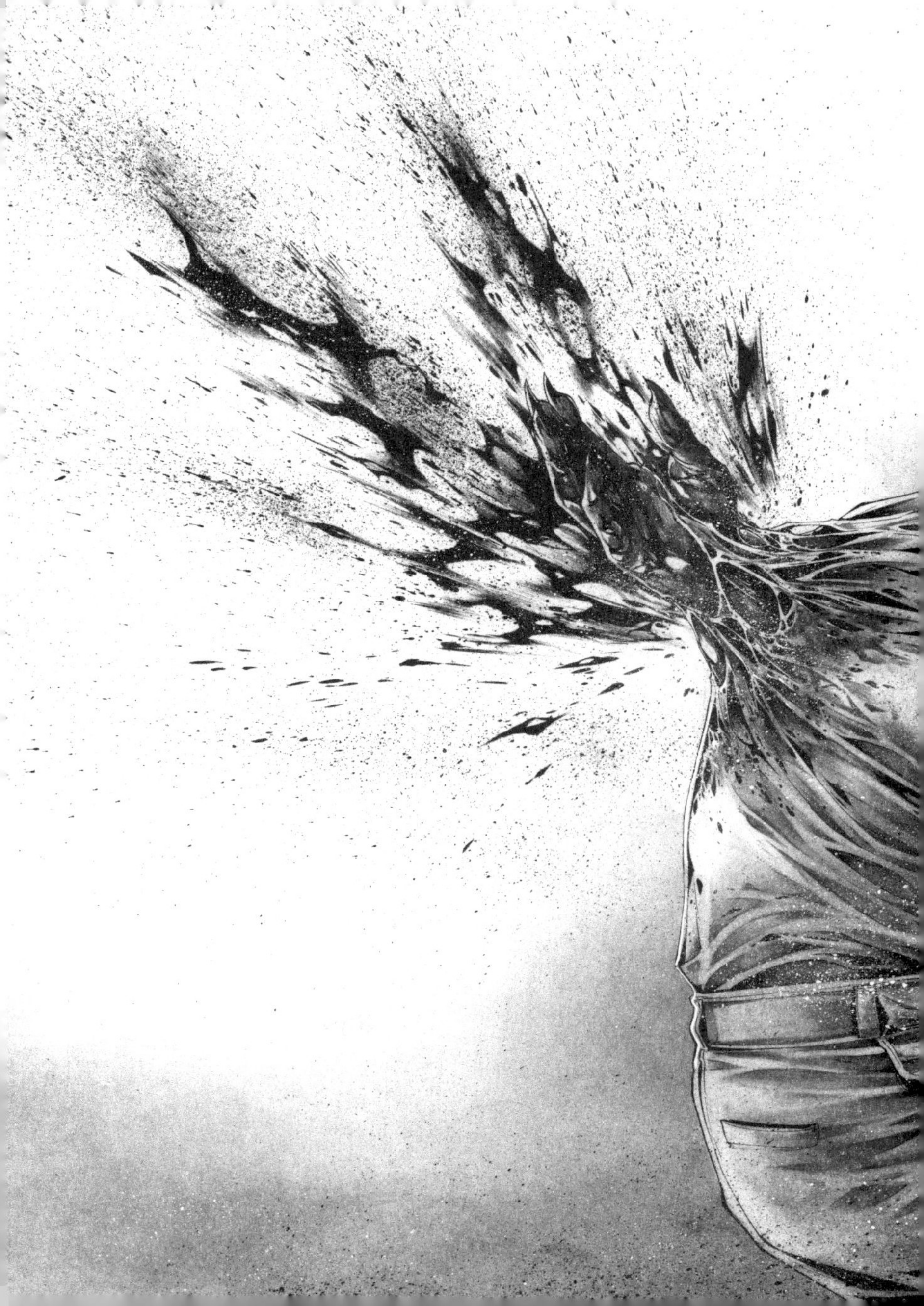

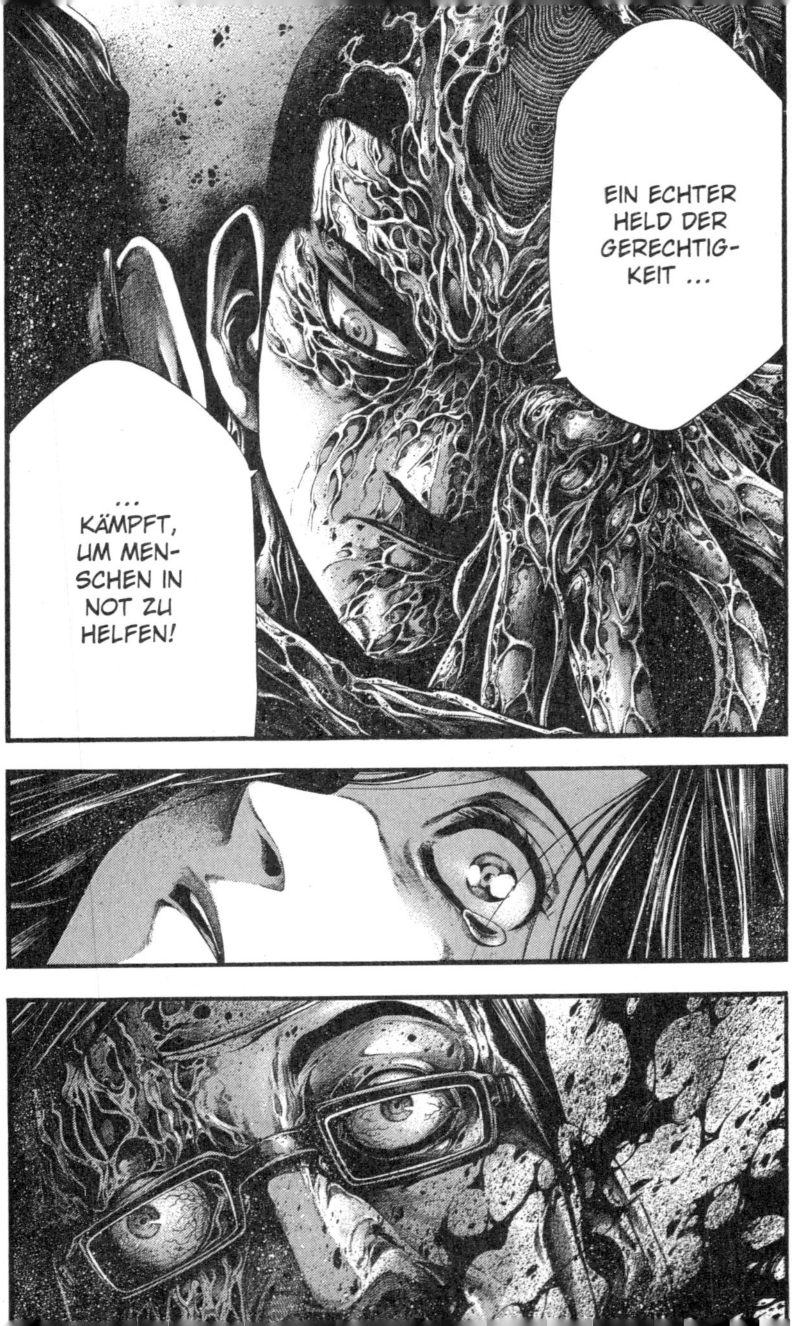

EIN ECHTER HELD DER GERECHTIGKEIT ...

... KÄMPFT, UM MENSCHEN IN NOT ZU HELFEN!

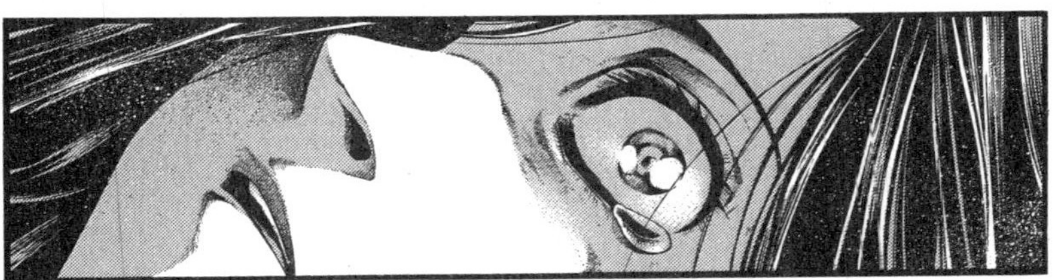

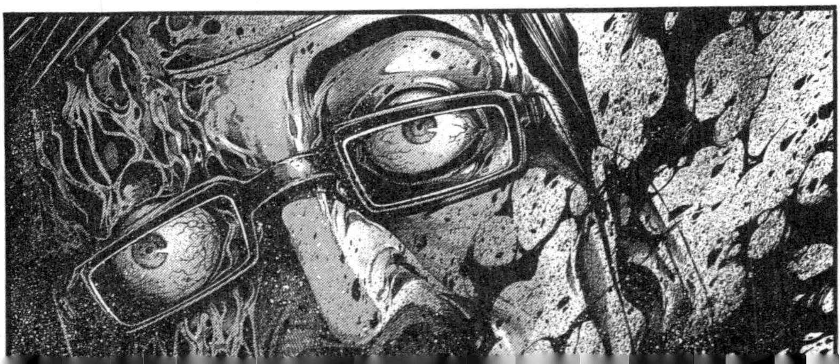

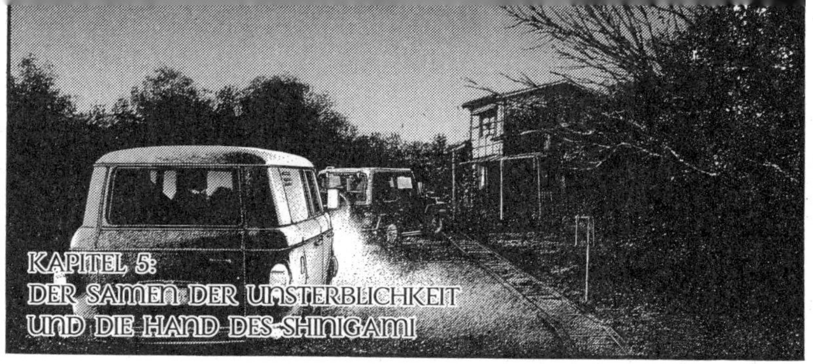
KAPITEL 5:
DER SAMEN DER UNSTERBLICHKEIT
UND DIE HAND DES SHINIGAMI

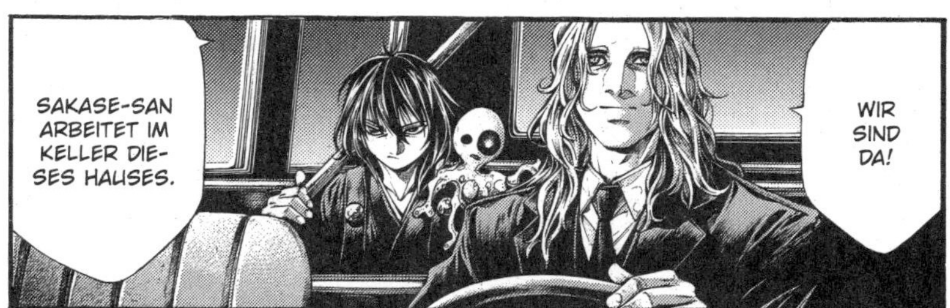
WIR SIND DA!
SAKASE-SAN ARBEITET IM KELLER DIESES HAUSES.

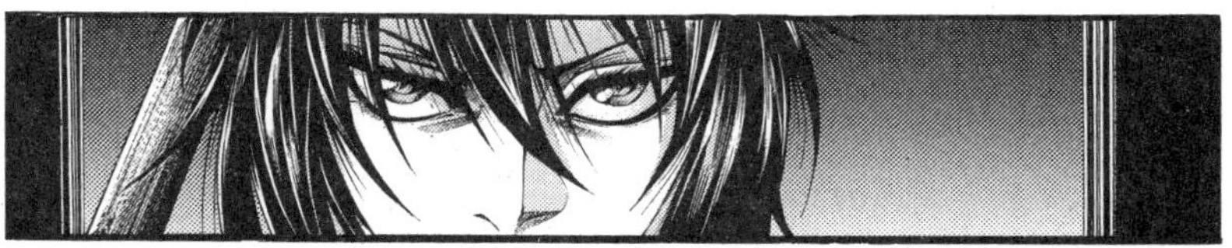

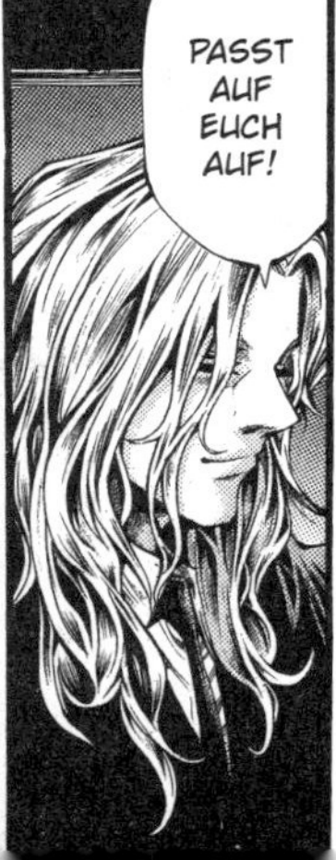
PASST AUF EUCH AUF!

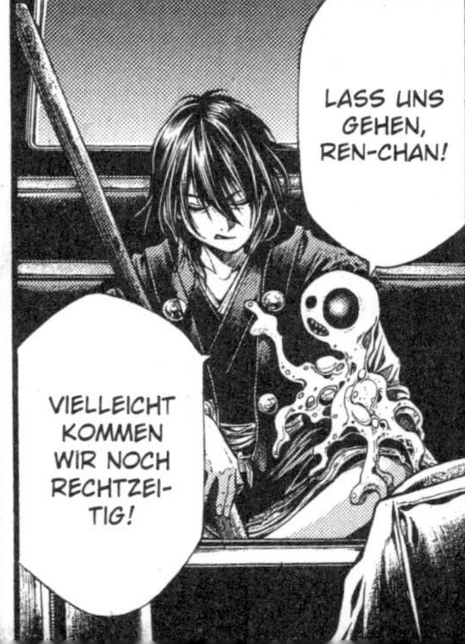
LASS UNS GEHEN, REN-CHAN!
VIELLEICHT KOMMEN WIR NOCH RECHTZEITIG!

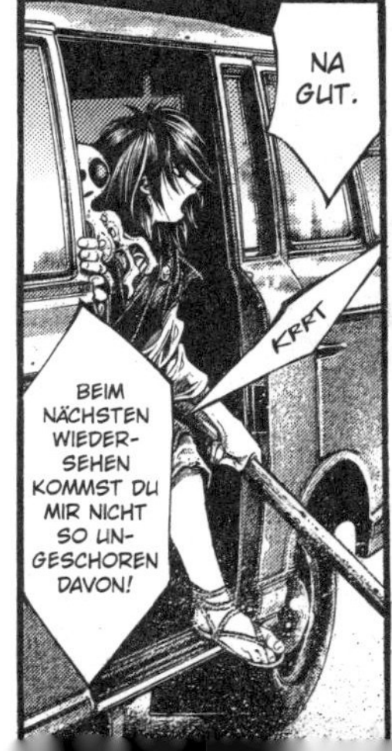
NA GUT.
KRRT
BEIM NÄCHSTEN WIEDERSEHEN KOMMST DU MIR NICHT SO UNGESCHOREN DAVON!

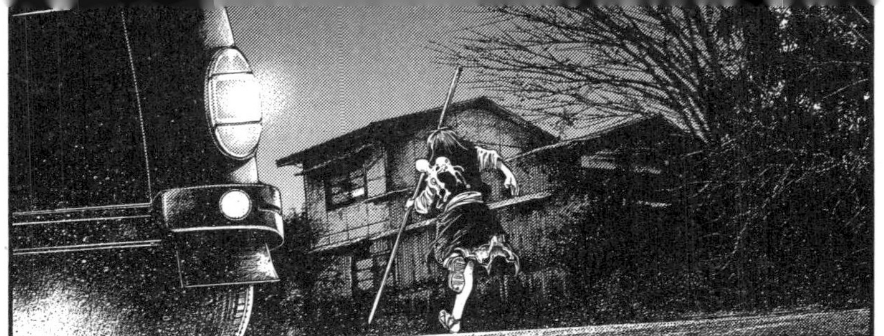

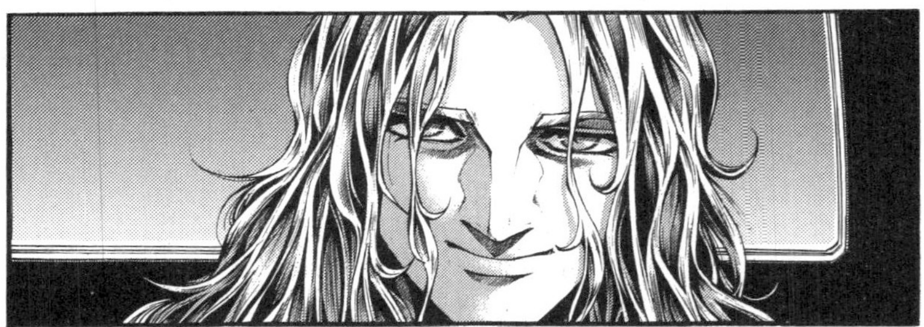

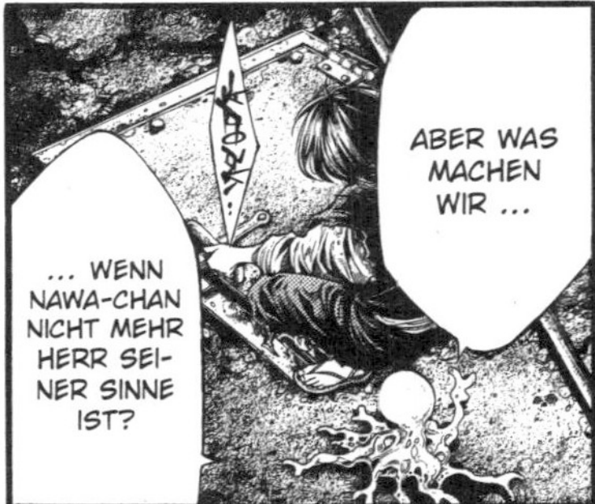
ABER WAS MACHEN WIR ...
... WENN NAWA-CHAN NICHT MEHR HERR SEINER SINNE IST?

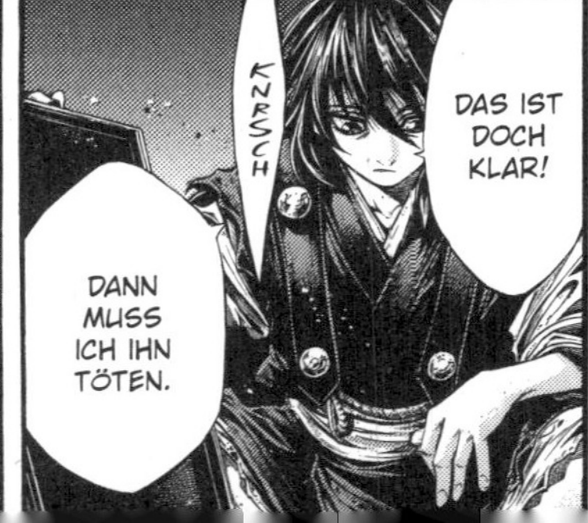
KNRSCH
DAS IST DOCH KLAR!
DANN MUSS ICH IHN TÖTEN.

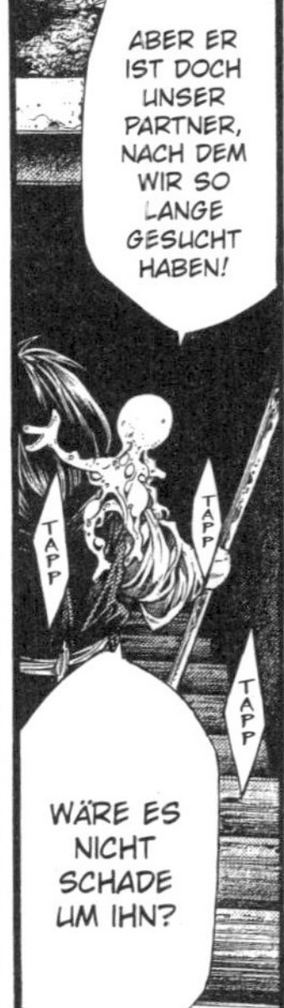
ABER ER IST DOCH UNSER PARTNER, NACH DEM WIR SO LANGE GESUCHT HABEN!
TAPP
TAPP
TAPP
WÄRE ES NICHT SCHADE UM IHN?

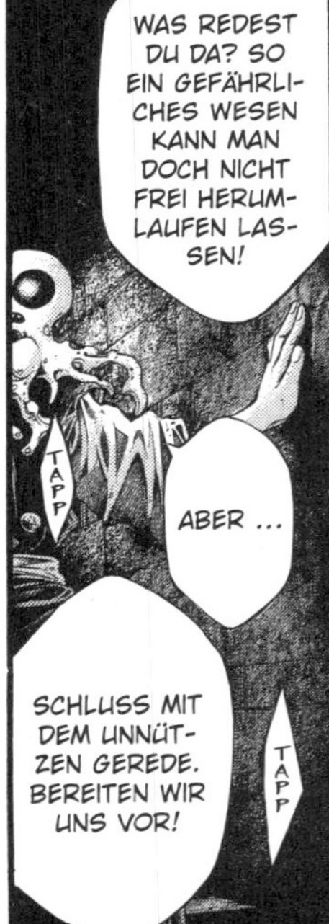
WAS REDEST DU DA? SO EIN GEFÄHRLICHES WESEN KANN MAN DOCH NICHT FREI HERUMLAUFEN LASSEN!
TAPP
ABER ...
SCHLUSS MIT DEM UNNÜTZEN GEREDE. BEREITEN WIR UNS VOR!
TAPP

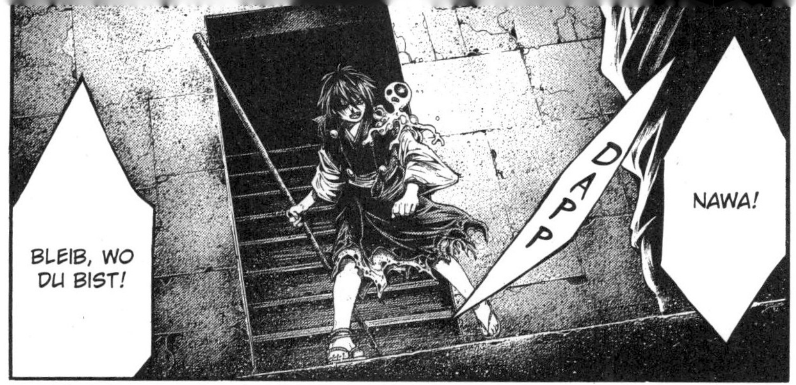
NAWA!
DAPP
BLEIB, WO DU BIST!
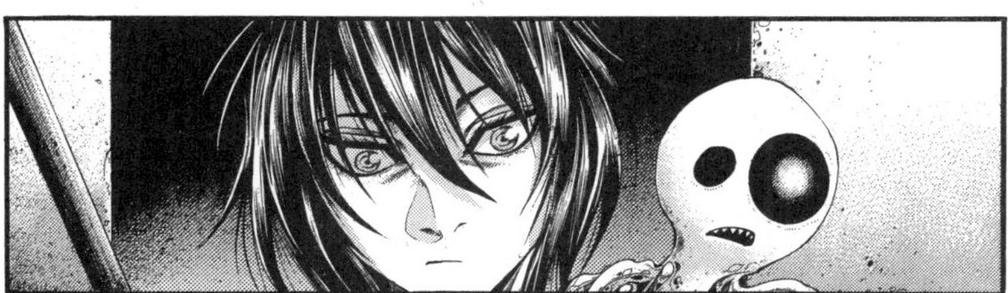
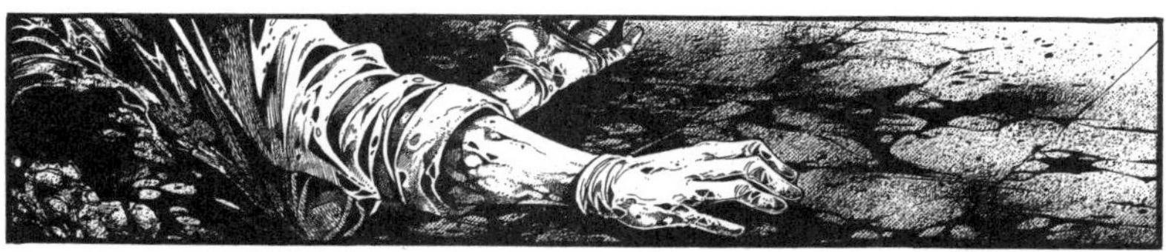
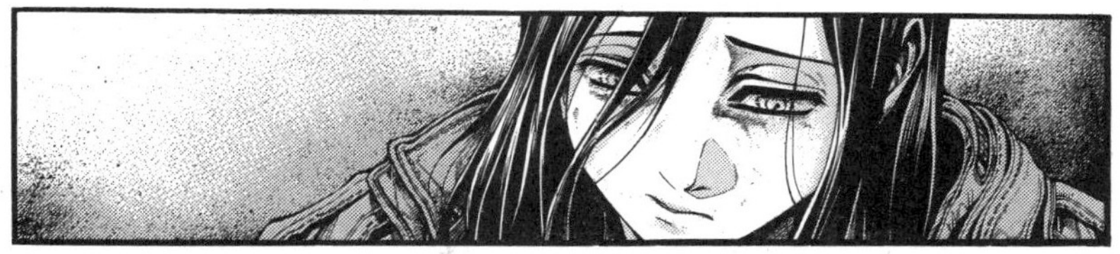
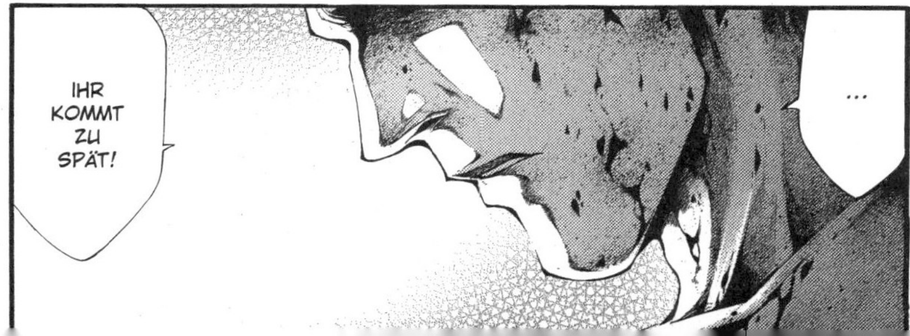
...
IHR KOMMT ZU SPÄT!

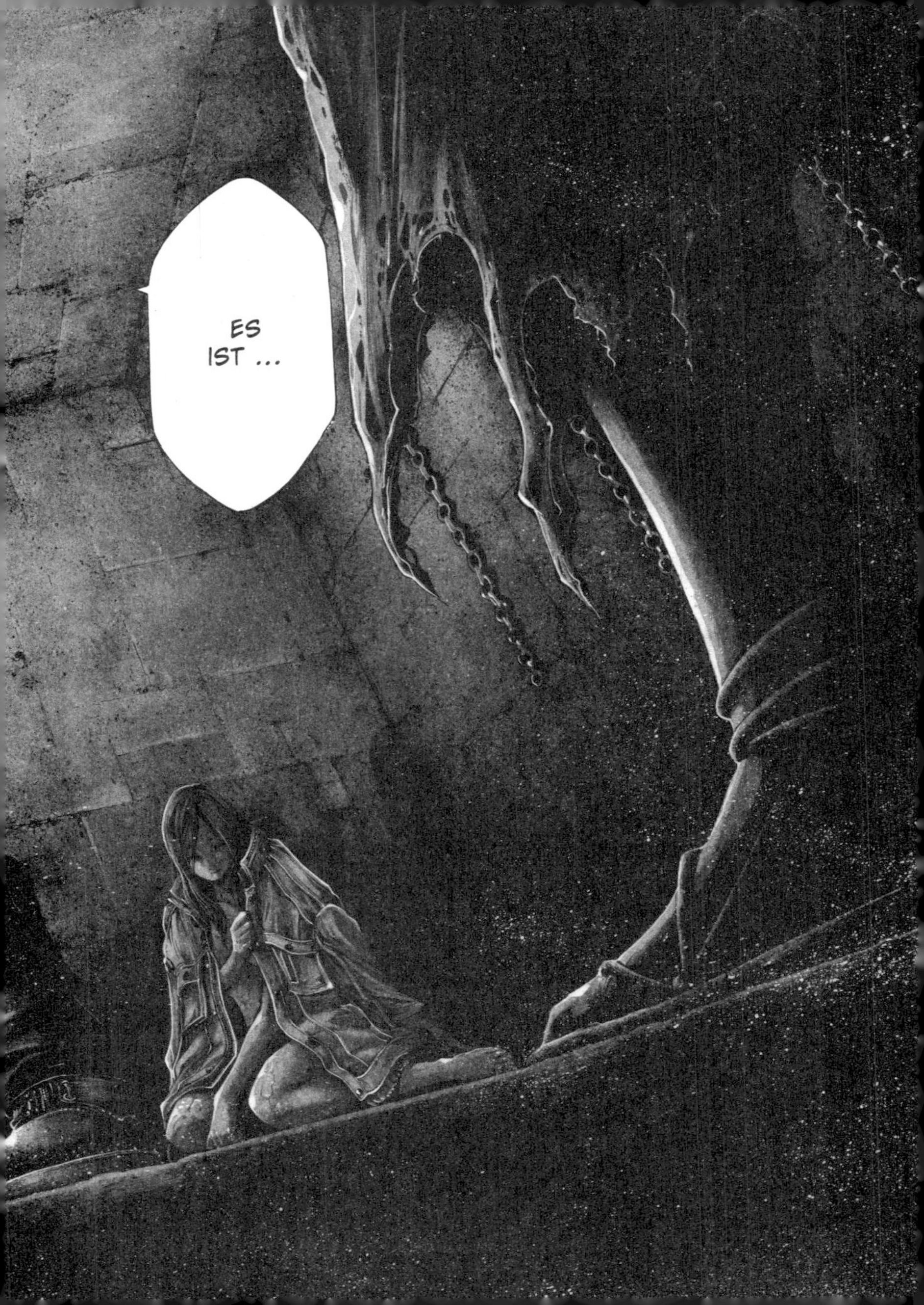
ES IST ...

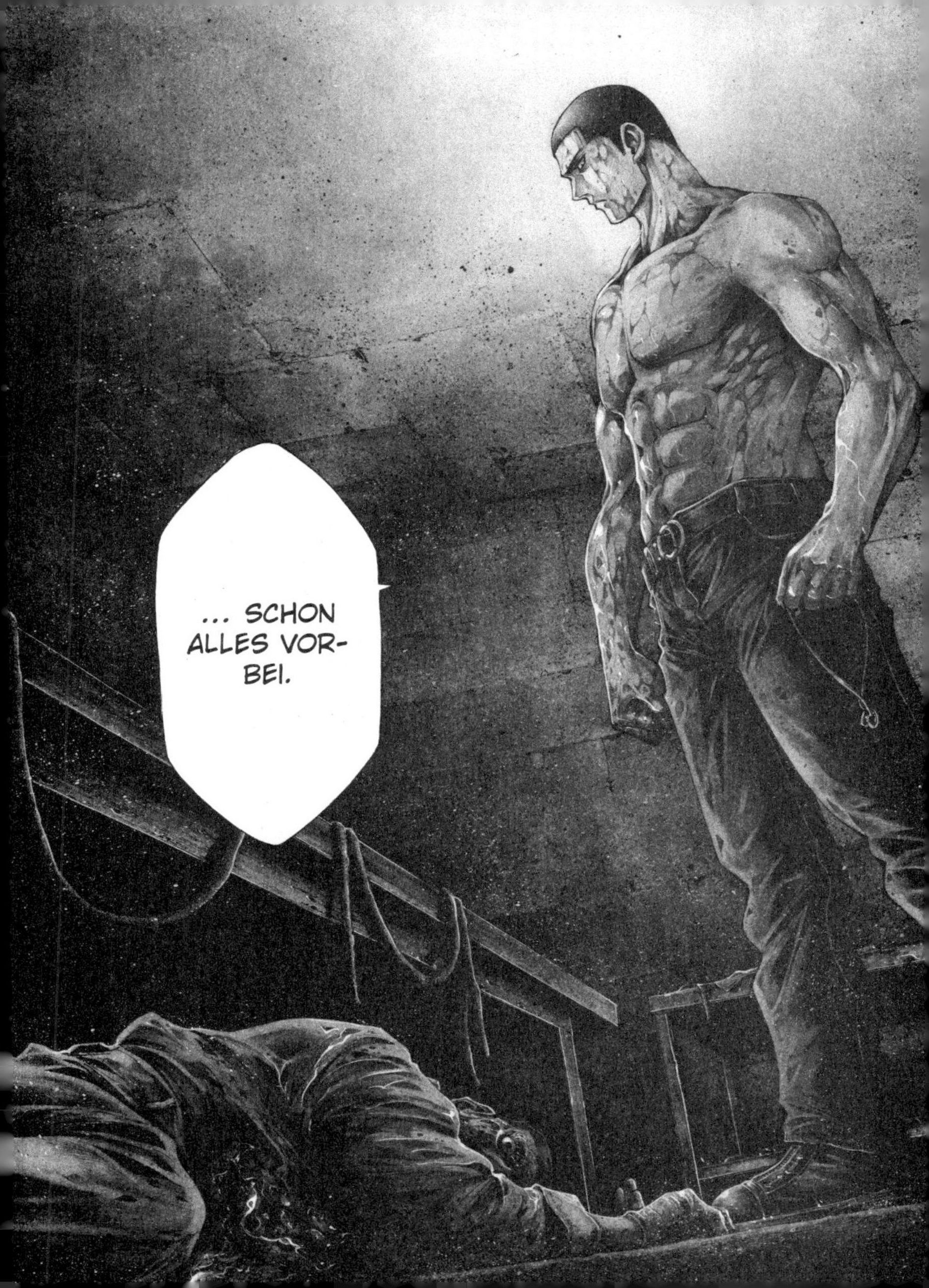
... SCHON ALLES VOR-BEI.

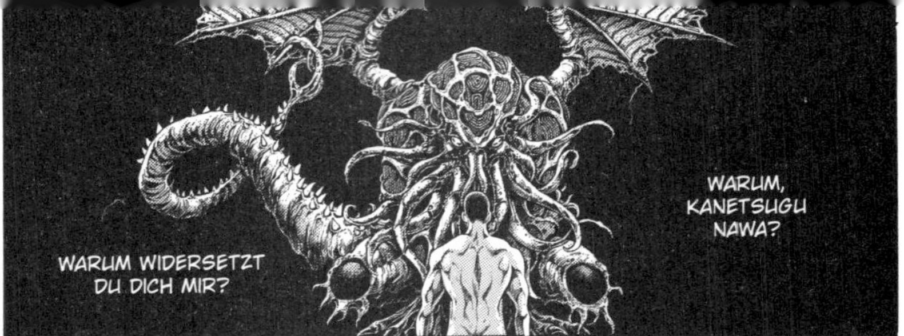
WARUM, KANETSUGU NAWA?
WARUM WIDERSETZT DU DICH MIR?

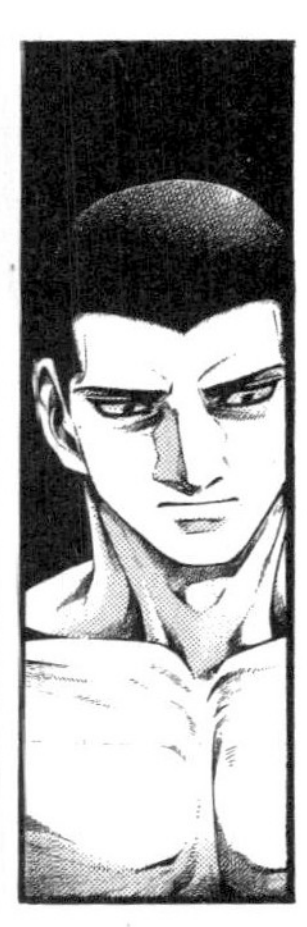

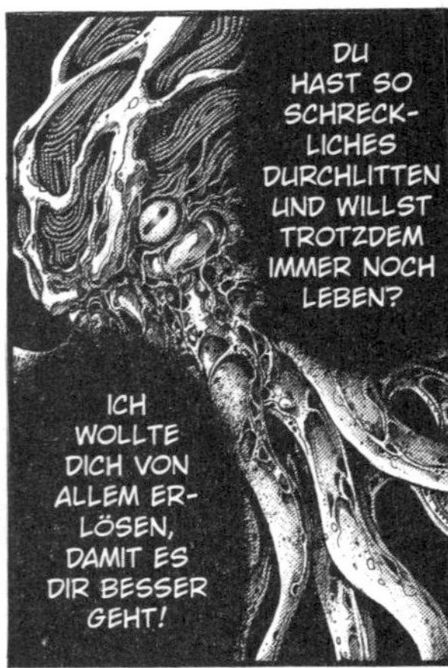
DU HAST SO SCHRECK-LICHES DURCHLITTEN UND WILLST TROTZDEM IMMER NOCH LEBEN?
ICH WOLLTE DICH VON ALLEM ER-LÖSEN, DAMIT ES DIR BESSER GEHT!

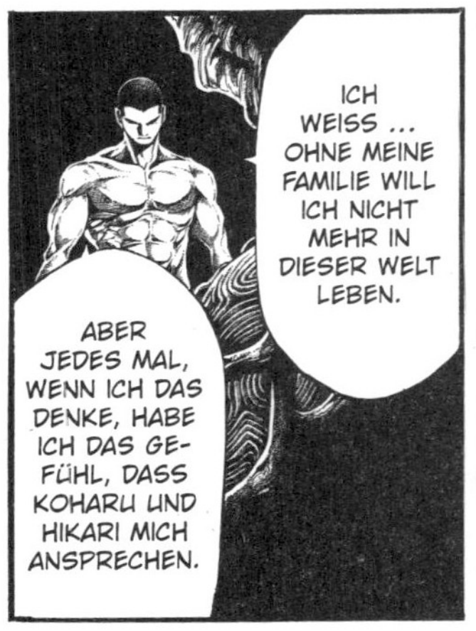
ICH WEISS ... OHNE MEINE FAMILIE WILL ICH NICHT MEHR IN DIESER WELT LEBEN.
ABER JEDES MAL, WENN ICH DAS DENKE, HABE ICH DAS GE-FÜHL, DASS KOHARU UND HIKARI MICH ANSPRECHEN.

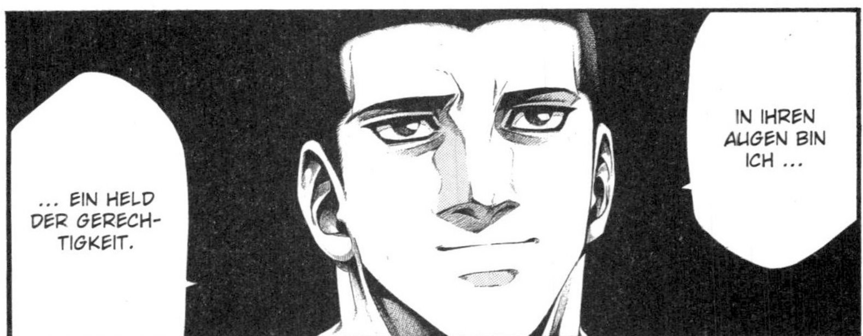
IN IHREN AUGEN BIN ICH ...
... EIN HELD DER GERECH-TIGKEIT.

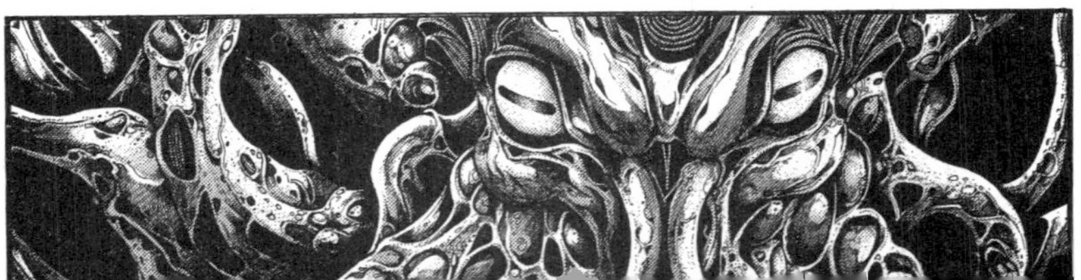

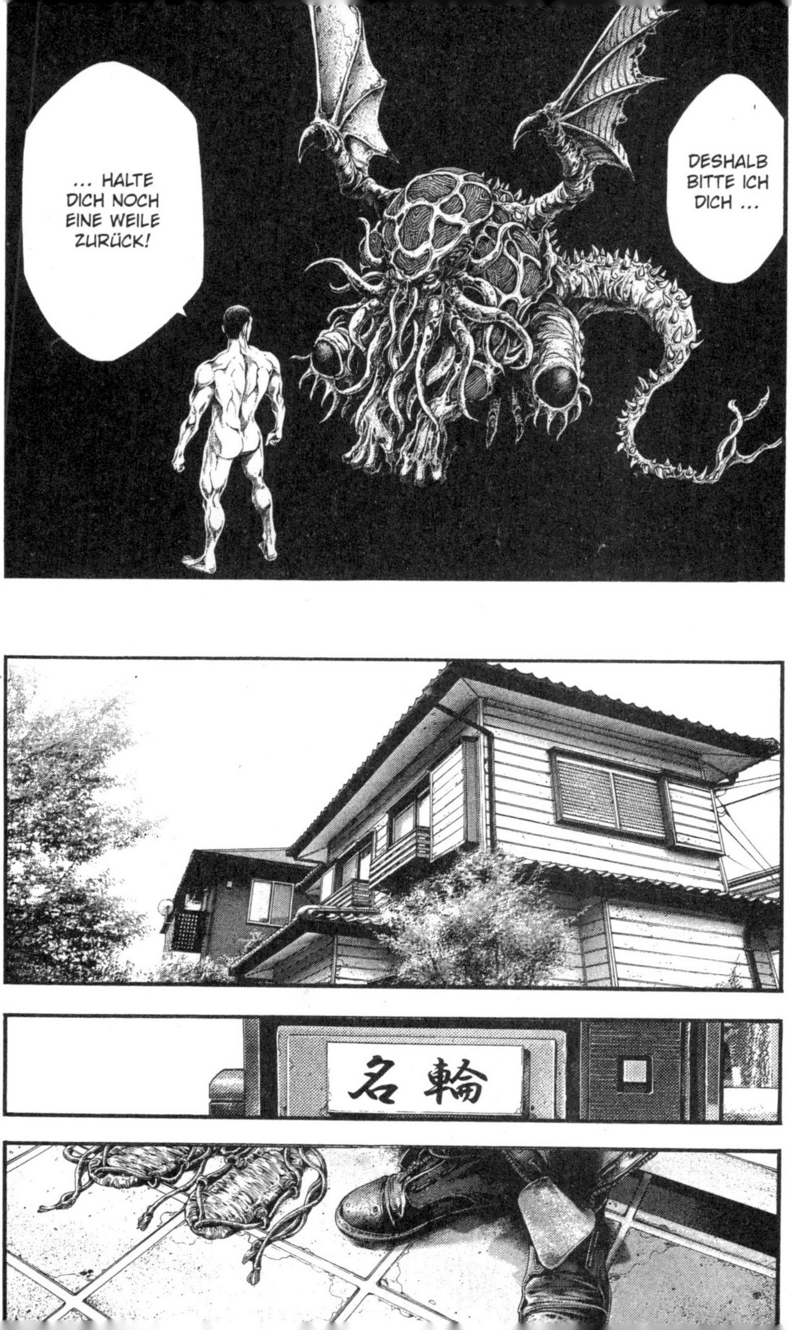

DESHALB BITTE ICH DICH …

… HALTE DICH NOCH EINE WEILE ZURÜCK!

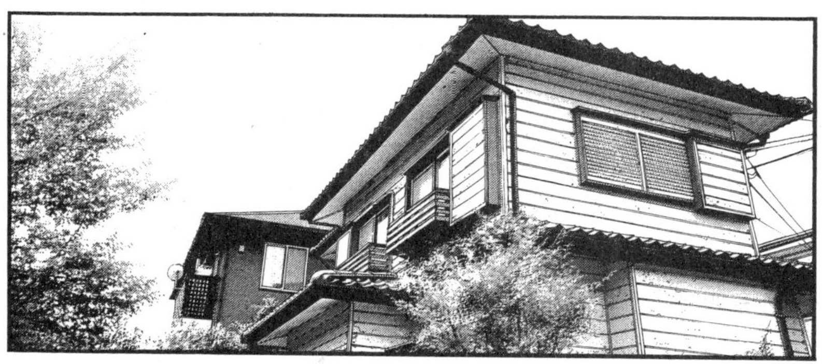

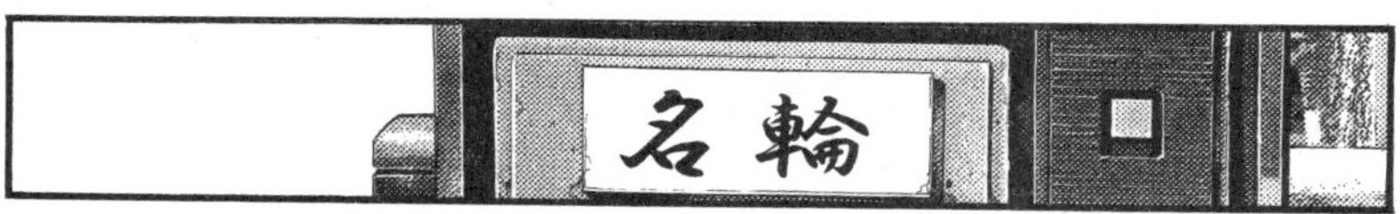

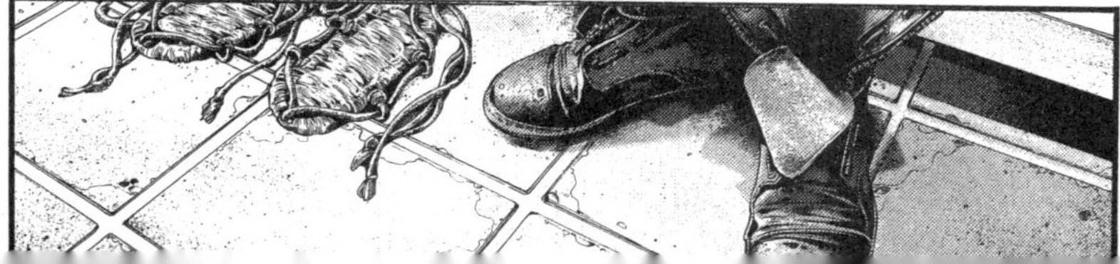

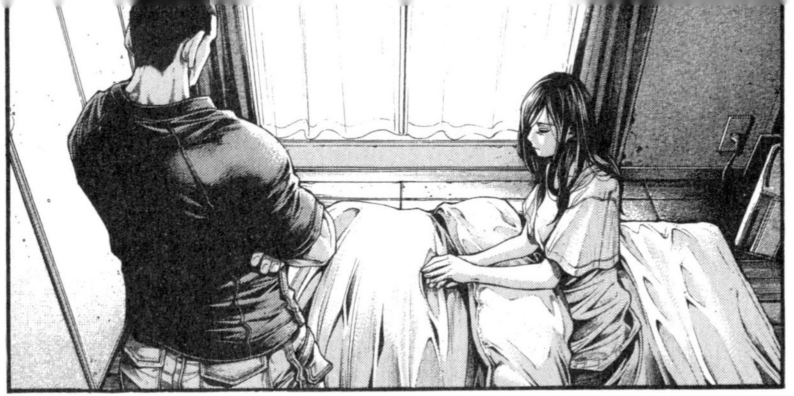
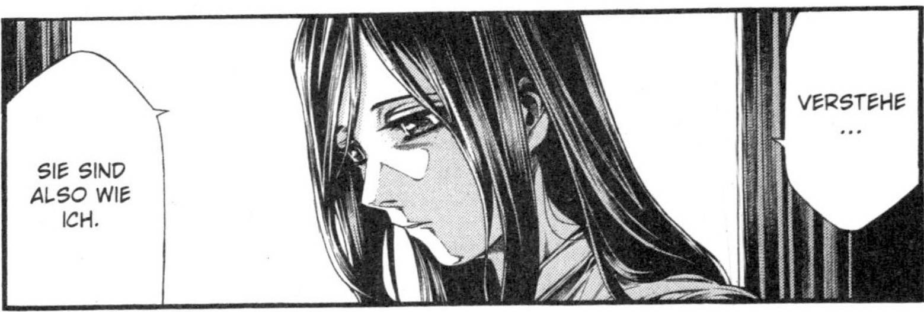
VERSTEHE ...
SIE SIND ALSO WIE ICH.
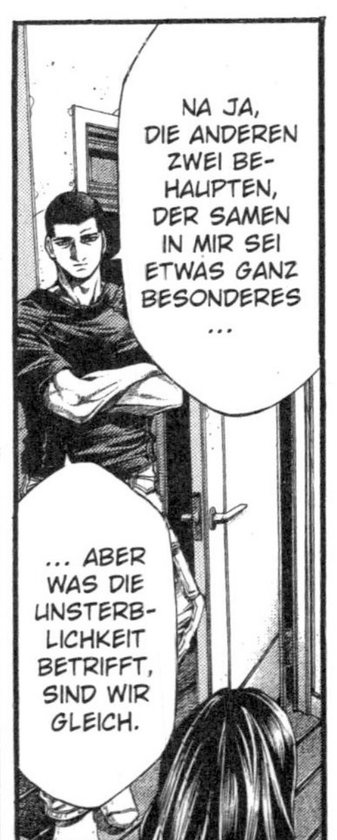
NA JA, DIE ANDEREN ZWEI BEHAUPTEN, DER SAMEN IN MIR SEI ETWAS GANZ BESONDERES ...
... ABER WAS DIE UNSTERBLICHKEIT BETRIFFT, SIND WIR GLEICH.
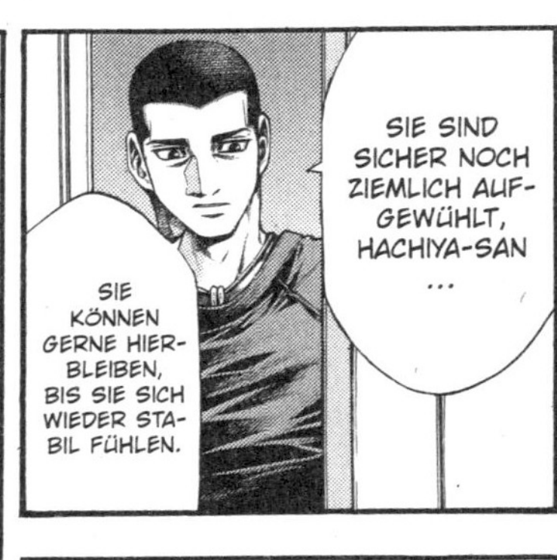
SIE SIND SICHER NOCH ZIEMLICH AUFGEWÜHLT, HACHIYA-SAN ...
SIE KÖNNEN GERNE HIERBLEIBEN, BIS SIE SICH WIEDER STABIL FÜHLEN.
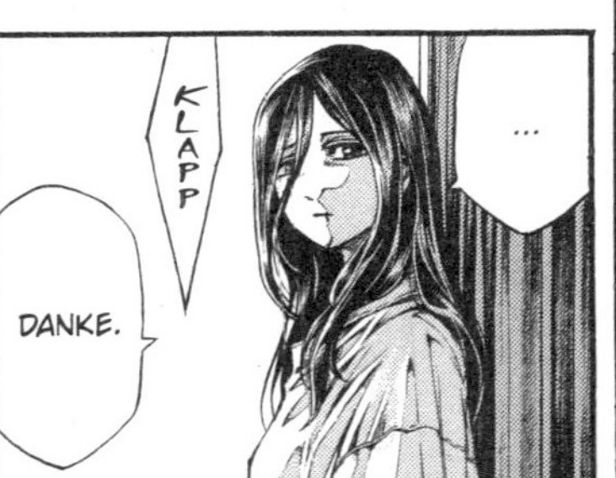
...
KLAPP
DANKE.
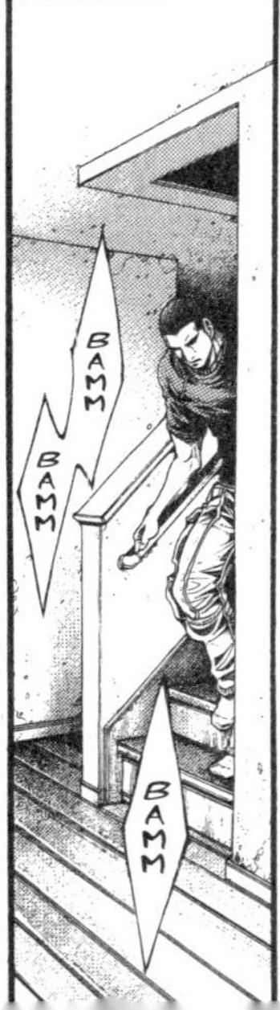
BAMM
BAMM
BAMM

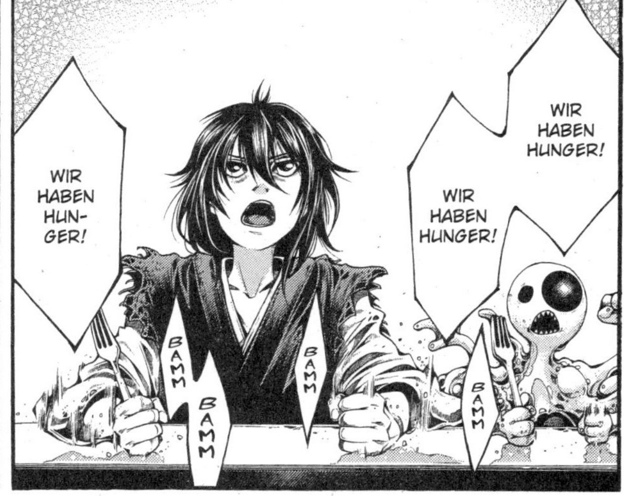
WIR HABEN HUNGER!
WIR HABEN HUNGER!
WIR HABEN HUN-GER!
BAMM
BAMM
BAMM
BAMM

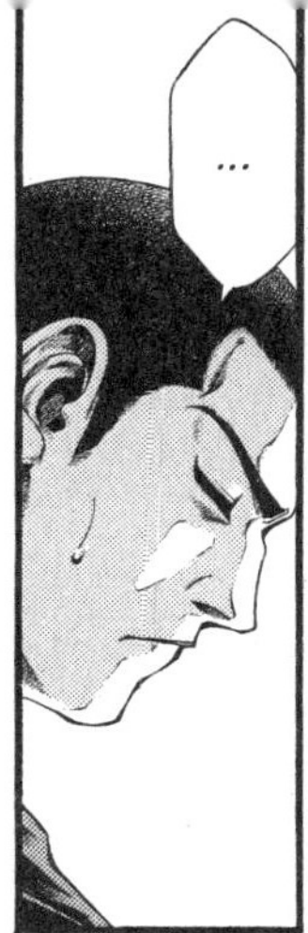
…

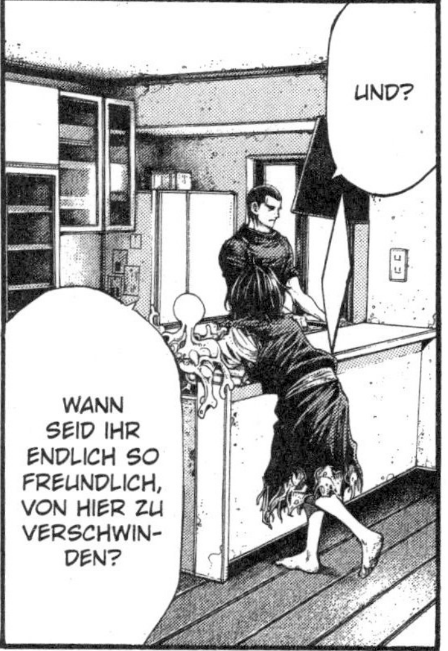
UND?
WANN SEID IHR ENDLICH SO FREUNDLICH, VON HIER ZU VERSCHWIN-DEN?

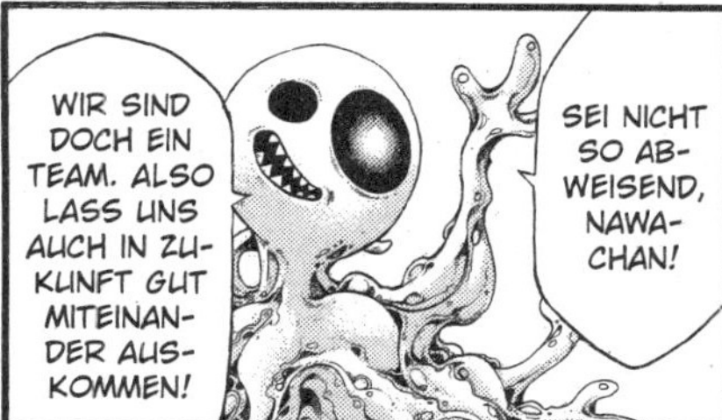
SEI NICHT SO AB-WEISEND, NAWA-CHAN!
WIR SIND DOCH EIN TEAM. ALSO LASS UNS AUCH IN ZU-KUNFT GUT MITEINAN-DER AUS-KOMMEN!

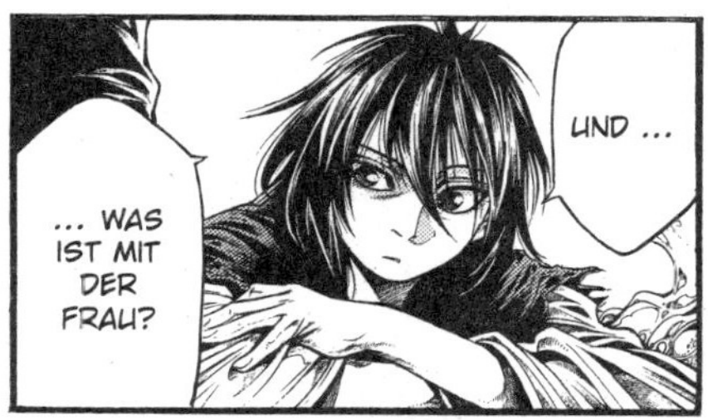
UND …
… WAS IST MIT DER FRAU?

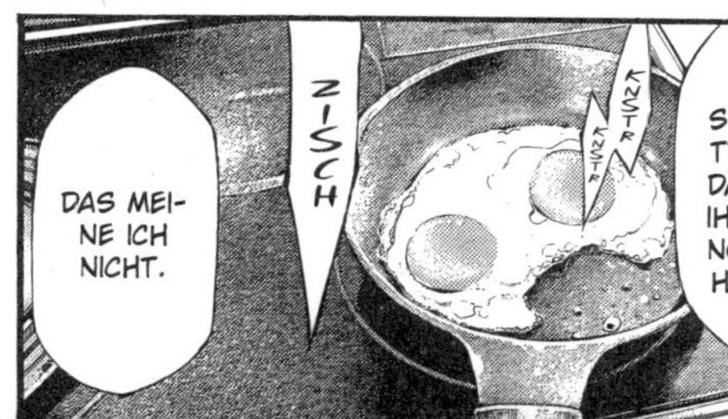
SIE HAT ERZÄHLT, DASS SIE SIEBEN JAHRE GEFAN-GEN GEHALTEN WURDE.
SIE IST SCHWER TRAUMATISIERT, DAHER HABE ICH IHR ANGEBOTEN, NOCH EIN WENIG HIERZUBLEIBEN.
KNSTR
KNSTR
ZISCH
DAS MEI-NE ICH NICHT.

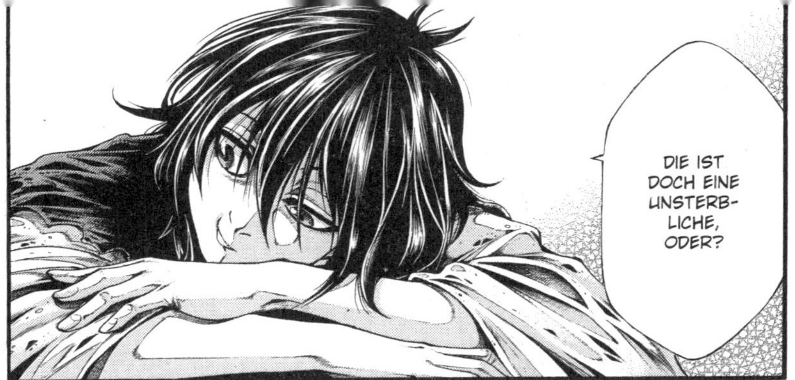
DIE IST DOCH EINE UNSTERB-LICHE, ODER?

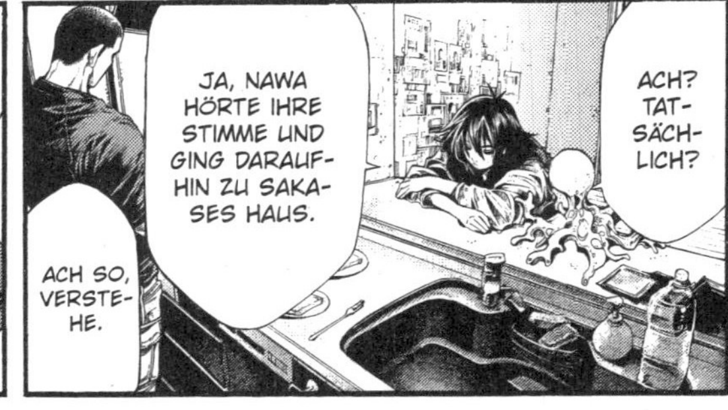
ACH? TAT-SÄCH-LICH?
JA, NAWA HÖRTE IHRE STIMME UND GING DARAUF-HIN ZU SAKA-SES HAUS.
ACH SO, VERSTE-HE.

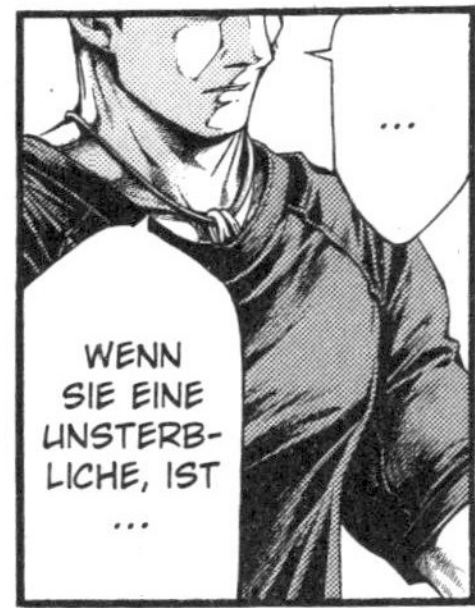
...
WENN SIE EINE UNSTERB-LICHE, IST ...

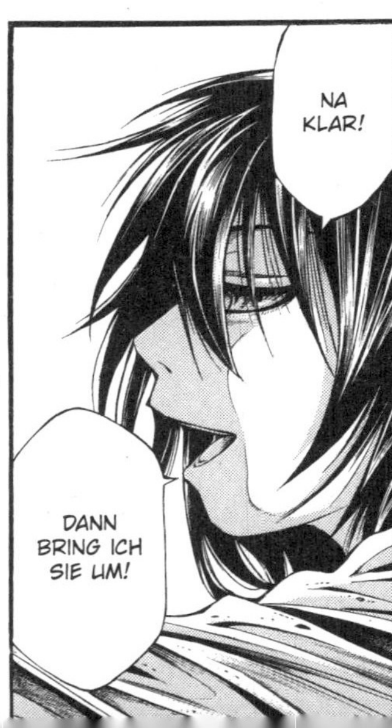
NA KLAR!
DANN BRING ICH SIE UM!

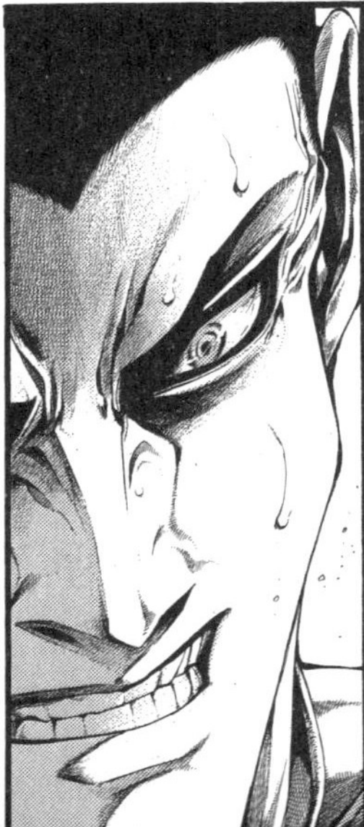

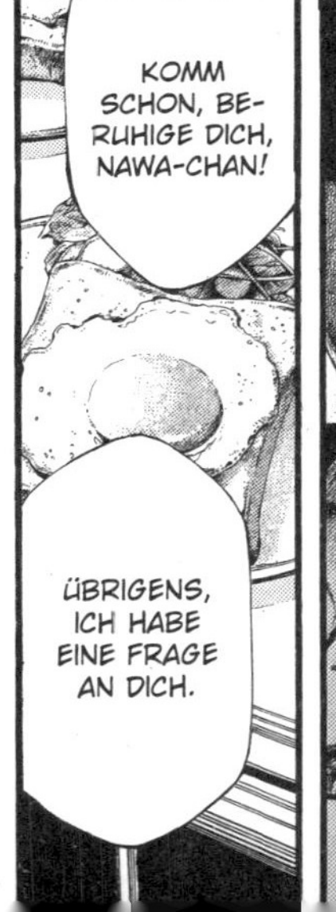
KOMM SCHON, BE-RUHIGE DICH, NAWA-CHAN!
ÜBRIGENS, ICH HABE EINE FRAGE AN DICH.

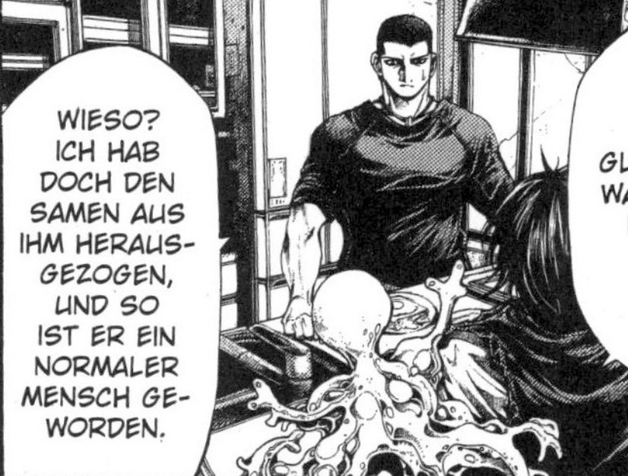
WARUM, GLAUBST DU, WAR SAKASE NOCH AM LEBEN?
WIESO? ICH HAB DOCH DEN SAMEN AUS IHM HERAUSGEZOGEN, UND SO IST ER EIN NORMALER MENSCH GEWORDEN.

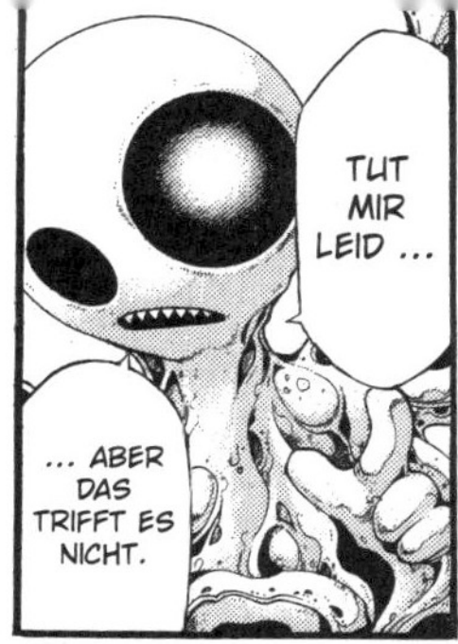
TUT MIR LEID ...
... ABER DAS TRIFFT ES NICHT.

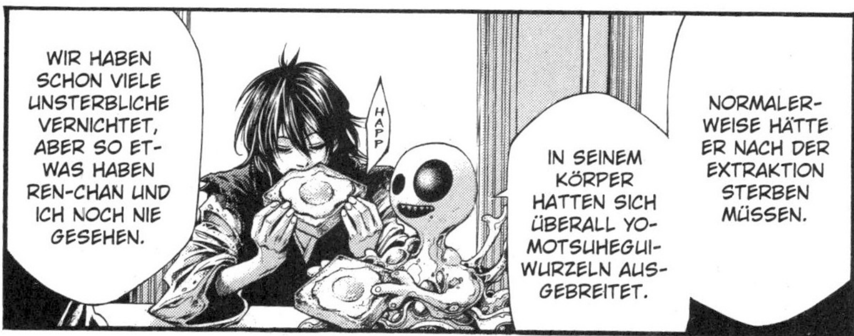
NORMALERWEISE HÄTTE ER NACH DER EXTRAKTION STERBEN MÜSSEN.
IN SEINEM KÖRPER HATTEN SICH ÜBERALL YOMOTSUHEGUIWURZELN AUSGEBREITET.
HAPP
WIR HABEN SCHON VIELE UNSTERBLICHE VERNICHTET, ABER SO ETWAS HABEN REN-CHAN UND ICH NOCH NIE GESEHEN.

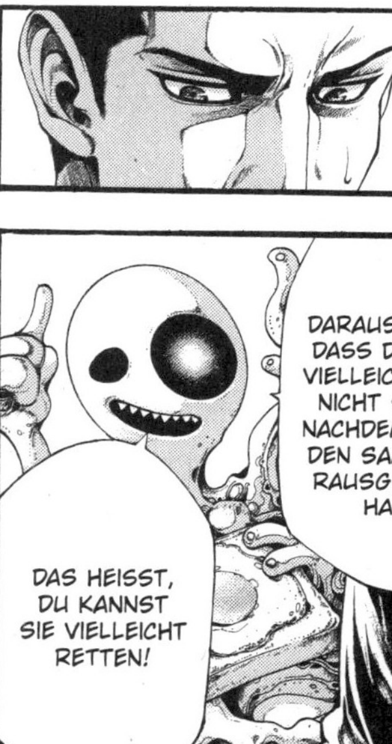
DARAUS FOLGT, DASS DIE FRAU VIELLEICHT AUCH NICHT STIRBT, NACHDEM DU IHR DEN SAMEN HERAUSGEZOGEN HAST!
DAS HEISST, DU KANNST SIE VIELLEICHT RETTEN!

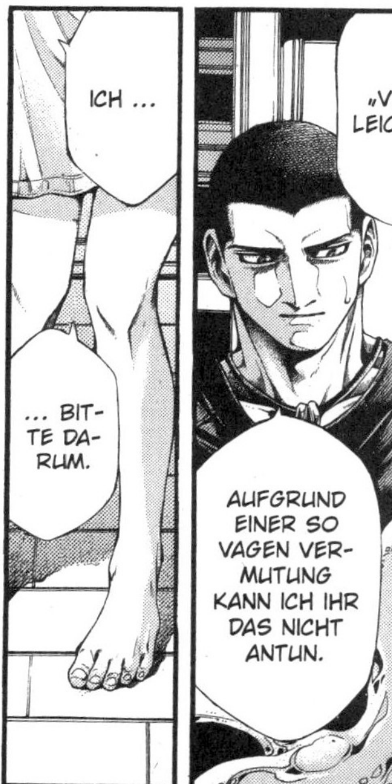
„VIELLEICHT"?
AUFGRUND EINER SO VAGEN VERMUTUNG KANN ICH IHR DAS NICHT ANTUN.
ICH ...
... BITTE DARUM.

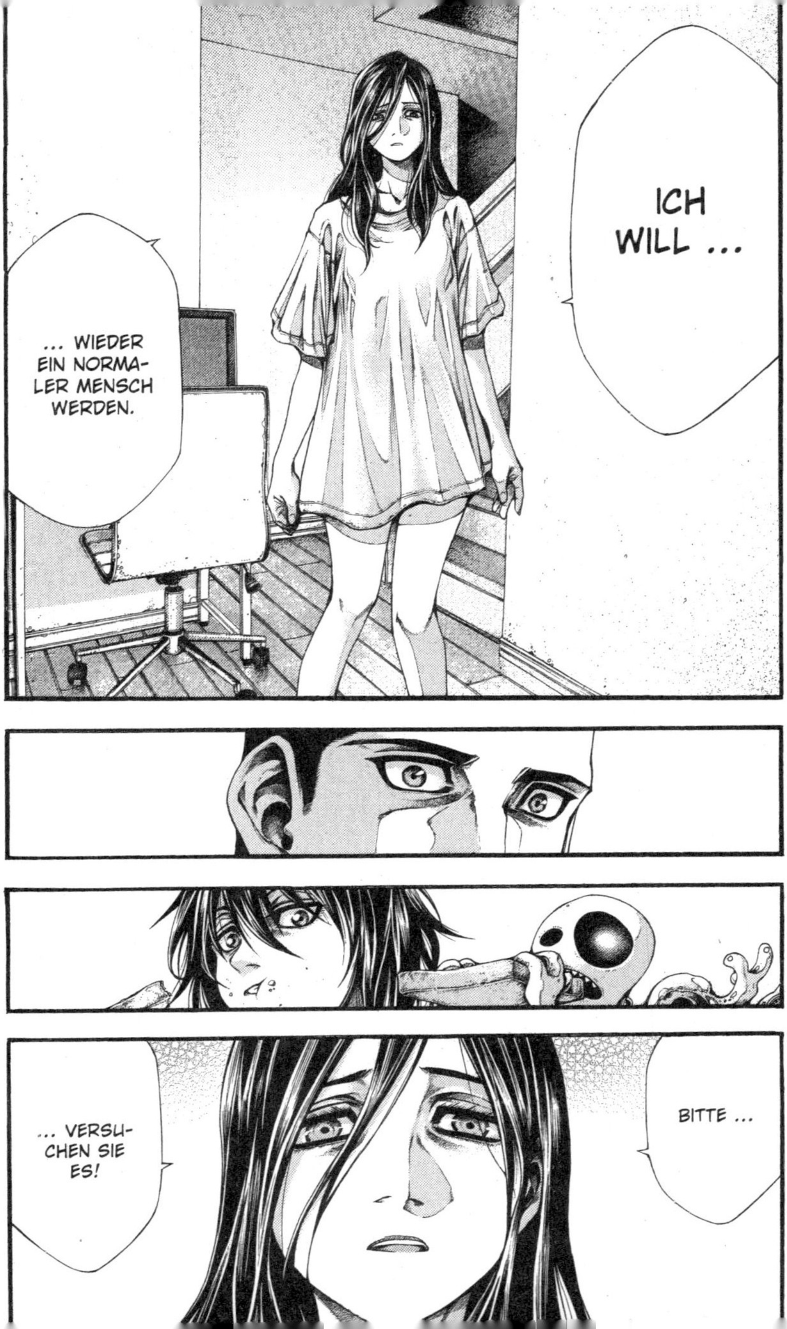

ICH WILL ...

... WIEDER EIN NORMA-LER MENSCH WERDEN.

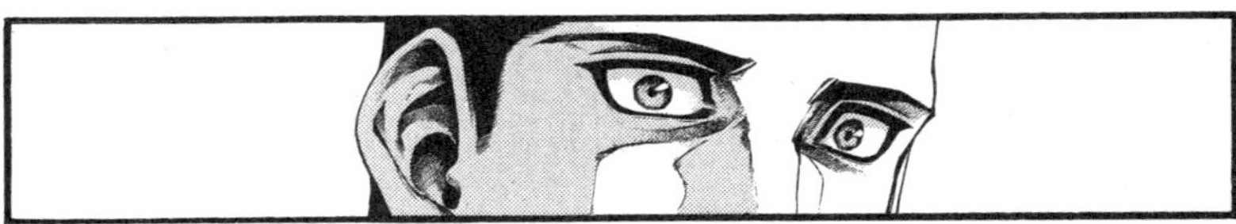

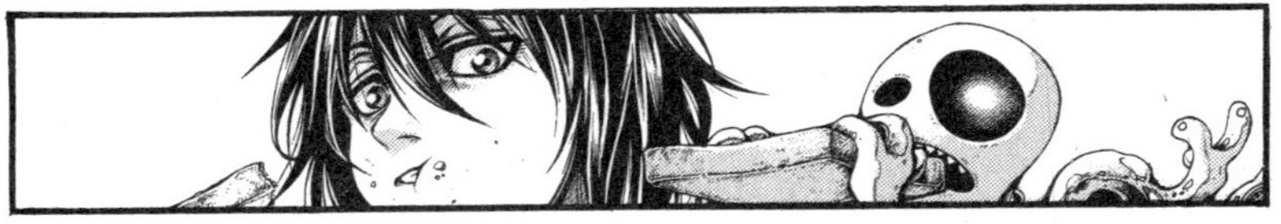

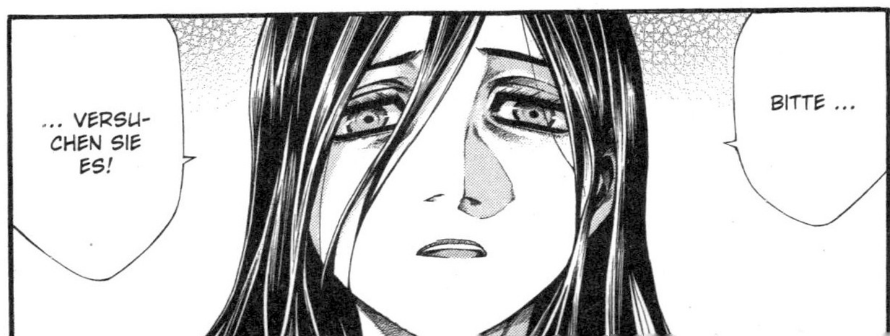

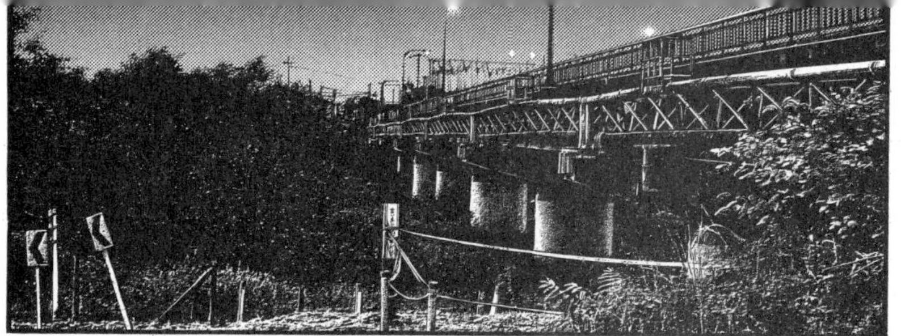

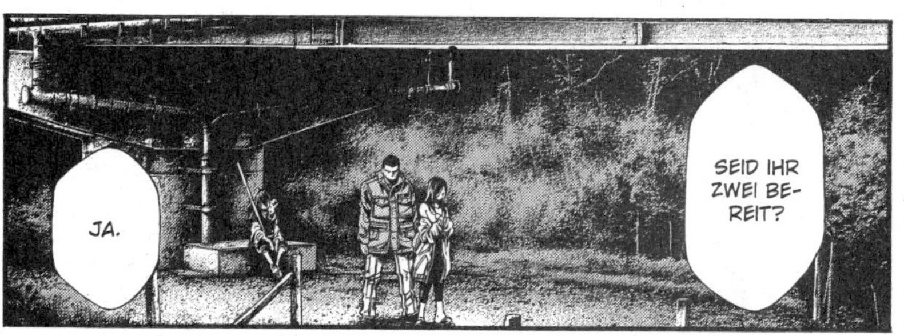
SEID IHR ZWEI BE-REIT?
JA.

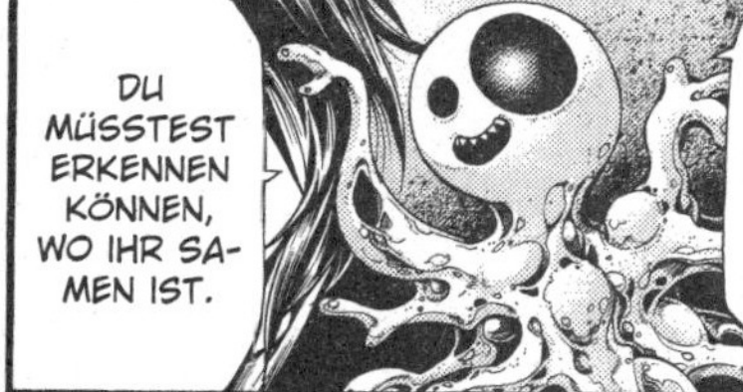
ALSO, NAWA-CHAN ... KONZEN-TRIERE DICH UND SIEH IHREN KÖR-PER AN.
DU MÜSSTEST ERKENNEN KÖNNEN, WO IHR SA-MEN IST.

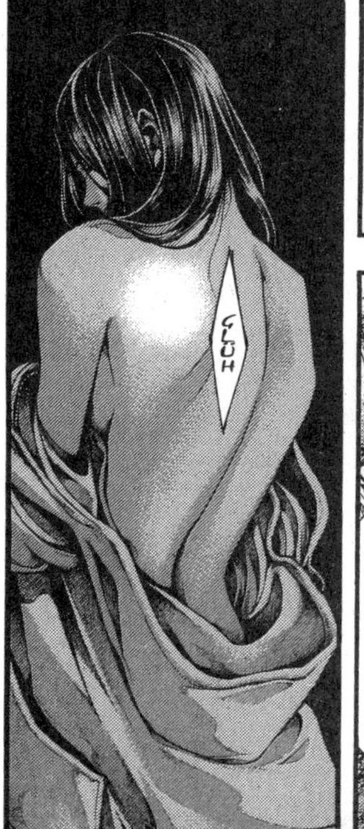
GLÜH

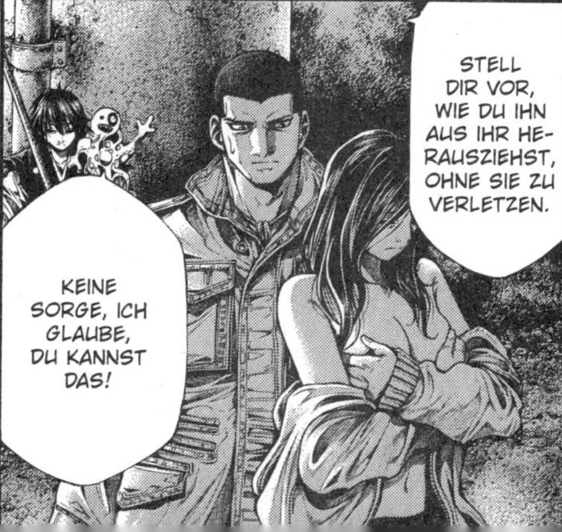
STELL DIR VOR, WIE DU IHN AUS IHR HE-RAUSZIEHST, OHNE SIE ZU VERLETZEN.
KEINE SORGE, ICH GLAUBE, DU KANNST DAS!

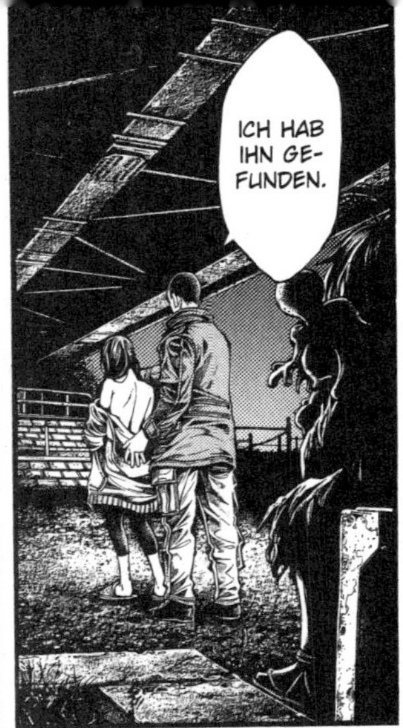
ICH HAB IHN GE-FUNDEN.

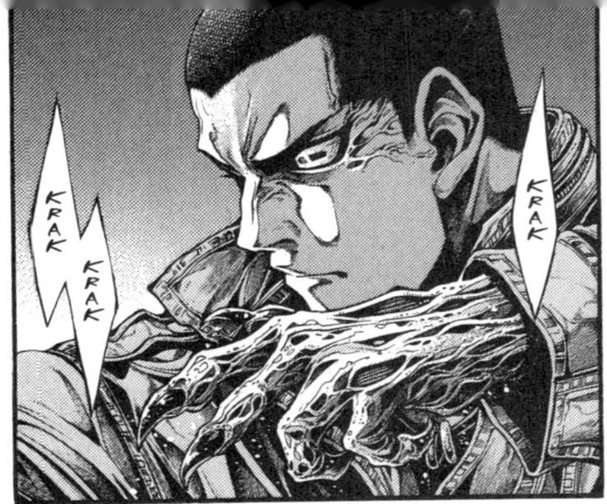
KRAK
KRAK
KRAK

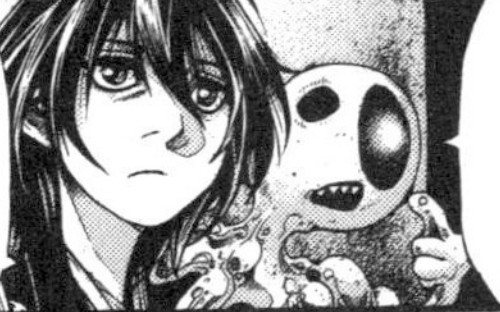
TOLL, NAWA-CHAN!

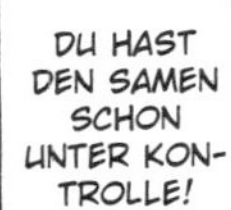
DU HAST DEN SAMEN SCHON UNTER KON-TROLLE!

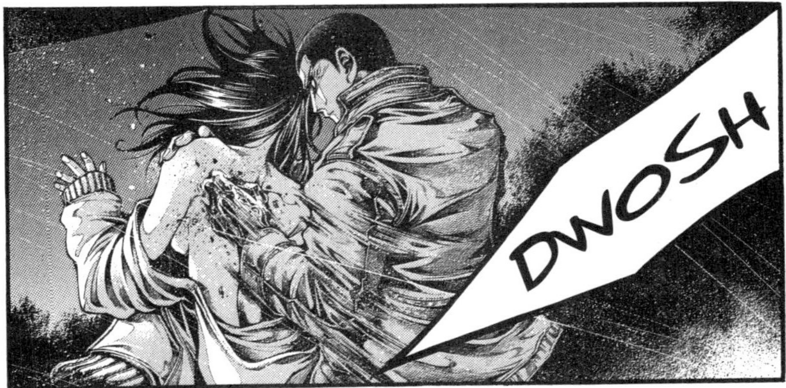
DWOSH

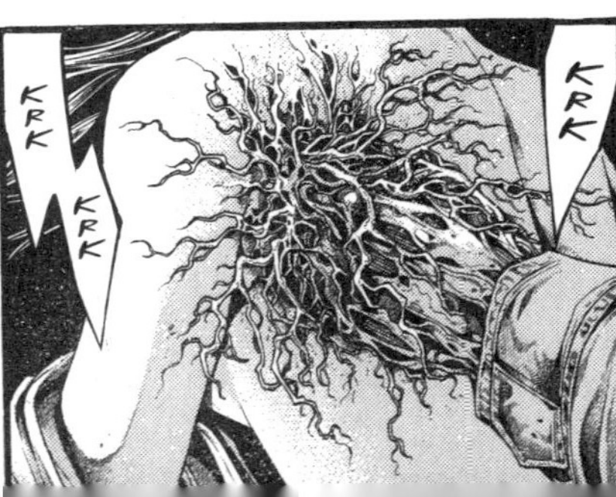
KRK
KRK
KRK
KRK

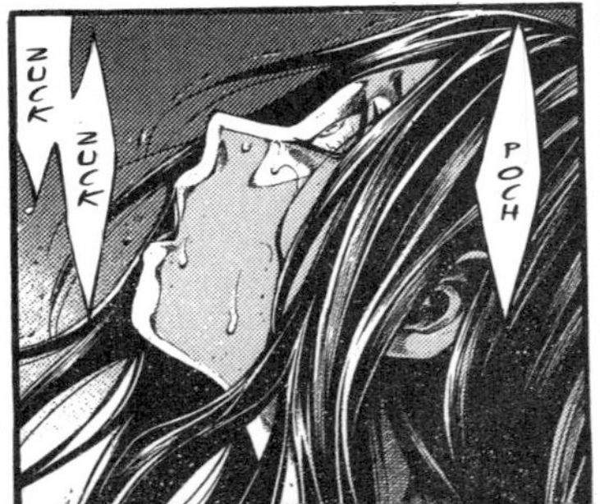
POCH
ZUCK
ZUCK

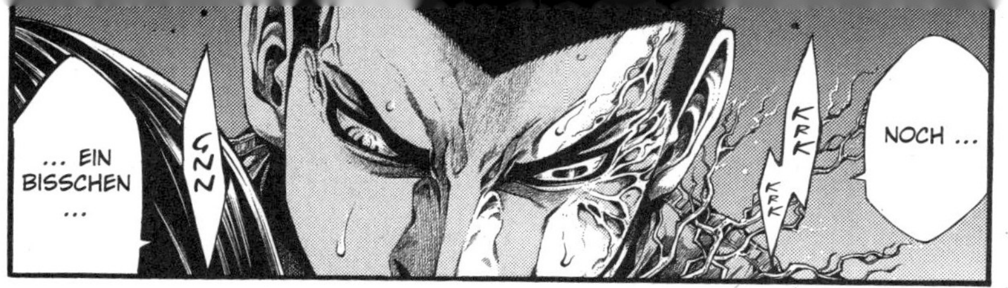
NOCH ...
KRK
KRK
GNN
... EIN BISSCHEN ...

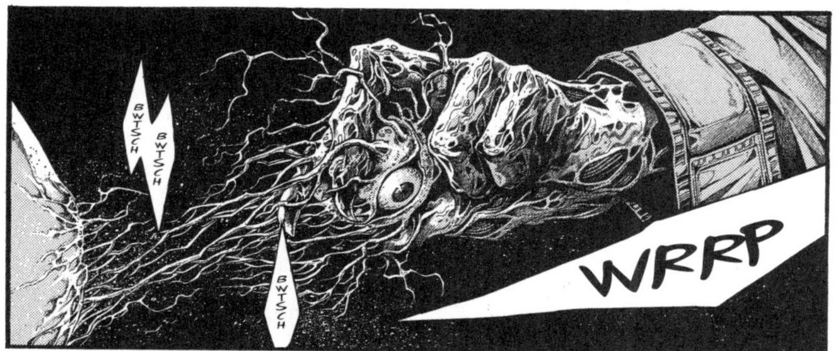
BWTSCH
BWTSCH
WRRP
BWTSCH

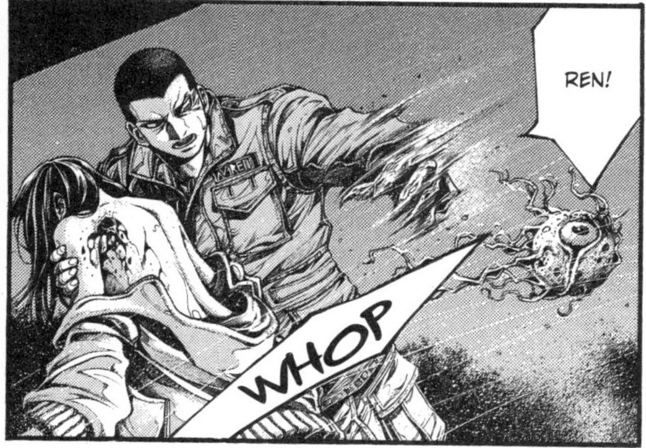
REN!
WHOP

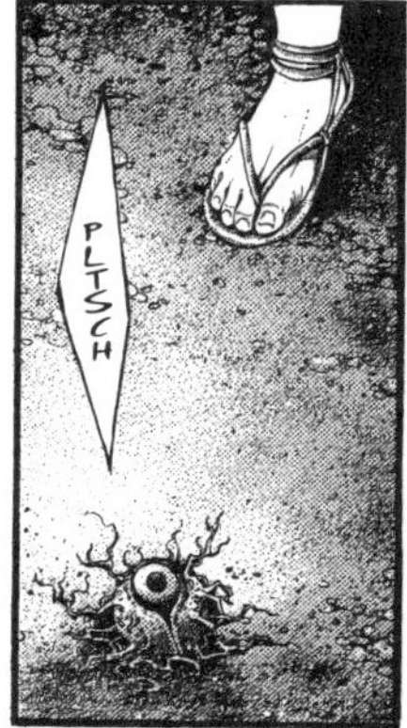
PLTSCH

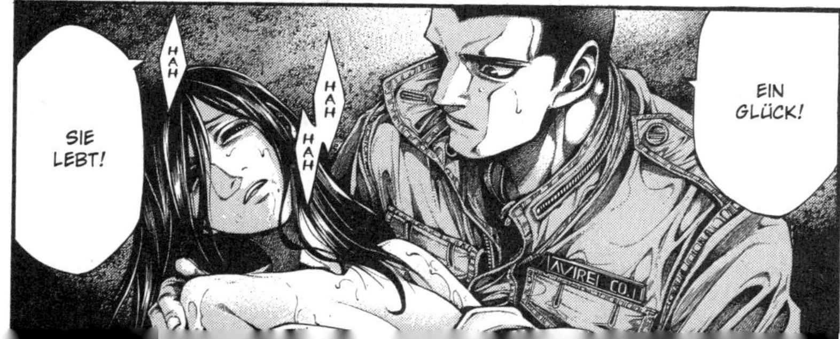
EIN GLÜCK!
HAH
HAH
HAH
SIE LEBT!

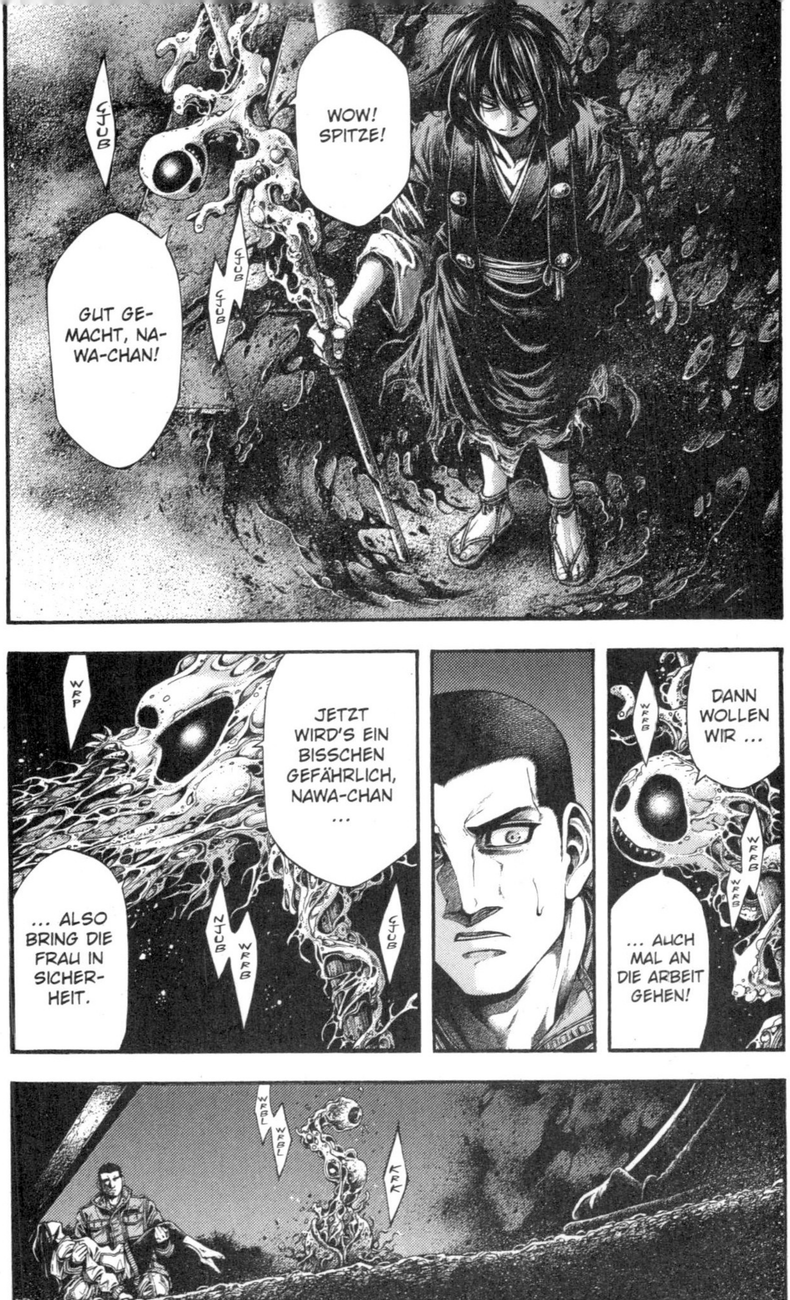

WOW! SPITZE!
GJUB
GJUB
GJUB
GUT GEMACHT, NAWA-CHAN!

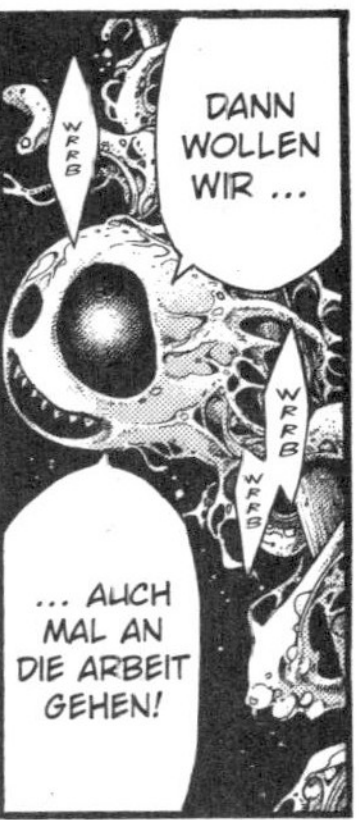

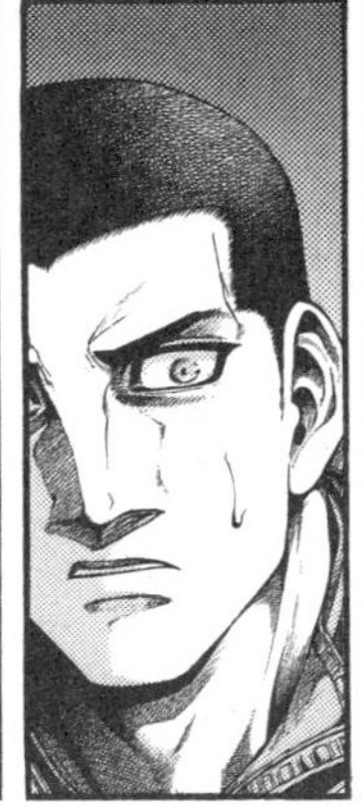

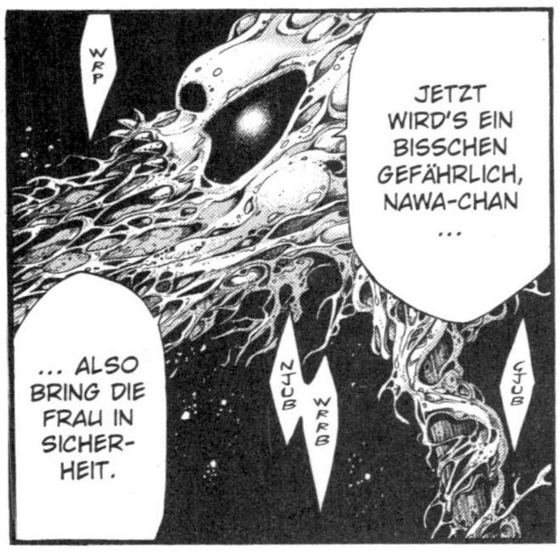

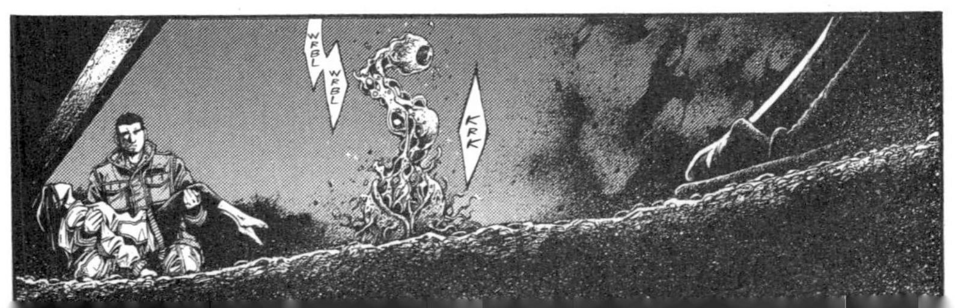

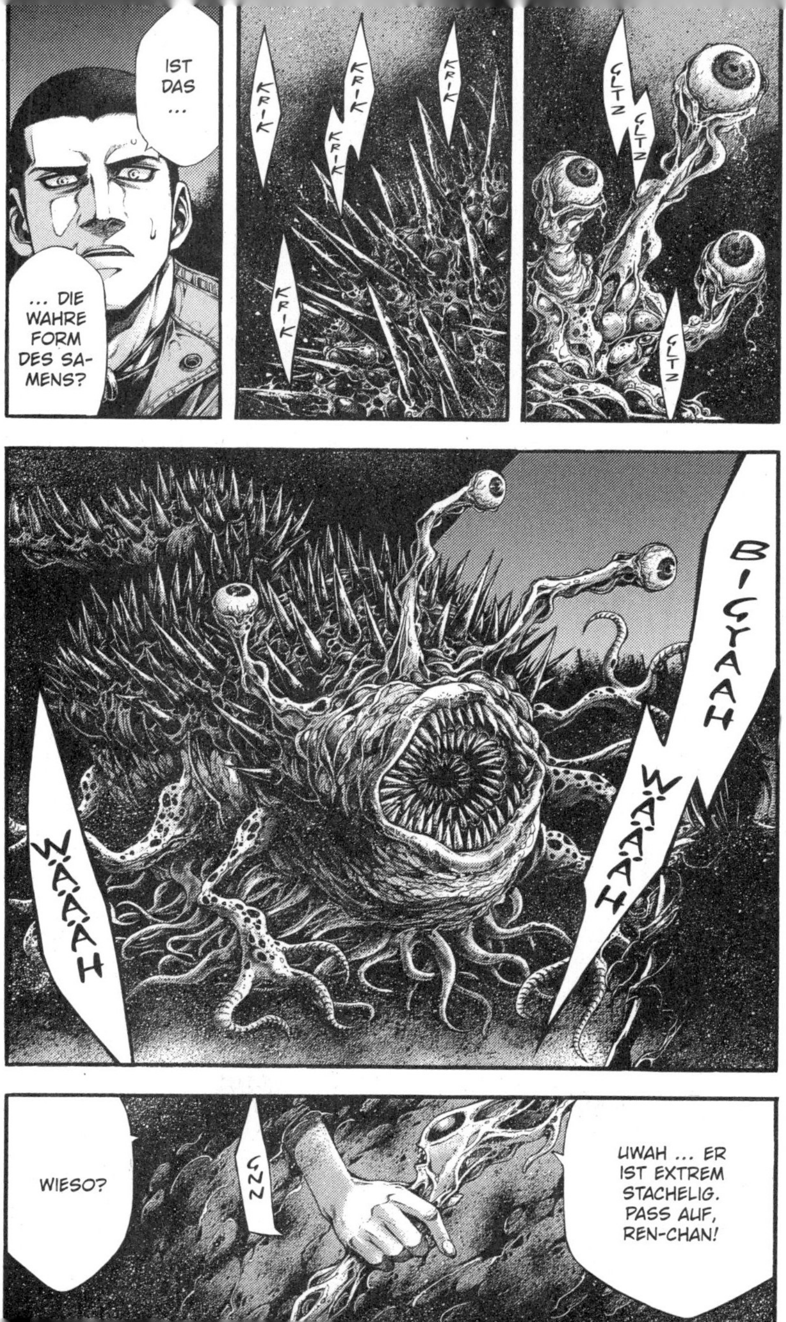

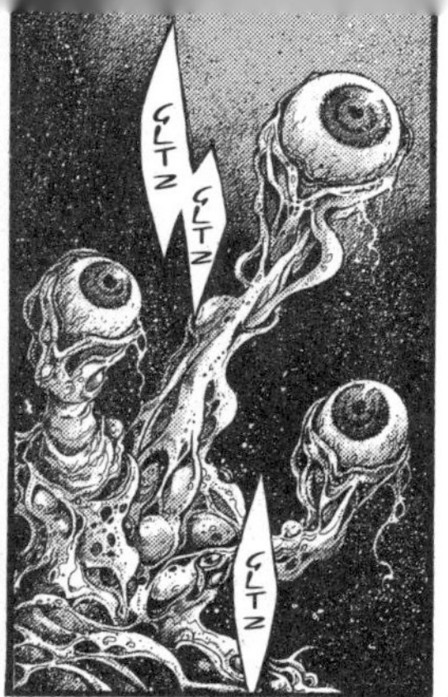

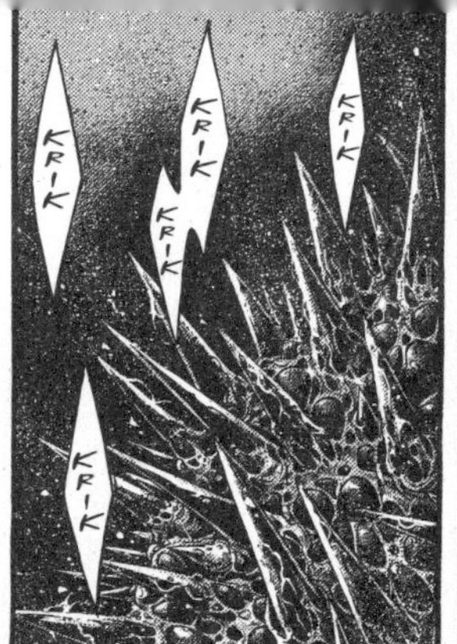

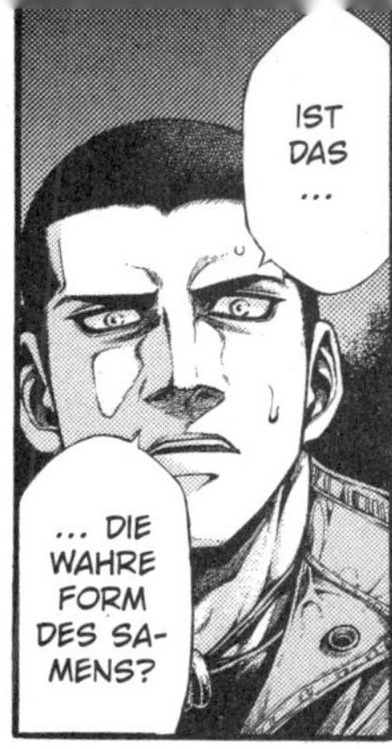

BIGYAAH
WÄÄÄH
WÄÄÄH

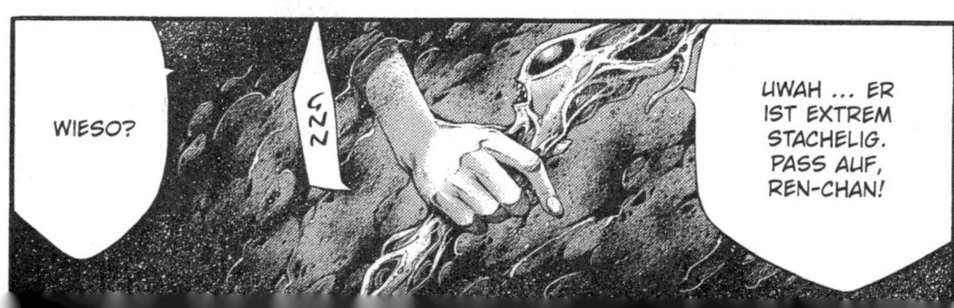

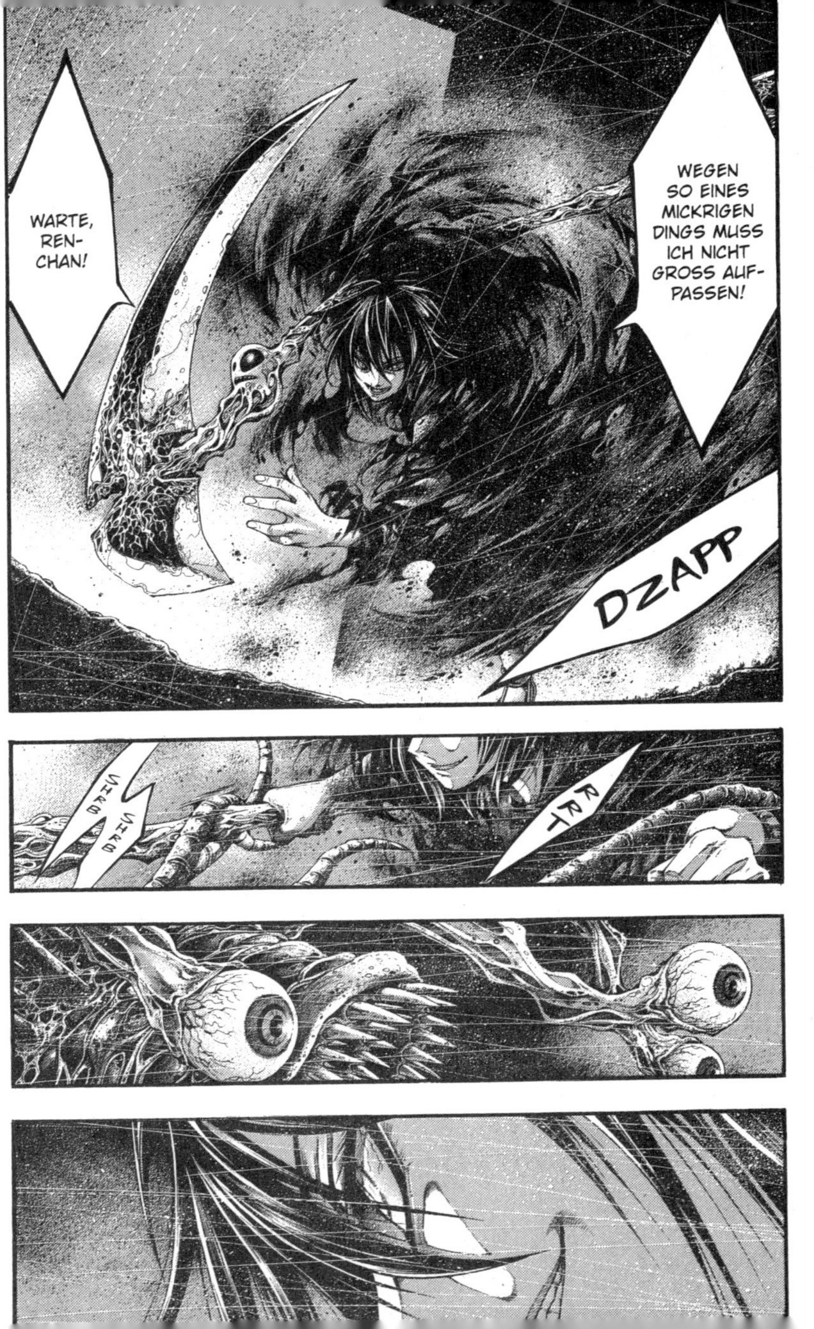

WEGEN SO EINES MICKRIGEN DINGS MUSS ICH NICHT GROSS AUF-PASSEN!
WARTE, REN-CHAN!
DZAPP

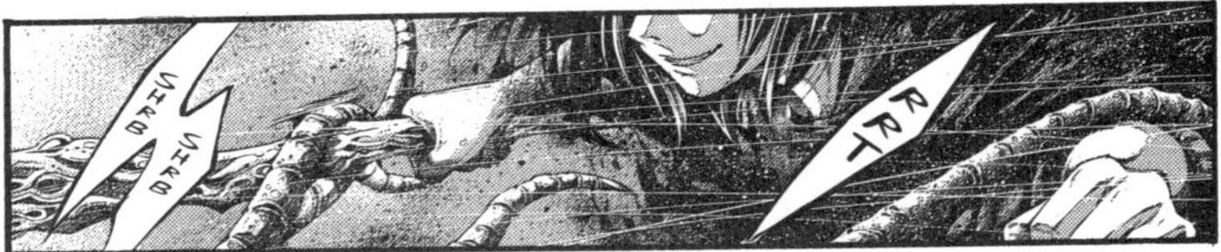

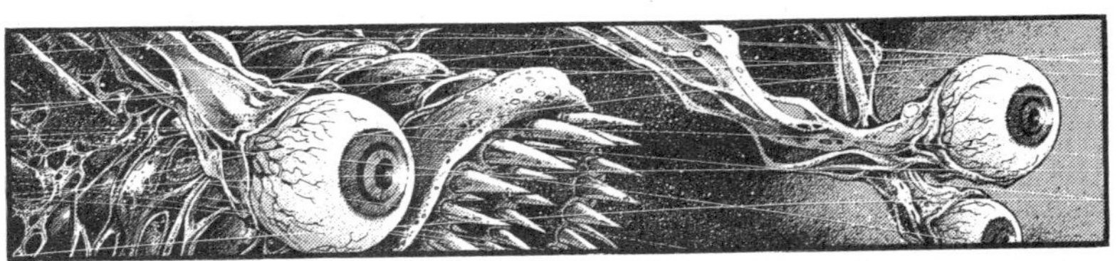

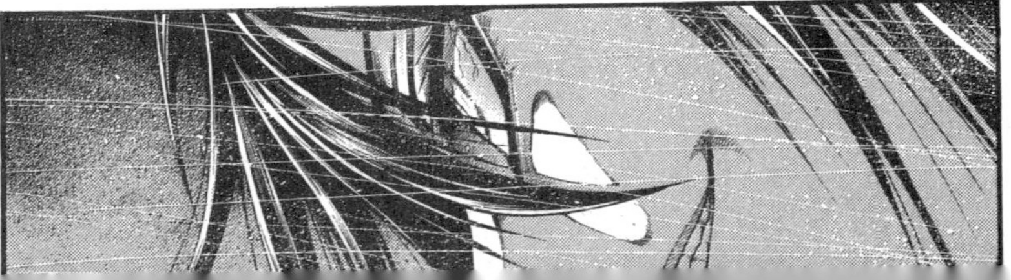

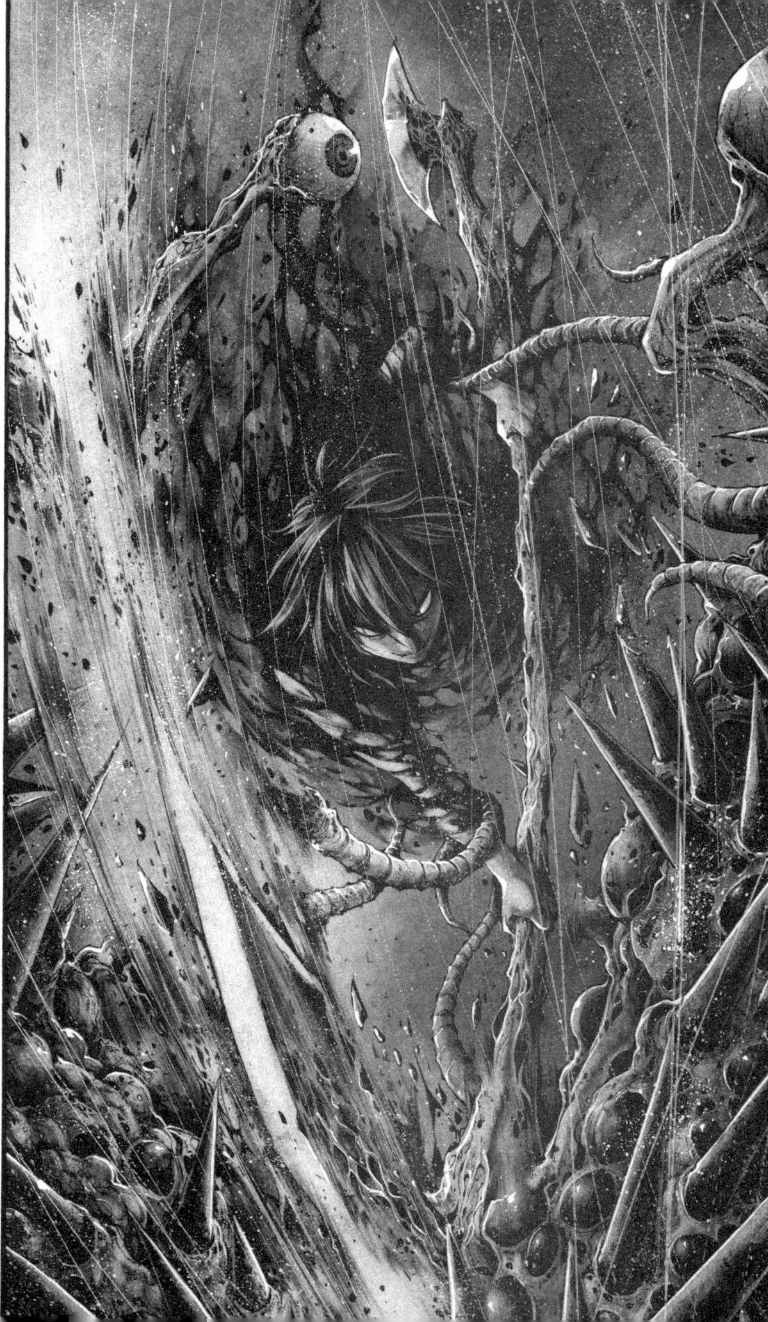

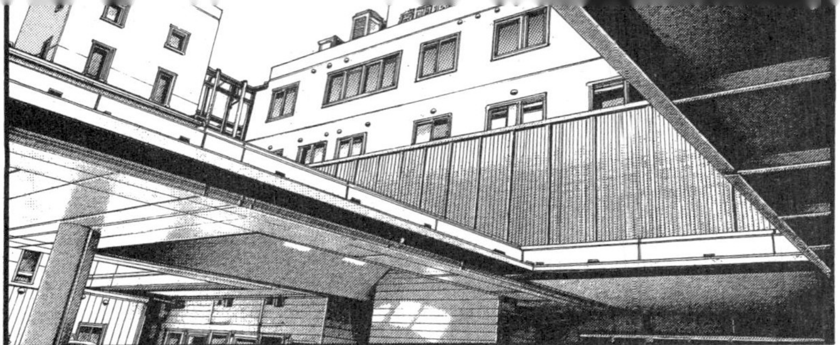

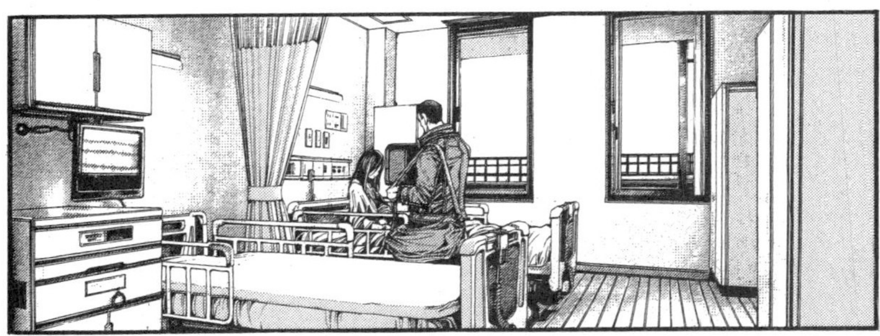

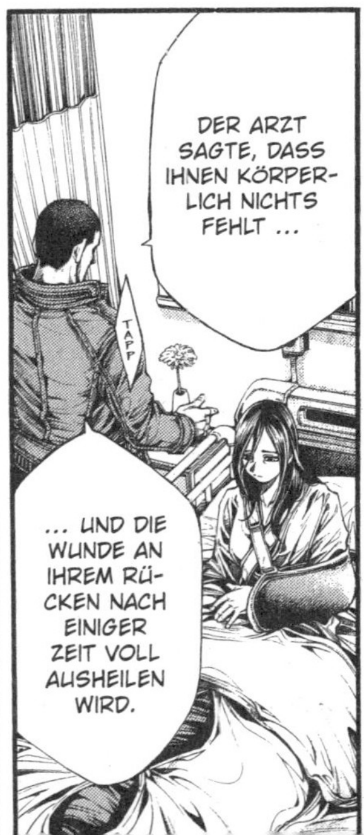
DER ARZT SAGTE, DASS IHNEN KÖRPERLICH NICHTS FEHLT ...
TAPP
... UND DIE WUNDE AN IHREM RÜCKEN NACH EINIGER ZEIT VOLL AUSHEILEN WIRD.

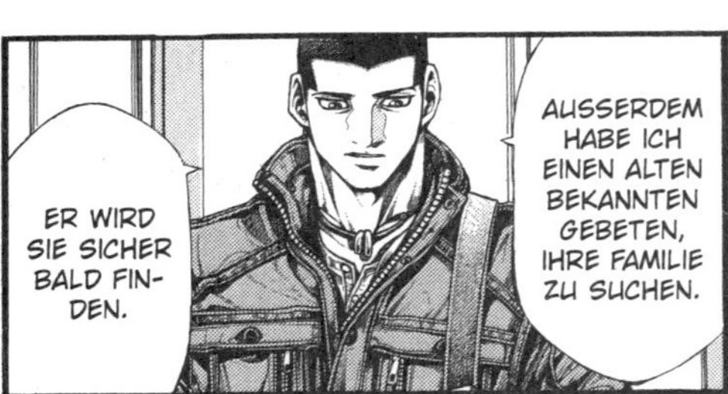
AUSSERDEM HABE ICH EINEN ALTEN BEKANNTEN GEBETEN, IHRE FAMILIE ZU SUCHEN.
ER WIRD SIE SICHER BALD FINDEN.

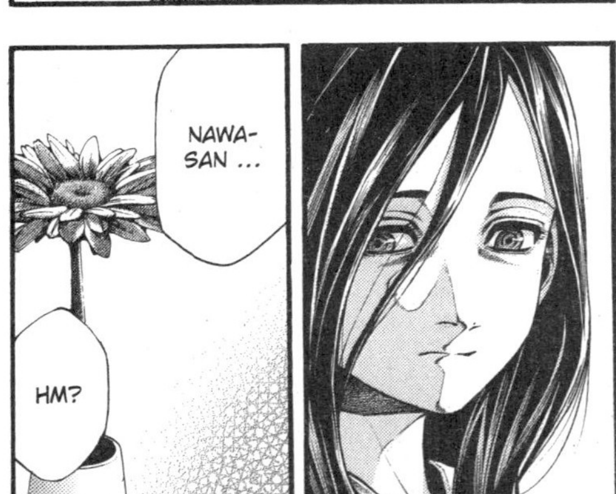
NAWA-SAN ...
HM?

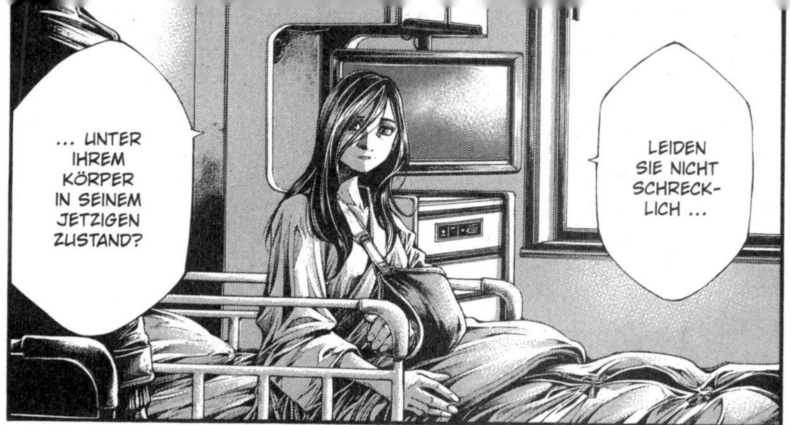
LEIDEN SIE NICHT SCHRECKLICH …
… UNTER IHREM KÖRPER IN SEINEM JETZIGEN ZUSTAND?

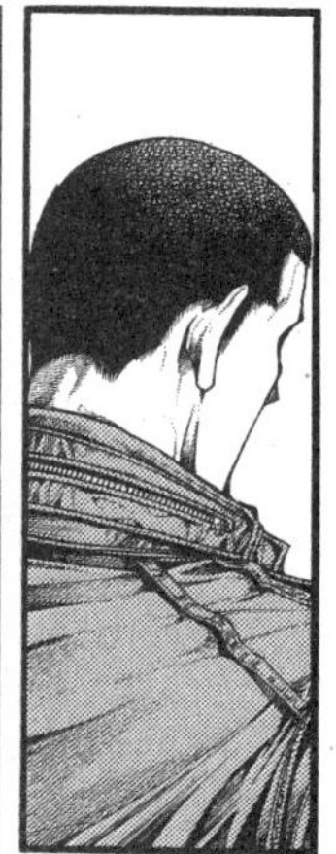

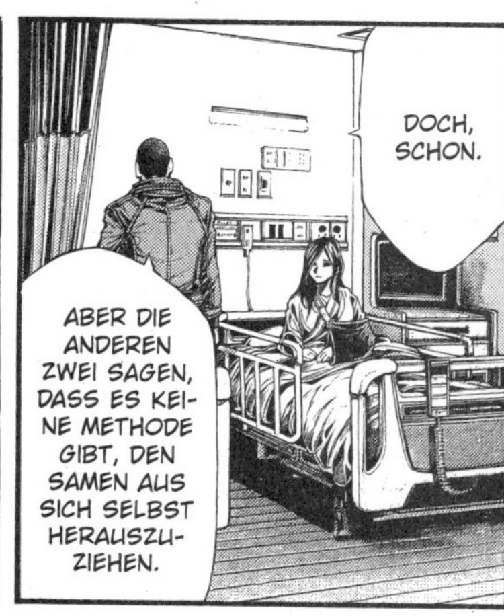
DOCH, SCHON.
ABER DIE ANDEREN ZWEI SAGEN, DASS ES KEINE METHODE GIBT, DEN SAMEN AUS SICH SELBST HERAUSZUZIEHEN.

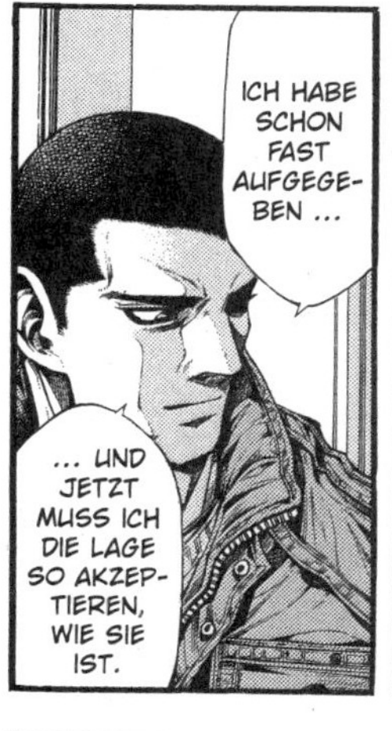
ICH HABE SCHON FAST AUFGEGEBEN …
… UND JETZT MUSS ICH DIE LAGE SO AKZEPTIEREN, WIE SIE IST.

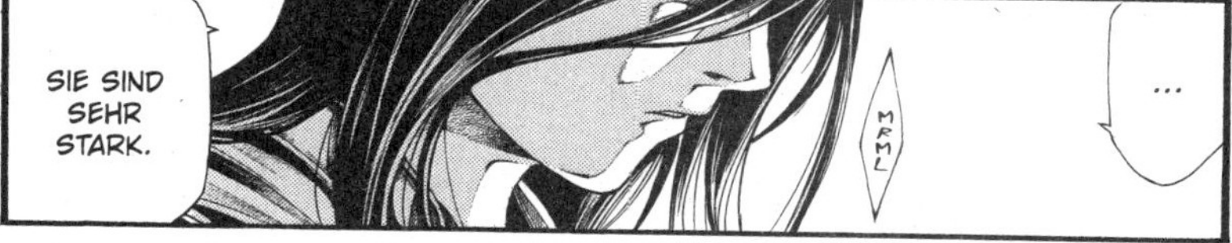
…
MFML
SIE SIND SEHR STARK.

HM? WAS HABEN SIE GESAGT?
CH …
CHTS.

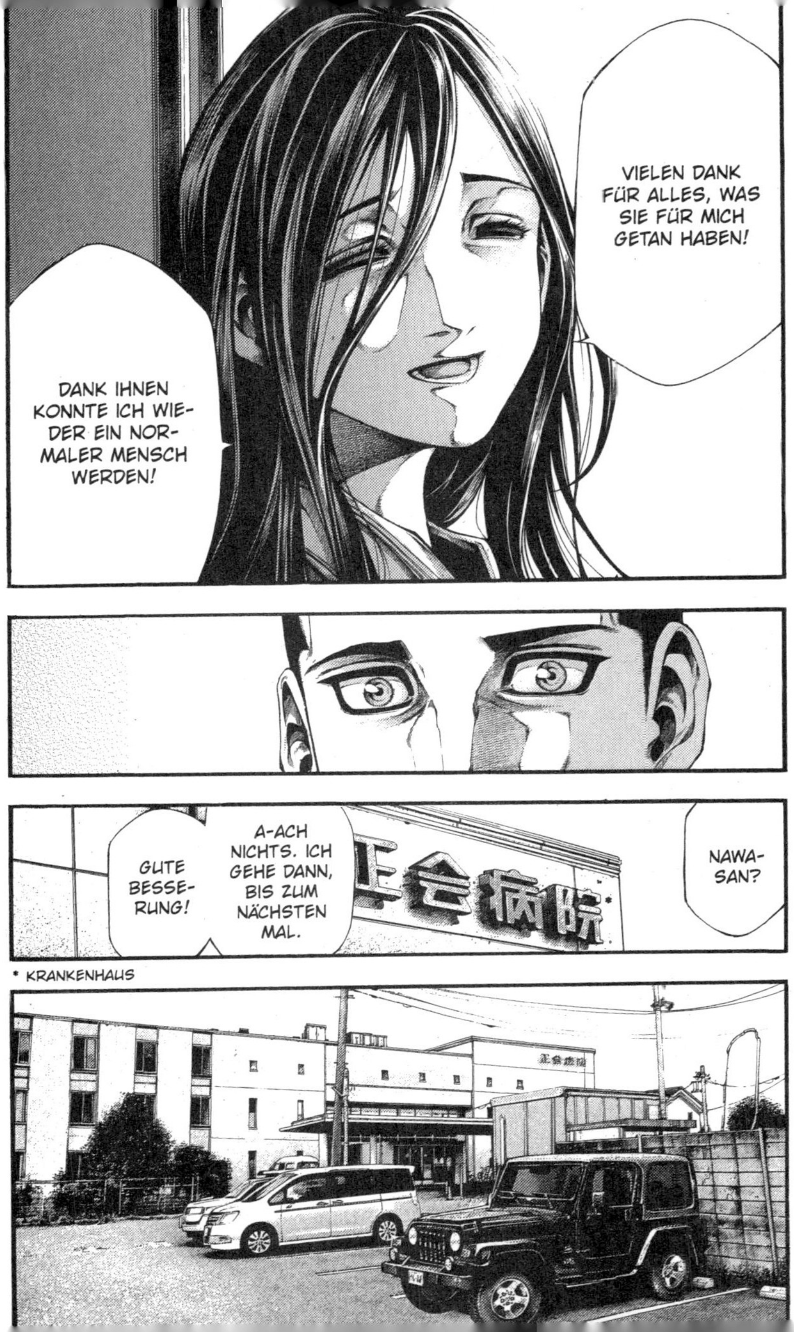

VIELEN DANK FÜR ALLES, WAS SIE FÜR MICH GETAN HABEN!
DANK IHNEN KONNTE ICH WIEDER EIN NORMALER MENSCH WERDEN!

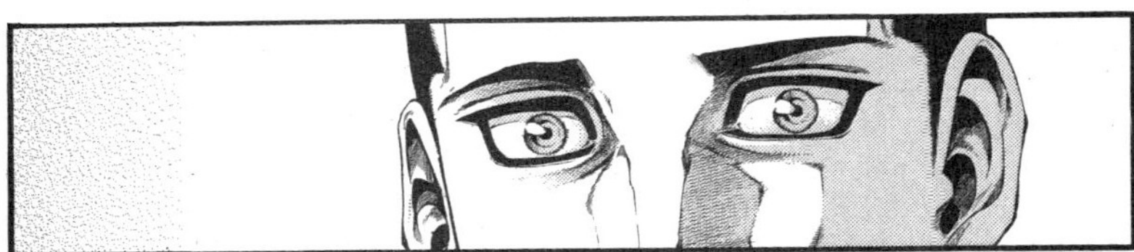

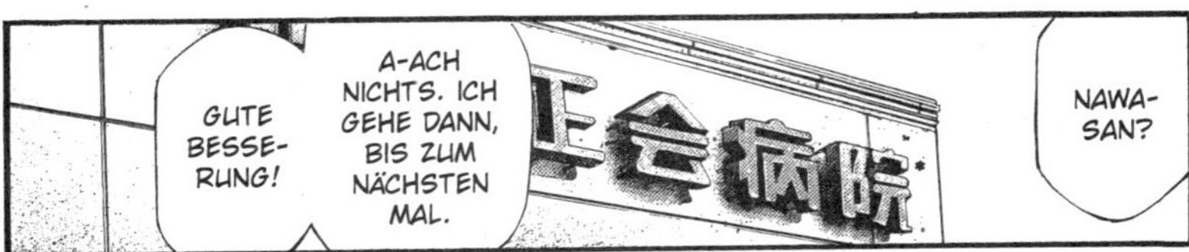

* KRANKENHAUS

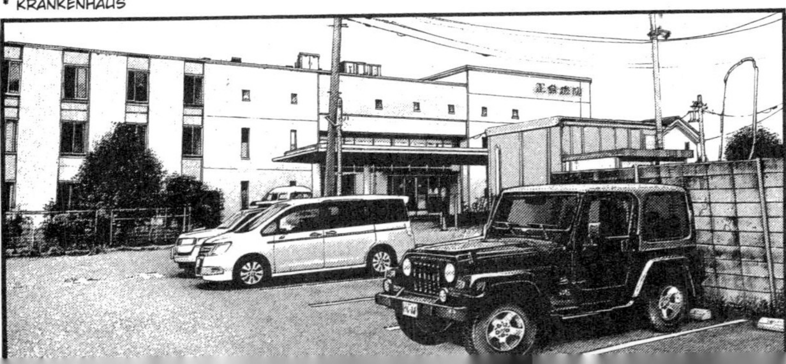

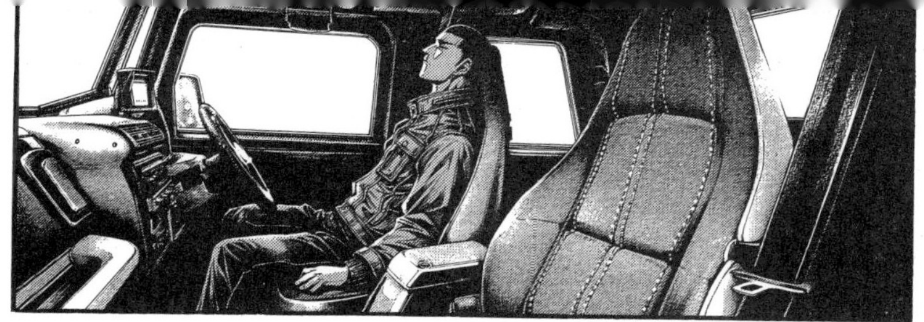

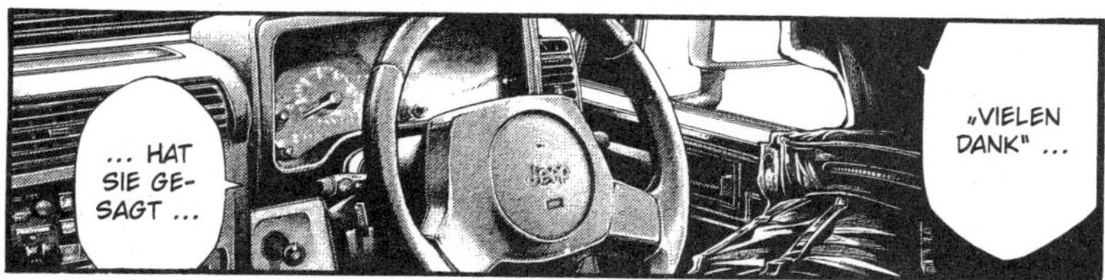
„VIELEN DANK" …
… HAT SIE GE-SAGT …

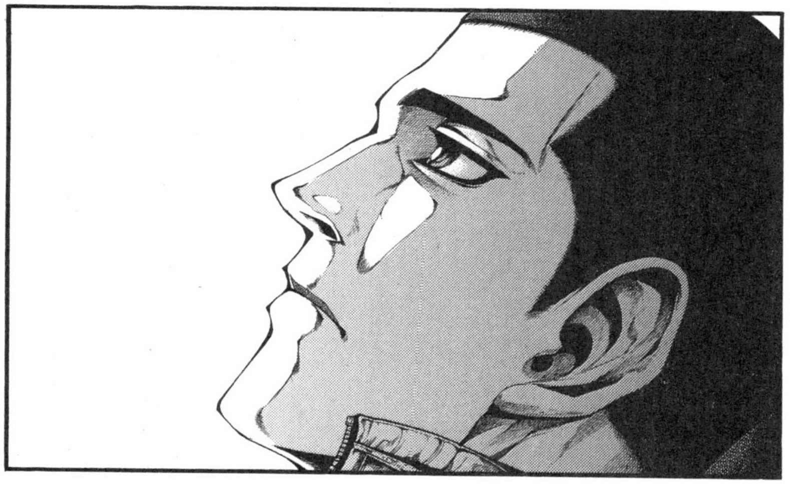

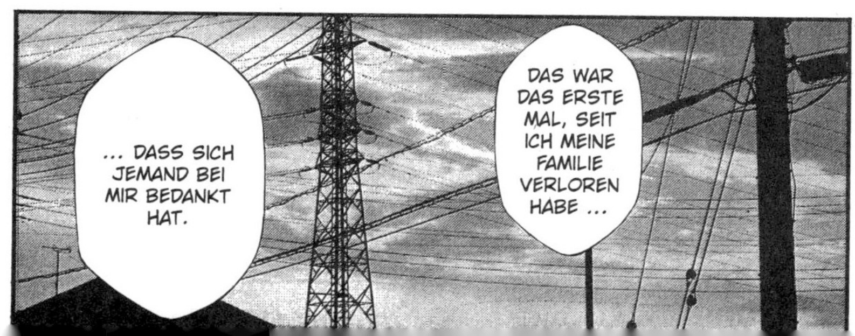
DAS WAR DAS ERSTE MAL, SEIT ICH MEINE FAMILIE VERLOREN HABE …
… DASS SICH JEMAND BEI MIR BEDANKT HAT.

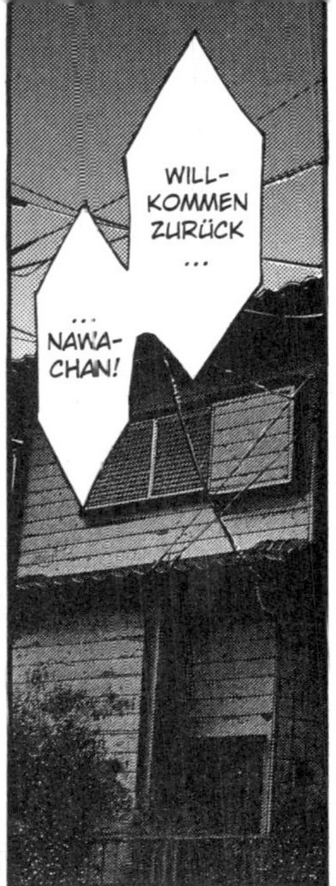
WILL-KOMMEN ZURÜCK ...
... NAWA-CHAN!

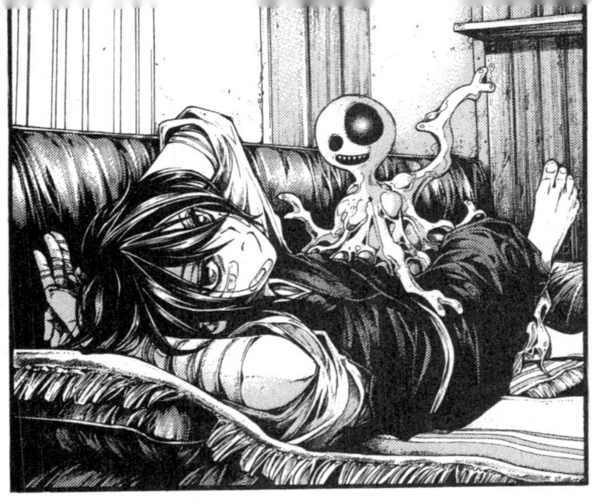

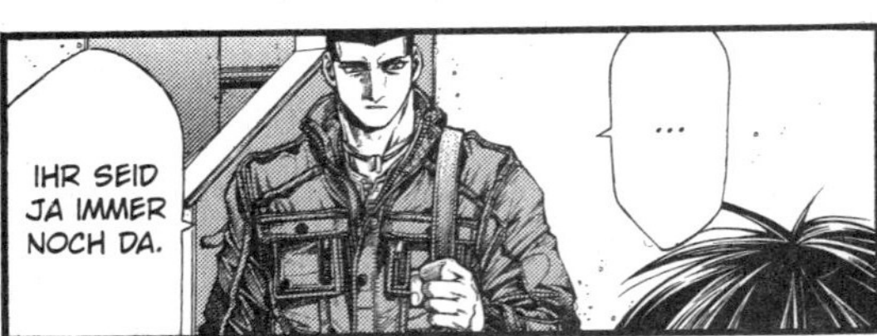
...
IHR SEID JA IMMER NOCH DA.

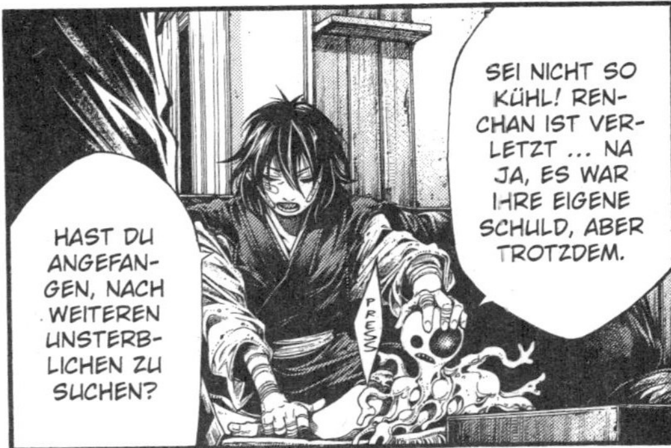
SEI NICHT SO KÜHL! REN-CHAN IST VER-LETZT ... NA JA, ES WAR IHRE EIGENE SCHULD, ABER TROTZDEM.
PRESS
HAST DU ANGEFAN-GEN, NACH WEITEREN UNSTERB-LICHEN ZU SUCHEN?

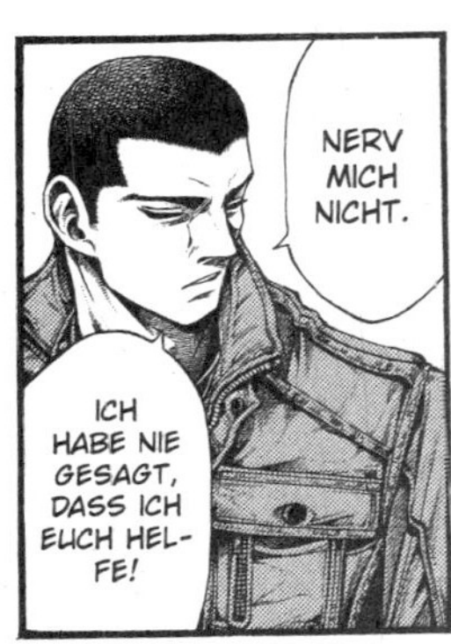
NERV MICH NICHT.
ICH HABE NIE GESAGT, DASS ICH EUCH HEL-FE!

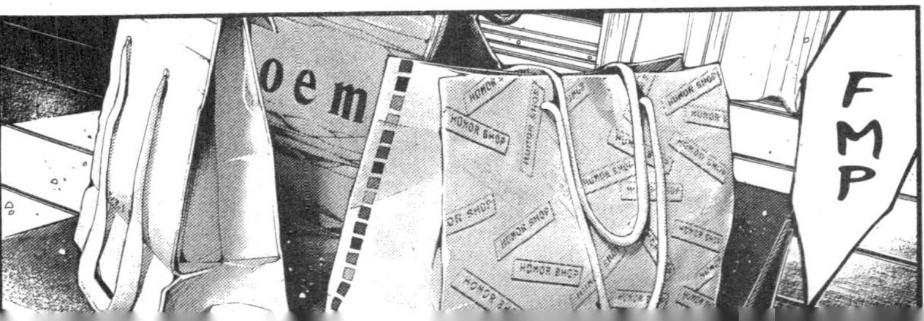
FMP

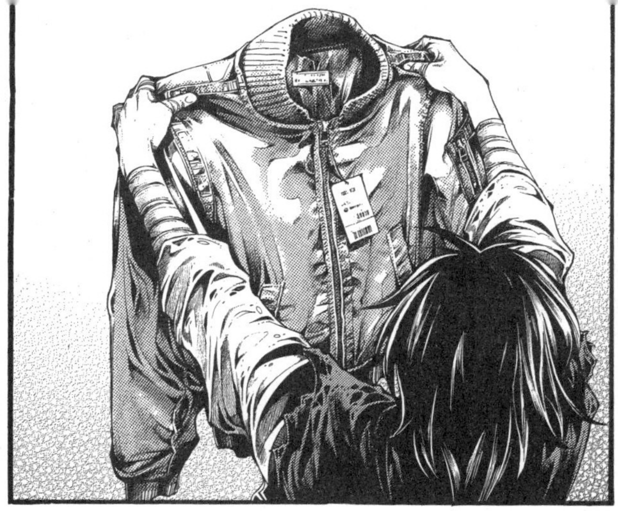
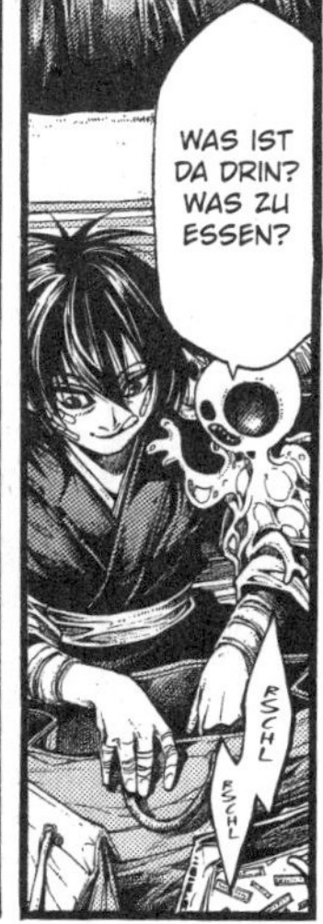
WAS IST DA DRIN? WAS ZU ESSEN?
RSCHL
RSCHL
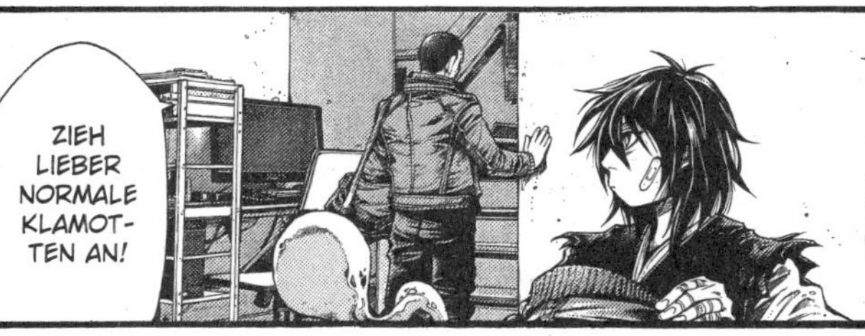
WENN IHR VORHABT, HIER IN DER STADT ZU BLEIBEN, BIST DU ZU AUFFÄLLIG IN DEM AUFZUG.
ZIEH LIEBER NORMALE KLAMOTTEN AN!
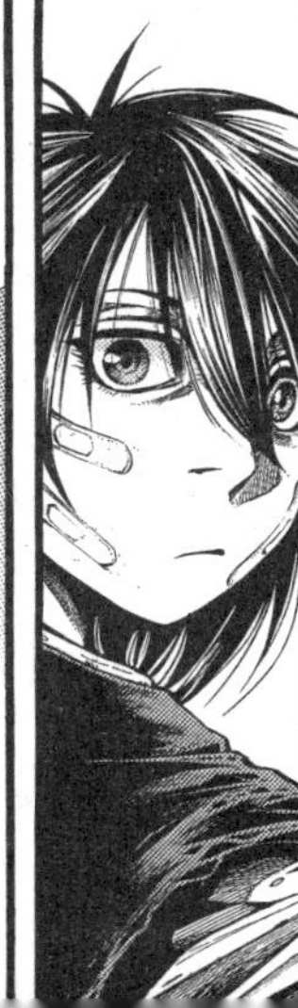
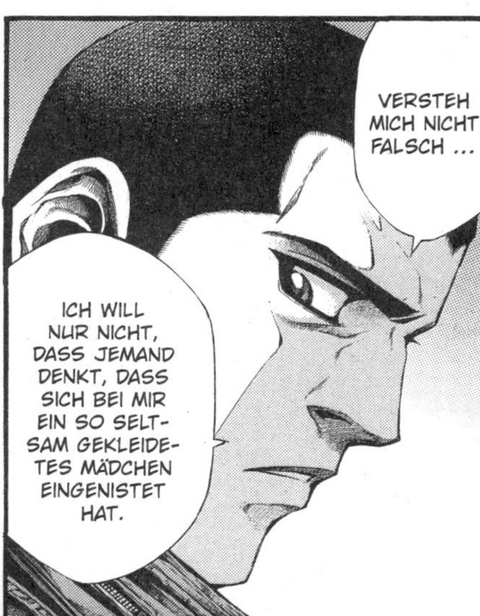
VERSTEH MICH NICHT FALSCH ...
ICH WILL NUR NICHT, DASS JEMAND DENKT, DASS SICH BEI MIR EIN SO SELTSAM GEKLEIDETES MÄDCHEN EINGENISTET HAT.
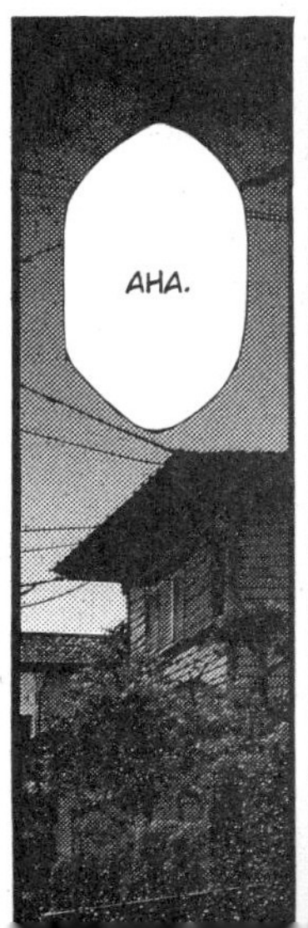
AHA.

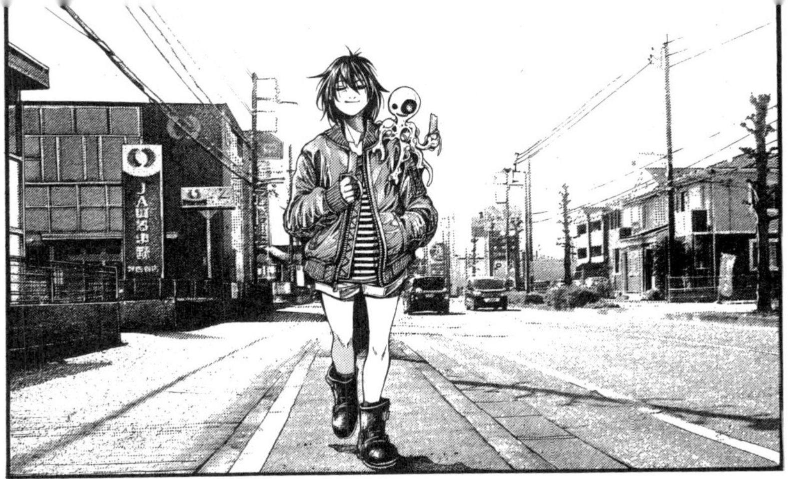

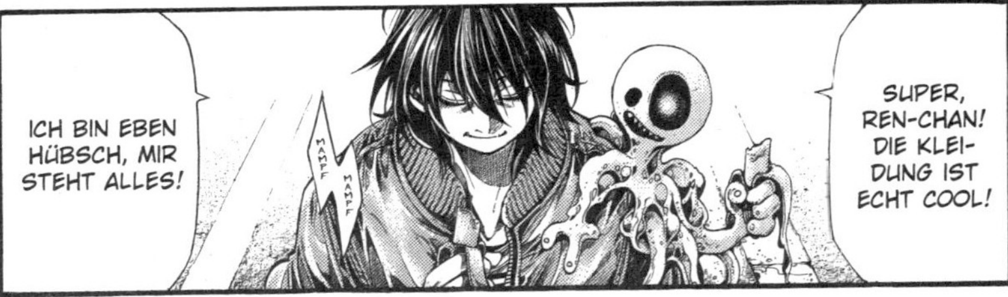
SUPER, REN-CHAN! DIE KLEIDUNG IST ECHT COOL!
MAMPF MAMPF
ICH BIN EBEN HÜBSCH, MIR STEHT ALLES!

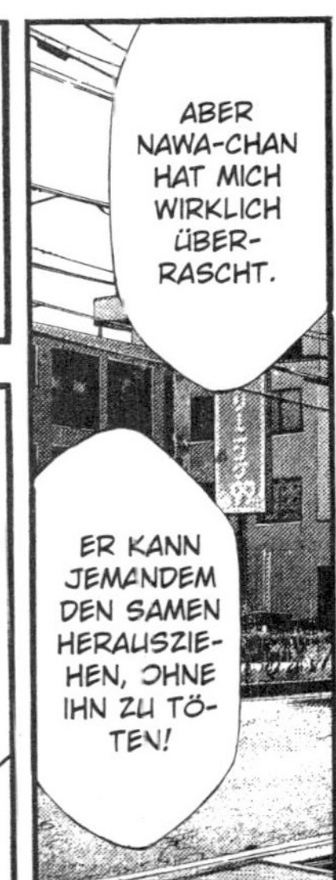
ABER NAWA-CHAN HAT MICH WIRKLICH ÜBERRASCHT.
UND OBWOHL SAKASE IHN SO EXTREM GEQUÄLT HAT …
… HAT ER DER HERRSCHAFT DES SAMENS IN SICH WIDERSTANDEN.
ER KANN JEMANDEM DEN SAMEN HERAUSZIEHEN, OHNE IHN ZU TÖTEN!

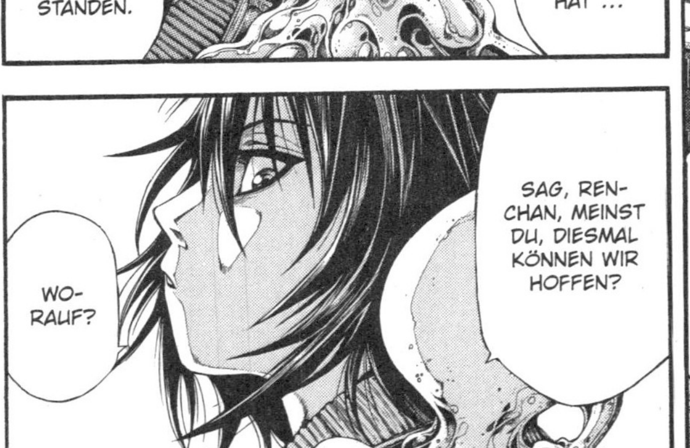
SAG, REN-CHAN, MEINST DU, DIESMAL KÖNNEN WIR HOFFEN?
WORAUF?

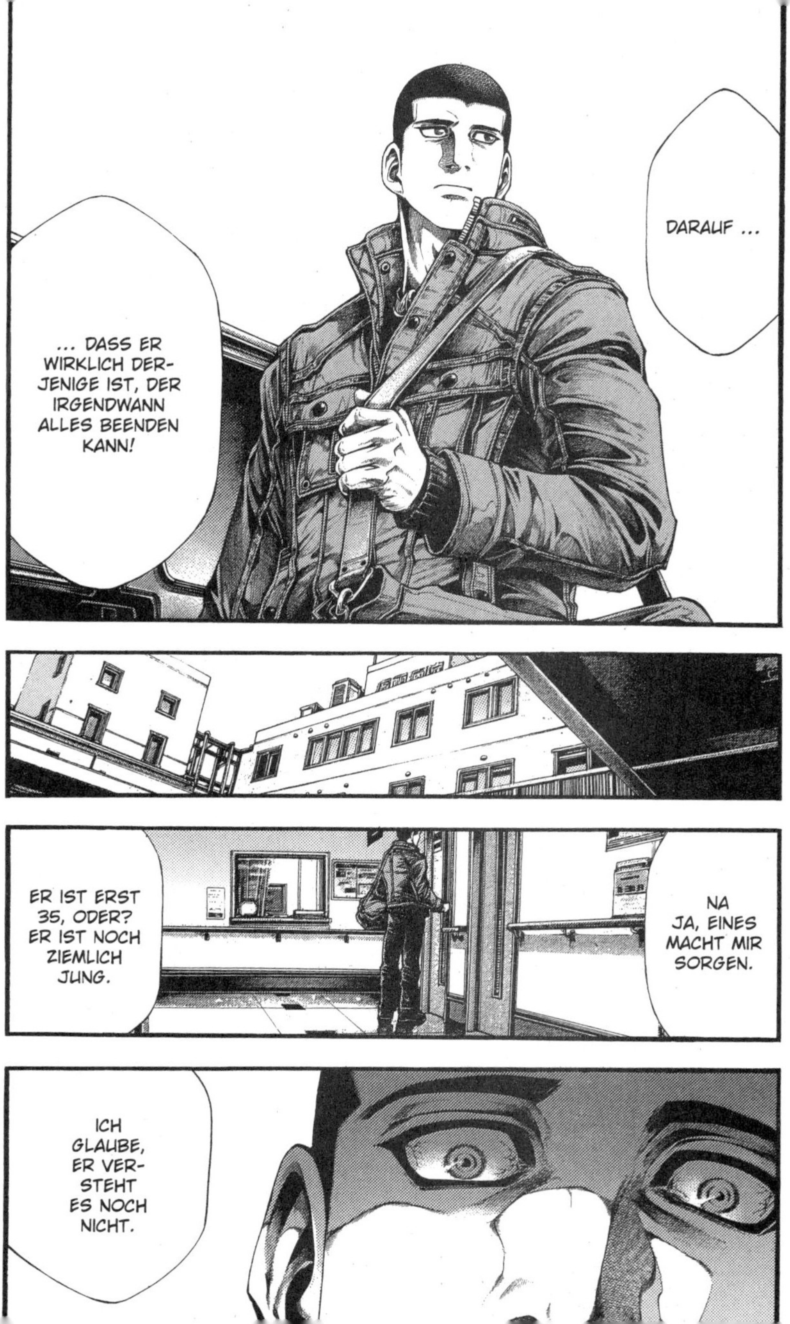

DARAUF ...

... DASS ER WIRKLICH DERJENIGE IST, DER IRGENDWANN ALLES BEENDEN KANN!

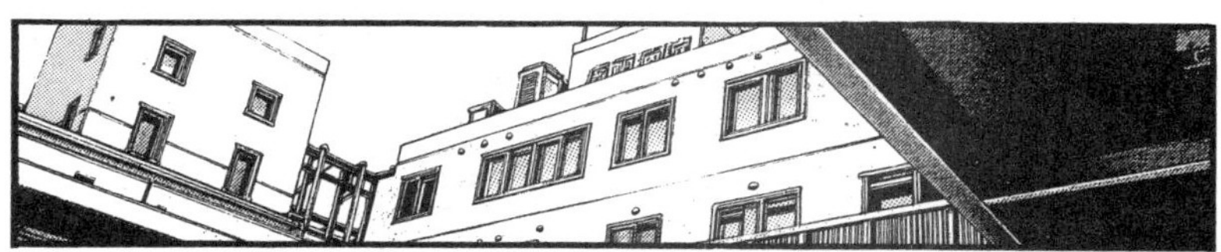

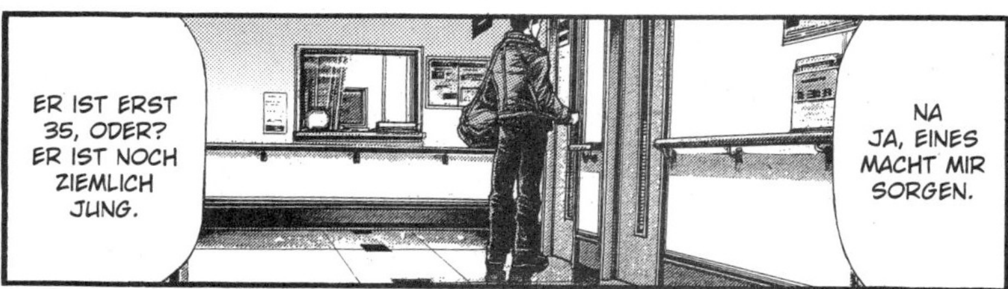

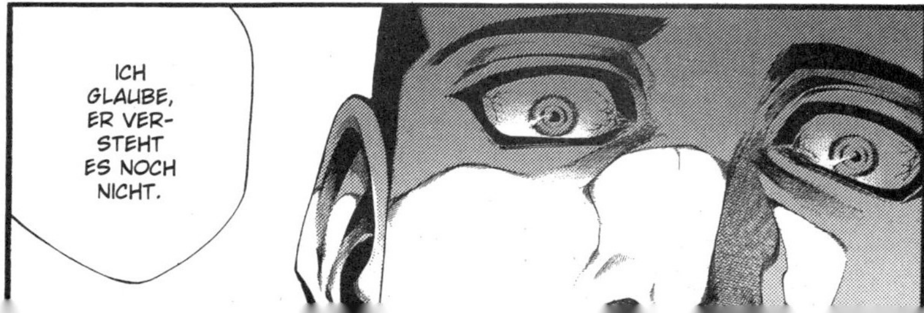

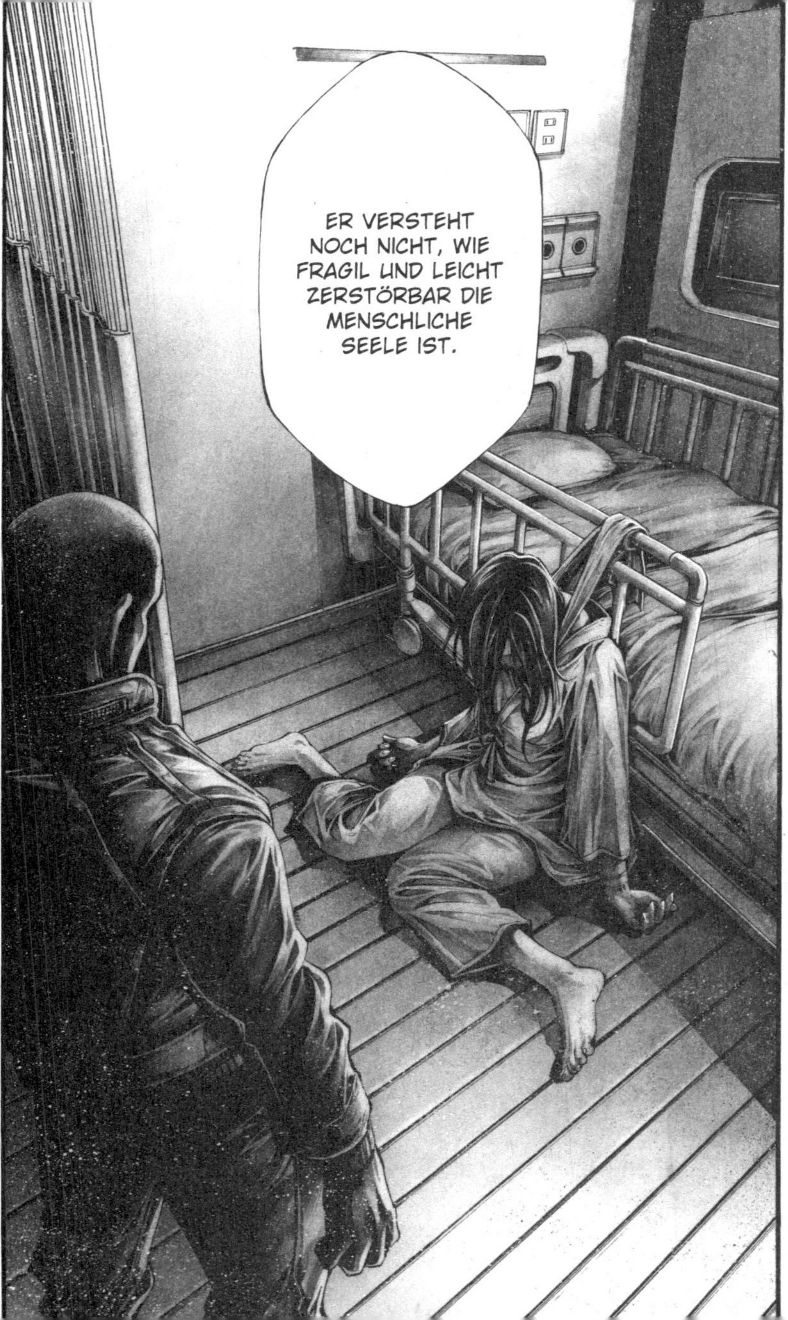
ER VERSTEHT NOCH NICHT, WIE FRAGIL UND LEICHT ZERSTÖRBAR DIE MENSCHLICHE SEELE IST.

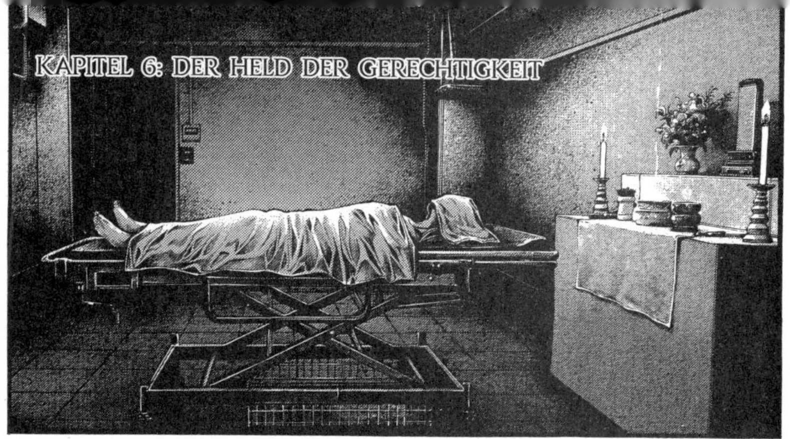
KAPITEL 6: DER HELD DER GERECHTIGKEIT

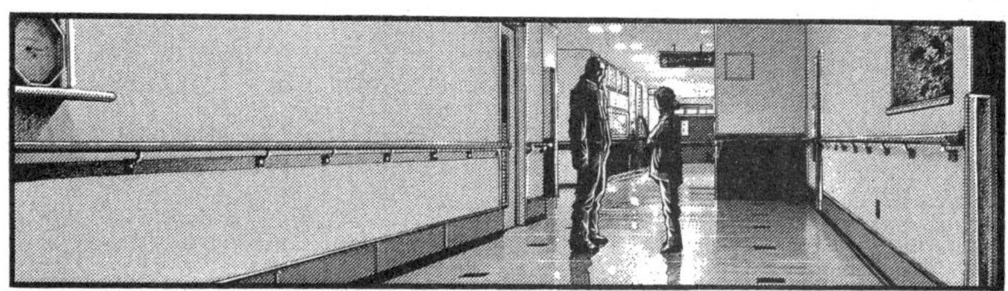

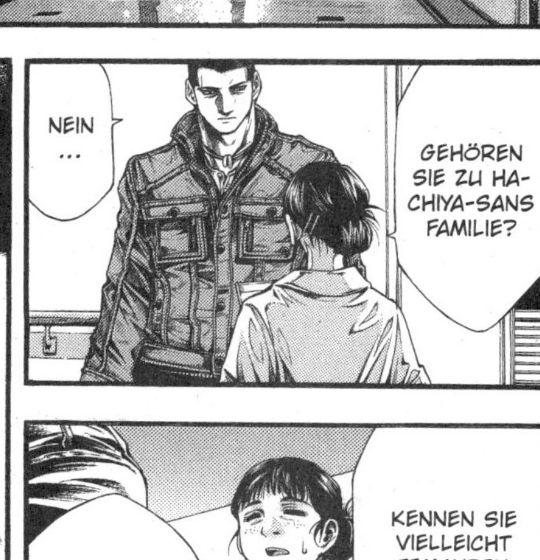
GEHÖREN SIE ZU HACHIYA-SANS FAMILIE?
NEIN ...

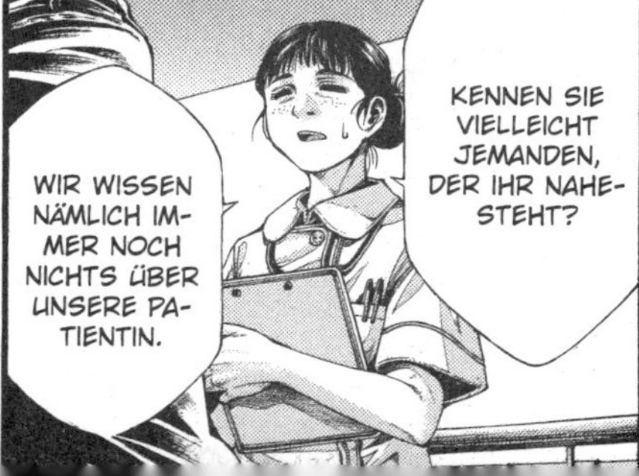
KENNEN SIE VIELLEICHT JEMANDEN, DER IHR NAHESTEHT?
WIR WISSEN NÄMLICH IMMER NOCH NICHTS ÜBER UNSERE PATIENTIN.

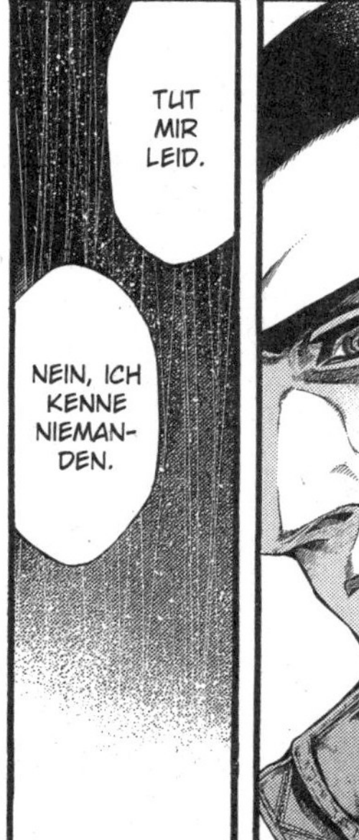
TUT MIR LEID.
NEIN, ICH KENNE NIEMANDEN.

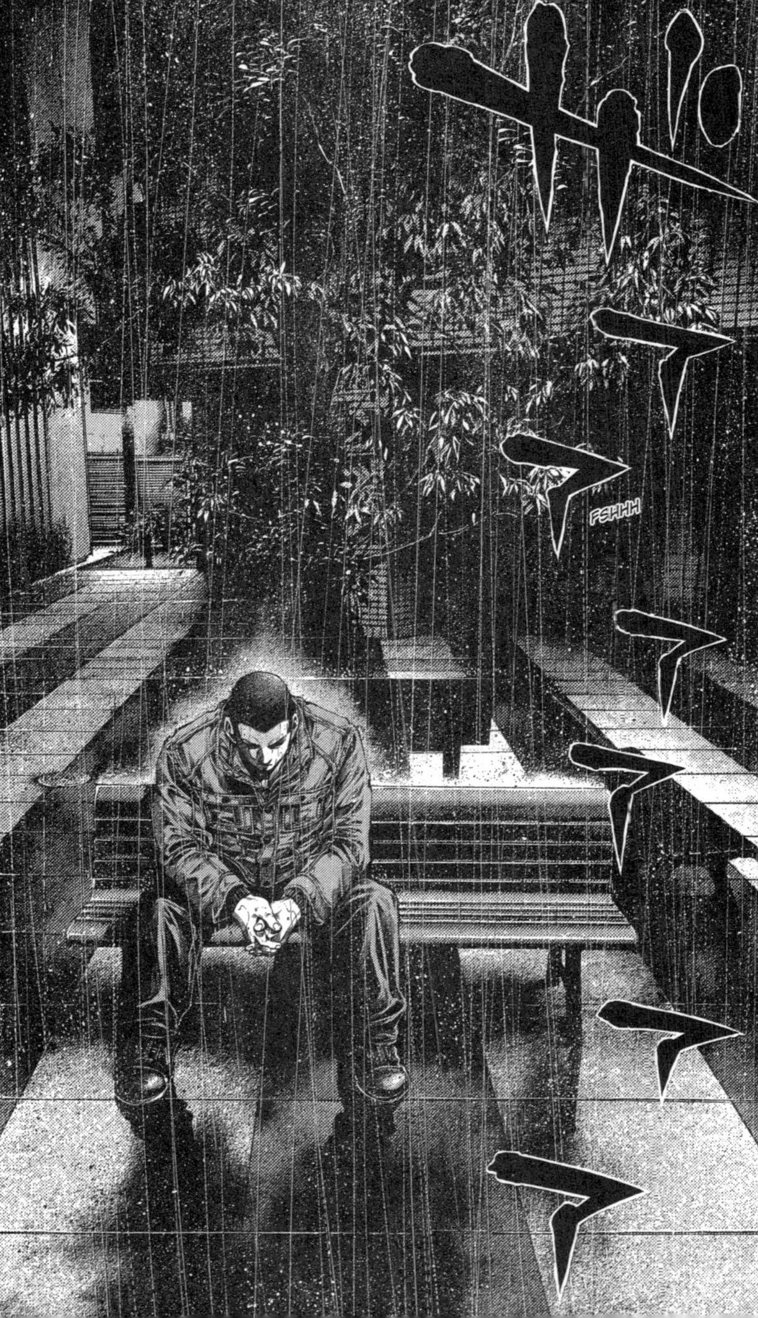
ザァァァァァ
FSHHH

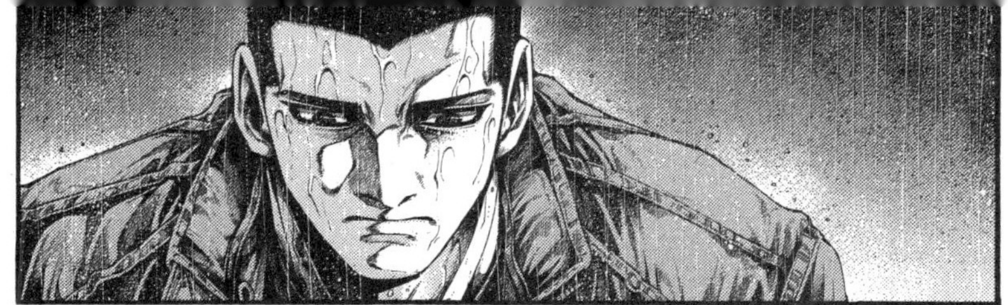

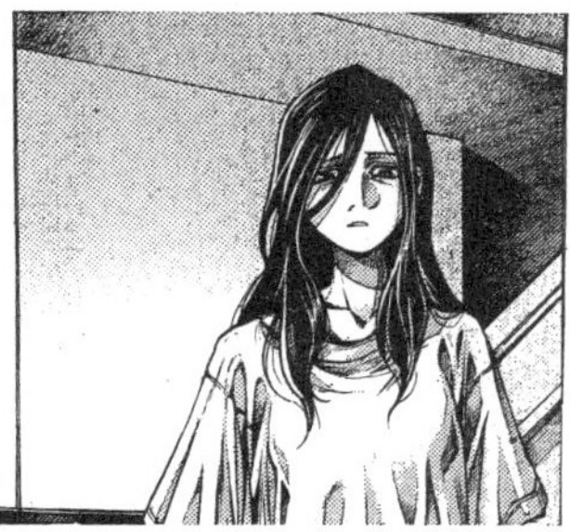
„ICH WILL …"
„… WIEDER EIN NORMALER MENSCH WERDEN."

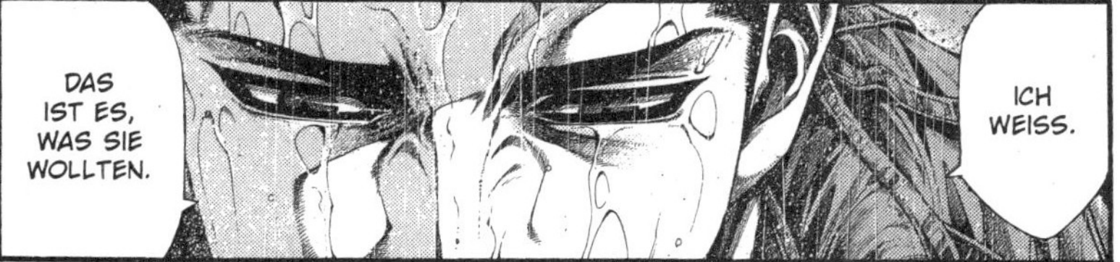
ICH WEISS.
DAS IST ES, WAS SIE WOLLTEN.

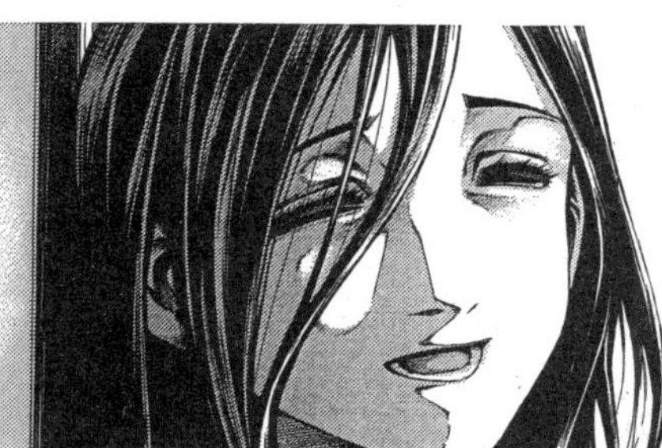
„VIELEN DANK FÜR ALLES, WAS SIE FÜR MICH GETAN HABEN!"
„DANK IHNEN KONNTE ICH WIEDER EIN NORMALER MENSCH WERDEN!"

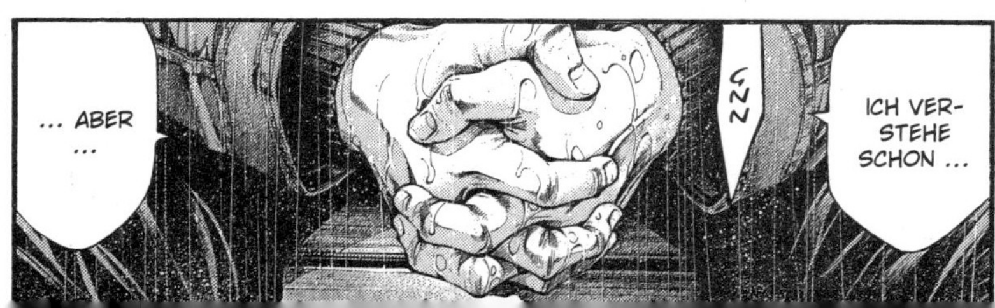
ICH VERSTEHE SCHON …
GNN
… ABER …

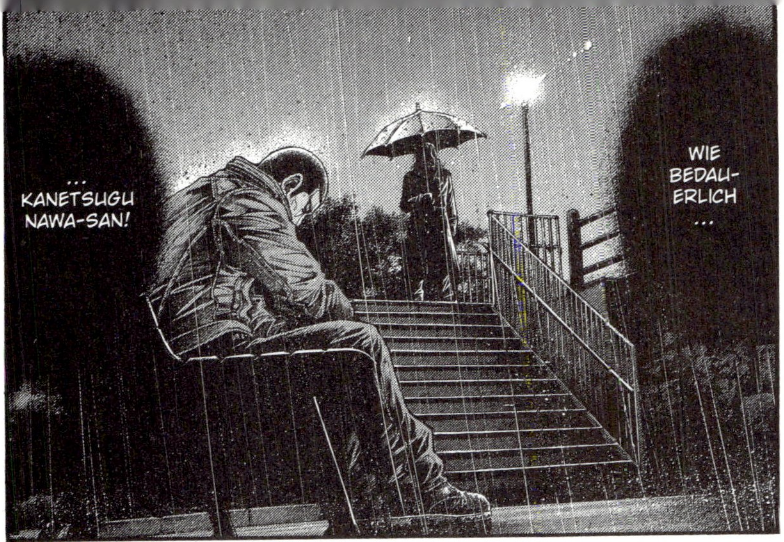
WIE BEDAU-ERLICH …
… KANETSUGU NAWA-SAN!

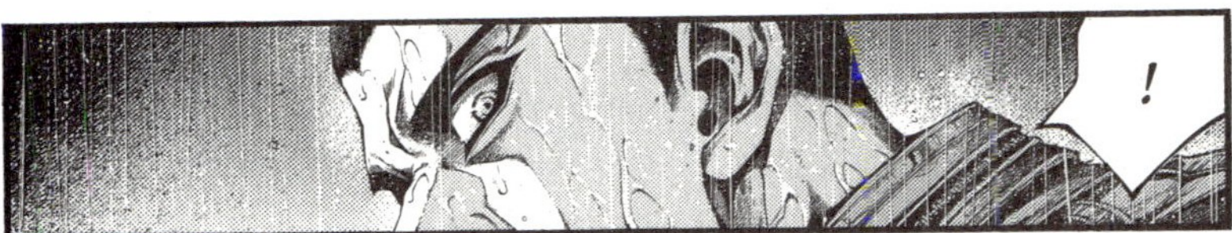
!

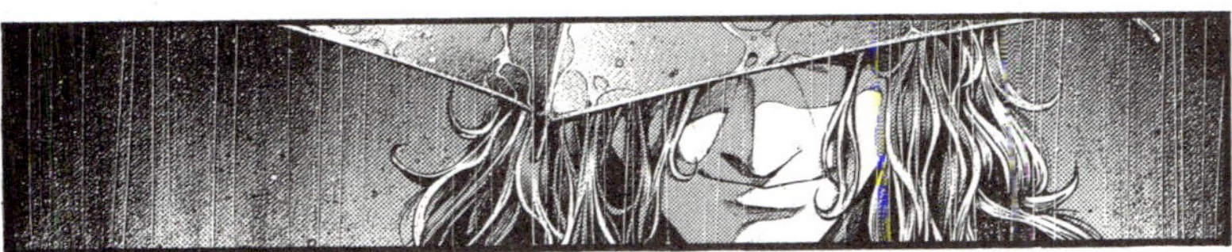

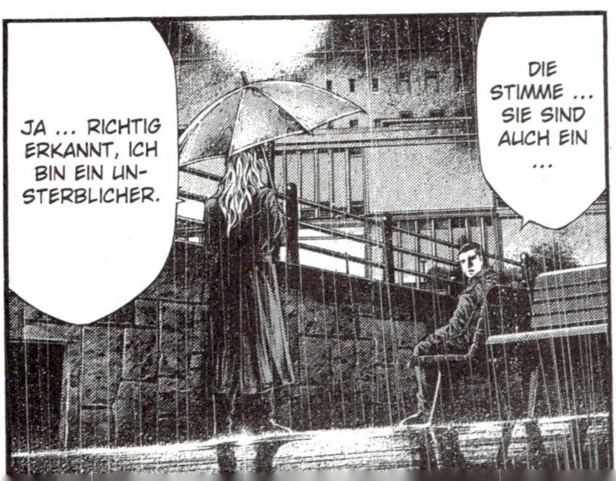
DIE STIMME … SIE SIND AUCH EIN …
JA … RICHTIG ERKANNT, ICH BIN EIN UN-STERBLICHER.

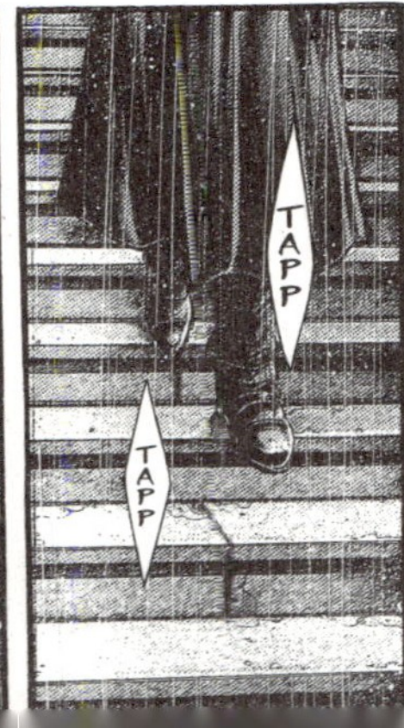
TAPP
TAPP

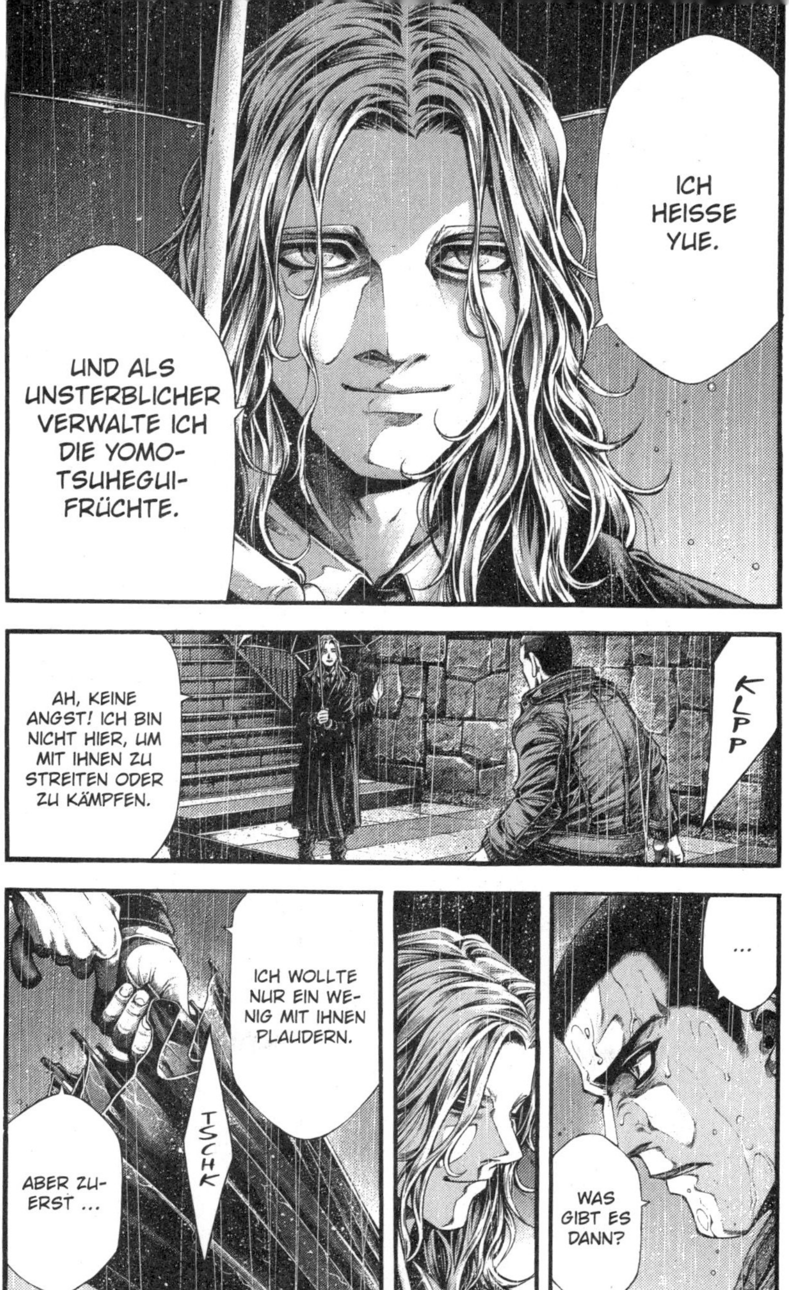

ICH HEISSE YUE.

UND ALS UNSTERBLICHER VERWALTE ICH DIE YOMOTSUHEGUI-FRÜCHTE.

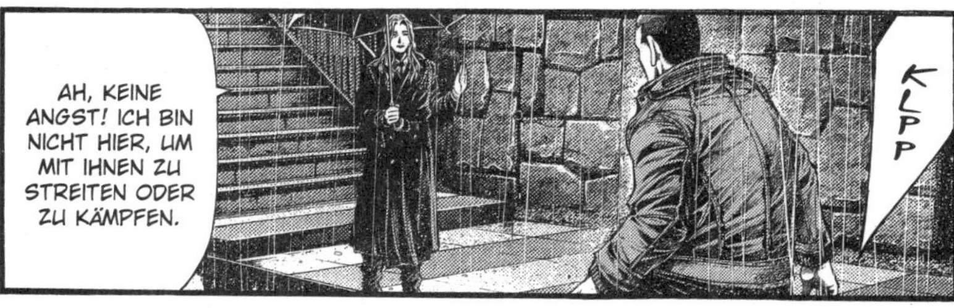

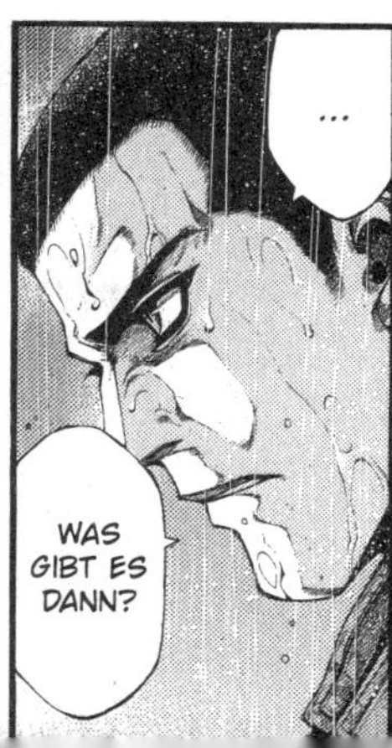

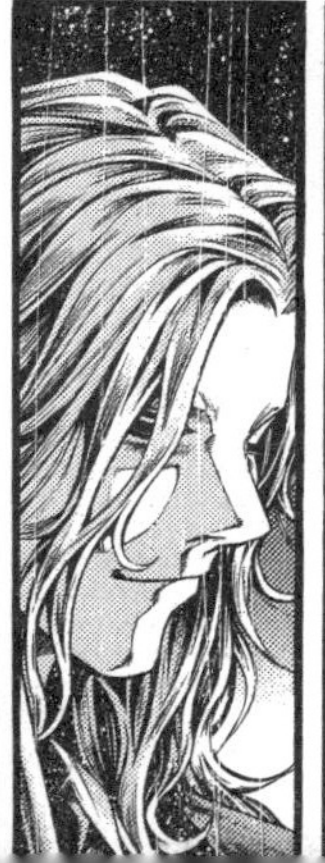

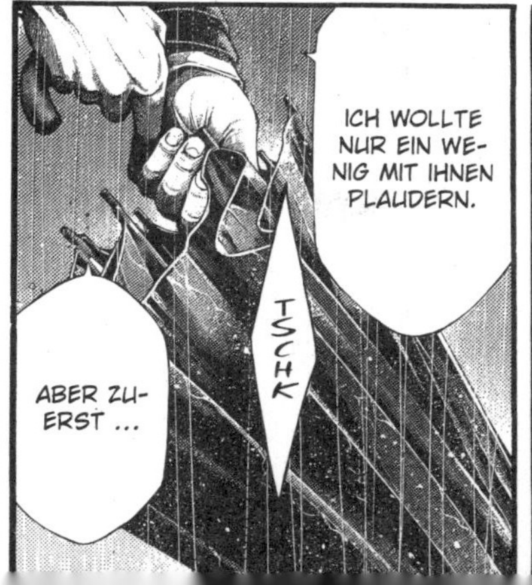

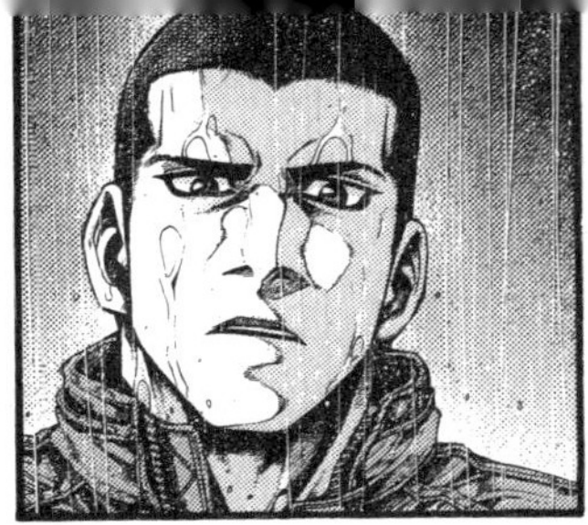

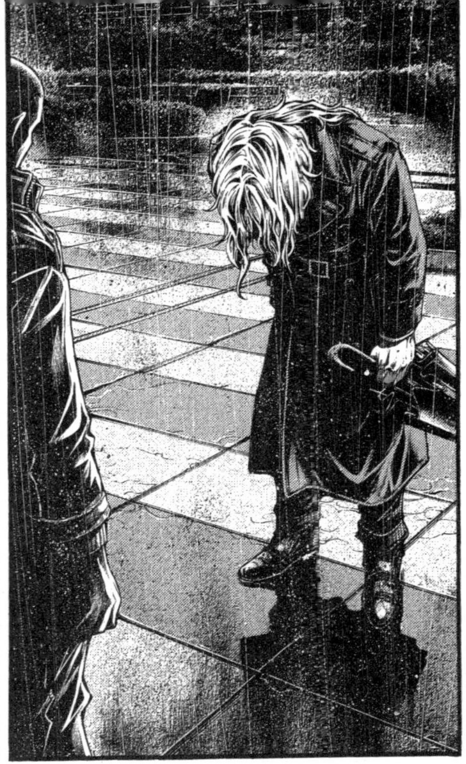

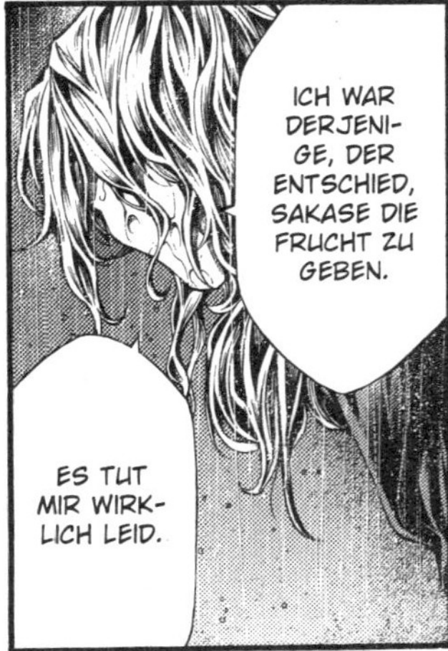
ICH WAR DERJENIGE, DER ENTSCHIED, SAKASE DIE FRUCHT ZU GEBEN.
ES TUT MIR WIRKLICH LEID.

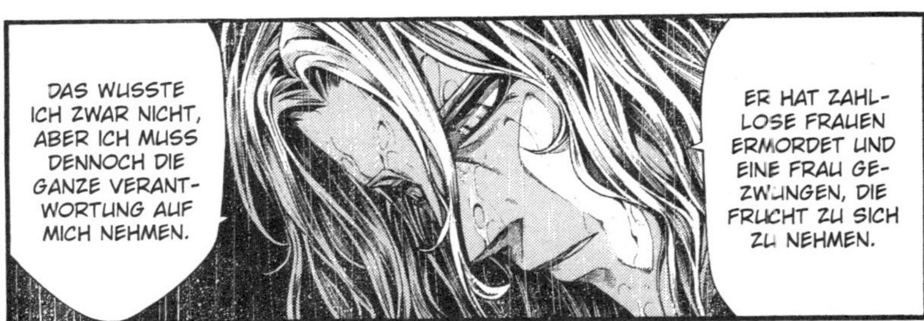
ER HAT ZAHLLOSE FRAUEN ERMORDET UND EINE FRAU GEZWUNGEN, DIE FRUCHT ZU SICH ZU NEHMEN.
DAS WUSSTE ICH ZWAR NICHT, ABER ICH MUSS DENNOCH DIE GANZE VERANTWORTUNG AUF MICH NEHMEN.

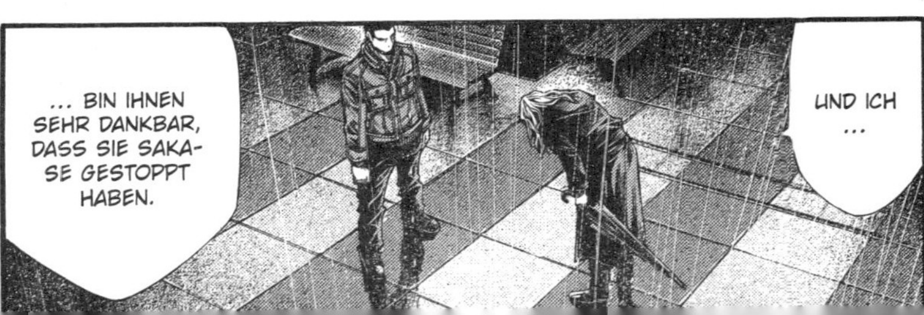
UND ICH …
… BIN IHNEN SEHR DANKBAR, DASS SIE SAKASE GESTOPPT HABEN.

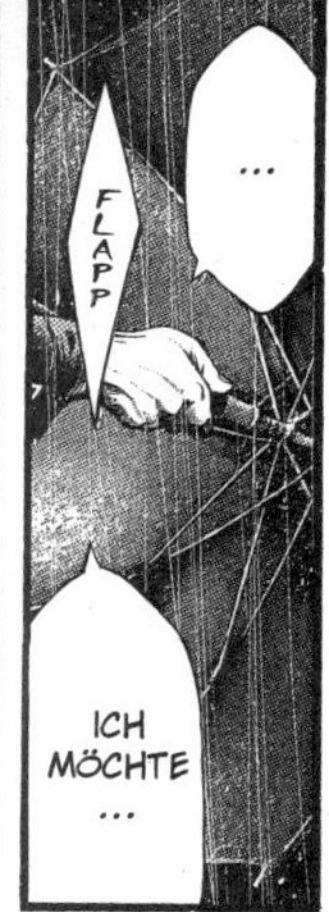
...
FLAPP
ICH MÖCHTE ...

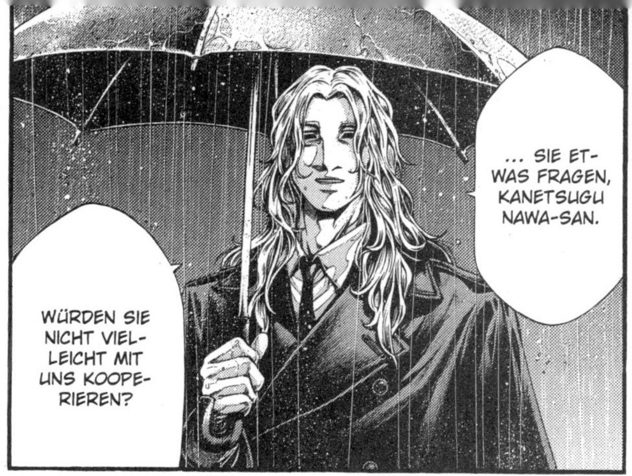
... SIE ETWAS FRAGEN, KANETSUGU NAWA-SAN.
WÜRDEN SIE NICHT VIELLEICHT MIT UNS KOOPERIEREN?

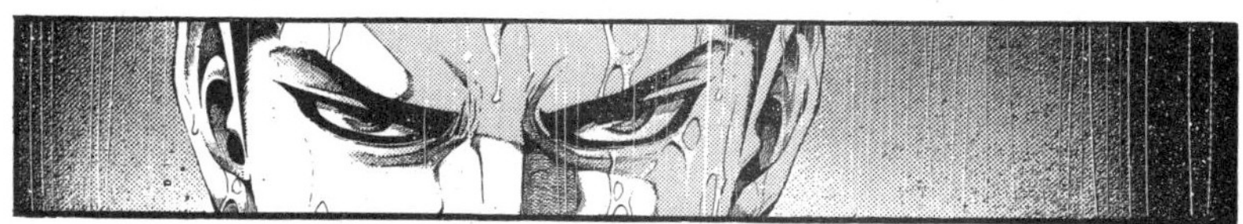

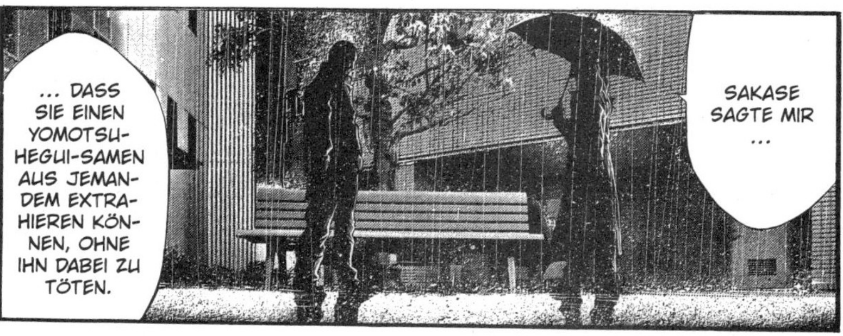
SAKASE SAGTE MIR ...
... DASS SIE EINEN YOMOTSUHEGUI-SAMEN AUS JEMANDEM EXTRAHIEREN KÖNNEN, OHNE IHN DABEI ZU TÖTEN.

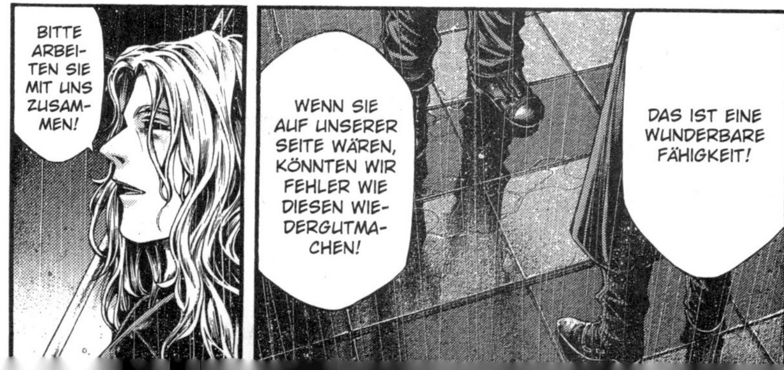
DAS IST EINE WUNDERBARE FÄHIGKEIT!
WENN SIE AUF UNSERER SEITE WÄREN, KÖNNTEN WIR FEHLER WIE DIESEN WIEDERGUTMACHEN!
BITTE ARBEITEN SIE MIT UNS ZUSAMMEN!

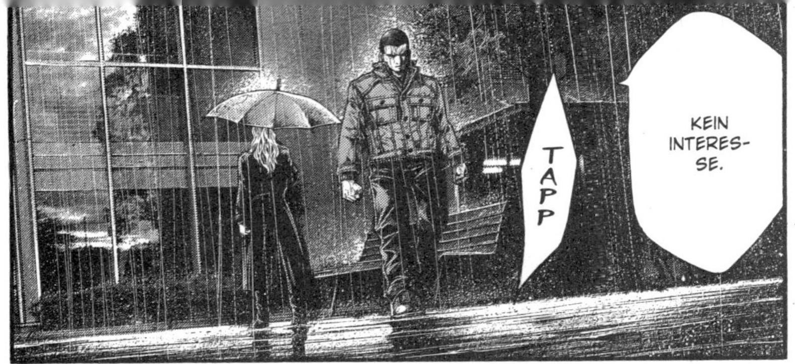
KEIN INTERESSE.
TAPP
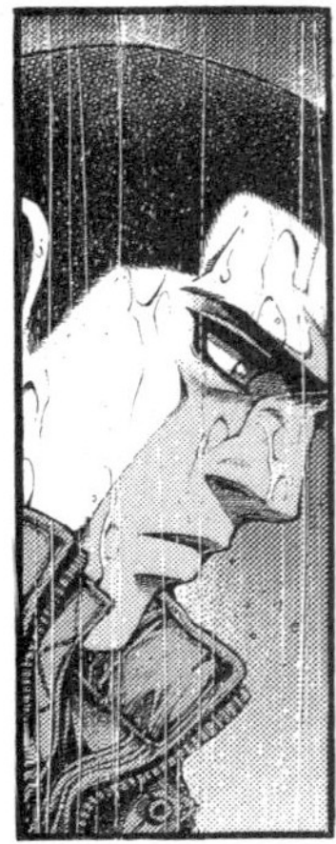
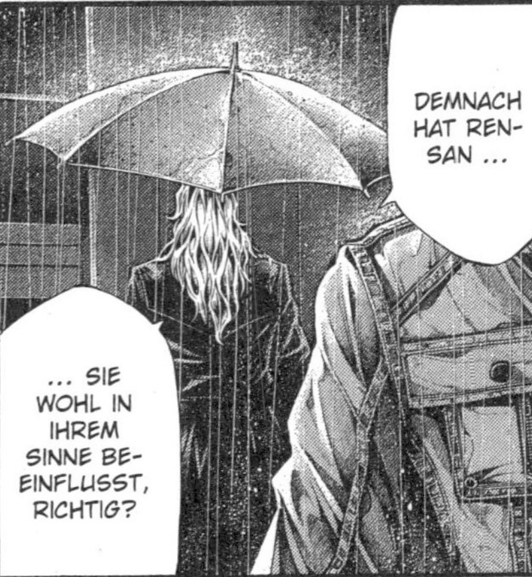
DEMNACH HAT REN-SAN ...
... SIE WOHL IN IHREM SINNE BEEINFLUSST, RICHTIG?
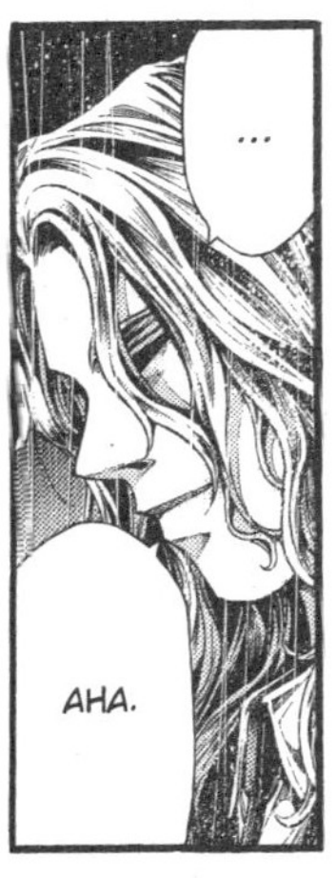
...
AHA.
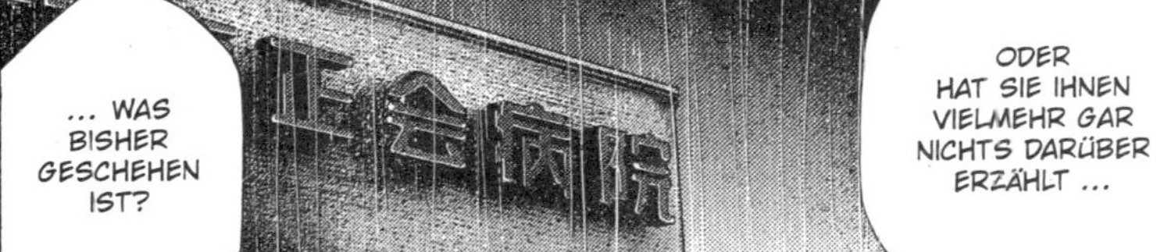
ODER HAT SIE IHNEN VIELMEHR GAR NICHTS DARÜBER ERZÄHLT ...
... WAS BISHER GESCHEHEN IST?
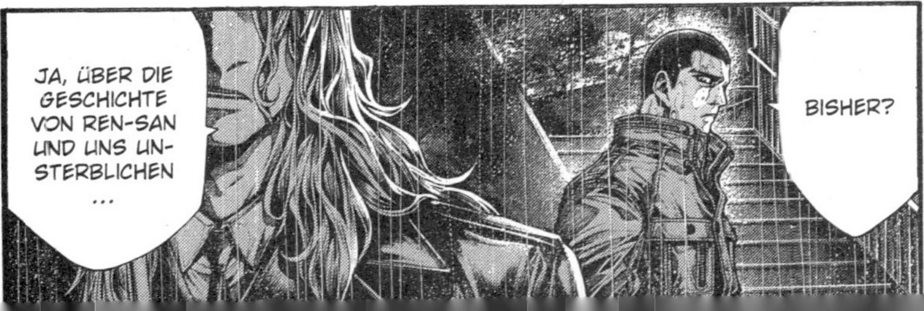
BISHER?
JA, ÜBER DIE GESCHICHTE VON REN-SAN UND UNS UNSTERBLICHEN ...

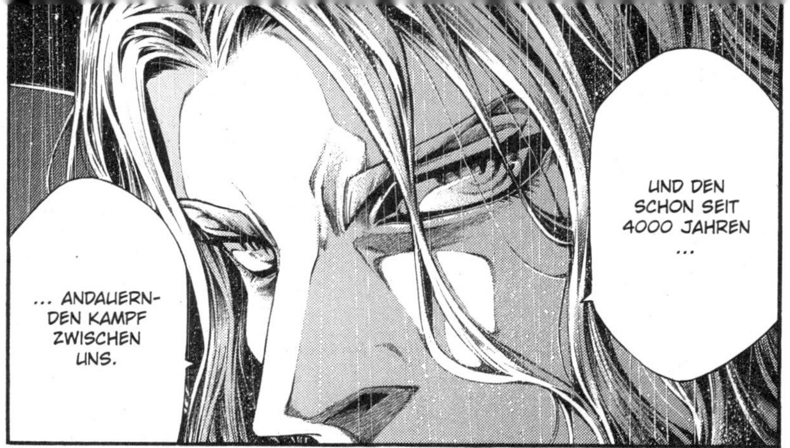
UND DEN SCHON SEIT 4000 JAHREN …
… ANDAUERNDEN KAMPF ZWISCHEN UNS.

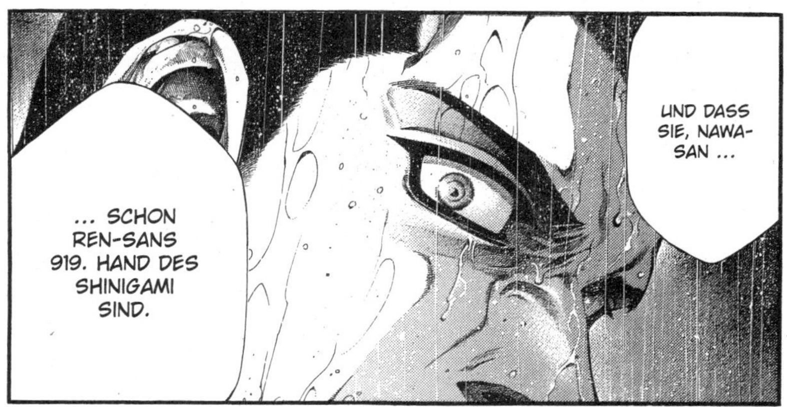
UND DASS SIE, NAWA-SAN …
… SCHON REN-SANS 919. HAND DES SHINIGAMI SIND.

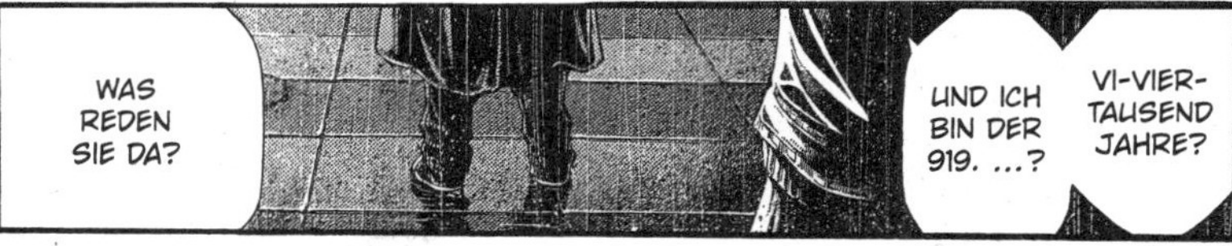
VI-VIERTAUSEND JAHRE?
UND ICH BIN DER 919. …?
WAS REDEN SIE DA?

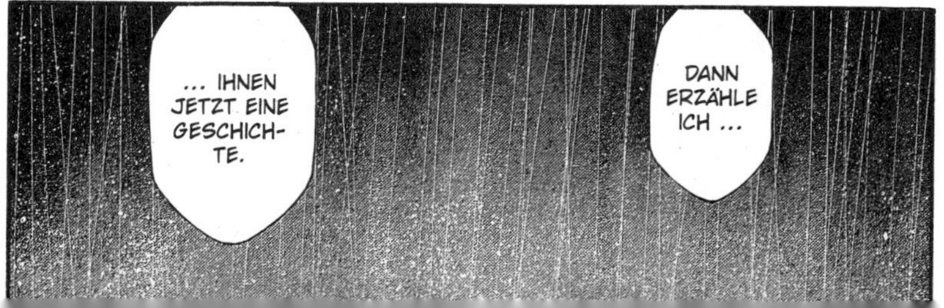
DANN ERZÄHLE ICH …
… IHNEN JETZT EINE GESCHICHTE.

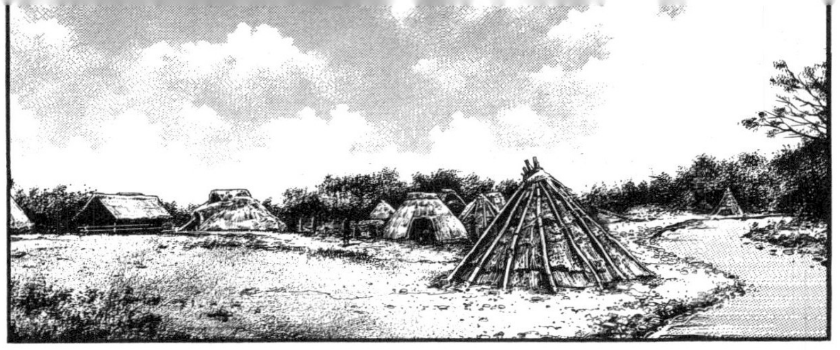

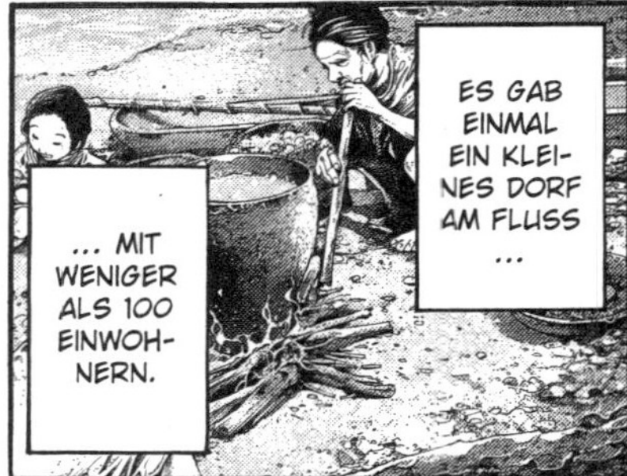
ES GAB EINMAL EIN KLEINES DORF AM FLUSS ...
... MIT WENIGER ALS 100 EINWOHNERN.

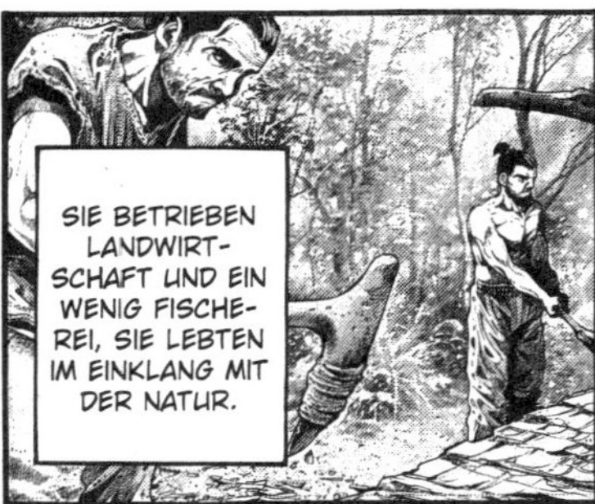
SIE BETRIEBEN LANDWIRTSCHAFT UND EIN WENIG FISCHEREI, SIE LEBTEN IM EINKLANG MIT DER NATUR.

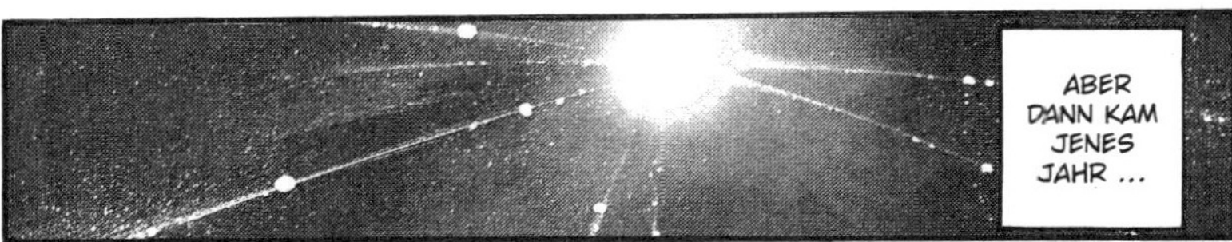
ABER DANN KAM JENES JAHR ...

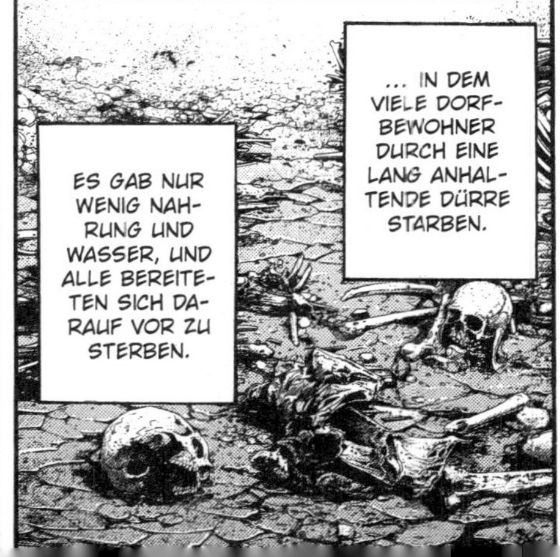
... IN DEM VIELE DORFBEWOHNER DURCH EINE LANG ANHALTENDE DÜRRE STARBEN.
ES GAB NUR WENIG NAHRUNG UND WASSER, UND ALLE BEREITETEN SICH DARAUF VOR ZU STERBEN.

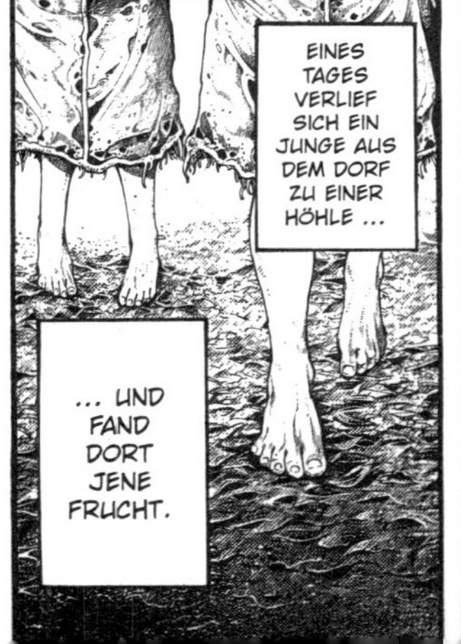
EINES TAGES VERLIEF SICH EIN JUNGE AUS DEM DORF ZU EINER HÖHLE ...
... UND FAND DORT JENE FRUCHT.

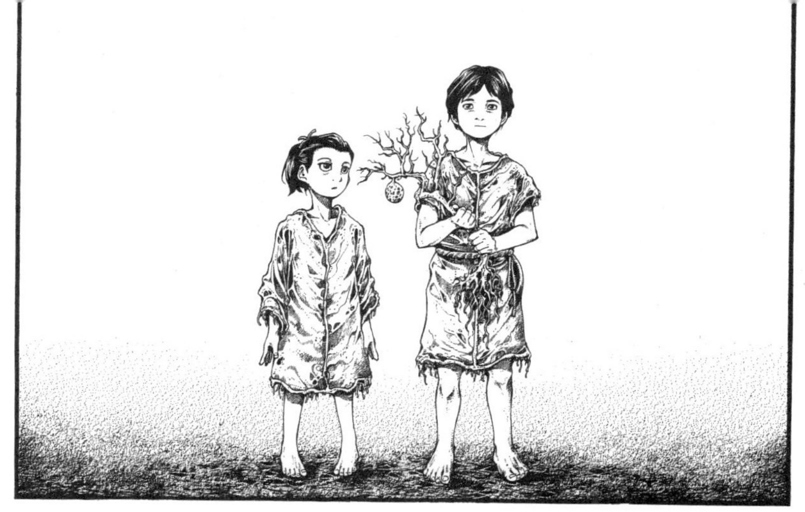

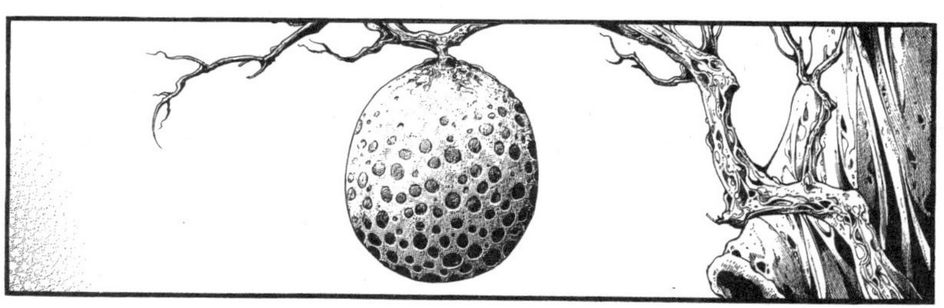

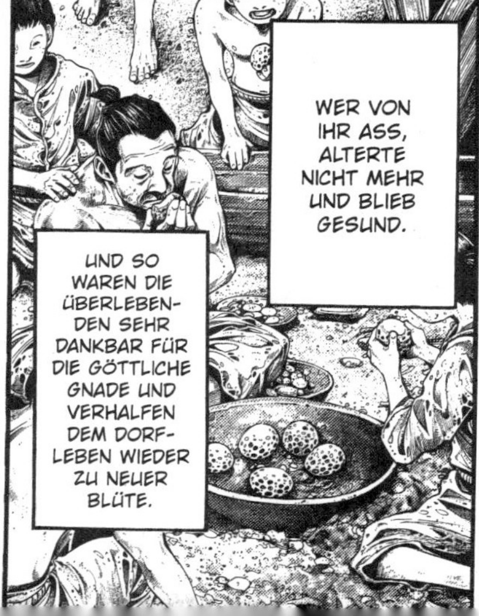
WER VON IHR ASS, ALTERTE NICHT MEHR UND BLIEB GESUND.
UND SO WAREN DIE ÜBERLEBEN-DEN SEHR DANKBAR FÜR DIE GÖTTLICHE GNADE UND VERHALFEN DEM DORF-LEBEN WIEDER ZU NEUER BLÜTE.

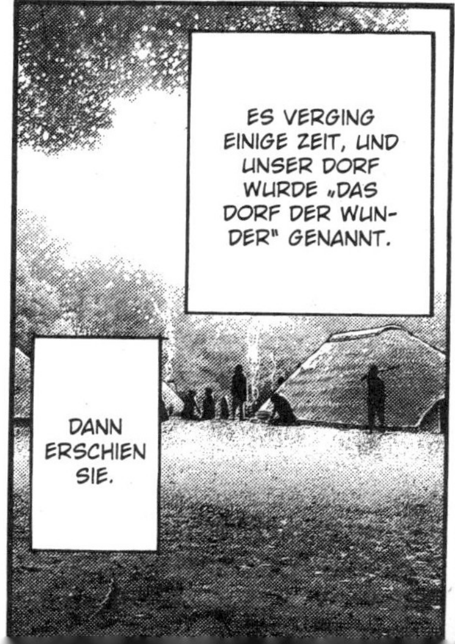
ES VERGING EINIGE ZEIT, UND UNSER DORF WURDE „DAS DORF DER WUN-DER" GENANNT.
DANN ERSCHIEN SIE.

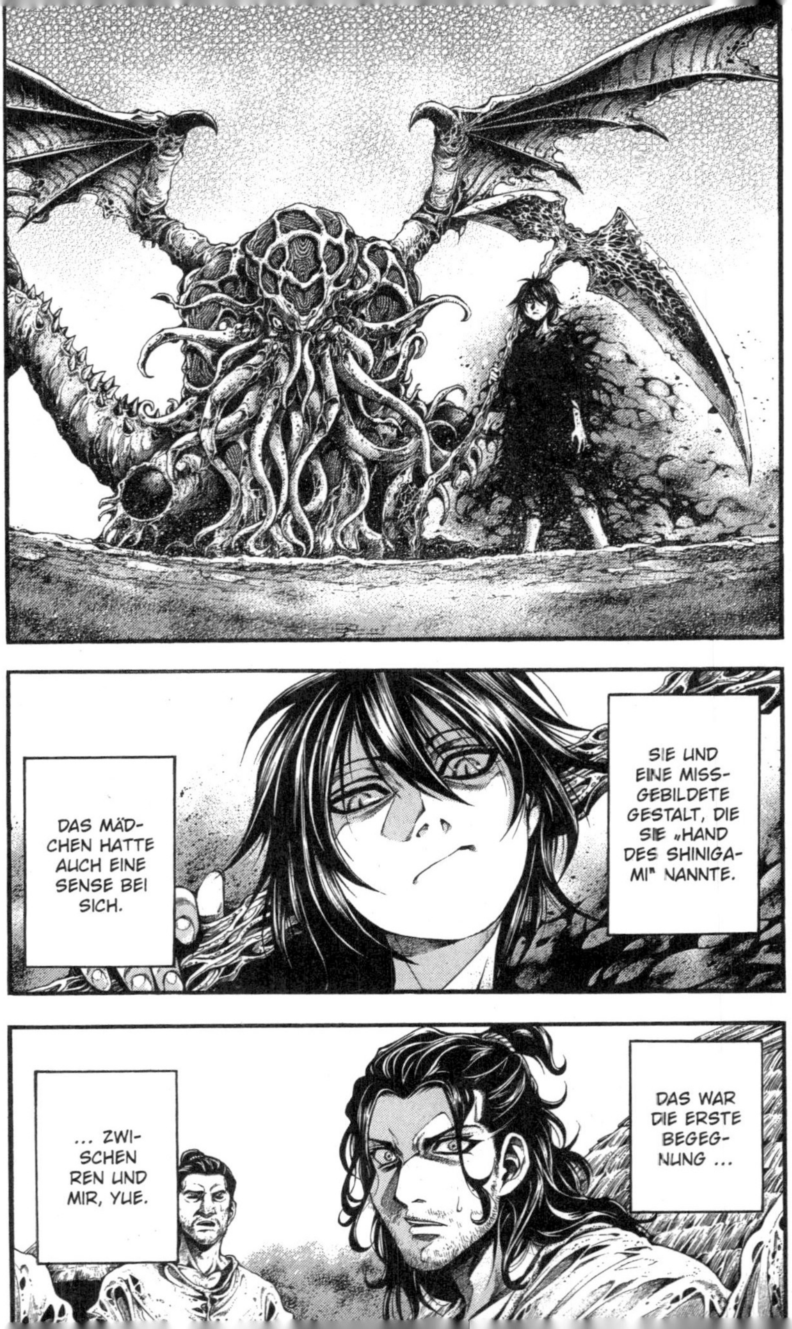

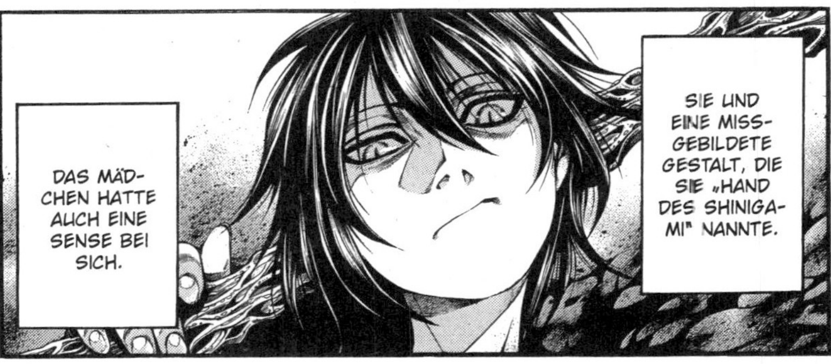
SIE UND EINE MISS-GEBILDETE GESTALT, DIE SIE „HAND DES SHINIGA-MI" NANNTE.
DAS MÄD-CHEN HATTE AUCH EINE SENSE BEI SICH.

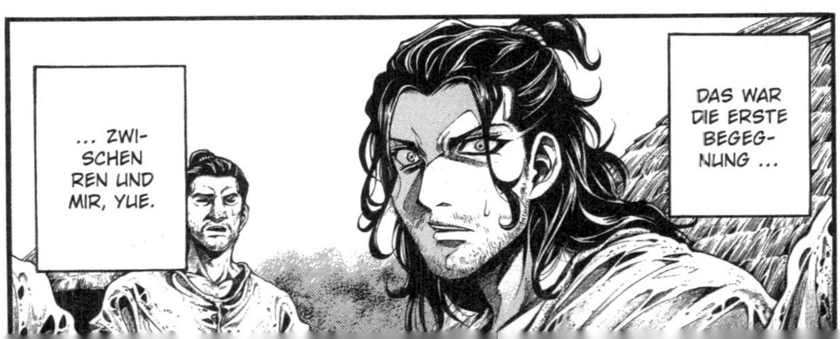
DAS WAR DIE ERSTE BEGEG-NUNG ...
... ZWI-SCHEN REN UND MIR, YUE.

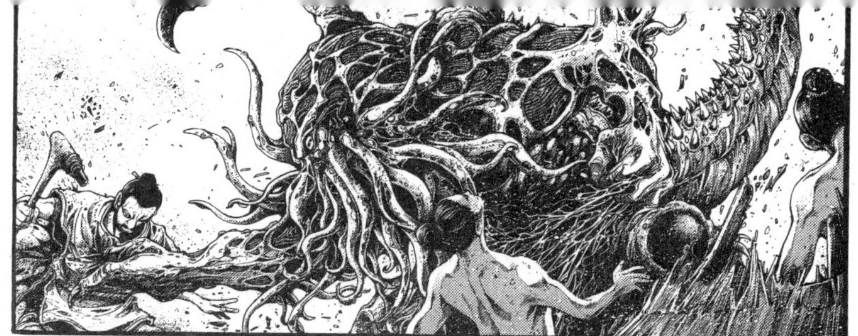

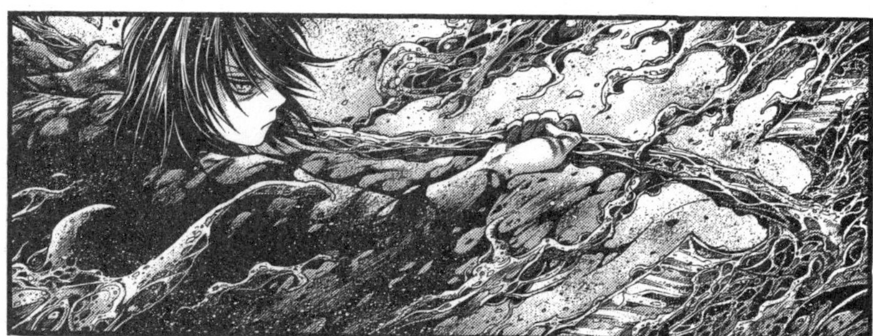

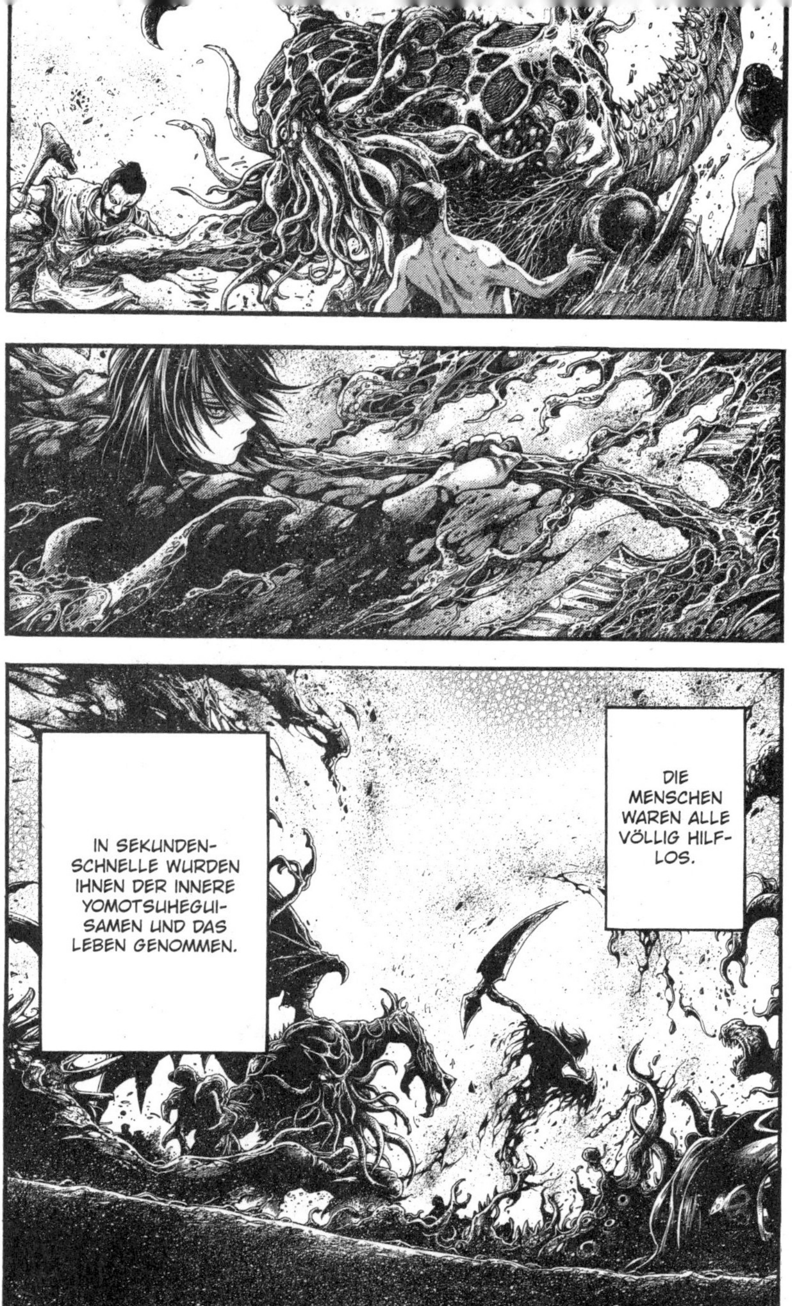

DIE MENSCHEN WAREN ALLE VÖLLIG HILFLOS.

IN SEKUNDENSCHNELLE WURDEN IHNEN DER INNERE YOMOTSUHEGUISAMEN UND DAS LEBEN GENOMMEN.

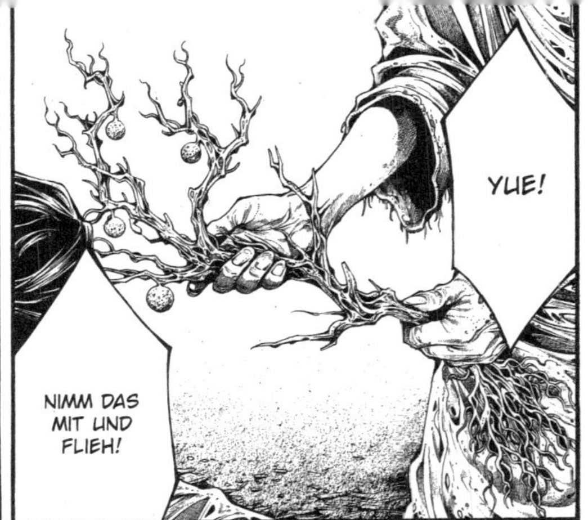
YUE!
NIMM DAS MIT UND FLIEH!

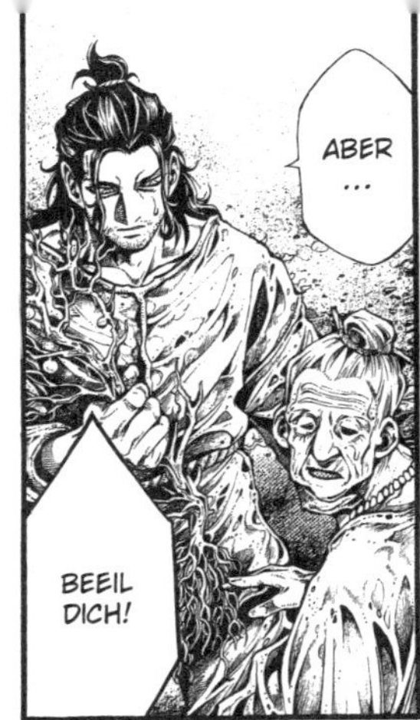
ABER ...
BEEIL DICH!

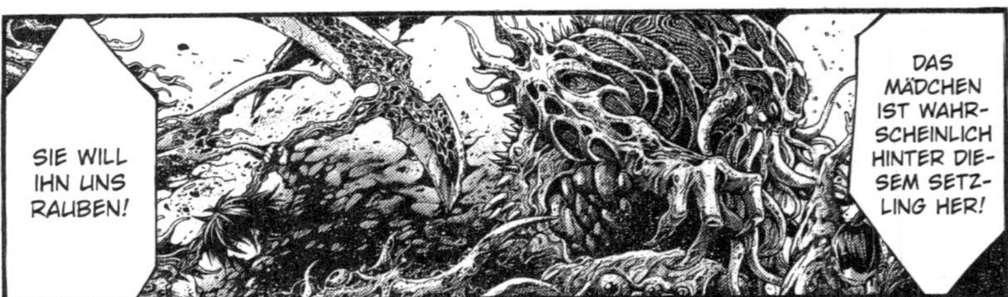
DAS MÄDCHEN IST WAHRSCHEINLICH HINTER DIESEM SETZLING HER!
SIE WILL IHN UNS RAUBEN!

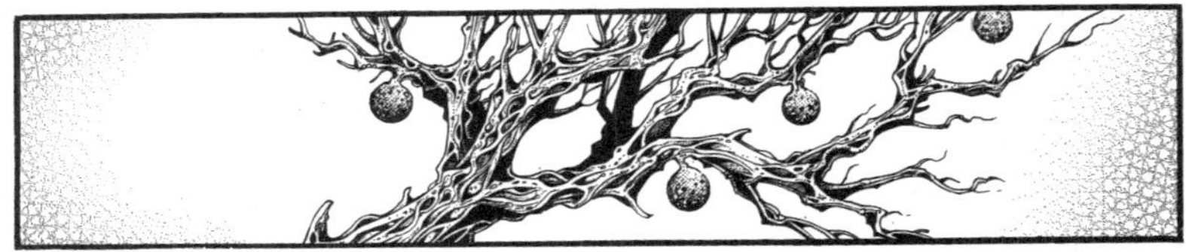

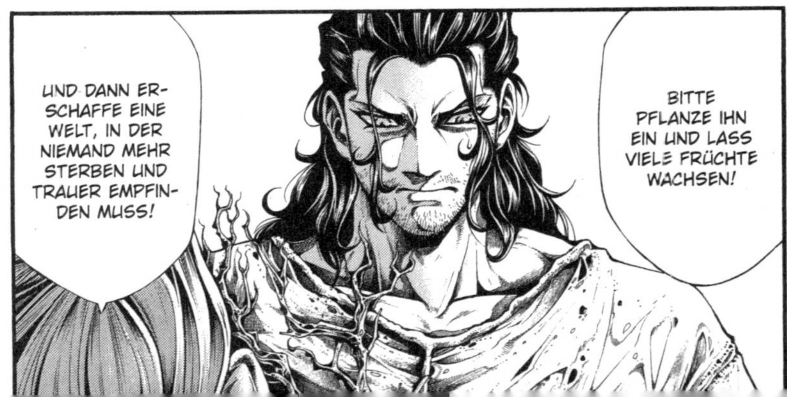
BITTE PFLANZE IHN EIN UND LASS VIELE FRÜCHTE WACHSEN!
UND DANN ERSCHAFFE EINE WELT, IN DER NIEMAND MEHR STERBEN UND TRAUER EMPFINDEN MUSS!

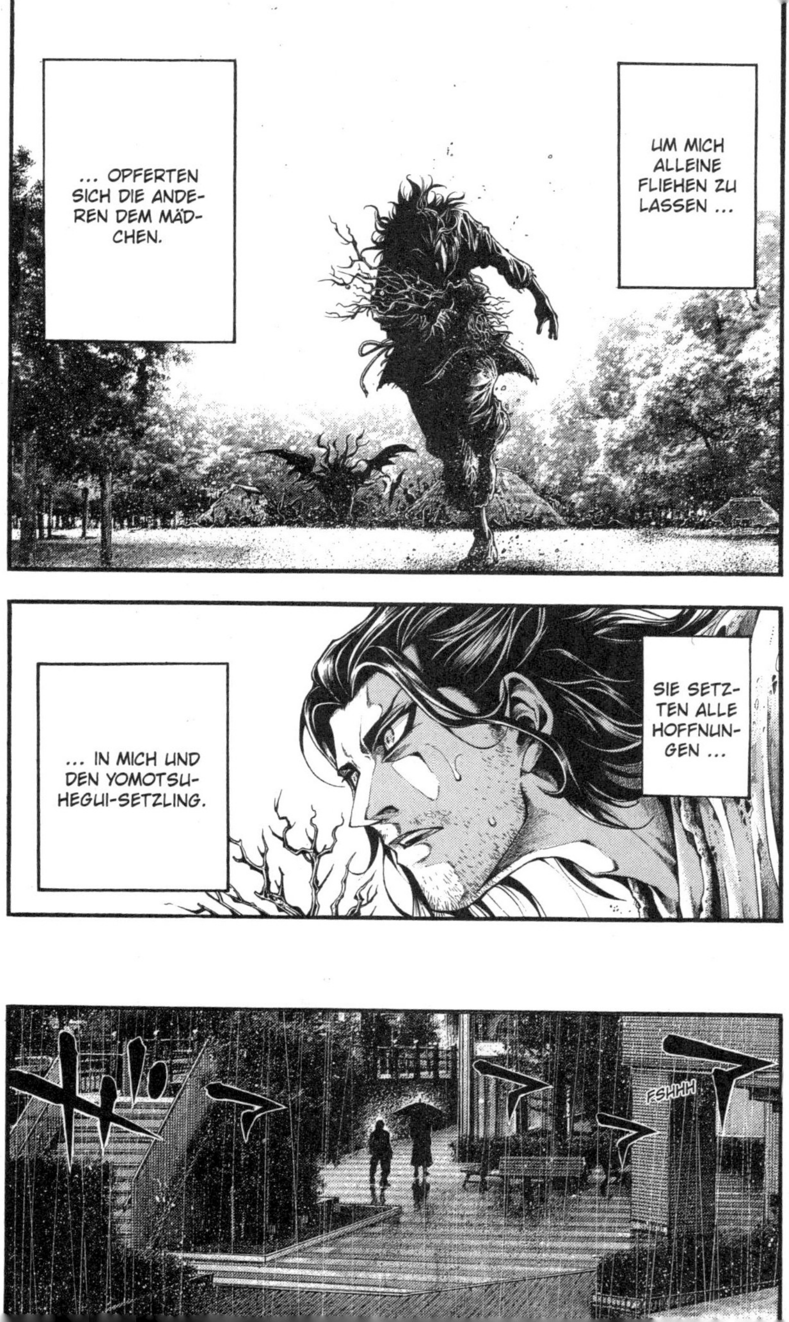

UM MICH ALLEINE FLIEHEN ZU LASSEN ...

... OPFERTEN SICH DIE ANDEREN DEM MÄDCHEN.

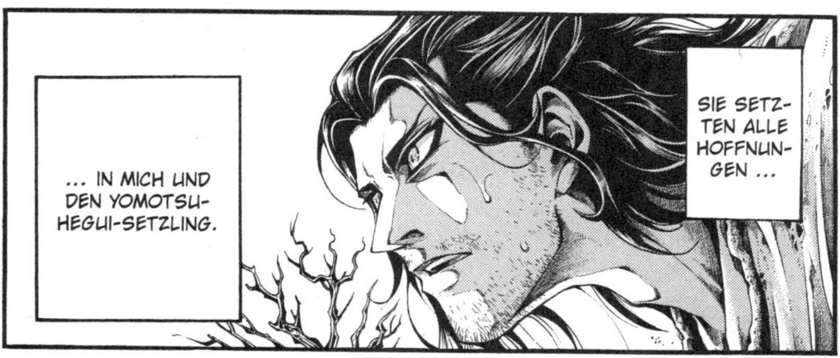

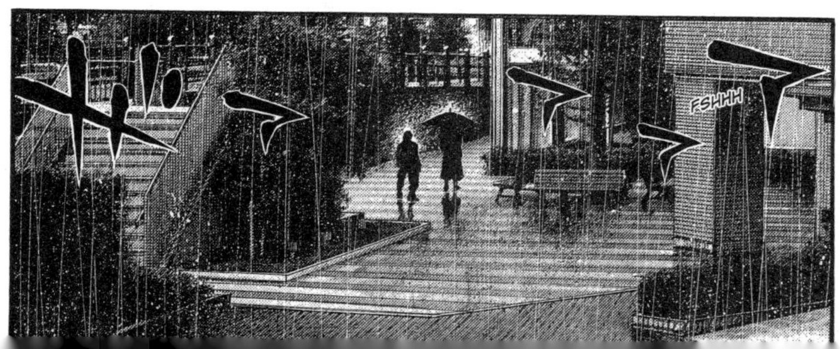

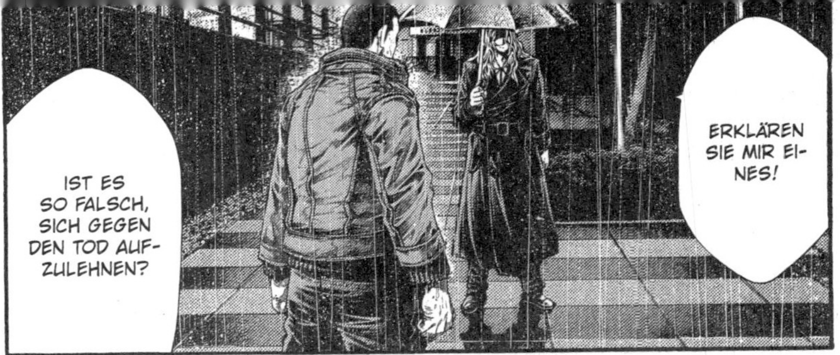
ERKLÄREN SIE MIR EI-NES!
IST ES SO FALSCH, SICH GEGEN DEN TOD AUF-ZULEHNEN?

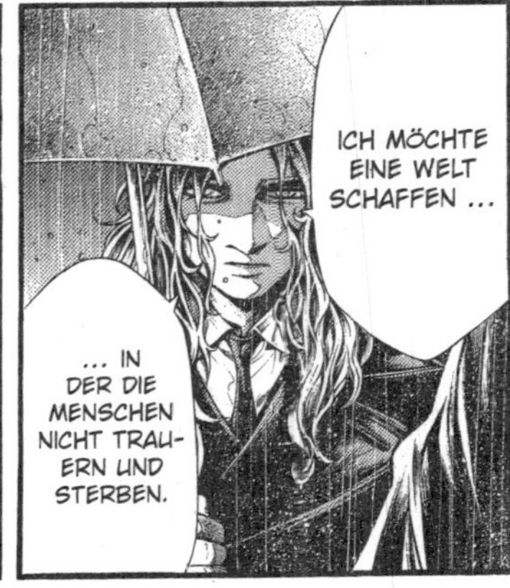
ICH MÖCHTE EINE WELT SCHAFFEN ...
... IN DER DIE MENSCHEN NICHT TRAU-ERN UND STERBEN.

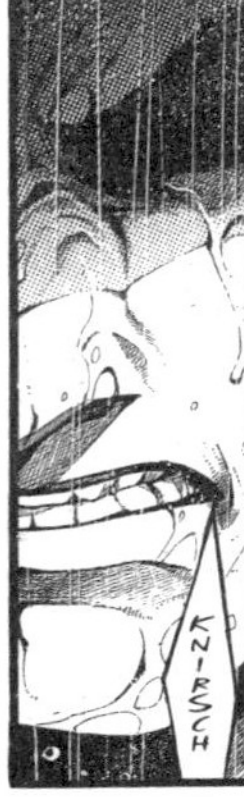
KNIRSCH

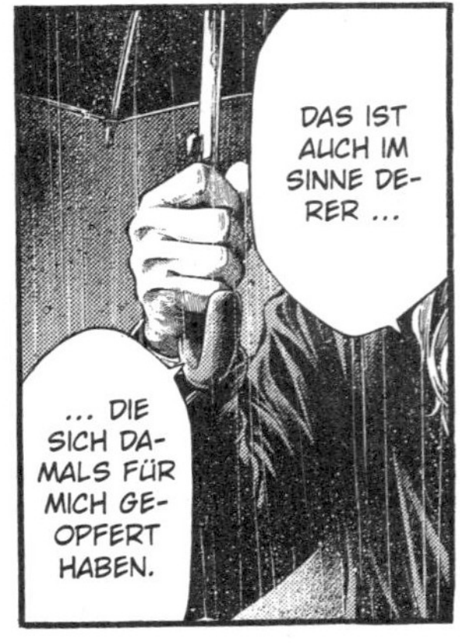
DAS IST AUCH IM SINNE DE-RER ...
... DIE SICH DA-MALS FÜR MICH GE-OPFERT HABEN.

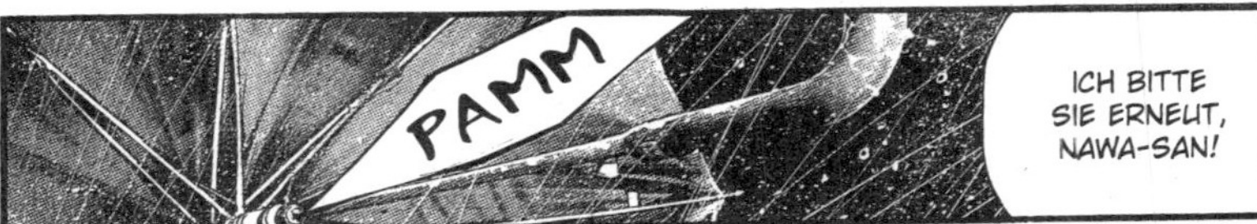
ICH BITTE SIE ERNEUT, NAWA-SAN!
PAMM

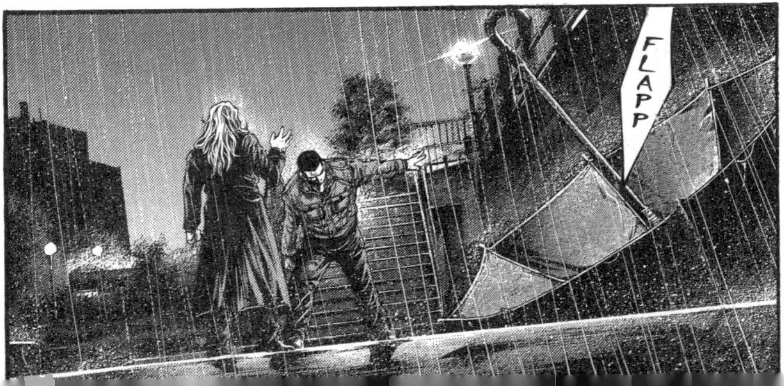
FLAPP

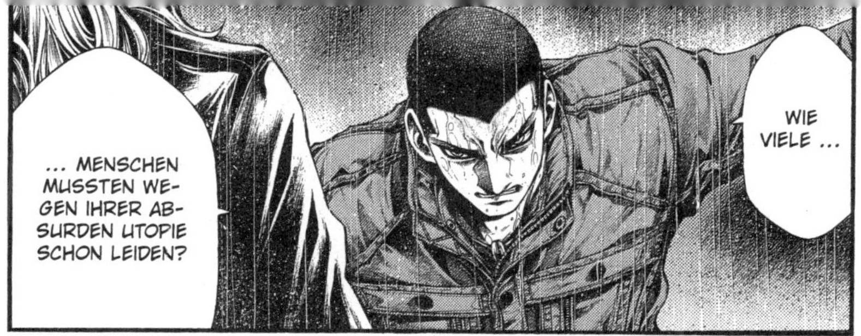
WIE VIELE …
… MENSCHEN MUSSTEN WEGEN IHRER ABSURDEN UTOPIE SCHON LEIDEN?

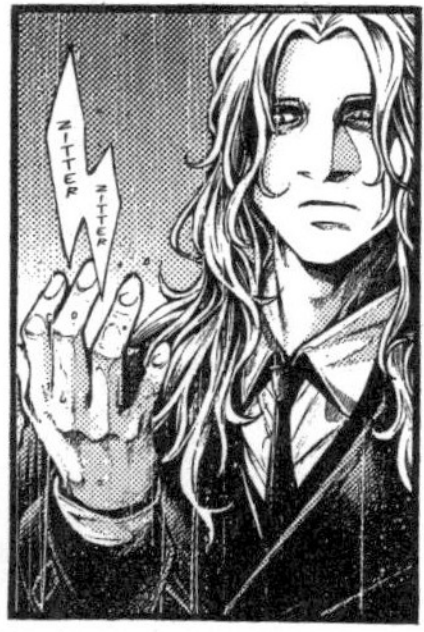
ZITTER ZITTER

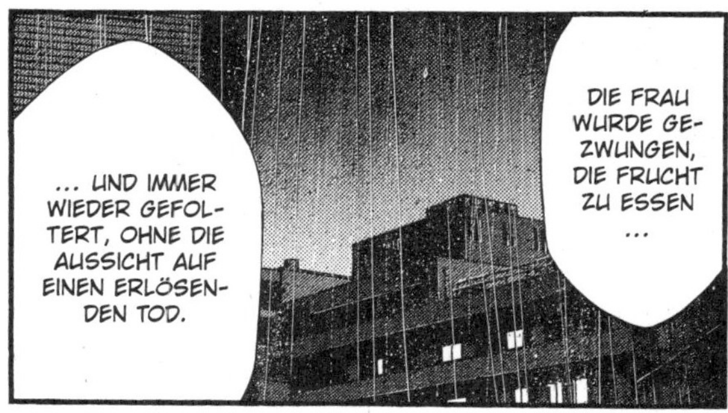
DIE FRAU WURDE GEZWUNGEN, DIE FRUCHT ZU ESSEN …
… UND IMMER WIEDER GEFOLTERT, OHNE DIE AUSSICHT AUF EINEN ERLÖSENDEN TOD.

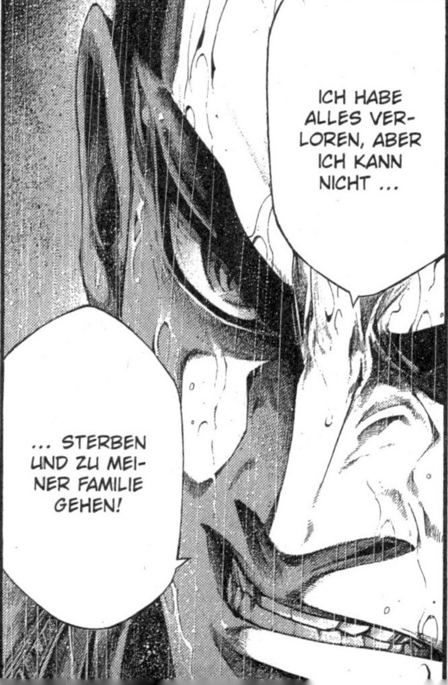
ICH HABE ALLES VERLOREN, ABER ICH KANN NICHT …
… STERBEN UND ZU MEINER FAMILIE GEHEN!

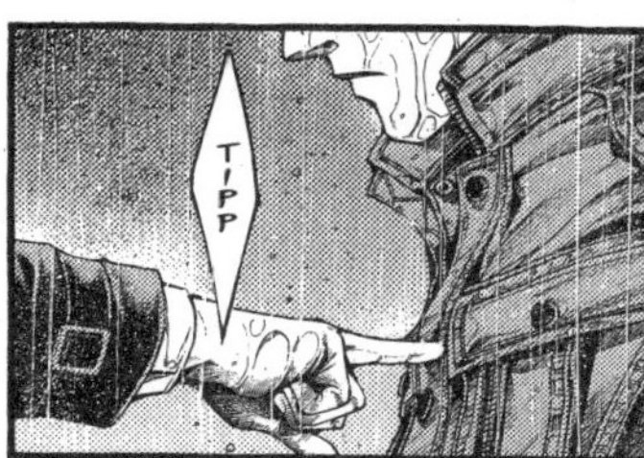
TIPP

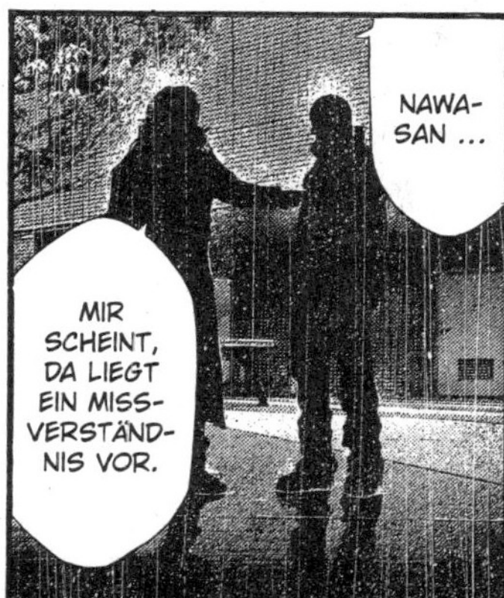
NAWASAN …
MIR SCHEINT, DA LIEGT EIN MISSVERSTÄNDNIS VOR.

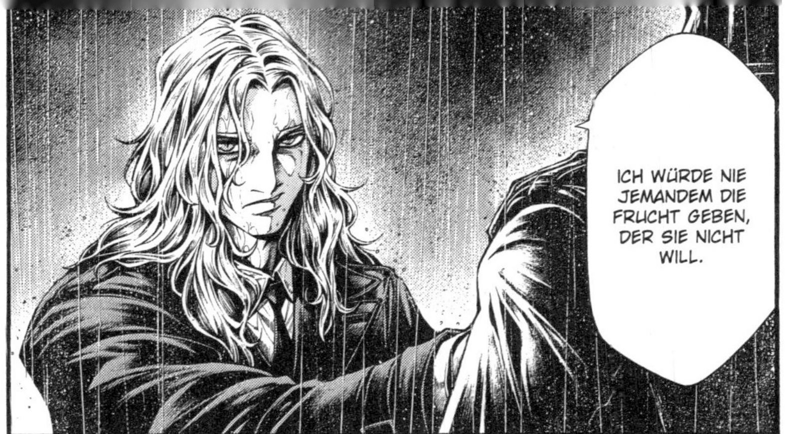
ICH WÜRDE NIE JEMANDEM DIE FRUCHT GEBEN, DER SIE NICHT WILL.

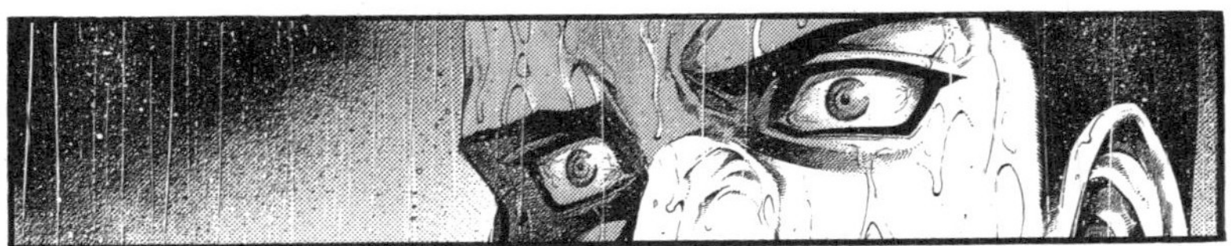

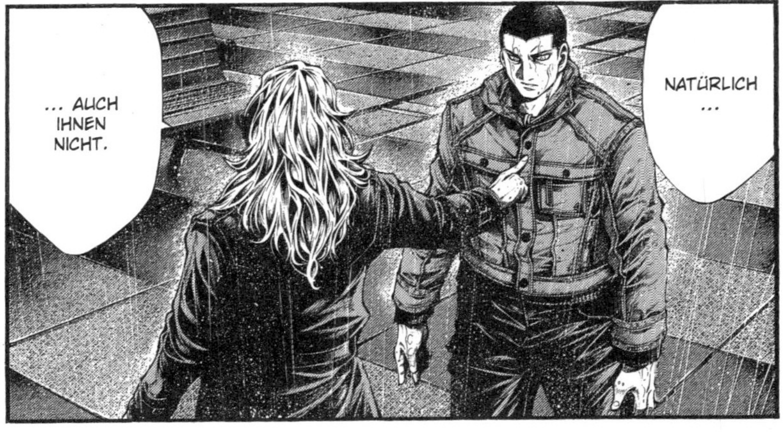
NATÜRLICH …
… AUCH IHNEN NICHT.

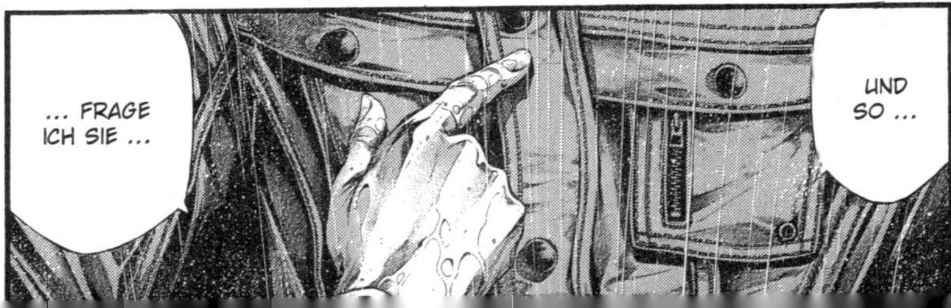
UND SO …
… FRAGE ICH SIE …

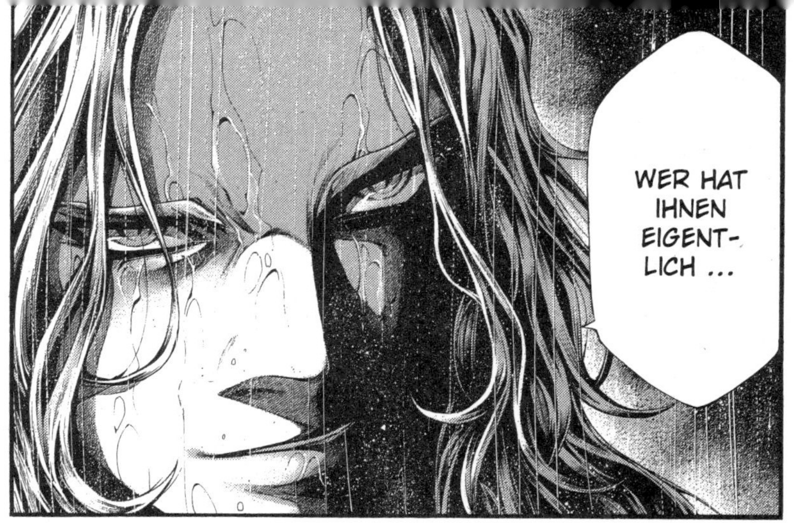
WER HAT IHNEN EIGENT-LICH ...
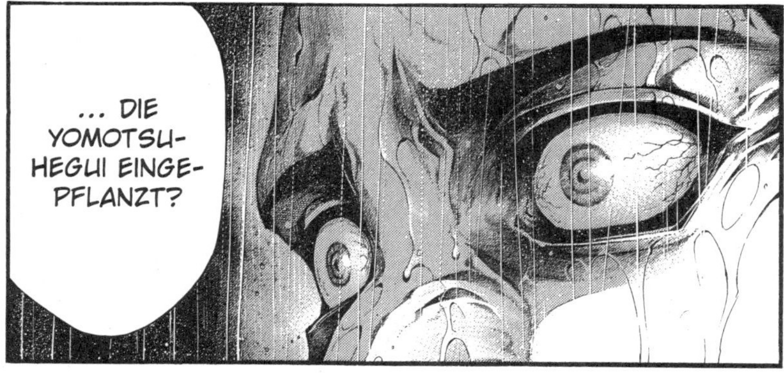
... DIE YOMOTSU-HEGUI EINGE-PFLANZT?
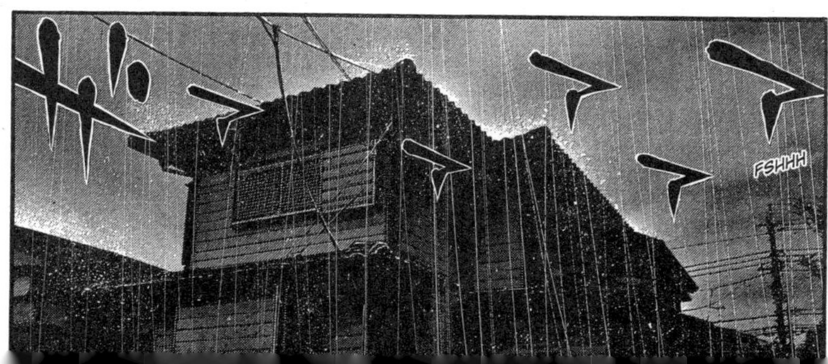
FSHHH

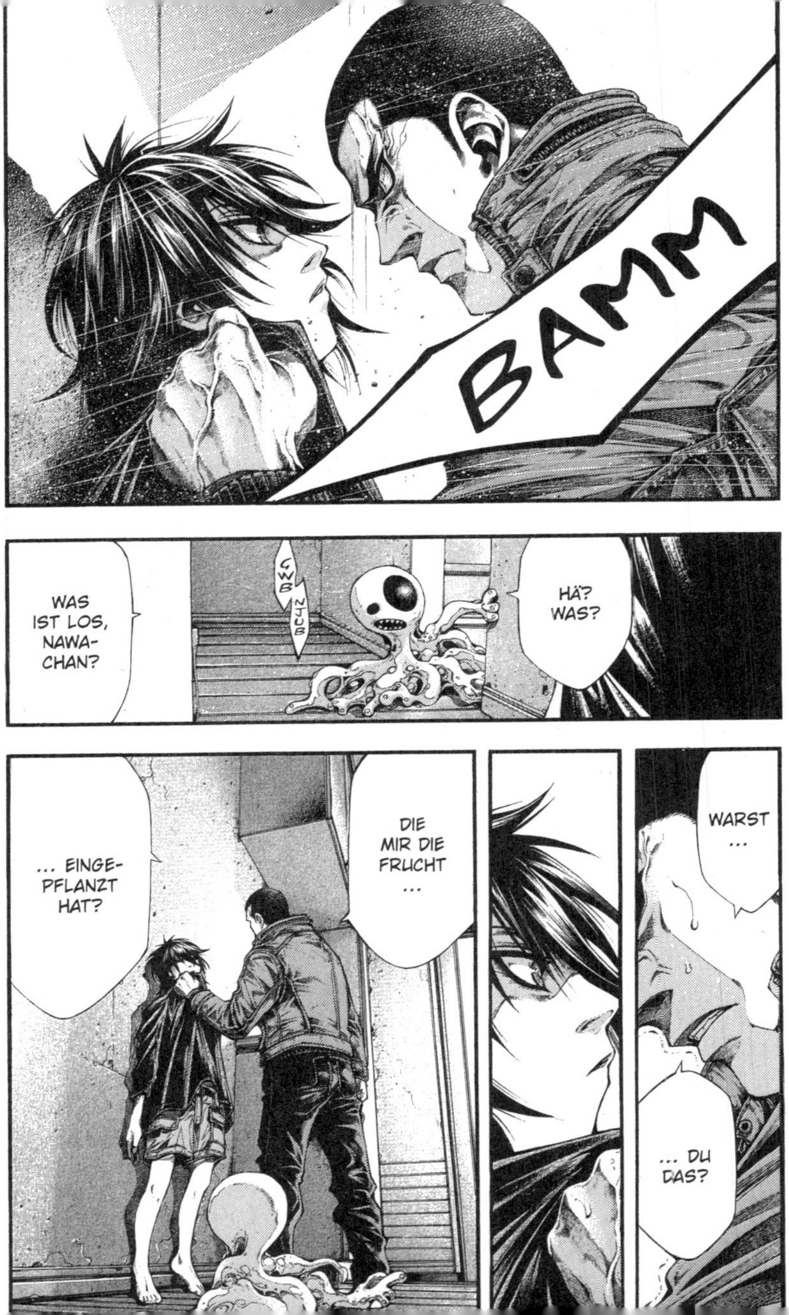

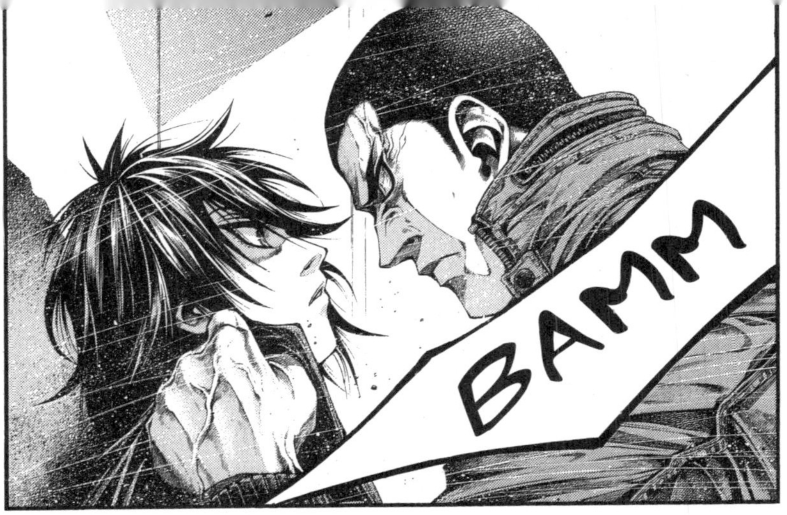
BAMM

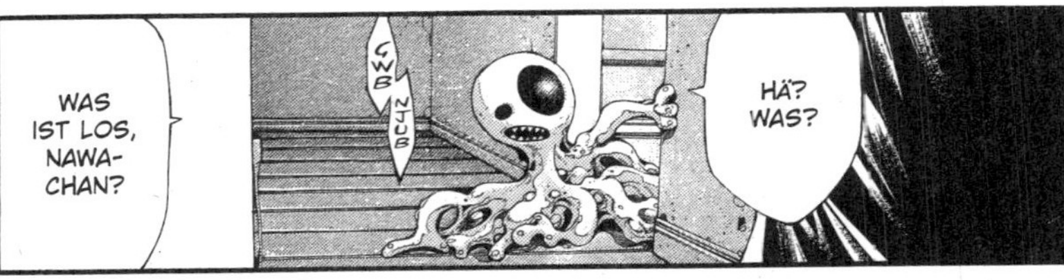
HÄ? WAS?
GWB NJUB
WAS IST LOS, NAWA-CHAN?

WARST ...
... DU DAS?
DIE MIR DIE FRUCHT ...
... EINGE-PFLANZT HAT?

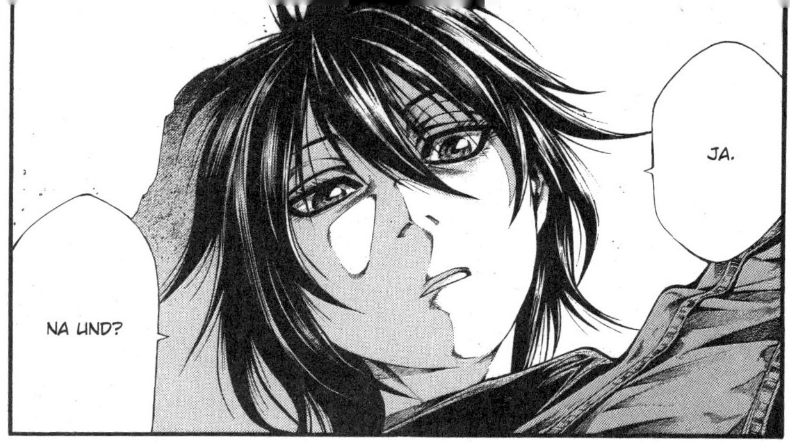
JA.
NA UND?

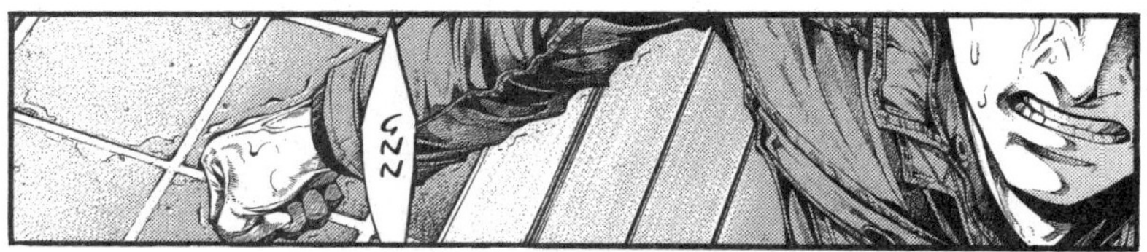
GNN

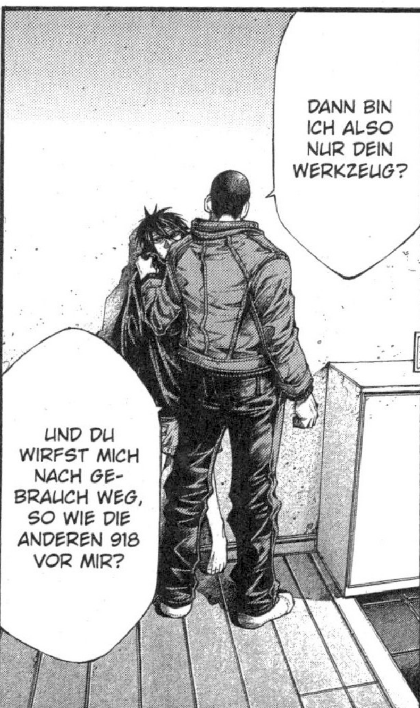
DANN BIN ICH ALSO NUR DEIN WERKZEUG?
UND DU WIRFST MICH NACH GEBRAUCH WEG, SO WIE DIE ANDEREN 918 VOR MIR?

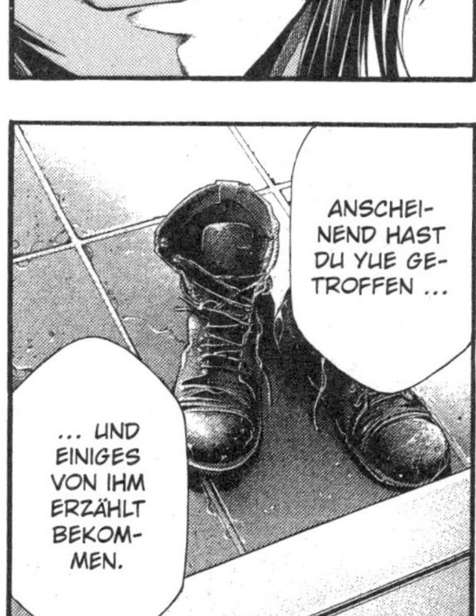
ANSCHEINEND HAST DU YUE GETROFFEN …
… UND EINIGES VON IHM ERZÄHLT BEKOMMEN.

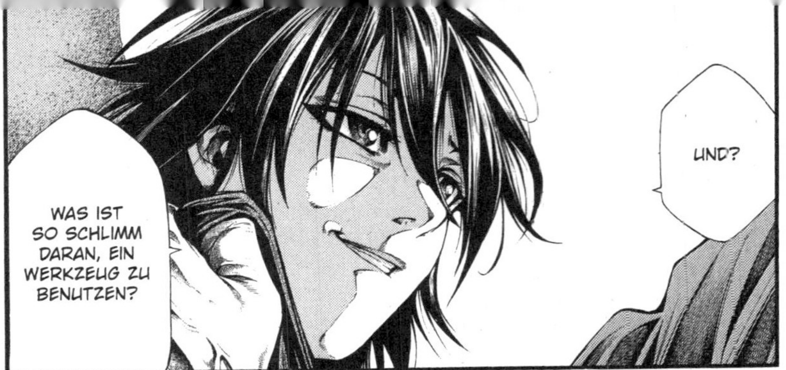
UND?
WAS IST SO SCHLIMM DARAN, EIN WERKZEUG ZU BENUTZEN?

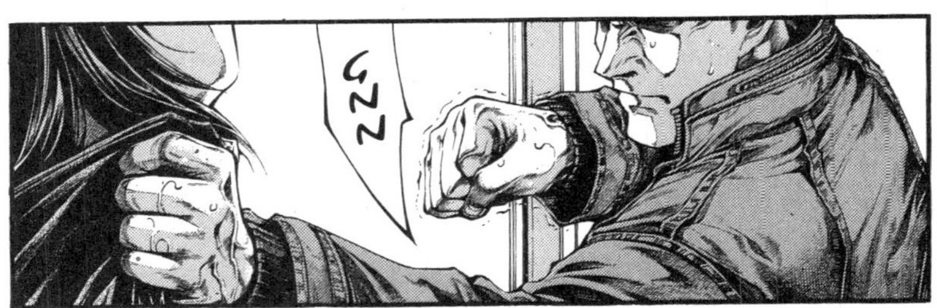
GNN

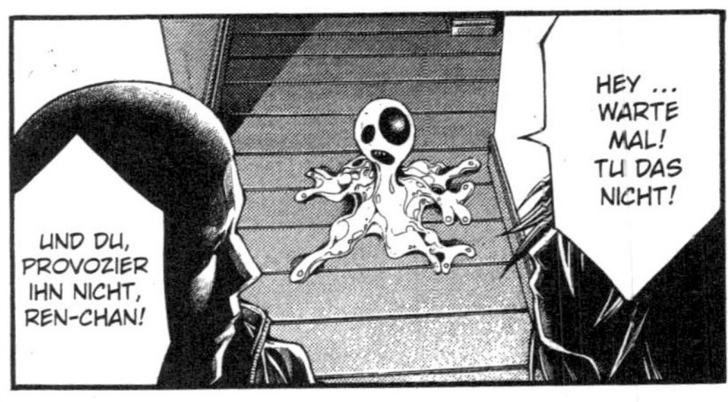
HEY … WARTE MAL! TU DAS NICHT!
UND DU, PROVOZIER IHN NICHT, REN-CHAN!

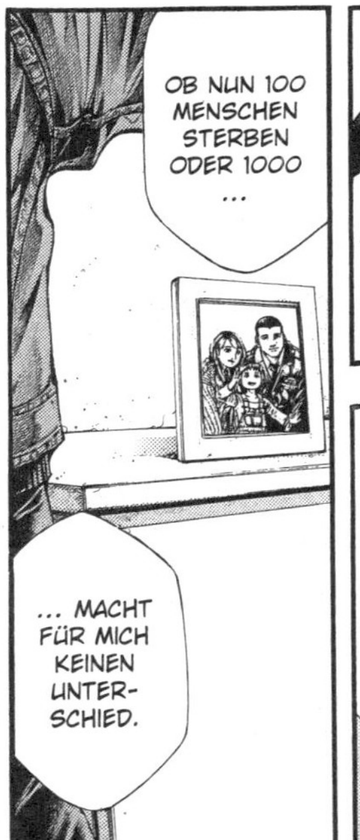
OB NUN 100 MENSCHEN STERBEN ODER 1000 …

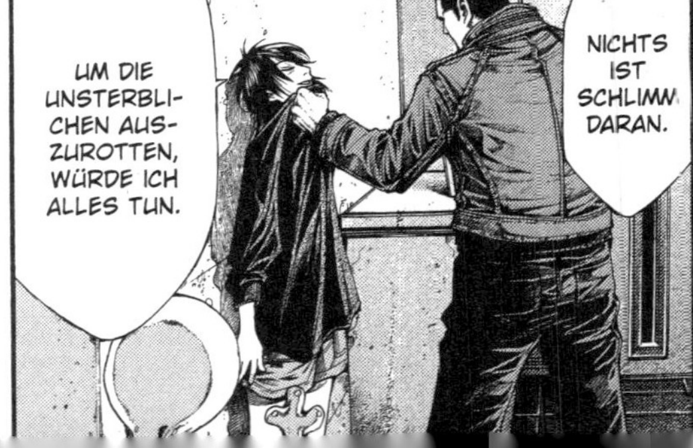
NICHTS IST SCHLIMM DARAN.
UM DIE UNSTERBLICHEN AUSZUROTTEN, WÜRDE ICH ALLES TUN.
… MACHT FÜR MICH KEINEN UNTERSCHIED.

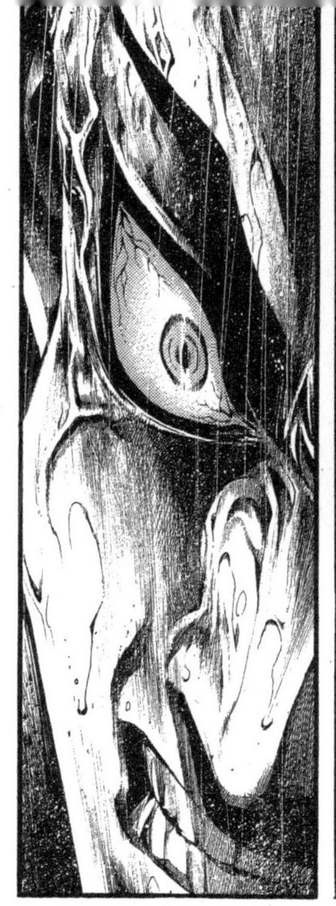

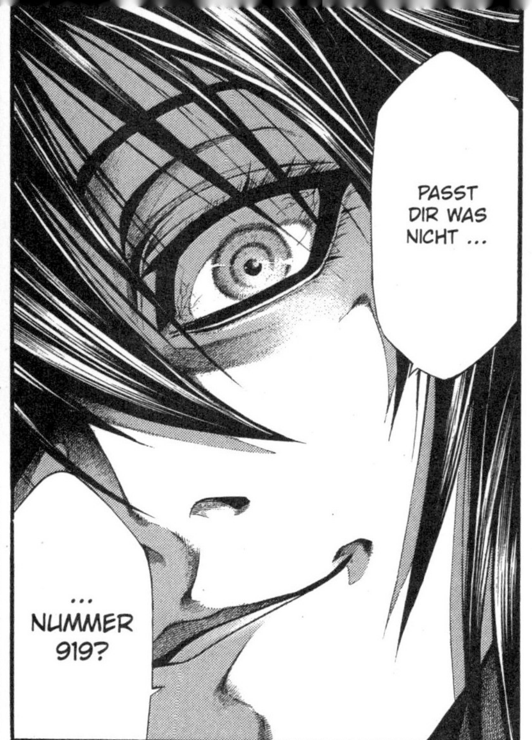
PASST DIR WAS NICHT …
… NUMMER 919?

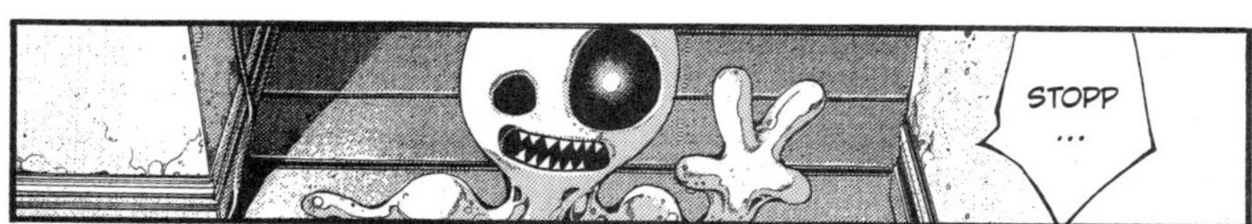
STOPP …

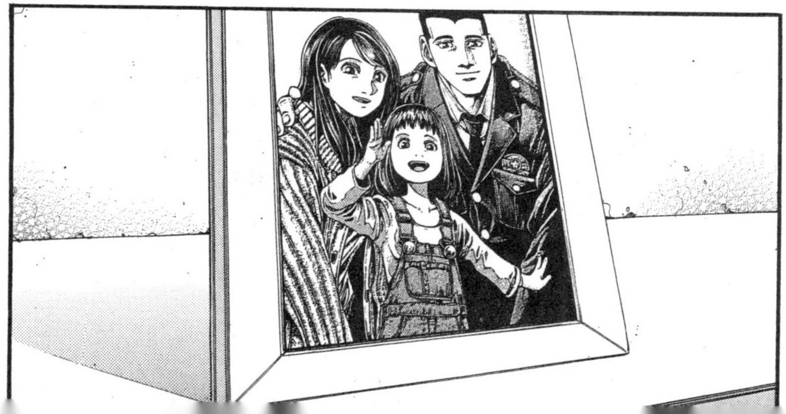

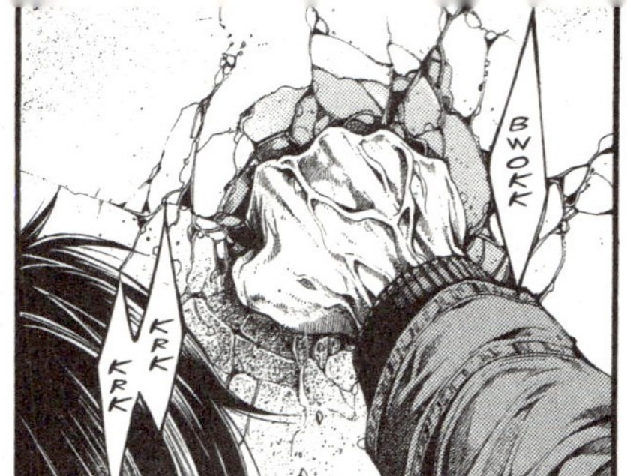
BWOKK
KRK
KRK
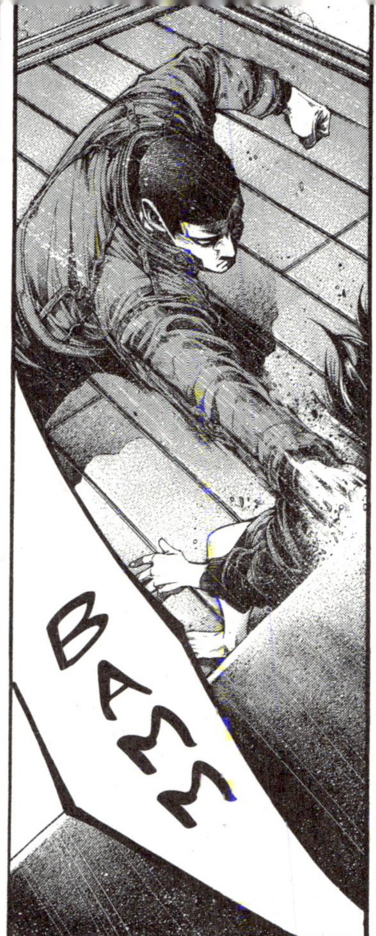
BAMM
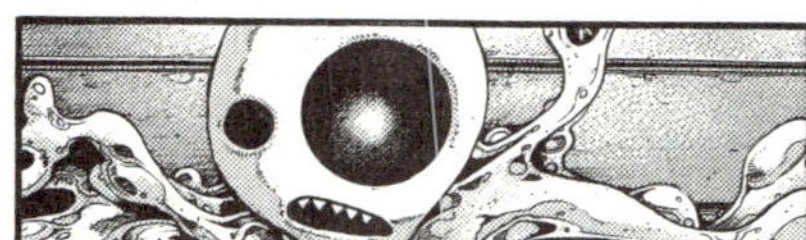
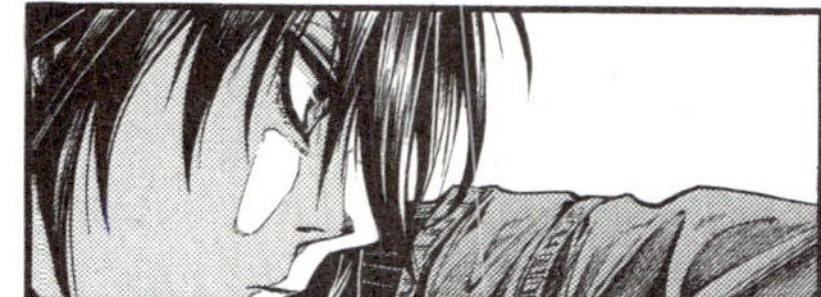
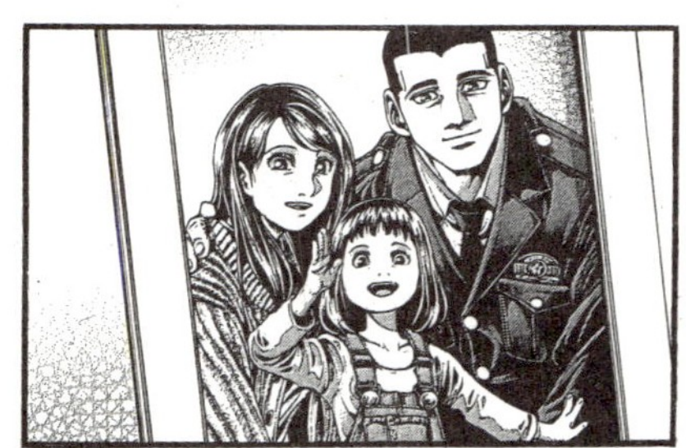
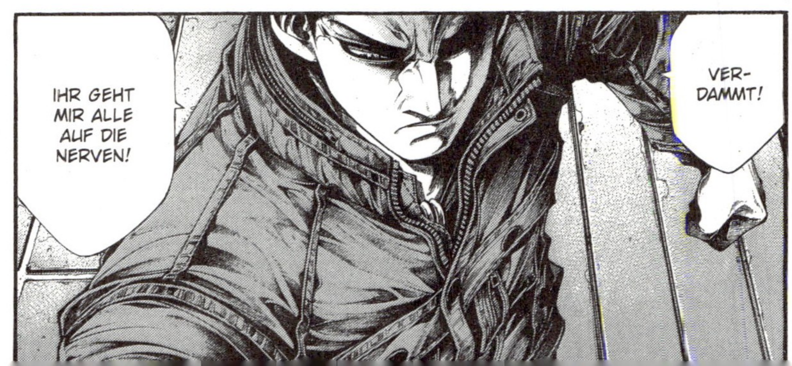
VER-
DAMMT!
IHR GEHT MIR ALLE AUF DIE NERVEN!

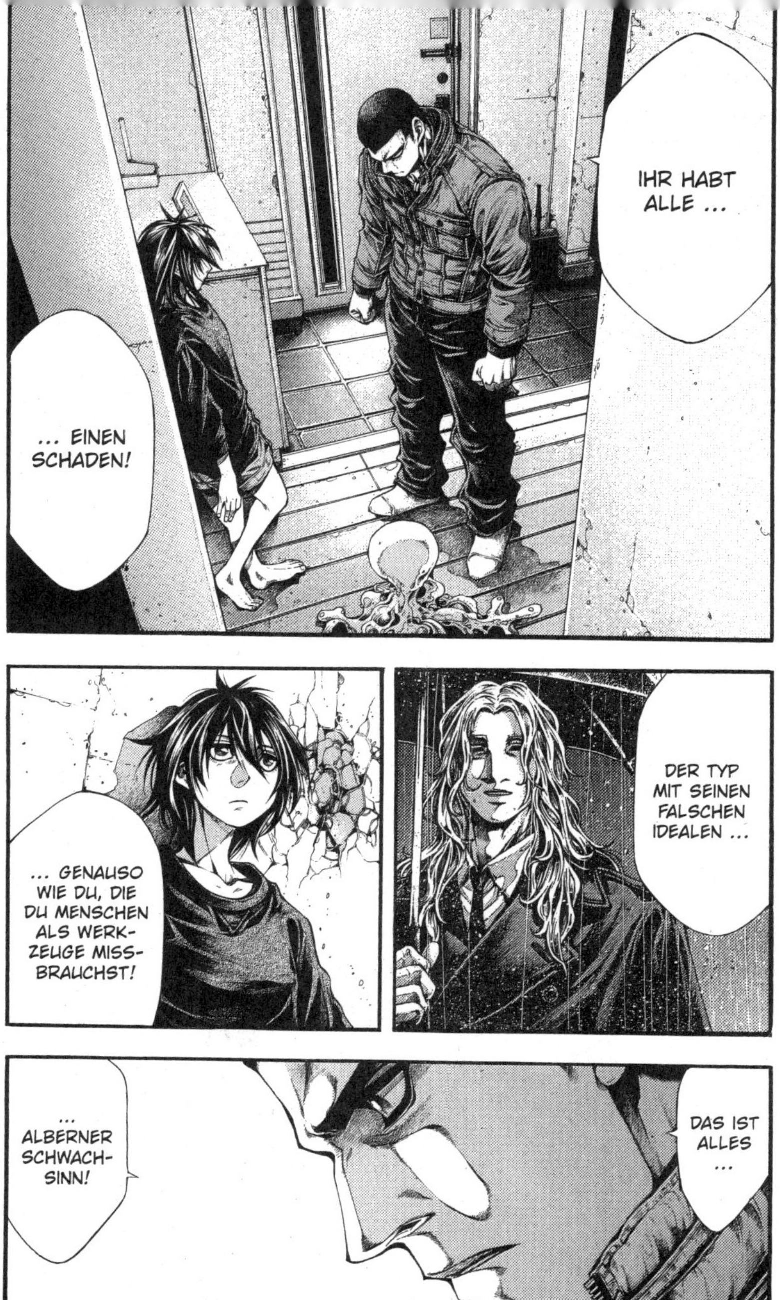

IHR HABT ALLE ...
... EINEN SCHADEN!

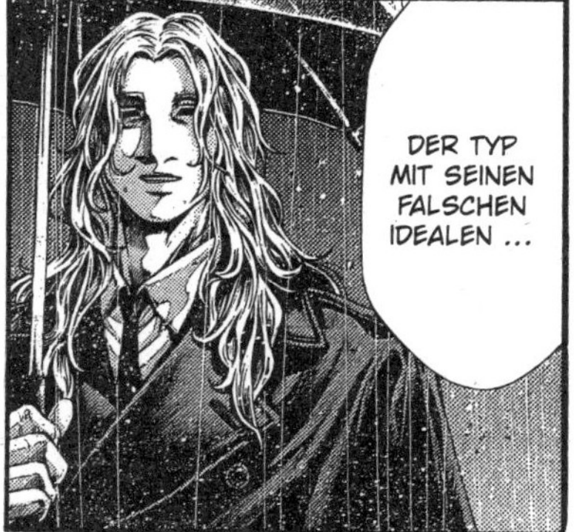
DER TYP MIT SEINEN FALSCHEN IDEALEN ...

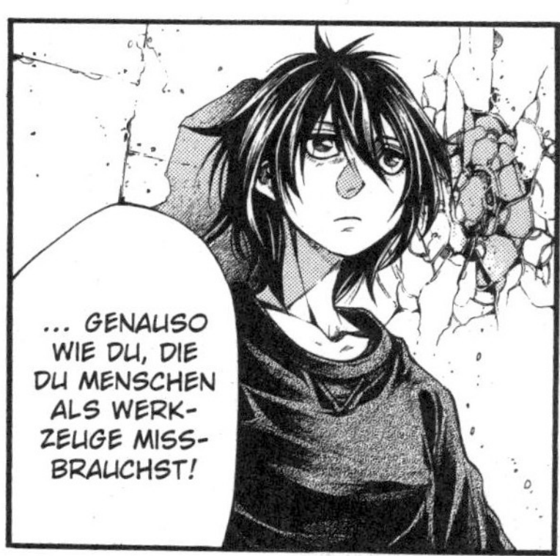
... GENAUSO WIE DU, DIE DU MENSCHEN ALS WERKZEUGE MISSBRAUCHST!

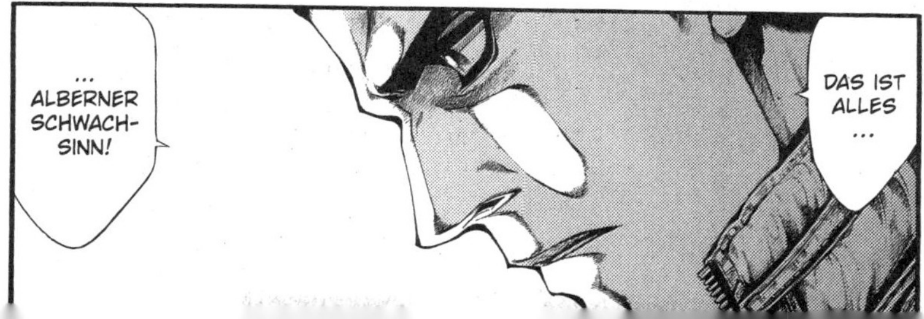
DAS IST ALLES ...
... ALBERNER SCHWACHSINN!

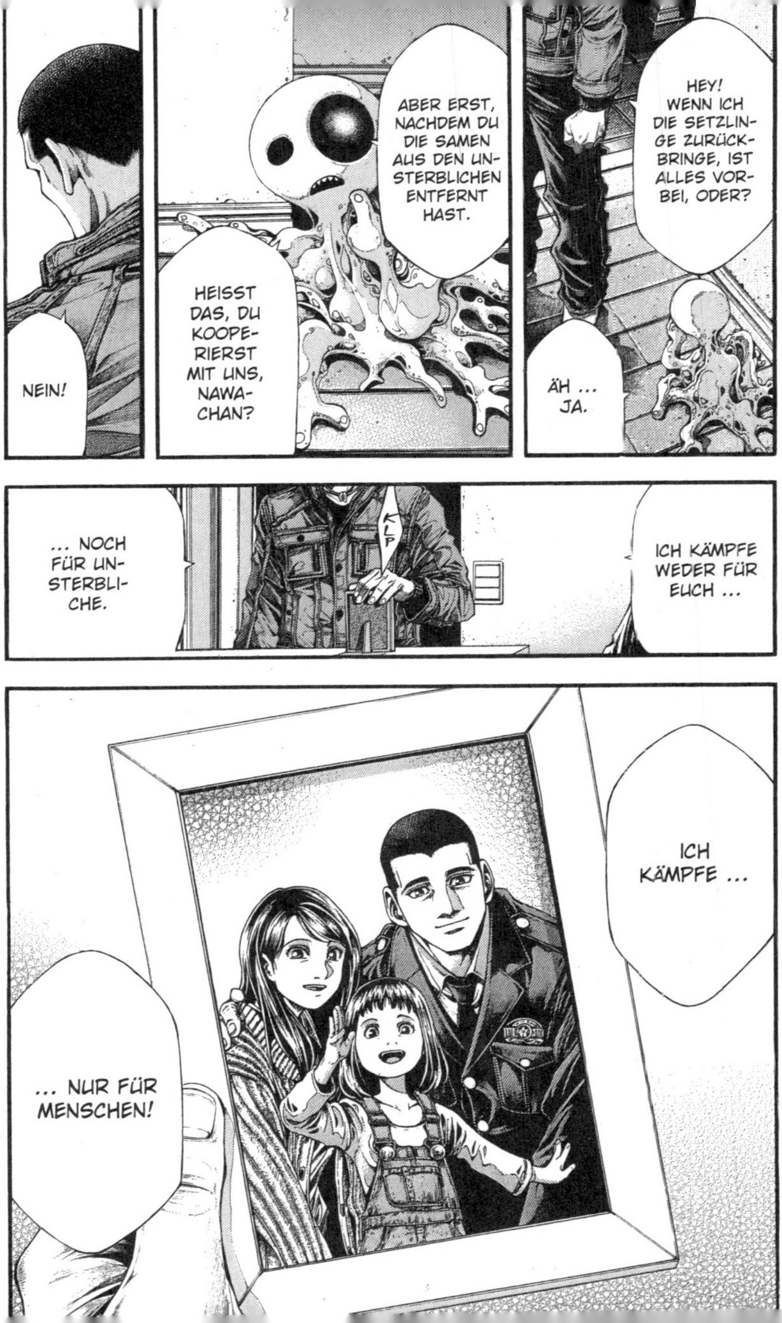

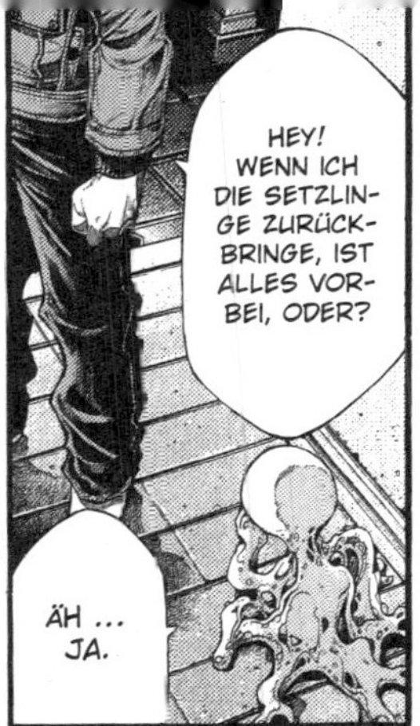

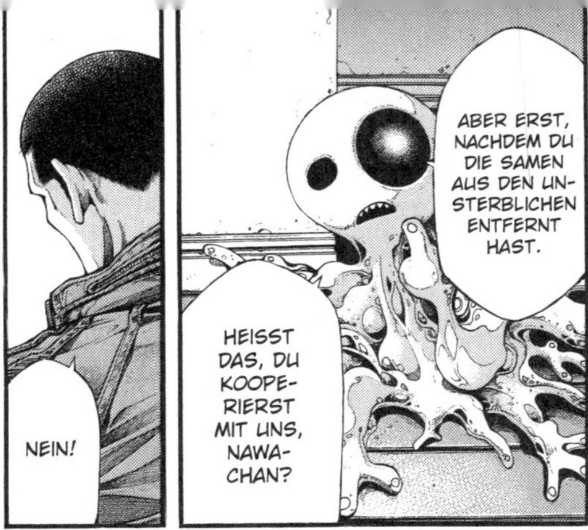

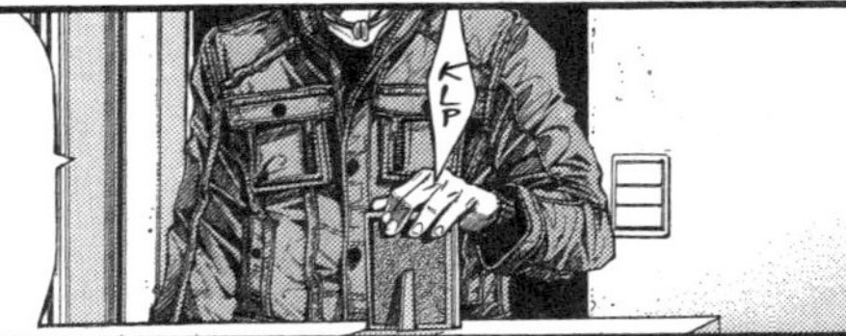

ICH KÄMPFE ...

... NUR FÜR MENSCHEN!

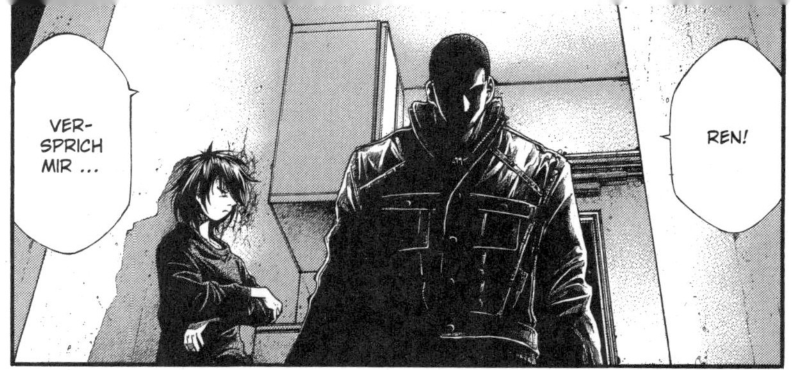

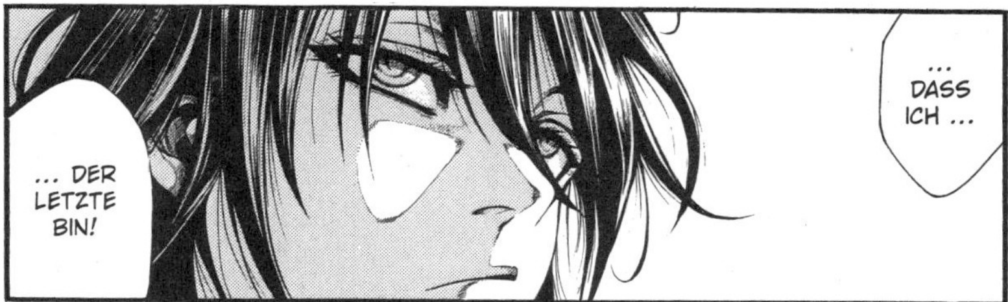

ICH WILL NICHT, DASS NOCH MEHR MENSCHEN STERBEN MÜSSEN!

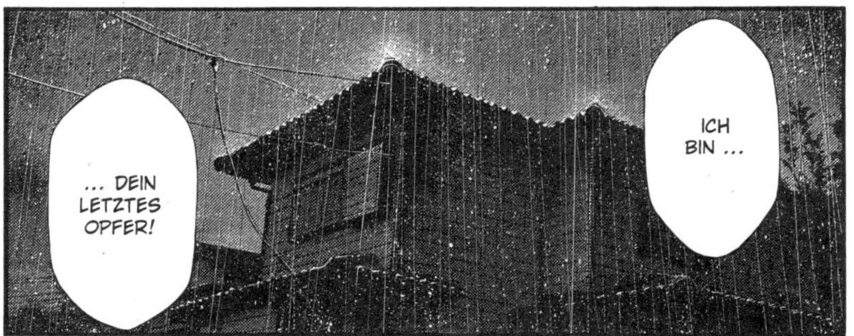

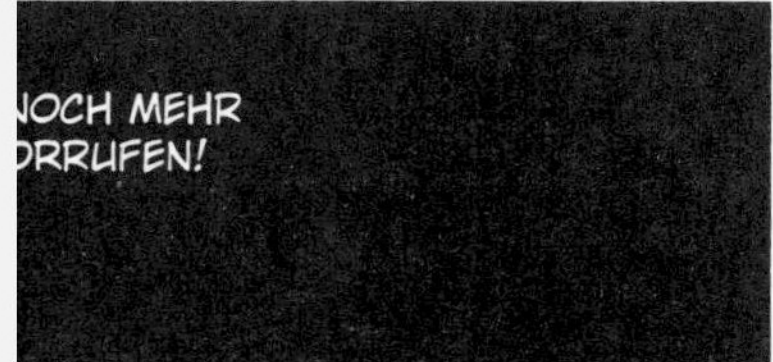

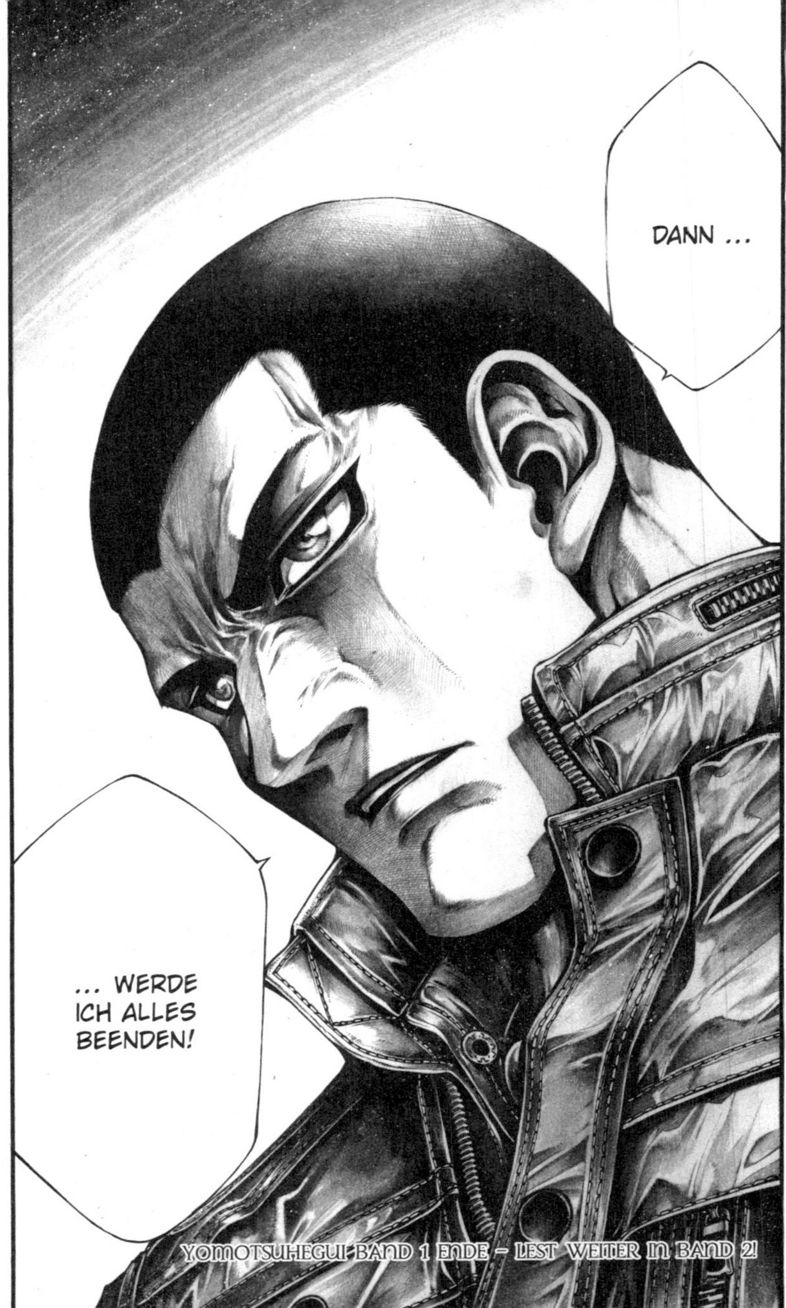
DANN ...
... WERDE ICH ALLES BEENDEN!
YOMOTSUHEGUI BAND 1 ENDE – LEST WEITER IN BAND 2!

NÄCHSTE NUMMER

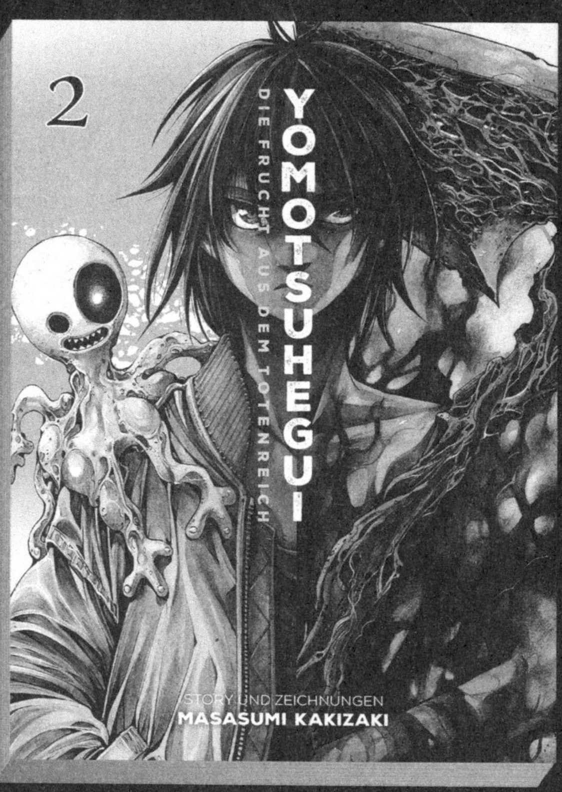

Vorläufiges Cover

AB JULI

NEU!

AS THE GODS WILL

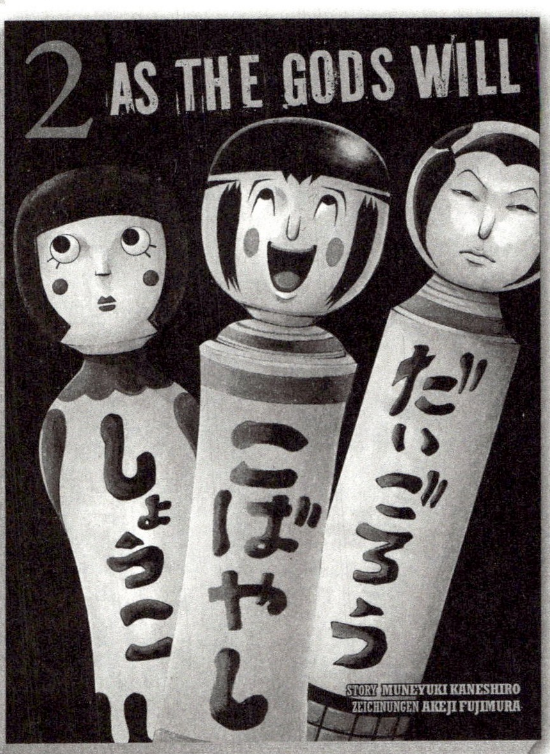

Vorläufiges Cover

Shun Takahata hat die Langeweile seines Lebens satt! Das ändert sich schlagartig, als eines Tages mitten im Unterricht der Kopf seines Lehrers explodiert! Und das ist erst der Anfang eines Höllentrips, der die Schülerinnen und Schüler erwartet. Eine mysteriöse **Daruma-Puppe** taucht vor ihnen auf und zwingt sie, sich auf ein vermeintlich harmloses Kinderspiel einzulassen. Wer ist mutig genug, gegen die Götter anzutreten und in diesen perfiden Spielen als Sieger hervorzugehen?

AS THE GODS WILL 2

204 S., SC, sw, € 8,99

ISBN 978-3-7416-3708-7

Bereits erhältlich!

FINDET UNS IM NETZ:

PaniniMangaDE

Im Comic-Shop und Buchhandel.
Im Panini-Shop unter paninimanga.de

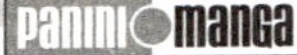

©MUNEYUKI KANESHIRO/AKEJI FUJIMURA/Kodansha Ltd.

HONEKO AKABANES BODYGUARD

MASAMITSU NIGATSU

SIE HABEN NUR EIN ZIEL: DEN TOD VON HONEKO AKABANE!

Arakuni aus der 3D der Sousouji-Highschool traut seinen Ohren nicht, als er erfährt, dass seine Klassenkameradin **Honeko** das Ziel von mehreren Auftragskillern ist. Und jetzt wird ausgerechnet er von einem Gangsterboss gebeten, Honeko zu beschützen und sicherzustellen, dass sie ihr letztes Schuljahr unbeschadet übersteht. Allerdings darf Honeko von all dem nichts erfahren! Doch das ist nicht das einzige Geheimnis, das die 3D verbirgt … Für den Bodyguard in geheimer Mission beginnt ein actionreiches Schuljahr!

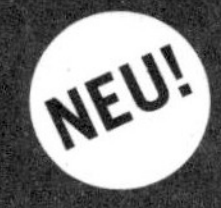

AUCH ALS VARIANT-COVER-EDITION ERHÄLTLICH!

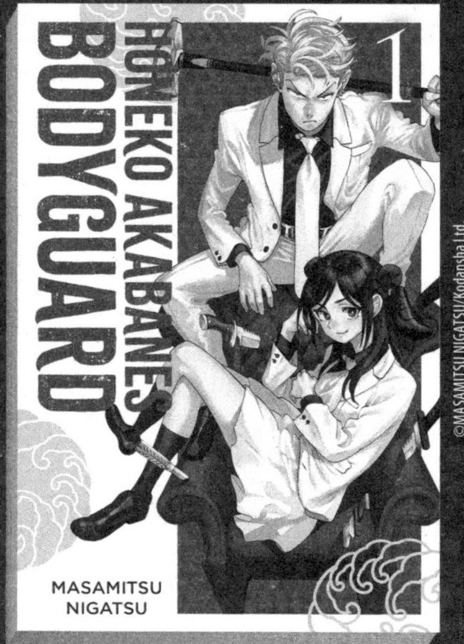

©MASAMITSU NIGATSU/Kodansha Ltd.

HONEKO AKABANES BODYGUARD 1

196 S., SC, sw, € 8,99

ISBN 978-3-7416-3694-3

Bereits erhältlich!

FINDET UNS IM NETZ:

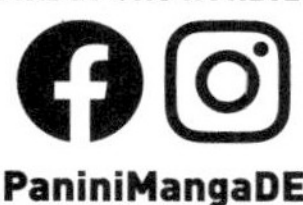

PaniniMangaDE

panini manga

Im Comic-Shop und Buchhandel. Im Panini-Shop unter paninimanga.de

ACHTUNG!

Dieser Comic wird wie im Original gelesen:
von rechts nach links,
also fangt einfach von der anderen Seite des Buches an
und stürzt euch in die Welt von

YOMOTSUHEGUI

DIE FRUCHT AUS DEM TOTENREICH

YOMOTSUHEGUI: DIE FRUCHT AUS DEM TOTENREICH erscheint bei **PANINI MANGA**, Schloßstraße 76, D-70176 Stuttgart. YOMOTSUHEGUI: DIE FRUCHT AUS DEM TOTENREICH wird unter Lizenz in Deutschland von PANINI Verlags-GmbH veröffentlicht. Druck: LEGO PRINT S.p.A. Direkt-Abos auf **www.paninimanga.de**. Geschäftsführer **Hermann Paul**, Publishing Director Europe **Marco M. Lupoi**, Finanzen/Logistik **Felix Bauer**, Marketing Director **Holger Wiest**, Marketing **Dr. Rebecca Haar**, **Jessica Langer**, Vertrieb **Alexander Bubenheimer**, PR/Presse **Steffen Volkmer**, Publishing Manager **Lisa Pancaldi**, Redaktion **Marlene Eggertsberger**, **Stephanie Jakob**, **Matthias Korn**, **Philipp Nakata**, **Daniela Uhlmann**, Übersetzung **Burkhard Höfler**, Proofreading **Ricarda Nugk**, grafische Gestaltung **Rudy Remitti**, **Nicola Spano**, Art Director **Alessandro Gucciardo**, Redaktion Panini Comics **Elisa Panzani**, **Ludovica Ungari**, Repro/Packager **Alessandro Nalli** (coordinator), **Anna Boselli**, **Mario Da Rin Zanco**, **Valentina Esposito**, **Luca Ficarelli**, **Simone Guidetti**, **Linda Leporati**, **Fabio Melatti**.
Copyright: © 2022 MASASUMI KAKIZAKI. All rights reserved. First published in Japan in 2022 by Kodansha Ltd., Tokyo. Publication rights for this German edition arranged through Kodansha Ltd., Tokyo. Zur deutschen Ausgabe: © 2024 PANINI Verlags-GmbH. ISBN 978-3-7416-3739-1

1. Auflage

Bibliografische Information der Deutschen Nationalbibliothek
Die Deutsche Nationalbibliothek verzeichnet diese Publikation in der Deutschen Nationalbibliografie; detaillierte bibliografische Daten sind im Internet über dnb.d-nb.de abrufbar.